Outsourcing bei Kapitalanlagegesellschaften

# Frankfurter wirtschaftsrechtliche Studien

Herausgegeben von
Theodor Baums, Andreas Cahn, Friedrich Kübler,
Hans-Joachim Mertens, Eckard Rehbinder
und Gunther Teubner

Band 71

PETER LANG
Frankfurt am Main · Berlin · Bern · Bruxelles · New York · Oxford · Wien

Niklas Dieterich

# Outsourcing bei Kapitalanlage-gesellschaften

PETER LANG
Europäischer Verlag der Wissenschaften

**Bibliografische Information Der Deutschen Bibliothek**
Die Deutsche Bibliothek verzeichnet diese Publikation in der Deutschen Nationalbibliografie; detaillierte bibliografische Daten sind im Internet über <http://dnb.ddb.de> abrufbar.

Zugl.: Frankfurt (Main), Univ., Diss., 2004

D 30
ISSN 0723-0427
ISBN 3-631-54306-9



www.peterlang.de

**Vorwort**

Das europäische und das deutsche Investmentrecht erfahren seit einigen Jahren eine erhöhte Aufmerksamkeit seitens der Kapitalmärkte, der Aufsichtsbehörden und der Wissenschaft. Die kollektive Vermögensverwaltung hat eine beeindruckende Entwicklung durchlaufen und ist in volkswirtschaftlich relevante Größenordnungen hineingewachsen. Das Investmentrecht steht vor der Aufgabe, den beteiligten Akteuren einen modernen Regulierungsrahmen zu bieten, durch den das hohe Wertschöpfungspotenzial des Investmentmarktes zu Gunsten von Kapitalgebern und Kapitalsuchern erschlossen wird.

In der betriebswirtschaftlichen Realität der Investment-Industrie haben Geschäftsmodelle des Outsourcing begonnen, sich zu etablieren. Das Outsourcing bei Kapitalanlagegesellschaften wirft eine Reihe von Fragen auf, in deren Kern es um einen Interessenausgleich zwischen Investoren und Investmentgesellschaften geht. Die vorliegende Untersuchung erarbeitet einen ökonomisch untermauerten Vorschlag zur bankaufsichtsrechtlichen Behandlung des Outsourcing bei Kapitalanlagegesellschaften.

Die Arbeit wurde im Frühjahr 2005 als Dissertation am Fachbereich Rechtswissenschaft der Johann Wolfgang Goethe-Universität Frankfurt am Main angenommen. Für die wissenschaftliche Betreuung der Arbeit möchte ich mich bei meinem Doktorvater Prof. Dr. Dr.h.c. Theodor Baums bedanken, der in bestechender Weise lehrt, wie die wirtschaftsrechtliche Forschung zur Verbesserung der ökonomischen Wirklichkeit beitragen kann. Herrn Prof. Dr. Helmut Kohl danke ich für die Erstellung des Zweitgutachtens. Meine Schwester Gunila hat die Arbeit mit Geduld und mit wachem Verstand begleitet; ihr verdanke ich zahlreiche Anregungen und Vorschläge. Booz Allen Hamilton danke ich für die sehr großzügige Freistellungslösung, die mir die Verfolgung des Vorhabens ermöglicht hat.

Meinen Eltern in tiefer Dankbarkeit

Frankfurt am Main, im Juni 2005

## Inhaltsübersicht

Abkürzungsverzeichnis XVII

**I. Einleitung: Outsourcing bei Kapitalanlagegesellschaften 1**

1. Outsourcing bei Kapitalanlagegesellschaften 1
2. Bisherige rechtstatsächliche Entwicklung 2
3. Zielsetzung, Vorgehensweise und Aufbau der Arbeit 4
4. Begriffliche Klärungen 7

**II. Das ökonomische Konzept des Outsourcing 9**

1. Ökonomik des Outsourcing 9
2. Outsourcing bei Kreditinstituten, insbesondere Kapitalanlagegesellschaften 48
3. Zusammenfassung 62

**III. Die Outsourcing-Regulierung im allgemeinen deutschen Bankaufsichtsrecht 65**

1. Überblick und Historie 65
2. Privatrechtliche Einordnung des Outsourcing-Vertrages, weitere rechtliche Rahmenbedingungen 68
3. Die deutsche Regulierungslösung zum Outsourcing bei Kredit- und Finanzdienstleistungsinstituten 81
4. Zusammenfassung 159

**IV. Die europäische Regulierungslösung zum Outsourcing bei Investmentgesellschaften: OGAW-Änderungsrichtlinie 2001/107/EG 163**

1. Zielsetzung der OGAW-Richtlinie und der Änderungsrichtlinie 2001/107/EG 163
2. Die Regulierungslösung der OGAW-Richtlinie (Art. 5g OGAW-Richtlinie) 167
3. Rechtslage für das Outsourcing im Investmentgeschäft nach der OGAW-Richtlinie 195
4. Zusammenfassung 207
5. Exkurs: Outsourcing gemäß den Wohlverhaltensregeln nach Art. 11 Wertpapierdienstleistungsrichtlinie 210

**V. Das US-amerikanische Investment-Regulierungsrecht und Implikationen für eine deutsche Regulierungslösung** **213**

1. Einführung 213
2. Organisation, Rechtskleid und Funktionsweise von Investment Companies 221
3. Outsourcing im US-Investmentrecht 233
4. Implikationen für eine deutsche Outsourcing-Regulierungslösung 244
5. Zusammenfassung 258

**VI. Vorschlag einer Regulierungslösung für das Outsourcing im Investmentgeschäft** **261**

1. Einführung 261
2. Investmentrechtliche Bewertungsmaßstäbe 262
3. Option: Vollständiges Verbot des Outsourcing im Investmentgeschäft 265
4. Option: Vollständige Liberalisierung des Outsourcing im Investmentgeschäft 267
5. Vorschlag einer Regulierungslösung 270
6. Einzelfragen 332
7. Abgleich des Regulierungsvorschlages mit § 16 InvG 335
8. Zusammenfassung 345

**VII. Gesamtergebnis** **351**

Literaturverzeichnis 355

# Inhaltsverzeichnis


Abkürzungsverzeichnis XVII

**I. Einleitung: Outsourcing bei Kapitalanlagegesellschaften 1**

1. Outsourcing bei Kapitalanlagegesellschaften 1
2. Bisherige rechtstatsächliche Entwicklung 2
3. Zielsetzung, Vorgehensweise und Aufbau der Arbeit 4
4. Begriffliche Klärungen 7

**II. Das ökonomische Konzept des Outsourcing 9**

1. Ökonomik des Outsourcing 9
   a. Bedeutung und Erscheinungsformen 9
      aa. Einführung 9
      bb. Größe des Outsourcing-Marktes und Fertigungstiefen in verschiedenen Industrien 12
   b. Ökonomik der „Make or Buy"-Entscheidung 13
      aa. Einführung 13
      bb. Transaktionskostenökonomik 15
         aaa. Vertikale Integration 15
         bbb. Arten von Transaktionskosten 18
         ccc. Entstehung von Transaktionskosten 19
         ddd. Höhe der Transaktionskosten 20
         eee. Bestimmung der Organisationsform 23
         fff. Erste Aussagen zum Investmentgeschäft 26
      cc. Betriebswirtschaftliche Motive und Risiken der Outsourcing-Entscheidung 29
         aaa. Einführung 29
         bbb. Betriebswirtschaftliche Motive und Risiken 31
            α. Motive der Outsourcing-Entscheidung 31
            β. Risiken und Nachteile der Outsourcing-Entscheidung 38
            γ. Weitere Faktoren und Determinanten der Outsourcing-Entscheidung 41
         ccc. Erste Aussagen zum Investmentgeschäft 44
2. Outsourcing bei Kreditinstituten, insbesondere Kapitalanlagegesellschaften 48
   a. Die Wertschöpfungskette im Investmentgeschäft 48
   b. Gesetzlich geregelte Zuständigkeiten für Abschnitte der Wertschöpfungskette 51
   c. Praxis des Outsourcing im Investmentgeschäft 54
   d. Ergänzende volkswirtschaftliche Implikationen 59

3. Zusammenfassung 62

**III. Die Outsourcing-Regulierung im allgemeinen deutschen Bankaufsichtsrecht 65**

1. Überblick und Historie 65
a. § 25a Abs. 2 KWG 65
b. Art. 5g OGAW-Richtlinie, § 16 InvG 67

2. Privatrechtliche Einordnung des Outsourcing-Vertrages, weitere rechtliche Rahmenbedingungen 68
a. Vertragsnatur der Outsourcing-Vereinbarung 69
b. Der Outsourcing-Vertrag als Substitution in der Vertragsbeziehung des auslagernden Instituts zum Kunden 71
c. Weiterverlagerungen als Substitution im Rahmen des Outsourcing-Vertrages 74
d. Weitere Aspekte der rechtlichen Rahmenbedingungen des Outsourcing 76
aa. Arbeitsrechtliche Aspekte 77
bb. Gesellschaftsrechtliche Aspekte 77
cc. Datenschutzrechtliche Aspekte und Bankgeheimnis 78

3. Die deutsche Regulierungslösung zum Outsourcing bei Kredit- und Finanzdienstleistungsinstituten 81
a. Zielsetzung und systematische Positionierung des § 25a Abs. 2 KWG 81
aa. Zielsetzung der Vorschrift 81
bb. Systematische Positionierung 82
b. Rolle des BAKred-Rundschreibens 11/2001 86
aa. Exkurs: Rechtsnatur und Abgrenzung von Rundschreiben der Bankaufsicht 86
bb. Zielsetzung und Wirkung des Rundschreibens 11/2001 89
c. Die Regulierungslösung nach § 25a Abs. 2 KWG in Verbindung mit dem Rundschreiben 90
aa. Anwendungsbereich 91
aaa. Sachlicher Anwendungsbereich 91
α. Bankgeschäfte und Finanzdienstleistungen 91
β. Sonderfälle 93
γ. Altfälle 93
bbb. Personal-räumlicher Anwendungsbereich 94
α. Kreditinstitute und Finanzdienstleistungsinstitute 94
β. Besonderheiten im Investmentgeschäft 96
bb. Weitere Anwendungsvoraussetzungen 98
aaa. Auslagerung 98
bbb. Anderes Unternehmen 98
ccc. Wesentlichkeit 103
cc. Zulässigkeitsvoraussetzungen der Auslagerung 104
aaa. Kriterium der Beeinträchtigung 104

bbb. Ordnungsmäßigkeit der Geschäfte und Dienstleistungen 107
ccc. Steuerungs- und Kontrollmöglichkeiten der Geschäftsleitung 108
α. Anforderungen 108
β. Interne Revision 109
γ. Weiterverlagerungen 112
ddd. Prüfungsrechte und Kontrollmöglichkeiten der Aufsicht 113
α. Anforderungen 114
β. Prüfung und Kontrolle im Ausland 116
dd. Anforderungen an zulässige Auslagerungen (auch § 25a Abs. 2 S. 2 KWG) 119
ee. Anzeigeerfordernisse, § 25a Abs. 2 S. 3 KWG 123
ff. Grenzen des Outsourcing nach § 25a Abs. 2 KWG 124
aaa. Auslagerbarkeit von zentralen Leitungsfunktionen 124
bbb. Auslagerbarkeit von Teilakten von Bankgeschäften und Finanzdienstleistungen 127
ccc. „Absolute" Grenzen 130
gg. Erfordernis der aufsichtlichen Erlaubnis für das Auslagerungsunternehmen 134
aaa. Erlaubnispflicht bei Teilakten von Bankgeschäften und Finanzdienstleistungen 134
bbb. Position der Aufsicht 136
ccc. In der Literatur vertretene Positionen 138
ddd. Kritik 139
α. Position der Aufsicht 139
β. Positionen der Literatur 143
eee. Erlaubnispflicht von Auslagerungsunternehmen 146
α. § 25a Abs. 2 KWG 146
β. § 32 KWG 147
γ. Ergänzende verwaltungsrechtliche Überlegung 151
δ. Aufsichtliche Handhabung 152
ε. Auslagerungsunternehmen mit Sitz im Ausland 153
ζ. Weitere Überlegungen 155
hh. Übertragung von Vertretungsbefugnissen auf das Auslagerungsunternehmen 156
ii. Reaktionsmöglichkeiten der Aufsicht 157
d. Praxis der Regulierung im Outsourcing 158

4. Zusammenfassung 159

**IV. Die europäische Regulierungslösung zum Outsourcing bei Investmentgesellschaften: OGAW-Änderungsrichtlinie 2001/107/EG 163**

1. Zielsetzung der OGAW-Richtlinie und der Änderungsrichtlinie 2001/107/EG 163
a. Einordnung und Zielsetzung 163

b. Exkurs: Der neue „Europäische Pass" für Verwaltungsgesellschaften, Art. 6-6c OGAW-Richtlinie 165

2. Die Regulierungslösung der OGAW-Richtlinie (Art. 5g OGAW-Richtlinie) 167
a. Einführung 167
aa. Grundsätzliche Möglichkeit des Outsourcing 167
bb. Regelungsmechanismus des Art. 5g OGAW-Richtlinie 169
b. Anwendungsbereich 170
aa. Sachlicher Anwendungsbereich 170
bb. Personal-räumlicher Anwendungsbereich 173
c. Weitere Anwendungsvoraussetzungen 174
aa. Auslagerung 174
bb. Auslagerungsunternehmen („Dritter") 175
cc. „Zum Zwecke einer effizienteren Geschäftsführung" 175
d. Zulässigkeitsvoraussetzungen der Auslagerung 176
aa. Aufrechterhaltung der Wirksamkeit der Aufsicht [Art. 5g Abs. 1 lit. a), b), d) OGAW-Richtlinie] 177
aaa. Unterrichtungspflicht [Art. 5g Abs. 1 lit. a) OGAW-Richtlinie] 177
bbb. Keine Beeinträchtigung der Wirksamkeit der Aufsicht [Art. 5g Abs. 1 lit. b), d) OGAW-Richtlinie] 178
α. Anforderungen 178
β. Prüfung und Kontrolle im Ausland 179
bb. Wahrung des Anlegerinteresses [Art. 5g Abs. 1 lit. b), e), g) OGAW-Richtlinie] 181
cc. Auswahl und Überwachung des Auslagerungsunternehmens [Art. 5g Abs. 1 lit. f), g), h) OGAW-Richtlinie] 182
aaa. Auswahl des Auslagerungsunternehmens [Art. 5g Abs. 1 lit. h) OGAW-Richtlinie] 182
bbb. Überwachung des Auslagerungsunternehmens [Art. 5g Abs. 1 lit. f), g) OGAW-Richtlinie] 182
dd. Offenlegungsanforderung [Art. 5g Abs. 1 lit. i) OGAW-Richtlinie] 184
ee. Besondere Voraussetzungen für die Auslagerung des Fondsmanagement [Art. 5g Abs. 1 lit. c), d), e) OGAW-Richtlinie] 185
aaa. Zulässige Auslagerungsunternehmen 186
α. Erlaubnispflicht des Auslagerungsunternehmens [Art. 5g Abs. 1 lit. c) 1. HS OGAW-Richtlinie] 186
β. Vermeidung von Interessenkollisionen [Art. 5g Abs. 1 lit. e) OGAW-Richtlinie] 188
bbb. Art. 5g Abs. 1 lit. c) 2. HS OGAW-Richtlinie 189
α. Einhaltung der Vertragsbedingungen 189
β. Vorgaben für den Investmentprozess 190

γ. Auslegung 192
e. Übertragung von Vertretungsbefugnissen auf das Auslagerungsunternehmen 194
f. Reaktionsmöglichkeiten der Aufsicht 194

3. Rechtslage für das Outsourcing im Investmentgeschäft nach der OGAW-Richtlinie 195
a. Auslagerung des Fondsmanagement („Totalauslagerung") 195
b. Auslagerung anderer Abschnitte der Investmentgeschäft-Wertschöpfungskette 198
c. Auslagerung von Nebentätigkeiten 199
d. Auslagerung von zentralen Leitungsfunktionen 200
e. Weitere Auslagerungssachverhalte 202
f. „Absolute" Grenzen für das Outsourcing durch Verwaltungsgesellschaften 203
g. Auslagerung der Verwahrstellenfunktionen 205

4. Zusammenfassung 207

5. Exkurs: Outsourcing gemäß den Wohlverhaltensregeln nach Art. 11 Wertpapierdienstleistungsrichtlinie 210

**V. Das US-amerikanische Investment-Regulierungsrecht und Implikationen für eine deutsche Regulierungslösung 213**

1. Einführung 213
a. Der US-amerikanische Investmentmarkt 213
b. Einschlägige Gesetzesmaterien des US-Kapitalmarktrechts 214
aa. Securities Act von 1933 und Securities Exchange Act von 1934 215
bb. Investment Company Act von 1940 und Investment Advisers Act von 1940 216
cc. Weitere Regelungsmaterien 217
c. Exkurs: Organisationsrechtliche Formen des Investmentgeschäftes 218
aa. Vertragsform 218
bb. Satzungsform 219
cc. Form des Trust 220

2. Organisation, Rechtskleid und Funktionsweise von Investment Companies 221
a. Einführung 222
b. Organisationsrechtliche Formen von Investment Companies 225
aa. Die Trust-Form der Unit Investment Trusts 225
bb. Der Business Trust als Organisationsform der Management Company 226
cc. Die Corporation als Organisationsform der Management Company 226
c. Funktionsweise und Ablauforganisation des Investmentgeschäftes 227
aa. Mitsprache der Anteilinhaber 228

bb. Board of Directors 230
cc. Investment Adviser 231
dd. Andere Beteiligte 232

3. Outsourcing im US-Investmentrecht 233
a. Angelegtes Zusammenspiel der Funktionsträger 233
b. Outsourcing durch die einzelnen Funktionsträger 238
c. Weitere Regulierungsmaterien außerhalb des Investment Company Act 239

4. Implikationen für eine deutsche Outsourcing-Regulierungslösung 244
a. Erklärungsfaktoren für die Ablauforganisation des US-Investmentgeschäftes 245
aa. Position der Produktinitiatoren 245
bb. Organisation in Form einer Gesellschaft bzw. eines Trust 246
cc. Eindämmung des Einflusses der Kapitalgeber 246
dd. Zugkraft der Faktoren im deutschen Investmentmarkt 247
b. Regulatorisches Prinzip der Trennung 249
c. Weitere Lehren aus der US-Regulierung 253
aa. Regulatorisches Prinzip der Abspaltung (nur) des Fondsmanagement 253
bb. Komplexitätsrisiken bei der Kumulation von Outsourcing-Maßnahmen 255
cc. Outsourcing durch die einzelnen Funktionsträger 255
dd. Regulierungsmaterien außerhalb des Investment Company Act 256

5. Zusammenfassung 258

**VI. Vorschlag einer Regulierungslösung für das Outsourcing im Investmentgeschäft 261**

1. Einführung 261

2. Investmentrechtliche Bewertungsmaßstäbe 262
a. Förderung des Anlegerschutzes 263
b. Förderung der Wahrnehmung der volkswirtschaftlichen Aufgaben des Investmentwesens 264
c. Ökonomische Effizienz 265

3. Option: Vollständiges Verbot des Outsourcing im Investmentgeschäft 265

4. Option: Vollständige Liberalisierung des Outsourcing im Investmentgeschäft 267

5. Vorschlag einer Regulierungslösung 270
a. Fondsmanagement 270
aa. Rechtslage im deutschen Investmentrecht vor und nach Umsetzung des Art. 5g OGAW-Richtlinie 272
bb. Denkbare Begründungen der Nichtauslagerbarkeit des Fondsmanagement 274

aaa. Aufsichtliche Kontrolleinbußen 274
bbb. Spezialbankprinzip 275
ccc. Anlegerschutz 277
α. Anlegerschutz im Fondsmanagement und Auswirkungen auf das Outsourcing 277
β. Implikationen in der Rechtsbeziehung Anteilinhaber – Kapitalanlagegesellschaft 279
γ. Exkurs: Keine analoge Anwendung des § 664 Abs. 1 S. 2 BGB auf den Investmentvertrag 281
δ. Implikationen in der Rechtsbeziehung Anteilinhaber – Depotbank 282
αα. Rechtsverhältnisse im Investmentdreieck 283
ββ. Depotbank und Anlegerschutz beim Outsourcing des Fondsmanagement 284
γγ. Weisungsrechte der Kapitalanlagegesellschaft gegenüber der Depotbank 286
ddd. Investmentrechtliche Möglichkeit zur Auslagerung des Fondsmanagement 288
cc. Umsetzung der Zustimmungserfordernisse 289
aaa. Zustimmung der Anteilinhaber zur Auslagerung des Fondsmanagement 289
bbb. Zustimmung der Depotbank zur Auslagerung des Fondsmanagement 291
dd. Frage der Mindestbeteiligung am Investmentprozess 292
ee. Totalauslagerung des Fondsmanagement 293
ff. Anforderungen an das Fondsmanagement-Auslagerungsunternehmen 294
gg. Fondsmanagement-Outsourcing bei Spezialfonds 295
hh. Zusammenfassung 296
b. Weitere Aufgaben der Kapitalanlagegesellschaft 297
aa. Fondsbuchhaltung 298
bb. Vertrieb und Transaktionsmanagement 300
cc. Produktentwicklung 302
dd. Weitere Auslagerungssachverhalte 303
c. Nebentätigkeiten 304
aa. Vermögensverwaltung und Beratung in Finanzinstrumenten und Grundstücken (§ 7 Abs. 2 Nr. 1, Nr. 2, Nr. 3 InvG) 304
bb. Verwahrung und Verwaltung von Anteilscheinen (§ 7 Abs. 2 Nr. 4 InvG) 305
cc. Vertrieb von Anteilscheinen (§ 7 Abs. 2 Nr. 5 InvG) 307
dd. Abschluss von Altersvorsorgeverträgen (§ 7 Abs. 2 Nr. 6 InvG) 307
ee. Sonstige mit dem Investmentgeschäft oder den Nebentätigkeiten unmittelbar verbundene Nebentätigkeiten (§ 7 Abs. 4 Nr. 7 InvG) 308
ff. Beteiligung an Unternehmen (§ 7 Abs. 3 InvG) 308

d. Zentrale Leitungsfunktionen 309
e. Depotbankfunktionen 311
f. Funktionsübergreifende Elemente einer Investment-Outsourcing-Regulierung 314
aa. Prinzipieller aufsichtlicher Regulierungsmechanismus 314
bb. Erlaubnispflicht des Auslagerungsunternehmens 317
aaa. Grundsätzliche Anforderung 317
bbb. Sonderfall: Beauftragung des Spezialfondsanlegers als Auslagerungsunternehmen 321
cc. „Absolute" Grenzen des Outsourcing 324
dd. (Weitere) Funktionsübergreifende Zulässigkeitsvoraussetzungen und Ausgestaltungsanforderungen des Outsourcing 326
aaa. Funktionsübergreifende Zulässigkeitsvoraussetzungen des Outsourcing 326
bbb. Ausgestaltungsanforderungen des Outsourcing 329
g. Abgleich mit den ökonomischen Aussagen 330

6. Einzelfragen 332
a. Mitwirkungsrechte der Anteilinhaber 332
b. Annäherung an das US-Modell 333

7. Abgleich des Regulierungsvorschlages mit § 16 InvG 335
a. Rolle des Regulierungsvorschlages im Verhältnis zu § 16 InvG 335
b. Abgleich des Regulierungsvorschlages mit § 16 InvG 337
aa. Divergierende Regelungen 337
bb. Übereinstimmende Regelungen 339
cc. Ergänzende Regelungen des Regulierungsvorschlages 341
c. Weiterer aufsichtsrechtlicher Handlungsbedarf 342

8. Zusammenfassung 345

**VII. Gesamtergebnis 351**

Literaturverzeichnis 355

## Abkürzungsverzeichnis

| | |
|---|---|
| a.A. | andere (-r) Ansicht |
| a.a.O. | am angegebenen Ort |
| a.E. | am Ende |
| a.F. | alte Fassung |
| Abb. | Abbildung |
| ABl. EG | Amtsblatt der Europäischen Gemeinschaften |
| Abs. | Absatz |
| AG | Aktiengesellschaft |
| AGB | Allgemeine Geschäftsbedingungen |
| AGB Banken | Allgemeine Geschäftsbedingungen der privaten Banken und der Genossenschaftsbanken |
| AktG | Aktiengesetz |
| AltZertG | Altersvorsorgeverträge-Zertifizierungsgesetz |
| Anstr. | Anstrich |
| AnzV | Verordnung über die Anzeigen und die Vorlage von Unterlagen nach dem Gesetz über das Kreditwesen (Anzeigenverordnung) |
| AO | Abgabenordnung |
| arg. | argumentum |
| Art. | Artikel |
| AuslInvestG | Gesetz über den Vertrieb ausländischer Investmentanteile und über die Besteuerung der Erträge aus ausländischen Investmentanteilen (Auslandinvestment-Gesetz) |
| | |
| B2B | Business to Business |
| BAFin | Bundesanstalt für Finanzdienstleistungsaufsicht |
| BAG | Bundesarbeitsgericht |
| BAKred | Bundesaufsichtsamt für das Kreditwesen |
| BankRHandB | Bankrechts-Handbuch |
| BausparkG | Gesetz über Bausparkassen |
| BAV | Bundesaufsichtsamt für das Versicherungswesen |
| BAWe | Bundesaufsichtsamt für den Wertpapierhandel |
| BBankG | Gesetz über die Deutsche Bundesbank |
| BDSG | Bundesdatenschutzgesetz |
| Begr. | Begründer |
| BGB | Bürgerliches Gesetzbuch |
| BGBl. I | Bundesgesetzblatt Teil I |
| BGH | Bundesgerichtshof |
| BGHZ | Entscheidungen des Bundesgerichtshofes in Zivilsachen (*amtliche Sammlung*) |
| BMF | Bundesministerium der Finanzen |
| BörsG | Börsengesetz |
| BR-Drucks. | Bundesratsdrucksache |

| | |
|---|---|
| BT-Drucks. | Bundestagsdrucksache |
| BVerwG | Bundesverwaltungsgericht |
| BVI | Bundesverband Investment und Asset Management e.V. |
| bzw. | beziehungsweise |
| ca. | circa |
| d.h. | das heißt |
| DB | Der Betrieb |
| DepotG | Gesetz über die Verwahrung und Anschaffung von Wertpapieren (Depotgesetz) |
| ders. | derselbe |
| dies. | dieselbe |
| Diss. | Dissertation |
| EDV | elektronische Datenverarbeitung |
| EG | Europäische Gemeinschaft (-en) |
| EGV | Vertrag zur Gründung der Europäischen Gemeinschaft |
| Einf | Einführung |
| etc. | et cetera |
| EU | Europäische Union |
| EuGH | Gerichtshof der Europäischen Gemeinschaften |
| EWR | Europäischer Wirtschaftsraum |
| EZB | Europäische Zentralbank |
| f. | folgende |
| FEFSI | Fédération Européenne des Fonds et Sociétés d´Investissement |
| ff. | folgende |
| FinDAG | Gesetz über die Bundesanstalt für Finanzdienstleistungsaufsicht (Finanzdienstleistungsaufsichtsgesetz) |
| Fn. | Fußnote |
| gem. | gemäß |
| GenG | Gesetz betreffend die Erwerbs- und Wirtschaftsgenossenschaften |
| GewO | Gewerbeordnung |
| GG | Grundgesetz für die Bundesrepublik Deutschland |
| ggf. | gegebenenfalls |
| GmbH | Gesellschaft mit beschränkter Haftung |
| GmbHG | Gesetz betreffend die Gesellschaften mit beschränkter Haftung |
| grds. | grundsätzlich |
| GWB | Gesetz gegen Wettbewerbsbeschränkungen |

| | |
|---|---|
| GwG | Gesetz über das Aufspüren von Gewinnen aus schweren Straftaten |
| HGB | Handelsgesetzbuch |
| hM | herrschende Meinung |
| Hrsg. | Herausgeber |
| HS | Halbsatz |
| HypBankG | Hypothekenbankgesetz |
| ICA | Investment Company Act of 1940 |
| ICI | Investment Company Institute |
| idR. | in der Regel |
| iHv. | in Höhe von |
| InvG | Investmentgesetz |
| InvStG | Investmentsteuergesetz |
| iRd. | im Rahmen des/ der |
| iRv. | im Rahmen von |
| iSd. | im Sinne des/der |
| iSe. | im Sinne eines/ einer |
| IT | Informationstechnologie |
| iVm. | in Verbindung mit |
| KAG | Kapitalanlagegesellschaft |
| KAGG | Gesetz über Kapitalanlagegesellschaften |
| KWG | Gesetz über das Kreditwesen (Kreditwesengesetz) |
| LB | Landesbank |
| lit. | littera |
| m.a.W. | mit anderen Worten |
| m.w.N. | mit weiteren Nachweisen |
| MaR | Mindestanforderungen an die Ausgestaltung der Internen Revision der Kreditinstitute (Rundschreiben 1/2000 des BAKred vom 17.1.2000) |
| Mio. | Million, Millionen |
| Mrd. | Milliarde, Milliarden |
| n.F. | neue Fassung |
| NJW | Neue Juristische Wochenschrift |
| No. | Number |
| Nr. | Nummer |
| NRW | Nordrhein-Westfalen |
| o.a. | oben angegeben (-e, -er, -es) |
| o.ä. | oder ähnlich (-es) |

| | |
|---|---|
| OGAW | Organismus für gemeinsame Anlagen in Wertpapieren |
| | |
| Rn. | Randnummer |
| | |
| S. | Satz, Seite |
| s. | siehe |
| s.o. | siehe oben |
| s.u. | siehe unten |
| SEC | United States Securities and Exchange Commission |
| Sec. | Section |
| SGB IV | Sozialgesetzbuch – Viertes Buch – Gemeinsame Vorschriften für die Sozialversicherung |
| sog. | sogenannte (-r, -s) |
| | |
| Tz. | Textzeichen |
| | |
| u.a. | und andere, unter anderem |
| U.S.C. | Unites States Code |
| UAbs. | Unterabsatz |
| UmwG | Umwandlungsgesetz |
| US | United States |
| USA | United States of America |
| UStG | Umsatzsteuergesetz |
| | |
| v.a. | vor allem |
| VAG | Gesetz über die Beaufsichtigung der Versicherungsunternehmen (Versicherungsaufsichtsgesetz) |
| VersR | Versicherungsrecht Juristische Rundschau für die Individualversicherung |
| VG | Verwaltungsgericht |
| vgl. | vergleiche |
| vs. | versus |
| VwVfg | Verwaltungsverfahrensgesetz (Bund) |
| | |
| WM | Wertpapiermitteilungen Zeitschrift für Wirtschafts- und Bankrecht |
| WP | Wertpapier |
| WpHG | Gesetz über den Wertpapierhandel (Wertpapierhandelsgesetz) |
| | |
| z.B. | zum Beispiel |
| z.T. | zum Teil |
| ZBB | Zeitschrift für Bankrecht und Bankwirtschaft |

# I. Einleitung: Outsourcing bei Kapitalanlagegesellschaften

## 1. Outsourcing bei Kapitalanlagegesellschaften

Outsourcing bezeichnet eine wirtschaftliche Situation, in der mindestens ein Wertschöpfungsschritt im Prozess der Erstellung eines (materiellen) Gutes oder einer Dienstleistung dauerhaft an eine andere Person delegiert wird.
Outsourcing in einfachen Formen des arbeitsteiligen Zusammenwirkens kennzeichnet das Wirtschaftsleben von jeher. „Eigenerstellung oder Fremdbezug?" ist eine vieldiskutierte Frage in der Betriebswirtschaftslehre und in der betrieblichen Praxis. Anspruchsvollere Varianten des Outsourcing sind seit den 1980er Jahren bekannt. Mit ihnen wird versucht, durch die systematische Auslagerung betrieblicher Funktionen dauerhafte Wettbewerbsvorteile zu verwirklichen und strategische Unternehmensziele zu erreichen. Outsourcing kann namentlich die Kosten- und Kapazitätsstrukturen von Unternehmen verändern, Geschäftsprozesse neu gestalten, Risiken verlagern und dem unternehmerischen Leistungsprofil einen neuen Zuschnitt geben bis hin zur Veränderung der Unternehmensgröße. Outsourcing entwickelt sich damit zu einer Technik der Unternehmensführung, Produktionsfaktoren dort zum Einsatz zu bringen, wo sie den höchsten Wert schaffen, ohne dass die unternehmerische Kontrolle verloren geht. Die besondere Entwicklungskraft des Outsourcing liegt darin, in der strategischen Zusammenarbeit mehrerer Wertschöpfungspartner zu grundlegend anderen Geschäftsmodellen zu gelangen, die das Gesicht einer Industrie oder Branche ebenso wie ihre ökonomische Leistungsfähigkeit neu zu prägen vermögen.

Outsourcing ist keine Modeerscheinung, sondern hat sich als betriebswirtschaftliche Lösungsalternative etabliert. Allerdings greifen Unternehmensführungen nicht gleichmäßig und durchgängig auf die Technik des Outsourcing zurück, so dass es zu Zyklen der intensiveren oder weniger intensiven Nutzung des Outsourcing kommt. Gründe dafür sind branchen- und industriespezifische Entwicklungen, variierende Erfolge von Outsourcing-Modellen, unregelmäßiges Auftreten von (informations-) technologischen Errungenschaften und unterschiedlich schnelle Reifungsprozesse bis zur unternehmerischen Entscheidungsbereitschaft.

Die Finanzdienstleistungsbranche ist im Vergleich zu manchen Zweigen der Konsumgüter- oder Investitionsgüterindustrie spät von Organisationsmodellen des Outsourcing erreicht worden. Sie weist daher bis heute eine überdurchschnittlich hohe Fertigungstiefe auf. Die Bemühungen, den Nachholbedarf zu decken und die Chancen des Outsourcing auch in der europäischen Finanzdienstleistungsbranche zu nutzen, haben erst vor wenigen Jahren in größerem Umfang eingesetzt. Mittlerweile berichtet die Fachpresse regelmäßig von Auslagerungsverträgen oder entsprechenden Planungen.
Die Investmentbranche im Besonderen darf gekennzeichnet werden als eine Branche, in der bis in die jüngere Vergangenheit die einzelne Kapitalanlagegesellschaft den Wertschöpfungsprozess in der Regel eigenverantwortlich und umfassend abge-

deckt hat. Eine Ausnahme bildet der Vertrieb, bei dem man sich traditionell der Hilfe des Mutterunternehmens oder anderer Institute bedient. Vor allem die zentralen Abschnitte in der Abwicklung der Investmentdienstleistung, das Fondsmanagement und die Fondsbuchhaltung, werden aber bis heute typischerweise in Eigenerstellung erbracht. Erst die zurückliegenden Jahre haben hier für Bewegung gesorgt, und es zeichnen sich nun auch in der Fondsbranche Outsourcing-Geschäftsmodelle ab, in denen z.B. durch Spezialisierung oder Volumenbündelung nach betriebswirtschaftlichen Vorteilen gestrebt wird. Es ist davon auszugehen, dass Outsourcing in unterschiedlichen Formen unternehmensindividueller und unternehmensübergreifender Strategien die Branche dauerhaft, wenn auch in wechselnden Intensitäten beschäftigen wird.

Aus aufsichtlicher Perspektive entsteht ein Bedürfnis nach Regulierung des Outsourcing, so dass das Aufsichtsrecht zum Nachziehen aufgefordert ist: Outsourcing bringt aufsichtlichen Kontrollverlust mit sich, indem weitere Personen in die Erbringung des Bankgeschäftes eingebunden werden. Diese Personen unterstehen nicht notwendig der Aufsicht, und ihre Mitwirkung trägt Komplexität in die zu beaufsichtigenden Prozesse hinein. Für das Investmentgeschäft als aufsichtlich sensible kollektive Vermögensverwaltung bedeutet dies, dass die Sicherheit der anvertrauten und angelegten Gelder ebenso wie die weitere Wahrung der Anteilinhaberinteressen und die Ordnungsmäßigkeit des Geschäftes weniger leicht zu gewährleisten sind. Um Schäden für die Anleger zu vermeiden und die Funktionsfähigkeit und Solidität des Investmentmarktes zu erhalten – auch mit Blick auf seine volkswirtschaftlichen Aufgaben in den Bereichen Kapitalallokation und Altersvorsorge – wird daher die regulatorische Begleitung des Outsourcing erforderlich.

Die Regulierung des Outsourcing sieht sich dabei inmitten entgegengesetzter Interessen: Der Investmentbranche ist daran gelegen, ihre unternehmerischen Handlungsspielräume zu erhalten und zur Steigerung ihrer Wettbewerbsfähigkeit die wirtschaftlichen Möglichkeiten des Outsourcing ungehindert nutzen zu können. Zunehmend mehr Kapitalanlagegesellschaften bereitet es Schwierigkeiten, die tiefe Prozesskette des Investmentgeschäftes bei sich ständig erweiternder Produktvielfalt in wirtschaftlich vertretbarer Manier eigenständig abzudecken. Die Aufsicht dagegen ist bemüht, die Ordnungsmäßigkeit des Geschäftes und die Anlegerinteressen im dargestellten Sinn zu bewahren. Daneben geht es ihr darum, ihren Einflussbereich zu stabilisieren und im Wege des Outsourcing unternommene Umgehungen der Aufsichtsvorschriften zu unterbinden. Zwischen diesen Interessenfeldern muss die Regulierungslösung zum Outsourcing im Investmentgeschäft einen Ausgleich herbeiführen.

## 2. Bisherige rechtstatsächliche Entwicklung

Die Vorschrift des § 25a Abs. 2 KWG war die erste gesetzliche Reaktion im deutschen Bankaufsichtsrecht auf die Weiterentwicklung der Outsourcing-Realität in der Finanzdienstleistungsindustrie. Die Bestimmung hat mit der Sechsten KWG-

Novelle[1] Eingang in das Gesetz gefunden und bietet eine Regelung für alle Bankgeschäfte und Finanzdienstleistungen iSd. § 1 Abs. 1, Abs. 1a KWG. Somit betrifft sie auch das Investmentgeschäft iSd. § 1 Abs. 1 S. 2 Nr. 6 KWG, ist aber keine rein investmentrechtliche Regelung. Vor Einführung des § 25a Abs. 2 KWG wurde die Rechtslage unsystematisch in Einzelfragen des Outsourcing faktisch festgeschrieben durch die Verwaltungspraxis der Aufsicht, die z.T. auch in aufsichtlichen Verlautbarungen fixiert war.
Trotz der Einführung des § 25a Abs. 2 KWG blieben die Auswirkungen der Regulierung in der Praxis der Kreditwirtschaft unsicher: Das zur Konkretisierung und zur Förderung der Transparenz des § 25a Abs. 2 KWG geplante aufsichtliche Rundschreiben zum Outsourcing durchlief einen holprigen Entstehungsprozess. Nach intensiven Diskussionen zwischen der Aufsicht und der Kreditwirtschaft, die zu zum Teil erheblichen inhaltlichen Überarbeitungen der Entwürfe führten, wurde das Rundschreiben schließlich im Dezember 2001 erlassen.[2] Seitdem ergibt sich die Regulierung zum Outsourcing bei Bankgeschäften und Finanzdienstleistungen aus § 25a Abs. 2 KWG in Verbindung mit dem Rundschreiben. Tatsächlich aber verbleiben sachlich ungeklärte Fragen, wie aufzuzeigen sein wird, so dass die Rechtslage noch keine letztliche Festigung hat erfahren können.

Auch für das Investmentgeschäft war § 25a Abs. 2 KWG bis zum Inkrafttreten des InvG die allein einschlägige Vorschrift zur Regulierung des Outsourcing, wenngleich sich bereits im KAGG einige Bestimmungen zur Zusammenarbeit der Kapitalanlagegesellschaft und der Depotbank mit dritten Stellen finden ließen. Formell noch nicht aufgehoben ist außerdem ein Rundschreiben der Aufsicht aus der Zeit vor der Einführung des § 25a Abs. 2 KWG,[3] das sich speziell mit der Auslagerung des Fondsmanagement bei Kapitalanlagegesellschaften befasst; jedoch ist dieses Rundschreiben mittlerweile durch die tatsächlich anderslautende Aufsichtspraxis ebenso wie durch die Regelungen des InvG überholt.
Die Ablösung des § 25a Abs. 2 KWG für das Investmentgeschäft durch eine spezielle investmentrechtliche Regelung erfolgte mit Inkrafttreten des InvG.[4] Die jüngste Änderung zur OGAW-Richtlinie,[5] der europarechtlichen Richtlinie iSd. Art. 249 EGV

---

1 Gesetz zur Umsetzung von EG-Richtlinien zur Harmonisierung bank- und wertpapieraufsichtsrichtlicher Vorschriften vom 22.10.1997 [BGBl. I S. 2518 ff.].

2 Rundschreiben 11/2001 des BAKred an alle Kreditinstitute und Finanzdienstleistungsinstitute in der Bundesrepublik Deutschland „Auslagerung von Bereichen auf ein anderes Unternehmen gemäß § 25a Abs. 2 KWG" vom 6.12.2001, Geschäftsnummer I 3 – 272 A – 2/98, abgedruckt bei *Consbruch/ Möller/ Bähre/ Schneider* Nr. 4.339 a).

3 BAKred, Schreiben vom 29.9.1997 über die „Auslagerung des Fondsmanagements bei Kapitalanlagegesellschaften und die Anteilwertermittlung gemäß § 21 Abs. 2 KAGG", abgedruckt bei *Consbruch/ Möller/ Bähre/ Schneider* Nr. 10.73.

4 Investmentgesetz vom 15.12.2003 [verkündet als Art. 1 Gesetz zur Modernisierung des Investmentwesens und zur Besteuerung von Investmentvermögen (Investmentmodernisierungsgesetz), BGBl. I S. 2676]; § 16 InvG trat gemäß Art. 17 Investmentmodernisierungsgesetz am 1.1.2004 in Kraft.

5 Die „Ursprungsrichtlinie" ist die Richtlinie 85/611/EWG des Rates zur Koordinierung der Rechts- und Verwaltungsvorschriften betreffend bestimmte Organismen für gemeinsame Anlagen in Wertpapieren (OGAW) vom 20.12.1985, ABl. EG L 375 vom 31.12.1985, S. 3-18. Die hier relevante Änderungsrichtlinie ist die Richtlinie 2001/107/EG des Europäischen Parlaments und des Rates zur Änderung der Richtlinie 85/611/EWG des Rates zur Koordinierung der Rechts- und Verwaltungsvorschriften betreffend bestimmte

zur Regulierung des Investmentgeschäftes, brachte mit Art. 5g OGAW-Richtlinie eine Norm, die den Mitgliedstaaten Vorgaben hinsichtlich der Reglementierung des Outsourcing macht für den Fall, dass die Mitgliedstaaten die Möglichkeit des Outsourcing den von ihnen beaufsichtigten Verwaltungsgesellschaften einräumen. Der deutsche Gesetzgeber hat sich dazu entschieden, den Kapitalanlagegesellschaften diese Möglichkeit zu eröffnen, und hat Art. 5g OGAW-Richtlinie in Form von § 16 InvG umgesetzt. Diese Vorschrift trifft eigene Bestimmungen zur Regulierung von Auslagerungen im Investmentgeschäft und verweist auf § 25a KWG. Maßgeblich für die Rechtslage zum Outsourcing bei Kapitalanlagegesellschaften ist daher nunmehr § 16 InvG iVm. § 25a KWG.

### 3. Zielsetzung, Vorgehensweise und Aufbau der Arbeit

Diese investmentrechtliche Arbeit dient der Herleitung eines Regulierungsvorschlags zum Outsourcing bei Kapitalanlagegesellschaften und soll damit einen Beitrag leisten zur Bereitstellung eines modernen Investmentrechts. Zielsetzung ist es ferner, die bisher weitgehend unkommentierte europarechtliche Materie des Art. 5g OGAW-Richtlinie zu erörtern und dazu beizutragen, offene Fragen zum Outsourcing im allgemeinen deutschen Bankaufsichtsrecht zu klären.

Die Arbeit bedient sich der regulären rechtswissenschaftlichen Auslegungsmethoden und Argumentationsformen zur Rechtsfindung. Eine gewisse Betonung liegt darauf, ökonomische Prinzipien zur Rechtsauslegung und Rechtsentwicklung heranzuziehen. Das Bankaufsichtsrecht sollte als eine Materie, die Verhaltensweisen des Wirtschaftslebens reguliert, die Grundlagen der Wertschöpfung und die Möglichkeiten zur Wohlfahrtssteigerung nicht aus den Augen verlieren. Die Untersuchung ist insoweit auch bemüht, die ökonomische Analyse in der investmentrechtlichen Diskussion weiter zu etablieren.

Die Investment-Outsourcing-Regulierungslösung wird bewusst auf dem Hintergrund der bestehenden Reglementierungen des allgemeinen deutschen Bankaufsichtsrechts sowie des europäischen und US-amerikanischen Investmentrechts erarbeitet. Soweit möglich und sinnvoll, soll von den jeweiligen Regelungen für das Outsourcing-Recht *de lege ferenda* gelernt werden.

Die Arbeit befasst sich mit der neuen Vorschrift des § 16 InvG nicht dergestalt, dass die Situation *de lege lata* im Mittelpunkt der Bearbeitung stehen würde. In der Zielsetzung, eine Lösung *de lege ferenda* abzuleiten, die unabhängig von einem bestehenden Aufsichtsregime gilt, begrenzt sich die Arbeit nicht darauf, eine aktuelle Rechtslage zu kritisieren, sondern fragt davon losgelöst, was Recht sein *sollte* im Investment-Outsourcing.

---

Organismen für gemeinsame Anlagen in Wertpapieren (OGAW) zwecks Festlegung von Bestimmungen für Verwaltungsgesellschaften und vereinfachte Prospekte vom 21.12.2002, ABl. EG Nr. L 41 vom 13.2.2002, S. 20 ff.

Gerade für eine junge Vorschrift wie § 16 InvG, die sich in der Regulierungspraxis behaupten muss, erhofft sich die Arbeit durch eine differenzierte Ausarbeitung des Themas, dass ein Beitrag geleistet werden kann zur Auslegung und regulatorischen Handhabung der Norm. Die Bestimmung des § 25a Abs. 2 KWG liefert ein anschauliches Beispiel dafür, dass auch eine formelle Kodifizierung nicht gleichbedeutend ist mit einer gesicherten Regulierungslage: Mit dem Inkrafttreten des § 25a Abs. 2 KWG setzte eine anhaltende Diskussion um Inhalt und Reichweite der Vorschrift ein, nicht etwa kam es zu einer Klärung der Outsourcing-Regulierung. Konkret möchte die Arbeit für den Umgang mit § 16 InvG dreierlei bieten:

- Dort, wo sich der Regulierungsvorschlag mit § 16 InvG deckt, liefert er eine materielle Begründung für die bestehende Regelung.
- Dort, wo der Regulierungsvorschlag von § 16 InvG abweicht, möchte er eine kritische Überprüfung der Norm anregen.
- Schließlich dort, wo der Regulierungsvorschlag detaillierter ist als § 16 InvG und sich mit Fragen befasst, die § 16 InvG nicht (ausdrücklich) behandelt, leistet er eine Auslegungshilfe und offeriert eine Anleitung für die Regulierungspraxis.

Insbesondere zum letztgenannten Punkt ist zu bedenken, dass sich Outsourcing fortentwickeln wird und innovative Geschäftsmodelle entstehen werden, zu deren Behandlung ebenfalls § 16 InvG herangezogen werden wird. Hier ist die Arbeit bestrebt, wie dargestellt zu unterstützen.

Die durch die Arbeit zu ermittelnde Regulierungslösung ist eine Lösung für den deutschen Rechtskreis. Zu regulieren ist das Outsourcing bei *Kapitalanlagegesellschaften* hinsichtlich des von ihnen betriebenen Investmentgeschäftes iSd. § 1 Abs. 1 S. 2 Nr. 6 KWG, § 2 Abs. 6, § 6 Abs. 1, § 7 Abs. 2 InvG und der von ihnen zulässigerweise verfolgten Dienstleistungen und Nebendienstleistungen iSd. § 7 Abs. 2 InvG; auch Auslagerungen der *Depotbank* sind zu bewerten. *Investmentaktiengesellschaften* (§ 2 Abs. 5, §§ 96-111 InvG), die bisher im deutschen Investmentmarkt nicht bestehen, bilden keinen Untersuchungsgegenstand dieser Arbeit und können nur am Rande berücksichtigt werden.

Kapitel II der Arbeit zeigt den wirtschaftstheoretischen Hintergrund und den wirtschaftlich-tatsächlichen Rahmen auf, in dem sich das Regulierungsrecht zum Outsourcing bewegt (wirtschaftliche Bedeutung des Outsourcing, Bedingungen, unter denen Unternehmen betriebliche Funktionen auslagern, Funktionsweise des Investmentgeschäftes, gegenwärtiges tatsächliches Auslagerungsverhalten in der deutschen Kreditwirtschaft). Das Kapitel fördert damit auch die Realitätsnähe der Untersuchung. Die juristische Analyse wird ökonomisch fundiert: Die bestehenden Erkenntnisse der Mikroökonomik und der Betriebswirtschaftslehre werden auf das Investmentgeschäft angewandt, um auf diese Weise ökonomische Aussagen zur Vor- oder Nachteilhaftigkeit des Outsourcing bei Kapitalanlagegesellschaften zu gewinnen. Diese Aussagen können sodann unterstützend in der Rechtsentwicklung eingesetzt werden.

Kapitel III stellt sich der Erörterung der Outsourcing-Rechtslage im allgemeinen deutschen Bankaufsichtsrecht nach § 25a Abs. 2 KWG und setzt sich mit der aufsichtlichen Position auseinander. Dabei handelt es sich um keine rein darstellende Betrachtung. Das Augenmerk liegt darauf, zur Klärung offener Fragen beizutragen und bisher wenig betrachtete Flanken intensiver auszuleuchten (u.a. personal-räumlicher Anwendungsbereich der Norm, Erlaubnispflicht für Auslagerungsunternehmen [also die Unternehmen, an die Aufgaben delegiert werden], „absolute" Grenzen der Auslagerbarkeit bei Kumulation von Outsourcing-Maßnahmen). Das bisherige Verständnis der Norm soll vertieft werden. Das Kapitel fächert insgesamt das Spektrum der Fragen auf, zu denen eine ganzheitliche Outsourcing-Regulierung Stellung beziehen muss. Die Beschäftigung mit § 25a Abs. 2 KWG ist schließlich auch deshalb geboten, weil § 16 InvG auf die Vorschrift verweist.

Kapitel IV bemüht sich um die Klärung der Rechtslage im Investment-Outsourcing nach der europarechtlichen Vorschrift des Art. 5g OGAW-Richtlinie. Es handelt sich um eine Regelung speziell für das Investmentgeschäft, so dass ein Einstieg in rein investmentrechtliche Outsourcing-Fragen unternommen werden kann. Die gewonnenen Erkenntnisse sollen wiederum für die Regulierung *de lege ferenda* eingesetzt werden (u.a. in den Bereichen Mindestmitwirkung der auslagernden Verwaltungsgesellschaft bei Auslagerung des Fondsmanagement, Totalauslagerung des Fondsmanagement, Auslagerung der Verwahrstellenfunktionen, Offenlegungsanforderungen). Die Analyse des Art. 5g OGAW-Richtlinie ist nicht zuletzt auch für das Verständnis des § 16 InvG als der nationalen Umsetzungsnorm unerlässlich.

Kapitel V blickt angesichts der Größe und der Reife des US-Investmentmarktes auf das dortige Investmentrecht. Die relevanten Teile des amerikanischen Investment-Regulierungsrechts und das US-Modell des Investmentgeschäfts werden dargelegt. Die Gründe für die besondere Ablauforganisation und die nur eingeschränkte Bedeutung des Outsourcing im US-Investmentgeschäft werden herausgearbeitet. Dies ermöglicht es, Implikationen für eine deutsche Outsourcing-Regulierungslösung abzuleiten und die Übernahme von Zügen des US-Rechts zu bewerten.

Kapitel VI schlägt sodann eine umfassende Regulierung für das Investment-Outsourcing vor. Der Vorschlag trennt, soweit erforderlich, nach den einzelnen Schritten in der Wertschöpfungskette des Investmentgeschäfts. In der Erarbeitung des Vorschlages soll keine Bindung an die gegebene Rechtslage herrschen, wenngleich, soweit möglich und sinnvoll, eine Lösung innerhalb der bestehenden investmentrechtlichen Umgebung angestrebt wird. Mit anderen Worten: Es geht grundsätzlich nicht um eine Herausforderung des gesamten Aufsichtsregimes des InvG, sondern nur des Outsourcing-Aufsichtsrechts. Im Anschluss nimmt die Arbeit einen knappen Abgleich des Regulierungsvorschlages mit der Rechtslage nach § 16 InvG vor, um Übereinstimmungen und Differenzen mit dem Ziel zu identifizieren, Anpassungsbedarf aus Sicht des Regulierungsvorschlages ebenso aufzuzeigen wie Regelungsbereiche, in denen der Regulierungsvorschlag im Vergleich zur gesetzlichen

Normierung die detailliertere Behandlung zu bieten vermag und daher die Aufsichtspraxis anleiten und festigen kann.

### 4. Begriffliche Klärungen

Zur Klarstellung soll die Verwendung einiger Begrifflichkeiten in dieser Untersuchung erläutert werden.

Als „Kapitalanlagegesellschaft" werden im Kontext des InvG Kreditinstitute bezeichnet, deren Geschäftsbereich gemäß der Legaldefinition der § 1 Abs. 6, § 6 Abs. 1 S. 1 InvG auf den Betrieb des Investmentgeschäftes gerichtet ist. Solche Kreditinstitute werden im Kontext der OGAW-Richtlinie „Verwaltungsgesellschaften" genannt (Art. 1a Nr. 2 OGAW-Richtlinie). „Investmentgesellschaft" und „Fondsgesellschaft" werden grundsätzlich als Synonyme für „Kapitalanlagegesellschaft" und „Verwaltungsgesellschaft" verwendet. Ausnahmsweise, dann aber unter Klarstellung im Text, kann „Investmentgesellschaft" nach der Legaldefinition des Art. 1 Abs. 3 OGAW-Richtlinie eine korporierte Einheit bezeichnen, die das Investmentgeschäft in Satzungsform betreibt (im Gegensatz zu den vertraglichen Organisationsformen [„Sondervermögen"] und „Trust"-Organisationsformen). „Investment" meint nicht allgemein die Anlage von Geldkapital, sondern nur die Anlage in der Form der kollektiven Vermögensverwaltung. „Fondsmanagement", „Anlageverwaltung" und „Portfolioverwaltung" benennen in synonymem Gebrauch die Anlage der eingelegten Gelder der Investoren und den laufenden wertorientierten An- und Verkauf von Vermögensgegenständen durch eine Kapitalanlagegesellschaft oder Verwaltungsgesellschaft.

# II. Das ökonomische Konzept des Outsourcing

## 1. Ökonomik des Outsourcing

### a. Bedeutung und Erscheinungsformen

#### aa. Einführung

Vorgeblich ist die Vokabel „Outsourcing" entstanden durch das verkürzende Zusammenziehen des Ausdrucks „Outside Resource Using" („Benutzen außerhalb liegender Mittel").[6]
Outsourcing ist aus wirtschaftlicher Sicht zu definieren als das Herausnehmen eines oder mehrerer Arbeitsschritte der Produkterstellung aus der tatsächlichen Sphäre des das Produkt erstellenden Unternehmens und die Übertragung auf fremde Unternehmen oder Personen. Diese Unternehmen oder Personen übernehmen für das sachgerechte Leisten der übertragenen Arbeitsschritte die unternehmerisch-operative Verantwortung.[7]

Um von Outsourcing sprechen zu können, ist die Erfüllung weiterer Kriterien gefordert:

- Die Übertragung muss dauerhaft oder für einen längeren befristeten Zeitraum vereinbart sein. Kurzfristige oder gelegentliche Zusammenarbeit qualifiziert sich nicht für „Outsourcing", da sie betriebswirtschaftlich anders zu bewerten ist; insbesondere weist sie ein anderes Chancen- und Risikoprofil auf.
- Die Übertragung erfolgt auf ein wirtschaftlich und rechtlich eigenständiges Unternehmen bzw. eine wirtschaftlich und rechtlich selbständige Person.[8] Auch die Übertragung im Konzern ist aufsichtsrechtlich und zivilrechtlich relevant.
- Die in Rede stehenden Arbeitsschritte müssen zwar nicht unmittelbar zweckgerichtet auf das Leistungserstellungsziel einer Unternehmung sein, müssen aber zumindest eine wirtschaftliche Hilfsfunktion im wertschöpfenden Prozess aufweisen. Völlig außerhalb des Spektums der unternehmerischen Wertschöpfung stehende Aktivitäten unterfallen nicht dem Outsourcing (etwa die Ausrichtung eines

---

6 *Koppelmann* (1996), S. 2; *Zahn/ Barth/ Hertweck* (1999), S. 5; *Bühner/ Tuschke* (1997), S. 21; *Bloech* (1996), S. 150; *Schätzer* (1999), S. 43.

7 Diese Definition vernachlässigt den Sonderfall des Outsourcing, dass ein Unternehmen einen betrieblichen Produkterstellungsprozess erstmalig vornimmt und diesen von Anbeginn einem anderen Unternehmen überträgt. Klarstellend sollte ergänzt werden, dass Gegenstand der ökonomischen und juristischen Untersuchung nicht allein der Vorgang des Auslagerns ist, sondern v.a. das „Ausgelagertsein", also die (andauernde) Beziehung zwischen dem auslagernden Unternehmen und dem Auslagerungsunternehmen.

8 Hier grenzt sich Outsourcing von „Shared Services"-Lösungen ab. Shared Services bieten sich als Organisationskonzept an, wenn die relevanten Prozesse zum Outsourcing ungeeignet sind oder das Management das Outsourcing verweigert oder am Markt kein Dienstleister agiert (*Wißkirchen/ Mertens* (1999), S. 80-82). „Shared Services Center"arbeiten rechtlich (und zumeist auch wirtschaftlich) unselbständig für mehrere betriebliche Einheiten eines Unternehmens. Sie stellen eine gemeinsame Infrastruktur zur Verfügung und führen vergleichbare, wenngleich regelmäßig nicht gleichartig ausgeführte Prozesse in *einem* Verantwortungsbereich zusammen.

Betriebssportfestes). Sie sind wirtschaftlich und – im Kreditgewerbe – aufsichtsrechtlich von untergeordneter Bedeutung.

Es ist nicht gefordert, dass die übertragenen Tätigkeiten in sich einen geschlossenen Funktionenkreis bilden oder im auslagernden Unternehmen einen abgegrenzten oder zumindest abgrenzbaren Bereich ausmachen.

Outsourcing-Beziehungen weisen zahlreiche strukturelle Varianten auf – von der Einbindung eines Outsourcing-Partners, der ein in Mehrheitsbesitz stehendes Unternehmen ist, bis hin zu einem dritten Unternehmen, mit dem lediglich ein regulärer Geschäftsbesorgungsvertrag geschlossen wird. Es eröffnet sich damit ein Kontinuum[9] organisatorischer Lösungen, in dem sich die „Nähe" der Partner und insbesondere die Beherrschungsmöglichkeiten durch das auslagernde Unternehmen abstufen. Die Determinanten, die für die Wahl einer Kooperationsform ausschlaggebend sind, werden in Abschnitt II.1.b. ausführlich behandelt.

Grundsätzlich sind kein Unternehmensbereich und keine Hierarchieebene[10] von vornherein vom Outsourcing ausgeschlossen. Outsourcing kann selektiv erfolgen – dann wird von einem Arbeitsschritt quantitativ oder funktionell nur ein Teilstück ausgelagert – oder vollständig durchgeführt werden – dann verlässt der entsprechende Arbeitsschritt das auslagernde Unternehmen in jeder Hinsicht.

Von Outsourcing ist jedoch dann nicht mehr zu sprechen, wenn das abgebende Unternehmen auf die betroffene Geschäftsart zur Gänze verzichtet; Outsourcing ist keine Geschäftsaufgabe. Vielmehr bleibt beim Outsourcing das auslagernde Unternehmen Anbieter der Leistung am Markt (wenngleich im Ergebnis der Hauptteil der Wertschöpfung außerhalb dieses Hauses stattfinden mag).

Die bisherigen, den Rahmen steckenden Ausführungen lassen deutlich werden, dass es sich bei der Outsourcing-Entscheidung um eine Entscheidung zur optimalen Fertigungstiefe eines Unternehmens handelt. Fertigungstiefe meint den Anteil der in einem (materiellen) Gut oder einer Dienstleistung gebundenen Gesamtwertschöpfung, den die in der Unternehmung selbst ausgeführten Aktivitäten beitragen.

Damit steht die Outsourcing-Frage in engem Zusammenhang zu der Frage nach der optimalen Unternehmensgröße. Eine Relation zwischen der Fertigungstiefe und der Rentabilität eines Unternehmens ist in den Wirtschaftswissenschaften jedoch nie eindeutig nachgewiesen worden.[11]

Diese Fertigungstiefen-Entscheidung stand zumeist und steht noch heute regelmäßig unter dem Leitmotiv des Kostenmanagement. Outsourcing wird legitimerweise eingesetzt als eine Maßnahme zur Kostensenkung und zur Schaffung von Kostentransparenz.

---

9 *Bogaschewsky* (1996), S. 126; ähnlich *Bruch* (1998), S. 53-74, und *Schätzer* (1999), S. 50, 122f.

10 Dazu *Koppelmann* (1996), S. 7-9.

11 Vergleiche dazu die Nachweise bei *Bogaschewsky* (1996), S. 140.

Prüft man allerdings die Outsourcing-Entwicklungen der letzten Jahre, insbesondere das Wachstum des Outsourcing-Marktes, sticht ins Auge, dass sich das Verständnis und der Einsatz des Outsourcing geweitet haben: Outsourcing wird zunehmend begriffen als eine strategisch zu verwendende Technik der Unternehmensführung, mit der sich organisatorische Veränderungen durchsetzen lassen. Mit Hilfe des Outsourcing will man – über die Kostendimension hinausreichend – neue Geschäfts- und Organisationsmodelle verwirklichen und unternehmerische Fertigkeiten aufbauen.

Diese Erweiterung ist weniger auf einen Neuigkeitsgehalt innerhalb der Outsourcing-Idee zurückzuführen. Vielmehr sind es drei begleitende Entwicklungen, durch die Outsourcing eine grundlegend erhöhte unternehmerische Bedeutung erhält:[12] Zunächst haben die Breite, Tiefe und Reife des Marktes für Outsourcing-Dienstleistungen nachhaltig zugenommen. Für nahezu jeden unternehmerischen Arbeitsschritt lässt sich ein externer Anbieter am (internationalen) Markt finden. Sodann haben sich die technischen Integrationsmöglichkeiten insbesondere durch die Fortschritte in der Informationstechnologie und durch neue Medien verbessert. Schließlich steigt der Wettbewerbsdruck über alle größeren Industrien bei unstetigen Rahmenbedingungen.
In diesem Spannungsfeld entwickelt sich der prinzipielle Trend der Spezialisierung zu einer Antwort auf die Auffächerung und Komplexitätssteigerung im Wirtschaftsleben. Unternehmen gewinnen die Bereitschaft, nicht mehr alle Leistungen eines Wertschöpfungsprozesses selbst zu erbringen, sondern sich zur Sicherung eines langfristigen Wettbewerbsvorteils zu spezialisieren und die außerhalb der Spezialisierung liegenden Bereiche ihrerseits den Spezialisten zu überlassen, um im Zugang zu Expertise und in der Fokussierung des eigenen Management insgesamt eine Wertschöpfungssteigerung zu erzielen. Outsourcing wird zu einem Instrument, über neue Organisationsformen die unternehmerische Leistung zu steigern.
Auf diese Argumente wird in der Diskussion der betriebswirtschaftlichen Motive und Risiken im Detail zurückzukommen sein (Abschnitt II.1.b.cc.).

In diesem Übergang zu neuen Geschäftsmodellen und innovativen Formen der Unternehmenskooperation deutet sich das dynamisierende Potenzial des Outsourcing an. Outsourcing kann Industrien und Branchen (im Positiven wie im Negativen) weiterentwickeln sowie neuen Ideen, Rollen und Wertschöpfungsmöglichkeiten Platz schaffen. Darin liegen die volkswirtschaftlichen Chancen und Risiken des Outsourcing.

Einen griffigen Ausdruck für diesen modernen Outsourcing-Ansatz, Funktionsauslagerungen zu mehr zu nutzen als zur Kostensenkung, bieten die Bestrebungen insbesondere in der Automobilindustrie, Outsourcing-Partner durch verbesserte Integration zu einem Teil des eigenen Produkterstellungsprozesses zu machen. Dies zeigt sich z.B. in der Einbindung der Zulieferer bereits in die Produktentwicklung oder

---

12 Dazu ergänzend *M. Johnson* (1997), S. 10 f., 16 f., 29-33.

auch in der Vergütung der Kooperationspartner in Abhängigkeit von nachgelagerten Vertriebserfolgen, die nur bei solider Integration erzielt werden können (gemeinsame Anreizstrukturen, gemeinsame Risiken).[13] Solche Formen der Zusammenarbeit verabschieden sich vom ursprünglichen Outsourcing-Charakter des „Loswerdens" eines Bereiches. Nunmehr geht es um das bewusste Hineinnehmen eines strategischen Partners in den eigenen Wertschöpfungsprozess. Outsourcing wird dergestalt zu „a new way of doing business".

### bb. Größe des Outsourcing-Marktes und Fertigungstiefen in verschiedenen Industrien

Die Ermittlung des Outsourcing-Marktvolumens ist mit Unsicherheiten behaftet. Die erhältlichen Erhebungen grenzen die unter den Begriff fallenden Leistungen uneinheitlich ab. So werden etwa die beim Outsourcing häufig anfallenden begleitenden reinen Beratungs- und Projektleistungen bei manchen Autoren bzw. Marktforschungsinstituten berücksichtigt, bei anderen wiederum nicht. Ebenso verhält es sich, wenn Mitarbeiter im Zuge von Auslagerungsmaßnahmen vom Insourcer übernommen werden (z.B. im Wege des Betriebsübergangs, § 613a BGB): In manche Marktdaten werden diese Personalkosten einbezogen, bei anderen Auswertungen bleiben sie außen vor, da sie nicht in den untersuchten Outsourcing-Verträgen, sondern in anderen Abreden quantifiziert worden sind.

Einigkeit besteht insoweit nur darin, dass der Outsourcing-Markt guten Zeiten entgegensieht. Studien taxieren die Marktgröße für Outsourcing in Europa (über alle Branchen hinweg) im Jahr 2001 auf US-$ 61 Mrd.; die Prognosen für die Jahre 2005 und 2006 stellen US-$ 144 Mrd. und US-$ 175 Mrd. in Aussicht.[14] Allein auf die Informationstechnologie sollen davon US-$ 22 Mrd. (2001) bzw. US-$ 47 Mrd. (2005) entfallen.[15] Verlässliche Zahlen für das Investmentgeschäft sind besonders schwer erhältlich, da insoweit erst eine junge betriebswirtschaftliche Praxis besteht und dieser Outsourcing-Markt sich in einer frühen Wachstumsphase befindet. Schätzungen

13 Beispiele dafür bei *Wildemann* (2002); für Beispiele qualitativ neuartiger Partnerschaften aus dem Bereich des IT-Outsourcing, die über Kostenmanagement hinaus gehen: *Diemer* (2000), S. 58-61.

14 Frost & Sullivan: The European Market for Outsourcing 2000-2006, zitiert nach der Datenbank „FAKT – Markt- und Wirtschaftsinformationen", Dokumentnummer N01 0527; zu konservativ wohl die Studie von Accenture, die für Deutschland von Euro 9 Mrd. in 2002 und Euro 13,8 Mrd. in 2006/2007 ausgeht (*o.V.* (2002i); in dieser Größenordnung allerdings auch die Schätzung *o.V.* (2002n), wenngleich wohl nur das IT-Outsourcing beziffernd). Dagegen wohl zu optimistisch Gartner Group, die allein für das „Business Process Outsourcing", d.h. die Auslagerung von in sich geschlossenen Geschäftsprozessen wie Personalabrechnung, Buchhaltung, Beschaffung etc., einen europäischen Markt von US-$ 168 Mrd. sehen (ohne Jahresangabe; vgl. *o.V.* [2002j]); den weltweiten Outsourcing-Markt schätzen Gartner Group auf US-$ 293 Mrd. in 2003 und US-$ 429 Mrd.in 2008 (nach *o.V.* [2004]).

15 Butler Group: Market Volume and Top Suppliers of Outsourcing in the Information Technology Area 2001-2005, zitiert nach der Datenbank „FAKT – Markt- und Wirtschaftsinformationen", Dokumentnummer N02 0756.

für das *Asset Management*-Outsourcing in Europa, in das das Investmentgeschäft hinein fällt, belaufen sich auf US-$ 1 Mrd. in 2001 und US-$ 14 Mrd. für 2006.[16]

Es ist unstreitig, dass die Fertigungstiefe in der Finanzdienstleistungsbranche erheblich über derjenigen anderer Branchen und Industrien liegt.[17] Indes stehen seriöse Quantifikationen, soweit ersichtlich, nicht zur Verfügung. In Fachpresse und Literatur[18] anzutreffende Werte für die Fertigungstiefe als den eigenverantworteten Anteil der Wertschöpfung pendeln sich für die Finanzdienstleistungsbranche ein bei 80%, für die Investitionsgüterbranche bei 50%, für die Automobilindustrie bei 20-25% (in der Produktion)[19], für die Elektronikindustrie bei 20% (Fertigung von Personal Computern sogar nur 10-15%).
Diese Werte legen nahe, dass das Kreditgewerbe einen andernorts bereits vollzogenen Anpassungsprozess in der unternehmensübergreifenden Zusammenarbeit noch vor sich hat, soweit das Aufsichtsrecht dem nicht entgegensteht.

Die Realität in der Unternehmenswelt hält bemerkenswerte Erfolge und Misserfolge des Outsourcing bereit.[20] Erfolgreich durchgeführtes Outsourcing kann Unternehmen substanzielle Wettbewerbsvorteile einbringen. Allerdings bestehen auch ernste Risiken, durch die Outsourcing die auslagernden Unternehmen wettbewerblich in Rückstand fallen lassen kann.
Die Chancen und Risiken von Funktionsauslagerungen sowie die grundsätzlichen ökonomischen Treiber des Outsourcing als unternehmerischer Kooperationsform bilden den Gegenstand der folgenden Abschnitte.

### b. Ökonomik der „Make or Buy"-Entscheidung

#### aa. Einführung

Die nachfolgenden Abschnitte verfolgen das Ziel, die ökonomischen Grundlagen für die sich anschließende juristische Bewertung zu legen. Die bankaufsichtsrechtliche Beurteilung von Fragen des Outsourcing profitiert von einer solchen „Wegberei-

---

16 Celent Communications (2002); die Studie liegt nur in Auszügen vor und wurde durch einen Mitarbeiter der State Street Bank GmbH dem Verfasser zur Verfügung gestellt. Die Zahlen wirken für den Marktbeobachter unerwartet hoch und sollten daher, ohne dass dies im Rahmen dieser Arbeit möglich wäre, weiter validiert werden.

17 Unter Praktikern kursieren Versionen des Ausspruchs „Wenn die Automobilindustrie heute noch die Fertigungstiefe der Finanzdienstleistungsbranche hätte, müsste sie die Schafe für die Wolle ihrer Autositze selbst züchten.".

18 *Bösch* (1998); *Burchard* (1997); *Bogaschewsky* (1996); *Koppelmann* (1996); *Strohmayr* (2002); *o.V.* (2002o); für das Kreditgewerbe optimistischere Schätzungen stoßen auf Fertigungstiefen von 75% für den Zahlungsverkehr und 50% für das Wertpapiergeschäft (*Voigtländer* [2002]), was allerdings nur für die in Verbänden organisierten Sparkassen und Genossenschaftsbanken zutreffen wird.

19 10 % bei MCC Smart, *Wildemann* (2002).

20 Für eine umfassende Kasuistik *M. Johnson* (1997), S. 81-156; verschiedene Studien weisen variierende Erfolgs-/ Mißerfolgsquoten des Outsourcing aus. Exemplarisch sei eine weltweite Studie von Dun & Bradstreet [Dun & Bradstreet's Barometer of Global Outsourcing (Business Wire, 24.2.2000)] zitiert, nach der 20% aller Outsourcing-Projekte innerhalb der ersten zwei Jahre scheitern, weitere 30% innerhalb der ersten fünf Jahre (Daten nach den Angaben in *Booz Allen Hamilton* (2001), *Povel/ Engel* (2002)).

tung": Was ökonomisch richtig ist, kann juristisch nicht unbeachtlich sein, solange das Recht dem wirtschaftlichen Wert Schutz gewährt. Um die wirtschaftlichen Argumente in der juristischen Diskussion um die aufsichtliche Behandlung des Outsourcing richtig zu gewichten und um das Regulierungsrecht in der Praxis zu behaupten, ist das Verständnis der ökonomischen Zusammenhänge, die der regulierten Materie zu Grunde liegen, unerlässlich.
Dabei trägt diese Arbeit nicht zur ökonomischen Theorienbildung bei. Vielmehr beschränkt sie sich darauf, in der Wirtschaftswissenschaft bereits gewonnene Erkenntnisse auf einen Ausschnitt des Wirtschaftslebens – das Investmentgeschäft – anzuwenden, um auf diese Weise, also innerhalb eines etablierten wirtschaftswissenschaftlichen Aussagerahmens, erste ökonomische Bewertungen von Funktionsauslagerungen im Investmentgeschäft vornehmen zu können.

Outsourcing – „Make or Buy?", die Frage nach Eigen- oder Fremdfertigung – ist eine tradierte Fragestellung der Unternehmensführung. Traditionelle Ansätze zur Erklärung des Outsourcing sind betriebswirtschaftlich orientiert und knüpfen an die Kostenrechnungslehre an. Diese Ansätze unterliegen erheblicher Kritik: Die angebotenen kostenrechnerischen Verfahren fußen auf dem in herkömmliche Techniken der betriebswirtschaftlichen Kostenrechnung eingebetteten Kostenvergleich der Alternativen Eigenerstellung und Fremdbezug;[21] die Fehlerquellen bei einer solchen Aufgabe sind in der Praxis komplexer Unternehmungen nicht zu überblicken (näher unten II.1.b.cc.bbb.α.αα.).[22] Der Kern der Kritik lautet aber, dass versucht wird, eine strategische Fragestellung mit operativen Verfahren und Argumenten zu beantworten.

Frühe *ökonomische* Ansätze zur Erklärung wirtschaftlicher Organisation setzten den Grad der (durch Outsourcing maßgeblich mitbestimmten) Arbeitsteilung im Produktionsprozess in Relation zu Marktgröße und Marktwachstum.[23] Die Grundthese lautete, dass das Ausnutzen von „economies of scale" (Größenvorteile durch Produktionsvolumina) und „economies of scope" (Verbundvorteile, insbesondere aufgrund verwandter Fertigungsprozesse) Mindestmarktvolumina voraussetzt, so dass Spezialisierungen im Bereich der Vorprodukte (wiederum: herbeizuführen etwa durch Outsourcing) erst bei einer gewissen Marktreife eintreten. In späteren Schrumpfungsphasen ist sodann wieder mit verstärkter Reintegration („Insourcing") zu rechnen. Dieser Ansatz bleibt erheblich hinter dem tatsächlichen Erklärungsbedarf zurück. Er offeriert eine nur eindimensionale Bestimmung der „vertikalen Integration" (dazu sogleich) und missachtet zentrale Determinanten wie Technologien und Innovationen, Wettbewerbsumfeld und Regulierung. Zudem bleiben Ausmaß und Dauer der Integration bzw. Desintegration ungeklärt, insbesondere bei dauer-

21 Vgl. dazu die Beiträge in *Männel* (1973); außerdem *Männel* (1981); *Heinen/ Dietl* (1985); *Andreas/Reichle* (1989).

22 *Fischer* (1993), S. 19 ff., insbesondere zu der Schwierigkeit, Gemeinkosten sachgerecht zuzuschlüsseln; *Schätzer* (1999), S. 52-54.

23 V.a. *Stigler* [1951]; *Tucker/ Wilder* [1977].

haft wachsenden Industrien. Dem Ansatz wurden später entgegengesetzte Ergebnisse vorgehalten.[24] Er soll daher nicht weiter gehend erörtert werden.

Deutlich weiter tragend ist eine stärker mikroökonomisch ausgerichtete Lehre, die es gestattet, sich der Fragestellung des Outsourcing mit einem breiteren, fundamentalökonomisch ausgerichteten Ansatz zu nähern: Die *Transaktionskostentheorie* als Herzstück der *Neuen Institutionenökonomik*[25] erklärt Formen der wirtschaftlichen Kooperation von Unternehmen, wie z.B. auch Outsourcing, durch das Entstehen und den Umgang mit sog. Transaktionskosten. Transaktionskosten werden zur maßgeblichen Determinante für die effiziente Organisation der Austauschbeziehung.

Auf diesen grundlegenden Erklärungsansatz soll – als Teil des ökonomischen Unterbaus der juristischen Argumentation – sogleich (unter II.1.b.bb.) eingegangen werden. Im Anschluss daran (unter II.1.b.cc.) werden komplementär zum Transaktionskostenansatz die wesentlichen betriebswirtschaftlichen Motive und Risiken von Outsourcing-Entscheidungen diskutiert. Diese Diskussion ist in der Literatur unsystematisch geführt worden[26], ohne sich zu einer Lehre zu verfestigen, und soll daher um verschiedene betriebswirtschaftlich relevante Aspekte ergänzt werden. Sie bietet ebenfalls wertvolle Beiträge zur ökonomischen Legitimation des Outsourcing; im Vordergrund steht dabei die Prüfung, wie sich Unternehmen auch durch Outsourcing dauerhaft Wettbewerbsvorteile sichern können.[27]

### bb. Transaktionskostenökonomik

#### aaa. Vertikale Integration

Bevor zur Rolle der Transaktionskosten vorgedrungen werden kann, ist zunächst der wichtige Begriff der vertikalen Integration zu klären.

Ökonomische Wertschöpfungsakte – Unternehmensleistungen – erfolgen nicht sporadisch und unkoordiniert. Vielmehr sind sie organisiert und eingebunden in Formen der (institutionalisierten) Kooperation.

Denkbar ist zunächst, dass eine Wertschöpfungsleistung *unternehmenseigen* erbracht wird, d.h. ohne Zusammenarbeit mit anderen Teilnehmern am Wirtschaftsgeschehen. Alternativ kann ein Unternehmen, das im Rahmen seines Produktionsprozes-

---

24 *Harrigan* [1985a].

25 Zu den Pionieren dieser inzwischen sehr stark ausdifferenzierten Disziplin zählen *Ronald Coase* [etwa: The Nature of the Firm (1937), The Problem of Social Cost (1960), The New Institutional Economics (1984)] und *Oliver Williamson* [etwa: Markets and Hierarchies. Analysis and Antitrust Implications (1975), The Economic Institutions of Capitalism (1985), What is Transaction Cost Economics? (1986), auch bereits: Hierarchial Control and Optimum Firm Size (1967)]. Für einen Überblick über die Neue Institutionentheorie und ihre Ausformungen (Principal-Agent-Theorie, Property Rights-Theorie, Transaktionskostenökonomik): *Richter/ Furubotn* (1999).

26 Insbesondere *Porter* (1980); *Harrigan* (1983a).

27 *Probert* (1996), S. 2629.

ses[28] auf einen Wertschöpfungsakt angewiesen ist, diesen Wertschöpfungsakt auch in vollständig *marktlicher* Organisation beschaffen, also „zukaufen", um ihn dergestalt in den eigenen Wertschöpfungsprozess einzugliedern. Diese beiden Organisationsformen werden im Sprachgebrauch der Transaktionskostentheorie mit „Hierarchie" (unternehmensinterne Leistungserbringung) und „Markt" (Fremdbezug ohne angelegte Einkaufsstrategie) bezeichnet.[29]

Zwischen den Extrempunkten „Hierarchie" und „Markt" bewegt sich eine Vielzahl weiterer möglicher organisatorischer Kooperationsformen zur Kanalisierung der Interaktion von Unternehmen. Diese hybriden Formen der Austauschorganisation bringen für das Unternehmen, das als letztlich produkt-/dienstleistungserstellende Einheit beteiligt ist, unterschiedliche Grade *vertikaler Integration* mit sich.

Vereinfachend gewendet beschreibt die vertikale Integration das Maß, in dem ein Unternehmen die Wertschöpfungskette „beherrscht". Dies bedeutet, dass die vertikale Integration umso höher ist, je weiter gehend ein Unternehmen (grundsätzlich voneinander getrennt behandelbare) Einkaufs-, Produktions- und Vertriebsprozesse im Unternehmen bündelt oder in anderer (sodann weicherer) Form auf diese Prozesse Einfluss nehmen kann.[30] Ein sehr einfaches, in der Regel jedoch ungenaues Maß für vertikale Integration ist die Fertigungstiefe als der Anteil, den die eigene Wertschöpfung ohne den Bezug von Fremdleistungen einschließlich der relevanten Zwischengüter am margenbereinigten Umsatz ausmacht.[31, 32]

Outsourcing ist (transaktionskosten-) ökonomisch zu bewerten als *eine* der hybriden Organisationsformen zwischen Hierarchie und Markt. Im Vergleich zur unternehmenseigenen Leistungserbringung fehlt es dem produktverantwortlichen Partner, d.h. dem auslagernden Unternehmen, an Kontrolle und Durchgriff – wirtschaftlich betrachtet häufig auch im Konzern. Im Vergleich zur rein marktlichen Organisation aber liegt ein höherer Grad vertikaler Integration vor: Regelmäßig sind Mitbestimmungs- und Einflussmöglichkeiten in Prozess- und Produktfragen sachlich gegeben oder vereinbart.

---

28 „Produktion" ist hier und im Folgenden nicht eng zu verstehen als die physische Erstellung von Gütern mit Hilfe von Technologie und/ oder unter Einsatz von Arbeitskraft, sondern ist zu verstehen als die Gesamtheit der unternehmerisch zu erbringenden Leistungen, um ein (materielles) Gut oder eine Dienstleistung bereitzustellen und zu liefern/ zu erbringen.

29 Vgl. z.B. *Wißkirchen* (1999), S. 307.

30 *Porter* (1980), S. 300; *Fischer* (1993), S. 103; *Schneider / Zieringer* (1991), S. 46 f., *Gerhardt* (1995), S. 55 f.; *C. Baur* (1990), S. 51; *Harrigan* (1985a), S. 402.

31 *Maddigan* (1980), S. 328; *Caves/ Bradburd* (1988), S. 265; *Probert* (1996), S. 2627; *Bogaschewsky* (1996), S. 140. Die einfachen Varianten der Quantifizierung der vertikalen Integration neigen dazu, bereits bei Organisationsformen, die tatsächlich noch hohe Einflussmöglichkeiten bedeuten, schwache vertikale Integration auszuweisen: Wird beispielsweise ein Zwischenprodukt von einem Tochterunternehmen bezogen, fällt es aus der unternehmenseigenen Wertschöpfung, selbst wenn tatsächlich der Produktionsprozess vom auslagernden Mutterunternehmen weitgehend beherrscht wird.

32 Von *vertikaler* Integration wird gesprochen, da die Integration von vor-/ nachgelagerten Produktionsschritten in Rede steht, die zueinander als in einem Stufenverhältnis stehend betrachtet werden. *Horizontale* Integration meint die Integration von zwei getrennten unternehmerischen Einheiten, die im vertikalen Prozessfluss dieselbe Wertschöpfungsstufe abdecken.

Die Transaktionskostentheorie setzt sich nicht das Ziel, Outsourcing als solches zu erklären. Ihr Erkenntnisinteresse ist es zu verstehen, unter welchen Bedingungen Unternehmen welche Organisationsform für wirtschaftlichen Austausch wählen, warum sich ein bestimmter Grad vertikaler Integration einstellt. Im Zuge dessen wird eine Erklärung auch für Outsourcing als eine der geübten Koordinationsformen geliefert.

Um Outsourcing als Kooperationsform mit eingeschränkter vertikaler Integration in der Abgrenzung zu anderen Formen orten zu können, bietet sich eine imaginäre Wegstrecke an, die durch die Extrema „Hierachie“ und „Markt“ begrenzt wird (vgl. Abb. II-1):

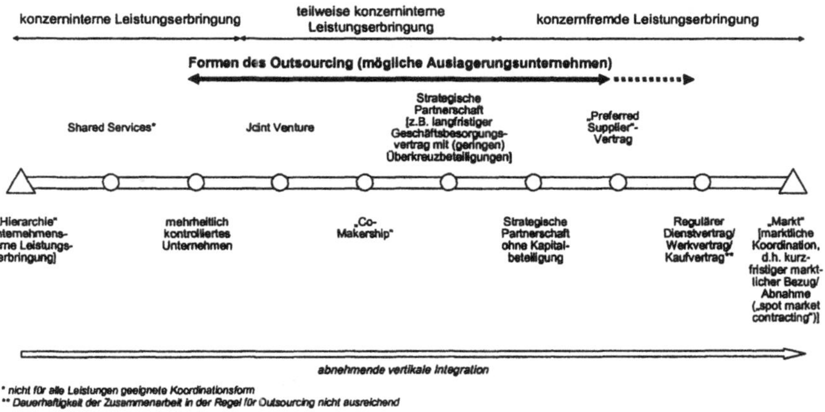


*Abb. II-1 Vertikale Integration: exemplarische Koordinationsformen*

Die in Abb. II-1 abgetragenen Organisationsformen sind exemplarisch zu verstehen und keinesfalls erschöpfend. Die Schnittstellen zwischen ihnen sind nicht trennscharf und die abgetragenen Abstände sind nur relativ zu verstehen; dennoch lässt sich ablesen, dass die Kombination aus rechtlichen und ökonomischen Bindungen den Grad der vertikalen Integration ausmacht.

Die in der Abbildung nur abstrakt benannten Koordinationsformen bedürfen mit Blick auf die im Einzelfall zu erbringende unternehmerische Wertschöpfung der Konkretisierung. Geht es etwa um den Vertrieb als die unternehmerische Aktivität, zu der über Eigenerstellung versus Fremdbezug entschieden werden soll, bestehen zwischen der Vornahme des Vertriebs durch das Unternehmen selbst, z.B. durch einen eigenen Außendienst („Hierarchie“), und dem ohne angelegte Strategie vorgenommenen Zukauf von Vertriebskapazitäten, z.B. in Form der Buchung von Call Center-Kapazitäten („Markt“), Mischformen mit unterschiedlichen Ausmaßen vertikaler Integration, z.B. Niederlassungsnetze, Vertragshändlersysteme, Franchising-Systeme, Vertriebsbindungen aller Art, zwischen Hersteller und Distribuent integrierte Warenwirtschaftssysteme etc.

Die Transaktionskostentheorie erklärt die Entstehung und den Fortbestand unterschiedlicher Organisationsformen von Austauschbeziehungen durch *Transaktionskosten*. Ausgangspunkt der Überlegungen ist: Würde die Form der Organisation ökonomischer Aktivität ohne Bedeutung sein für den Umgang mit spezifischen Kostenproblemen, gäbe es kein Organisationsproblem – die Wahl der Organisationsform wäre ohne Relevanz. Besteht allerdings ein Zusammenhang zwischen Organisationsform und Kosten, ist *ceteris paribus* diejenige Form zu wählen, die bei zumindest teilweise variablen Kosten diese Kosten minimiert.[33]

Transaktionskosten werden damit zur zentralen Größe dieses Erklärungsansatzes. Ihre Existenz und ihre Höhe entscheiden darüber, ob und in welcher Form, d.h. auf welchem Grad vertikaler Integration, Unternehmen interagieren. Dies bedeutet, dass gemäß der Transaktionskostentheorie auch eine Outsourcing-Entscheidung im Grundsatz nach den unterliegenden Transaktionskosten getroffen wird.
Um sich der Größe „Transaktionskosten" zu nähern, werden nachfolgend zunächst die Transaktionskostenarten erörtert. Sodann stehen die Entstehung von Transaktionskosten und die Bestimmungsgründe für die Höhe der Transaktionskosten im Mittelpunkt. Im Anschluss wird die (entscheidende) Frage nach dem Zusammenhang zwischen Transaktionskosten und Organisationsformen behandelt, um abschließend einige Aussagen für das Investmentgeschäft zu treffen.

### bbb. Arten von Transaktionskosten

Transaktionskosten sind Kosten, die zur Ermöglichung, Vorbereitung, Durchführung und Sicherung von Transaktionen[34] sowie zur Kontrolle ihrer Folgen anfallen. Es handelt sich insbesondere um Kosten zur Überwindung von Informations- und Kommunikationsschwierigkeiten.[35]
Eine regelmäßige Klassifikation teilt Transaktionskosten in folgende Kostenarten ein[36]:

---

33 In Anlehnung an: *Picot* (1982), S. 270; *Fischer* (1993), S. 82.

34 Der Transaktionsbegriff ist nicht unumstritten (vgl. z.B. *Williamson* (1985), S.1 und 7; *Gerhardt* (1995), S. 98-102). Allerdings wäre es nicht zielführend, dieser Diskussion hier nachzugehen. Für die Zwecke dieses Abschnitts werden Transaktionen verstanden als unter Organisationen vorgenommene Interaktionen, die zumeist vertraglich geregelt sind und im Rahmen eines Produkterstellungsprozesses unternommen werden.

35 Mit der Berücksichtigung von Transaktionskosten wird im Gegensatz zur neoklassischen Schule der Wirtschaftstheorie anerkannt, dass der Markt nicht kostenlos zu nutzen ist.

36 *Picot* (1982), S. 270; *Alston/ Gillespie*: (1989), S. 191.

| Art der Transaktionskosten | Inhalt |
|---|---|
| Anbahnungskosten | Kosten der Informationsbeschaffung über Vertragspartner, Identifikation der jeweiligen Ausgangsbedingungen und Präferenzen, Konditionenermittlung, „Provider Selection Cost“ |
| Vereinbarungkosten | Verhandlungs- und Entscheidungskosten (inkl. Vertragsformulierung) |
| Abwicklungskosten | Prozesssteuerungskosten, Kosten der laufenden operativen Lenkung |
| Kontrollkosten | Kosten der Einrichtung von Überwachungssystemen, laufende Überwachungskosten (Qualitäten, Termine), Kosten der Risikoelimination, allgemeine „Compliance“ |
| Anpassungskosten | Kosten der Durchsetzung von Vertragsänderungen, Kosten der Reaktion auf regulatorische Änderungen oder Umweltänderungen |

*Tabelle II-1 Arten von Transaktionskosten*

Wichtig für das Verständnis der Transaktionkosten und ihrer Einflussnahme auf betriebliche Entscheidungsprozesse ist, sie nicht eng zu verstehen als rein monetäre Kosten im Sinne einer Bilanzbuchhaltung. Ökonomisch sind sie zu bewerten als wirtschaftliche Nachteile oder Defizite, die sich in monetären Ausgaben, stärker aber noch in Risiken oder auch in Effizienzverlusten materialisieren.[37]

### ccc. Entstehung von Transaktionskosten

Transaktionskosten finden ihren Bestimmungsgrund in ökonomischen Unvollkommenheiten. Diese Unvollkommenheiten vergrößern den Abstand zu einem reibungsfreien, gänzlich rationalen Interagieren der Akteure bei vollständigem Wettbewerb. Transaktionskosten entstehen im Zuge der Aufwendungen der Beteiligten, trotz dieser Unvollkommenheiten zu Transaktionen zu gelangen.

Die Unvollkommenheiten rekrutieren sich sowohl aus dem Verhalten der beteiligten Akteure – „beschränkte Rationalität“ und „Opportunismus“ – als auch aus dem ökonomischen Umfeld – „Unsicherheit“ und „Marktstrukturen“.[38]

Mit der Annahme der beschränkten Rationalität („bounded rationality“) entfernt sich die Transaktionskostenlehre vom Bild des „homo oeconomicus“.[39] Sie erkennt vielmehr einen Akteur an, der in seinen Informationsaufnahme- und Informationsverarbeitungskapazitäten beschränkt ist und in seiner intellektuellen Begrenztheit – im traditionellen mikroökonomischen Sinn – ökonomisch fehlerhaft agieren kann.[40]

---

37 *Coase* (1937), S. 391; *Coase* (1960), S. 32; *Picot* (1985), S. 224-225; selbst wenn dieses Verständnis der Transaktionskosten in der einschlägigen Literatur selten ausdrücklich so beschrieben wird, liegt es den meisten Arbeiten implizit zu Grunde.

38 *Williamson* (1975), S. 318; *Williamson* (1985), S. 70; *Arrow* (1969), S. 60.

39 *Williamson* (1983), S. 105; *Hodgson* (1988).

40 Dazu grundlegend *Selten* (1990); *Hart* (1990).

„Opportunismus" führt darüber hinaus dazu, dass die am Wirtschaftsgeschehen Beteiligten existierende Informationsasymmetrien zu ihrem eigenen Vorteil im Alleingang oder kollusiv ausnutzen; die Transaktionsparteien optimieren Zielfunktionen, die nicht kompatibel nicht. Zur Illustration kann das Beispiel dienen, dass in einer Outsourcing-Situation in der Regel nur das Auslagerungsunternehmen selbst die eigene Leistungsfähigkeit oder die Leistungsfähigkeit der verwendeten Technologie kennt. Im Markt etwaig bestehende anderslautende Reputationen können zu Lasten des auslagernden Unternehmens ausgenutzt werden.

„Unsicherheit" ist zu unterteilen in Umwelt- und Verhaltensunsicherheit. Dahinter steht nicht mehr als das allgemeine, nahezu jedem wirtschaftlichen Agieren unterliegende Risiko, dessen Eindämmung oder Elimination Transaktionen ermöglichen, erleichtern oder beschleunigen kann.
Defizitäre „Marktstrukturen" spielen auf – insoweit ebenfalls herkömmliche – Lücken in der wettbewerblichen Situation des Umfeldes an. Insbesondere bei einer geringen Zahl von Anbietern der ggf. fremd zu beziehenden Leistung entstehen infolge der Möglichkeiten, mangelnden Wettbewerb auszunutzen, Risiken für einen Teil der Beteiligten.

Das Zusammenwirken dieser Unvollkommenheiten zeichnet verantwortlich dafür, dass verlässliche Preise als effizientes Informations- und Ressourcenlenkungsinstrument nicht mehr zur Verfügung stehen und die Beteiligten Anstrengungen unternehmen müssen, um Transaktionen überhaupt erst zu ermöglichen oder Risiken kontrollieren zu können – es entstehen Transaktionskosten.

Transaktionskosten liegen nicht immer und in allen Interaktionskonstellationen vor; im Grundsatz aber eröffnet sich den Akteuren ein in der beschriebenen Weise mit Transaktionskosten gepflastertes Terrain. Im nächsten Schritt ist zu verstehen, wie die Besonderheiten der vorzunehmenden Transaktionen und der gastgebenden Industrien die Höhe von Transaktionskosten beeinflussen.

### ddd. Höhe der Transaktionskosten

Die Faktoren mit Einfluss auf die Transaktionskostenhöhe werden üblicherweise abstrakt zusammengefasst unter den Dimensionen Spezifität, Unsicherheit und Häufigkeit.

Die *Spezifität* ist eine Eigenschaft der in Rede stehenden Transaktion und benennt ihre Eigen-Artigkeit und Individualität. Ökonomisch wird sie erfasst durch die Höhe der für spezifische Transaktionen getätigten Investitionen und den (nächsthöheren) Wert, den diese Investitionen in einer alternativen Verwendung aufweisen.[41]
Mit der Höhe der Spezifität sinkt in der Regel die Anzahl der Nachfrager und Anbieter der Transaktion, bis im Extremfall ein singulärer Nachfrager einem singulären

41 *Klein/ Crawford/ Alchian* (1978), S. 298.

Anbieter gegenübersteht. In derartigen Situationen entstehen betriebswirtschaftlich ungewollte Abhängigkeiten („lock-in-Effekt"[42]), denen man durch besondere Vorsicht im Eingehen eines Vertrages und durch ein (stark) erhöhtes Maß an Absicherungen und Kontrollen begegnet – es erhöhen sich die Transaktionskosten. Die organisatorischen Koordinationsformen, um solche Austauschbeziehungen zu realisieren, müssen mit der Spezifität steigende vertikale Integration aufweisen.[43]

*Unsicherheit* erwächst aus Informationsdefiziten und asymmetrisch verteilten Informationen; gepaart mit opportunistischem Verhalten werden die Akteure mit Problemen des „moral hazard" – ein Vertragspartner verhält sich infolge eines Informationsvorsprunges anders, als er nach außen vorgibt, sog. „hidden action"[44] – und mit Problemen der „adverse selection" – fehlerhafte Auswahl infolge von Informationsdefiziten, sog. „hidden information"[45] – konfrontiert.
Eine klassische Situation für „moral hazard" liegt in einem Outsourcing-Kontext z.B. bei Mehrmandantendienstleistern vor, die dieselbe Leistung für mehrere auslagernde Unternehmen erbringen, die miteinander im Wettbewerb stehen. Hier eröffnen sich Opportunitäten für den Dienstleister, seine exklusive Stellung als Informationspool zu Lasten eines oder mehrerer Mandanten auszunutzen. Erhält er beispielsweise Bestechungsgelder aus dem Topf eines der Wettbewerber, kann es für ihn günstiger sein, dem anderen Wettbewerber etwa eine andere als die versprochene Qualität zu liefern, wenn diese, wie bei vielen sog. Erfahrungsgütern der Fall, erst *ex post* durch den Abnehmer ermittelt werden kann. Der Dienstleister maximiert damit eine andere Zielfunktion als die, an die der Abnehmer glaubt.[46]

Wiederum treibt Unsicherheit die Transaktionskosten in die Höhe. Die Teilnehmer müssen verstärkte Aufwendungen für das Gewinnen von Informationen, den Abbau von Informationsdefiziten und das Vorhalten von Verfahren zur Kontrolle und zur Schließung von Vertragslücken vornehmen. Da stärker integrierte Koordinationsformen Informationen bündeln, steigt mit der Unsicherheit die vertikale Integration als Anforderung an die effiziente Organisationsform für Austauschbeziehungen. Hohe Integration steigert die Interessenkongruenz und baut Informationsasymmetrien ab; die tatsächlichen Transaktionskosten können eingedämmt werden.

Die Literatur versteht das Kriterium der *Häufigkeit* von Transaktionen zumeist als nicht-eigenständige Einflussgröße, die lediglich tendenzverstärkend in die Richtung wirkt, in die „Spezifität" und „Unsicherheit" wirken. Lassen also bereits hohe Spezi-

---

42 *Williamson*, (1986b), S. 154.

43 Es entstehen ferner Informationsprobleme dadurch, dass hochspezifische Güter und Dienstleistungen wenig Vergleichsmöglichkeiten bieten (vgl. *Schneider/ Zieringer* (1991), S. 52) und in der Regel keine informationsspendenden Mechanismen wie Marken oder (Industrie-) Normen zur Verfügung stehen.

44 Dazu grundlegend *Akerlof* (1970).

45 Dazu grundlegend *Arrow* (1985), v.a. S. 38-45.

46 Ein anderes, wiederholt diskutiertes Beispiel ist die in günstigen Outsourcing-Angeboten schlummernde Gefahr, dass das Auslagerungsunternehmen nach Vertragsschluss Kosten für Anpassungen überwälzt, die nur von ihm, nicht aber vom auslagernden Unternehmen antizipiert werden können. Dazu etwa *Picot* (1991), S. 342.

fität und hohe Unsicherheit die Transaktionskosten steigen, gilt dies erst recht bei hinzutretender hoher Häufigkeit. Umgekehrt gilt, dass bestehende niedrige Spezifität und niedrige Unsicherheit in ihren Wirkungen durch geringe Häufigkeiten bestätigt werden.
Zwar geht mit geringer Häufigkeit regelmäßig eine hohe Bedeutung der individuellen Transaktion einher, die das mit einem Fehlverhalten des zuliefernden Unternehmens verbundene Risiko erhöht. Diese Überlegung, gepaart mit den wettbewerbspolitischen Lücken des bei niedrigen Häufigkeiten zu unterstellenden schwachen Anbietermarktes, darf dennoch nicht dazu führen, von niedriger Häufigkeit auf das Erfordernis hoher vertikaler Integration zu schließen. Denn hinter diesen Argumenten stecken letztlich Züge der Kriterien der Spezifität und der strategischen Bedeutung (dazu sogleich), die nicht in das Kriterium der Häufigkeit hineingelesen werden sollten. Dem Kriterium der Häufigkeit kann (nur) jenseits von Transaktionskostenüberlegungen ein eigenständiger Einfluss auf die vertikale Integration zugeschrieben werden. So können hohe Häufigkeiten zur (Durchschnitts-) Kostensenkung in der Produktion beitragen und damit das externe Bündeln von Volumina befördern. In dieser Hinsicht wirken sie in Richtung niedriger vertikaler Integration. Eine Ausnahme davon bilden große eigenerstellende Unternehmen, die selbst in die bezeichnete Degression hineinwachsen können; näher dazu unten II.1.b.cc.bbb (zur Rolle der Produktionskosten in der Transaktionskostentheorie und zum Verhältnis transaktionskostenökonomischer Argumente zu anderen Argumenten in der Outsourcing-Entscheidungsfindung siehe weiter im Text).

Wenngleich es die Literatur regelmäßig bei den drei Dimensionen Spezifität, Unsicherheit und Häufigkeit belässt, bestehen weitere Einflussfaktoren für die Höhe der Transaktionskosten.
Die *Regulierungsintensität* einer Industrie verstärkt die Neigung zu integrierten Koordinationsformen. Die Beachtung gesetzlicher Auflagen verlangt Expertise, um dem pönalisierenden Zugriff des Regulierers zu entgehen. Diese extern zu finden und dauerhaft sicherzustellen steigert die Transaktionskosten.[47]
Auch im *Umfeld* des produkterstellenden Unternehmens können Einflussfaktoren beheimatet sein. Diese können insgesamt mit der strategischen Bedeutung der Transaktion für das Unternehmen erfasst werden.[48] Ist z.B. die Kundenstruktur des Unternehmens auf eine sehr kleine Zahl von Kunden zugeschnitten, liegen in einer Transaktion strukturell dieselben „lock-in"-Gefahren, wie sie aus hoher Spezifität der Transaktion erwachsen.

---

47 Über das Kriterium der Regulierungsintensität hinausgehend ist der einfassenden Rechtsordnung als solcher ebenfalls Einfluss auf die Transaktionskostenhöhe zuzugestehen. Das Wettbewerbsrecht (insbesondere das Kartellrecht), Gesellschaftsrecht, Handelsrecht, Arbeitsrecht und sonstige Bürgerliche Recht können Vertragsabschlüsse erschweren oder erleichtern (ähnlich *Picot* (1982), S. 270 ff.). Zum steigenden Regulierungsumfang für Kreditinstitute insgesamt siehe *Bansal* (2001).

48 Ähnlich *Wißkirchen* (1999), S. 308 ff.

### eee. Bestimmung der Organisationsform

Der Zusammenhang zwischen Transaktionskosten und der effizienten Organisationsform für arbeitsteilige Leistungserstellung lässt sich damit wie folgt zusammenfassen:

- In Konstellationen, in denen das Verhältnis zum Transaktionspartner infolge seiner Austauschbarkeit weitgehend irrelevant ist, homogene Produkte und standardisierte Transaktionen zu Grunde liegen, das Ergebnis des Austauschprozesses vorhersehbar ist und auch die Qualität bereits vor der Transaktion sichergestellt werden kann, schließlich die Vertragsgestaltung und die Überwachung der Vertragseinhaltung unaufwendig sind [insgesamt niedrige Spezifität, niedrige Unsicherheit], begünstigen strukturell geringe Transaktionskosten Koordinationsformen mit niedriger vertikaler Integration.
  Dabei geben zwei Überlegungen den Ausschlag gegen Koordinationsformen mit hoher vertikaler Integration: Zunächst ist der Markt mit seinem Preisbildungsmechanismus in wettbewerblich beherrschtem Umfeld *ceteris paribus* das überlegene Medium zur Herstellung von Allokationseffizienz.[49] Sodann können durch das Absehen von Organisationsformen mit hoher vertikaler Integration die bei jeder Form der (unternehmenseigenen) Leistungserstellung entstehenden internen Organisations- und Koordinationskosten (Informations-, Kommunikationskosten) vermieden werden.[50] Das heißt, bei niedrigen *strukturell angelegten* Transaktionskosten wird niedrige vertikale Integration gewählt, um bei sodann niedrigen *tatsächlichen* Transaktionskosten die Vorteile der stärker marktlichen Koordinierung (einschließlich z.B. überlegener fremder Produktionstechnologie) zu nutzen und die internen Organisationskosten zu vermeiden.
- In Konstellationen dagegen, in denen keine Ausweichtechnologien bestehen und/oder Alternativen in der Partnerwahl nicht vorliegen, Informationen ungleich verteilt sind, hohe transaktionsspezifische Investitionen erforderlich sind und unternehmensstrategisch erhebliche Transaktionen den Gegenstand der Austauschbeziehung bilden [insgesamt hohe Spezifität, hohe Unsicherheit], sind Koordinationsformen mit hoher vertikaler Integration bis hin zur vollständigen Integrierung die Antwort auf strukturell hohe Transaktionskosten.

Die Transaktionskostentheorie wählt dabei das folgende (technische) Vorgehen in der Bestimmung der unternehmerischen Koordinationsform:
- Die Koordinationsform ist, wie dargelegt, eine Funktion der in einer Industrie sowie in einer gegebenen Wettbewerbssituation und für eine bestimmte Transaktion *strukturell angelegten* Transaktionskosten.
- Da aber die Koordinationsform als solche keinen Wert für den wirtschaftlichen Akteur darstellt, sondern allein ihr Einfluss auf die Zielgröße dieses Akteurs, for-

49 Dazu statt aller *Arrow/ Debreu* (1954).

50 Dazu *Hart/ Moore* (1990), S. 1153; *Teece* (1983), S. 51-62; *Coase* (1988), S. 7; *Schneider/Zieringer* (1991), S. 53; *Gerhardt* (1995), S. 101f. (dort: „Die Grenze der Unternehmung ist [...] dort zu ziehen, wo die Kosten der internen Organisation (von Transaktionen) gleich den Kosten der Markttransaktionen sind.").

muliert die Transaktionskostentheorie eine Zielfunktion des Unternehmens zur Minimierung der sich *tatsächlich realisierenden* Transaktionskosten. Das heißt, der Akteur wählt *ceteris paribus*, insbesondere bei gleich bleibender (Produktions-) Technologie, die Koordinationsform, die für ihn die niedrigsten tatsächlichen Transaktionskosten mit sich bringt.

- Eine Determinante der Zielfunktion ist also die vom Akteur zu wählende Koordinationsform. Denn selbst wenn diese ihrerseits, wie erwähnt, eine Funktion der *strukturell angelegten* Transaktionskosten ist, ist ihre Wahl relevant für die sich *tatsächlich realisierenden* Transaktionskosten. Beispiel: Würde etwa in einem Fall hoher struktureller Transaktionskosten eine Organisationsform niedriger vertikaler Integration gewählt, würden die tatsächlichen Transaktionskosten höher ausfallen als in Lösungen mit hoher vertikaler Integration.
- Es ergibt sich keine Zielfunktion nach dem Muster $f(x) = f(g[f(x)], h)$, in der also die Zielgröße (tatsächliche Transaktionskosten) zu einer selbstbestimmenden Größe würde. Denn wiederum ist zu bedenken, dass mit den sich (im Einzelfall der Optimierung) *tatsächlich realisierenden* Transaktionskosten und den (prinzipiellen) *strukturell angelegten* Transaktionskosten als exogener Variable zwei unterschiedliche Dimensionen von Transaktionskosten vorliegen. Daher gilt $f(x) = f(g(y), h)$ mit f als die tatsächlichen Transaktionskosten, g als die Koordinationsform, y als die strukturell angelegten Transaktionskosten und h als weitere, hier nicht näher zu spezifizierende Determinanten.
- Die Zielfunktion ist zugleich eine implizite Funktion für die transaktionskostenminimierende Koordinationsform.

Dieser Auswahlprozess ist in weiteren Schritten zu komplettieren durch die Berücksichtigung der unternehmenseigenen Organisations- und Koordinationskosten bei Eigenerstellung sowie die Produktionskosten bei Eigen- und Fremderstellung.

Umso höher die in einem gegebenen Umfeld *strukturell angelegten* Transaktionskosten, desto stärker die erforderliche vertikale Integration, um bei hohen strukturellen Transaktionskosten die Transaktionsvornahme überhaupt zu ermöglichen durch niedrigere *tatsächliche, d.h. sich tatsächlich realisierende* Transaktionskosten. Damit stellt sich heraus, dass Outsourcing als eine hybride Koordinationsform zwischen Hierarchie und Markt mit einem gewissen Maß an (strukturell angelegten) Transaktionskosten vereinbar ist. Die ökonomische Analyse untermauert damit die Möglichkeit eines Outsourcing von Transaktionen auch dann, wenn (begrenzte) Spezifität der Transaktion und (gewisse) Unsicherheit (Umweltunsicherheit, Opportunismus) vorliegen. Bei prohibitiv hohen Transaktionskosten ebenso wie bei besonders niedrigen Transaktionskosten lehnt die Transaktionskostentheorie Outsourcing als eine effiziente Organisationsform für Austauschbeziehungen ab. Diese Aussage trifft die Transaktionskostentheorie unabhängig von einer konreten (betrieblichen) Ausgangslage; vor die Wahl gestellt für eine Organisationsform für einen Wertschöpfungsprozess, spricht die strukturelle Transaktionskostensituation unter den bezeichneten Umständen für die wirtschaftliche Vorteilhaftigkeit von Outsourcing-Organisationsformen.

Wiederholend ist hervorzuheben, dass das Vorliegen (irgendwelcher) strukturell angelegter Transaktionskosten nicht in jedem Fall hinreicht dafür, dass sich stets die „Hierarchie", also die autarke, unternehmensinterne Erstellung, als Organisationslösung durchsetzt. Die Grenzen der Eigenerstellung werden gezogen durch die unternehmensinternen Organisations- und Koordinationskosten sowie die Vorteile, die stärker marktliche Lösungen zu offerieren haben, etwa die Überlegenheit einer fremden Produktionstechnologie. Die Transaktionskostentheorie beginnt an dieser Stelle, mit anderen ökonomischen Überlegungen zu diffundieren.

In diese Richtung ist für das Outsourcing weiter auszuführen: Mit der ökonomischen Legitimation des Outsourcing durch moderate Transaktionskosten ist noch keine Entscheidung darüber gefallen, ob es im betrieblichen Einzelfall tatsächlich zum Outsourcing kommt. Sind die strukturell angelegten Transaktionskosten ausreichend gering, um Outsourcing zu gestatten, ist lediglich das ökonomische Fundament gelegt für die tatsächliche Outsourcing-Entscheidung des Unternehmens. Für diese Entscheidung kommt es neben der grundsätzlichen Weichenstellung durch übersehbare Transaktionskosten maßgeblich auf das betriebswirtschaftliche Kalkül im Einzelfall an.[51] Hier kommen Transaktionskosten erneut zum Tragen:

In das betriebswirtschaftliche Kalkül ist ein Katalog von Überlegungen einzubeziehen (siehe dazu sogleich unter II.1.b.cc.). Dabei ist die Möglichkeit, durch Auslagerung eines Geschäftsbereiches oder Geschäftsprozesses kostengünstiger zum Ziel zu gelangen, ein klassisches Motiv des Outsourcing. In den anzustellenden Kostenvergleich – Leistungserbringung intern versus Leistungserbringung durch ein Auslagerungsunternehmen – sind neben den Produktionskosten selbstverständlich auch die Kosten einzustellen, die im Zuge des Outsourcing überhaupt erst entstehen. Dazu zählen mit Anbahnungskosten, Projektkosten, Verhandlungskosten, Vertragserstellungskosten, Überwachungskosten, Risikokosten (z.B. durch den Abschluss von Versicherungen) etc. *auch* Transaktionskosten. Diese Transaktionskosten können im Einzelfall selbst dann, wenn sie vergleichsweise niedrig sind und insoweit einer Outsourcing-Kooperationsform nicht entgegenstehen, eine konkrete Auslagerungsmaßnahme wirtschaftlich unattraktiv machen, etwa dann, wenn die Effizienzvorteile des Auslagerungsunternehmens gegenüber dem auslagernden Unternehmen ebenfalls gering sind.

In diesem Sinne spielen Transaktionskosten also auch in den Kostenvergleich im Rahmen der betrieblichen Outsourcing-Entscheidung hinein. Allerdings lassen sich nicht alle Transaktionskosten solide monetär erfassen, insbesondere nicht, wenn sie sich in (nicht versicherbaren) Risiken ausdrücken. In diesem Fall werden sie die betriebswirtschaftliche Entscheidung als qualitative Argumente beeinflussen.

---

51 *Williamson* selbst bezieht – vom Schrifttum regelmäßig übersehen – auch traditionelle Produktionskosten in das Kalkül der Organisationsentscheidungen ein, wenngleich in nur rudimentärem Umfang (*Williamson* (1985), S. 92 ff.; *Williamson* (1981), S. 1551, Fn. 24).

Die Berücksichtigung der Transaktionskosten setzt sich mithin fort in der betrieblichen Outsourcing-Entscheidung im Einzelfall. Sie sind aber, im Sinne der Transaktionskostentheorie, vorgelagert bereits von Bedeutung in der Ermittlung der prinzipiellen, strukturellen Möglichkeit des Outsourcing als Form der Kooperation von Unternehmen.[52]

### fff. Erste Aussagen zum Investmentgeschäft

Die Erkenntnisse der Transaktionskostenökonomik können herangezogen werden, um mit ihrer Hilfe Aussagen zur ökonomischen Sinnhaftigkeit des Outsourcing im Investmentgeschäft zu treffen.

Die Betrachtung stellt dabei nicht pauschalierend auf das Investmentgeschäft insgesamt ab, sondern behandelt die wesentlichen Abschnitte des Wertschöpfungsprozesses im Investmentgeschäft getrennt. Auf den Inhalt der einzelnen Wertschöpfungsschritte wird unter II.2.a. detailliert eingegangen. Für die an dieser Stelle vorzunehmende Anwendung des Transaktionskostenansatzes auf das Investmentgeschäft reicht die einfache Benennung dieser Schritte aus.

Einige der regulären Tätigkeiten von Kapitalanlagegesellschaften zeichnen sich aus durch standardisierte Prozessabläufe, bei denen es weniger auf eine besondere Qualität der Leistungserbringung, sondern eher auf das schlichte Vornehmen einer Tätigkeit ankommt. Überwachung und Vertragsdurchsetzung in diesen Bereichen sind daher vergleichsweise einfach. Zu diesen Tätigkeiten zählen etwa manche der Aufgaben der Fondsbuchhaltung und Fondsadministration („Custody"), das Transaktionsmanagement (Ausstellung und Ausgabe der Anteilscheine, Order-Handling, Clearing, Settlement) und auch der Vertrieb der Anteilscheine sowie die Nebentätigkeit der Anteilscheinverwahrung und -verwaltung (Anlagekontenführung). In der Sprache der Transaktionskostentheorie liegen niedrige Spezifität, niedrige Unsicherheit[53] und hohe Häufigkeit vor. Die einhergehenden niedrigen Transaktionskosten gestatten grundsätzlich unauffällige vertikale Integration – das Outsourcing dieser Bereiche kann transaktionskostentheoretisch unterstützt werden, selbst wenn die Fondsindustrie angesichts der bestehenden aufsichtlichen Regulierung ein Transaktionskostensediment nie wird vermeiden können.

---

52 Bei dieser vorgelagerten Entscheidung ist eine Quantifizierung der Transaktionskosten regelmäßig nicht erforderlich, da es für den Transaktionskostenansatz nur um einen Vergleich institutioneller Arrangements geht. Infolgedessen sind in der Literatur nur wenige Versuche unternommen worden, Transaktionskosten zu quantifizieren und zu messen (etwa: *Wallis /North* [1986]).

53 Für die „Back Office"-Tätigkeiten der Fondsadministration und des Transaktionsmanagement erhält diese Aussage trotz der Standardisierbarkeit der zugehörigen Prozesse eine Einfärbung dadurch, dass der Verfügbarkeit, Sicherheit und Vertraulichkeit von Daten in der Finanzdienstleistungsbranche hohe Bedeutung zukommt (vgl. etwa *o.V.* (2002d), S. 18f.), die sich selbst bei reifem und leistungsfähigem Outsourcing-Anbietermarkt und geringen Eintrittswahrscheinlichkeiten für Störfälle in eine nicht von vornherein zu vernachlässigende Unsicherheit überträgt.

Andere Prozesse im Investmentgeschäft weisen dagegen gesteigerte Spezifität auf: Die Produktentwicklung einschließlich „Research", stärker aber noch der Kern des Investmentgeschäftes, das eigentliche Fondsmanagement, sind charakterisiert durch hohe Humankapitalspezifität in Form von spezifischem Wissen und spezifischer Erfahrung.[54] Bei externen Fondsmanagern sind Interessenkonflikte oder auch Qualitätseinbußen nicht auszuschließen, gerade wenn sie als Mehrmandantendienstleister für verschiedene Kapitalanlagegesellschaften arbeiten (Gefahr etwa des Zusammenlegens des Management von Fonds unterschiedlicher Gesellschaften, die ähnlich gelagerte Anlagegrundsätze aufweisen). Diese Opportunismusgefahren ziehen die Installation von Überwachungsmechanismen und aufwändigere vertragliche Einigungen nach sich. Um die tatsächlichen Transaktionskosten zu begrenzen, wird höhere vertikale Integration erforderlich. Outsourcing ist hier aus Sicht der Transaktionskostentheorie zwar nicht ausgeschlossen, da die strukturellen Transaktionskosten, die sich bei diesen Ausprägungen von Spezifität und Unsicherheit einstellen, noch nicht prohibitiv hoch sind: Es existieren andere Dienstleister für Fondsmanagement und Research, auf die gewechselt werden könnte, so dass nicht ein einziger Anbieter der Transaktion einem einzigen Nachfrager gegenübersteht. Allerdings werden intensivere (Kontroll-, Risikobegrenzungs-) Aufwendungen als Zugeständnis an die bestehenden strukturellen Transaktionskosten unerlässlich sein, um die geforderte vertikale Integration zu gewährleisten. Die ökonomische Legitimation für Outsourcing ist gegenüber etwa den standardisierbaren Teilen der Fondsbuchhaltung deutlich gesenkt.

Es verbleiben Transaktionen, die durch niedrige Häufigkeiten gekennzeichnet sind: die Fondsauflegung und Fondseinstellung. Diese Bereiche sind im Investmentgeschäft von strategischer Relevanz, da sie Produktpräsenz und Profitabilität der Kapitalanlagegesellschaft unmittelbar betreffen. In dieser strategischen Bedeutung erlangen sie sehr hohe Spezifität im Sinne der Transaktionskostenökonomik; dies gilt auch für andere zentrale Leitungsfunktionen eines Instituts. Sie auszulagern an externe Dienstleister bei nur eingeschränkter Kontrolle birgt erhebliche Unsicherheit. Die transaktionskostentheoretische Rechtfertigung einer Auslagerung bleibt aus.

Zusammenfassend ist festzuhalten, dass die Transaktionskostenökonomik ein stichhaltiges Erklärungsgebäude für das Outsourcing-Phänomen liefert. Für das Investmentgeschäft ist transaktionskostentheoretisch ein Outsourcing nicht ausgeschlossen. Eine Ausnahme bilden (jedenfalls) die Transaktionen der Fondsauflage und -einstellung. Bei Auslagerung des Fondsmanagement ist ökonomisch die Sicherstellung eines erhöhten Maßes an vertikaler Integration, z.B. durch Weisungs- und Kon-

54 Ausdruck für diese besondere Humankapitalspezifität im Fondsmanagement ist die Bedeutung, die der Markt dem Fondsmanager in der Bewertung eines Produktes beimisst. Erste Fondsrating-Agenturen sind inzwischen dazu übergegangen, die Qualität des Fondsmanagers nicht nur zu einem zentralen Rating-Kriterium zu erheben, sondern Investmentfonds sogar ausschließlich danach zu bewerten (Sauren Fondsresearch AG, vgl. *o.V.* [2002q]). In Outsourcing-Konstellationen kann die auslagernde Kapitalanlagegesellschaft den Wechsel des Fondsmanagers möglicherweise nicht oder nur eingeschränkt unterbinden, was für die Produktqualität und die Vermarktbarkeit eines Fondsproduktes besonders schwerwiegend sein kann. In diesen Risiken liegen signifikante Transaktionskosten.

trollrechte oder andere Wege der Einflussnahme, erforderlich, um die tatsächlichen Transaktionskosten zu kontrollieren.

*Exkurs: Benachbarte Ansätze zur Transaktionskostentheorie im Rahmen der Neuen Institutionenökonomik*

Der Vollständigkeit wegen ist zu ergänzen, dass die Transaktionskostentheorie im Rahmen der Neuen Institutionenökonomik benachbart wird von zwei weiteren Ansätzen.

- Der erste dieser Ansätze ist der „Property Rights"-Ansatz. Zentrales Erkenntnisinteresse dieses Ansatzes ist es zu verstehen, wie die Ausgestaltung und Verteilung von Eigentums-, Verfügungs- und Handlungsrechten auf das Ergebnis ökonomischer Aktion wirkt, um auf diese Weise Empfehlungen zur Rechtsgestaltung zu geben mit dem Ziel, wirtschaftlich effiziente Allokationen zu erzielen. Mit Blick auf „Make or Buy"-Entscheidungen ist der Beitrag dieser Schule geringer. Er konzentriert sich vielmehr auf eine ergänzende Erklärung von Unternehmen und Unternehmensverfassungen als ein Geflecht von Vertragsbeziehungen sowie auf die sinnvolle Verteilung von „Property Rights" unter den an den unternehmensinternen Prozessen beteiligten Akteuren.[55]
- Der zweite Ansatz ist die Principal-Agent-Theory. Auch sie trifft zunächst keine unmittelbaren Aussagen über den optimalen Grad vertikaler Integration und stellt insoweit keine ökonomische Fundierung von Outsourcing-Entscheidungen dar. Ihren Hauptuntersuchungsgegenstand bildet die anreizkompatible vertragliche Gestaltung von Auftragsbeziehungen in einer Umwelt, die infolge von Informationsasymmetrien durch „moral hazard" und „adverse selection" geprägt ist. Da auch Outsourcing ökonomisch eine Auftragsbeziehung darstellt – mag dahinter im Einzelfall auch kein Auftragsverhältnis iSd. §§ 662 ff. BGB stehen, sondern ein zivilrechtlich anders zu beurteilender Vertrag –, gibt die Principal-Agent-Theorie Empfehlungen zur Vertragsgestaltung *auch* von Outsourcing-Partnern („mechanism design"). Die Verbindung zur Transaktionskostentheorie entsteht weiter dadurch, dass die sich tatsächlich einstellenden Transaktionskosten auch von der Gestaltung des Outsourcing-Vertrages abhängen und seiner Fähigkeit, Lösungen für in der Zukunft liegende Unsicherheiten zu bieten. Das auslagernde Unternehmen, das die Transaktionskosten im Outsourcing-Fall mit den Koordinationskosten der internen Erstellung vergleicht, ist daher am Verhandlungserfolg interessiert.[56]

---

55 Für einen Überblick zum „Property Rights"-Ansatz *Furubotn/Pejovich* (1972); *Furubotn/Pejovich* (1974); zentral *Alchian/ Demsetz* (1972); *Demsetz* (1983).

56 Zusammenfassend zur Principal-Agent-Theory etwa *Arrow* (1985); *Grossman /Hart* (1983); für eine Diskussion der vertraglichen Optionen zur Transaktionskostenminimierung siehe *Wielenberg* (1999).

### cc. Betriebswirtschaftliche Motive und Risiken der Outsourcing-Entscheidung

#### aaa. Einführung

Trotz ihres in sich geschlossenen Gebäudes zur Erklärung unterschiedlicher Formen der Kooperation zwischen Unternehmungen ist es ein Defizit der Transaktionskostentheorie, dass sie über eine Richtungsweisung hinaus eine konkrete betriebswirtschaftliche Empfehlung nicht „verlässlich" zu geben vermag (s.o. II.1.b.eee.). Denkbar ist etwa, dass trotz transaktionskostentheoretisch günstiger Voraussetzungen eine Auslagerung im Einzelfall unterbleibt (s.o. II.1.b.eee.). Auch der entgegengesetzte Fall ist nicht auszuschließen – Vornahme des Outsourcing trotz ungünstiger Voraussetzungen: Eine niedrige Risikoaversion des Unternehmers kann in der Maximierung seiner Zielfunktion hohe nicht quantifizierbare Transaktionskosten der Auslagerung (etwa aus Opportunismus-Risiken) rechtfertigen, wenn die Technologie des Auslagerungsunternehmens seiner eigenen rückschrittlichen Technologie hinreichend überlegen ist.

Ein enger transaktionskostentheoretischer Ansatz reicht daher nicht immer, um die unternehmerische Einzelfallentscheidung zu treffen. Der Unternehmer wählt *ceteris paribus* diejenige Organisationsform, die transaktions- und produktionskostenminimierend wirkt. In Konstellationen aber, in denen unterschiedliche Intensitäten der vertikalen Integration betriebswirtschaftlich fundamental verschiedene Situationen implizieren, die die Kategorien der Transaktionskostenlehre nicht zu erfassen vermögen, können auch Kooperationsformen zum Zuge gelangen, die aus der reinen Transaktionskostenperspektive nachrangig zu beurteilen wären.[57] Der Transaktionskostenansatz gerät außerdem dann in Bedrängnis, wenn die Transaktionskostenlandschaft ungewiss ist oder einem Wandel unterworfen ist.[58]

Damit zeigt sich, dass in der Ermittlung der *konkreten* „Make or Buy"-Entscheidung der Transaktionskostenansatz sinnvoll komplettiert werden kann durch betriebswirtschaftliche Überlegungen. Die zentralen betriebswirtschaftlichen Motive und Risiken werden daher im nachfolgenden Abschnitt diskutiert. Sie werden in der Literatur zwar vereinzelt behandelt.[59] Es gelingt dieser Literatur jedoch nicht, die betrieblichen Beweggründe und Treiber des Outsourcing in einen übergeordneten konzeptionellen Rahmen zu setzen oder eine Theorie der unternehmerischen Strategiebildung zu formulieren. Es wäre daher nicht gerechtfertigt, hier eine „Theorie der betrieblichen Auslagerungsentscheidung" oder eine allgemeine Lehre zu erspähen. Vielmehr werden lediglich einzelne, im Vordergrund stehende Dimensionen der

---

57 Vgl. auch die Beispiele für derartige Konstellationen im Bereich der Forschung & Entwicklung bei *Schneider/ Zieringer* (1991), S. 63-69 und 73 f.

58 Schließlich büßt der Transaktionskostenansatz Allgemeingültigkeit dadurch ein, dass Transaktionskosten auch mit den spezifischen Fertigkeiten und Kompetenzen der Unternehmen variieren können. Dazu *Gerhardt* (1995), S. 67; insgesamt dazu *Chandler* (1992).

59 *Porter* (1980); *Porter* (1985); *Harrigan* (1983a); *Harrigan* (1983b); *Harrigan* (1985a); *Harrigan* (1985b); *Harrigan* (1986); auch *Mikus* (1998) S. 36-48; *Bogaschewsky* (1996); *Wißkirchen/ Mertens* (1999); *M. Johnson* (1997); *Bruch* (1998).

Outsourcing-Entscheidung schwerpunktartig herausgegriffen und in ihrer Bedeutung für die Unternehmensstrategie untersucht. Dennoch ist diesen Ansätzen ein eigenständiger Beitrag zur betriebswirtschaftlichen Erklärung des Outsourcing zuzugestehen. In den nachfolgenden Katalog der Motive und Risiken sind sie daher eingearbeitet worden.

Dieser Katalog kann nicht die Fülle der häufig gänzlich unternehmensindividuell motivierten Entscheidungsgründe erfassen. Er bietet wohl aber die wesentlichen betriebswirtschaftlichen Argumente, soweit sie unternehmensübergreifend relevant werden. Querschnittsartig lässt er sich charakterisieren als ein *unternehmensstrategischer* Erklärungsansatz des Outsourcing. Während die (mikroökonomische) Transaktionkostentheorie die ökonomischen Fundamente für vertikale Integration und Desintegration erforscht und fragt, warum es überhaupt zu marktlichen versus unternehmsinternen Organisationsformen kommt bzw. unter welchen Voraussetzungen Industrien eine Neigung zu bestimmten Organisationsformen aufweisen, ist es das Anliegen des (betriebswirtschaftlichen) Kataloges aufzuzeigen, wie unter unternehmerischen Gesichtspunkten für das individuelle Unternehmen in der konkreten betrieblichen Situation Outsourcing zur Erlangung und Sicherung von Wettbewerbsvorteilen eingesetzt werden kann. Die beiden Ansätze sind nicht unvereinbar, sondern verhalten sich in der dargestellten Weise komplementär zueinander. Zahlreiche vordergründig betriebswirtschaftliche Argumente sind transaktionskostentheoretisch durchsetzt[60] · [61]; darauf wird im Einzelfall hingewiesen.

Der Katalog der betriebswirtschaftlichen Facetten der Outsourcing-Entscheidung stellt keine Rangfolge im Sinne eines Entscheidungsbaumes oder einer Entscheidungshierarchie auf. Aus ihm kann keine unternehmerische Strategie abgeleitet werden, die Allgemeingültigkeit beanspruchen darf. Die Ausprägung und Gewichtung fällt in jedem betrieblichen Einzelfall unterschiedlich aus.

Ziel der Darstellung ist es, den ökonomischen Hintergrund zur Grundierung der juristischen Argumentation weiter auszuleuchten. Soweit möglich, soll bereits spezifischer auf Aspekte der Finanzdienstleistungsindustrie eingegangen werden.

---

60 So auch *Bandyk* (1988).

61 Auch *Porters* grundsätzliches unternehmensstrategisches Postulat (1980, S. 34-46), vorteilssichernde Strategien folgten einem oder mehreren der drei Prinzipien „overall cost leadership", „differentiation" (gemeint: Schaffung von Einzigartigkeit) und „focus" (gemeint: Konzentration auf eine bestimmte Kundengruppe, einen bestimmten Markt, eine bestimmte Produktreihe o.ä.), lässt sich transaktionkostentheoretisch unterlegen. Denn die benannten Prinzipien haben jeweils Auswirkungen auf die sich potenziell einstellenden Kooperationsformen (*Fischer* (1993), S. 184-186; ähnlich *Mikus* (1998), S. 38; *Bogaschewsky* (1996), S. 124): „differentiation" kreiert Spezifität sowohl bezüglich Investitionen als auch bezüglich „know how" und Marken und wird daher eher zu hoher vertikaler Integration neigen als „cost leadership", wozu Standardisierung und niedrige Spezifität gefordert sind.

## bbb. Betriebswirtschaftliche Motive und Risiken

### α. Motive der Outsourcing-Entscheidung[62]

Die betriebswirtschaftlichen Motive des Outsourcing ressortieren häufig aus der Unternehmensstrategie. Outsourcing ist ein Mittel der Unternehmenspolitik, festgelegte Strategien erfolgreich zu verfolgen. Outsourcing ist thematisch nicht begrenzt auf bestimmte unternehmerische Tätigkeiten, sondern kann die gesamte Wertschöpfungskette betreffen.

Die Betriebswirtschaftslehre offeriert verschiedene Analysetechniken und Instrumente, um eine Unternehmensstrategie zu erarbeiten und ihre Elemente miteinander in Bezug zu setzen. Darauf soll hier nicht im Detail eingegangen werden. Herangezogen werden soll lediglich eine (modifizierte) Darstellung[63], die einen Bezugsrahmen bietet, in den die nachstehend erörterten Motive von Auslagerungsentscheidungen eingesetzt werden können. Sie stellt gleichsam eine Klammer dar, die diese Motive einrahmt, die andernfalls in ihrer inhaltlichen Verschiedenartigkeit auseinander zu laufen drohen.

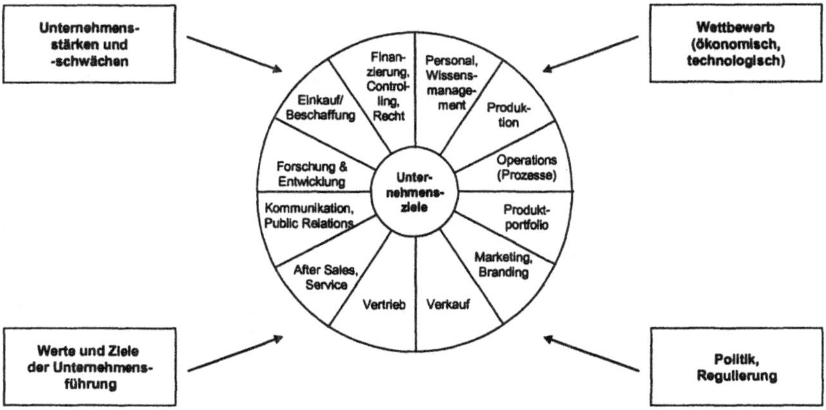


*Abb. II-2 Unternehmerische Strategieformulierung*

Die Achse des stilisierten Rades in Abb. II-2 bildet die (langfristigen) Unternehmensziele, die Speichen des Rades bilden die Felder, auf denen Maßnahmen zur Verfolgung dieser Ziele getroffen werden können. Diese Maßnahmen können nicht beliebig gewählt werden, sondern werden mitbestimmt durch unternehmensinterne Faktoren und Zwänge (Stärken/ Schwächen des Unternehmens, Charakter der Unter-

62 Zu den nachfolgend diskutierten Motiven der Outsourcing-Entscheidung siehe im Einzelnen die in Fn. 59 angegebene Literatur.

63 In Anlehnung an *Porter* (1980), S. XVI-XX.

nehmensführung) und unternehmensexterne, dem Unternehmensumfeld entspringende Faktoren (Wettbewerbsumfeld, politische, rechtliche und gesellschaftliche Zwänge).
In diesem Kräftefeld sind nun Unternehmensstrategien zu formulieren als systematisierte und inhaltlich kohärente Bündel von Maßnahmen zur Zielerreichung.

Outsourcing bzw. Veränderungen in der vertikalen Integration zählen zu derartigen Strategiemaßnahmen, ebenso wie z.B. Entscheidungen zu den Industrien und (geographischen) Märkten, in denen eine Unternehmung agieren möchte, oder auch Grundsatzentscheidungen zu Kapazitäten oder Zielkunden. Es sind Entscheidungen dazu, *wie* der Wettbewerb bestritten werden soll.

Die nachfolgenden Ausführungen illustrieren, dass Outsourcing auf allen der in Abb. II-2 dargestellten Maßnahmenfeldern beheimatet sein kann und durch alle der einrahmenden internen und externen Faktoren angestoßen bzw. begrenzt werden kann.

#### αα. Kostenmanagement

Wie bereits erwähnt (s.o. II.1.a.aa., II.1.b.aa.), spielen Kostenüberlegungen traditionell eine zentrale Rolle in der Auslagerungsentscheidung. Die frühen, unvollständigen Erklärungsansätze zum Outsourcing waren weitgehend auf das Kostenkalkül reduziert. Der auf den ersten Blick handhabbar erscheinende Vergleich der Kosten bei Eigenerstellung mit den Kosten bei Fremdbezug kann sich tatsächlich als recht diffizil entpuppen:

- Ein Kostenvergleich für eine nicht permanente Auslagerung unterliegt einer anderen Logik als ein Vergleich für eine dauerhafte Auslagerung:
  Im Fall nicht permanenter Auslagerungen kann es sich so verhalten, dass im Rahmen einer Teilkostenrechnung nur die (neuen) variablen Kosten relevant sind, da die fixen Kosten mangels Dauerhaftigkeit des Outsourcing nicht abgebaut werden können und daher für die Kostenrechnung unveränderbar sind („sunk cost"). Ggf. müssen Opportunitätskosten der Nichtauslagerung berücksichtigt werden. Dagegen sind bei langfristigen oder dauerhaften Auslagerungen im Rahmen einer um die Gemeinkosten ergänzten Vollkostenrechnung neben den (veränderten) variablen Kosten auch die langfristig disponiblen Fixkosten zu berücksichtigen.[64, 65]
- Den benannten kostenrechnerischen Vergleich fehlerfrei durchzuführen, ist angesichts der Vielschichtigkeit der mitspielenden Kostenarten und der Komplexität der betroffenen Unternehmensprozesse eine schwierige Aufgabe:

---

64 *Fischer* (1993), S. 20-23.

65 Dem Freiwerden dieser Fixkosten können einmalige Kosten der Desinvestition (insbesondere [bilanziell regelmäßig unerwünschte] Einmalabschreibungen) und Kosten des Personalabbaus gegenüberstehen („Stilllegungskosten"), die prohibitiv hoch sein können (vgl. *Bogaschewsky* (1996), S. 129).

So müssen auch vorgelagerte (z.B. Personalwesen, Sozialwesen) und nachgelagerte (z.B. Gewährleistung, Schlechtleistung) Kosten berücksichtigt werden.
Um die Kostenersparnis durch Outsourcing zu beziffern, geht die betriebliche Praxis regelmäßig so vor, dass die Kosten der Kostenstelle herangezogen werden, deren Tätigkeit ausgelagert wird. Dieses Vorgehen kann allerdings nur dann zu zutreffenden Kostenschätzungen führen, wenn tatsächlich keine anderen Kostenstellen Teile des auszulagernden Prozesses erbringen. Eine solch klare Prozessstrukturierung dürfte bei den heutigen unternehmensinternen Ablauforganisationen jedoch nur noch selten gegeben sein. Daher führt nur eine aufwändige Prozesskostenrechnung zum Ergebnis.[66]
- Zu den unmittelbar ersichtlichen Erstellungskosten gesellen sich die Transaktionskosten, die weitestmöglich quantifiziert werden müssen (siehe oben unter II.1.b.bb.eee. und unten unter II.1.b.cc.bbb.β.). Sie können auch die Form von Prozess- und Schnittstellenkosten bei der Anbindung des ausgelagerten Bereiches an das auslagernde Unternehmen annehmen, einschließlich der in der Etablierungsphase aufgeworfenen Reibungsverluste, Ausfallzeiten etc. Bei Eigenerstellung sind die (ebenfalls schwierig zu quantifizierenden) Kosten der unternehmensinternen Organisation und Koordination zu berücksichtigen.

Unabhängig von einem im Einzelfall aufzustellenden Kostenvergleich lassen sich grundlegende Aussagen zur Wirkung des Outsourcing auf die Kostenstrukturen eines Unternehmens treffen:

*Variabilisierung des Fixkostenblocks*
Indem Geschäftsbereiche oder Teile von Geschäftsbereichen dauerhaft ausgelagert werden, werden Fixkostenanteile aus der Produkterstellung ganz oder teilweise herausgenommen und auf das Auslagerungsunternehmen übertragen (etwa IT-Systemkosten). Das auslagernde Unternehmen erzielt eine Variabilisierung seiner Kosten.[67] Damit können mehrere Vorteile gesichert werden:

- Niedrige Fixkosten verhindern, dass konjunkturelle Schwächephasen schnell zu operativen Verlusten führen.
- Die Wirkung von Fixkosten als Marktaustrittsbarrieren kann gemildert werden. Diese Wirkung entsteht dadurch, dass Fixkosten kurz- bis mittelfristig nicht reduziert werden können und zur Aufrechterhaltung der Produktion zwingen, um zumindest einen Deckungsbeitrag zu erwirtschaften.
- Da vertikal miteinander verbundene Stufen desselben Produktionsprozesses denselben wirtschaftlichen Einflüssen unterliegen, bedeutet vertikale Integration auch Risikokonzentration (die Amplituden einer Ertragskurve („Operating Profit") im Zeitverlauf steigen mit der vertikalen Integration an). Dies gilt aufgrund der „Sta-

66 *Wißkirchen* (1999), S. 287-305; *Mikus* (1998), S. 46; *Bogaschewsky* (1996), S. 128; *Kaplan* (1988), S. 61-66; *Bühner/Tuschke* (1997), S. 25.

67 Wichtig ist es festzuhalten, dass dies in typischen Geschäftsjahren regelmäßig keine absolute Verringerung der Kosten impliziert, sondern nur eine strukturelle Verschiebung der Kosten aus dem Fixkostenblock in den Block variabler Kosten.

tik" der Fixkosten umso mehr, je fixkostenintensiver eine Industrie ist. Insoweit trägt Outsourcing auch über die Fixkostenreduktion zur Risikostreuung bei.

- Mit dem Fixkostenabbau steht in der Regel Kapital für das Kerngeschäft neu zur Verfügung.

Zudem können durch Outsourcing sog. sprungfixe Kosten vermieden werden: Die zu Grunde liegende Kostenstruktur ist häufig die, dass die fixen Kosten bis zum Erreichen einer Auslastungsgrenze konstant bleiben, beim Überschreiten dieser Grenze allerdings „springen", um danach bis zum Erreichen der neuen Auslastungsgrenze wiederum konstant zu bleiben. Bei regelmäßig vorhandener nur eingeschränkter Kapazität fallen jenseits der Skalierbarkeitsgrenze Investitionsausgaben an, die sich in erweiterte fixe Kosten übersetzen. Diese Kosten bedeuten geschäftliche Risiken, die gerade in volatilen (Finanz-) Märkten vermieden werden sollen. Denn die Amortisation einer voluminösen Investition verlangt ein betriebswirtschaftliches „Bekenntnis" zu einem Geschäftsbereich, das von einer gewissen Dauer sein muss. Bei nur eingeschränkter Planbarkeit auf volatilen Märkten wird daher regelmäßig die Flexibilität in der Geschäftsausrichtung vorgezogen. Um also das anvisierte, ggf. nur temporäre Wachstum realisieren zu können, gleichzeitig aber die Investitionen und die einhergehenden sprungfixen Kosten zu umgehen, wird auf die Dienstleistungen eines Externen zurückgegriffen. Dessen Spezialisierung gestattet ihm typischerweise das Vorhalten so großer Kapazitäten, dass annähernd vollständige Skalierbarkeit vorliegt.

Insoweit begünstigen hohe Fixkosten das Outsourcing. Allerdings führen sie tendenziell zu hoher Konzentration im Markt der Auslagerungsunternehmen. Bei kapitalintensiven Geschäften ist damit zu rechnen, dass nur wenige Dienstleister entstehen, die zudem, um die Fixkosten beherrschen zu können, als Mehrmandantendienstleister auftreten müssen. Dies ist transaktionskostenökonomisch nicht unbedenklich (s.o. II.1.b.bb.ddd.) und kann Auslagerungen erschweren.

*Degression der Stückkosten*

Typische Funktionen der Gesamtstückkosten weisen einen fallenden Verlauf auf, d.h. infolge sinkender oder konstanter Grenzkosten fallen mit der ausgestossenen Menge auch die Gesamtstückkosten, solange die Fixkosten konstant sind, also keine sprungfixen Kosten auftreten.

Diesem Charakter der variablen Kosten wird häufig die Wirkung einer Markteintrittsbarriere zugeschrieben: Die fallenden Gesamtstückkosten führen dazu, dass kompetitive Produkterstellung erst ab einer Mindestproduktionsmenge möglich wird, die regelmäßig bei in den Markt neu eintretenden Wettbewerbern noch nicht gegeben ist.

Um entweder die Kostendegressionen wirkungsvoller zu nutzen, etwa weil sie erst ab einer bestimmten Produktionsmenge spürbar einsetzen, oder um tiefer in die Kostendegressionen hineinzuwachsen, bemühen sich Anbieter, ihre Mengen durch Outsourcing zu bündeln. Insoweit kann Outsourcing sogar der einzige Weg sein, die Markteintrittsschranke (stark) degressiver Kostenverläufe zu überwinden.[68, 69]

### ββ. Flexibilität – „Time to Market"

Die Auslagerung von Unternehmensaufgaben an Dritte kann dazu beitragen, die Zeit wesentlich zu verkürzen, innerhalb der ein Unternehmen mit einem neuen Produktangebot am Markt auftreten kann („Time to Market"). Insbesondere in einem Umfeld, in dem sich die Produktinnovationszyklen verkürzen, hilft Outsourcing, die Flexibilität in der Bereitstellung neuer Produkte zu erhöhen, ohne knappe Ressourcen aus dem traditionellen Geschäft abziehen zu müssen. Innovative Unternehmensreputation und Bedienung der Kundenwünsche bleiben gewahrt.

Häufig bieten Auslagerungsunternehmen früh neue Technologien an, die Voraussetzung für die Produktneuentwicklung und –bereitstellung sind. Die Integration derartiger Anbieter in das eigene Unternehmen würde die Flexibilität senken, die Outsourcing-Verträge bieten, um variabel vom Zugang zu den jeweils fortschrittlichen Technologien und jüngsten Innovationen zu profitieren. Auch liegt gerade in der Nicht-Integration ein Mittel, den marktlichen Wettbewerbs- und Innovationsdruck auf potenzielle Auslagerungsunternehmen aufrechtzuerhalten.

### γγ. Flexibilität – Produktdifferenzierung

Outsourcing kann die Unternehmensflexibilität auch hinsichtlich der Produktvielfalt steigern. Die Produktnachfrager weisen insbesondere im Finanzdienstleistungsbereich heute einen zunehmend fundierten Informationsstand auf, der durch den direkten Zugang zu mehr Quellen und durch insgesamt steigende Markttransparenz gefördert wird und sich in wachsenden Kundenanforderungen äußert. Diese höheren Kundenansprüche kreieren und alimentieren immer wieder neue Produkte oder zumindest differenzierte Produktqualitäten, Produktdesigns, Services zum Produkt oder andere Variabilitäten in Produkteigenschaften.
Ein breiteres Produktspektrum in wettbewerbsfähiger Manier dauerhaft anbieten zu können, verlangt Expertise, Prozesse und Systeme. Häufig bietet nur der Zugriff auf Externe die Chance, dies zu verwirklichen.

---

68 Es soll nicht übersehen werden, dass betriebliche Konstellationen existieren können, in denen durch interne Zusammenlegung, also durch höhere vertikale Integration und nicht durch Outsourcing, Kostensenkungen verwirklicht werden. Dazu kann es etwa kommen, wenn durch die interne Zusammenlegung der Auslastungsgrad erhöht wird, Prozessschritte im Produktionsprozess eingespart werden können oder Transport-, Lager- oder Logistikkosten entfallen.

69 Ergänzend sollte darauf hingewiesen werden, dass Besonderheiten des Umsatzsteuerrechts Kostenvorteile des Outsourcing im Einzelfall wieder ausmerzen können. Während die Ausgangsumsätze von Banken weitgehend steuerbefreit sind nach § 4 Nr. 8 UStG, kann die Umsatzsteuer, die vom Dienstleister auf das Entgelt aufzuschlagen ist, das dem auslagernden Institut in Rechung gestellt wird, nur eingeschränkt oder gar nicht abziehbar sein, § 15 Abs. 2 UStG (vgl. zum Ganzen mit optimistischer Einschätzung *Hamacher/ Frenzel* [2002; diese auch im Speziellen zur Ausdehnung der Umsatzsteuerbefreiung auf Outsourcing-Dienstleistungen für Kapitalanlagegesellschaften] sowie *Streck/ Mack/ Schwedhelm* [2000]).

Eine hohe Produktdifferenzierung, wie sie durch den Einsatz von Outsourcing-Lösungen realisiert werden kann, bietet zudem einen der wichtigen Hebel, den der Fremdbezug mit Blick auf *Erlössteigerungen* offeriert. Produktdifferenzierung ist über Industrien hinweg ein besonders bedeutsamer Weg zur Erschließung neuer Kundengruppen.

### δδ. Komplexitätsmanagement

Gerade die Finanzdienstleistungsbranche unterliegt in mehreren Dimensionen einem Komplexitätsanstieg in den Geschäftsprozessen.

Neben der benannten Produktdifferenzierung ist eine dieser Dimensionen die Internationalisierung des Geschäftes. Zum einen nutzen Anbieter die verbesserten Zugangsmöglichkeiten zu fremden Märkten, zum anderen kaufen Nachfrager nicht länger nur auf dem Heimatmarkt, sondern nunmehr international ein. Die damit einhergehende Komplexitätssteigerung sucht nach Lösungen außerhalb der angestammten Organisation, die oft nicht in der Lage ist, diesen Entwicklungen zu folgen.

Eine weitere Komplexitätsdimension bildet das rechtliche und regulatorische Umfeld. Die regulatorischen Anforderungen gerade im Finanzdienstleistungsbereich sind streng; tendenziell muss eher mit einer weiteren Verschärfung gerechnet werden (z.B. durch die internationale Harmonisierung des Aufsichtsrechts). Es kommt in diesem Punkt hinsichtlich des Outsourcing zu gegenläufigen Wirkungen: Einerseits müssen Transaktionskosten aufgewendet werden, um in einem komplexeren regulatorischen Umfeld potente Dienstleister zu finden und die Befolgung der Regulierung laufend zu überwachen; diese Transaktionskosten wirken in Richtung höherer vertikaler Integration (siehe bereits II.1.b.bb.ddd. a.E.). Andererseits steigt angesichts der erhöhten Regulierungsintensität die Bereitschaft der Unternehmen, sich Dienstleistern anzuvertrauen, die einmal als leistungsfähig und regulatorisch verlässlich identifiziert worden sind; Auslagerungen an solche Unternehmen können Komplexitätsreduzierungen bewirken, die die bezeichneten Transaktionskosten rechtfertigen. Es kann daher im Einzelfall zum Einsatz des Outsourcing zum Zweck des Komplexitätsmanagement kommen, v.a. wenn die Kosten für den Aufbau und den Unterhalt eigener Expertise und Systeme zur Erfüllung der regulatorischen Anforderungen die Transaktionskosten bei Auslagerung übersteigen.

### εε. Prozesse / „Operations"

In der Weise, in der die Auslagerung auf Externe das Innovations- und Technologieniveau hochzuhalten geeignet sein kann (siehe oben unter ββ.), kann die Zusammenarbeit mit Dritten auch zu Fortschritten in den betrieblichen Abläufen („Operations") führen.
Professionelle Kooperationsunternehmen können zu erhöhten Prozessgeschwindigkeiten beitragen, Prozessqualitäten verbessern, die Flexibilität in der Überarbeitung

der Geschäftsausrichtung steigern oder auch durch das Einbringen von spezialisiertem „know how" gänzlich neue Prozesse überhaupt ermöglichen. Ein gutes Beispiel dafür liefert die Einführung der „Just in Time"-Produktion in vielen Industrien in den 1980er Jahren: Durch den Rückgriff auf operationell besonders leistungsstarke Dienstleister konnten hier über reine Prozessverbesserungen spürbare Kostensenkungen in Lagerhaltung und „working capital" realisiert werden.[70] Outsourcing ist in solchen Situationen Bestandteil einer grundlegenden Neuorganisation der Produktion.[71]

Im Finanzdienstleistungsbereich offenbart sich die Dringlichkeit laufender Prozessverbesserungen z.B. in den strukturellen Veränderungen in der Wertpapierabwicklung: Entstehung neuer Clearing-Allianzen (Euroclear, Deutsche Börse Clearstream, Settlementnetwork), Entstehung neuer Kommunikationsstandards, weltweite Verkürzung der Settlement-Fristen bis hin zu taggleichem Settlement („T+0") und Aufkommen alternativer „Electronic Communication Networks" zur Umgehung der traditionellen Abwicklungswege. Die Dynamik der funktionalen Veränderungen fordert Kreditinstituten, die im Wertpapierhandel (Finanzkommissionsgeschäft [§ 1 Abs. 1 S. 2 Nr. 4 KWG], Abschlussvermittlung [§ 1 Abs. 1a S. 2 Nr. 2 KWG] oder Eigenhandel [§ 1 Abs. 1a S. 2 Nr. 4 KWG]) oder im Depotgeschäft (§ 1 Abs. 1 S. 2 Nr. 5 KWG) tätig sind, die fortlaufende Investition in IT-Prozesse ab. Alternativ können Prozessstandards und operative Qualität und Sicherheit durch Outsourcing auf spezialisierte Dienstleister gewährleistet werden.[72]

### ζζ. Kapazitätsmanagement

Die Auslagerung von betrieblichen Aktivitäten ist eine etablierte Reaktion des Management, um Kapazitätsgrenzen zu handhaben:

- Produktionskapazitäten: Sind infrastrukturell Mengenrestriktionen gegeben, kann insbesondere bei standardisierten Produkten die Auslagerung dazu genutzt werden, Nachfrage- oder Angebotsspitzen abzudecken. Outsourcing ist ein Weg, schneller zu wachsen.
- Personalkapazitäten: Die dargestellten Anforderungen (diversifiziertes Produktangebot, technologische Flexibilität, Internationalisierung des Geschäftes) verlangen auch personalseitig Betreuung. Die Engpässe bzw. Kosten in der Personalsuche können regelmäßig nicht anders als durch Outsourcing umgangen werden.

---

70 Derartige Kostensenkungen durch operative, prozessuale Verbesserungen bedeuten in der Regel kein weiteres Hineinwachsen in die Kostendegression (kein weiteres „Laufen *auf* der Stückkostenkurve"), sondern eine Niveauabsenkung der Stückkostenkurve, d.h. die Kostendegression findet von Anbeginn auf einem niedrigeren Niveau statt (erhöhte Produktionsgeschwindigkeit, höhere Effizienz, niedrigere Fehlerquoten, verringerter Fixkostenblock).

71 *Gerhardt* (1995), S. 10; *Koppelmann* (1996), S. 4.

72 In der Wertpapierabwicklung im Speziellen kommt hinzu, dass das Geschäft signifikant skalengetrieben ist und insoweit auch das Kostendegressionsargument bereits für Outsourcing auf einen Dienstleister spricht.

### ηη. Risikomanagement

Die Möglichkeit, Risiken durch Outsourcing auf das Auslagerungsunternehmen zu verlagern, ist bereits angeklungen in dem Argument, Fixkosten in konjunkturellen Schwächephasen oder bei unsicheren Investitionen durch Auslagerung zu vermeiden.

Darüber hinaus können sich im Einzelfall je nach den Fertigkeiten des Auslagerungsunternehmens Chancen bieten, individuelle Risiken aus der Sphäre des auslagernden Unternehmens herauszunehmen, so etwa Fehlerrisiken mit einhergehenden Haftungsgefahren bei erhöhter Produktkomplexität oder steigenden Abwicklungs- oder Produktionsmengen („operational risk").

### β. Risiken und Nachteile der Outsourcing-Entscheidung[73]

Auch die Risiken und Nachteile von Outsourcing-Entscheidungen lassen sich in den o.a. Rahmen der Strategiefindung einfügen (siehe Abb. II-2). Ihnen liegt häufig – nunmehr in einem konkret-betriebswirtschaftlichen Zusammenhang – die Argumentation der Transaktionskostenlehre ausdrücklich oder zumindest implizit zu Grunde.

### αα. Transaktionskosten

In einem Umfeld von Spezifität und Unsicherheit liegen strukturell angelegte Transaktionskosten vor. Outsourcing birgt dann die Gefahr, dass sich Transaktionskosten im entsprechenden Ausmaß tatsächlich realisieren (siehe oben unter II.1.b.bb.eee.). Soweit diese Transaktionskosten quantifizierbar sind, müssen sie in den kostenrechnerischen Vergleich der „Make or Buy"-Entscheidung eingestellt werden (siehe bereits oben unter II.1.b.cc.bbb.α.αα.).

- *Kontroll- und Koordinationskosten*
  Im Vergleich zu einer Kooperationsform, die eine höhere vertikale Integration aufweist, kann der Produktionsprozess bei Outsourcing aufwändiger zu kontrollieren sein, insbesondere, wenn Opportunismus beim auslagernden Unternehmen nahe liegt. Verhält es sich z.B. so, dass der Umsatzausfall beim Zulieferer im Fall der Nicht- oder Spätlieferung hinter dem wirtschaftlichen Schaden eines Produktionsausfalles oder einer Produktionsunterbrechung beim auslagernden Unternehmen (deutlich) zurückbleibt, ist die Motivationslücke des Auslagerungsunternehmens nur unter Aufwendung erhöhter Kontrollkosten zu schließen. Wie die hohen tatsächlichen Mißerfolgsquoten belegen, gibt es keinerlei Erfolgsgarantie für nicht-triviales Outsourcing, das nicht lediglich gänzlich periphere Bereiche betrifft. Outsourcing bedeutet keinesfalls nur, sich eines Problems zu entle-

73 Zu den nachfolgend diskutierten Risiken und Nachteilen der Outsourcing-Entscheidung siehe im Einzelnen die in Fn. 59 angegebene Literatur.

digen; vielmehr verlangt es seinerseits eine unternehmerische Kontroll- und Managementleistung, die fehlschlagen kann.[74]

- *Informationsbeschaffungskosten*
  Eine Auslagerungssituation kann zu erschwerten Bedingungen führen, Informationen und „know how" zu beschaffen. Vollständige vertikale Integration wird dagegen auch genutzt, um eine Verbesserung im Technologieverständnis der vor- oder nachgelagerten Stufe zu erzielen (Beispiel: Rückwärtsintegration von Computerherstellern in das Halbleitergeschäft).

- *Verhandlungskosten*
  Anders als bei vollständiger vertikaler Integration werden mit der Funktionsauslagerung Verhandlungen und Vertragsabschlüsse sowie das Vorhalten einer unternehmensinternen Einkaufsinfrastruktur erforderlich.

### ββ. Eigenständigkeit

Ein von der Unternehmensleitung regelmäßig gefürchteter Nachteil von Outsourcing-Entscheidungen ist die „Auslieferung" des Hauses an einen Externen, der Verlust an unternehmerischer Eigenständigkeit und Einflussmöglichkeit.

Dieses stichhaltige Bedenken ist im Kern eine andere Wendung für die Befürchtung, dass mit Outsourcing Transaktionskosten verbunden sind. Wenn etwa formuliert wird, dass die Produktqualität, die Unternehmensreputation und die „corporate identity" in Vertriebsangelegenheiten schwerer gewahrt werden können, dass Schwierigkeiten beim Wechsel des Outsourcing-Partners oder bei der Beeinflussung seiner geschäftlichen Entwicklung auftreten („lock in-Effekt"), oder dass die Wahrung von Unternehmensgeheimnissen durch das Auslagerungsunternehmen nicht gesichert ist, steht materiell hinter diesen Argumenten die Entwicklung neuer Transaktionskosten in Form von tatsächlichen Kontrollaufwendungen oder neuartigen Risiken.[75]

Zu erwähnen sind außerdem die versteckten Eigenständigkeitseinbußen durch den Verlust von (Schlüssel-) Mitarbeitern, die zuvor durch das auslagernde Unternehmen beschäftigt waren, nunmehr aber beim Dienstleister im ausgelagerten Bereich beschäftigt sind, und die Einbußen durch den Verlust von eigenem (technologischen oder prozessualen) „know how".

---

74 Dazu etwa *Jackson/ Iloranta/ McKenzie* (2001), insbesondere S. 4-6.

75 Der mögliche Eigenständigkeitsverlust, die Sensibilität der Materie (Kundendaten, Geheimhaltungspflichten) sowie damit verbundene, nicht quantifizierbare Transaktionskosten, informationstechnologische Schwierigkeiten und der gefürchtete Abschreibungsbedarf für bereits getätigte eigene Investitionen bilden seit Jahren den ökonomischen Hinderungsgrund dafür, dass die Bündelung der Zahlungsverkehrs- und Wertpapier-Back Office-Funktionen („Transaction Banking") in der deutschen Bankenlandschaft letztlich noch immer nicht abgeschlossen ist (vgl. dazu etwa *Strohmayr* [2002], S. 18; *Kipker* (2002), S. 23ff.; *Fehr* [2002], *o.V.* [2002a], *o.V.* [2002k], *o.V.* [2002m], *o.V.* [2002p], *o.V.* [2003a], *o.V.* [2004a]; ähnlich, wenngleich in einem anderen Outsourcing-Zusammenhang, *Schneider/ Fiegel* (2001), S. 17).

### γγ. Angebots- / Nachfragesicherheit

Outsourcing tendiert im Vergleich zur vollständigen vertikalen Integration dazu, die Sicherheit zu verringern, mit der ein ausreichendes Angebot an Vorprodukten bzw. eine Basis-Nachfrage nach erstellten Zwischenprodukten vorhanden sind. Auch dahin gehende vertragliche Abreden können das auslagernde Unternehmen nicht gänzlich absichern. Damit wird im Sinne der Transaktionskostenökonomik Umweltunsicherheit in den Produkterstellungsprozess importiert, namentlich die Unsicherheit, unerwartet von Zulieferern oder Abnehmern abgeschnitten zu werden oder Marktpreisen ausgesetzt zu sein, die anders als die intern zu vereinbarenden Transfer-Preise Schwankungen unterworfen sind.

### δδ. Komplexitätsrisiken bei intensivem Outsourcing

Eine besondere Schwierigkeit, die mit dem Outsourcing verbunden ist, bleibt im Schrifttum unbeachtet:

Selbst bei einer transaktionskostenökonomischen Konstellation, die für die jeweilige, isoliert betrachtete Outsourcing-Entscheidung günstig ist, entstehen neuartige Transaktionskosten in dem Fall, in dem Auslagerungen innerhalb eines Unternehmens kumuliert werden, also sukzessive mehr Outsourcing-Maßnahmen durch dasselbe Unternehmen vorgenommen werden. Diese Transaktionskosten nehmen mindestens zwei Formen an:

- Die durch Auslagerung erzielte Ersparnis in den Kosten der unternehmensinternen Koordination wird bei zunehmendem Outsourcing kompensiert durch die Kosten der Organisation und des Management des entstehenden Outsourcing-Geflechtes.
- Indem durch sukzessive Auslagerungsentscheidungen mehrfach strukturell vergleichbare betriebliche Schwierigkeiten geschaffen werden (Kontrolllücken, Informationslücken, Eigenständigkeitsverlust, gestiegene Unsicherheit), akkumulieren sich diese gleichartigen Risiken. Es erwächst ein Systemrisiko, in dem – stilisiert – der Generalunternehmer eines „virtuellen Unternehmens" von einem Büroschreibtisch aus durch die Überwachung von Outsourcing-Verträgen die gesamte Wertschöpfungskette verantwortet.
  Wenn betrieblich eigenverantwortlich geführte Bereiche als „Puffer" fehlen, überträgt sich ein Überwachungs- oder Koordinationsmangel seitens des Generalunternehmers ebenso wie die Schlecht- oder Nichtleistung seitens eines Outsourcing-Dienstleisters ungemildert auf andere Teile der Wertschöpfungskette. Unregelmäßigkeiten im Geschäftsablauf können nicht mehr durch den Einsatz eigener Ressourcen aufgefangen werden. Das betriebswirtschaftliche Gesamtrisiko und das Risiko der Verletzung (privat-) rechtlicher Verpflichtungen steigen sprunghaft an.

In diesen Komplexitätsrisiken liegt ein Argument dafür, zumindest in regulatorisch sensiblen Bereichen eine „Outsourcing-Grenze" zu ziehen.

### γ. Weitere Faktoren und Determinanten der Outsourcing-Entscheidung

Neben den vorstehend erörterten Motivationen und Risiken von Outsourcing-Entscheidungen besteht eine Reihe weiterer Faktoren und Determinanten, die entweder unterschiedliche Ausprägungen annehmen können und sich daher im Einzelfall für oder gegen Outsourcing auswirken können, oder die einen so unternehmensindividuellen Charakter haben, dass sie in den obigen Katalog von eher allgemeingültigen Kriterien nicht aufgenommen werden können. Diese Faktoren und Determinanten können sowohl aus der unternehmensinternen Sphäre als auch aus dem Unternehmensumfeld herrühren.

#### αα. Unternehmensinterne Faktoren

*Strategische Überlegungen*
Es besteht eine große Vielfalt von unternehmensindividuellen Strategien, die Outsourcing motivieren oder demotivieren können. Exemplarisch sollen genannt werden:

- Elimination von Marktmacht und Verbesserung der Wettbewerbsposition
  Marktstrategische Überlegungen können dazu führen, einem möglichen Outsourcing-Partner Geschäftsaktivitäten nicht etwa zu übertragen, sondern vielmehr ihn (vollständig) zu integrieren:
  Integration kann die Markt- und Verhandlungsmacht von Zulieferern oder Abnehmern obsolet machen.[76] Bei Zulieferer-Integration kann mit fallenden Input-Preisen die Preisstellung des eigenen Produktes im „Downstream"-Markt verändert werden mit dem Ziel, den Gesamtgewinn der nun integrierten Unternehmenseinheiten zu maximieren. Bei Integration von Vertriebseinheiten kann die Preisrealisierung verbessert werden durch Preisdifferenzierung gemäß den Nachfrageelastizitäten unterschiedlicher Kundengruppen, insbesondere bei Vorhandensein mehrerer Vertriebswege.
  „Upstream"- oder „Downstream"-Integration kann bezwecken, durch die Bindung wichtiger Zulieferer oder wertvoller Abnehmer eigene Wettbewerber vom Zugang zu diesen Akteuren abzuschneiden und damit im Rahmen der wettbewerbsrechtlichen Zulässigkeit die eigene Wettbewerbsposition zu stärken. Auch der Aufbau von Markteintrittsbarrieren kann dadurch erzielt werden.

---

76 Dies ist letztlich eine Facette des „Small Numbers"-Problems defizitärer Marktstrukturen im Sinne der Transaktionskostenlehre (s.o. II.1.b.bb.ccc.). Eigentum kann fehlende eigene Marktmacht ersetzen; starke Unternehmen können die Kontrolle über Transaktionen jedoch auch in Outsourcing-Lösungen aufrechterhalten.

- Konzentration auf Kernkompetenzen
  Outsourcing kann dazu dienen, zum Zweck der Spezialisierung die unternehmerische Tätigkeit auf die Kernkompetenzen zu begrenzen und Ressourcen auf die besonders wertschaffenden Bereiche zu konzentrieren, z.B. das (personalintensive) kundennahe Geschäft. Basis dieser strategischen Stoßrichtung ist die Überlegung, nur durch den Aufbau spezifischer Fertigkeiten einen Wettbewerbsvorteil langfristig sichern zu können.[77] Eigenerstellung bindet möglicherweise in größerem Umfang als erforderlich Management-Kapazität und Kapital, das dann für die eigentlichen Kernaufgaben nicht mehr zur Verfügung steht.[78, 79]

- Erweiterung der Geschäftsfelder
  Auch der in die entgegengesetzte Richtung gelagerte Fall ist in der Praxis zu beobachten: Soll eine bestimmte unternehmerische Leistung, die bisher nur unternehmensintern abgenommen wird, breiter vermarktet werden, ist dies gegenüber konzernfremden Dritten leichter möglich, wenn der entsprechende Unternehmensbereich ausgegründet wird in ein separates Unternehmen. An dieses wird dann auch die bisher unternehmensintern erbrachte Leistung ausgegliedert.[80]

*Risikoneigung der Unternehmensführung*
Unterschiedliche Risikoaffinitäten der Unternehmensleitung können über Unternehmen hinweg zu verschiedenen Einschätzungen insbesondere der nicht quantifizierbaren Transaktionskosten führen. Dies kann sich einmal in befürwortende, einmal in ablehnende Entscheidungen zum Outsourcing übersetzen.

*Kosten der internen Leistungserstellung*
Alternativ zum Outsourcing ist die in Rede stehende unternehmerische Tätigkeit intern auszuführen. Wiederum ist zu beachten, dass auch bei nichtmarktlicher Leistungserbringung neben den reinen Produkterstellungskosten auch „Transaktionskosten" entstehen in Form von Kosten der unternehmensinternen Organisation und Koordination.[81] Diese Kosten können über Unternehmen hinweg erheblich differieren.[82] Schwache Organisationen können daher bei sehr hohen Kosten der internen

---

77 *Bogaschewsky* (1996), S. 126; *Bruch* (1998), S. 11-13; siehe auch Fn. 61.

78 *Fischer* (1993), S. 3; Outsourcing kann implizieren, dass der ausgelagerte Unternehmensbereich zur Gewinnung von für das Kerngeschäft benötigtem Kapital veräußert wird.

79 Dieses Outsourcing-Verständnis des Abstoßens peripherer Bereiche wird in den modernen Outsourcing-Ansätzen strategisch ergänzt: Dabei rückt in den Vordergrund, durch (selektives) Outsourcing auch der Kernkompetenz-nahen Bereiche neue Wertschöpfungspartnerschaften zu formen (dazu bereits oben II.1.a.aa. a.E. und *Bruch* (1998), S. 5-13).

80 Praxisbeispiele für derartige Ausgründungen sind die European Transaction Bank AG (zum Zeitpunkt der Ausgründung ein Unternehmen des Deutsche Bank-Konzerns), die Financial Markets Service Bank GmbH (ein Unternehmen des HypoVereinsbank-Konzerns), die Mercedes Benz Powertrain GmbH (ein Unternehmen des DaimlerChrysler-Konzerns), die debis Systemhaus AG (ein Unternehmen der Deutschen Telekom AG, ursprünglich eine Ausgründung der damaligen Daimler Benz AG).

81 Siehe bereits oben II.1.b.bb.eee.; soweit diese Kosten quantifizierbar sind, müssen sie in den kostenrechnerischen Vergleich Eigenerstellung versus Fremdbezug Eingang finden (siehe II.1.b.cc.bbb.α.αα.). Zumeist dürfte allerdings ein Beziffern dieser Reibungsverluste schwerlich möglich sein.

82 *Harrigan* (1985a), S. 424 .

Realisierung Outsourcing als Koordinationslösung vorziehen, selbst wenn Spezifität und Unsicherheit gegeben sind.

### ββ. Faktoren aus der Unternehmensumwelt

*Nachfragevolatilität, wettbewerbliches Umfeld*
Das Kriterium der Nachfragevolatilität wird als Ausdruck für den Reifegrad einer Industrie verstanden.[83] Hohe Nachfragevolatilität, gegeben insbesondere in jungen Industrien, deren Abnehmermärkte neue Produkte nur vorsichtig annehmen, wird Unternehmen zögern lassen, in eigene Produkterstellungskapazitäten zu investieren. Vielmehr werden sie nach Möglichkeiten suchen, ein Produktangebot durch Rückgriff auf am Markt bestehende Infrastrukturen zu bewerkstelligen, insbesondere durch Outsourcing-Maßnahmen.
Vergleichbares gilt in einem Umfeld, in dem starke wettbewerbliche Aktivität herrscht (hohe Ausstiegshürden, hohe Wahrscheinlichkeit neu hinzutretender Spieler, hohe Nachfragemacht, starke Zulieferer, bestehende Ausweichmöglichkeiten auf Substitut-Produkte).[84] Wie dargestellt (II.1.b.cc.bbb.α.αα.), kann Outsourcing das Risiko, in strenger wettbewerblicher Umgebung Fixkosten tragen zu müssen, auf das Auslagerungsunternehmen verlagern.

Diese Zusammenhänge zeigen, dass für den Fall, dass Unsicherheit die Form volatiler Nachfrage annimmt, die Aussage der Transaktionskostentheorie, Unsicherheit indiziere hohe vertikale Integration, nicht stimmen muss. Dies liegt daran, dass Nachfragevolatilitäten dieser Art nicht durch bestimmte unternehmerische oder marktliche Koordinationsformen beeinflusst werden können. Andere Überlegungen müssen daher die Entscheidung dominieren: Kann die Volatilität als solche nicht gedämpft werden, muss man sich bestmöglich auf sie einstellen. Besagt das unternehmerische Kalkül, in einen jungen Markt einzusteigen und ihn zu entwickeln, kann daher entlang der dargelegten Argumentation niedrigere vertikale Integration, z.B. im Wege des Outsourcing, zu bevorzugen sein.

*Struktur des Outsourcing-Marktes*
Die Reife und die Struktur des Outsourcing-Marktes sind ein bedeutender Einflussfaktor für das Zustandekommen einer Outsourcing-Lösung. Mit steigender Anzahl der möglichen Auslagerungsunternehmen fallen die implizierten Transaktionskosten; bei engem Outsourcing-Angebot dagegen steigen die Marktmacht der Auslagerungsunternehmen, die Opportunismusgefahr, die Wahrscheinlichkeit unerwünschter Kapitalbeteiligungen von Wettbewerbern am Auslagerungsunternehmen etc.

Gerade im Bereich des Asset Management hat sich das Outsourcing-Angebot in den vergangenen Jahren spürbar verbessert. Dieses Angebot sucht sich – beflügelt von einer transaktionskostenökonomisch zumindest nicht prohibitiv ungünstigen Situa-

83 *Harrigan* (1985a), S. 404.

84 Zu den Determinanten der Wettbewerbsintensität *Porter* (1980), S. 3-32.

tion (siehe soeben II.1.b.bb.fff.) – seine Nachfrage. Darauf wird unter II.2.c. näher einzugehen sein.

*Wandel des Unternehmensumfeldes*
Auf dynamischen Märkten, auf Finanzmärkten zumal, sind die Vorteile und Nachteile einer einmal gefundenen Organisationslösung nicht dauerhaft festgeschrieben. Das richtige Maß vertikaler Integration unterliegt dem Wandel des Unternehmensumfeldes, insbesondere der Transaktionskostenlandschaft. Unternehmensstrategisch sind Outsourcing-Entscheidungen daher periodisch auf den Prüfstand zu stellen.

Die dargelegten Chancen und Risiken sowie die diskutierten Faktoren und Determinanten der Outsourcing-Entscheidung sind in der Praxis oft in nur verwaschener Form anzutreffen oder bilden eine Gemengelage von in unterschiedliche Richtungen weisenden Kriterien. Gerade deshalb sind Outsourcing-Entscheidungen in der Regel auf der Geschäftsführungsebene zu fällen. Häufig lassen sich die benannten Nachteile und Risiken durch rigide Auslagerungsverträge zumindest mildern (eine Möglichkeit, die vertikale Integration zu steigern); manchmal bietet auch das partielle Outsourcing bereits Chancen, ohne hohe Risiken eine Bindung an einen Externen einzugehen.

#### ccc. Erste Aussagen zum Investmentgeschäft

Abstrahiert man von den Besonderheiten, die im betrieblichen Einzelfall Outsourcing-Entscheidungen beeinflussen können, kristallisieren sich auf dem Hintergrund der deklinierten betriebswirtschaftlichen Motive und Risiken einige grundsätzliche, strukturelle Beschaffenheiten des Fondsgeschäftes heraus, die erste Aussagen zum Outsourcing im Investmentgeschäft erlauben.

Insgesamt vermitteln diese Beschaffenheiten ein gemischtes betriebswirtschaftliches Bild für die Chancen des Outsourcing:

*Kostenstrukturen*
Das Investmentgeschäft weist im Vergleich zu anderen Branchen einen hohen Fixkostenanteil auf.
Die Betriebswirtschaftslehre versteht Fixkosten als die Kosten, die bei steigender oder fallender Produktionsmenge unverändert bleiben. „Produktion" im Fondsgeschäft sind die abgewickelten An- und Verkaufsvolumina.[85] Im vorliegenden Zusammenhang sollen Fixkosten allerdings breiter verstanden werden, nämlich als solche Kosten, die kurz- bis mittelfristig nicht verändert, insbesondere nicht gesenkt werden können, entweder weil sie von der Produktionsmenge unabhängig sind oder weil sie durch Maßnahmen der Geschäftsführung kurz- bis mittelfristig nicht beein-

85 „Produktion" ist nicht etwa die Anzahl der verwalteten Fonds. „Produktion" kann nur sein, was, nachdem es mit einem Preis bewertet worden ist, Erlöse generiert. Die Anzahl der Fonds ist unerheblich für die Erlöse, solange keine Anteilscheine ausgegeben und zurückgenommen werden.

flusst werden können. Der Grund für dieses Verständnis von Fixkosten ist das Interesse zu verstehen, ob Outsourcing das Investmentgeschäft deshalb gut gegen konjunkturelle Schwächephasen zu isolieren vermag, weil die Kostenstruktur des Geschäftes sich auf keinem Weg kurzfristig manipulieren lässt, Auslagerungen aber die erforderliche Kostenvariabilisierung erbringen.

Zur – stark vereinfachenden, zumindest qualitativen – Illustration soll die Wertschöpfungskette im Investmentgeschäft im Vorgriff auf Kapitel II.2.a. herangezogen werden (siehe Abb. II-3). Aus der Abbildung wird ersichtlich, dass die Kosten der verschiedenen Wertschöpfungsstufen nur in geringem Ausmaß durch das Geschäftsvolumen – die „Produktion" – bestimmt werden bzw. durch das Management kurz- bis mittelfristig beeinflusst werden können.[86]

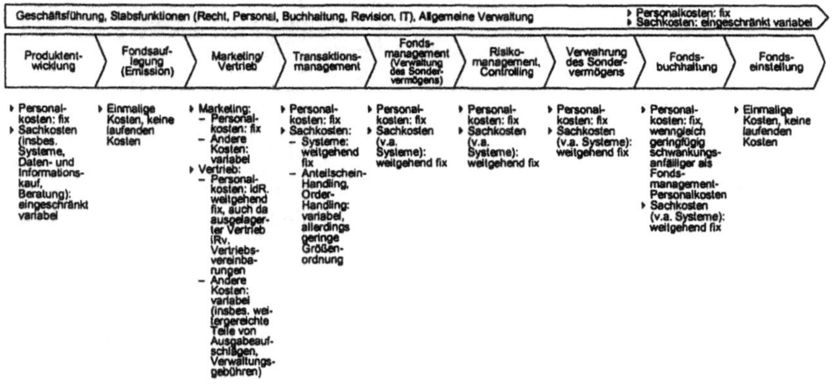


*Abb. II-3 Fixkosten im Investmentgeschäft*

Grundsätzlich begünstigt ein hoher Fixkostenanteil Outsourcing-Maßnahmen, um, wie erläutert, das Geschäft gegen schnelle operative Verluste in konjunkturellen Schwächephasen zu immunisieren. Einschränkend muss aber ergänzt werden, dass im Investmentgeschäft Auslagerungen nicht in allen Wertschöpfungsschritten zur erforderlichen Variabilisierung der Kosten beitragen werden. Ursache dafür ist, dass manche ausgelagerte Wertschöpfungsabschnitte, v.a. das Fondsmanagement, nicht variabel in Anspruch genommen werden können: Die Leistung kann als solche nur ganz erbracht werden. Auslagerungsunternehmen werden daher ihrerseits hohe fixe Bestandteile in ihrer Vergütung verlangen. Traditionelle, eigene Fixkosten würden auf diese Weise ersetzt durch fixe Honorarforderungen. Insoweit existieren nur mä-

86 Die Qualifizierung der jeweiligen Fixkostenanteile in Abb. II-3 erfolgt unter der Annahme, dass jede Leistung eigenerstellt durch die Kapitalanlagegesellschaft erbracht wird (Ausnahme: Vertrieb – traditionell von Kapitalanlagegesellschaften ausgelagert). Auch wird angenommen, dass Personalkosten nach unten kurz- bis mittelfristig nicht abbaubar sind, so dass kurzfristige Management-Reaktionen auf Geschäftsrückgänge im Personalkostenbereich kaum möglich sind.

ßig gute Möglichkeiten zur Kostenvariabilisierung im Investmentgeschäft. Sie bestehen allenfalls im Transaktionsmanagement, in den weniger Personalkosten-lastigen Teilen der Fondsbuchhaltung und im (in Abb. II-3 nicht erfassten) Nebengeschäft der Anlagekontenverwaltung.

Hohe Fixkosten implizieren bei nicht steigenden variablen Stückkosten fallende Gesamtstückkosten, so dass im Investmentgeschäft potenziell Skaleneffekte durch Kostendegression zu erzielen sind. Daher lohnt insbesondere in den dazu geeigneten Sachkosten-intensiven Abschnitten das „Pooling" von Volumen durch Outsourcing.

*Einbindung in eine Bankkonzernstruktur*
Kapitalanlagegesellschaften sind häufig in eine Bankkonzernstruktur eingebunden, die es ihnen gestattet, im Mutter- oder Schwesterunternehmen (§ 1 Abs. 6, Abs. 7 S. 2 KWG) vorhandene personelle und sachliche Ausstattungen zu nutzen. Outsourcing kann hier die absoluten Kosten im Konzern schmälern. Hinzu kommt, dass bei Auslagerung an Mutter- und Schwesterunternehmen die Transaktionskosten infolge niedriger Unsicherheit und Opportunismusgefahr geringer sind.

*Marktvolatilität*
Das Investmentgeschäft ist, wie nahezu alle auf Finanzmärkten vorgenommenen Geschäfte, volatil. Vor diesem Hintergrund belasten die Fixkosten stärker als in stabilen Industrien.

*Eigenständigkeit vs. Spezialisierung*
Auf die transaktionskostenökonomischen Implikationen einer Auslagerung im Fondsgeschäft, insbesondere die kritischen Folgen im Bereich des Fondsmanagement, wurde bereits hingewiesen (siehe II.1.b.bb.fff.). Für das Outsourcing des Fondsmanagement ist weiter zu betonen, dass der Eigenständigkeits- und Kompetenzverlust in diesem Bereich auch ein betriebswirtschaftliches Risiko darstellt. In einem wettbewerbsintensiven Geschäft wie dem Fondsgeschäft wiegt die Gefahr mangelnden Einflusses auf den Dienstleister bei der zentralen wertschöpfenden Aktivität überdurchschnittlich schwer. Hinzu kommen die Risiken eines Identitäts- und Reputationsverlustes, wenn das Kernstück eines Geschäftsmodelles durch den Inhaber nicht eigenhändig geführt wird.
Dagegen lassen sich die Vorteile anführen, die einer Kapitalanlagegesellschaft aus der Spezialisierung im Fondsmanagement erwachsen können (v.a. Steigerung der Produktqualität durch Konzentration auf eigene Stärken und partiellen Zukauf von Expertise; siehe dazu näher II.2.c.). Für die Delegation des *gesamten* Fondsmanagement, also des Management aller von einer Kapitalanlagegesellschaft verwalteten Fonds, ist es zwar ohne das Vorliegen besonderer Umstände betriebswirtschaftlich zweifelhaft, wie ein Wettbewerbsvorteil langfristig gesichert werden soll, ohne dass (irgendwelche) Fondsmanagement-Fähigkeiten im eigenen Haus vorgehalten werden. Eine betriebswirtschaftliche Plausibilisierung dafür kann aber z.B. in der Redefinition des Geschäftsmodelles der Kapitalanlagegesellschaft hin zu einer Vertriebs- oder Abwicklungsorganisation liegen, die sich auf das Geschäft mit einem bestehen-

den Kundenstamm unter Verwendung einer etablierten Firma (im handelsrechtlichen Sinn) oder Marke konzentriert und sich dazu die Reputation eines gut beleumundeten externen Asset Manager zu Nutze macht.

*Bestehendes Outsourcing-Angebot*

Die im deutschen Markt bereits differenzierte, wenngleich nicht ausgereifte Angebotslage für Investment-Outsourcing-Dienstleistungen nimmt den einzelnen Anbietern idR. ausreichend Marktmacht, um eine Auslagerung nicht bereits an daraus erwachsenden hohen Transaktionskosten scheitern zu lassen. Allerdings wird in einigen Fällen die Beherrschung der Dienstleister durch Wettbewerberbanken eine Zusammenarbeit als nicht opportun erscheinen lassen.

Eine Ausnahme bildet gegenwärtig noch das Fondsmanagement. Hier steht eine Diversifizierung des Outsourcing-Angebotes jedenfalls für das Publikumsfondsgeschäft noch aus.

*Weitere Motive*

Darüber hinaus können weitere der unter II.1.b.cc.bbb. erörterten betriebswirtschaftlichen Motive im Einzelfall einer Kapitalanlagegesellschaft zur Geltung kommen. Nahe liegend sind insbesondere strategische Überlegungen, v.a. Spezialisierungsstrategien, neue Geschäftsmodelle (etwa im Spezialfondsbereich, siehe dazu II.2.c.), Zukauf von Expertise, Produktdifferenzierungen[87], Prozessverbesserungen[88] oder auch die Auslagerung an eine ausgegründete Tochter, die selbst als Outsourcing-Anbieter agiert.

Insgesamt liefert damit die betriebswirtschaftliche Analyse ein vergleichsweise weniger stimmiges Bild des Outsourcing bei Kapitalanlagegesellschaften, als es die Transaktionskostentheorie tut, wenngleich die Ergebnisse einander nicht zuwiderlaufen.

Zusammenfassend kann festgehalten werden, dass die Auslagerung von Abschnitten der Investment-Wertschöpfungskette ökonomisch grundsätzlich gestützt werden kann – sowohl transaktionskostentheoretisch als auch in zumindest mancher Hinsicht betriebswirtschaftlich.

Die Möglichkeit einer Akkumulation von Outsourcing-Maßnahmen durch ein- und dieselbe Kapitalanlagegesellschaft ist somit wirtschaftlich reell. Die Entstehung des umrissenen „Systemrisikos Kapitalanlagegesellschaft" bei Reduzierung der Gesellschaft auf geschäftsführende Koordination (siehe II.1.b.cc.bbb.β. a.E.) sollte dabei für den regulär risikoaffinen Unternehmer eine betriebswirtschaftlich-interne Grenze für das Outsourcing im Investmentgeschäft ziehen. Indessen ist gerade dieser Aspekt

---

87 Beispiel: Der externe Fondsmanager bietet Fondsmanagementtechniken, für die intern die erforderliche Expertise kurzfristig nicht aufgebaut werden kann, etwa währungsgesicherte Anteilsklassen (dazu o.V. [2002b]).

88 So könnten die in Gang befindlichen Bemühungen der Fondsindustrie um Vereinheitlichung der Abwicklungsstandards und Order-Routinen zukünftig das „Routing" der Orders zu einer einheitlichen Clearing-Stelle vorsehen, was eine Teilauslagerung des Transaktionsmanagement begünstigen würde.

der Auslagerung investmentrechtlich besonders zu bewerten (siehe dazu v.a. unter VI.5.f.cc.).

Dem Investmentgeschäft ist wirtschaftlich eine Veranlagung zum Outsourcing nicht abzusprechen; Outsourcing kann im Investmentgeschäft Wert schaffen.

## 2. Outsourcing bei Kreditinstituten, insbesondere Kapitalanlagegesellschaften

Transaktionskostentheorie und Betriebswirtschaft des Outsourcing weisen keinen besonderen Bezug gerade zur Finanzdienstleistungsbranche auf. Zur weiteren ökonomischen Anbindung an die Themenstellung und Zielsetzung dieser Arbeit soll daher versucht werden, die Investmentindustrie stärker in den Vordergrund zu rücken, auch um weitergehend die Outsourcing-Spezifika gerade dieser Branche zu verstehen. Dazu werden nachfolgend die betriebswirtschaftliche Organisation sowie die gesetzliche Aufgabenzuteilung im Investmentgeschäft betrachtet. Die wesentlichen Begebenheiten der aktuellen Outsourcing-Praxis werden beleuchtet. Abschließend sollen einige ökonomische Implikationen ergänzt werden.

### a. Die Wertschöpfungskette im Investmentgeschäft

Das Investmentgeschäft genießt in der Finanzdienstleistungsbranche eine exponierte Position, auch wegen der hohen geschäftlichen Erfolge in den zurückliegenden Jahren.[89] Es ist als Bankgeschäft legaldefiniert in § 1 Abs. 1 Satz 2 Nr. 6 KWG. Der Gesetzgeber widmet ihm mit dem InvG und dem InvStG eigene spezialgesetzliche Regelungen; es zählt zu den am intensivsten regulierten Finanzmaterien überhaupt.[90] Die Wertschöpfungskette (siehe sogleich Abb. II-4) stellt graphisch dar, wie sich dieses Geschäft organisiert, d.h. welche betrieblichen Leistungen zu erbringen sind, um das Geschäft zu tätigen. Sie lässt transparent werden, welche Arbeitsschritte Gegenstand einer Outsourcing-Maßnahme werden können.

Das Investmentgeschäft in seiner Grundausrichtung als kollektive Vermögensanlage ermöglicht auch dem Investor mit geringem Kapitaleinsatz den Einstieg in die diversifizierte, internationale und professionell verwaltete Kapitalanlage. Es verwirklicht damit zumindest teilweise die Idee der Chancengleichheit auf den Anlagemärkten; die Vorteile, die sich sonst nur den großen Vermögen bieten, sollen auch den kleineren Vermögen und Einkommen offen stehen.[91]

---

89 Beispiel: Anstieg der allein in Organismen zur Gemeinsamen Anlage in Wertpapieren (OGAW – also nur *Publikums*anlagen nur in der Form von *Wertpapier*fonds [bis zur Erweiterung des Anlagespektrums mit der Umsetzung der OGAW-Änderungsrichtlinie 2001/108/EG (Fn. 143)]) angelegten Mittel in EU-Europa (vor Erweiterung 2004) von Euro 1,2 Billionen auf Euro 3,6 Billionen in der Zeit von 1995 bis 2000 (website der FEFSI [www.fefsi.org]); für Deutschland: Anstieg der BVI-Publikums- und Spezialfondsvermögen in der Zeit von 1995 bis 2001 von Euro 358 Mrd. auf Euro 918 Mrd. (website des BVI [www.bvi.de]).

90 Bestätigend *Baur* Einl I Rn. 12.

91 *Baur* Einl I Rn. 1, 7; *Baur* vor § 1 Rn. 1, 65 f.; *Canaris* Rn. 2325 ff.; *Ohl* (1989), S. 9 f.; *Hasselfeldt* (2001), S. 1383; *Nehring* (2001), S. 1397.

Das Investmentgeschäft erschöpft sich allerdings nicht in der kollektiven Anlage für das breite Publikum insbesondere natürlicher Personen (Publikumsfonds). Die mit der Anlageform der Investmentfonds verbundenen Anlagevorteile und Steuervorteile (vgl. die Regelungen des InvStG) werden auch nichtnatürlichen, institutionellen Anlegern angeboten (Spezialfonds, § 2 Abs. 3, §§ 91 ff. InvG).

Zum Zweck der kollektiven Vermögensverwaltung legen Kapitalanlagegesellschaften bei ihnen eingelegtes Geld im eigenen Namen für gemeinschaftliche Rechnung der Einleger (Anteilinhaber) nach dem Grundsatz der Risikomischung gesondert vom eigenen Vermögen in Form von Sondervermögen an.[92] Dafür stellen sie den Anteilinhabern Investmentanteile in der Form von Anteilscheinen aus, die über die Depotbanken ausgegeben werden (§ 23 Abs. 1 S. 1 InvG). Dadurch werden die Anleger anteilsmäßig an der Gesamtheit der für ein Sondervermögen erworbenen Vermögensgegenstände beteiligt.[93] Der Risikostreuung wird im Investmentgeschäft ein besonderer Stellenwert eingeräumt. Dazu hat sich die Fondsverwaltung insbesondere an die gesetzlich vorgesehenen und vertraglich vereinbarten Anlagegrenzen und Sondervermögensformen zu halten, etwa Immobilien-Sondervermögen (§§ 66 ff. InvG), Altersvorsorge-Sondervermögen (§§ 87 ff. InvG) oder Sondervermögen mit zusätzlichen Risiken (Hedgefonds, §§ 112 ff. InvG).

---

92 § 1 Abs. 1 KAGG, heute aufgegangen in § 1 S. 2, § 6 Abs. 1 S. 1, § 7 Abs. 2 InvG, bot diese griffige Konkretisierung des § 1 Abs. 1 S. 1 Nr. 6 KWG (*Fülbier* in Boos/ Fischer/ Schulte-Mattler § 1 Rn. 69).

93 Die formelle Rechtsstellung der Anteilinhaber richtet sich danach, welche der gemäß § 30 Abs. 1 S. 1 InvG (zuvor § 6 Abs. 1 KAGG) möglichen Varianten für die Rechtsverhältnisse am Sondervermögen gewählt wird – Miteigentums- oder Treuhandlösung. Näher Fn. 528 m.w.N.

Damit stellt sich die Wertschöpfungskette im Investmentgeschäft wie folgt dar:[94]

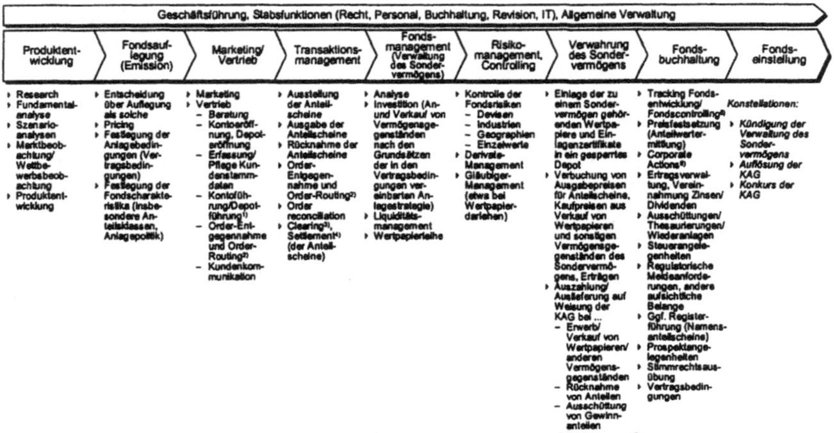


*1) Verwahrung der Anteilscheine, Depotberichterstattung (Depotauszüge), Steuerfragen (insbes. Freistellungsaufträge), geldmäßige Abwicklung mit dem Kunden, Erträgnisaufstellungen [insgesamt also kundennahes Geschäft, Kundenbetreuung in einem weiteren Sinn]*
*2) Order-Entgegennahme und -routing sind sowohl auf der unmittelbaren Vertriebsebene erforderlich als auch im Back Office in der gebündelten („pooled") Order-Weitergabe an die relevanten nationalen und internationalen Verwahr- und Clearing-Stellen.*
*3) Auf- und Verrechnung von Forderungen und Verbindlichkeiten aus Wertpapier- und Termingeschäften*
*4) Eigentumsverschaffung im nationalen und grenzüberschreitenden Handel*
*5) v.a. Fondszusammensetzung (Bestandslisten), Performance, Anzahl der umlaufenden Anteile, Erträge aus Anlagen und sonstige Erträge, Aufwendungen für Verwaltung und Verwahrstelle, Nettoertrag, Ausschüttungen und wiederangelegte Erträge, Anteilsklassen, Stimmrechtsanteile nach Wertpapiererwerbs- und Übernahmegesetz*
*6) z.B. Ausschüttungstermine, Steuertermine, Veranlassung Anlageausschusssitzungen, Berichtspflichten, Veranlassung Gesellschafterversammlungen, Aufsichtsratssitzungen nach KAG-Satzung*

*Abb. II-4 Wertschöpfungskette im Investmentgeschäft (Hauptgeschäft)*

Die Tätigkeit der Kapitalanlagegesellschaften darf sich gemäß § 7 Abs. 4 InvG grundsätzlich nur auf die in § 7 Abs. 2 InvG beschriebenen Geschäfte – das Hauptgeschäft der Verwaltung von Sondervermögen und die Nebentätigkeiten[95] – erstrecken, wenngleich Kapitalanlagegesellschaften Kreditinstitute sind (§ 1 Abs. 6, § 6 Abs. 1 S. 1 InvG iVm. § 1 Abs. 1 KWG). In Abb. II-4 ist mit der Ausnahme des Vertriebs von Investmentanteilscheinen einschließlich der Depotführung als (betriebswirtschaftlichem) Teil des Vertriebs nur das Hauptgeschäft einer Kapitalanlagegesellschaft als das eigentliche *Investmentgeschäft* dargestellt. Der Vertrieb und die Depotführung, d.h. die Verwahrung und technische Verwaltung von Anteilscheinen (Anlagekontenverwaltung), sind Nebentätigkeiten nach § 7 Abs. 2 Nr. 4, Nr. 5 InvG.

Die Wertschöpfungskette in Abb. II-4 orientiert sich grob an dem chronologischen Ablauf der Geschäftsvorfälle. Sie listet die wesentlichen Inhalte des Geschäftes. Manche Tätigkeiten sind laufend zu unternehmen, andere ereignen sich periodisch

94 Die in Abb. II-4 unterhalb der einzelnen Wertschöpfungsschritte gelisteten Tätigkeiten sind nicht vollständig, insbesondere nicht hinsichtlich der Fondsbuchhaltung. Es können sich etwa bezüglich einzelner Sondervermögen, v.a. bezüglich Immobilien-Sondervermögen, weitere Verwaltungsaufgaben ergeben.

95 Nebentätigkeiten (§ 7 Abs. 2 Nr. 1-7 InvG) unterstützen die Tätigkeit der Vermögensanlage in Sondervermögen (*Baur* § 2 Rn. 36) und stehen in einem „vernünftigen Sachzusammenhang" (*Canaris* Rn. 2346 a.E.) mit dem Hauptgeschäft des § 1 Abs. 6, § 6 Abs. 1 S. 1 InvG. Näher v.a. unter VI.5.c.

oder einmalig. Im Einzelnen können sich dahinter komplizierte Prozesse oder Sachverhalte verbergen (z.B. Steuerfragen im Rahmen der Fondsbuchhaltung).

Ergänzend zu Abb. II-4 ist zu den Inhalten einzelner Kettenglieder auszuführen:

- Vertrieb: „Vertrieb" wird in der Darstellung breit verstanden als die Tätigkeiten, die – über den reinen „Verkauf" und „Rückkauf" der Anteilscheine hinaus – die Interaktion mit dem Kunden, also dem Anteilscheininhaber, ausmachen. Dazu zählen auch Tätigkeiten, für deren Abwicklung die den Vertrieb führende Stelle „Back Office"-Funktionalitäten benötigt, wie etwa die Unterhaltung eines (Wertpapier-) Depots für den Kunden.
- Vertrieb/Transaktionsmanagement: Zu einer Entgegennahme von Orders mit dem Ziel der Ausgabe oder Rücknahme von Anteilscheinen kommt es zunächst auf der Vertriebsebene in der Begegnung mit dem Anleger als Anteilscheinkäufer bzw. –verkäufer. Aber auch auf der Back Office-Ebene der Depotbank müssen die aus den zahlreichen Vertriebsstellen eintreffenden Orders entgegengenommen, aufbereitet und an die relevanten nationalen und internationalen Verwahr-, Clearing- und Settlementstellen weitergereicht werden, häufig in nach verschiedenen Kriterien geordneter Form.

Die Wertschöpfungskette spannt damit das Spektrum der grundsätzlich zur Auslagerung in Betracht zu ziehenden Arbeitsschritte im Investmentgeschäft auf.

Das Gesetz sieht eine Rollenverteilung in der Abwicklung der im Investmentgeschäft durchzuführenden Tätigkeiten vor. Darauf ist im folgenden Abschnitt einzugehen.

### b. Gesetzlich geregelte Zuständigkeiten für Abschnitte der Wertschöpfungskette

Zur Kontrolle der Kapitalanlagegesellschaft und damit zum Schutz der Anleger vor unsolider Geschäftsführung und Veruntreuung ihrer eingelegten Gelder sieht das InvG vor, dass nicht alle im Investmentgeschäft vorzunehmenden Aufgaben von der Kapitalanlagegesellschaft übernommen werden. Sehr holzschnittartig lässt sich zusammenfassen, dass die Depotbank diejenigen Aufgaben zu verantworten hat, die zur Wahrnehmung einer Kontrollfunktion gegenüber der Kapitalanlagegesellschaft und zur Wahrnehmung einer Treuhänderfunktion gegenüber den Anlegern erforderlich sind. Dies sind vor allen anderen Aufgaben die Verwahrung (im Gegensatz zur Verwaltung) des Sondervermögens sowie die Ausgabe und Rücknahme der Anteilscheine (genauer zu den Aufgaben der Depotbank s.u. VI.5.a.bb.ccc.δ.ββ. und VI.5.e.).

Wenngleich das InvG zur Aufgabenteilung nicht mit einem Kompetenzkatalog aufwartet, hält es in seinem Kapitel 1 doch jeweils einen eigenen Abschnitt zur Kapitalanlagegesellschaft und zur Depotbank bereit. Daneben werden die Zuständigkeiten der Parteien an zahlreichen Stellen im Gesetz explizit oder implizit benannt. Abb. II-

5 gibt die grundsätzliche Arbeitsteilung im Investmentprozess wieder. Zur Wahrung der Übersichtlichkeit können in der Abbildung jedoch nicht alle Vorschriften des InvG gelistet werden, in denen sich Zuständigkeitsregelungen befinden.

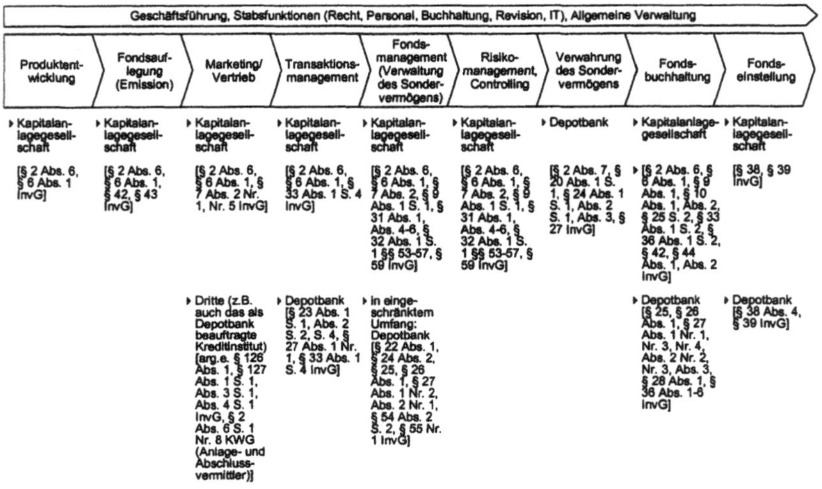


*Abb. II-5 Gesetzliche Zuständigkeiten im Investmentprozess*

Kapitalanlagegesellschaft und Depotbank handeln bei der Wahrnehmung ihrer Aufgaben unabhängig voneinander und ausschließlich im Interesse der Anteilinhaber (§ 9 Abs. 1 S. 2, Abs. 2 Nr. 1 InvG, § 22 Abs. 1 S. 1 InvG). Sie sind miteinander über eine „Beauftragung" verbunden (§ 20 Abs. 1 S. 1 InvG).[96] Dieser obligatorische Depotbankvertrag ist ein gemischttypischer Vertrag, in den Elemente eines auf eine Dienstleistung gerichteten Geschäftsbesorgungsvertrages (§§ 675, 611 ff. BGB) – etwa Ausgabe und Rücknahme der Anteilscheine, Anteilwertermittlung und girovertragliche Bestandteile (Kontenführung) – ebenso einfließen wie Elemente eines Verwahrungsvertrages bzw. Depotvertrages – Aufgaben, wie sie in §§ 23-29 InvG niedergelegt sind, v.a. die Verwahrung des Sondervermögens.[97, 98]

96 Vertragspartei der Kapitalanlagegesellschaft muss ein anderes, d.h. rechtlich selbständiges Kreditinstitut sein (§ 20 Abs. 1 S. 1 InvG), das allerdings nicht seinerseits Kapitalanlagegesellschaft sein darf. Denn nach § 20 Abs. 1 S. 2 InvG muss die Depotbank für das Einlagen- und Depotgeschäft lizenziert sein, was für Kapitalanlagegesellschaften nach § 7 Abs. 4 iVm. Abs. 2 InvG ausgeschlossen ist.

97 *Baur* § 12 Rn. 14; *Canaris* Rn. 2355; *Geßler* (1957), S. 20; a.A., jedoch abzulehnen, *Ohl* (1989), S. 71 ff.; eine ausführliche Darstellung der Funktionen der Depotbank findet sich bei *Paul/ Päsler* (1999), S. 28-34. Näher unter VI.5.a.bb.ccc.δ.ββ. und VI.5.e.

98 Der Depotbankvertrag entfaltet mittelbar auch Rechtswirkungen in Richtung der Anteilinhaber. Eine Meinung geht von einem Vertrag zu Gunsten Dritter nach § 328 BGB aus (z.B. *Baur* § 12 Rn. 15); nach vorzuziehender anderer Ansicht liegt ein gesetzliches Schuldverhältnis zwischen der Depotbank und den Anteilinhabern vor (§ 22 Abs. 1 S. 1, § 28 Abs. 1 InvG, zuvor § 12 Abs. 2 S. 1, § 12c Abs. 2 KAGG), in dessen Licht der Depotbankvertrag ausgeübt wird und auszulegen ist (*Canaris* Rn. 2464, in ähnliche Richtung *Müller* (1975), S. 487; ausführlich dazu unter VI.5.a.bb.ccc.δ.αα). Durch die Rechtsbeziehungen zwischen Depotbank und

Die Rechtsbeziehungen zwischen Depotbank und Kapitalanlagegesellschaft können im Einzelfall über den gesetzlich weitgehend vorbestimmten Inhalt des Depotbankvertrages hinaus durch ergänzende Vereinbarungen geregelt werden.[99]

Diese gesetzlichen Regelungen werfen die Frage auf, ob hier nicht wegen der „oktroyierten" Beauftragung der Depotbank durch die Kapitalanlagegesellschaft ein gesetzlicher Fall des Outsourcing vorliegt und der Gesetzgeber bereits damit, also unabhängig von § 16 InvG, sein grundsätzliches Einverständnis mit der Figur des Outsourcing im Investmentbereich signalisiert. Das nach § 20 Abs. 1 S. 1 InvG zwingende Vertragsverhältnis legt dies nahe.
Ausgelagert werden kann nur eine solche Funktion, die von dem auslagernden Unternehmen alternativ auch selbst durchgeführt werden könnte. Die besondere Treuhandstruktur im Investmentgeschäft jedoch und der dem Investmentgeschäft inhärente Anlegerschutz verunmöglichen es, dass eine Kapitalanlagegesellschaft eigenhändig das Sondervermögen verwahrt oder auch nur Anteilscheine ausgibt und zurücknimmt, selbst wenn sie die erforderlichen personellen und systemischen Voraussetzungen dafür bereitstellen könnte. Eine in der Rechtsnatur des Geschäftes angelegte und daher auch gesetzlich vorgesehene Kontrollinstanz kann nicht durch die zu kontrollierende Partei selbst übernommen werden. Eine Einstufung der Beziehung zur Depotbank als kodifizierte Outsourcing-Beziehung wäre außerdem nicht mit der gesetzlich gesicherten Unabhängigkeit der Depotbank nach § 22 Abs. 1 S. 1 InvG zu vereinbaren.
Allein die Regelung des § 20 Abs. 1 S. 1 InvG kann daher nicht als breiter Ausdruck der Bereitschaft des Gesetzgebers zum Outsourcing durch Kapitalanlagegesellschaften verstanden werden. Die vertragliche Absprache, die in dieser Vorschrift vorgesehen ist, soll einerseits die natürliche (und gesetzlich normierte) Aufgabenteilung im Investmentgeschäft aufleben lassen, andererseits den Kapitalanlagegesellschaften Freiheit in der Wahl ihres Geschäftspartners belassen (unter dem Vorbehalt der § 20 Abs. 1 S. 2, § 21 InvG). § 20 Abs. 1 S. 1 InvG belegt insoweit nur, dass der Gesetzgeber die Zusammenarbeit von Kapitalanlagegesellschaften mit anderen Parteien kennt.

Mithin verhält es sich im Investmentgeschäft so, dass, ohne dass ein Outsourcing vorgeschaltet wäre, jeweils Teile des Investmentprozesses durch die Kapitalanlagegesellschaft und die Depotbank – getrennt, aber kooperierend – wahrgenommen werden. Dieses Zusammenspiel der Zuständigkeiten zeigt auf, dass Outsourcing im Investmentgeschäft Tätigkeiten beider Parteien betreffen kann.

---

Anleger (gesetzliches Schuldverhältnis) sowie zwischen Anleger und Kapitalanlagegesellschaft (Investmentvertrag, § 43 InvG) entsteht ein „Investment-Dreieck" zwischen Kapitalanlagegesellschaft, Depotbank und Anleger (siehe dazu insgesamt *Ohl* [1989]). Näher dazu wiederum unter VI.5.a.bb.ccc.δ.

99 *Baur* § 12 Rn. 17 ff.; allerdings besteht keine Abdingbarkeit der Regeln des InvG durch derartige Ergänzungsvereinbarungen (so auch *Ohl* (1989), S. 93). *Baur* sieht a.a.O. sogar die Möglichkeit, dass sich eine Erweiterung des Aufgabenbereichs der Depotbank aus den Investmentvertragsbedingungen (§ 43 InvG, zuvor § 15 KAGG) zwischen Kapitalanlagegesellschaft und Anteilinhaber ergibt, was nach allgemeinen vertragsrechtlichen Grundsätzen schwer nachvollziehbar ist.

### c. Praxis des Outsourcing im Investmentgeschäft

In der Praxis der deutschen Kreditwirtschaft, auf die der Gesetzgeber mit der Einführung des § 25a Abs. 2 KWG durch die Sechste KWG-Novelle[100] reagiert hat, steht das Outsourcing betrieblicher Funktionen unverändert auf den Vorstandsagenden. Der sich mittel- bis langfristig abzeichnende Trend in der Bankenwelt ist, in groben Pinselstrichen, die kostenseitig getriebene Trennung der Universalbanken in „Produktionsbanken" und „Vertriebsbanken", d.h. eine branchenweite Arbeitsteilung dergestalt, dass auf der einen Seite skalengetriebene „Back Office"-Aktivitäten (insbesondere Zahlungsverkehr, Wertpapierabwicklung und technische Wertpapierverwaltung, Konten- und Depotführung, technische Kreditautorisation und -verwaltung, technische Produktverwaltung aller Art, IT Service, Bargeld) von wenigen „Produktionsbanken" getragen werden, auf der anderen Seite die Produktexpertise und -entwicklung, der Kundenkontakt, der Verkauf, das Risikomanagement etc. in den „Vertriebsbanken" behalten werden.

Eine solche Klärung der Gesamtverhältnisse hätte katalysierende Wirkung auf das Volumen der Outsourcing-Aktivitäten. Die ersten Versuche in diese Richtung bestanden in der Ausgründung von Konzernbereichen einzelner Banken, die sodann, allerdings weitgehend erfolglos, als selbständige Service-Provider am Markt positioniert wurden.[101] Die im nächsten Schritt zu erwartenden großen „Back Office"-Fusionen zeichnen sich in 2004 nur vage ab;[102] ihnen darf längerfristig jedoch zugetraut werden, Kostendegressionen zu erzielen, die (zahlreiche) weitere Banken zum Anschluss an derartige „Produktionsbanken" zwingen, um überhaupt noch kompetitiv anbieten zu können.[103]

Die zu beobachtenden Outsourcing-Aktivitäten der Kreditinstitute erstrecken sich neben der Wertpapier- und Zahlungsverkehrsabwicklung auf vielfältige andere Bereiche, etwa das Kreditgeschäft, das Kreditkarten-/ Zahlungskartengeschäft, die Informationstechnologie, das „Customer Relationship Management", und Sicherheitsfragen.[104]

---

100 Gesetz zur Umsetzung von EG-Richtlinien zur Harmonisierung bank- und wertpapieraufsichtsrichtlicher Vorschriften vom 22. Oktober 1997 (BGBl. I S. 2518 ff.).

101 Prominenteste Beispiele sind die Ausgründungen der European Transaction Bank AG aus der Deutschen Bank AG (1999) sowie der Financial Markets Service Bank GmbH aus der HypoVereinsbank AG (1998/2000) [siehe bereits Fn. 80]. Als Gründe für das Ausbleiben des Anschlusses anderer Banken werden genannt (vgl. z.B. *Kipker* [2002]): Furcht vor massiven Abschreibungen für eigene IT-Investitionen im Fall des Anschlusses, Bedenken wegen Eigenständigkeitsverlustes und Datensensitivität, z.T. mangelne interne Kostentransparenz, die den Vergleich mit dem Outsourcing-Angebot verunmöglicht, personelle Konstellationen in den Führungsetagen.

102 Bereits erfolgt ist die Gründung der Deutschen Wertpapierservice Bank AG (s. Fn. 103); vgl. zu den Entwicklungen in der Bankenszene etwa *Strohmayr* [2002], S. 18; *Fehr* [2002]; *o.V.* [2002a]; *o.V.* [2002f]; *o.V.* [2002k]; *o.V.* [2002m]; *o.V.* [2002p]; *o.V.* [2003a]); *o.V.* [2004a] siehe auch bereits Fn. 75.

103 So bereits weitgehend die Sachlage innerhalb des öffentlich-rechtlichen und des genossenschaftlichen Bankenbereiches mit den Wertpapierabwicklungshäusern WPS AG (West LB) und BWS AG (DZ Bank und WGZ Bank). Diese Häuser sind in das neue, säulenübergreifende Gemeinschaftsunternehmen Deutsche Wertpapierservice Bank AG (DWP Bank) eingebracht worden (dazu *Biesenbach* [2003]).

104 Aus der Fachpresse etwa *Bösch* [2004], *Hasselfeldt* [2002]; *Kipker* [2002]; *Kogge* [1999]; *Korthals/ Wehrbein* [2001]; *Kraft/ Richels* [2002]; *Lohmann* (2001]; *Lamberti* [2001]; *Loewe* [2002]; *Lomax* [2002]; *Pöhler* [2000]; *Schüller* [1999]; *Siems* [2002]; *Strohmayr* [2002]; *Voigtländer* [2002]; *o.V.* [2002h]; o.V. [2001].

Für die Kapitalanlagegesellschaften im Speziellen bestätigt die Praxis eine im Anheben befindliche Outsourcing-Bewegung. Fachpresse[105] und Interviews mit Praktikern aus der Fondsbranche sowie der Aufsicht lassen es zu, folgende Trends im Outsourcing bei Kapitalanlagegesellschaften zu destillieren:

*Vertrieb*

Schon bisher haben die Kapitalanlagegesellschaften den größeren Teil ihres Absatzes über fremde Vertriebsleistungen sichergestellt.[106] Der den filialgestützten Bankvertrieb ergreifende „Best Advice"-Ansatz wird diesen Outsourcing-Sachverhalt sogar noch verfestigen, da er dafür sorgt, dass sich weitere Bankkanäle für den Vertrieb öffnen. Der „Best Advice"-Ansatz im Fondsvertrieb (manchmal auch: „Open Architecture") setzt im Gegensatz zu früheren Vertriebskonzepten darauf, nicht nur die Fonds der eigenen Unternehmensgruppe zu vertreiben, sondern auch sog. Fremdfonds. Die Direktbanken und sog. Fonds-Supermärkte folgen diesem Konzept, inzwischen haben sich aber auch bedeutende filialgestützte Organisationen in der deutschen Bankenlandschaft für den Vertrieb von Fremdfonds neben den eigenen Fonds geöffnet.

Von der im Vierten Finanzmarktförderungsgesetz[107] eingeführten Möglichkeit der Bildung verschiedener Anteilsklassen an einem Sondervermögen (§ 18 Abs. 2 KAGG, jetzt § 34 Abs. 1 InvG) ist zu erwarten, dass sie den Vertrieb von Fremdfonds weiter fördert: Anteilklassen können nunmehr, z.B. hinsichtlich der Gebührenstrukturen oder Ertragsverwendungen, auf unterschiedliche Distributoren und Vertriebskanäle zugeschnitten werden.

Trotz der starken traditionellen Bank-Vertriebskanäle ist im Zuge der mit dem Vierten Finanzmarktförderungsgesetz in § 1 Abs. 6 S. 1 Nr. 6 KAGG (jetzt § 7 Abs. 2 Nr. 5 InvG) eröffneten Möglichkeit, dass Kapitalanlagegesellschaften selbst auch Fremdsfonds vertreiben, damit zu rechnen, dass viele Investmentgesellschaften einen (parallelen) eigenen Vertrieb weiter alimentieren werden. Eine solche Aufrechterhaltung des Vertriebs geschieht bei manchen Gesellschaften auch mit dem Ziel, durch das Bereitstellen vertriebsnaher Dienstleistungen (Depotführung, Order-Tools, Beratungsunterstützungssoftware) andere Vertriebskanäle wie Strukturvertriebe und Maklerpools zu binden.

---

105 Etwa *Behrenwaldt* (2002); *Bonin* (2003); *Burik/Kruse* (2002); *Disselbeck* (2003); *Dönch/ Bachmann* (1999); *Colyer* (2002); *Drewes/ Böhm* (2002); *Field* (2002); *Göttlicher/ Köhler* (2002); *Hamm* (2002); *Hasselfeldt* (2002); *Herrmann/ Vollmer* (1999); *Hughes* (2002); *T. Johnson* (2002); *Kates* (2001); *Linner* (2002); *Mathis* (2003); *McGinley* (2002); *Narat* (2002a, b); *Poß* (2002); *Povel/ Engel* (2002); *Rodrigues* (2000); *Schulz* (2002); *Spina* (2002); *Stammler* (2003); *Strohmayr* (2002); *Sun* (2002); *Trautmann* (2003); *Wagner* (2003); *Webster* (2002); *Wölfer* (2002a, b); *Wolfe* (2002); *o.V.* (2002l).

106 *Paul/ Päsler* (1999), S. 118, geben an, dass ca. 75% des Vertriebs von Investmentanteilen über das Filialnetz der Banken erfolgt. Dieser Anteil dürfte rückläufig sein zu Gunsten der Strukturvertriebe, der Versicherungen und des Internet. Die proprietären Vertriebskanäle der Kapitalanlagegesellschaften nehmen in der gegenwärtigen Praxis unverändert bloß eine Nebenrolle ein.

107 Gesetz zur weiteren Fortentwicklung des Finanzplatzes Deutschland (Viertes Finanzmarktförderungsgesetz) vom 21.6.2002, BGBl. I S. 2010.

*Fondsmanagement*
Es zeichnet sich ab, dass insbesondere kleinere Kapitalanlagegesellschaften bereit sind, ihr Fondsmanagement auszulagern. Die Auslagerung erfolgt selten vollständig; eher wird nur für einen Teil der Produktpalette gezielt Expertise zugekauft, um in einigen selbstbestimmten Bereichen als Spezialist eigene Erfahrung zu erhalten bzw. auszubauen (z.B. in bestimmten Branchen oder Geographien oder in ausgewählten Investmentstilen).
Dieser Trend wird durch die Entwicklungen auf der Vertriebsseite forciert: Sowohl der „Best Advice"-Ansatz als auch die Tendenz der Vertriebsbanken, ihrerseits eine Fondsauswahl in eigenen strukturierten Produkten zu bündeln, zwingt die Kapitalanlagegesellschaften zu fortwährender Qualifikation durch hohe Performance-Daten. Dies erhofft man mit (Teil-) Auslagerungen des Fondsmanagement und eigener Spezialisierung zu erreichen. Dabei fällt auf, dass die Kapitalanlagegesellschaften die „Hoheit" über ihre Produktpalette als solche trotz fremden Investment-Management nicht aufgeben; das bestehende Outsourcing-Angebot im Bereich der Produktentwicklung und Fondsauflage beschränkt sich eher auf unterstützendes „Information Management".

Das Angebot zu externem Fondsmanagement kommt gegenwärtig insbesondere von den (größeren) Kapitalanlagegesellschaften. Mit der Entstehung von spezialisierten Fondsmanagement-Häusern wird verstärkt gerechnet nach Umsetzung der OGAW-Änderungsrichtlinie (s.u. unter III.1.b. und IV.). Die Unsicherheit in Rechtslage und Aufsichtspraxis hatte dies zuvor gehemmt.

Eine Nachfrage nach Kooperationen mit Kapitalanlagegesellschaften, durch die jedenfalls im Ergebnis das Fondsmanagement ausgelagert wird, entsteht auch durch Vermögensverwalter und reine Beratungshäuser, die über keinen Status als Kapitalanlagegesellschaft verfügen, allerdings Zugang zu Anlagekapital besitzen, das sie in der Form eines Fonds-Sondervermögens verwalten möchten. Vor allem für ausländische Vermögensverwalter und -berater bietet es eine Möglichkeit des schnellen und zumindest hinsichtlich § 1 Abs. 1 S. 2 Nr. 6 KWG lizenzfreien, wenngleich nicht zwingend *insgesamt* konzessionsfreien Marktzutritts, die Dienste einer etablierten Kapitalanlagegesellschaft vollständig in Anspruch zu nehmen bis auf die eigentlichen Investmententscheidungen, die man selbst treffen möchte. Da das Sondervermögen in diesen Geschäftsbeziehungen bei der produktauflegenden Kapitalanlagegesellschaft verbleibt, handelt es sich rechtlich um ein Outsourcing des Fondsmanagement, wenngleich die geschäftliche Motivation und Initiative nicht dem klassischen Muster entsprechen. Siehe dazu näher VI.5.f.bb.bbb. und VI.6.a.

In den *USA* ist es der Regelfall, dass das Fondsmanagement durch eine von der sog. Investment Company verschiedene Person verantwortet wird. Allerdings ist die Konstruktion des US-Modells nicht mit Outsourcing gleichzusetzen; vielmehr ist die Kooperation mit dem externen „Investment Adviser" bereits gesetzlich angelegt (siehe dazu im Detail unter V.).

*Fondsbuchhaltung, Depotführung, Order-Handling*
In der Fondsbranche scheint sich das für die Bankenwelt insgesamt skizzierte Szenario der Entstehung von „Produktionsbanken" (siehe soeben) nachzuzeichnen in Form der Bildung von „Back Office"-Dienstleistern, die zur Erzielung von Skaleneffekten als Mehrmandantendienstleister auftreten. Diese Akteure bieten ein Portfolio von Dienstleistungen aus den Bereichen Depotführung einschließlich Anteilscheinverwahrung, Fondsbuchhaltung und Order-Handling an.[108] Der erste Schritt in diese Richtung war zuvor bereits getan worden durch eine Reihe von Dienstleistern, die als „B2B-Fondssupermärkte" Vertriebsplattformen offerieren, mit deren Hilfe in erster Linie Strukturvertriebe und Maklerpools in Transaktionen und Depotmanagement unterstützt werden, die aber auch in der Lage sind, Kapitalanlagegesellschaften zu entlasten in den benannten Bereichen.[109]
Der US-amerikanische Investmentmarkt hat diese Entwicklung hin zu Mehrmandantendienstleistern im „Back Office"-Bereich vollzogen.[110]

Unter dem Vorbehalt, dass die Bankenaufsicht die sich mit § 16 InvG nach der Umsetzung der OGAW-Änderungsrichtlinie (s.u. unter III.1.b. und IV.) bietenden Möglichkeiten liberal handhabt, ist zukünftig mit einer Investment-Landschaft zu rechnen, in der vielfältige Geschäftsmodelle für Kapitalanlagegesellschaften nebeneinander verfolgt werden: Wenige Anbieter werden die Wertschöpfungskette vollständig abdecken,[111] zahlreiche Kapitalanlagegesellschaften werden in Varianten Abschnitte des Investmentgeschäftes delegieren und andere Abschnitte behalten, zum Teil wird schließlich versucht werden, Kapitalanlagegesellschaften auf reine Koordinationsstellen mit zugkräftigem Markenauftritt zu reduzieren. Die Entstehung von Hüllen von Kapitalanlagegesellschaften – „virtuelle Kapitalanlagegesellschaften" –, die sich auf die geschäftsführende Organisation eines Outsourcing-Netzwerkes beschränken, ist angesichts der großen Zahl kleinerer Gesellschaften nicht unwahrscheinlich, denen allein noch daran gelegen sein wird, einen bestehenden Kundenstamm weiter zu binden (z.B. die versicherungsnahen Kapitalanlagegesellschaften).

---

108 Dergestalt wurden das Order-Handling, die Depotführung und Fondsbuchhaltungsaufgaben der Activest GmbH und der Meag Munich Ergo Kapitalanlagegesellschaft mbH ausgelagert auf die Fonds-Service-Bank, einem Joint Venture der HypoVereinsbank Asset Management GmbH und der Meag Munich Ergo Asset Management GmbH. Die Deutscher Investment Trust Gesellschaft für Wertpapieranlagen mbH (dit) hat diese Aufgaben teilweise ausgelagert an seine Tochtergesellschaft GKS Gesellschaft für Kontensysteme mbH.

109 Einige Zahlen illustrieren das Outsourcing-Potenzial sowie die wahrscheinlichen Anbieter/ Nachfrager-Szenarien im Bereich der Depotführung: Die Zahl der von deutschen Kapitalanlagegesellschaften Ende 2001 geführten Depots näherte sich 19 Mio. (*Behrenwaldt* [2002], S. 305). Die Gesellschaften Deka, Union und DWS beanspruchen dabei mit 4,8 Mio., 3,9 Mio. und 1,6 Mio. Depots etwa 55% des Volumens für sich. In diesen Größenordnungen sind auch ohne Zusammenlegung mit anderen Anbietern signifikante Skalenerträge realisierbar. Outsourcing-Nachfrager werden daher eher die kleinen Gesellschaften sein; größere Häuser indessen könnten ein entsprechendes Outsourcing-Dienstleistungsangebot entwickeln.

110 Wichtige Anbieter sind z.B. Bank of New York und Boston Financial Data Services (BFDS). BFDS allein bedient 152 Fondsgesellschaften (vgl. *Dönch/ Bachmann* [1999]).

111 In der Diskussion sind insoweit jedenfalls die Deutsche Gesellschaft für Wertpapiersparen mbH, die Deka Investment GmbH, die Union Investment GmbH sowie der Konzernbereich Allianz Dresdner Asset Management der Allianz AG (damit letztlich die Deutscher Investment Trust Gesellschaft für Wertpapieranlagen mbH).

Unwahrscheinlich dürfte das unter Praktikern ebenfalls gehandelte Szenario sein, in dem die deutsche Investmentbranche eine Gemeinschaftseinrichtung gründet, die im Stile eines „Investment-Kassenvereins" für alle angeschlossenen Kapitalanlagegesellschaften die Back Office-Tätigkeiten (Fondsbuchhaltung, Depotführung, Order-Handling) ausführt.[112, 113]

Eine weit tragende Änderung, die die skizzierten Trends untermauert, ist im Bereich des institutionellen Geschäftes von Kapitalanlagegesellschaften (Spezialfondsanleger wie private Versicherungen, Sozialversicherungsträger, betriebliche Pensionskassen, Unternehmen aller Branchen, Stiftungen etc.) mit der Entstehung sog. Master-Kapitalanlagegesellschaften zu erkennen: Institutionelle Investoren neigen aus Gründen der operativen Effizienz stark dazu, mit nur noch einer Kapitalanlagegesellschaft, der „Master-Kapitalanlagegesellschaft", zu kooperieren. Dies schließt allerdings den Einsatz verschiedener Portfoliomanager aus mehreren Gesellschaften nicht aus; vielmehr verhält es sich so, dass die Master-Kapitalanlagegesellschaft die im Wege des Outsourcing von externen Fondsmanagern bezogene Expertise für ihren institutionellen Kunden koordiniert und die „Back Office"-Aufgaben unabhängig von den agierenden Fondsmanagern entweder vollständig selbst übernimmt oder auch hier Spezialisten mittels Auslagerungen hinzuzieht. Das Spezialfonds-Sondervermögen wird trotz des ausgelagerten Fondsmanagement von der Master-Kapitalanlagegesellschaft rechtlich verantwortet. Damit forciert sich der abgesteckte Konzentrationsprozess, der im Ergebnis eine kleinere Anzahl von Master-Kapitalanlagegesellschaften hervorbringen wird, die alle Schritte des Investmentgeschäfts beherrschen und vermarkten, und eine größere Zahl von Gesellschaften, die sich ohne weitere Funktionen auf das Fondsmanagement oder andere Teilaufgaben konzentrieren.

Die Vorteile der Master-Kapitalanlagegesellschaft für den institutionellen Investor liegen in der vereinfachten Integration und Kombination externer Expertise, im reduzierten Koordinationsaufwand, in geringeren Kosten, im einheitlichen Reporting, das häufig erstmalig Vergleichbarkeit der Perfomancedaten der verschiedenen Fondsmanager und effizientes Risikomanagement gestattet, und in der erleichterten Austauschbarkeit der Fondsmanager (der Wechsel des Fondsmanagers verlangt keine Kündigung der Verwaltung des Sondervermögens; somit können auch die bilanziellen und steuerlichen Konsequenzen der Schließung eines Spezialfonds vermieden werden). Hinsichtlich des Fondsmanagement existieren in der operativen Realisierung verschiedene Modelle: Es kann ein Spezialfonds aufgelegt werden, dessen Teilanlagesegmente von unterschiedlichen Investmentgesellschaften betreut werden,

112 Allerdings sind institutsübergreifende Bemühungen der Branche im Gange – getrieben v.a. durch die als Depotbank auftretenden Kreditinstitute, weniger durch die Kapitalanlagegesellschaften –, zu einer Vereinheitlichung der Fonds-Order-Routinen zu gelangen.

113 Der deutsche Markt verzeichnet bis 2005 kaum Tendenzen der *Depotbanken*, ihre Aufgaben an Dienstleister zu delegieren. Eine gewisse Outsourcing-Neigung ist von solchen Depotbanken zu erwarten, deren konzerneigene Kapitalanlagegesellschaften sich ihrerseits durch breit angelegtes Outsourcing aus dem Investmentgeschäft faktisch zurückziehen.

es können aber auch mehrere Spezialfonds aufgelegt werden, die jeweils einem Manager zugewiesen werden; die Fondsmanager, die als Auslagerungsunternehmen eingebunden sind, können selbst die Anlageentscheidungen operativ umsetzen, also den Kauf und Verkauf der Vermögensgegenstände des Sondervermögens in Kommissionärsstellung verantworten, oder aber die Master-Kapitalanlagegesellschaft übernimmt diese Aufgabe, wobei sie dann mechanisch die Anlageempfehlungen der externen Fondsmanager umsetzt.[114]

Im Markt für Investment-Outsourcing-Dienstleistungen in Deutschland findet sich heute eine recht große Zahl von Anbietern für die einzelnen Wertschöpfungsschritte des Geschäftes, deren Angebotstiefe jedoch erheblich variiert; z.T. beschränken sich die Unternehmen auf die Bereitstellung von Software. Der Markt ist insoweit noch entwicklungsbedürftig und keinesfalls konsolidiert. Allerdings ist es gerechtfertigt, diese Marktstruktur als Ausdruck für eine gegenwärtig vergleichsweise geringe Marktmacht der Anbieter und damit relativ geringe Transaktionskosten in Form marktlicher Unsicherheit zu werten.

Die Auslagerungsbewegungen in der Praxis des Investmentgeschäftes belegen, dass Outsourcing bei Kapitalanlagegesellschaften reell ist. Eine investmentrechtliche Begleitung erscheint berechtigt.

### d. Ergänzende volkswirtschaftliche Implikationen

Die Anwendung der bestehenden Aussagen und Erkenntnisse der Transaktionskostentheorie (siehe II.1.b.bb.fff.) sowie der Betriebswirtschaftslehre (siehe II.1.b.cc.ccc.) auf das Investmentgeschäft ließ Aussagen darüber zu, welche mikroökonomische „Neigung“ zum Outsourcing die Fondsbranche hat und welche betriebswirtschaftliche Geeignetheit sie dazu grundsätzlich und im Einzelfall aufweist.
Zum Abschluss dieses Kapitels zur ökonomischen Fundierung der investmentrechtlichen Beurteilung sollen einige eher makroökonomisch orientierte Implikationen für die Fondsbranche hinzugefügt werden.

114 Die Funktionsweise einer Master-Kapitalanlagegesellschaft lässt sich vereinfacht wie folgt darstellen:

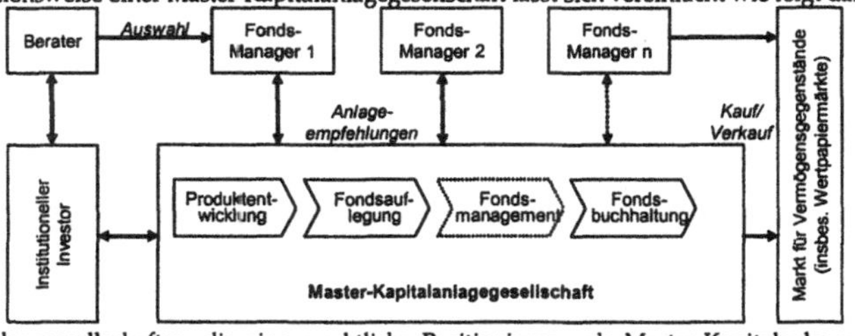


Kapitalanlagegesellschaften, die eine marktliche Positionierung als Master-Kapitalanlagegesellschaft anstreben, sind insbesondere DWS/ Deutsche Asset Management, Activest, Metzler Invest, Allianz/Dresdner Investment Gruppe (dit), Universal Investment, Helaba Invest und BHW Invest (ein Joint Venture der BHW-Gruppe und der ING Bank). Von einem Teil dieser Gesellschaften ist zu erwarten, dass sie sich parallel zu regulären Outsourcing-Dienstleistern für „Back Office“-Tätigkeiten entwickeln werden.

*Wettbewerbspolitik*
In Deutschland operieren in 2001 etwa 85 zugelassene Kapitalanlagegesellschaften.[115] Über 7.000 Fonds sind aufgelegt.[116] Unter den Anbietern befinden sich zahlreiche kleinere Gesellschaften[117], für die es angesichts insbesondere der hohen Fixkosten im Investmentgeschäft und der geforderten Portfoliomanagement-Expertise wirtschaftlich nicht immer dauerhaft möglich ist, die Infrastruktur für die gesamte Wertschöpfungskette vorzuhalten.
Vor diesem Hintergrund könnte sich vortragen lassen, dass, um den Wettbewerb unter den Kapitalanlagegesellschaften auf hohem Niveau zu halten und um die Vielfalt im Produktangebot zu bewahren, die Chancen für kleinere Gesellschaften durch umfassende Zulässigkeit des Outsourcing gesichert werden müssen.[118]

Diese Argumentation ist wettbewerbspolitisch dünnwandig. Es ist in der Wirtschaftstheorie[119] und in der wirtschaftspolitischen Praxis unstreitig, dass auch bei geringer Anzahl der Marktteilnehmer scharfer Wettbewerb möglich ist. Hinzu kommt im Fall der Investmentbranche, dass eine Konsolidierung der Branche um z.B. die Hälfte der Anbieter immer noch einen polypolistischen Markt bedeutete.
Hinsichtlich der Vielfalt im Produktangebot ist in Deutschland und Europa bereits aus anders gelagerten betriebswirtschaftlichen Gründen mit einer Bereinigung zu rechnen: Häufig sind selbst innerhalb des Angebotsportfolios derselben Kapitalanlagegesellschaft zahlreiche Fonds redundant, da sie sich in ihrer Anlagepolitik zu stark ähneln; viele der Produkte erreichen nicht die für einen wirtschaftlichen Betrieb erforderlichen Fondsvolumina.[120] Angesichts der notwendigen Konsolidierung kann nicht eine liberale Outsourcing-Regulierung eingefordert werden mit dem Argument, dadurch die Reichhaltigkeit im Produktangebot zu stützen.
Auch darf nicht vernachlässigt werden, dass gerade die vermeintlich außerhalb des Marktes unternommenen Kooperationen, wie z.B. Outsourcing-Vereinbarungen für den „Back Office"-Bereich, die Schärfe der Auseinandersetzung unter den beteiligten Unternehmen mildern können.

*Gesamtwirtschaftliche Kostenersparnis*
Die Zusammenlegung von Abschnitten der Wertschöpfungskette über Unternehmen derselben Industrie hinweg kann nicht nur für den einzelnen Betrieb, sondern auch

115 *Sun* (2002), S. 300; dies ist die Anzahl der Kapitalanlagegesellschaften mit Sitz in Deutschland. Der BVI zählt 75 Kapitalanlagegesellschaften als Mitgliedsgesellschaften (Stand: Oktober 2004).

116 Nur deutsche BVI-Publikumsfonds, ausländische Publikumsfonds deutscher Provenienz und deutsche Spezialfonds; *Sun* (2002), S. 300; *Kandlbinder* (2002), S. 354; *Hasselfeldt* (2001), S. 1384; website des BVI [www.bvi.de].

117 Die fünf größten Kapitalanlagegesellschaften vereinen etwa 80% des deutschen Marktes auf sich (Fondsvermögen und Mittelzuflüsse) [website des BVI, www.bvi.de].

118 Von denkbaren wettbewerbs*rechtlichen* Überlegungen, zur Chancengleichheit beitragen zu müssen, wird an dieser Stelle abgesehen.

119 Statt aller *Tirole* (1992), S. 209 ff.

120 Insgesamt dazu *Wilderink* (2003); außerdem *Beck* (2002); *o.V.* (2002e); zum Vergleich: In den USA sind ca. 9.000 Fondsprodukte zugelassen, in Europa ca. 25.000 Fondsprodukte. Dabei übersteigen die durchschnittlichen US-amerikanischen Fondsvolumina die europäischen Volumina um ein Vielfaches (siehe unten V.1.a.; außerdem website des BVI [www.bvi.de]; *Sun* (2002), S. 298, 301).

für die Gesamtwirtschaft zu einer Kostenersparnis führen (Summe aus Produktions- und Transaktionskosten). Dieses Argument, das letztlich aus der Aggregation der einzelbetrieblichen Ersparnisse erwächst, ist valide; *ceteris paribus* steigt die Wertschöpfung in einer Industrie, wenn diese auf einer insgesamt niedrigeren Kostenbasis operiert.[121]

*Outsourcing als Motor der Weiterentwicklung der Fondsbranche*
Abschließend soll noch einmal auf ein eingangs dieses Kapitels porträtiertes volkswirtschaftliches Argument zu Gunsten einer liberalen Handhabung des Outsourcing eingegangen werden.

Hinter dem Outsourcing-Trend, wie immer er transaktionskostenökonomisch in weiten Teilen legitimiert und betriebswirtschaftlich plausibilisiert werden kann, können sich weitere volkswirtschaftliche Chancen verbergen. Die möglicherweise anstehende Neuausrichtung der Fondsindustrie im Zuge des Outsourcing kann, wie es die Beispiele aus anderen Industrien und die Erfahrungen anderer Länder antragen, zum Motor werden für neue Branchenstrukturen, in denen durch die Aufsplittung der Wertschöpfungskette Raum für Innovationen, neue Geschäftsmodelle und unentdecktes Wertschöpfungspotenzial kreiert wird, insbesondere durch die Entstehung spezialisierter Anbieter im Fondsmanagement und im „Back Office"-Bereich. Diese Chancen der strukturellen Weiterentwicklung der Fondsindustrie können sich – faktisch – nur materialisieren, wenn eine liberale Outsourcing-Regelung dies gestattet. Eine rigide Regulierung, so lässt sich in diese Richtung weiter argumentieren, liefe Gefahr, die Evolution der Branche zu unterbinden, den wirtschaftlichen Fortschritt insgesamt zu beeinträchtigen und einen Wettbewerbsnachteil in der globalen ökonomischen Auseinandersetzung festzuschreiben.[122]
Das Gewicht dieses Argumentes ist zunächst schwer zu taxieren, da sich die Eintrittswahrscheinlichkeit und die Größe der erhofften Potenziale naturgemäß nicht erkennen lassen. Aus dem gleichen Grund ist auch das Gegenargument verwässert, dass auch Risiken einer liberalen Outsourcing-Regulierung bestehen – geschäftliche Risiken für die Kapitalanlagegesellschaften und ihre Gesellschafter, insbesondere aber auch Risiken für den Bestand und die Wertentwicklung der investierten Fondsvolumina –, die das Fondsgeschäft ungeeignet erscheinen lassen, als Experimentierfeld für Innovationen herzuhalten. Positive Erfahrungen aus anderen Industrien oder Geographien sind ebenso wenig ein ökonomischer Beleg für die Realisierung der Chancen, wie negative Erfahrungen der Asset Management-Branche aus dem un-

---

121 Mit dieser Ressourcenschonung ist allerdings noch keine volkswirtschaftliche Gesamtbilanz im Sinne eines Wohlfahrtsurteils gezogen. Dazu müssten u.a. Annahmen getroffen werden über die wertschöpfende Verwendung der eingesparten Ressourcen (bei Kapitalanlagegesellschaften und Zulieferern) an anderer Stelle in der Volkswirtschaft.

122 Gerade das zuletzt genannte strukturpolitische Argument ist in der Fachpresse wiederholt anzutreffen: Wenn in anderen Volkswirtschaften Outsourcing weitgehend liberalisiert werde, so diese Stimmen, sorgten die verbesserten Rahmenbedingungen für einen strukturellen Vorteil zu Gunsten der dortigen Fondsbranche. Die heimische Fondsbranche gerate ins Hintertreffen, z.B. durch eine relativ höhere Kostenbasis, die an die Anteilinhaber weitergereicht werden müsse (Verwaltungsgebühren, „Total Expense Ratio", dazu z.B. *Beck/ Ainsworth* [2002]) mit der Folge, dass Geschäft letztlich ins Ausland abwandere.

sachgemäßen Umgang mit anvertrauten Geldern Beleg für die Verwirklichung der Risiken sind.

Allerdings besteht dahin gehend ein struktureller Unterschied zu anderen Industrien, in denen sich neue Spielregeln durch Veränderung der Fertigungstiefen einstellen oder eingestellt haben, dass die Risiken, die auf dem Spiel stehen, nicht vollständig von den Protagonisten der Veränderung, den Kapitalanlagegesellschaften, zu tragen sind. Diese tragen zwar das *unternehmerische* Risiko, nicht aber das Risiko für die Entwicklung der Fondsvermögen, das bei den Anlegern liegt.
Dieses Auseinanderfallen von Handlungsmöglichkeit und Risikoträgerschaft schwächt die Argumentation, die Evolution der Fondsindustrie nicht der Regulierung zum Opfer fallen zu lassen. Es lässt zumindest folgern, dass jede Outsourcing-Regulierung Anlegerbelange besonders im Auge behalten muss.

In der Summe lässt sich somit aus diesen weiteren ökonomischen Implikationen ein nur uneinheitliches Fazit ziehen; sie bedeuten weder eine klare Befürwortung noch eine unzweideutige Ablehnung des Outsourcing bei Kapitalanlagegesellschaften.

### 3. Zusammenfassung

Outsourcing ist industrieübergreifend seit den 1980er Jahren eine praktizierte Form der Unternehmenskooperation. Ursprünglich als ein Kostenreduzierungsinstrument gestartet, entwickelt sich Outsourcing nunmehr zu einer Technik der Unternehmensführung, über die Partnerschaft mit externer Expertise zu neuen Organisations- und Wertschöpfungsmodellen zu gelangen und unternehmerische Ergebnisse zu steigern durch Verbesserungen in den Bereichen Innovation, Kosten, Risiko und Prozesse.
Der Markt für Outsourcing-Dienstleistungen ist zu beachtlicher Größe gewachsen. Die Finanzdienstleistungsindustrie weist gegenüber nahezu allen anderen Branchen einen Nachholbedarf in der Reduzierung ihrer Fertigungstiefe auf.

Ökonomische Fundamente erhält das Outsourcing-Phänomen in der Transaktionskostentheorie.[123] Diese Lehre erklärt unterschiedliche Formen der Unternehmenskooperation durch das Vorhandensein und die Höhe von Transaktionskosten – Kosten der Ermöglichung, Durchführung und Sicherung von Transaktionen. Umso höher die in einem gegebenen Umfeld strukturell angelegten Transaktionskosten, umso stärker die erforderliche unternehmerische Beherrschung des Wertschöpfungsprozesses (vertikale Integration), um die Transaktionsvornahme überhaupt zu ermöglichen durch niedrigere tatsächliche Transaktionskosten. Outsourcing-Beziehungen sind hybride Kooperationslösungen zwischen den Extrempunkten der rein unternehmensinternen Leistungserstellung und der vollkommen marktlichen Organisation. Vertikale Integration von der Art des Outsourcing verlangt moderate Transaktionskosten infolge beherrschbarer Spezifität des Geschäftes bei insgesamt überschaubarer ökonomischer Unsicherheit. Die konkrete Outsourcing-Entscheidung muss al-

---

123 Siehe II.1.b.bb.

lerdings stets eine betriebswirtschaftliche Einzelfallentscheidung bleiben, für die eine Vielzahl von Gründen ausschlaggebend sein kann:[124] Neben unternehmensstrategischen Überlegungen (v.a. Spezialisierungsstrategien) kommen als Motive der Auslagerungsentscheidung im Einzelfall in Betracht Kostenvariabilisierung und Kostensenkung, Steigerung der Innovationsfähigkeit, operative Prozessverbesserungen, Komplexitäts- und Risikoreduzierung, Flexibilisierung der Kapazitäten.

Für das Investmentgeschäft im Besonderen kann festgehalten werden:[125] Es ist gekennzeichnet durch einen überdurchschnittlich komplexen Wertschöpfungsprozess, in dem Kapitalanlagegesellschaft und Depotbank nach gesetzlichen Vorgaben interagieren. Outsourcing kann Tätigkeiten beider Akteure betreffen; die Beauftragung der Depotbank durch die Kapitalanlagegesellschaft (§ 20 Abs. 1 S. 1 InvG) ist nicht als gesetzlicher Fall des Outsourcing zu bewerten.
Insgesamt resultiert aus der ökonomischen Analyse eine Unterstützung für das Outsourcing bei Kapitalanlagegesellschaften, wenngleich differenziert werden muss: Transaktionkostentheoretisch[126] ist das Outsourcing des Fondsmanagement bedenklich; die Fondsauflage- und Fondseinstellungsprozesse sollte eine Kapitalanlagegesellschaft in jedem Fall zurückbehalten; das Auslagern der übrigen Prozesse einer Kapitalanlagegesellschaft kann transaktionskostenökonomisch gut begründet werden. Betriebswirtschaftlich[127] reicht Outsourcing jedenfalls in Teilbereichen des Investmentgeschäfts eine Handhabe zur Variabilisierung der Fixkosten; außerdem kann Outsourcing durch Skaleneffekte beim Auslagerungsdienstleister das absolute Kostenniveau drücken. Gegen das Auslagern des Fondsmanagement bestehen auch aus betriebswirtschaftlicher Perspektive Bedenken. Beide Ansätze sprechen sich gegen eine „virtuelle" Kapitalanlagegesellschaft aus, die sich auf ein Netz von Outsourcing-Vereinbarungen stützt.
Weitere, volkswirtschaftliche Überlegungen stellen keine eindeutigen Argumente für oder gegen das Outsourcing bereit.[128]

Im Investmentgeschäft hat eine signifikante Outsourcing-Praxis in Deutschland erst in den unmittelbar zurückliegenden Jahren eingesetzt.[129] Bestehende Tendenzen weisen hin auf die Bereitschaft der Kapitalanlagegesellschaften zur Auslagerung des Fondsmanagement und damit auf die Entstehung spezialisierter Anbieter in diesem Bereich, auf die Entwicklung von Mehrmandantendienstleistern in den Bereichen Fondsbuchhaltung, Depotführung und Order-Handling sowie auf die Verfestigung der Auslagerung des Vertriebs.

---

124 Siehe II.1.b.cc.
125 Siehe II.2.a., -b.
126 Siehe II.1.b.bb.fff.
127 Siehe II.1.b.cc.ccc.
128 Siehe II.2.d.
129 Siehe II.2.c.

## III. Die Outsourcing-Regulierung im allgemeinen deutschen Bankaufsichtsrecht

### 1. Überblick und Historie

Die Rechtslage in der Regulierung des Outsourcing, wie sie in den folgenden Abschnitten diskutiert wird, ist nicht durch einen singulären Rechtssetzungsakt entstanden, sondern sie ist das Ergebnis eines längeren Rechtsbildungsprozesses, der zur Vorbereitung der weiteren Ausführungen zunächst betrachtet werden soll.

Die Rechtslage in Deutschland ist geprägt durch zwei gesetzesrechtliche Eckpfeiler: Die Regelung durch den deutschen Bundesgesetzgeber in § 25a Abs. 2 KWG und die Normierung durch den EU-Richtliniengeber in Art. 5g OGAW-Richtlinie, nunmehr umgesetzt in Form des § 16 InvG. Diese Kodifizierungen sind unabhängig voneinander entstanden. Die Vorschrift des § 25a Abs. 2 KWG betrifft alle Bankgeschäfte und Finanzdienstleistungen iSd. § 1 Abs. 1, Abs. 1a KWG und damit *auch* das Investmentgeschäft; die Regelung des § 16 InvG ist eine Regelung nur für das Investmentgeschäft, wie es im deutschen Recht in § 1 Abs. 1 S. 2 Nr. 6 KWG bezeichnet ist. § 16 InvG nimmt ausdrücklich auf § 25a KWG Bezug.

#### a. § 25a Abs. 2 KWG

Die Vorschrift des § 25a KWG ist durch die Sechste KWG-Novelle[130] in das KWG eingefügt worden. Die Sechste KWG-Novelle führte mit der Umsetzung der Wertpapierdienstleistungsrichtlinie[131], der Kapitaladäquanzrichtlinie[132] und der BCCI-Richtlinie[133] zu einer umfangreichen Neustrukturierung des deutschen Bankaufsichtsrechts, darunter die Einführung der in § 25a KWG normierten Organisationspflichten.

Mit § 25a Abs. 2 KWG ist das Outsourcing im Kreditwesen erstmalig *gesetzlich* geregelt worden. Zuvor war die Rechtslage diffus und durch zerstreute Einzelpunkte gekennzeichnet:

---

130 Gesetz zur Umsetzung von EG-Richtlinien zur Harmonisierung bank- und wertpapieraufsichtsrichtlicher Vorschriften vom 22.10.1997 [BGBl. I S. 2518 ff.].

131 Richtlinie 93/22/EWG des Rates über Wertpapierdienstleistungen vom 10.5.1993, ABl. EG Nr. L 141 vom 11.6.1993, S. 27 ff., zuletzt geändert durch Art. 15 der Richtlinie 97/9/EG des Europäischen Parlaments und des Rates über Systeme für die Entschädigung der Anleger vom 3.3.1997, ABl. EG Nr. L 84 vom 26.3.1997, S. 22 ff.

132 Richtlinie 93/6/EWG des Rates über die angemessene Eigenmittelausstattung von Wertpapierfirmen und Kreditinstituten vom 15.3.1993, ABl. EG Nr. L 141 vom 11.6.1993, S.1 ff., geändert erst nach Inkrafttreten des § 25a KWG, ohne dass die Vorschrift daraufhin hätte angepasst werden müssen.

133 Richtlinie 95/26/EWG des Parlaments und des Rates zur Änderung der Richtlinien 77/780/EWG und 89/646/EWG betreffend Kreditinstitute, der Richtlinien 73/239/EWG und 92/49/EWG betreffend Schadenversicherungen, der Richtlinien 79/267/EWG und 92/96/EWG betreffend Lebensversicherungen, der Richtlinie 93/22/EWG betreffend Wertpapierfirmen sowie der Richtlinie 85/611/EWG betreffend bestimmte Organismen für gemeinsame Anlagen in Wertpapieren (OGAW) zwecks verstärkter Beaufsichtigung dieser Finanzunternehmen vom 29.6.1995, ABl. EG Nr. L 168 vom 18.7.1995, S. 7 ff.

- Das KWG enthielt auch zuvor bereits einen Fall der Auslagerung in § 1 Abs. 3c KWG, wenn es legaldefiniert die „Unternehmen mit bankbezogenen Hilfsdiensten", die Hilfstätigkeiten im Verhältnis zur Haupttätigkeit eines Institutes erbringen. Zwar kann aus der Norm abgelesen werden, dass der Gesetzgeber auch vor Einführung des § 25a Abs. 2 KWG die Auslagerung von betrieblichen Funktionen nicht pauschal als unzulässig bewertete. Dennoch eignet sich die Norm nicht als Auslegungshilfe in der Frage der Zulässigkeit des Outsourcing[134]: Der Begriff des „Unternehmens mit bankbezogenen Hilfsdiensten" spielt nur im Zusammenhang mit der Eigenmittelausstattung, der Großkreditgewährung und -anzeige und den gesonderten Anzeigepflichten von Institutsgruppen und Finanzholding-Gruppen nach § 10a Abs. 2, 3, 4, § 13b Abs. 2 und § 24 Abs. 3a KWG eine (nachrangige) Rolle. Es finden sich keine Bestimmungen, aus denen sich die materiellen Zulässigkeitsvoraussetzungen eines Outsourcing mit Hilfe eines „Unternehmens mit bankbezogenen Hilfsdiensten" ergeben. Hinzu kommt, dass die Vorschrift nur (technische) Hilfstätigkeiten meint, nicht aber Bankgeschäfte oder Finanzdienstleistungen, und dass, wie § 10a Abs. 2, 4 KWG zu entnehmen ist, entweder Mutter-Tochter-Beziehungen oder Beteiligungen zu Grunde liegen, so dass nur ein Ausschnitt der möglichen Outsourcing-Konstellationen abgedeckt ist.[135]
- Die Bankaufsicht hatte durch ihre Verwaltungspraxis, wie sie auch in mehreren Schreiben und Verlautbarungen festgehalten ist,[136] die Rechtseinschätzungen zur Zulässigkeit des Outsourcing geprägt. § 25a Abs. 2 KWG muss auch verstanden werden als Kodifizierung dieser aufsichtlichen Praxis. Für das Investmentgeschäft ist die Praxis markiert gewesen durch das veröffentlichte Schreiben des damaligen BAKred an den BVI vom 29.9.1997[137], in dem die Aufsicht eine konservative Haltung zur Zulässigkeit der Fondsmanagement-Auslagerung einnahm.

Mit dem Inkrafttreten des § 25a Abs. 2 KWG setzte ein längerer Diskussionsprozess zwischen der Aufsicht und der deutschen Kreditwirtschaft um ein vom damaligen BAKred geplantes Rundschreiben ein, das der Auslegung und der Darstellung der aufsichtlichen Handhabung der neuen Vorschrift dienen sollte mit dem Ziel, der Bankpraxis in Auslagerungsfragen mehr Rechtssicherheit zu vermitteln. Drei be-

---

134 Ähnlich *Zerwas/ Hanten* (1998), S. 1111 f.; *Braun* in Boos/ Fischer/ Schulte-Mattler § 25a Rn. 551; *Fülbier* in Boos/ Fischer/ Schulte-Mattler § 1 Rn. 190; *Eyles* (2000), S. 1228.

135 Auch § 2 KWG enthält Formen der Zusammenarbeit zwischen Instituten und anderen Unternehmen, etwa § 2 Abs. 6 S. 1 Nr. 8, Abs. 10 KWG. In seiner Funktion als Ausnahmevorschrift ist § 2 KWG indessen kaum heranzuziehen zur Ermittlung der Outsourcing-Rechtslage nach dem KWG. Hinzu tritt, dass die genannten Normen ebenso wie § 25a Abs. 2 KWG erst mit der Sechsten KWG-Novelle Eingang in das Gesetz gefunden haben.

136 Neben dem sogleich zu bedenkenden Schreiben des BAKred an den BVI vom 29.9.1997 ist hier insbesondere das „17 Punkte-Schreiben" des BAKred vom 16.10.1992 zu erwähnen (Schreiben des BAKred an die Spitzenverbände der Kreditinstitute vom 16.10.1992 „Grenzüberschreitende Datenfernverarbeitung im Bankbuchführungswesen", abgedruckt bei *Consbruch/ Möller/ Bähre/ Schneider* Nr. 4.245), durch das unter bestimmten Voraussetzungen die grenzüberschreitende Datenfernverarbeitung im Bankbuchführungswesen als zulässig bewertet wurde. Eine Übersicht zu weiteren die Aufsichtspraxis zum Outsourcing prägenden Schreiben und Verlautbarungen des BAKred findet sich bei *Eyles* (2000), S. 1219.

137 BAKRed, Schreiben vom 29.9.1997 über die „Auslagerung des Fondsmanagements bei Kapitalanlagegesellschaften und die Anteilwertermittlung gemäß § 21 Abs. 2 KAGG", abgedruckt bei *Consbruch/ Möller/ Bähre/ Schneider* Nr. 10.73.

kannte Entwürfe des vormaligen BAKred zum Rundschreiben[138] und ein Rundschreiben des vormaligen BAWe[139] führten zu einer Fortentwicklung der Position der Aufsicht und mündeten schließlich in das Rundschreiben 11/2001 des BAKred an alle Kreditinstitute und Finanzdienstleistungsinstitute zur „Auslagerung von Bereichen auf ein anderes Unternehmen gemäß § 25a Abs. 2 KWG" vom 6.12.2001[140], auf das wiederholt zurückzukommen sein wird. Dieses Rundschreiben lässt in Tz. 16 eine offene Flanke, indem es feststellt, dass bei Spezialkreditinstituten, insbesondere Kapitalanlagegesellschaften, „sich aus den jeweiligen Spezialgesetzen besondere Maßstäbe für Auslagerungsmaßnahmen ergeben [können]". Damit anerkannte die Aufsicht selbst die für das Investmentgeschäft weiterhin klärungsbedürftige Auslegung des § 25a Abs. 2 KWG; diese Lücke wurde mit der Umsetzung des Art. 5g OGAW-Richtlinie durch § 16 InvG geschlossen. Dieses Spezialrecht ist insoweit für das Investmentgeschäft neben § 25a Abs. 2 KWG getreten (dazu sogleich).

Die Rechtslage in der Regulierung des Outsourcing bei Bankgeschäften und Finanzdienstleistungen ergibt sich somit heute grundsätzlich aus § 25a Abs. 2 KWG in Verbindung mit dem Rundschreiben.[141]

### b. Art. 5g OGAW-Richtlinie, § 16 InvG

Auf europäischer Ebene ist die Funktionsauslagerung im Investmentgeschäft durch eine Änderungsrichtlinie zur OGAW-Richtlinie nunmehr europarechtlich geregelt. „OGAW" – Organismus für gemeinsame Anlagen in Wertpapieren – ist ein Kunstwort, das erforderlich wurde, um in der Richtlinie die unterschiedlichen rechtlichen Formen, die das Investmentgeschäft in den Mitgliedstaaten annehmen kann, berücksichtigen zu können. OGA<u>W</u> ist inzwischen eine überholte Vokabel, da seit der jüngsten Änderungsrichtlinie die Anlagemöglichkeiten über Wertpapiere hinaus ausgedehnt wurden auf Bankeinlagen, Geldmarktinstrumente, Anteile anderer OGAW und Finanzderivate, nicht allerdings auf Immobilien.

---

138 Entwurf für ein Rundschreiben vom 13.7.1998 (Geschäftsnummer I 3 – A 272A – 2/98), Entwurf für ein Rundschreiben vom 9.11.1999 (Geschäftsnummer I 3 – 272A – 2/98) und Entwurf für ein Rundschreiben vom 14.6.2000 (Geschäftsnummer ebenfalls I 3 – 272A – 2/98); der Zweite Entwurf verblieb ein „inoffizieller" Entwurf und wurde nicht veröffentlicht.

139 Rundschreiben des BAWe über die Auslagerung von Bereichen auf ein anderes Unternehmen nach § 33 Abs. 2 WpHG vom 18.8.1998, abgedruckt bei *Consbruch/ Möller/ Bähre/ Schneider* Nr. 18.13.

140 Rundschreiben 11/2001 des BAKred an alle Kreditinstitute und Finanzdienstleistungsinstitute in der Bundesrepublik Deutschland „Auslagerung von Bereichen auf ein anderes Unternehmen gemäß § 25a Abs. 2 KWG" vom 6.12.2001, Geschäftsnummer I 3 – 272 A – 2/98, abgedruckt bei *Consbruch/ Möller/ Bähre/ Schneider* Nr. 4.339.

141 Das Vierte Finanzmarktförderungsgesetz (Gesetz zur weiteren Fortentwicklung des Finanzplatzes Deutschland vom 21.6.2002, BGBl. I S. 2010) hat daneben eine geringfügige Weiterentwicklung des Auslagerungsrechts in § 44 KWG gebracht. Siehe dazu unter III.3.c.cc.ddd.α.

Die „Ursprungsrichtlinie"[142] ist mittlerweile zum Gegenstand einer Reihe von Änderungsrichtlinien[143] geworden. Art. 5g OGAW-Richtlinie ist als Reaktion auf die tatsächlichen Entwicklungen in der europäischen Investmentbranche mit der Änderungsrichtlinie 2001/107/EG eingefügt worden und macht den Mitgliedstaaten Vorgaben hinsichtlich der Reglementierung des Outsourcing für den Fall, dass die Mitgliedstaaten den von ihnen beaufsichtigten Verwaltungsgesellschaften die Möglichkeit des Outsourcing einräumen. Die Umsetzung des Art. 5g OGAW-Richtlinie durch § 16 InvG ist mit Inkrafttreten des InvG zum 1.1.2004 erfolgt.[144] Diese neue Normierung im deutschen Investmentrecht ist maßgeblich für die Rechtslage zum Outsourcing bei Kapitalanlagegesellschaften. Es ist außerdem mit einer aufsichtlichen Revidierung des o.a. Schreibens des BAKred vom 29.9.1997 zu rechnen.

Dieses rechtliche Umfeld läutet für das Regulierungsrecht zum Outsourcing im Investmentgeschäft einen Konsolidierungsprozess ein, der noch nicht abgeschlossen ist und sich in der aufsichtlichen Handhabung wird bestätigen müssen. Die Rechtslage kann somit noch nicht als geklärt und gefestigt bewertet werden.

## 2. Privatrechtliche Einordnung des Outsourcing-Vertrages, weitere rechtliche Rahmenbedingungen

Vor dem Einstieg in die aufsichtsrechtliche Erörterung soll schlaglichtartig der privatrechtliche Charakter des Outsourcing-Vertrages geklärt werden. Es soll dadurch ermöglicht werden zu erkennen, ob sich aus der zivilrechtlichen Natur des Outsour-

---

142 Richtlinie 85/611/EWG des Rates zur Koordinierung der Rechts- und Verwaltungsvorschriften betreffend bestimmte Organismen für gemeinsame Anlagen in Wertpapieren (OGAW) vom 20.12.1985, ABl. EG L 375 vom 31.12.1985, S. 3-18

143 Richtlinie 88/220/EWG des Rates zur Änderung der Richtlinie 85/611/EWG zur Koordinierung der Rechts- und Verwaltungsvorschriften betreffend bestimmte Organismen für gemeinsame Anlagen in Wertpapieren (OGAW) in Bezug auf die Anlagepolitik bestimmter OGAW vom 22.3.1988, ABl. EG Nr. L 100 vom 19.4.1988, S. 31 ff.; Richtlinie 95/26/EWG des Europäischen Parlaments und des Rates zur Änderung der Richtlinien 77/780/EWG und 89/646/EWG betreffend Kreditinstitute, der Richtlinien 73/239/EWG und 92/49/EWG betreffend Schadenversicherungen, der Richtlinie 79/267/EWG betreffend Lebensversicherungen, der Richtlinie 93/22/EWG betreffend Wertpapierfirmen sowie der Richtlinie 85/611/EWG betreffend bestimmte Organismen für gemeinsame Anlagen in Wertpapieren (OGAW) zwecks verstärkter Beaufsichtigung dieser Finanzunternehmen vom 29.6.1995, ABl. EG Nr. L 168 vom 18.7.1995, S. 7 ff. („BCCI"); Richtlinie 2000/64/EG des Europäischen Parlaments und des Rates zur Änderung der Richtlinien 85/611/EWG, 92/49/EWG, 92/96/EWG und 93/22/EWG des Rates im Hinblick auf den Informationsaustausch mit Drittländern vom 7.11.2000, ABl. EG Nr. L 290 vom 17.11.2000, S. 27 f.; Richtlinie 2001/107/EG des Europäischen Parlaments und des Rates zur Änderung der Richtlinie 85/611/EWG des Rates zur Koordinierung der Rechts- und Verwaltungsvorschriften betreffend bestimmte Organismen für gemeinsame Anlagen in Wertpapieren (OGAW) zwecks Festlegung von Bestimmungen für Verwaltungsgesellschaften und vereinfachte Prospekte vom 21.1.2002, ABl. EG Nr. L 41 vom 13.2.2002, S. 20 ff.; Richtlinie 2001/108/EG des Europäischen Parlaments und des Rates zur Änderung der Richtlinie 85/611/EWG des Rates zur Koordinierung der Rechts- und Verwaltungsvorschriften betreffend bestimmte Organismen für gemeinsame Anlagen in Wertpapieren (OGAW) hinsichtlich der Anlagen der OGAW vom 21.1.2002, ABl. EG Nr. L 41 vom 13.2.2002, S. 35 ff.

144 Das InvG wurde als Art. 1 Gesetz zur Modernisierung des Investmentwesens und zur Besteuerung von Investmentvermögen (Investmentmodernisierungsgesetz) vom 15.12.2003 (BGBl. I S. 2676) verkündet und ist gemäß Art. 17 Abs. 1 Investmentmodernisierungsgesetz am 1.1.2004 in Kraft getreten (Ausnahmen zum Zeitpunkt des Inkrafttretens für einzelne Vorschriften des InvG, nicht aber § 16 InvG, in Art. 17 Abs. 2, Abs. 3 Investmentmodernisierungsgesetz).

cing-Vertrages Auswirkungen für die aufsichtsrechtliche Bewertung ergeben. Die Grundsätze des einschlägigen Vertragstyps können auch für die investmentrechtliche Begutachtung erheblich sein. Gegebenenfalls vorhandene Reibungsflächen zwischen der privatrechtlichen und der aufsichtsrechtlichen Einordnung sind zu identifizieren.

Outsourcing-Konstellationen weisen in der Praxis einen großen Variantenreichtum auf, so dass zahlreiche (v.a. privat-) rechtliche Sachverhalte und Zusammenhänge vertraglich regelungsbedürftig werden können. Vereinfachend und abstrahierend kann dabei getrennt werden zwischen den Sachverhalten, die *einmalig* zu regeln sind, insbesondere zu Beginn der Zusammenarbeit zwischen auslagerndem Institut und Auslagerungsunternehmen, und den Fragen, die das *dauerhafte* Zusammenwirken der beiden Partner im Leistungsaustausch betreffen.
In die erstgenannte Gruppe fallen etwa die gesellschaftsrechtlichen, umwandlungsrechtlichen und steuerrechtlichen Fragen, die zu Beginn einer Outsourcing-Zusammenarbeit entstehen können, ebenso wie die schuldrechtlichen, sachenrechtlichen und arbeitsrechtlichen Fragen bei einem eventuellen Betriebsübergang mit Vertragsübernahmen und Vermögensübertragungen, Fragen um die Migration von Geschäftsprozessen und Datenbeständen, um gewerblichen Rechtsschutz, Bilanzierung etc. Hier sind aufgrund der Besonderheiten des Einzelfalles nur wenig generalisierende Aussagen möglich.
Der zweiten Gruppe von vertraglichen Regelungen unterfällt vor allem die präzise Festlegung der gegenseitigen Rechte und Pflichten im zu begründenden Dauerschuldverhältnis. Hier tauchen regelmäßig die gleichen Regelungsbedürfnisse zwischen auslagerndem Institut und Auslagerungsdienstleister auf, so dass einige generalisierende Aussagen getroffen werden können.

### a. Vertragsnatur der Outsourcing-Vereinbarung

In der Regel bilden in Outsourcing-Verträgen Elemente eines Dienstvertrages – Leistung der versprochenen Dienste (§ 611 BGB) im Sinne eines bloßen Wirkens – und/oder eines Werkvertrages – Herbeiführung eines körperlichen oder unkörperlichen bestimmten Erfolges im Wege des Einsatzes von Arbeitsleistung (§ 631 BGB) – Bestandteile der Vereinbarung. Typischerweise treten indes weitere vertragliche Charakteristika hinzu, da das Auslagerungsunternehmen in besonderer Weise „in der Mission" des auslagernden Instituts tätig wird, so dass sich solche Verträge von üblichen Dienst- und Werkverträgen abheben. Nahe liegender Vertragstypus ist daher der Geschäftsbesorgungsvertrag nach § 675 Abs. 1 BGB.
Die Abgrenzung des Geschäftsbesorgungsvertrages vom Dienst- und Werkvertrag wird in Rechtsprechung und Literatur uneinheitlich vorgenommen.
Rechtsprechung und herrschende Literaturansicht nehmen eine begriffliche Abgrenzung vor und gehen von einem Geschäftsbesorgungsvertrag aus, wenn dem Dienst- oder Werkvertrag eine selbständige wirtschaftliche Tätigkeit zur Wahrnehmung fremder Vermögensinteressen unterliegt, die insoweit ursprünglich dem Dienstbe-

rechtigten bzw. dem Besteller oblegen ist.[145] Dies wird beim Outsourcing-Vertrag unschwer zu bejahen sein.
Eine zweite Meinung bestimmt das Vorliegen eines Geschäftsbesorgungsvertrages (im Gegensatz zu einem (reinen) Dienst- oder Werkvertrag) von den Rechtsfolgen her und nimmt eine Geschäftsbesorgung an, wenn neben einer dienst- oder werkvertraglichen Tätigkeit eine Interessenlage für die Anwendung des Auftragsrechts besteht, da auf diese Weise ein sachgerechtes Ergebnis zu erzielen ist.[146] Auch bei dieser Regel ist für das Outsourcing von einem Geschäftsbesorgungsvertrag auszugehen, da die Interessenlage zwischen auslagerndem Institut und Auslagerungsunternehmen regelmäßig so gestaltet ist, dass der Auslagerungsunternehmer die Pflichten erfüllen sollte, die den Auftragnehmer treffen: Pflicht zur sorgfältigen und sachkundigen Wahrnehmung des fremden Geschäfts einschließlich Prüfungs-, Aufklärungs- und Hinweispflichten gegenüber dem auslagernden Institut als dem Geschäftsherrn/Auftraggeber (§ 662 BGB), Pflicht zur Loyalität gegenüber dem auslagernden Institut aus der Wahrnehmung dessen Geschäfts heraus (§ 662 BGB), besondere Weisungsgebundenheit (§§ 662, 665 BGB), Auskunfts- und Rechenschaftspflicht (§ 666 BGB), Pflicht zur Herausgabe des bei der Ausführung der ausgelagerten Tätigkeit Erlangten (§ 667 BGB), aber auch Aufwendungsersatzansprüche, soweit sie nicht bereits Bestandteil der Vergütung sind (§ 670 BGB).

Diesem für beide Meinungsrichtungen identischen Ergebnis ist zuzustimmen. Der Outsourcing-Vertrag weist eine andere Qualität auf als ein schlichter Dienst- oder Werkvertrag: Die Pflicht des Auslagerungsunternehmers erschöpft sich nicht im redlichen Bemühen oder im werkvertraglichen Erfolg. Vielmehr ist charakteristisch, dass das Auslagerungsunternehmen zu einem Teil der betrieblichen Prozesse des auslagernden Instituts wird und insoweit dessen originäres *Geschäft besorgt*. Wer in dieser Weise die Angelegenheiten eines anderen wahrnimmt, muss umfassender verpflichtet werden als der bloße Dienstverpflichtete oder Werkunternehmer. Daher ist die Anwendung des Auftragsrechts angemessen.
Hinzu kommt, dass im kreditwirtschaftlichen Zusammenhang die *aufsichtsrechtlichen* Anforderungen ausstrahlen auf die Gestaltung des Outsourcing-Vertrages (siehe dazu unten III.3.c.dd.). Dabei kommt der Sicherung hinreichender Weisungsrechte gegenüber dem Auslagerungsunternehmen besondere Bedeutung im Rahmen des §

---

145 So, mit Differenzierungen im Einzelnen, BGHZ 45, S. 223, 228 f. (= NJW 1966, S. 1452); BGH DB 1959, S. 167 f.; *Putzo* in Palandt Einf vor § 611 Rn. 24; *Sprau* in Palandt § 675 Rn. 2-5; *Larenz* § 56 V; *Martinek* in Staudinger § 675 Rn. A17 ff., A23 ff.; *Häuser/ Welter* in Soergel § 675, Rn.2; bei genauer Betrachtung dreht es sich bei diesem Meinungsstreit darum, ob dem Gesetz in § 662 BGB und § 675 BGB ein einheitlicher Geschäftsbesorgungsbegriff zu Grunde liegt oder nicht. Damit wird indirekt aber auch über die Abgrenzung des Geschäftsbesorgungsvertrages vom Dienst- und Werkvertrag entschieden. Unstrittig ist nämlich, dass die Geschäftsbesorgung im Auftragsrecht sehr weit verstanden wird als jede fremdnützige Tätigkeit im Interessenbereich eines anderen. Würde dies übernommen für die entgeltliche Geschäftsbesorgung, wäre jeder Dienst- oder Werkvertrag ohne weitere Prüfung ein Geschäftsbesorgungsvertrag. Das wird richtigerweise aus Gründen der Gesetzessystematik und des Gesetzeswortlauts in Zweifel gezogen.

146 *Seiler* in Münchener Kommentar § 662 Rn. 11-14, § 675 Rn. 2; in dieselbe Richtung argumentieren die Vertreter der sog. Einheitstheorie (Einheit der Geschäftsbesorgungsbegriffe in § 662 BGB und § 675 BGB und damit Einheit von einerseits Dienst- und Werkvertrag und andererseits Geschäftsbesorgungsvertrag), dargestellt bei *Martinek* in Staudinger § 675 Rn. A13 f.; wohl auch *Beuthien* in Soergel § 662 Rn. 9.

25a Abs. 2 KWG zu. Dem genügt der Geschäftsbesorgungsvertrag über die §§ 662 ff. BGB besser als der Dienstvertrag[147] und der Werkvertrag[148].
Insgesamt wird man daher den Outsourcing-Vertrag in der Regel als einen Geschäftsbesorgungsvertrag nach § 675 BGB ansehen müssen.[149]

### b. Der Outsourcing-Vertrag als Substitution in der Vertragsbeziehung des auslagernden Instituts zum Kunden

Während das auslagernde Institut im Rahmen des Outsourcing-Vertrages als Geschäftsherr agiert, kann es im Rahmen der vertraglichen Beziehung zu seinen Kunden zu einem Auftritt als Geschäftsbesorger kommen. Zahlreiche Verträge zwischen Kreditinstituten oder Finanzdienstleistungsinstituten und ihren Privat- und Unternehmenskunden sind zivilrechtlich als Geschäftsbesorgungsverträge einzustufen.

Zwar ist im Geschäftsbesorgungs- und Bankrecht strittig, ob zwischem dem Institut und dem Kunden bei Begründung der Geschäftsbeziehung ein allgemeiner Bankvertrag als Rahmenvertrag zustande kommt, der mehr ist als eine rechtsgeschäftliche Festlegung der AGB;[150] soweit ein solcher Bankvertrag bejaht wird, ist er als Geschäftsbesorgungsvertrag nach § 675 BGB zu qualifizieren und von den einzelnen Bankgeschäften und Finanzdienstleistungen rechtlich zu trennen. Doch auch neben diesem allgemeinen Bankvertrag unterliegen zahlreiche einzelne Bankgeschäfte den Geschäftsbesorgungsregeln gemäß §§ 675, 662 ff. BGB: Für den Übertragungsvertrag, den Überweisungsvertrag, den Zahlungsvertrag und den Girovertrag ist dies mittlerweile gesetzlich bestätigt in §§ 676, 676a, 676d, 676f BGB. Weiterhin sind zu nennen etwa die Vermögensverwaltung (Finanzportfolioverwaltung), die Vermögensberatung, der Akkreditiv-, Akzept- und Avalauftrag (in der Beziehung zwischen Bank [Bürge] und Kunde [Dritter iSd. § 765 BGB] besteht ein Geschäftsbesorgungsverhältnis), der Depotvertrag (nicht nur Verwahrung [§ 688 BGB], sondern auch (technische) Verwaltung der Wertpapiere [Custody-Aufgaben wie Zins- und Dividendeneinsammlung]), Wertpapiergeschäfte (Finanzkommissionsgeschäft, An-

147 Der Dienstverpflichtete ist, soweit kein Arbeitsvertrag vorliegt – dann § 315 BGB –, bei der Ausführung der Dienste nicht weisungsgebunden, sondern kann im Rahmen der Vertragspflicht die Art und Weise der Diensterbringung frei bestimmen. Vgl. etwa *Putzo* in Palandt § 611 Rn. 24 a.E.; *Martinek* in Staudinger § 675 Rn. A28.

148 Beim Werkvertrag ist das Weisungsrecht des Bestellers in aller Regel gering – es kommt auf den Erfolgseintritt als solchen an –, wenngleich es Werkleistungen gibt, die auch auf den Modus abheben, in dem der Erfolg erzielt wird. Vgl. *Seiler* in Münchener Kommentar § 675 Rn. 5; *Martinek* in Staudinger § 675 Rn. A28 a.E.

149 *Martinek* in Staudinger § 675 Rn. A1-A4, legt anschaulich dar, wie innerhalb der großflächigen Ausdifferenzierungs- und Spezialisierungstendenzen der postindustriellen Dienstleistungsgesellschaften (allein) das Geschäftsbesorgungsrecht zur „rechtsförmigen Erfassung" des arbeitsteiligen Wirtschaftens – und zu den relevanten Formen der Kooperation zählt das Outsourcing – in der Lage ist. *Sommerlad* (2000), S. 283 f., vertritt, dass der Outsourcing-Vertrag ein gemischttypischer Vertrag ist, der Elemente des Dienstvertrages, des Werkvertrages, des Auftrages, der Miete bzw. Rechtspacht und des Sachkaufes enthält oder zumindest enthalten kann.

150 Für diese Meinung *Sprau* in Palandt § 675 Rn. 9; *Nuissl* (1997) Rn. 16-18; *Claussen* (2000), S. 100-106; wohl auch *Schmidt* (1994) § 20 I 2 b); dagegen *Canaris* Rn. 1-35; *Seiler* in Münchener Kommentar § 675 Rn. 36; jüngst in einer Grundsatzentscheidung den allgemeinen Bankvertrag verneinend BGH WM 2002, S. 2281-2284 (dazu ablehnend *M. Roth* (2003), S. 480 ff.).

lage- und Abschlussvermittlung), das Emissionsgeschäft, die mit Factoring verbundenen Dienstleistungen.[151]

Damit stellt sich die Delegationsbeziehung zwischen auslagerndem Institut und Auslagerungsunternehmen zivilrechtlich als Substitution im Geschäftsbesorgungsvertrag mit dem Bankkunden dar. Die Konstellation findet sich graphisch in Abb. III-1.[152]

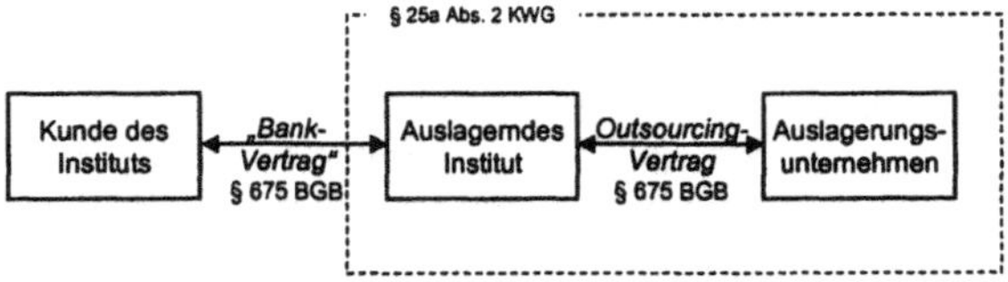


*Abb. III-1* *Outsourcing als Substitution in der vertraglichen Beziehung des auslagernden Instituts zu seinen Kunden*

Dies wirft die Frage nach der zivilrechtlichen Zulässigkeit der Substitution auf.

Im grundsätzlich anzuwendenden Auftragsrecht spricht § 664 Abs. 1 S. 1 BGB zivilrechtlich gegen die Möglichkeit der Substitution. Die Vorschrift beinhaltet eine Auslegungsregel, durch die dem Beauftragten bzw. Geschäftsbesorger die Übertragung des Auftrags bzw. der Geschäftsbesorgung auf einen Dritten grundsätzlich untersagt wird. Indes wird die Norm von § 675 Abs. 1 BGB gerade ausgenommen in der Aufzählung der Vorschriften des Auftragsrechts, die auf einen Geschäftsbesorgungsvertrag Anwendung finden. Mit diesem Wortlaut wird daher im Schrifttum vertreten, dass der Substitution im Rahmen der Geschäftsbesorgung keine Bedenken entgegenschlagen.[153] Dem ist zu entgegnen, dass die *ratio legis* des § 664 Abs. 1 S. 1 BGB auch für die Geschäftsbesorgung ihre Berechtigung hat: Die Geschäftsbesorgung weist eine identitätsgebundene Färbung auf und ist durch eine besondere Vertrauensbeziehung geprägt. Das auslagernde Institut hat das *eine* Auslagerungsunternehmen im Vertrauen auf dessen Fertigkeiten ausgewählt und darf deshalb davon ausgehen, dass, solange nichts Abweichendes vereinbart wurde, die Pflichtenerfüllung durch dieses Unternehmen erfolgt. Mit der herrschenden Lehre[154] ist mithin jedenfalls für die vertrauensgebundenen Outsourcing-Verträge die entsprechende Anwendung der Vorschrift auf den Geschäftsbesorgungsvertrag zu befürworten.

---

151 Siehe dazu insgesamt *Häuser/ Welter* in Soergel § 675 Rn. 28-246; *Sprau* in Palandt § 675 Rn. 9 f., *Seiler* in Münchener Kommentar § 675 Rn. 36-85, *Nuissl* (1997), ausführlich *Canaris* (Bankvertragsrecht). Zur zivilrechtlichen Einordnung des im Rahmen dieser Arbeit besonders interessierenden Investmentvertrages als Geschäftsbesorgungsvertrag siehe unten VI.5.a.bb.ccc.β. und VI.5.a.bb.ccc.δ.αα.

152 Die in Abb. III-1 (so auch unten in Abb. III-2) gebrauchte Vokabel „Bankvertrag" ist nur ein Platzhalter für die mannigfaltigen Inhalte, die die Geschäftsbesogungsbeziehungen zwischen Kunde und auslagerndem Institut ausmachen können, und soll nicht (nur) den umstrittenen allgemeinen Bankvertrag als eigenständigen Vertragstyp bezeichnen.

153 Außerhalb der älteren Literatur wohl nur noch *Steffen* in RGRK § 664, Rn. 12.

154 *Wittmann* in Staudinger § 664 Rn. 13; *Martinek* in Staudinger § 675 Rn. A 87; *Seiler* in Münchener Kommentar § 664 Rn. 17, § 675 Rn. 13; *Beuthien* in Soergel § 664 Rn. 14; *Häuser/ Welter* in Soergel § 675 Rn. 23; *Larenz* § 56 V a.E.; *Sprau* in Palandt § 664 Rn. 1.

§ 664 Abs. 1 S. 1 BGB wird zwar nicht erst relevant bei Vollübertragung der Geschäftsbesorgung, verlangt aber die Übertragung wesentlicher Teile; der Dritte muss selbständig agieren, d.h. er muss dem unmittelbaren Einflussbereich des Geschäftsbesorgers entzogen sein.[155] In Auslagerungs- und Weiterverlagerungs-Zusammenhängen wird eine solche Selbständigkeit regelmäßig, aber nicht immer gegeben sein. Sollte das Auslagerungsunternehmen unselbständig handeln, d.h. dem direkten Einflussbereich des auslagernden Instituts unterliegen, kommt schlichte Gehilfenschaft (§ 664 Abs. 1 S. 3, § 278 BGB) anstatt einer Substitutionsbeziehung in Betracht. Es liegt dann eine reguläre Bemühung eines Erfüllungsgehilfen vor, für dessen Fehlverhalten der Geschäftsherr nach § 278 BGB haftet (vgl. § 664 Abs. 1 S. 3 BGB). Für eine Qualifizierung der Beziehung als Gehilfenschaft wird das im Outsourcing-Vertrag zu sichernde Weisungsrecht des auslagernden Instituts (§ 25a Abs. 2 S. 2 KWG) allein allerdings nicht hinreichen, wenn das Auslagerungsunternehmen seine Aufgaben – trotz Gebundenheit im (Einzel-) Fall von Weisungen – tatsächlich selbständig und unter Vornahme eigenständiger Entscheidungen wahrnimmt.

Für solche Geschäftsbesorgungen, die sich im Übrigen nach Dienstvertragsrecht richten, würde die Rechtsfolge des § 664 Abs. 1 S. 1 BGB (analog) ohnehin bereits nach § 613 S. 1 BGB eintreten.[156]

Sonach wird für die zivilrechtliche Zulässigkeit der Substitution die Gestattung der Auslagerung durch den Kunden erforderlich.[157] An dieser Stelle könnte es zu einem Konflikt mit dem Bankaufsichtsrecht kommen, das möglicherweise andere Zulässigkeitsbedingungen setzt.
Jedoch erwächst auch aus bankaufsichtsrechtlichen Erwägungen, insbesondere aus § 25a Abs. 2 KWG, die Anforderung an das auslagernde Institut, von einem in der Position des Geschäftsherrn befindlichen Kunden die Zustimmung zur Auslagerung einzuholen:

- Die Norm schreibt als Zulässigkeitsvoraussetzung vor, dass durch das Outsourcing die Ordnungsmäßigkeit der Bankgeschäfte und Finanzdienstleistungen nicht beeinträchtigt wird, § 25a Abs. 2 S. 1 KWG (s.u. unter III.3.c.cc.bbb.). Zur Ordnungsmäßigkeit rechnet auch, dass Bankgeschäfte und Finanzdienstleistungen unverändert nach den einschlägigen Rechtsregeln vorgenommen werden,[158] zu denen auch § 664 Abs. 1 S. 1 BGB zählt. Da es mithin aufsichtsrechtlich nicht zu tolerieren ist, dass ein beaufsichtigtes Institut systematisch (zivil-) rechtswidrig handelt, wohnt § 25a Abs. 2 KWG die Vorgabe an das auslagernde Institut inne,

155 *Seiler* in Münchener Kommentar § 664 Rn. 4; *Sprau* in Palandt § 664 Rn. 2; *Putzo* in Palandt § 613 Rn. 1 mit Verweis auf § 157 BGB; *Beuthien* in Soergel § 664 Rn. 3; *Köndgen* in BankRHandB § 113 Rn. 127.

156 Für die im Übrigen nach Werkvertragsrecht zu beurteilenden Geschäftsbesorgungsverträge ergibt sich die Rechtsfolge des § 664 Abs. 1 S. 1 BGB auch ohne dessen analoge Anwendung regelmäßig bereits aus dem Inhalt des Vertrages im Wege der Vertragsauslegung. Darauf weisen hin *Martinek* in Staudinger § 675 Rn. A87 und *Seiler* in Münchener Kommentar § 664 Rn. 17.

157 Anders als in früheren Fassungen sehen die AGB Banken keine entsprechende Substitutionsbefugnis mehr vor.

158 Vgl. auch die im systematischen Kontext relevante (siehe III.3.a.bb.) Anforderung des § 25a Abs. 1 S. 1 Nr. 1 KWG, für die Einhaltung der gesetzlichen Bestimmungen Sorge zu tragen.

bei zivilrechtlicher Notwendigkeit die Gestattung iSd. § 664 Abs. 1 BGB einzuholen.[159]

- Bei ungestatteter Einschaltung eines Dritten können das auslagernde Institut Haftungsrisiken treffen. Leistet das Auslagerungsunternehmen fehlerfrei, dürfte dieses Risiko noch gering sein: Zwar bleibt die Erfüllung der Pflichten des auslagernden Instituts aus, allerdings wäre es seitens des Institutskunden treuwidrig (§ 242 BGB), erneut die Leistung durch das auslagernde Institut zu verlangen.[160] Eine Ausnahme davon sollte nur gemacht werden, wenn vertraglich ausdrücklich die höchstpersönliche Leistung verabredet wurde und die Auslagerung in dieser Weise ausdrücklich untersagt wurde. Führt das Auslagerungsunternehmen das Geschäft aber fehlerhaft oder gar nicht aus, ist das auslagernde Institut seinem Kunden unabhängig von einem Verschulden des Auslagerungsunternehmens schadensersatzpflichtig nach § 280 BGB, soweit der Schaden auf der unzulässigen Substitution beruht.

  Diese Haftungsrisiken verschlechtern insbesondere im Outsourcing-geneigten Massengeschäft die wirtschaftliche Position des auslagernden Instituts und gefährden mittelbar die Sicherheit der anvertrauten Vermögenswerte (vgl. § 6 Abs. 2, Abs. 3 KWG). Dies ist aufsichtsrechtlich zu unterbinden; der einfachste Weg dazu ist (wiederum) die aufsichtliche Vorgabe, die zivilrechtliche Gestattung zur Auslagerung zu sichern.

Die aufsichtsrechtlichen Anforderungen an die Gestaltung des Geschäftsbesorgungsvertrages – gerichtet an das auslagernde Institut als die der Aufsicht unterstehende Stelle – führen damit im Ergebnis dazu, dass keine konfligierenden Zulässigkeitsvoraussetzungen für die Auslagerung bestehen.

### c. Weiterverlagerungen als Substitution im Rahmen des Outsourcing-Vertrages

Mit der Einstufung der Outsourcing-Verträge als Geschäftsbesorgungsverträge stellt sich die Frage nach der zivilrechtlichen Zulässigkeit der Substitution ein zweites Mal auf der nachgelagerten Ebene, der Weiterverlagerungsebene. Auch das Auslagerungsunternehmen kann sich zur vertraglichen Einschaltung eines selbständigen Dritten entschließen (sog. Weiterverlagerung). Die Situation lässt sich graphisch darstellen wie in Abb. III-2.

159 Da § 664 BGB eine Erheblichkeitsschwelle für den übertragenen Teil der Geschäftsbesorgung vorsieht (siehe soeben im Text), greift diese Anforderung bei minoren Auslagerungen nicht ein. Die relevanten Grenzen müssen aber nicht mit den Grenzen des Wesentlichkeitskriteriums des § 25a Abs. 2 KWG kongruieren, da letztere allein bankaufsichtsrechtlich bestimmt werden.

160 Vgl. *Seiler* in Münchener Kommentar § 664 Rn. 10, § 662 Rn. 39; *Beuthien* in Soergel § 664 Rn. 5.

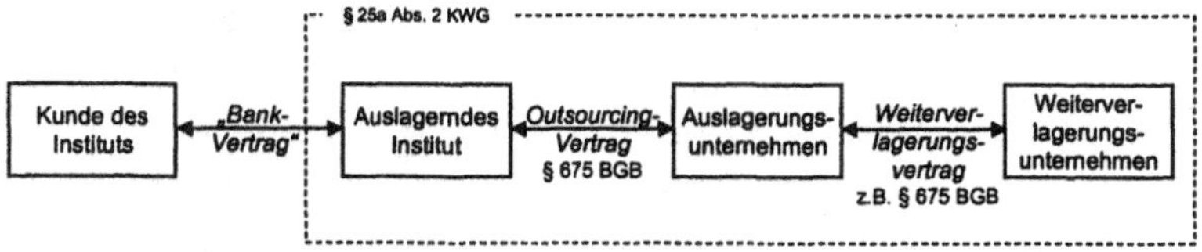


*Abb. III-2* *Substitution im Rahmen des § 675 Abs. 1 BGB und Weiterverlagerung im Rahmen des § 25a Abs. 2 KWG*

Auch diese Konstellation ist (bank-) aufsichtsrechtlich relevant, da derartige Weiterverlagerungen Kontrollverluste für das auslagernde Institut und die Aufsicht bedeuten können. Indessen gelangen Zivilrecht und Aufsichtsrecht auch hier nicht zu rivalisierenden Lösungen: Wie unter III.3.c.cc.ccc.γ. näher auszuführen sein wird, lässt § 25a Abs. 2 KWG auch Weiterverlagerungen grundsätzlich zu, wenngleich unter der Bedingung, dass zu Gunsten des auslagernden Instituts ein Zustimmungsvorbehalt zur Weiterverlagerung im Outsourcing-Vertrag vereinbart wird.[161] Wenn die Parteien – auslagerndes Institut und Auslagerungsunternehmen, siehe Abb. III-2 – sich vertraglich auf die Möglichkeit der Substitution verständigen und darüber hinaus einen Zustimmungsvorbehalt zu Gunsten des auslagernden Instituts im Einzelfall verabreden, impliziert dies, dass die Auslegungsregel des § 664 Abs. 1 S. 1 BGB (analog) bzw. § 613 S. 1 BGB widerlegt wird. Von einem Mißbrauch des von diesen Vorschriften geschützten Vertrauens des Geschäftsherrn kann nicht mehr die Rede sein, wenn dieser sich entsprechend festlegt. Insoweit sorgen die aufsichtsrechtlichen Anforderungen an die Ausgestaltung des Outsourcing-Vertrages für einen Gleichklang der zivilrechtlichen und aufsichtsrechtlichen Zulässigkeitsvoraussetzungen der Weiterverlagerung.

Zu beachten ist schließlich die Norm des § 664 Abs. 1 S. 2 BGB, wonach das Auslagerungsunternehmen bei gestatteter Weiterverlagerung dem auslagernden Institut für Schäden, die das Weiterverlagerungsunternehmen bei der Geschäftsbesorgung verursacht, nicht mehr haftet. Diese Rechtsfolge des § 664 Abs. 1 S. 2 BGB, unterstellt man die analoge Anwendbarkeit der Vorschrift, liefert indessen keinen Grund für weitere bankaufsichtliche Einwände gegen die Weiterverlagerung. Durch den Zustimmungsvorbehalt und die anderen Anforderungen an Weiterverlagerungen (siehe unter III.3.c.cc.ccc.γ.) ist zu gewährleisten, dass sich das operative Risiko für das aufsichtspflichtige auslagernde Institut durch die Weiterverlagerung vom Auslagerungsunternehmen auf das Weiterverlagerungsunternehmen nicht erhöht und dass die im Schadenfall beim Weiterverlagerungsunternehmen zur Verfügung stehende Haftungsmasse ausreichend groß ist. Das auslagernde Institut kann entweder selbst auf das Weiterverlagerungsunternehmen zugreifen – wenn das Auslagerungsunternehmen beim Abschluss des Weiterverlagerungsvertrages als Bevollmächtigter auftritt – oder kann sich nach § 667 BGB analog an das Auslagerungsunternehmen

161 Aufsichtsrechtlich erwachsen weitere, hier noch nicht relevante Anforderungen an die vertragliche Abrede von Weiterverlagerungsmöglichkeiten, siehe dazu unten unter III.3.c.cc.ccc.γ.

wenden (Fall der Drittschadensliquidation). Es wäre daher nicht gerechtfertigt, aus der Regel des § 664 Abs. 1 S. 2 BGB einen Konflikt mit dem Aufsichtsrecht abzulesen.[162]

Neben den im vorliegenden Zusammenhang relevanten zivilrechtlichen Kriterien bestehen zahlreiche rein aufsichtsrechtliche Zulässigkeitsvoraussetzungen für Outsourcing-Maßnahmen (s. insbesondere unter III.3.c.cc.). Nach diesen Voraussetzungen können die Grenzen des Outsourcing enger gezogen sein, als sie nach zivilrechtlichen Maßstäben (etwa § 675 Abs. 1, § 664 Abs. 1 BGB) zu ziehen wären. Mit anderen Worten: Es können daraus Konstellationen entstehen, in denen aufsichtsrechtlich untersagt ist, was zivilrechtlich grundsätzlich nicht ausgeschlossen ist (während es in den soeben besprochenen Fällen darum ging zu prüfen, ob aufsichtsrechtlich zulässig ist, was zivilrechtlich unzulässig ist bzw. nur unter Bedingungen zulässig ist). Solche Konstellationen sind insbesondere denkbar, wenn aus aufsichtsrechtlichen Erwägungen, v.a. nach § 25a Abs. 2 KWG, Bereiche oder Ausschnitte von Bankgeschäften oder Finanzdienstleistungen (oder auch nur bestimmte Gestaltungsvarianten von Bankgeschäften oder Finanzdienstleistungen) vom Outsourcing ausgenommen sind. Die einschlägigen bankaufsichtsrechtlichen Vorschriften sind dann einzustufen als Verbotsgesetze nach § 134 BGB, so dass Geschäftsbesorgungsverträge bzw. ihre relevanten Teile, die die Auslagerung von Bereichen durch ein Institut gestatten und regeln, die nach Aufsichtsrecht nicht rechtmäßig ausgelagert werden können, nichtig sind.[163] Das Aufsichtsrecht kann insoweit die zivilrechtlichen Gestaltungsmöglichkeiten begrenzen.

### d. Weitere Aspekte der rechtlichen Rahmenbedingungen des Outsourcing

Neben dem Schuldrecht (v.a. Geschäftsbesorgungsrecht, siehe soeben III.2.a.-c.) können auch andere Rechtsmaterien in der Gestaltung des Dauerschuldverhältnisses „Outsourcing" Beachtung verlangen. Sie stecken weitere Rahmenbedingungen für das Outsourcing ab und können im Einzelfall der Kreativität der Auslagerungslösungen Grenzen setzen. Auf diese rechtlichen Rahmenbedingungen außerhalb des Bankaufsichtsrechts und auf die Fallgestaltungen, in denen sie sich auf das Outsourcing besonders auswirken, kann innerhalb des Gegenstandes dieser Arbeit nicht vertieft eingegangen werden. Der Vollständigkeit halber sollen die wichtigsten Materien zumindest angerissen werden.

---

162 Diese Fragen sind zu trennen von der Frage, ob das *auslagernde Institut* gegenüber seinen Kunden gemäß § 664 Abs. 1 S. 2 BGB analog aus der Haftung entlassen wird. Für das Investmentgeschäft ist dies zu verneinen, siehe unten unter VI.5.a.bb.ccc.γ.

163 Vgl. dazu etwa das Beispiel bei *Köndgen* in BankRHandB § 113 Rn 127. Außerhalb eines Outsourcing-Zusammenhangs vertritt eine Meinungsrichtung zum Verhältnis des Privatrechts zum Aufsichtsrecht, dass Verstöße gegen aufsichtsrechtliche Vorgaben die Wirksamkeit von Verträgen grundsätzlich unberührt lassen (*Fülbier* in Boos/ Fischer/ Schulte-Mattler § 6 Rn. 30 f.; differenzierend *Schneider* (1996), S. 713). Dagegen kann indes im Einzelfall die resultierende Rechtsuneinheitlichkeit sowie die Unsicherheit der betroffenen Institute sprechen, die aufsichtliche Maßnahmen befürchten müssen (vgl. die Beispiele bei *Fülbier* a.a.O. Rn. 54).

### aa. Arbeitsrechtliche Aspekte

In arbeitsrechtlicher Hinsicht steht die Möglichkeit eines Betriebsübergangs durch Outsourcing nach § 613a BGB im Raum.
Nach der EuGH- und BAG-Rechtsprechung[164] ist die Operation als Betriebsübergang zu qualifizieren, wenn die betroffene Einheit des Unternehmens – „Einheit" als organisierte Gesamtheit von Personen und Sachen zur Ausübung einer wirtschaftlichen Tätigkeit mit eigener Zielsetzung[165] – gewahrt bleibt und insoweit eine identitätswahrende Funktionsnachfolge stattfindet (tatsächliches Weiterführen des ausgelagerten Betriebsteiles). Eine solche Wahrung der Einheit kann resultieren aus der Übernahme der Arbeitsorganisation, der Betriebsmethoden, der Betriebsmittel oder auch (eines Teiles) der Arbeitnehmer. In Branchen, in denen es im Wesentlichen auf die menschliche Arbeitskraft ankommt, kann der Betriebsübergang demnach bereits bei Übernahme einer organisierten Gesamtheit von Arbeitnehmern zu bejahen sein.[166]
Diese Voraussetzungen können bei Outsourcing-Maßnahmen schnell erfüllt sein. Dann treten die individual- und kollektivarbeitsrechtlichen Folgen des § 613a BGB ein, wie etwa Übergang des Arbeitsverhältnisses, Fortgeltung der Rechte und Pflichten aus dem Arbeitsvertrag, aus Tarifverträgen und Betriebsvereinbarungen, eigenständiges Kündigungsverbot nach § 613a Abs. 4 BGB, Widerspruchsrecht des Arbeitnehmers nach § 613a Abs. 6 BGB.[167]

### bb. Gesellschaftsrechtliche Aspekte

Die gesellschaftsrechtlichen und konzernrechtlichen Implikationen von Outsourcing-Projekten, insbesondere die Aspekte, die eingrenzend wirken für die Gestaltung von Outsourcing-Vorhaben, können hier wiederum allenfalls angedeutet werden.[168]
Gesellschaftsrechtliche Fragen (und damit verwobene steuerrechtliche Fragen) können sich insbesondere zu Beginn von Outsourcing-Kooperationen auftun. Während sie weitgehend ausbleiben bei Lösungen, in denen das Outsourcing durch einfache geschäftsbesorgungvertragliche Sicherung fremder Leistungen bei schlichter Einstellung der eigenen Aktivitäten erfolgt, tauchen sie variantenreich auf, wenn Unternehmensvermögen oder Unternehmensteile veräußert oder als Sacheinlage gegen Gewährung von Gesellschafterrechten (Anteile oder Mitgliedschaften) übertragen werden sollen oder wenn neue Gesellschaften gegründet werden sollen. Das Um-

---

164 Richtunggebend insoweit EuGH NJW 1997, S. 2039 ff. – Ayse Süzen.

165 Vgl. BAG vom 13.11.1997, DB 1998, S. 372.

166 *von Westphalen* (1999), S. 1811-1813; *Sommerlad* (2000), S. 290 f.; *Pracht/ Riegl* (1999), S. 262 f.

167 Bei einem Betriebsübergang, der als sog. Spaltung oder als sog. Teilübertragung nach dem UmwG zu beurteilen ist, ist zusätzlich zum Kündigungsverbot des § 613a Abs. 4 BGB nach § 323 Abs. 1 UmwG ausgeschlossen, dass sich die kündigungsrechtliche Position des betroffenen Arbeitnehmers für die Dauer von zwei Jahren verschlechtert.

168 Auf die gesellschaftsrechtlichen Schranken beim Outsourcing von zentralen Leitungsfunktionen wird eingegangen unter III.3.c.ff.aaa. Zu den gesellschaftsrechtlichen Bedenken hinsichtlich des in § 25a Abs. 2 S. 2 KWG geforderten Weisungsrechts gegenüber dem Auslagerungsunternehmen siehe III.3.c.dd. a.E.

wandlungsgesetz gibt in § 123 UmwG die Möglichkeit, ganz oder teilweise Vermögen durch sog. Spaltung (in den Varianten Aufspaltung, Abspaltung oder Ausgliederung) jeweils entweder auf einen bestehenden Rechtsträger zur Aufnahme in diesen oder auf einen neuen Rechtsträger zu dessen Gründung zu übertragen. Ferner besteht nach § 174 Abs. 2 UmwG die Möglichkeit zur sog. Teilübertragung von Vermögen auf andere bestehende Rechtsträger. Die Aufspaltung (§ 123 Abs. 1 UmwG) dürfte allerdings kaum für das Outsourcing in Betracht kommen, da bei ihr das übertragende Unternehmen mit dem Vermögensübergang aufgelöst wird, § 131 Abs. 1 Nr. 2 UmwG (dasselbe gilt für Vermögensübertragungen im Wege der sog. Verschmelzung [§§ 2, 20 Abs. 1 Nr. 2 UmwG] und der sog. Vollübertragung [§ 174 Abs. 1, § 176 Abs. 3 S. 2 UmwG]).[169] Geht Outsourcing mit der Veräußerung oder Übertragung von Unternehmensvermögen oder Unternehmensteilen einher, können Zustimmungserfordernisse zu Gunsten der bestehenden Gesellschafter oder Aktionäre zu beachten sein. In der Ausgestaltung der Outsourcing-Beziehung können konzernrechtliche Besonderheiten eine Rolle spielen (insbesondere Unternehmensverträge, §§ 291 ff. AktG), oder es kann eine Einflussnahme auf den Gesellschaftsvertrag des Auslagerungsunternehmens angestrebt sein.

Diese Sachverhalte sind typischerweise auch steuerrechtlich erheblich, v.a. kommt es zu steuerlichen Bewertungsfragen (z.B. Aufdeckung von stillen Reserven, Formen der Entgeltregelung mit unterschiedlicher Abschreibbarkeit [bei Veräußerungen]).

### cc. Datenschutzrechtliche Aspekte und Bankgeheimnis

Outsourcing führt häufig dazu, dass Daten vom auslagernden Institut an das Auslagerungsunternehmen weitergereicht werden. Da es sich dabei regelmäßig um personenbezogene Daten iSd. § 3 Abs. 1 BDSG handelt, treten datenschutzrechtliche Hindernisse auf den Plan.
Die Konformität mit dem Datenschutzrecht hat bankaufsichtsrechtliche Relevanz, auch wenn die Bankaufsicht den Datenschutz nicht zu ihrem Hauptanliegen macht. Die Verletzung datenschutzrechtlicher Bestimmungen kann einen Missstand iSd. § 6 Abs. 2, 3 KWG begründen und beeinträchtigt in Outsourcing-Zusammenhängen die Ordnungsmäßigkeit der Geschäfte und Dienstleistungen iSd. § 25a Abs. 2 S. 1 KWG. Die auslösenden Auslagerungsmaßnahmen können aufsichtlich nicht unbeanstandet bleiben.[170]

§ 4 Abs. 1 BDSG kodifiziert den Grundsatz, dass die Verarbeitung personenbezogener Daten nur zulässig ist bei rechtsvorschriftlicher Gestattung oder Anordnung oder bei Einwilligung des Betroffenen. Zur *Verarbeitung* von Daten rechnet gemäß den Legaldefinitionen in § 3 Abs. 4 S. 1, S. 2 Nr. 3 BDSG auch die hier interessierende *Übermittlung*. Nach § 3 Abs. 8 S. 3 iVm. Abs. 4 S. 2 Nr. 3 BDSG ist der Auftragsdaten-

---

169 Vgl. z.B. die Darstellung bei *Pracht/ Riegl* (1999), S. 247-256.

170 Konsequenterweise verlangt das Rundschreiben des vormaligen BAKred zu § 25a Abs. 2 KWG die Gewährleistung der datenschutzrechtlichen Bestimmungen (Rundschreiben 11/2001 vom 6.12.2001 [Fn. 2], Tz. 41).

verarbeiter kein „Dritter" im Sinne des datenschutzgesetzlichen Übermittlungstatbestandes. Daher wären die datenschutzrechtlichen Hürden weitreichend aus dem Weg geräumt, wenn es sich beim Outsourcing um Fälle der Auftragsdatenverarbeitung nach § 11 BDSG handelt. Die Norm privilegiert die Fälle, in denen der Datenverarbeiter strikt weisungsgebunden nur eine Hilfsrolle einnimmt und (dadurch) so eng mit dem Auftraggeber verbunden ist, dass er nicht mehr als „Dritter" angesehen werden kann. In diesen Fällen wäre eine Unterwerfung der Datenüberspielung unter die Strenge des gesamten Datenschutzrechtes unverhältnismäßig.
Indes ist umstritten, bis wohin die Privilegierung des § 11 BDSG reicht. Von der Auftragsdatenverarbeitung wird insoweit die sog. Funktionsübertragung abgegrenzt. Vereinfachend lässt sich unterscheiden[171]: Bei der Auftragsdatenverarbeitung bleibt der Auftraggeber „Herr der Daten", während der Auftragnehmer in unterstützender Funktion die Weisungen technisch-mechanistisch ausführt. Sobald allerdings neben den Weisungen ein Spielraum mit freier Gestaltungsmöglichkeit zur selbständigen Erledigung der Aufgabe bleibt, soll sich der Charakter der datenschutzrechtlichen Beziehung ändern mit der Folge, dass der Anwendungsbereich des § 11 BDSG verlassen wird.
In Outsourcing-Konstellationen können beide Varianten der Zusammenarbeit zutreffen. Allerdings indizieren die nach § 25a Abs. 2 S. 2 KWG vertraglich zu sichernden Weisungs- und Kontrollrechte eine Auftragsdatenverarbeitung.[172]

Die Unterschiede in den Rechtsfolgen tragen weit: Bei Autragsdatenverarbeitung fehlt es, wie erwähnt, an einer Übermittlung von Daten, so dass das BDSG außen vor bleibt. Andernfalls ist die Übermittlung nach § 3 Abs. 4 S. 2 Nr. 3 BDSG zu bejahen, so dass die Zulässigkeitsvoraussetzungen des § 4 Abs. 1 BDSG zu repektieren sind. Es bedarf dann grds. einer Einwilligung der Betroffenen oder einer Zulässigkeit nach § 28 BDSG. Während die Einwilligung (§ 4a BDSG) in Outsourcing-Zusammenhängen jedenfalls im Breitengeschäft nicht immer von allen Kunden wird eingeholt werden können, hält § 28 BDSG v.a. in Abs. 1 S. 1 Nr. 2 eine Öffnungsklausel bereit, die in der Praxis die Datenverarbeitungsinteressen des auslagernden Instituts gegenüber dem Datenschutzinteresse des betroffenen Kunden durchsetzen und zur Geltung bringen kann.

Die Darstellung ging bisher unausgesprochen davon aus, dass der datenverarbeitende „Auftragnehmer" im Inland ansässig ist. Sitzt er dagegen im Ausland, so gilt:

- „Auftragnehmer" ist im EWR-Ausland ansässig: Bei Auftragsdatenverarbeitung ergeben sich keine Unterschiede, da § 3 Abs. 8 S. 3 BDSG insoweit eine Gleichbehandlung mit den Auftragnehmern im Inland vornimmt. Bei Funktionsübertragungen gilt nach § 4b Abs. 1 BDSG wiederum § 28 BDSG.

---

171 Die Details sind strittig. Vgl. im Einzelnen *von Westphalen* (1999), S. 1814-1816, und *Deutsch* (2001), S. 138-143, jeweils m.w.N.; *Steding/ Meyer* (2001), S. 1698 f.; *Deutsch* bezweifelt die von der herrschenden Meinung vorgenommene Differenzierung insgesamt.

172 *von Westphalen* (1999), S. 1814-1816; *Deutsch* (2001), S. 138-143; ohne Festlegung *Zerwas/ Hanten/ Bühr* (2002), S. 28.

- „Auftragnehmer" ist im Ausland außerhalb des EWR ansässig: Auftragsdatenverarbeitung nach § 11 BDSG scheidet aus, da eine Übermittlung nach § 3 Abs. 8 S. 3, Abs. 4 Nr. 3 BDSG vorliegt. Es gelten aber nach § 4b Abs. 2 und 3 iVm. Abs. 1 BDSG die Zulässigkeitsvoraussetzungen des § 28 BDSG. Allerdings scheidet nach § 4b Abs. 2 S. 2 BDSG jegliche Übermittlung dann aus, wenn im Zielstaat kein angemessenes Datenschutzniveau gewährleistet ist.

Im Finanzdienstleistungsbereich kann schließlich das sog. Bankgeheimnis einer Datenübermittlung vom auslagernden Institut zum Auslagerungsunternehmen Grenzen auferlegen. Diese Pflicht zur Verschwiegenheit über den Geschäftsverkehr der Kunden wird zumeist als (Neben-) Pflicht aus dem Bankvertrag angesehen[173] und hat Eingang in die AGB der Banken gefunden (Nr. 2 Abs. 1 AGB Banken).
Bei der Bestimmung der Reichweite des Bankgeheimnisses wird auf den tatsächlich geäußerten bzw. den mutmaßlichen Willen des Kunden abgestellt. Hier wird in divergierende Richtungen argumentiert.[174] Das überkommene Verständnis des mutmaßlichen Willens lautet dahin, dass der Kunde davon ausgeht, dass das Kreditinstitut seine Daten nicht an Externe ausgibt. Bei wortgetreuer Lesart zieht diese Position es nach sich, dass Kreditinstitute pauschal gehindert wären, durch Outsourcing ihre Organisation zu verändern, wenn die Übermittlung kundenbezogener Daten im Spiel ist.
Vertreten wird daher in der jüngeren Literatur,[175] dass in Zeiten der Entwicklung einer arbeitsteiligen Geschäftswelt die Erwartunghaltung des Kunden nur noch dahin gehe, dass seine Daten lediglich an solche Stellen übermittelt werden, die mit der Erbringung der vertraglich geschuldeten Leistung befasst sind und die ausnahmslos auf das Bankgeheimnis zu verpflichten sind.
Beizupflichten ist dieser wirklichkeitsnäheren und moderneren Sicht zum mutmaßlichen Kundenwillen. Sie steht auch im Einklang mit den gesetzgeberischen Wertungen, wie sie im BDSG und in § 25a Abs. 2 KWG zum Ausdruck gelangen; andernfalls würde eine übertriebene Rücksichtnahme auf die informationelle Selbstbestimmung die Berufsausübungsfreiheit der Kreditinstitute belasten und zu einer nicht intendierten Lähmung in der organisatorischen Weiterentwicklung der Kreditwirtschaft führen.

---

173 *Seiler* in Münchener Kommentar § 675 Rn. 53; *Wittmann* in Staudinger § 662 Rn. 3; *Beuthien* in Soergel § 662 Rn. 13; *Deutsch* (2001), S. 135; *Schwintowski/ Schäfer* (1997), § 1 Rn. 134-142; *Claussen* (2000), S. 182 f.; *Bruchner* in BankRHandB § 39 Rn. 1, 7; eine verfassungsrechtliche Verankerung des Bankgeheimnisses im Recht zur freien Entfaltung der Persönlichkeit (Art. 2 Abs. 1 GG) und im Recht auf informationelle Selbstbestimmung (Art. 2 Abs. 1 iVm. Art. 1 Abs. 1 GG) ist im Grundsatz anerkannt.

174 Vgl. die Übersicht bei *Deutsch* (2001), S. 135-138; von den Datenschutz-Aufsichtsbehörden werden uneinheitliche Positionen eingenommen, zum Teil auch differenzierend zwischen Auftragsdatenverarbeitung und Funktionsübertragung.

175 *Eyles* (2000), S. 1233; *Deutsch* (2001), S. 137 f., 145 f.; *Bruchner* in BankRHandB § 39 Rn. 14a; a.A. *Steding/ Mayer* (2001), S. 1694, die zwar eine Argumentation über die Erforschung des Willens des Kunden ablehnen, da Nr. 2 AGB Banken dies nicht nahe lege, dennoch aber davon ausgehen, dass der Kunde eine Totalgeheimhaltung wünscht. Sie verlangen für alle Auslagerungen eine wirksame Einwilligung des Kunden, die sie allerdings (in diesem Punkt richtigerweise) für unpraktikabel halten. Damit gelangen sie zu dem unhaltbaren Ergebnis, dass das Outsourcing von Bankgeschäften und Finanzdienstleistungen insgesamt am Datenschutzrecht und am Bankgeheimnis scheitert.

Das sog. Bankgeheimnis führt mithin zu keinen Anforderungen an die Verarbeitung (einschließlich Übermittlung) von personenbezogenen Daten, die schärfer wären als die des BDSG.[176]

### 3. Die deutsche Regulierungslösung zum Outsourcing bei Kredit- und Finanzdienstleistungsinstituten

§ 25a Abs. 2 KWG ist die zentrale Vorschrift im allgemeinen deutschen Bankaufsichtsrecht zur Regulierung des Outsourcing bei Kredit- und Finanzdienstleistungsinstituten. Als Norm des KWG ist die Vorschrift dem „allgemeinen Teil" des Bankaufsichtsrechts zugehörig und ist relevant für alle Bankgeschäfte und Finanzdienstleistungen, also grundsätzlich auch für die Spezialbankgeschäfte. Die investmentrechtliche Spezialvorschrift des § 16 InvG macht sich in ihrem Abs. 1 die Regelungen des § 25a KWG zu eigen und steht daher in einem Kooperationsverhältnis zu § 25a Abs. 2 KWG. Die Auseinandersetzung mit der Vorschrift des § 25a Abs. 2 KWG lohnt mithin für das Verständnis des § 16 InvG ebenso wie für die Herleitung des Regulierungsvorschlages *de lege ferenda*: § 25a Abs. 2 KWG breitet die Palette der durch eine Outsourcing-Regulierung zu beantwortenden Fragen aus und färbt als allgemein-bankaufsichtsrechtliche Bestimmung auf die spezialgesetzlichen Materien ab. In Verbindung mit dem ergangenen Rundschreiben ist ferner von einer gewissen Ausstrahlung auch auf die investmentrechtliche Aufsichtspraxis auszugehen.

Die Erörterung der Rechtslage soll allerdings in diesem Kapitel (III.) noch weitgehend ohne Zuschnitt auf das Investmentgeschäft erfolgen. Denn es bildet eine eigenständige Aufgabe, die sehr facettenreiche Vorschrift des § 25a Abs. 2 KWG zu erfassen. Die Rechtslage rund um die Norm ist zwar bereits solide konturiert, jedoch verbleiben unbeantwortete Fragen (etwa Grenzen des Outsourcing, Erlaubnispflicht für Auslagerungsunternehmen, Sicherung der aufsichtlichen Prüfungsrechte bei Auslagerungsunternehmen im Ausland), zu deren Klärung beizutragen ist.

#### a. Zielsetzung und systematische Positionierung des § 25a Abs. 2 KWG

##### aa. Zielsetzung der Vorschrift

Das primäre Ziel des § 25a Abs. 2 KWG als einer Norm des Bankaufsichtsrechts ist es, Risiken zu kontrollieren, die bei der Funktionsauslagerung durch Kredit- und Finanzdienstleistungsinstitute entstehen, und damit die aufsichtlichen Belange in diesem Bereich zu wahren. Insbesondere geht es darum, die Einhaltung der Organisationspflichten des § 25a Abs. 1 S. 1 Nr. 1-4 KWG auch im Fall des Outsourcing sicherzustellen.

---

176 Wie eingangs des Abschnitts erwähnt, können andere Rechtsmaterien, die durch Outsourcing tangiert werden, hier nicht berücksichtigt werden. Relevant werden können z.B. Fragen des gewerblichen Rechtsschutzes (gemäß § 2 Abs. 1 Nr. 1, § 69a UrhG sind die im IT-Outsourcing bedeutsamen Datenverarbeitungsprogramme urheberrechtlich geschützt) und des Steuerrechts (vgl. dazu etwa *Streck/ Mack/ Schwedhelm* [2000]).

Im gleichen Atemzug zielt § 25a Abs. 2 KWG darauf ab, im Rahmen der (bankaufsichts-) rechtlichen Grenzen Outsourcing weitest gehend zu ermöglichen, um den Instituten das Ergreifen betriebswirtschaftlicher Chancen zu gestatten. Die Vorschrift muss in dieser Hinsicht auch als eine „Modernisierungsnorm" zur Stärkung und Liberalisierung des Finanzplatzes begriffen werden.

Um diese widerstreitenden Interessen zu handhaben, geht § 25a Abs. 2 KWG nach folgendem „Räderwerk" vor:

- Vor dem Hintergrund der zuvor wabernden Rechtslage wird klargestellt: Das Outsourcing ist auch im Kreditgewerbe grundsätzlich zulässig. In dieser gesetzgeberischen Richtungsentscheidung, die sich in die Umgebungsregelungen der Art. 2 Abs. 1, Art. 12 Abs. 1, Art. 14 GG, § 1 GewO einreiht, kommt der wettbewerbsstärkende und kreditwirtschaftsfördernde Impetus zum Ausdruck.
- Die Norm berücksichtigt sodann die aufsichtlichen Interessen, indem sie Zulässigkeitvoraussetzungen und ein Anzeigeverfahren festschreibt, durch die die grundsätzlich permissive Auslagerungsregelung wieder gestutzt wird. Für die Zulässigkeitsvoraussetzungen sucht sich die Vorschrift verschiedene inhaltliche Anknüpfungspunkte, die das auslagernde Institut zu beachten hat: Ordnungsmäßigkeit der Geschäfte und Dienstleistungen, Konstanz der Steuerung durch die Geschäftsleitung auch nach Auslagerung, Stabilität der tatsächlichen Prüfungsmöglichkeiten der Aufsicht.

Aufgrund der grundsätzlichen Zulässigkeit des Outsourcing sieht die gesetzliche Regelung keinen Erlaubnisvorbehalt vor. Dies ist auch an der Anzeigemodalität des § 25a Abs. 2 S. 3 KWG iVm. § 20 AnzV abzulesen.[177]

### bb. Systematische Positionierung

Die Outsourcing-Regelung des KWG steht nicht ohne Zusammenhang zu anderen Normen, sondern ist als Absatz 2 einer Vorschrift in das Gesetz eingeführt worden, die besondere Organisationspflichten von Instituten kodifiziert. § 25a Abs. 2 KWG muss daher schon aus dieser Stellung im Gesetz heraus im Zusammenhang mit § 25a Abs. 1 KWG verstanden werden.

§ 25a Abs. 1 KWG regelt die organisatorischen Pflichten, die die beaufsichtigten Institute aus bankaufsichtsrechtlicher Sicht zu erfüllen haben.[178] Diese Pflichten müssen wiederum begriffen werden als Instrumente zur Erreichung der aufsichtlichen Oberziele, wie sie in § 6 Abs. 2 KWG niedergelegt sind (Sicherung der anvertrauten

---

177 Dieses gesetzgeberische Vorgehen bleibt in der Literatur nicht ohne Kritik: *Eyles* (2000), S. 1219 f., verweist auf die Lösung im Versicherungsaufsichtsrecht, die Outsourcing-Maßnahmen in ein förmliches Verwaltungsverfahren einbindet (§ 5 Abs. 3 Nr. 4, § 13 Abs. 1a VAG). Indem der Anspruch auf Erteilung einer Erlaubnis bei Erfüllung der gesetzlichen Voraussetzungen durch einen begünstigenden Verwaltungsakt erfüllt wird, entstehe für den Rechtsverkehr eine gewisse Planungssicherheit (§ 49, § 51 VwVfG). § 25a Abs. 2 KWG führe dagegen nur zu einer faktischen Duldung, die unter dem Vorbehalt einer jederzeitigen Änderung der Aufsichtspraxis stehe. Dies verlagere Risiken zu Lasten der auslagerungsbereiten Institute und wirke tendenziell investitionshemmend.

178 Andere, insbesondere gesellschaftsrechtliche organisatorische Pflichten, etwa aus AktG, GmbHG, GenG, bleiben unberüht, *Braun* in Boos/ Fischer/ Schulte-Mattler § 25a Rn.1.

Vermögenswerte, Sicherung der Ordnungsmäßigkeit der Geschäfte und Dienstleistungen, Vermeidung von Nachteilen für die Gesamtwirtschaft).[179] Das Gesetz misst den Organisationspflichten des § 25a Abs. 1 KWG eine hohe Bedeutung bei, wie die eingeräumten Reaktionsmöglichkeiten der Aufsicht bei unzureichender Pflichtenbeachtung belegen (insbesondere Anordnungen nach § 25a Abs. 1 S. 2, § 6 Abs. 3 S. 1 KWG, Aufhebungen der Erlaubnis nach § 35 Abs. 2 Nr. 3 KWG iVm. § 33 Abs. 1 S. 1 Nr. 7 KWG).

§ 25a Abs. 2 KWG regelt in Konkretisierung des § 25a Abs. 1 KWG besondere organisatorische Pflichten im Bereich des Outsourcing, indem die Vorschrift spezielle Anforderungen an die Zulässigkeit der Auslagerung von Bereichen auf andere Unternehmen formuliert.[180] Eine isolierte Betrachtung des § 25a Abs. 2 KWG ist daher unangebracht; die Norm ist Bestandteil des aufsichtlichen Organisationskodex. Möglichkeiten und Grenzen des Outsourcing sind daher auch an den allgemeinen Organisationsregeln des Abs. 1 und den mit ihnen verfolgten aufsichtsrechtlichen Zielen zu messen.[181]

§ 25a Abs. 2 KWG steht außerdem in einem Kooperationsverhältnis zu § 33 Abs. 2 WpHG. Beide Vorschriften gehen nach der Regierungsbegründung zur Sechsten KWG-Novelle auf dieselben Vorschriften der Wertpapierdienstleistungsrichtlinie zurück.[182]

Die Wertpapierdienstleistungen, deren Auslagerung durch § 33 Abs. 2 WpHG reguliert wird, sind in § 2 Abs. 3 Nr. 1-6 legaldefiniert als die Bankgeschäfte und Finanzdienstleistungen nach § 1 Abs. 1 S. 2 Nr. 4, Abs. 1a S. 2 Nr. 4, Abs. 1a S. 2 Nr. 2, Abs. 1a S. 2 Nr. 1, Abs. 1 S. 2 Nr. 10, Abs. 1a S. 2 Nr. 3 KWG (in der Reihenfolge der Nr. 1-6 aus § 2 Abs. 3 WpHG). Die von § 33 Abs. 2 WpHG ebenfalls erfassten Wertpapier-

179 *Braun* in Boos/ Fischer/ Schulte-Mattler § 25a Rn. 8-17, v.a. Rn. 14; *Fischer* in Boos/ Fischer/ Schulte-Mattler Einf Rn. 61 f.

180 Nach der Regierungsbegründung zur Sechsten KWG-Novelle (Bundestags-Drucks. 13/7142, S. 88) soll § 25a Abs. 2 KWG der Umsetzung der Art. 10 Abs. 1 Anstr. 1, Art. 2 Abs. 1 Wertpapierdienstleistungsrichtlinie dienen (Richtlinie 93/22/EWG des Rates über Wertpapierdienstleistungen vom 10.5.1993, ABl. EG Nr. L 141 vom 11.6.1993, S. 27 ff., und Änderungsrichtlinie 97/9/EG des Europäischen Parlaments und des Rates über Systeme für die Entschädigung der Anleger vom 3.3.1997, ABl. EG L 84 vom 26.3.1997, S. 22 ff., abgedruckt bei *Consbruch/ Möller/ Bähre/ Schneider* Nr. 22.19). Diese Richtlinien-Vorschriften allerdings enthalten keine Vorgaben zu Funktionsauslagerungen. Daher wird in der Literatur zu Recht vertreten (*Eyles* (2000), S. 1218; *Zerwas/ Hanten* (1998), S. 1112; *Braun* in Boos/ Fischer/ Schulte-Mattler § 25a Rn. 6; ähnlich *Samm* in Beck/ Samm § 25a Rn. 19), dass § 25a Abs. 2 KWG im Strom des § 25a Abs. 1 KWG entstanden ist und insbesondere die bis dahin geübte Aufsichtspraxis gesetzlich festschreibt. Diese Literaturmeinung bestätigt damit das generelle Verständnis des § 25a Abs. 2 KWG als Komplettierung des Abs. 1 der Norm in der Umsetzung der Richtlinien-Anforderung, für ordnungsgemäße Verwaltung und Buchhaltung, für Kontroll- und Sicherheitsvorkehrungen in Bezug auf die Datenverarbeitung sowie für angemessene interne Kontrollverfahren zu sorgen.

181 Vgl. auch BAKred-Rundschreiben 11/2001 (Fn. 2), Tz.2; als Auslegungshilfe kann die in Schreiben und Verlautbarungen zum Ausdruck gekommene Aufsichtspraxis des vormaligen BAKred zu Auslagerungsprozessen herangezogen werden (vgl. *Eyles* (2000), S. 1219, einschließlich einer Aufstellung der relevanten aufsichtlichen Veröffentlichungen (Fn. 13); *Zerwas/ Hanten* (1998), S. 1111 f.; *Braun* in Boos/ Fischer/ Schulte-Mattler § 25a Rn. 554).

182 BT-Drucks. 13/7142, S. 88, 109; es handelt sich um Art. 10 Abs. 1 Anstr. 1 und Art. 2 Abs. 1 der Wertpapierdienstleistungsrichtlinie, siehe Fn. 180.

nebendienstleistungen nach § 2 Abs. 3a Nr. 1, Nr. 2 WpHG entsprechen den Bankgeschäften nach § 1 Abs. 1 S. 2 Nr. 5, Nr. 2 KWG.
Wenngleich § 6 Abs. 2 KWG a.F. a.E. (ähnlich § 23 Abs. 1 KWG a.F.) der Zuständigkeit des vormaligen BAWe den Vorrang gab gegenüber der Zuständigkeit des vormaligen BAKred[183], kann im Fall der Outsourcing-Regelungen nach § 33 Abs. 2 WpHG und § 25a Abs. 2 KWG nicht von einem Spezialitätsverhältnis ausgegangen werden. Dies folgt insbesondere aus dem in § 25a Abs. 2 S. 4 KWG a.F. angelegten Zusammenspiel der Aufsichtsmaterien: Die darin vorgesehene Weiterleitung der Absichts- und Vollzugsanzeigen nach § 25a Abs. 2 S. 3 KWG vom vormaligen BAKred an das vormalige BAWe bereitete nur Sinn, wenn beide Normen, § 25a Abs. 2 KWG und § 33 Abs. 2 WpHG, nebeneinander zu erfüllen sind. Wäre allein § 33 Abs. 2 WpHG einschlägig, hätte der Gesetzgeber in dieser Vorschrift eine eigenständige Anzeigepflicht vorsehen müssen; die aber fehlt in § 33 Abs. 2 WpHG, und von einer reinen Botenfunktion des BAKred in solchen Fällen kann nicht ausgegangen werden. Diese rechtliche Wertung wird durch die aufsichtsorganisatorische Zusammenlegung von BAKred und BAWe und die allein dadurch motivierte Aufhebung des § 25a Abs. 2 S. 4 KWG a.F. nicht betroffen.

Auch inhaltlich ist kein Verdrängungsverhältnis zwischen den Vorschriften geboten. Wertpapierdienstleistungsunternehmen (§ 2 Abs. 4 WpHG) sind nicht wie Hypothekenbanken, Bausparkassen und Kapitalanlagegesellschaften als Spezialkreditinstitute einzustufen.[184] Trotz ähnlichen Wortlauts und in der Grundrichtung vergleichbarer Zielsetzungen der Normen § 25a Abs. 2 KWG und § 33 Abs. 2 WpHG können wertpapierrechtliche Anforderungen und Wertungen anders ausfallen. Dies bestätigt sich sowohl in der bisherigen Verwaltungspraxis[185] als auch in dem Hinweis im BAKred-Rundschreiben 11/2001, dass eine eigene Verlautbarung zu § 33 Abs. 2 WpHG nachfolgen kann.[186]

---

183 Beide Häuser sind gemeinsam mit dem vormaligen BAV zusammengelegt worden auf die Bundesanstalt für Finanzdienstleistungsaufsicht (BAFin) als bundesunmittelbare, rechtsfähige Anstalt des öffentlichen Rechts zum 1.5.2002, § 1 Abs. 1 S. 1 FinDAG (abgedruckt auch bei *Consbruch/ Möller/ Bähre/ Schneider* Nr. 30.24). Die Aufhebung des bezeichneten Passus in § 6 Abs. 2 KWG a.F. geht allein auf diese aufsichtsorganisatorische Maßnahme zurück: Wenn nur noch eine Behörde anstatt zweier Behörden existiert, besteht kein Bedarf mehr nach Kompetenzabgrenzungen. Der Passus musste verstanden werden als Ausdruck für das Nebeneinander von KWG und WpHG: Nur wenn beide Gesetzesmaterien sich parallel mit demselben Sachverhalt befassen, entsteht die Notwendigkeit einer Zuständigkeitsregelung für die Behörden. Die Zusammenlegung der Behörden tangiert nicht das Nebeneinander von solvenz- und marktaufsichtlichen Vorschriften.

184 Eine Vorschrift nach dem Muster der § 5 Abs. 1 HypBankG, § 4 Abs. 1 BausparkG, § 7 Abs. 4 InvG fehlt im WpHG.

185 Vgl. die liberale Position des vormaligen BAWe zum Outsourcing in: BAWe-Rundschreiben vom 18.8.1998, abgedruckt bei *Consbruch/ Möller/ Bähre/ Schneider*, Nr. 18.13.

186 Tz. 4 des BAKred-Rundschreibens 11/2001 [Fn. 2]; der in der Regierungsbegründung zur Sechsten KWG-Novelle (abgedruckt in ZBB 1997, S. 84 f. [entspricht Bundestags-Drucks. 13/7142]) erläuterte funktionale Ansatz der Arbeitsteilung der Banken- und der Wertpapieraufsicht bestätigt das dargestellte Nebeneinander des § 25a Abs. 2 KWG und des § 33 Abs. 2 WpHG. Danach führt die Unterstellung der Wertpapierdienstleistungen unter beide Aufsichten dazu, dass nicht eine Aufsicht ausschließlich für einen Sachverhalt zuständig ist, sondern innerhalb desselben Sachverhaltes der solvenzaufsichtliche Flügel durch die Bankenaufsicht und der marktaufsichtliche Teil durch die Wertpapieraufsicht verantwortet wird (vgl. dazu *Fischer* in BankRHandB § 125 Rn. 3-4a). Auch *Assmann* in Assmann/ Schneider Einl. Rn. 38, § 1 Rn. 7 f. und *Drey-*

Mit § 16 InvG besteht nunmehr eine investmentgesetzliche Ausformung zu § 25a Abs. 2 KWG, die auf die allgemein-bankaufsichtliche Vorschrift Rückgriff nimmt. Das Investmentgeschäft (§ 1 Abs. 1 S. 2 Nr. 6 KWG) ist keine Wertpapierdienstleistung oder Wertpapiernebendienstleistung nach § 2 Abs. 3, Abs. 3a WpHG. Insoweit verlangt § 33 Abs. 2 WpHG im Bereich des Investmentgeschäftes keine Beachtung neben § 16 InvG, § 25a Abs. 2 KWG. Eine Ausnahme ist jedoch zu treffen für eine der nach § 7 Abs. 2 InvG zulässigen Dienstleistungen und Nebendienstleistungen einer Kapitalanlagegesellschaft: Die individuelle Portfolioverwaltung nach § 7 Abs. 2 Nr. 1 InvG (nicht Nr. 2) entspricht der Finanzportfolioverwaltung nach § 1 Abs. 1a S. 2 Nr. 3 KWG und der Wertpapierdienstleistung nach § 2 Abs. 3 Nr. 6 WpHG. Eine Auslagerung dieser Tätigkeit durch eine Kapitalanlagegesellschaft muss sich daher auch an § 33 Abs. 2 WpHG messen lassen.

Auch der Vertrieb eigener und fremder Anteilscheine ist nach § 7 Abs. 2 Nr. 5 InvG eine zulässige Nebendienstleistung. Der Vertrieb von Investmentanteilscheinen, die gemäß § 2 Abs. 1 S. 2 WpHG Wertpapiere iSd. WpHG sind, ist Wertpapierdienstleistung, wenn er in einer der Vertriebsformen des § 2 Abs. 3 WpHG unternommen wird. Hinsichtlich des Vertriebs *eigener* Anteilscheine wird eine Kapitalanlagegesellschaft allerdings nicht als Finanzkommissionär, Eigenhändler oder Anlage- oder Abschlussvermittler auftreten (§ 2 Abs. 3 Nr. 1-4 WpHG). Daher kann § 33 Abs. 2 WpHG nicht zur Anwendung gelangen, wenn ein Auslagerungsunternehmen den Vertrieb der Anteilscheine in einer dieser Formen vornimmt. Hinsichtlich des Vertriebs *fremder* Anteilscheine, also Anteilscheine anderer Kapitalanlagegesellschaften, bleibt der Fall denkbar, dass die Kapitalanlagegesellschaft etwa eine Internet-Vertriebsplattform betreibt und bezüglich der fremden Anteile als Anlagevermittler auftritt (§ 2 Abs. 3 Nr. 4 WpHG). Die Auslagerung einer solchen Vertriebs-Nebentätigkeit unterfiele dann auch § 33 Abs. 2 WpHG.

Vernachlässigt wird hier die Möglichkeit, dass eine Kapitalanlagegesellschaft eine eigene Handelsabteilung unterhält und daher wegen Effektenhandels für das Sondervermögen auch nach § 2 Abs. 3 Nr. 1 oder 2 WpHG (entspricht dem Finanzkommissionsgeschäft nach § 1 Abs. 1 S. 2 Nr. 4 KWG bzw. dem Eigenhandel nach § 1 Abs. 1a S. 2 Nr. 4 KWG) als Wertpapierdienstleistungsunternehmen bewertet werden muss. Dies wird in der Literatur teilweise vertreten,[187] obwohl nicht ersichtlich ist, dass der deutsche Gesetzgeber sich durch das WpHG gegen die Vorschrift des Art. 2 Abs. 2 lit. h) Wertpapierdienstleistungsrichtlinie (Fn. 180) hatte stemmen wollen, wonach Verwaltungsgesellschaften des Investmentgeschäftes von der Richtlinie ausgenommen sind. [Auch wenn man sich über die Wertpapierdienstleistungsrichtlinie hinwegsetzt, bestehen erhebliche Zweifel bezüglich der Anwendbarkeit des § 33 Abs. 2 WpHG, wenn, wie in der Praxis Usus, die Handelsaktivitäten für das Son-

*ling* in Assmann/ Schneider § 4 Rn. 3-7, sehen insgesamt eine Komplementarität von WpHG und KWG, die zu einem Nebeneinander der Gesetzesmaterien in der Kapitalmarktordnung führt.

187 *Köndgen* in BankRHandB § 113 Rn. 44, a.A. zu Recht *Assmann* in Assmann/ Schneider § 2 Rn. 46 f., 51.

dervermögen an die Depotbank delegiert werden. Siehe dazu die einleitenden Anmerkungen unter VI.5.a.]

### b. Rolle des BAKred-Rundschreibens 11/2001

Die Entwicklung des Rechtsverständnisses zu § 25a Abs. 2 KWG ist wesentlich geprägt durch das Rundschreiben 11/2001 des vormaligen BAKred[188] sowie durch die Diskussionen zwischen der Aufsicht und den einschlägigen Interessenverbänden und Fachvereinigungen, die sich an den Entwürfen[189] entlang bewegten. Das Rundschreiben 11/2001 darf insoweit als Resultante dieses Diskussionsprozesses gesehen werden. Anders als landläufig geäußert, hat sich die Aufsicht in dem über dreijährigen Diskurs zwischen Versendung des Ersten Entwurfes (Juli 1998) und der Veröffentlichung des eigentlichen Rundschreibens (Dezember 2001) durchaus durch die Argumente und Einwände der Praxis beeindrucken lassen und hat keinesfalls dogmatisch an Standpunkten festgehalten, die juristisch unhaltbar oder allzu sehr von aufsichtlichen Interessen durchtränkt waren.
Angesichts des hohen Einflusses des Rundschreibens soll, bevor seine Zielsetzungen im Einzelnen erörtert werden, kurz eingegangen werden auf die Rechtsnatur von aufsichtlichen Rundschreiben und ihre Abgrenzung zu anderen Formen von Verlautbarungen durch die Bankaufsicht.

#### aa. Exkurs: Rechtsnatur und Abgrenzung von Rundschreiben der Bankaufsicht

Der Aufsicht ist im KWG die Möglichkeit eingeräumt worden, als *Verordnungsgeber* aufzutreten. Die erforderliche Erlasskompetenz wird dabei vom Bundesministerium der Finanzen an die BAFin als Bundesoberbehörde delegiert (vgl. § 1 Abs. 12 S. 3 2. HS, § 2 Abs. 5 S. 4, § 10 Abs. 1 S. 3, § 10 Abs. 9 S. 5 iVm. § 24 Abs. 4 S. 2, § 11 Abs. 1 S. 4, § 22 S. 5, § 24 Abs. 4 S. 2, § 25 Abs. 3 S. 3, § 25b Abs. 4 S. 2, § 29 Abs. 4 S. 2, § 31 Abs. 1 S. 2, § 51 Abs. 1 S. 5 KWG; im Bereich des Investmentrechts § 10 Abs. 3 S. 1, S. 2, § 20 Abs. 4 S. 1, S. 3, § 34 Abs. 3 S. 1, S. 3, § 36 Abs. 5 S. 1, S. 3, § 41 Abs. 3 S. 1, S. 3, § 44 Abs. 7 S. 1, S. 3, § 51 Abs. 3 S. 1, S. 3, § 119 S. 1, S. 3 InvG). Von dieser Möglichkeit ist wiederholt Gebrauch gemacht worden.[190]
In der Praxis hat sich neben den materiell-gesetzlichen Verordnungen eine Reihe von weiteren Formen der abstrakt-generellen schriftlichen Äußerung der Aufsicht etabliert, mit denen sich die Aufsicht an die Gesamtheit der Institute wendet. Diese Publikationen tragen die Bezeichnungen „Schreiben", „Rundschreiben", „Verlautbarungen", „Mitteilungen", „Erlasse", „Bekanntmachungen".[191] Die Realität gestaltet

---

188 Siehe oben Fußnote 2.

189 Siehe oben Fußnote 138.

190 Etwa Anzeigenverordnung vom 29.12.1997 (BGBl. I S. 3372), Großkredit- und Millionenkreditverordnung vom 29.12.1997 (BGBl. I S. 3418), Prüfungsberichtverordnung vom 17.12.1998 (BGBl. I S. 3690); die Befugnis zum Erlass dieser Rechtsverordnungen hat die Aufsicht in den meisten Fällen erhalten durch die „Verordnung zur Übertragung der Befugnisse zum Erlass von Rechtsverordnungen auf die Bundesanstalt für Finanzdienstleistungsaufsicht" (abgedruckt bei *Consbruch/ Möller/ Bähre/ Schneider* Nr. 30.24c).

191 Eine besondere Stellung nahmen die nach § 10 Abs. 1 S. 2, § 11 S. 2 KWG a.F. durch die Aufsicht aufzustellenden Grundsätze zu Eigenmitteln und Liquidität ein (Grundsätze über die Eigenmittel und die Liquidität

sich mittlerweile so, dass eine nur schwer überschaubare Vielfalt und Vielzahl von aufsichtlichen Publikationen[192] in ein eigenes, in sich lebendes System von faktisch mit Normkraft ausgestatteten Äußerungen migriert ist, das Züge einer allgemeinen, wenngleich unsystematischen Finanzmarktgesetzgebung annimmt. Das Gesamtbild ergibt sich dabei erst in der Zusammenschau der wechselseitig verbundenen Publikationen, die ganzheitlich-synoptisch gelesen werden müssen und sich gegenseitig wie Gesetz und Änderungsgesetz überholen. Die Aufsicht hat damit faktisch ihr eigenes Regelungsterrain kreiert, in das auch die vorliegend besonders interessierenden Rundschreiben hineinfallen.

In Ermangelung einer speziellen formellen Rechtsgrundlage für jede Form der genannten aufsichtlichen Äußerungen stellt sich die Frage nach ihrer Rechtsnatur und Bindungswirkung.
Gerade Rundschreiben werden in ihrer Stoßrichtung, aufsichtsrechtliche Vorschriften auszulegen und zu konkretisieren, zum Teil mit norminterpretierenden oder normkonkretisierenden *Verwaltungsvorschriften* gleichgesetzt.[193] Dies ist zweifelhaft, da Verwaltungsvorschriften, wenngleich sie im Rahmen des Gleichheitsgrundsatzes (Art. 3 GG) eine Wirkung nach außen entfalten können, ihre Adressaten innerhalb des Systems der staatlichen Verwaltung finden (Innenrechtssätze)[194], während die hier in Rede stehenden aufsichtlichen Äußerungen nach außen an die Institute und Finanzunternehmen gerichtet sind. Es verhält sich in der Regel nicht so, dass die Aufsicht „echte" – als solche intendierte – Verwaltungsvorschriften unter dem Titel einer „Verlautbarung" o.ä. den Instituten zur Kenntnisnahme überstellt.
In individuellen Fällen können die aufsichtlichen Verlautbarungen etc. als *Allgemeinverfügung* gemäß § 35 S. 2 VwVfG ergehen.[195] Allerdings bildet es eher die Ausnahme, dass bei den aufsichtsbehördlichen Publikationen, zumal den normauslegenden Schreiben, alle Merkmale eines Verwaltungsaktes, insbesondere die Regelung eines Einzelfalls, vorliegen.

Es zeigt sich sonach, dass die aufsichtlichen Publikationsmaßnahmen allenfalls im Ausnahmefall als Verwaltungsvorschrift oder Allgemeinverfügung einzustufen sind. Alternative rechtliche Einkleidungen drängen sich nicht auf; Rechtsnatur und Abgrenzung innerhalb der Formenvielfalt sind damit zunächst intransparent. Über-

---

der Kreditinstitute, abgedruckt bei *Consbruch/ Möller/ Bähre/ Schneider* Nr. 3.01). Sie waren rubriziert unter „Bekanntmachungen". Zu dieser Bekanntmachung ist die Aufsicht allerdings ausdrücklich durch Gesetz aufgefordert gewesen. Das VG Berlin (WM 1996, S. 1309, 1311) vertritt, dass es sich dabei weder um Rechtsnormen noch um Verwaltungsakte handelt, sondern um „Programmsätze", die den Rahmen im Sinne eines Beurteilungsspielraumes festlegen. Damit ist indes bereits eine normative Wirkung der Grundsätze konzediert. *Pitschas* (2000), S. 1129, versteht die Grundsätze als normkonkretisierende Verwaltungsvorschriften; dazu sogleich im Text. Inzwischen sieht das Gesetz in § 10 Abs. 1 S. 2, § 11 Abs. 1 S. 2 KWG vor, dass diese Solvabilitäts- und Liquiditätsgrundsätze in Verordnungsform ergehen.

192 Circa 300 derartige allgemeine Verlautbarungen sind gegenwärtig für die Institute von Relevanz (*Fischer* in BankRHandB § 126 Rn. 12; *Fischer* in Boos/ Fischer/ Schulte-Mattler Einf Rn. 86-88).

193 *Pitschas* (2000), S. 1129; *Benzler* (2001), S. 333 (Rn. 61).

194 *Maurer* (2000) § 24 I 1, 2, II 1 b), III 2; zur europarechtlichen Kritik an den normkonkretisierenden Verwaltungsvorschriften *Pitschas* (2000), S. 1129, und *Burgi* (2001), S. 321.

195 In Betracht kommt eine adressatenbezogene Allgemeinverfügung, erster Fall des § 35 S. 2 VwVfG.

wiegend wird vertreten, dass Rundschreiben, Bekanntmachungen etc. *formell* nicht *unmittelbar* verbindlich sind.[196] *Faktisch* aber ist ihre abstrakt-generelle Bindungswirkung nicht zu negieren,[197] so dass es vordergründig wäre, sie als „schlicht-hoheitliches Handeln" (mit Ausrichtung auf bloß tatsächlichen Erfolg) einzuordnen.

Während aufsichtliche schlicht-hoheitliche Maßnahmen unproblematisch gedeckt sind von der Gesamtaufgabe der BAFin gemäß § 6 Abs. 1, Abs. 2 KWG, die Aufsicht nach den Vorschriften des KWG auszuüben und Missständen im Kredit- und Finanzdienstleistungswesen entgegenzuwirken, ist es rechtsstaatlich bedenklich, § 6 Abs. 2 KWG heranzuziehen als Generalnorm für ein tatsächlich mit normativer Wirkung evolutorisch entwickeltes System von Äußerungsmaßnahmen, das im Stile einer „Hausgesetzgebung" zahlreiche, weit aufgefächerte und bedeutsame Materien aufgreift. Für derartig pflichtenbegründende und verhaltenslenkende Verlautbarungen muss jeweils eine ausreichende gesetzliche Grundlage vorhanden sein (Grundsatz der Gesetzmäßigkeit der Verwaltung). Dies gilt umso mehr, wenn die Aufsicht über das KWG selbst hinausgeht und sich nicht lediglich in Gesetzesauslegung übt, sondern „sich als Gesetzgeber geriert"[198]; dies kann nach dem Grundsatz vom Vorbehalt des Gesetzes nicht erfolgen, ohne dass eine formellgesetzliche Rechtsgrundlage vorliegt. Im Ergebnis mangelt es somit an einer ausreichenden Rechtsgrundlage für den aufsichtlichen Äußerungskanon. Die Rechtsnatur der aufsichtlichen Äußerungen lässt sich mit den vorhandenen Norm- und Verwaltungskategorien nicht eindeutig erfassen. Indessen liegt rechtsetzendes Handeln vor; es bleibt mihin nur die Qualifizierung als Hoheitsakte *sui generis*.

Grundsätzlich ist festzustellen, dass die Komplexität der Materien und die Fortentwicklungsgeschwindigkeit in der Bankpraxis einen unabweisbaren Bedarf für aufsichtliche Äußerungen begründen, um Sicherheit, Berechenbarkeit und Transparenz in die Aufsichtspraxis zu tragen. Entsprechende Handlungsformen müssen der Aufsicht daher zur Verfügung stehen. Die erforderliche Flexibilität verlangt, dass man dabei normenhierarchisch unterhalb der Verordnung bleibt. Grundsätzlich ist es daher legitim, der Bankaufsicht Möglichkeiten zur Norminterpretation und in gewissem Maß auch zur Normkonkretisierung zuzusprechen. Dazu aber sollte nicht § 6 Abs. 2 KWG als Generalauftrag herhalten müssen. Rechtsstaatlich scheint es gerade im Bereich der Eingriffsverwaltung, der die Bankaufsicht zuzurechnen ist, ratsam,

196 *Fülbier* in Boos/ Fischer/ Schulte-Mattler § 6 Rn. 15 f.; *Fischer* in BankRHandB § 126 Rn. 11; *Benzler* (2001), S. 333 (Rn. 61); *Pitschas* (2000), S. 1126; *Gondesen* (2005), S. 117; wohl auch *Lensdorf/ Schneider* (2002), S. 1949.

197 Dies wird von den meisten Beobachtern geteilt, so *Marwede* (2001), S. 304; *Fülbier* in Boos/ Fischer/ Schulte-Mattler § 6 Rn. 15 f., 18; *Fischer* in BankRHandB § 126 Rn. 11; *Benzler* (2001), S. 333 (Rn. 61); *Pitschas* (2000), S. 1126; *Burgi* (2001), S. 320 f.; wohl auch *Schneider* (1996), S. 713; die faktische Bindungswirkung entsteht insbesondere dadurch, dass die Aufsicht die Beachtung der Rundschreiben, Bekanntmachungen etc. in der Verwaltungspraxis verfolgt und durchsetzt. Die Geschäftsleitungen scheuen Auseinandersetzungen mit der Aufsicht, u.a. aufgrund ihrer abträglichen Öffentlichkeitswirkung.

198 *Marwede* (2001), S. 304 [*Marwede* bringt a.a.O. auch Beispiele für „überschießende" Verlautbarungen und Rundschreiben (S. 304-306)]; auch *Fülbier* in Boos/ Fischer/ Schulte-Mattler § 6 Rn. 20 f., 48 f., bestätigt Fälle, in denen die Aufsicht ohne Rechtsgrundlage im Ergebnis rechtssetzende Verlautbarungen verabschiedet hat. Zu den Grenzen der Normauslegung durch die Bankaufsicht ferner *Burgi* (2001), S. 320 f.

dass der Gesetzgeber die aufsichtlichen Äußerungsformen auf wenige geregelte Varianten zurückführt und ihre Rechtswirkung klärt. Dass Sonderformen hoheitlichen Handelns (Hoheitsakte *sui generis*) dem Gesetzgeber im Bankaufsichtsrecht grundsätzlich bekannt sind, zeigen die in § 10 Abs. 1 S. 2, § 11 S. 2 KWG a.F. sowie in der entsprechenden „Bekanntmachung" normierten „Grundsätze" (siehe Fn. 191) ebenso wie die „Richtlinien" nach § 4 Abs. 2, § 9 Abs. 5 InvG und § 35 Abs. 6 WpHG.[199] Die im US-amerikanischen Aufsichtsrecht etablierten „Rules and Regulations" bieten ein Beispiel für formellgesetzlich bereitgestellte normative aufsichtliche Handlungsformen (siehe dazu näher Kapitel V.).
Für den Status Quo bleibt festzuhalten, dass die aufsichtlichen Stellungnahmen trotz der aufgezeigten Zweifel an ihrer Rechtsgrundlage faktisch normative Wirkung besitzen.

### bb. Zielsetzung und Wirkung des Rundschreibens 11/2001

Die Entstehung des Rundschreibens 11/2001 ist eine klassische Illustration für die Interaktion zwischen Bankaufsicht und Kreditwirtschaft und die Herausarbeitung eines Verständnisses zur praktischen Handhabung bankrechtlicher Bestimmungen in der aufsichtlichen Verwaltung und in der tatsächlichen banklichen Umsetzung. Nach einem sich über mehrere Etappen in Form von Entwürfen zum Rundschreiben entfaltenden Diskussionsprozess bildet das letztlich verlautbarte Rundschreiben nun den Fix- und Referenzpunkt in der Auslegung des § 25a Abs. 2 KWG und im Umgang mit Outsourcing-Projekten.[200]

§ 25a Abs. 2 KWG erfährt im Rundschreiben in vielen Punkten eine kommentierende Ausarbeitung dazu, wie die Aufsicht die Vorschrift versteht und nach welchem Grundmuster sie in der Bewertung von Outsourcing-Vorhaben vorgehen wird. Insoweit ist das Rundschreiben der bedeutendste Beitrag zur *Konkretisierung* des § 25a Abs. 2 KWG. Die Bankpraxis erhält Anhaltspunkte dazu, wie sie Funktionsauslagerungen gestalten muss, damit sie aufsichtlich bestehen.
Das Rundschreiben fungiert somit gleichsam als ein Scharnier zwischen dem Gesetz und der Aufsichtspraxis; das Gesetz wird übergeleitet in eine Aufsichtspraxis und handhabbar gemacht durch ausfüllende Kriterien und Bewertungsmaßstäbe. Der vorangegangene Diskussionsprozess hat für die „Bodenhaftung" und die Realitätsnähe der Aufsicht gesorgt. Dies belegen u.a. die signifikanten Veränderungen, die inhaltlich vorgenommen wurden zwischen dem ersten Entwurf und dem eigentlichen Rundschreiben. Diese betreffen so wichtige Punkte wie die Auslagerungsfähig-

---

199 Durch die Ermächtigung an die Bankaufsichtsbehörde in § 4 Abs. 2 InvG und § 9 Abs. 5 InvG (zuvor § 10 Abs. 1 S. 7 KAGG), „Richtlinien" zur Fondskategorisierung, zur Wahrnehmung der Vermögensverwaltungsaufgabe und zur Vermeidung von Interessenkonflikten zu erlassen, hat der Gesetzgeber im Investmentrecht einen Schritt zur Schließung der Legitimationslücke aufsichtlicher Verlautbarungen getan. In vergleichbarer Weise besteht im Wertpapierrecht mit § 35 Abs. 6 WpHG die Möglichkeit, „Richtlinien" aufzustellen, um zu beurteilen, ob die Wertpapierdienstleistungsunternehmen die gesetzlich vorgeschriebenen Wohlverhaltensregeln einhalten.

200 Ein Ausdruck für diese „Referenzqualität" ist, dass die Praxis die Sprachregelung des „Nikolaus-Gutachtens" für das Rundschreiben kreiert hat (Publikationstag war der 6.12.2001).

keit von (Teilakten von) Bankgeschäften und Finanzdienstleistungen als solche, die Erlaubnispflicht des Auslagerungsunternehmens, Weiterverlagerungen, die Auslagerung der Internen Revision, die Interne Revision der ausgelagerten Bereiche, Regelungen für Spezialkreditinstitute, Prüfungsrechte der Aufsicht im Ausland, Weisungsrechte gegenüber dem Auslagerungsunternehmen. Auf diese Punkte und zum Teil auch auf die jeweilige Weiterentwicklung der aufsichtlichen Haltung wird in den weiteren Ausführungen zurückzukommen sein.

Der Zielsetzung eines Rundschreibens, Normen auszulegen und Transparenz sowie Rechtssicherheit zu schaffen, kam im Fall des Rundschreibens zu § 25a Abs. 2 KWG aus mehreren Gründen eine besondere Dringlichkeit zu:

- Bedeutung des Outsourcing in der Praxis der Kreditwirtschaft (Anzahl der Fälle und Gewicht der Fälle bis hin zu Implikationen für die Gesamtorganisation der Bankenlandschaft auf einzelnen Feldern [etwa der Zahlungsverkehrs- und Wertpapierabwicklung, s.o. unter II.2.c.]);
- Variantenreichtum der Auslagerungsfälle in der Praxis;
- generalklauselartige Fassung des § 25a Abs. 2 KWG;
- § 25a Abs. 2 KWG sieht kein Erlaubnisverfahren vor, sondern allenfalls ein repressives Tätigwerden der Aufsicht im Rahmen des Anzeigeverfahrens. Dies zieht es nach sich, dass für das auslagernde Institut keine Rechtssicherheit in Form eines begünstigenden Verwaltungsaktes eintritt, dem auch eine investitionsschützende Wirkung anhaften würde (für das auslagernde Institut und das Auslagerungsunternehmen). Die aufsichtsbehördliche Interpretation im Wege des Rundschreibens kann hier zumindest teilweise kompensierend wirken.

Schließlich besitzt das Rundschreiben 11/2001 auch eine ausstrahlende Wirkung für ein ggf. folgendes Rundschreiben zum Outsourcing bei Kapitalanlagegesellschaften sowie eine ggf. nachfolgende Verlautbarung zu § 33 Abs. 2 WpHG.

### c. Die Regulierungslösung nach § 25a Abs. 2 KWG in Verbindung mit dem Rundschreiben

Im Folgenden gilt es, näher auf den Regelungsgehalt des § 25a Abs. 2 KWG als der zentralen Bestimmung der Regulierungslösung zum Outsourcing im allgemeinen Bankaufsichtsrecht einzugehen.

Für eine Regulierung nach § 25a Abs. 2 KWG muss zunächst der Anwendungsbereich der Vorschrift sachlich, personal und räumlich eröffnet sein (aa.). Daneben schreibt § 25a Abs. 2 S. 1 KWG weitere Anwendungsvoraussetzungen fest (bb.). Sind auch diese zu bejahen, unterliegt die zu prüfende Outsourcing-Maßnahme den Zulässigkeitsvoraussetzungen, die die Vorschrift ebenfalls in § 25a Abs. 2 S. 1 KWG enthält (cc.) In den Sätzen 2 und 3 des § 25a Abs. 2 KWG finden sich komplettierende Anforderungen an zulässige Auslagerungen (dd.) und Anzeigeerfordernisse (ee.). Ohne tatbestandlichen Niederschlag gefunden zu haben, stellen sich weiter gehende Fragen zu den von § 25a Abs. 2 KWG gezogenen Grenzen des Outsourcing (ff.), zum Erfordernis von bankrechtlichen Erlaubnissen für Auslagerungsunternehmen (gg.) und zur Zulässigkeit der Übertragung von Vertretungsbefugnissen auf Auslage-

rungsunternehmen (hh.). Ein Blick auf die aufsichtlichen Sanktionsmöglichkeiten schließt die Darstellung ab (ii.).
Die Auseinandersetzung mit § 25a Abs. 2 KWG soll, wie erörtert, weitgehend ohne Bezug auf ein bestimmtes Bankgeschäft oder eine bestimmte Finanzdienstleistung erfolgen.

#### aa. Anwendungsbereich

##### aaa. Sachlicher Anwendungsbereich

###### α. Bankgeschäfte und Finanzdienstleistungen

§ 25a Abs. 2 KWG findet Anwendung auf Outsourcing-Maßnahmen, die *Bankgeschäfte* (§ 1 Abs. 1 S. 2 KWG) oder *Finanzdienstleistungen* (§ 1 Abs. 1a S. 2 KWG) betreffen, § 25a Abs. 2 S. 1 KWG. Damit fallen sowohl die Geschäfte der Finanzunternehmen (§ 1 Abs. 3 S. 1 KWG) als auch andere Geschäfte iSd. § 24 Abs. 1 Nr. 9 KWG aus dem Anwendungsbereich der Vorschrift heraus, wenn sie zum Gegenstand von Funktionsauslagerungen werden.
Trotz des insoweit klaren Wortlauts des § 25a Abs. 2 S. 1 KWG werden in der Literatur Positionen vertreten, die eine breitere Anwendung der Vorschrift bedeuten. Ausgangspunkt dieser Meinungen ist die Überlegung, die von § 25a Abs. 2 KWG erfassten Tätigkeiten müssten lediglich „im weitesten Sinne funktional dem Geschäftsbereich des Instituts zuzuordnen sein".[201] Dies geht zurück auf einen sinngleichen Passus im ersten Entwurf des BAKred zu einem Rundschreiben zu § 25a Abs. 2 KWG.[202] Finanzunternehmenstätigkeiten nach § 1 Abs. 3 KWG seien dem Anwendungsbereich insbesondere zuzuschlagen, da sie Risiken kreieren könnten, die mit Eigenmitteln zu unterlegen seien und unter die Kreditnormen der §§ 13-18 KWG fielen.[203]

Diese Haltungen sind abzulehnen. Der Wortlaut der Norm, der von der Begründung zur Sechsten KWG-Novelle gestützt wird,[204] ist eindeutig; Strapazierungen des Wortlauts sind im Bereich der Eingriffsverwaltung rechtsstaatlich zu vermeiden (Art. 20 Abs. 3 GG).[205] Eine unbeabsichtigt fehlerhafte Gesetzesformulierung kann bei Verwendung der im Gesetz legaldefinierten Begriffe „Bankgeschäft" und „Finanzdienstleistung" nicht behauptet werden. Auslagerungen von anderen Tätigkeiten als Bankgeschäften und Finanzdienstleistungen sind auch bei Nichterfassung durch § 25a Abs. 2 KWG nicht ohne aufsichtliche Begleitung, da § 25a Abs. 1 KWG

201 *Eyles* (2000), 1221 f.; *Braun* in Boos/ Fischer/ Schulte-Mattler § 25a Rn. 562, 568 f.; *Eyles* fordert darüber hinaus, ggf. um doch einen Anschluss an den Wortlaut des Gesetzes zu finden und den resultierenden weiten Anwendungsbereich wieder zu stauchen, dass die ausgelagerten Bereiche einen „direkten Bezug zu den in § 1 Abs. 1 Satz 2 Nr. 1-12 oder § 1 Abs. 1a Satz 2 Nr. 1-7 KWG genannten Geschäften oder Dienstleistungen" aufweisen. So wie hier dagegen *Zerwas/ Hanten/ Bühr* (2002), S. 20.

202 BAKred-Entwurf für ein Rundschreiben vom 13.7.1998 (Geschäftsnummer I 3 – A 272A – 2/98), S. 2.

203 *Eyles* (2000), S. 1222.

204 Bundestags-Drucks. 13/7142, S. 87 f.

205 *Herring/ Steck* (2000), S. 1441.

zu beachten bleibt. Der Gesetzgeber hat offensichtlich diesen Schutz als zureichend bewertet. Ferner steht der Normzweck, Outsourcing weitgehend zu ermöglichen, der Ausdehnung der Vorschrift des § 25a Abs. 2 KWG entgegen; aus dieser Warte muss die Vorschrift vielmehr auf die erlaubnispflichtigen (§ 32 KWG) und damit aufsichtlich besonders sensiblen Bereiche eingegrenzt bleiben.
Auch die Argumente, die zur Einbeziehung der Tätigkeiten des § 1 Abs. 3 S. 1 KWG geboten werden (siehe soeben), sind nicht zwingend. Zunächst gilt, dass nicht alle diese Tätigkeiten Risiken generieren, die mit Eigenmitteln nach §§ 10, 10a KWG zu unterlegen sind. Entscheidend aber ist, dass der Fokus der durch § 25a Abs. 2 KWG zu bannenden Gefahren gar nicht auf dem Risiko unzureichender Eigenmittelausstattung liegt, sondern v.a. auf den Risiken ordnungswidriger Geschäftsausübung sowie mangelnder Steuerung und Kontrolle durch Geschäftsleitung und Aufsicht. Es ist nicht zu erkennen, welche Regelungen aus den Vorschriften zur Eigenmittel- und Liquiditätsausstattung (§§ 10-12a KWG) und zum Kreditgeschäft (§§ 13-22 KWG) geeignet wären, den Wortlaut der organisationsrechtlichen Bestimmung des § 25a Abs. 2 KWG zu verdrängen.
Auch weitere Begründungsansätze vermögen nicht zu überzeugen. In der Literatur wird darauf verwiesen,[206] dass eine der von § 33 Abs. 2 WpHG ebenfalls erfassten Wertpapier*neben*dienstleistungen (§ 2 Abs. 3a WpHG) kein Bankgeschäft und keine Finanzdienstleistung ist, sondern eine Tätigkeit nach § 1 Abs. 3 KWG (§ 2 Abs. 3a Nr. 3 WpHG entspricht der Anlageberatung nach § 1 Abs. 3 S. 1 Nr. 6 KWG). Da § 33 Abs. 2 WpHG in Ermangelung einer separaten Anzeigepflicht auf § 25a Abs. 2 S. 3 KWG angewiesen sei (und zuvor auch auf die Weiterleitung der Anzeige an das vormalige BAWe gemäß § 25a Abs. 2 S. 4 KWG a.F. angewiesen war), müsse § 25a Abs. 2 S. 1 KWG (alle) Tätigkeiten nach § 2 Abs. 3a WpHG umfassen, denn andernfalls sei eine Aufsichtslücke in der Wertpapieraufsicht unvermeidlich. Diese Argumentation wirkt konstruiert. Diese offenbar unbeabsichtigte Lücke, die der Gesetzgeber im Anzeigeverfahren gelassen hat, kann nicht eine grundlegende Erweiterung des sachlichen Anwendungsbereiches des § 25a Abs. 2 KWG entgegen Wortlaut und Telos rechtfertigen. Die Reaktion muss vielmehr sein, eine entsprechende Anzeigepflicht in § 33 Abs. 2 WpHG zu verlangen.[207]

Ausweislich Tz. 7 des Rundschreibens folgt die Aufsicht im Ergebnis diesem engen sachlichen Anwendungsbereich.

Ergänzend wird man verlangen müssen, dass der Anwendungsbereich nur solche Bankgeschäfte und Finanzdienstleistungen erfassen kann, für die das auslagernde Institut nach § 32 KWG lizenziert ist, so dass die betroffene Tätigkeit grundsätzlich auch durch das auslagernde Institut erbracht werden könnte.[208] In allen anderen Fäl-

---

206 *Eyles* (2000), S. 1222.

207 In *Eyles* (2001) verlangt *Eyles* nur mehr, dass die *Anzeigepflichten* nach § 25a Abs. 2 S. 3 KWG, § 20 AnzV bei Wertpapiernebendienstleistungen ausgelöst werden, folgert aber nicht, dass diese Tätigkeiten auch den materiellen Anforderungen des § 25a Abs. 2 S. 1, 2 KWG unterliegen.

208 Zu diesem Sachverhalt kann es insbesondere kommen, wenn eine Tätigkeit erstmalig aufgenommen wird und von Anbeginn unter Zuhilfenahme eines externen Dienstleisters erbracht werden soll.

len kann es nicht zur Anwendung des § 25a Abs. 2 KWG kommen: Die Erfüllung der Anforderungen des § 25a Abs. 2 KWG ist ungeeignet, eine fehlende Erlaubnis zu ersetzen. Vielmehr liegt dann eine unrechtmäßige Ausübung eines Bankgeschäftes oder einer Finanzdienstleistung vor, die aufsichtsbehördlich zu unterbinden ist (§ 6 Abs. 3, § 37 KWG, vgl. § 54 Abs. 1 Nr. 2 KWG).

### β. Sonderfälle

In wenigen Sonderfällen sind Eingrenzungen des sachlichen Anwendungsbereichs geboten.

Einen dieser Sonderfälle spricht die Aufsicht in ihrem Rundschreiben zu § 25a Abs. 2 KWG an: Konstellationen, die äußerlich unter § 25a Abs. 2 KWG fallen, werden von der Anwendung ausgenommen, sofern die Einschaltung eines anderen Unternehmens „aufgrund der Struktur des Ablaufs des jeweiligen Geschäftes unumgänglich [...] ist". Als Beispiel werden die Clearingstellen im Zahlungsverkehrs- und Wertpapiergeschäft genannt.[209]

Der Literatur[210] ist zuzustimmen, auch die im öffentlich-rechtlich geprägten Bankensektor anzutreffenden Auslagerungen kraft Gesetzes zwischen Sparkassen und Landesbanken, wie sie in den Landessparkassengesetzen zu finden sind, vom Anwendungsbereich des § 25a Abs. 2 KWG auszuklammern. Die Norm des § 25a Abs. 2 KWG ist eine Vorschrift zum Ausgleich zwischen bankbetriebswirtschaftlichen und aufsichtlichen Interessen, deren Regelungsinhalt nicht mehr benötigt wird, wenn in speziellen Fällen des Outsourcing der Gesetzgeber bereits eine Bewertung und Regelung vorgenommen hat. Die Norm zielt nicht auf Korrekturen anderer gesetzlicher Vorschriften ab.[211]
Dies bedeutet allerdings nicht, dass Outsourcing-Maßnahmen im öffentlich-rechtlichen Bankensektor insgesamt von § 25a Abs. 2 KWG freigestellt sind, sondern eben nur die gesetzlich geregelten Kooperationen.

### γ. Altfälle

„Altfälle" sind Fälle von Auslagerungsmaßnahmen, die vor dem Zeitpunkt des Inkrafttretens des § 25a Abs. 2 KWG (1.1.1998) durchgeführt worden sind. § 20 S. 2, 4 AnzV belegt, dass § 25a Abs. 2 KWG auch auf Altfälle Anwendung findet; § 25a Abs. 2 KWG sieht keine Bestandsschutzregelung für bis zum 1.1.1998 bereits umgesetzte Outsourcing-Maßnahmen vor. Nachdem die in den Entwürfen vorgesehenen engen

---

209 Rundschreiben des BAKred zu § 25a Abs. 2 KWG vom 6.12.2001 (Fn. 2), Tz. 47; in derselben Weise wird die Einschaltung Dritter iRv. arbeitsteiligen Finanzverbünden von der Anwendung des § 25a Abs. 2 KWG ausgenommen. Die Aufsicht klammert außerdem den Einsatz von Leiharbeitnehmern von der Anwendung des § 25a Abs. 2 KWG aus, selbst wenn diese in die Durchführung von Bankgeschäften oder Finanzdienstleistungen nicht nur vorübergehend eingebunden werden (Tz. 48 des Rundschreibens).

210 *Eyles* (2000), S. 1221.

211 *Eyles* (2000), S. 1221, ergänzt, dass es weiterhin nicht Zweck des § 25a Abs. 2 KWG sein kann, die entsprechenden landesgesetzlichen Normen „auf den verfassungsrechtlichen Prüfstand zu stellen".

zeitlichen Grenzen für Anpassungsmaßnahmen in die Kritik der Institute und Spitzenverbände geraten waren, sieht das Rundschreiben nunmehr eine Frist für die Anpassung bestehender Auslagerungsmaßnahmen an die im Rundschreiben geforderten Grundsätze bis zum Jahresende 2003 vor.[212]

### bbb. Personal-räumlicher Anwendungsbereich

#### α. Kreditinstitute und Finanzdienstleistungsinstitute

Grundsätzlich gilt als Konsequenz des sachlichen Anwendungsbereichs des § 25a Abs. 2 KWG, dass die Vorschrift anzuwenden ist auf *Kreditinstitute* (§ 1 Abs. 1 S. 1 KWG) und *Finanzdienstleistungsinstitute* (§ 1 Abs. 1a S. 1 KWG).

Der personale Anwendungsbereich des § 25a Abs. 2 KWG ist nicht eröffnet bei Unternehmen, die nach § 2 Abs. 1, Abs. 6, Abs. 10 KWG nicht als Kreditinstitut bzw. Finanzdienstleistungsinstitut gelten.[213] Somit gilt nach der insoweit eindeutigen Rechtslage, dass insbesondere die Anlage- und Abschlussvermittler nach § 2 Abs. 6 S. 1 Nr. 8, Abs. 10 KWG von den Pflichten des § 25a Abs. 2 KWG entbunden sind. Damit ist allerdings nur die rein aufsichtsrechtliche Seite erfasst. Zivilrechtlich sind diese Personen *als Auslagerungsunternehmen* vertraglich den auslagernden Instituten im Ergebnis zur Beachtung des § 25a Abs. 2 KWG verpflichtet: Die (Teil-) Auslagerung des Vertriebs auf Anlage- und Abschlussvermittler iSd. § 2 Abs. 6 S. 1 Nr. 8, Abs. 10 KWG ist unzweifelhaft der Regelung des § 25a Abs. 2 KWG zu unterstellen.[214] Infolgedessen gilt, dass diese Personen bei Weiterverlagerungen im Auslagerungsvertrag zur Beachtung derjenigen Pflichten gegenüber dem Weiterverlagerungsunternehmen anzuhalten sind, die auf der ersten Auslagerungsebene das auslagernde Institut treffen (s.u. III.3.c.cc.ccc.γ.); Weiterverlagerungen sind grundsätzlich wie Erstverlagerungen zu handhaben.[215]

Repräsentanzen ausländischer Institute iSd. § 53a KWG sind zur Ausübung von Bankgeschäften und Finanzdienstleistungen nicht befugt und unterliegen daher nicht der Vorschrift des § 25a Abs. 2 KWG.

---

212 Rundschreiben 11/2001 des BAKred zu § 25a Abs. 2 KWG (Fn. 2), Tz. 57.

213 Anmerkung: Nach dem Wortlaut des § 2 Abs. 1, Abs. 6, Abs. 10 KWG liegt es lediglich so, dass die dort genannten Personen *nicht als Institute gelten;* der Regelungsinhalt der Bestimmungen ist aber der, dass diese Personen *vom KWG freigestellt werden* (und vom WpHG, § 2 Abs. 4 WpHG). Dies ist aus der systematischen Stellung zu § 1 KWG und aus § 2 Abs. 3, Abs. 6 S. 2 KWG abzuleiten. Dies ist bedeutsam, da manche KWG-Vorschriften (z.B. § 32 KWG) an die Durchführung von Bankgeschäften oder Finanzdienstleistungen anknüpfen und nicht an die Institutseigenschaft.

214 So bereits der erste Rundschreiben-Entwurf des BAKred zu § 25a Abs. 2 KWG, S. 4 f. (s. Fn. 138); Rundschreiben 8/98 des BAKred „Anforderungen an den Inhalt der Anzeigen -§ 2 Abs. 10 Sätze 1 und 3 KWG-", abgedruckt bei *Consbruch/ Möller/ Bähre/ Schneider* Nr. 4.303, unter I.1.; *Braun* in Boos/ Fischer/ Schulte-Mattler (1. Auflage) § 25a Rn. 178; *Fülbier* ebenda §1 Rn. 190, § 2 Rn. 85.

215 So auch Tz. 32 des Rundschreibens zu § 25a Abs. 2 KWG, s. Fn. 2.

In räumlicher Hinsicht sind Outsourcing-Maßnahmen im Geltungsbereich des KWG betroffen. Mit Blick auf § 53, § 53b KWG ergeben sich allerdings Besonderheiten. Im Einzelnen sind folgende personal-räumliche Konstellationen zu unterscheiden (für eine tabellarische Übersicht siehe Abb. III-3 in Abschnitt III.3.c.bb.):

- *Auslagernde Stelle ist Institut mit Sitz im Inland.*

Dieser Fall unterfällt unproblematisch dem § 25a Abs. 2 KWG.

- *Auslagernde Stelle ist rechtlich unselbständige inländische Zweigstelle eines Instituts mit Sitz im Inland.*

Auch dieser Fall ist unter § 25a Abs. 2 KWG zu subsumieren.

- *Auslagernde Stelle ist rechtlich unselbständige ausländische Zweigstelle eines Instituts mit Sitz im Inland.*

Wiederum ist § 25a Abs. 2 KWG personal-räumlich anwendbar, da das relevante Institut im Inland ansässig ist (innerhalb der EU: Grundsatz der Herkunftslandaufsicht).[216] Der Grundsatz der Herkunftslandaufsicht besagt im vorliegenden Zusammenhang, dass der EU-Mitgliedstaat, der die Zweigstelle aufnimmt, keine bzw. nur eingeschränkte Aufsichtsmöglichkeiten bezüglich dieser Zweigstelle hat. Wird die Zweigstelle in einem Drittstaat (§ 1 Abs. 5a S. 2 KWG) errichtet, kann streng genommen nicht mehr vom „Grundsatz der Herkunftslandaufsicht" gesprochen werden: Der Begriff ist europarechtlichen Zusammenhängen zuzuordnen; bei Drittstaaten kommt es im Ergebnis zu einer Doppelaufsicht.

- *Auslagernde Stelle ist Institut mit Sitz im Ausland.*

Hier ist kein räumlicher Anknüpfungspunkt für § 25a Abs. 2 KWG gegeben, solange das Institut mit Sitz im Ausland sich nicht im Inland zielgerichtet an den Markt wendet, um gegenüber Unternehmen und/oder Personen, die ihren Sitz oder gewöhnlichen Aufenthalt im Inland haben, wiederholt und geschäftsmäßig Bankgeschäfte oder Finanzdienstleistungen anzubieten. Andernfalls wird für Anbieter aus Nicht-EWR-Staaten die Geschäftstätigkeit erlaubnispflichtig und verlangt die Gründung eines Tochterunternehmens oder einer Zweigstelle. Für Anbieter aus EWR-Staaten besteht mit § 53b KWG eine Befreiungsmöglichkeit (dazu sogleich).[217]

---

216 Vgl. allein Tz. 5 des Rundschreibens 11/2001 zu § 25a Abs. 2 KWG (Fn. 2); der Grundsatz der Herkunftslandaufsicht (z.T. auch mit „Prinzip der Sitzlandkontrolle" bezeichnet) findet sich für den Raum der EU in Art. 18, Art. 19 Abs. 1-3, Abs. 6 Richtlinie 89/646/EWG des Rates zur Koordinierung der Rechts- und Verwaltungsvorschriften über die Aufnahme und Ausübung der Tätigkeit der Kreditinstitute und zur Änderung der Richtlinie 77/780/EWG vom 15.12.1989, ABl. EG vom 30.12.1989 Nr. L 386, S. 1 ff. [Zweite Bankrechtskoordinierungsrichtlinie], ersetzt durch Richtlinie 2000/12/EG des Europäischen Parlaments und des Rates über die Aufnahme und Ausübung der Tätigkeit der Kreditinstitute vom 20.3.2000, ABl. EG L 126 vom 26.5.2000, S. 1 ff. [Bankenrichtlinie], insbesondere Art. 26-30 der Richtlinie (abgedruckt bei *Consbruch/ Möller/ Bähre/ Schneider* Nr. 22.23), und in Art. 5d Abs. 2 OGAW-Richtlinie [für den Investmentbereich, s. Fn. 387]; vgl. auch *Kümpel* (2000) Rn. 19.50, 19.160; *Marwede* in Boos/ Fischer/ Schulte-Mattler § 53b Rn. 1, 4-37; *Baur* § 15 AuslInvestG Rn. 3, 7, 9 a.E.; *Zerwas/ Hanten* (1998), S. 1114; *Szagunn/ Haug/ Ergenzinger* § 53b Rn. 2; *Benzler* (2001), S. 342.

217 Näher zum Ganzen Merkblatt der BAFin „Hinweise zur Erlaubnispflicht nach § 32 Abs. 1 KWG in Verbindung mit § 1 Abs. 1 und Abs. 1a KWG von grenzüberschreitend betriebenen Bankgeschäften und/oder

- *Auslagernde Stelle ist rechtlich unselbständige inländische Zweigstelle eines Instituts mit Sitz im Ausland.*[218]

In dieser Konstellation muss differenziert werden: Ist die Zweigstelle einem Einlagenkreditinstitut (§ 1 Abs. 3d S. 1 KWG) oder einem Wertpapierhandelsunternehmen (§ 1 Abs. 3d S. 2 KWG) mit Sitz in einem anderen *Staat des Europäischen Wirtschaftsraums* (§ 1 Abs. 5a S. 1 KWG) zuzuordnen, kommt der sog. Europäische Pass zum Tragen, § 53b Abs. 1 KWG. Auf dergestalt zu beurteilende Zweigstellen (Zweig*niederlassungen*) ist § 25a Abs. 2 KWG nicht anzuwenden, § 53b Abs. 1 S. 3, Abs. 3 S. 1, § 53 KWG.[219]
Ist die Zweigstelle dagegen einem Unternehmen mit Sitz in einem *Drittstaat* (§ 1 Abs. 5a S. 2 KWG) zugehörig (oder fehlt es an den Voraussetzungen „Einlagenkreditinstitut" bzw. „Wertpapierhandelsunternehmen" nach § 53b Abs. 1 KWG), findet § 25a Abs. 2 KWG Anwendung, § 53 Abs. 1, Abs. 2 KWG. Hiervon ist wiederum eine Ausnahme zu machen, wenn Drittstaaten nach § 53c KWG Staaten aus dem Europäischen Wirtschaftsraum gleichgestellt sind.

- *Auslagernde Stelle ist rechtlich unselbständige ausländische Zweigstelle eines Institutes im Ausland.*

Wiederum bietet sich in räumlicher Hinsicht kein Anknüpfungspunkt für § 25a Abs. 2 KWG.

### β. Besonderheiten im Investmentgeschäft

Für das *Investmentgeschäft* ist ergänzend auszuführen:
Outsourcing-Maßnahmen inländischer Kapitalanlagegesellschaften und ihrer rechtlich unselbständigen inländischen Zweigstellen unterliegen nach der gegenwärtigen Rechtslage der Norm des § 16 InvG iVm. § 25a Abs. 2 KWG (auch Kapitalanlagegesellschaften sind nach § 1 Abs. 1 S. 1 und S. 2 Nr. 6 KWG Kreditinstitute). Bei Outsourcing-Maßnahmen ausländischer Investmentgesellschaften (Verwaltungsgesellschaften) und ihrer rechtlich unselbständigen ausländischen Zweigstellen sind § 16 InvG, § 25a Abs. 2 KWG nicht anwendbar, solange das Institut mit Sitz im Ausland sich nicht im Inland zielgerichtet an den Markt wendet, um gegenüber Unternehmen und/oder Personen, die ihren Sitz oder gewöhnlichen Aufenthalt im Inland haben, wiederholt und geschäftsmäßig Bankgeschäfte oder Finanzdienstleistungen anzubieten.

---

grenzüberschreitend erbrachten Finanzdienstleistungen", abgedruckt bei *Consbruch/ Möller/ Bähre/ Schneider* Nr. 4.350.

218 Rechtlich selbständige inländische Tochterunternehmen eines ausländischen Instituts sind deutsche Unternehmen. Für sie besteht keine „Pass-Regelung" nach dem Muster des § 53b KWG, der sie von der inländischen Aufsicht befreite. Auslagerungen solcher Unternehmen sind daher nicht anders zu qualifizieren als Auslagerungen anderer Institute mit Sitz im Inland (vgl. *Marwede* in Boos/ Fischer/ Schulte-Mattler § 53 Rn. 2, 4).

219 Auch in dieser Regelung manifestiert sich der Grundsatz der Herkunftslandaufsicht. Nur eine Auswahl der inländischen Aufsichtsnormen wird anwendbar, § 53b Abs. 3 KWG; § 25a Abs. 2 KWG fällt nicht darunter. Die Zweigniederlassungen unterstehen unverändert der Aufsicht ihres Herkunftslandes, der – zur Förderung ihrer Wirksamkeit und Durchsetzbarkeit (vgl. *Marwede* in Boos/ Fischer/ Schulte-Mattler § 53b Rn. 89) – nach § 53b Abs. 6 KWG Prüfungsrechte auch im Inland zugestanden werden.

Des Weiteren gilt Folgendes:

- *Auslagernde Stelle ist eine rechtlich unselbständige inländische Zweigstelle einer Verwaltungsgesellschaft mit Sitz im Ausland*

Bei Auslagerungen durch eine inländische Zweigstelle einer ausländischen Verwaltungsgesellschaft muss wiederum gesondert werden:

Stammt die ausländische Verwaltungsgesellschaft *aus dem Europäischen Wirtschaftsraum* (EWR, § 1 Abs. 5a S. 1 KWG), sehen §§ 12-13 InvG in Umsetzung der Art. 6-6c OGAW-Richtlinie nunmehr den „Europäischen Pass" auch für Investment-Verwaltungsgesellschaften vor. Die allgemein-bankaufsichtliche „Pass"-Regelung nach §§ 53b, 24a KWG nimmt das Investmentgeschäft vom „Europäischen Pass" ausdrücklich aus.[220] §§ 12-13 InvG, deren Regelungsgehalt dem der §§ 53b, 24a KWG (für andere Bankgeschäfte und Finanzdienstleistungen) entspricht, schreiben infolge des zu beachtenden Grundsatzes der Herkunftslandaufsicht (Art. 5d Abs. 2, Art. 6c OGAW-Richtlinie) die (weitgehende) Unanwendbarkeit des Regulierungsrechts des Aufnahmestaates (§ 1 Abs. 5 KWG) fest. Infolgedessen findet § 16 InvG keine Anwendung.[221]
Stammt die ausländische Verwaltungsgesellschaft *aus einem Drittstaat* (§ 1 Abs. 5a S. 2 KWG), so ist der Zugang zum „Europäischen Pass" nach § 13 InvG (ohnehin) versperrt. Die typische Form des grenzüberschreitenden Geschäftsverkehrs ist die der Vertriebszulassung der Investmentanteile einschließlich der Benennung eines inländischen Repräsentanten sowie eines inländischen Kreditinstitutes als Vertriebsstelle, §§ 135-140 InvG. Wird dennoch eine Zweigstelle errichtet, kommt § 53 KWG zum Zuge (näher dazu unter IV.2.b.bb. a.E., auch arg.e. § 14 S. 1 Nr. 2 InvG), so dass § 25a Abs. 2 KWG und nicht § 16 InvG zur Anwendung gelangt, wenn die Zweigstelle Outsourcing-Maßnahmen ergreift. Da in Wahrung ihrer „Souveränität" auch die Aufsicht des Herkunftsstaates (§ 1 Abs. 4 KWG) prüfen wird, kommt es in dieser Konstellation für die Zweigstelle zu einer zweiten Kontrolle durch die Herkunftsstaataufsicht.

- *Auslagernde Stelle ist rechtlich unselbständige ausländische Zweigstelle einer Kapitalanlagegesellschaft mit Sitz im Inland*

Geht es in dieser Konstellation um die Aufnahme des Vertriebs *in einem anderen Staat des Europäischen Wirtschaftsraums*, besteht zunächst wiederum die Möglichkeit zur Vertriebszulassung der Fonds. Sie richtet sich nach den Normen, die im Aufnahmestaat der Umsetzung der Art. 44-48 OGAW-Richtlinie dienen und §§ 130-134 InvG entsprechen. Nach inländischem Aufsichtsrecht sind §§ 128, 129 InvG zu beachten.

---

220 Hintergrund ist, dass die relevante europarechtliche Materie, Art. 18-22 iVm. Anhang I Bankenrichtlinie (Richtlinie 2000/12/EG, s. Fn. 216) das Investmentgeschäft von den Bestimmungen über die Niederlassungsfreiheit und den freien Dienstleistungsverkehr ausnimmt.

221 Gemäß § 13 Abs. 2 S. 3, Abs. 3 S. 3 InvG erübrigt die Errichtung einer Zweigstelle nicht die Vertriebszulassung der Investmentprodukte nach dem „Europäischen Pass" für Fondsprodukte („EG-Investmentanteile) gem. §§ 130-134 InvG, wenn die Zweigstelle ihre Produkte im Aufnahmemitgliedstaat vertreiben möchte (also nicht nur fremde Produkte vertreiben möchte oder andere Leistungen des Investmentgeschäftes anbieten möchte, z.B. Fondsmanagement- oder Fondsbuchhaltungsaufgaben). Dazu näher unter IV.1.b.

Eine eventuelle Zweigniederlassung (etwa, um nicht nur Vertrieb durchzuführen, sondern auch andere Leistungen wie Fondsmanagement oder Fondsbuchhaltung anzubieten) erhält nach Umsetzung der Art. 6-6c OGAW-Richtlinie den Vorzug des „Europäischen Passes", und es gilt wiederum der Grundsatz der Herkunftslandaufsicht. Die relevante inländische Regulierungsnorm ist daher § 16 InvG.

Ist das Ziel der inländischen KAG die Geschäftsaufnahme *in einem Drittstaat*, richtete sich eine (unübliche) Zweigstelle nach dem Recht des Aufnahmestaates. Die inländische Aufsicht bliebe zuständig, d.h. deutsches Regulierungsrecht einschließlich § 16 InvG fände Anwendung (mit der wahrscheinlichen Folge der Doppelaufsicht).

**bb. Weitere Anwendungsvoraussetzungen**

**aaa. Auslagerung**

§ 25a Abs. 2 KWG verlangt das Vorliegen einer *Auslagerung*. Die Aufsicht bejaht eine Auslagerung, wenn „ein Institut ein anderes Unternehmen [...] damit beauftragt, auf Dauer oder zumindest auf längere Zeit eine für die Geschäftstätigkeit des Instituts wesentliche Tätigkeit oder Funktion [...] wahrzunehmen".[222] Diese Definition ist unglücklich, da sie das Kriterium der Wesentlichkeit in die Anwendungsvoraussetzung der Auslagerung hineinmengt und auf die im Entwurfsstadium zum Rundschreiben noch eingeforderte[223] organisatorische Trennung zwischen auslagerndem Institut und Auslagerungsunternehmen zu verzichten scheint. Daher ist mit der Literatur eine Auslagerung zu bejahen, „wenn eine dem Geschäftsbetrieb eines Instituts dienende Funktion nicht oder nicht mehr vollständig von diesem selbst ausgeführt, sondern organisatorisch getrennt durch einen externen Dienstleister erbracht wird".[224] Auf eine auch räumliche Trennung ist nicht abzuheben.
Zu fordern ist eine gewisse Nachhaltigkeit[225] (siehe auch Abschnitt II.1.a.), d.h. die Aufgabenübertragung muss permanent oder für einen längeren befristeten Zeitraum erfolgen (Anlage auf Dauer).
Eine Auslagerung liegt auch vor, wenn eine Tätigkeit erstmals in das Geschäftsportfolio eines Institutes aufgenommen wird und von Anbeginn ganz oder teilweise durch einen externen Dienstleister erbracht werden soll.

**bbb. Anderes Unternehmen**

Die Übertragung von Tätigkeiten muss nicht immer das Verlassen der engeren, aufsichtlich bereits beherrschten Sphäre bedeuten. Dieser Umstand wird mit der Anwendungsvoraussetzung des „anderen Unternehmens" erfasst. Das Rundschreiben des BAKred zu § 25a Abs. 2 KWG versteht als anderes Unternehmen „jede andere

---

222 Rundschreiben 11/2001 zu § 25a Abs. 2 KWG (Fn. 2), Tz. 8.

223 Entwurf des BAKred für ein Rundschreiben zu § 25a Abs. 2 KWG vom 13.7.1998 (Fn. 138), S. 2.

224 *Eyles* (2000), S. 1220; ähnlich *Braun* in Boos/ Fischer/ Schulte-Mattler § 25a Rn. 567.

225 *Benzler* (2001), S. 332; *Braun* in Boos/ Fischer/ Schulte-Mattler § 25a Rn. 570; *Eyles* (2000), S. 1220.

Stelle, Einheit oder Person [...], die in Bezug auf die ausgelagerte Funktion oder Tätigkeit nicht dem auslagernden Institut zuzurechnen und organisatorisch von ihm abgegrenzt ist, ohne dass es auf die Kaufmannseigenschaft, Rechtsfähigkeit oder Rechtsform ankommt".[226] Als Auslagerungsunternehmen kommen damit in Frage natürliche und juristische Personen einschließlich Personenhandelsgesellschaften und BGB-Gesellschaften. Auch Mutterunternehmen (§ 1 Abs. 6 KWG) unterfallen ebenso wie Tochterunternehmen (§ 1 Abs. 7 S. 1 KWG) und Schwesterunternehmen (§ 1 Abs. 7 S. 2 KWG) der Definition.

*Inländische* (rechtlich unselbständige) Zweigstellen dagegen sind keine Auslagerungsunternehmen iSd. § 25a Abs. 2 KWG, da sie der Hauptniederlassung bzw. der Schwesterzweigstelle als auslagernden Instituten zuzurechnen sind; Aufgabenteilungen zwischen rechtlich unselbständigen Zweigstellen oder zwischen Zweig- und Hauptstelle unterfallen lediglich § 25a Abs. 1 KWG.
*Im EWR-Ausland befindliche Zweigniederlassungen* inländischer Institute sind ebenfalls keine „anderen Unternehmen" iSd. § 25a Abs. 2 KWG. Dies folgt aus dem „Europäischen Pass" und dem Grundsatz der Herkunftslandaufsicht (Gleichstellung mit inländischen Zweigstellen).
Allerdings wird man *Zweigstellen außerhalb des EWR und der nach § 53c KWG gleichgestellten Drittstaaten* bei teleologischer Auslegung des § 25a Abs. 2 KWG als „andere Unternehmen" verstehen müssen. Die inländische Aufsicht hat in Ermangelung einer wirksamen Herkunftslandkontrolle keinen Zugriff auf diese Zweigstellen. Wenngleich die Durchsetzung der entsprechenden Kontrolle in der Praxis zweifelhaft sein dürfte, ist zur Sicherung des aufsichtlichen Zugangs von der Anwendbarkeit des § 25a Abs. 2 KWG auszugehen.[227]

Bei Outsourcing-Maßnahmen durch inländische Zweigstellen von Instituten mit Sitz im Ausland ist wiederum zu segmentieren:

Lagert eine nach § 53b KWG zu beurteilende inländische Zweigniederlassung eines Institutes aus dem EWR auf die ausländische Hauptniederlassung oder eine ausländische Schwesterfiliale aus, ist dies gleichzusetzen mit der Auslagerung innerhalb eines Institutes. Es mangelt insoweit also am „anderen Unternehmen" (unabhängig davon, dass bereits der personal-räumliche Anwendungsbereich nicht eröffnet ist).

226 Rundschreiben 11/2001 zu § 25a Abs. 2 KWG (Fn. 2), Tz. 9; die organisatorische Trennung meint beim Kriterium des „anderen Unternehmens" die unternehmens-/ aufbauorganisatorische Trennung, beim Kriterium der „Auslagerung" dagegen die prozess-/ ablauforganisatorische Trennung.

227 *Braun* in Boos/ Fischer/ Schulte-Mattler (1. Auflage) § 25a Rn. 168 (ohne Stellungnahme in der zweiten Auflage, vgl. dort Rn. 573); *Zerwas/ Hanten* (1998), S. 1114; *Eyles* (2000), S. 1223. Es ist nicht einsichtig, warum das BAKred an diesem Punkt die einschlägige Formulierung in Tz. 6 des Rundschreibens 11/2001 (Fn. 2) so wählt, dass auch ein anderes Verständnis – nämlich Ablehnung der Anwendungsvoraussetzung „anderes Unternehmen" – möglich ist. Dies erstaunt umso mehr, da das BAKred in diesem Kontext (Fn. 1 des Rundschreibens) ausländische Hauptniederlassungen und ausländische Schwesterfilialen von nach § 53 KWG zu beurteilenden inländischen Zweigstellen ausdrücklich als „andere Unternehmen" einstuft und diese Einstufung offenbar motiviert war dadurch, in diesen Fällen die aufsichtliche Kontrolle zu wahren.

Lagert hingegen eine nach § 53 KWG zu beurteilende Zweigstelle auf ihre ausländische Hauptniederlassung oder eine Schwesterzweigstelle im Ausland aus, lautet die Bewertung infolge der Fiktion des § 53 Abs. 1 KWG dahin gehend, dass auf ein anderes Institut ausgelagert wird. Es liegt daher ein „anderes Unternehmen" vor.[228] Das BAKred erwähnt die im Text bezeichnete Auslagerungskonstellation im Rundschreiben 11/2001 ausdrücklich (Fn. 1, S. 3), lässt aber den verbleibenden Fall außen vor, in dem eine nach § 53 KWG zu beurteilende Zweigstelle auf eine inländische Schwesterzweigstelle auslagert. Das Schweigen der Aufsicht muss im Kontext des Rundschreibens (Tz. 6) so verstanden werden, dass inländische Schwesterzweigstellen keine „anderen Unternehmen" sind.[229] Dem ist zuzustimmen; diese Schwesterzweigstellen sind ihrerseits beaufsichtigt nach § 53, § 32 KWG, die Auslagerung stellt sich nicht anders dar als bei zwei Zweigstellen desselben inländischen Institutes. Die Überlegung, dass infolge zweier Fiktionen nach § 53 KWG das Vorliegen zweier rechtlich selbständiger Institute fingiert werde, deren Outsourcing-Beziehung einzustufen sei wie eine Auslagerung unter Schwesterunternehmen, ist zu formalistisch und sollte bereits deshalb nicht die Oberhand gewinnen. Hinzu kommt, dass sie seit dem Vierten Finanzmarktförderungsgesetz (Fn. 107) auch keinen Halt im Gesetz mehr findet, da § 53 Abs. 2 Nr. 5 S. 1 KWG a.F. gestrichen wurde, wonach für jede Zweigstelle des ausländischen Unternehmens eine individuelle Erlaubnis einzuholen war; nunmehr gilt in dieser Hinsicht nur noch § 53 Abs. 1 S. 2 KWG, demzufolge mehrere Zweigstellen als ein Institut gelten. Bei teleologischer Auslegung der Auslagerungsvorschrift erübrigt sich daher die Einbindung dieses Sondernfalles in § 25a Abs. 2 KWG.

Nach dem Wortlaut des § 25a Abs. 2 KWG werden konzernangehörige Auslagerungsunternehmen ebenso wenig privilegiert wie Auslagerungsunternehmen, die ihrerseits der Bankaufsicht unterstehen. Die aufsichtlichen Vorzüge dieser Konstellationen sollten aber in die Bewertung der materiellen Zulässigkeitsvoraussetzungen nach § 25a Abs. 2 KWG einfließen; diese werden z.B. bei einem konzernrechtlich verbundenen, ggf. sogar nach § 291 AktG beherrschten und nach § 32 KWG beaufsichtigten Tochterunternehmen, das als Auslagerungsunternehmen einbezogen wird, leichter zu bestätigen sein.[230] Die Aufsicht scheint in diese Richtung zu tendieren, wenn sie in Tz. 49 f. des Rundschreibens (Fn. 2) die Bereitschaft erkennen lässt, für konzernangehörige Unternehmen und Verbundunternehmen, die im Wesentlichen standardisierte Dienstleistungen im Massengeschäft erbringen, Erleichterungen zu gewähren.

---

228 Dies gilt erst recht, wenn das Auslagerungsunternehmen ein in- oder ausländisches Tochter- oder Mutterunternehmen der Hauptniederlassung oder ein in- oder ausländisches konzernfremdes Unternehmen ist. Die in § 25a Abs. 2 KWG geforderte vertragliche Absprache muss bei Auslagerung auf die Hauptniederlassung oder eine Schwesterzweigstelle, wie Tz. 23 des Rundschreibens 11/2001 (Fn. 2) klarstellt, als Pflicht zu internen Vereinbarungen/ Organisationsanweisungen verstanden werden.

229 Die in anderem Zusammenhang stehende Wendung in Tz. 23 des Rundschreibens ist semantisch uneindeutig und kann nicht der Auslegung dienen.

230 *Eyles* (2000), S. 1223; *Braun* in Boos/ Fischer/ Schulte-Mattler § 25a Rn. 576, 609.; ähnlich auch *Benzler* (2001), S. 350 (Rn. 106 a.E.).

Die möglichen Konstellationen hinsichtlich des auslagernden Institutes und des Auslagerungsunternehmens sind in Abb. III-3 zusammengefasst.[231]

Auf den ggf. relevanten aufsichtsrechtlichen Status des Auslagerungsunternehmens ist unter III.3.c.gg. einzugehen.

231 Die Abbildung lässt, um übersichtlich zu bleiben, bestimmte Fälle aus. So wird in den Konstellationen, in denen bereits der personal-räumliche Anwendungsbereich des § 25a Abs. 2 KWG nicht eröffnet ist (ausländische Kreditinstitute und ausländische Zweigstellen von ausländischen Kreditinstituten) hinsichtlich der aus Sicht dieser Häuser im Ausland befindlichen Zweigstellen als Auslagerungsunternehmen nicht tiefer differenziert nach weiteren Ländern (Kriterium des „anderen Unternehmens"); hier kommt es maßgeblich auf das Recht des Landes an, in dem diese Häuser ihren Sitz haben. In derselben Weise ließe sich bei solchen auslagernden inländischen Zweigstellen von Kreditinstituten mit Sitz im Ausland, die nach § 53b KWG zu beurteilen sind (auch hier ist der personal-räumliche Anwendungsbereich nicht eröffnet), unterscheiden nach verschiedenen Drittstaaten, in denen sich als Auslagerungsunternehmen agierende Zweigstellen befinden. Schließlich ließe sich bei solchen auslagernden inländischen Zweigstellen von Kreditinstituten mit Sitz im Ausland, die nach § 53 KWG zu beurteilen sind, ebenso unterscheiden nach verschiedenen weiteren Ländern, in denen sich als Auslagerungsunternehmen agierende Zweigstellen befinden.

| Auslagernde Stelle | Personell-räumlicher Anwendungsbereich § 25a Abs. 2 KWG | Auslagerungsunternehmen | Anderes Unternehmen iSd. § 25a Abs. 2 KWG | Anwendbarkeit § 25a Abs. 2 KWG |
|---|---|---|---|---|
| Institut mit Sitz im Inland | + | Tochter-/Mutterunternehmen des Kreditinstitutes im Inland | + | + |
| | | Tochter-/Mutterunternehmen des Kreditinstitutes im Ausland | + | + |
| | | Konzernfremdes Unternehmen im Inland | + | + |
| | | Konzernfremdes Unternehmen im Ausland | + | + |
| | | Zweigstelle im Inland | – | – |
| | | Zweigstelle im EWR-Ausland (o. in einem Staat iSd. § 53c KWG) | – | – |
| | | Zweigstelle in Drittstaat | + | + |
| Inländische Zweigstelle eines Institutes mit Sitz im Inland | + | Tochter-/Mutterunternehmen des Kreditinstitutes im Inland | + | + |
| | | Tochter-/Mutterunternehmen des Kreditinstitutes im Ausland | + | + |
| | | Konzernfremdes Unternehmen im Inland | + | + |
| | | Konzernfremdes Unternehmen im Ausland | + | + |
| | | andere Zweigstelle im Inland | – | – |
| | | Zweigstelle im EWR-Ausland (o. in einem Staat iSd. § 53c KWG) | – | – |
| | | Zweigstelle in Drittstaat | + | + |
| | | Kreditinstitut (Hauptniederlassung) | – | – |
| Ausländische Zweigstelle eines Institutes mit Sitz im Inland | +, da Kreditinstitut im Inland | Tochter-/Mutterunternehmen des Kreditinstitutes im Inland | + | + |
| | | Tochter-/Mutterunternehmen des Kreditinstitutes im Ausland | + | + |
| | | Konzernfremdes Unternehmen im Inland | + | + |
| | | Konzernfremdes Unternehmen im Ausland | + | + |
| | | Zweigstelle im Inland | – | – |
| | | Zweigstelle im EWR-Ausland (o. in einem Staat iSd. § 53c KWG) | – | – |
| | | Zweigstelle in Drittstaat | + | + |
| | | Kreditinstitut (Hauptniederlassung) | – | – |
| Institut mit Sitz im Ausland | – | Tochter-/Mutterunternehmen des Kreditinstitutes im Inland | + | – |
| | | Tochter-/Mutterunternehmen des Kreditinstitutes im Ausland | + | – |
| | | Konzernfremdes Unternehmen im Inland | + | – |
| | | Konzernfremdes Unternehmen im Ausland | + | – |
| | | Zweigstelle im Inland | – | – |
| | | Zweigstelle im Ausland | – | – |
| Inländische Zweigstelle eines Institutes mit Sitz im Ausland | auslagernde Zweigstelle zu beurteilen nach § 53 KWG: + | Tochter-/Mutterunternehmen des Kreditinstitutes im Inland | + | auslagernde Zweigstelle zu beurteilen nach § 53 KWG: + |
| | auslagernde Zweigstelle zu beurteilen nach § 53b KWG: - | | + | auslagernde Zweigstelle zu beurteilen nach § 53b KWG: - |
| | auslagernde Zweigstelle zu beurteilen nach § 53 KWG: + | Tochter-/Mutterunternehmen des Kreditinstitutes im Ausland | + | auslagernde Zweigstelle zu beurteilen nach § 53 KWG: + |
| | auslagernde Zweigstelle zu beurteilen nach § 53b KWG: - | | + | auslagernde Zweigstelle zu beurteilen nach § 53b KWG: - |
| | auslagernde Zweigstelle zu beurteilen nach § 53 KWG: + | Konzernfremdes Unternehmen im Inland | + | auslagernde Zweigstelle zu beurteilen nach § 53 KWG: + |
| | auslagernde Zweigstelle zu beurteilen nach § 53b KWG: - | | + | auslagernde Zweigstelle zu beurteilen nach § 53b KWG: - |
| | auslagernde Zweigstelle zu beurteilen nach § 53 KWG: + | Konzernfremdes Unternehmen im Ausland | + | auslagernde Zweigstelle zu beurteilen nach § 53 KWG: + |
| | auslagernde Zweigstelle zu beurteilen nach § 53b KWG: - | | + | auslagernde Zweigstelle zu beurteilen nach § 53b KWG: - |
| | auslagernde Zweigstelle zu beurteilen nach § 53 KWG: + | andere Zweigstelle im Inland | auslagernde Zweigstelle zu beurteilen nach § 53 KWG: - | auslagernde Zweigstelle zu beurteilen nach § 53 KWG: - |
| | auslagernde Zweigstelle zu beurteilen nach § 53b KWG: - | | auslagernde Zweigstelle zu beurteilen nach § 53b KWG: - | auslagernde Zweigstelle zu beurteilen nach § 53b KWG: - |
| | auslagernde Zweigstelle zu beurteilen nach § 53 KWG: + | Zweigstelle im Ausland | auslagernde Zweigstelle zu beurteilen nach § 53 KWG: + | auslagernde Zweigstelle zu beurteilen nach § 53 KWG: + |
| | auslagernde Zweigstelle zu beurteilen nach § 53b KWG: - | | auslagernde Zweigstelle zu beurteilen nach § 53b KWG: - | auslagernde Zweigstelle zu beurteilen nach § 53b KWG: - |
| | auslagernde Zweigstelle zu beurteilen nach § 53 KWG: + | Kreditinstitut (Hauptniederlassung) | auslagernde Zweigstelle zu beurteilen nach § 53 KWG: + | auslagernde Zweigstelle zu beurteilen nach § 53 KWG: + |
| | auslagernde Zweigstelle zu beurteilen nach § 53b KWG: - | | auslagernde Zweigstelle zu beurteilen nach § 53b KWG: - | auslagernde Zweigstelle zu beurteilen nach § 53b KWG: - |
| Ausländische Zweigstelle eines Institutes mit Sitz im Ausland | – | Tochter-/Mutterunternehmen des Kreditinstitutes im Inland | + | – |
| | | Tochter-/Mutterunternehmen des Kreditinstitutes im Ausland | + | – |
| | | Konzernfremdes Unternehmen im Inland | + | – |
| | | Konzernfremdes Unternehmen im Ausland | + | – |
| | | Zweigstelle im Inland | – | – |
| | | andere Zweigstelle im Ausland | – | – |
| | | Kreditinstitut (Hauptniederlassung) | – | – |

*Anmerkung:*
*Die Tabelle setzt die Eröffnung des sachlichen Anwendungsbereiches sowie das Vorliegen der Anwendungsvoraussetzungen „Auslagerung" und „Wesentlichkeit" voraus.*

*Abb. III-3* *Personal-räumlicher Anwendungsbereich und Kriterium des „anderen Unternehmens" (§ 25a Abs. 2 KWG)*

### ccc. Wesentlichkeit

Nachdem Finanzunternehmensgeschäfte (§ 1 Abs. 3 KWG) und andere Geschäfte (§ 24 Abs. 1 Nr. 9 KWG) bereits aus dem sachlichen Anwendungsbereich des § 25a Abs. 2 KWG herausfallen, steht beim Kriterium der Wesentlichkeit im Vordergrund, die bankaufsichtlich nicht relevanten Maßnahmen von der Anwendung der Norm auszuschließen.

Die Aufsicht stellt für das Vorliegen von Wesentlichkeit im Grundsatz zwei Forderungen auf: Die auszulagernden Tätigkeiten und Funktionen müssen „unmittelbar für die Durchführung und Abwicklung der betriebenen Bankgeschäfte und erbrachten Finanzdienstleistungen notwendig" sein und „bankaufsichtlich relevante Risiken [...] für das [auslagernde] Institut begründen oder nachhaltig beeinflussen können".[232]
Die eingeforderte Unmittelbarkeit ist zu verstehen als direkter Bezug zu den Bankgeschäften bzw. Finanzdienstleistungen. Das Kriterium ist bedeutsam, um zahlreiche periphere Bereiche auszugliedern, denn mittelbar dient nahezu jede in einem Institut verrichtete Tätigkeit der Durchführung von Bankgeschäften und Finanzdienstleistungen, sei es die Gebäudesicherheit, die Einrichtung von Kontoauszugsdruckern oder der Reinigungsdienst.

Die Aufsicht qualifiziert im Rundschreiben ferner solche Bereiche als „wesentlich", die, auch ohne die benannte Unmittelbarkeit aufzuweisen, im Dienst der Risikosteuerung, -überwachung und -kontrolle iSd. § 25a Abs. 1 S. 1 Nr. 1 KWG, der Ordnungsmäßigkeit der Geschäftsorganisation iSd. § 25a Abs. 1 S. 1 Nr. 2 KWG oder der Aufsichtsmöglichkeiten iSd. § 25a Abs. 1 S. 1 Nr. 3 KWG stehen.[233] Demgegenüber seien solche Tätigkeiten *unwesentlich*, deren Auslagerung zu keiner *Beeinträchtigung* der in § 25a Abs. 2 S. 1 KWG bezeichneten Art führen könne. Diese letzte Ergänzung des ersten Teils der durch die Aufsicht gebotenen Definition der Wesentlichkeit ist jedoch zweifelhaft, da damit zur Prüfung des einen gesetzlichen Kriteriums (Wesentlichkeit) auf ein anderes gesetzliches Kriterium (keine Beeinträchtigung der Ordnungsmäßigkeit der Geschäfte oder Dienstleistungen, der Steuerungs- und Kontrollmöglichkeiten der Geschäftsleitung und der Prüfungsrechte und Kontrollmöglichkeiten der Aufsicht) verwiesen wird. Eine (materielle) Zulässigkeitsvoraussetzung (fehlende Beeinträchtigung) wird in eine Anwendungsvoraussetzung (Wesentlichkeit) hineingezogen, womit der Vorschrift Granularität und Reichhaltigkeit in der Einzelfallprüfung genommen wird. Daher sollte allenfalls dann, wenn bereits die

232 Rundschreiben 11/2001 des BAKred zu § 25a Abs. 2 KWG (Fn. 2), Tz. 10 f.

233 Damit sind auch die Interne Revision, der Geldwäschebeauftragte (§ 14 Abs. 2 Nr. 1 GwG; ähnlich *Findeisen* (2000), S. 1238) und das Meldewesen (nach KWG) als „wesentlich" zu klassifizieren. Für Geldwäschefunktionen wird ihre Einstufung als „wesentlich" zusätzlich fundiert durch die nach Erlass des Rundschreibens 11/2001 des BAKred zu § 25a Abs. 2 KWG ergangene Bestimmung des § 25a Abs. 1 S. 1 Nr. 4 KWG. Die komplementäre Regelung des § 14 Abs. 3 S. 2 GwG sieht sogar die Zustimmung der Aufsicht zum Outsourcing von Geldwäschefunktionen als Zulässigkeitsvoraussetzung der Auslagerung vor. Vgl. schließlich das Rundschreiben 16/2002 der BAFin „Mitteilung zur Auslagerung von Bereichen auf ein anderes Unternehmen" vom 6.6.2002, unter II. (abgedruckt bei *Consbruch/ Möller/ Bähre/ Schneider* Nr. 11.78).

kursorische Prüfung erkennen lässt, dass die in Rede stehende Auslagerung offensichtlich zu keiner der bezeichneten Beeinträchtigungen führen kann, eben diese Erkenntnis ausreichen, um „Unwesentlichkeit" feststellen zu können.

Im Übrigen kann zur Prüfung der Wesentlichkeit an der aufsichtlichen Position, v.a. an den o.a. Kriterien der unmittelbaren Notwendigkeit für die Durchführung der Geschäfte und der Begründung oder Beeinflussung bankaufsichtlicher Risiken, festgehalten werden.

Bereiche, die nicht wesentlich sind, unterliegen nicht der Outsourcing-Vorschrift des § 25a Abs. 2 KWG. Nichtsdestominder muss ihre Auslagerung den allgemeinen Anforderungen an eine ordnungsgemäße Geschäftsorganisation nach § 25a Abs. 1 KWG genügen.[234]

Eine generelle Privilegierung als „unwesentlich" gesteht die Aufsicht den reinen Beratungsleistungen zu.[235] Dem ist beizupflichten, solange, insbesondere auf Geschäftsleitungsebene, die Beratung tatsächlich im Stadium der Vorbereitung risikobegründender Entscheidungen verharrt und dem Institut eine Rolle zukommt, die mehr bedeutet als das mechanistisch-ungeprüfte Umsetzen der durch den Berater vorgelegten Empfehlungen.

Der insofern recht transparente Inhalt des Kriteriums der Wesentlichkeit – namentlich unmittelbare Notwendigkeit für die Durchführung von Bankgeschäften oder Finanzdienstleistungen und Begründung oder nachhaltige Beeinflussung von bankaufsichtlich relevanten Risiken – hat in den Entwürfen zum Rundschreiben eine bewegte Vergangenheit. Den Ausgangspunkt bildete dabei eine verästelte Aufteilung aller Tätigkeiten eines Instituts, in der eine Teilmenge der sog. „Teilakte" sowie die „wesentlichen Hilfsfunktionen für Bankgeschäfte und Finanzdienstleistungen" als „wesentlich" kategorisiert wurden. Die dahinter stehende „Kernbereichsargumentation" ist hinsichtlich des Wesentlichkeitskriteriums in der oben stehenden Definition aufgegangen (siehe dazu im Detail Abschnitt III.3.c.ff.bbb. und Fn. 301).

### cc. Zulässigkeitsvoraussetzungen der Auslagerung

#### aaa. Kriterium der Beeinträchtigung

Die bisher behandelten Merkmale des § 25a Abs. 2 KWG regeln die Voraussetzungen, unter denen die Vorschrift anwendbar ist. Nunmehr geht es um die Voraussetzungen, unter denen eine Outsourcing-Maßnahme zulässig ist.

---

234 *Braun* in Boos/ Fischer/ Schulte-Mattler § 25a Rn. 598, 606; *Zerwas/ Hanten* (1998), S. 1113; ähnlich *Eyles* (2000), S. 1223 f., 1228, 1230; *Fischer/ Klanten* (2000) Rn. 2.204.

235 Rundschreiben 11/2001 des BAKred zu § 25a Abs. 2 KWG (Fn. 2), Tz. 11 a.E.; zustimmend *Eyles* (2000), S. 1222, mit dem ergänzenden Hinweis, dass für die Rechtsberatung bei Großmandaten die Unterscheidung zwischen einmaliger und ständiger Fremdvergabe untauglich ist.

Dazu trifft § 25a Abs. 2 KWG die Aussage, dass grundsätzlich die Auslagerung jedes wesentlichen Bereiches zulässig ist, wenn sie

- weder die Ordnungsmäßigkeit der Bankgeschäfte und Finanzdienstleistungen
- noch die Steuerungs- und Kontrollmöglichkeiten der Geschäftsleitung des auslagernden Instituts
- noch die Prüfungsrechte und Kontrollmöglichkeiten der Aufsicht

beeinträchtigt.

Diese Anforderungen sind Ausfluss der allgemeinen Anforderungen an eine ordnungsgemäße Geschäftsführung[236]; durch sie tritt die inhaltliche Verwandtschaft zu § 25a Abs. 1 KWG noch einmal deutlich zu Tage.

Die wortgetreue Anwendung der Vorschrift in der Ermittlung der Zulässigkeit von Funktionsauslagerungen ist fragwürdig. Zu bedenken ist, dass gemäß den vorstehend erörterten Anwendungsvoraussetzungen nur solche Outsourcing-Maßnahmen zur Zulässigkeitsprüfung gelangen, die die Auslagerung *wesentlicher* Bereiche betreffen, d.h. solche Bereiche, die für die Durchführung von Bankgeschäften oder Finanzdienstleistungen unmittelbar notwendig sind und bankaufsichtlich relevante Risiken implizieren (siehe soeben III.3.c.bb.ccc.). Damit bewegen sich Auslagerungen, auf die § 25a Abs. 2 KWG tatbestandlich Anwendung findet, bereits nah an eben den Sphären, deren Beeinträchtigung es zu vermeiden gilt. Anders gewendet: Von der Erfüllung der Anwendungsvoraussetzungen, insbesondere des Wesentlichkeitskriteriums, bis zu einer Verletzung der Zulässigkeitsvoraussetzungen, namentlich der Beeinträchtigung der benannten Bereiche, ist der Weg für eine Auslagerungsmaßnahme nicht weit. Eine gewisse Einbuße der Steuerungsmöglichkeiten der Geschäftsleitung ist einer Auslagerung beinahe immanent: Es liegt in der Natur der Sache, dass im Rahmen einer Outsourcing-Situation weniger gut auf das betriebliche Geschehen eingewirkt werden kann als bei Eigenfertigung.[237] In derselben Weise wohnt einer Auslagerung im wesentlichen Bereich fast zwangsläufig eine gewisser Verlust an Griffigkeit und Transparenz für die Aufsicht inne, auch wenn entsprechende vertragliche Vorkehrungen getroffen werden.

Vor diesem Hintergrund kann die Vorschrift des § 25a Abs. 2 KWG nicht meinen, *irgendeine* Beeinträchtigung zureichen zu lassen, um Outsourcing-Maßnahmen unzulässig werden zu lassen. Die Zulässigkeitsprüfung verlöre sonst weitgehend ihren Sinn. Vielmehr wird man teleologisch auf ein bankaufsichtlich relevantes Maß der Beeinträchtigung abstellen müssen; der Steuerungs- und Kontrollverlust für Geschäftsleitung bzw. Aufsicht oder die Ordnungsmäßigkeitseinbuße müssen eine gewisse Spürbarkeit erreichen. Welches das dergestalt bankaufsichtlich tolerierbare Maß ist, das noch mit den Steuerungs- und Kontrollerfordernissen der Geschäftsleitung und den Kontroll- und Prüfungsnotwendigkeiten der Aufsicht vereinbar ist,

---

236 *Braun* in Boos/ Fischer/ Schulte-Mattler § 25a Rn. 607.

237 Die Transaktionskosten, die aufgebracht werden müssen, um Kontrollverluste zu schmälern, sind ein guter Ausdruck für eben diese Lücke.

muss unter Berücksichtigung der auszulagernden Tätigkeit, des Auslagerungsunternehmens, der tatsächlichen Gegebenheiten im auslagernden Institut und der geschäftspolitischen Bedeutung der auszulagernden Tätigkeit ermittelt werden.
Auch im Rundschreiben des vormaligen BAKred zu § 25a Abs. 2 KWG ist eine Neigung der Aufsicht auszumachen, das Kriterium der Beeinträchtigung im obigen Sinn zu relativieren, wenn mit Blick auf die Größe der auslagernden Institute (Tz. 17 a.E.), ihre geschäftspolitische Ausrichtung (ebenfalls Tz. 17 a.E.), die geschäftspolitische Bedeutung des auszulagernden Geschäftsbereichs (Tz. 18), die Konzernverbundenheit des Auslagerungsunternehmens (Tz. 50) und den Standardisierungsgrad der Tätigkeit (Tz. 49) Erleichterungen in der Zulässigkeitsprüfung oder in den Anforderungen an die Outsourcing-Ausgestaltung in Aussicht gestellt werden.[238]

Die Aufsicht trennt im Rundschreiben 11/2001 ausdrücklich zwischen der Zulässigkeitsvoraussetzung aus § 25a Abs. 2 S. 1 KWG „keine Beeinträchtigung der Ordnungsmäßigkeit der Bankgeschäfte oder Finanzdienstleistungen, der Steuerungs- oder Kontrollmöglichkeiten der Geschäftsleitung und der Prüfungsrechte und Kontrollmöglichkeiten der Aufsicht" und den Anforderungen an bereits als zulässig bestätigte Auslagerungen, insbesondere die Anforderungen an die Ausgestaltung des privaten Outsourcing-Vertrages. Das Rundschreiben hat dazu zwei separate Abschnitte gebildet (Abschnitte IV. und V. des Rundschreibens). Diese Trennung ist im Gesetz näherungsweise vorgezeichnet durch die in § 25a Abs. 2 S. 2 KWG vorgegebenen Ausgestaltungsanforderungen an Outsourcing-Vertrag und Outsourcing-Praxis.
Wenngleich diese Zweistufigkeit – zunächst die materielle Zulässigkeit der Auslagerung, dann die Anforderungen an die Outsourcing-Ausgestaltung – die bezeichneten Fragestellungen sauber trennt, dürfte diese Trennung in der (aufsichtlichen) Prüfungspraxis kaum durchzuhalten sein. Denn es sind gerade die tatsächlichen Modalitäten der Auslagerungsmaßnahmen, insbesondere die Vertragsausgestaltung, die maßgeblichen Einfluss darauf haben, ob Ordnungsmäßigkeit, Steuerungs- und Prüfungsmöglichkeiten gewahrt bleiben.[239] In der Praxis der Einzelfallprüfung wird daher die Frage nach der Beeinträchtigung stets Hand in Hand gehen mit der Prüfung der hinreichenden Ausgestaltung der Auslagerung.

Für die Zwecke der Darstellung sollen im Folgenden die beiden Komplexe (im Grundsatz) dennoch getrennt gehalten werden. Unter „Zulässigkeitsvoraussetzungen" (dieser Abschnitt III.3.c.cc.) sollen die grundsätzlichen Inhalte und Dimensionen der Kriterien „Ordungsmäßigkeit der Bankgeschäfte und Finanzdienstleistungen", „Steuerungs- und Kontrollmöglichkeiten der Geschäftsleitung" und „Prü-

---

238 Ähnlich *Braun* in Boos/ Fischer/ Schulte-Mattler § 25a Rn. 609.

239 Dies schwingt mit bei *Braun* in Boos/ Fischer/ Schulte-Mattler § 25a Rn. 597, auch 1. Auflage § 25a Rn. 175 a.E. (zustimmend *Herring/ Steck* (2000), S. 1442), wenn er die pauschale Unzulässigkeit der Auslagerung eines Institutsbereiches nur für den Fall bejaht, dass es *zwingend* zu einer Beeinträchtigung kommt, also unabhängig vom Einzelfall und den individuellen vertraglichen Modalitäten. Auch *Eyles* (2000), S. 1230 f., sieht im Outsourcing-Vertrag das „zentrale" Instrument in der Sicherung der Vorgaben an das Kriterium der Ordnungsmäßigkeit der Bankgeschäfte und Finanzdienstleistungen.

fungsrechte und Kontrollmöglichkeiten der Aufsicht" erläutert werden; es geht insoweit um die grundsätzliche Neigung von Auslagerungsmaßnahmen, diese Kriterien zu beeinträchtigen. Unter „Anforderungen an zulässige Auslagerungen" (Abschnitt III.3.c.dd.) werden sodann die Anforderungen ermittelt, die bei der Auslagerung respektiert werden müssen, um die Nichtbeeinträchtigung der Kriterien tatsächlich zu wahren.

### bbb. Ordnungsmäßigkeit der Geschäfte und Dienstleistungen

Eine Auslagerungsmaßnahme wird unzulässig, wenn durch sie die Ordnungsmäßigkeit der Bankgeschäfte und Finanzdienstleistungen aufsichtsrechtlich ungebührlich in Mitleidenschaft gezogen wird. Das Kriterium der Ordnungsmäßigkeit nimmt eine Anleihe bei § 25a Abs. 1 S. 1 Nr. 1, Nr. 2 KWG. Es ist in systematischem Zusammenhang mit der Norm des § 6 Abs. 2 KWG zu verstehen, die die Ordnungsmäßigkeit im gesamtwirtschaftlichen Kontext zu einem aufsichtlichen Oberziel erhebt.[240]

Die Ordnungsmäßigkeit der Geschäfte iSd. § 25a Abs. 2 KWG ist im Kern beachtet, wenn das Auslagerungsunternehmen dieselbe Sorgfalt aufwendet, wie sie das auslagernde Institut aufbringen müsste.[241] Dies verlangt zunächst in der Leistungserbringung die Erfüllung aller gesetzlicher und durch die Aufsichtspraxis geschaffener Vorschriften (Bankaufsichtsrecht, ggf. in der Fassung der aufsichtlichen Verlautbarungen und Anordnungen, Geldwäschevorschriften, Steuerrecht [wie etwa Bankgeheimnis, Legitimation nach § 154 Abs. 2 AO] Grundsätze ordnungsgemäßer Buchführung etc.). Sodann ist eine ordnungsgemäße Geschäftsorganisation sicherzustellen durch im Auslagerungsunternehmen zu installierende aufbau- und ablauforganisatorische Regelungen, die der Art und dem Umfang der ausgelagerten Geschäfte angemessen sind. In derselben Weise sind ausreichendes Risikomanagement auf Seiten sowohl des Auslagerungsunternehmens als auch des auslagernden Instituts sowie eine hinreichende Prozessorganisation für die Schnittstelle zwischen den beiden Partnern zu fordern. Die Angemessenheit dieser Organisationsvorkehrungen wird zu bejahen sein, wenn sie die Erfüllung (wiederum) der (aufsichts-) rechtlichen Pflichten und der in Gesetz und Satzung festgelegten Unternehmensziele des auslagernden Instituts gestatten.[242] Bei Mehrmandantendienstleistern ist zu verlangen, dass die Geschäfte jedes Outsourcing-Partners individuell abgegrenzt werden können.

Das auslagernde Institut muss die Gesamtheit dieser Sorgfaltsanforderungen vertraglich sichern, um eine Beeinträchtigung iSd. § 25a Abs. 2 KWG auszuschließen.

---

240 *Braun* in Boos/ Fischer/ Schulte-Mattler § 25a Rn. 12-14.

241 *Nirk* (1999), S. 71 f.; *Findeisen* (2000), S. 1238; *Eyles* (2000), S. 1227, 1230; *Braun* in Boos/ Fischer/ Schulte-Mattler (1. Auflage) § 25a Rn. 190, 202; *ders.* ebenda (2. Auflage) § 25a Rn. 621; *Zerwas/ Hanten* (1998), S. 1114; Rundschreiben 11/2001 des BAKred zu § 25a Abs. 2 KWG (Fn. 2), Tz. 3, 26, 30.

242 *Braun* in Boos/ Fischer/ Schulte-Mattler § 25a Rn. 100 f.

### ccc. Steuerungs- und Kontrollmöglichkeiten der Geschäftsleitung

Für die Steuerungs- und Kontrollmöglichkeiten der Geschäftsleitung gilt ebenfalls, dass ihre Beeinträchtigung die Zulässigkeit einer Auslagerungsmaßnahme ausschließt. Dabei ist es wiederum Aufgabe des auslagernden Instituts, die zur Nichtbeeinträchtigung erforderlichen Maßnahmen und Verhaltensweisen vertraglich zu sichern. Es bestehen lose Zusammenhänge zum Kriterium der ordnungsgemäßen Geschäftsführung.

#### α. Anforderungen

Inhaltlich sind insbesondere zwei Anforderungen zu erfüllen:

*Interne Kontrollverfahren*
Zunächst sind die ausgelagerten Bereiche so in die *internen Kontrollverfahren* des auslagernden Instituts einzubeziehen, als wenn die Dienstleistung durch das Institut selbst erbracht würde.[243] Dieses Erfordernis ist gesetzlich verankert in § 25a Abs. 2 S. 2 KWG, § 20 S. 3 Nr. 1 AnzV. Zu den Geschäftsleitungsinstrumenten der Steuerung und Kontrolle zählen neben der Internen Revision (dazu sogleich) Kostenrechungssysteme, Planungssysteme, Controllingsysteme, Risikomanagementsysteme, Management-Informationssysteme, Sicherungsvorkehrungen aller Art. Es ist die Einbindung der ausgelagerten Bereiche in diese Instrumente, durch die die Einbeziehung in die internen Kontrollverfahren in der Praxis bewerkstelligt wird.
Der Einbezug in das Risikomanagement des auslagernden Instituts muss auch Vorkehrungen für das Risiko des Ausfalls und der Schlechtleistung des Auslagerungsunternehmens vorsehen. Dazu zählen das Recht zur zeitnahen Kündigung und das Vorhalten der Möglichkeit, auf einen anderen Dienstleister überzugehen oder die delegierten Bereiche wieder in das Institut einzugliedern. Gerade dieses Erfordernis wird in der Outsourcing-Praxis gern vernachlässigt.

Die Organisationsanforderungen des § 25a Abs. 1 KWG nehmen die Institute außerdem in die Pflicht, geschäftliche Tätigkeiten auch *laufenden Kontrollen* zu unterziehen, d.h. prozessabhängigen Kontrollen, die zur unmittelbaren Fehleraufdeckung bereits während der Prozessverrichtung vorgenommen werden.[244] Diese Kontrollen werden – in der Regel: notwendigerweise – mit den betroffenen Geschäftsprozessen ausgelagert. Die Aufsicht sanktioniert dies, verlangt aber, dass sich das auslagernde Institut nicht gänzlich aus den laufenden Kontrollen zurückzieht.[245] Diese zusätzliche Aufsichtsanforderung ist unverständlich, da sie mit der Idee des Outsourcing inkompatibel ist: Sie verlangt ein Eindringen des auslagernden Instituts in den nunmehr auf das Auslagerungsunternehmen übertragenen Prozess. Ein wirkliches Sicherheitsplus gegenüber der Einbindung in die internen Kontrollverfahren ist bei

---

243 *Eyles* (2000), S. 1231; *Braun* in Boos/ Fischer/ Schulte-Mattler § 25a Rn. 618 ff.; *Zerwas/ Hanten* (1998), S. 1114 f.

244 *Braun* in Boos/ Fischer/ Schulte-Mattler § 25a Rn. 125-128.

245 Rundschreiben 11/2001 des BAKred zu § 25a (Fn. 2), Tz. 20.

„sporadischen laufenden Kontrollen" nicht zu erwarten. Es kann daher nichts weiter gemeint sein als die Verpflichtung des Auslagerungsdienstleisters, über die laufenden Kontrollen regelmäßig Bericht zu erstatten und gröbere Schwierigkeiten unmittelbar zu melden.[246]

*Interne Revision*
Daneben muss sichergestellt sein, dass sich der Revisionsplan des auslagernden Instituts auch auf die ausgelagerten Bereiche erstreckt (dazu sogleich unter β.).

Wesentliches Mittel zur Wahrung und Durchsetzung der Steuerungs- und Kontrollmöglichkeiten ist die vertragliche Sicherung der erforderlichen Weisungs-, Auskunfts-, Einsichts-, Zutritts- und Zugangsrechte[247]. Das Weisungsrecht, § 25a Abs. 2 S. 2 KWG, ist nicht auszugestalten als Einzelweisungsrecht zu jedem Betriebsablauf gegenüber jedem Mitarbeiter des Auslagerungsunternehmens, sondern als ein grundsätzliches, die ausgelagerte Tätigkeit insgesamt anvisierendes, schuldrechtlich verankertes und schuldrechtlich auszulegendes Weisungsrecht gegenüber dem Auslagerungsunternehmen als juristischer Person, zu dessen praktischer Geltendmachung zweckmäßigerweise ein Mitarbeiter des Auslagerungsunternehmens als Empfänger benannt wird.[248]

### β. Interne Revision

Um eine Beeinträchtigung der Steuerungs- und Kontrollmöglichkeiten der Geschäftsleitung zu vermeiden, müssen die Tätigkeiten des externen Dienstleisters in die Prüfungen der Internen Revision des auslagernden Instituts einbezogen werden. Das zugehörige Recht zur Prüfung muss ebenfalls vertraglich vereinbart werden.
Das Rundschreiben der Aufsicht zu § 25a Abs. 2 KWG widmet der Internen Revision einen eigenen Abschnitt,[249] in dem die durch das auslagernde Institut vertraglich zu sichernden Rechte und die Zusammenarbeit zwischen der Internen Revision des auslagernden Instituts, der Internen Revision des Auslagerungsunternehmens und den gesetzlich zu bestellenden Prüfern geregelt werden (Vereinbarung von Prüfungsrechten beim Auslagerungsunternehmen zu Gunsten des auslagernden Instituts, seiner Internen Revision, seiner Prüfer und der Bankaufsicht, Auskunfts-, Einsichts-, Zugangsrechte, Entbindung von Personen aus der Sphäre des Auslagerungsunternehmens von ihrer Schweigepflicht).

---

246 So könnte auch Tz. 28 des Rundschreibens 11/2001 des BAKred zu § 25a (Fn. 2) zu verstehen sein.

247 Vgl. Rundschreiben 11/2001 des BAKred zu § 25a Abs. 2 KWG (Fn. 2), Tz. 30.

248 Die Literatur legt die Weisungsbefugnis des § 25a Abs. 2 S. 2 KWG zwar nicht ohne Grund als ein Weisungsrecht gegenüber der Geschäftsleitung des Auslagerungsunternehmens aus (*Benzler* (2001), S. 340 (Fn. 50); *Zerwas/ Hanten* (1998), 1114 f.; *Eyles* (2000), S. 1231). Dies begegnet indes schwerwiegenden gesellschaftsrechtlichen Bedenken (siehe dazu unten III.3.c.dd.); eine zielführende Interpretation des § 25a Abs. 2 S. 2 KWG sollte daher zu einem (allein) schuldrechtlich (z.B. geschäftsbesorgungsvertraglich) zu verstehenden Weisungsrecht führen. Sollte geltendes Recht eine mit dem Weisungsrecht unversöhnliche Unabhängigkeit bestimmter Personen oder Unternehmen vorschreiben (etwa Rechtsanwälte), scheiden diese Personen als mögliche Auslagerungsunternehmen aus.

249 Rundschreiben 11/2001 des BAKred zu § 25a Abs. 2 KWG (Fn. 2), Tz. 33-38, aber auch Tz. 19 f.

Es bestehen dabei verschiedene mögliche Formen, die Einbeziehung des ausgelagerten Bereiches in die Interne Revision des auslagernden Instituts vorzunehmen[250]:

- Prüfungen durch die eigene Innenrevision des auslagernden Instituts,
- Prüfungen durch die Interne Revision des Auslagerungsunternehmens,
- Prüfungen durch externe dritte Prüfer.

Im Fall der Prüfung durch die Interne Revision des Auslagerungsunternehmens hat man es mit einer „Folge-Auslagerung" zu tun: Neben dem eigentlichen Geschäftsprozess wird auch seine revisorische Überprüfung ausgelagert. Daher muss wiederum für den Erhalt der Ordnungsmäßigkeit und der Steuerungsmöglichkeiten gesorgt werden, so dass weitere Anforderungen hinzutreten: Die Interne Revision des auslagernden Instituts muss ein Minimum an eigenen Prüfungshandlungen (vor Ort) vornehmen und sich Gewissheit über die Funktionsfähigkeit der Internen Revision des Auslagerungsunternehmens verschaffen; das Recht zu solchen (eigenen) Ergänzungsprüfungen ist vertraglich sicherzustellen.[251]

Von der Ausdehnung der Internen Revision auf ausgelagerte Bereiche als Maßnahme zum Erhalt der Steuerungs- und Kontrollmöglichkeiten der Geschäftsleitung ist zu unterscheiden die Situation, in der die Interne Revision zum Gegenstand des Outsourcing gemacht wird, unabhängig von anderen möglicherweise bestehenden Auslagerungen. Da die Interne Revision ein zentrales Werkzeug der Geschäftsleitung in der Steuerung und Kontrolle der Geschäftsprozesse ist, ist ihre Auslagerung doppelt sensibel zu behandeln.
Für kleinere Institute wird das Outsourcing der Internen Revision zumeist aus Wirtschaftlichkeitserwägungen relevant. Andere Gründe können in Kapazitätslücken der hauseigenen Revision oder in mangelnden Kenntnissen auf Spezialgebieten liegen.
Die Interne Revision ist grundsätzlich als ein für die Durchführung von Bankgeschäften und Finanzdienstleistungen wesentlicher Bereich von § 25a Abs. 2 KWG erfasst (s.o. unter III.3.c.bb.ccc., Fn. 233). Die Aufsicht hat sich dem Outsourcing der Internen Revision in zwei Rundschreiben angenommen.[252] Danach ist nach der Intensität und Reichweite der Auslagerung zu differenzieren:
*Einmalige* Prüfaufträge sind mangels Nachhaltigkeit der Delegation unbeachtlich.
Die dauerhafte *teilweise* Auslagerung der Internen Revision richtet sich nach § 25a Abs. 2 KWG und den aufsichtlichen Mindestanforderungen an die Ausgestaltung der Internen Revision der Kreditinstitute (im Folgenden: „MaR"); darin werden an

250 So auch die Mindestanforderungen an die Ausgestaltung der Internen Revision der Kreditinstitute, im Folgenden „MaR" (Rundschreiben 1/2000 des BAKred, unter Ziffern 6.c), 7 [abgedruckt bei *Consbruch/ Möller/ Bähre/ Schneider* Nr. 4.325]); *Braun* in Boos/ Fischer/ Schulte-Mattler § 25a Rn. 630; *Eyles* (2000), S. 1229; indirekt auch Rundschreiben 11/2001 des BAKred zu § 25a Abs. 2 KWG (Fn. 2), Tz. 36.

251 Rundschreiben 11/2001 des BAKred zu § 25a Abs. 2 KWG (Fn. 2), Tz. 37; Rundschreiben 1/2000 des BAKred zu MaR (Fn. 250), unter Ziffer 6.c); zustimmend *Eyles* (2000), S. 1231.

252 Rundschreiben 1/2000 des BAKred zu MaR (Fn. 250) und Rundschreiben 11/2001 des BAKred zu § 25a Abs. 2 KWG (Fn. 2); die MaR sind formal nur an die Kreditinstitute, nicht auch an die Finanzdienstleistungsinstitute adressiert. Allerdings legt die Aufsicht unter Ziffer 1 des Rundschreibens 1/2000 ihre Erwartungshaltung dar, dass größere Finanzdienstleistungsinstitute eine adäquate Revisionsinfrastruktur gemäß dem Rundschreiben vorhalten. Tz. 19 des Rundschreibens 11/2001 wendet wichtige Teile des Rundschreibens 1/2000 auf Finanzdienstleistungsinstitute an.

die Auswahl des Auslagerungsunternehmens und an die laufende Zusammenarbeit mit ihm besondere Anforderungen gestellt.[253]
Die dauerhafte *vollständige* Auslagerung wird nur „kleinen Instituten" gestattet, wobei als Anhaltspunkt für das Merkmal „kleines Institut" lediglich eine Betriebsgröße geboten wird, die die Einrichtung einer Internen Revision unverhältnismäßig werden lässt. Auch hier gelten die Maßstäbe der MaR.

Dieser aufsichtlichen Position ist im Grundsatz zuzustimmen. Die Interne Revision als das zentrale Instrument der Geschäftsleitung zur laufenden Kontrolle aller betrieblichen Prozesse rechnet zu den unternehmerischen Leitungsfunktionen, bei denen Outsourcing bereits aus gesellschaftsrechtlichen Gründen vorsichtig zu dosieren ist (siehe dazu unten III.3.c.ff.aaa.). Die Geschäftsleitung findet sich hier in ihrer ureigenen Aufgabe wieder. Hinzu kommt, dass Auslagerungen der Internen Revision in der Praxis allzu sehr in die Nähe der gesetzlich erforderlichen externen Prüfungen rücken würden – auch wenn man den Abschlussprüfer und den externen Revisor personell auseinander hält –, womit die Gesamtprüfungsdichte abnehmen würde. Schließlich kann auch aus der gesetzlichen Vorgabe des § 25a Abs. 2 S. 2 KWG, dass ausgelagerte Bereiche in die internen Kontrollverfahren einzubeziehen sind, abgeleitet werden, dass die wesentlichen Funktionen eben dieser internen Kontrollverfahren nicht vollständig delegiert werden dürfen.[254]

Konsequent erklärt die Aufsicht Weiterverlagerungen der Internen Revision für unzulässig.[255]

Ein weiterer für die Kontrollmöglichkeiten der Geschäftsleitung kritischer Bereich ist die Funktion des Geldwäschebeauftragten nach § 14 Abs. 2 Nr. 1 GwG. Hier besteht nunmehr mit § 14 Abs. 2 S. 2, S. 3 GwG eine gesetzliche Möglichkeit zur Delegation von Geldwäschepräventionsmaßnahmen (s. Fn. 233). Die strengen Positionen der Aufsicht zum Outsourcing in Geldwäschenangelegenheiten werden dadurch z.T. überholt.[256]

---

253 Rundschreiben 1/2000 des BAKred zu MaR (Fn. 250), unter Ziffer 7.

254 *Findeisen* (2000), S. 1238; auch aus der Pflicht des § 25a Abs. 1 S. 1 Nr. 1, 2 KWG, ein geeignetes Risikosteuerungssystem und internes Kontrollverfahren zu unterhalten, ist abzulesen, dass ein Fremdbezug in Angelegenheiten der institutsinternen Kontrolle und Steuerung Schranken unterliegt (ähnlich *Benzler* (2001), S. 326). Zu den MaR insgesamt und zu Revisionsfragen in Auslagerungszusammenhängen siehe *Kießling/ Kießling* (2003).

255 Rundschreiben 11/2001 des BAKred zu § 25a Abs. 2 KWG (Fn. 2), Tz. 32 a.E.

256 Die ursprünglich verlautbarten aufsichtlichen Positionen finden sich für *Kreditinstitute* in Tz. 34 a.E. der „Verlautbarung des Bundesaufsichtamtes für das Kreditwesen über Maßnahmen der Kreditinstitute zur Bekämpfung und Verhinderung der Geldwäsche" vom 30.3.1998 (abgedruckt bei *Consbruch/ Möller/ Bähre/ Schneider* Nr. 11.01) und für *Finanzdienstleistungsinstitute* in Tz. 36 des Rundschreibens 1/1998 des BAKred zu „Maßnahmen der Finanzdienstleistungsinstitute zur Bekämpfung und Verhinderung der Geldwäsche" vom 30.12.1997 (abgedruckt bei *Consbruch/ Möller/ Bähre/ Schneider* Nr. 11.01.A). In Teilbereichen der Geldwäschepräventionsmaßnahmen korrigierte die Aufsicht mit Blick auf die neue gesetzliche Regelung ihre Haltung (Rundschreiben 16/2002 [s. wiederum Fn. 233]). Siehe dazu insgesamt auch *Findeisen* (2000), S. 1234 ff.

### γ. Weiterverlagerungen

Unter „Weiterverlagerung" ist die Beauftragung eines Sub-Unternehmers (Weiterverlagerungsunternehmen) durch das Auslagerungsunternehmen zu verstehen. Das Auslagerungsunternehmen selbst wird dadurch zum Outsourcer.
Weiterverlagerungen stellen sich aufsichtlich als kritisch dar, da ihnen das Risiko anhaftet, dass Geschäftsleitung und Aufsicht über das bei Auslagerungen unvermeidbare Maß hinaus Steuerungs- und Kontrollmöglichkeiten verlieren. Mit jeder Stufe der Weiterverlagerung nimmt dieses Risiko zu.
Die Aufsicht lässt Weiterverlagerungen dennoch zu, solange der Subunternehmer den zwischen auslagerndem Institut und Auslagerungsunternehmen bestehenden Verpflichtungen nachkommt und im (ersten) Outsourcingvertrag dem auslagernden Institut ein Zustimmungsvorbehalt zum „Ob" und „Wie" der Weiterverlagerung eingeräumt wird.[257]

Diese aufsichtliche Haltung zu Weiterverlagerungen überrascht, wenn man bedenkt, mit welchem Bedacht und welcher Detailtiefe die Aufsicht zuvor den Umgang zwischen auslagerndem Institut und Auslagerungsunternehmen auf der ersten Ebene (Auslagerungsunternehmen „erster Ordnung") geregelt hat. Die aufsichtliche Forderung, dass das Weiterverlagerungsunternehmen den zwischen auslagerndem Institut und Auslagerungsunternehmen bestehenden Verpflichtungen nachkommt, ist eine Selbstverständlichkeit, da andernfalls das Auslagerungsunternehmen vertragsbrüchig würde gegenüber dem auslagernden Institut. Es ist indessen nicht praxisgerecht, davon auszugehen, das aufsichtlich getroffene Regelungsniveau zu Auswahl, Instruktion und Kontrolle des Auslagerungsunternehmens, zu Haftungsfragen, Abgrenzung der Verantwortlichkeiten und zur Definition der Schnittstellen (letztlich der gesamte Abschnitt V. des Rundschreibens 11/2001 des BAKred zu § 25a Abs. 2 KWG [Fn. 2]) könne auf höheren Auslagerungsebenen konserviert werden durch die schlichte aufsichtliche Vorgabe, das Weiterverlagerungsunternehmen habe den Verpflichtungen des Auslagerungsunternehmens gegenüber dem auslagernden Institut nachzukommen. Dies gilt umso mehr, wenn das Auslagerungsunternehmen erster Ordnung kein Kreditinstitut oder Finanzdienstleistungsinstitut ist, das seinerseits nach Maßgabe des § 25a Abs. 2 KWG vorgehen muss. Der Verlust in den Steuerungs- und Kontrollmöglichkeiten des auslagernden Instituts ist nahezu unvermeidlich; die dargestellte (siehe oben α., β.) Einbeziehung des Auslagerungsunternehmens erster Ordnung in interne Kontrollverfahren und Interne Revision ist weitgehend entwertet, sobald eine Weiterverlagerung die betroffenen Bereiche faktisch ausnimmt. Der bezeichnete Zustimmungsvorbehalt schafft insoweit zwar einen gewissen Ausgleich. Aber auch er kann nicht verhindern, dass ein Auslagerungsunternehmen die Last der Prüfung und Kontrolle durch Einholung der Zustimmung zu Weiterverlagerungen zu mildern versucht.

257 Rundschreiben 11/2001 des BAKred zu § 25a Abs. 2 KWG (Fn. 2), Tz. 32.

Zwar erklärt die Aufsicht, dass „Weiterverlagerungen ausgelagerter Tätigkeiten [...] wie eine Erstverlagerung anzusehen [sind]",[258] jedoch kann damit nicht gemeint sein, dass das auslagernde Institut die identischen Pflichten auch bezüglich der Weiterverlagerungsunternehmen treffen. Denn der geforderte Zustimmungsvorbehalt zu Gunsten des auslagernden Instituts hinsichtlich Möglichkeit und Modalitäten der Weiterverlagerung wäre nicht erforderlich, wenn das Institut ohnehin buchstäblich wie bei Erstverlagerung vorzugehen hätte. Das Institut wäre faktisch zurückgeworfen auf die Ebene der eigenhändigen Auswahl, Instruktion und Überwachung.

Entscheidend muss vielmehr sein, wie Steuerung, Kontrolle und Risikomanagement trotz Weiterverlagerung erhalten bleiben können. Daher ist neben dem Zustimmungsvorbehalt zu verlangen, dass diejenigen Pflichten zu Auswahl und Instruktion des Dienstleisters sowie zum Erhalt der Steuerungs- und Kontrollmöglichkeiten, die auf der Ebene der ersten Auslagerung das auslagernde Institut treffen (siehe soeben), auf der Weiterverlagerungsebene in unverwässerter Form dem Auslagerungsunternehmen erster Ordnung obliegen – dies ist im Outsourcing-Vertrag abzusichern. Daneben ist eine (jährliche) Berichtspflicht des Auslagerungsunternehmens zur Kooperation mit dem Weiterverlagerungsunternehmen festzuschreiben, durch die die laufende Kontrolle des Weiterverlagerungsunternehmens gegenüber dem auslagernden Institut zu belegen ist. Dem auslagernden Institut obliegt es, vor Erteilung der Zustimmung zur Weiterverlagerung den Sub-Unternehmervertrag zu prüfen und sich regelmäßig Gewissheit über die Ordnungsmäßigkeit der Weiterverlagerungsbeziehung zu verschaffen, insbesondere anhand der benannten Berichte. Auch die Weiterverlagerung ist für das Institut und das Auslagerungsunternehmen anzeigepflichtig iRv. § 25a Abs. 2 S. 3 KWG. Mit Blick auf die Haftungsverlagerung auf das Weiterverlagerungsunternehmen gemäß § 664 Abs. 1 S. 2 BGB analog ist durch das Auslagerungsunternehmen bei der Auswahl des Weiterverlagerungsunternehmens und durch das auslagernde Institut bei der Erteilung der Zustimmung zur Weiterverlagerung auf die operative Leistungsfähigkeit sowie auf die Liquidität und die Eigenmittel des neuen Dienstleisters zu achten (siehe bereits III.2.c.).[259]

### ddd. Prüfungsrechte und Kontrollmöglichkeiten der Aufsicht

Als Zulässigkeitsvoraussetzung für eine Funktionsauslagerung gibt § 25a Abs. 2 S. 1 KWG schließlich vor, dass die aufsichtlichen Prüfungsrechte und Kontrollmöglichkeiten unversehrt bleiben.

---

258 Rundschreiben 11/2001 des BAKred zu § 25a Abs. 2 KWG (Fn. 2), Tz. 32.

259 Zu weitgehend und unpraktikabel dagegen die Forderung von *Eyles* (2000), S. 1233, das auslagernde Institut zu einer Vertragspartei bei jedem weiteren Outsourcing-Vertrag werden zu lassen oder alternativ eine Pflicht des auslagernden Instituts anzunehmen, auf die Ausgestaltung dieser Verträge als Verträge zu Gunsten Dritter iSd. § 328 BGB hinzuwirken. Im zweiten (unveröffentlichten) Entwurf eines Rundschreibens des BAKred zu § 25a Abs. 2 KWG hatte die Aufsicht gefordert, dass in jedem Fall der Weiterverlagerung eine Unbedenklichkeitsbescheinigung des Wirtschaftsprüfers des auslagernden Instituts beizubringen ist (vgl. *Herring/ Steck* (2000), S. 1444). Dieser Vorschlag vernachlässigt indessen, dass die Kontrolle des Weiterverlagerungsunternehmens dauerhaft und nicht nur einmalig erforderlich ist.

### a. Anforderungen

Zu diesen Prüfungsrechten und Kontrollmöglichkeiten zählen unzweifelhaft die der Aufsicht in § 44, § 44b KWG zugesprochenen Prüfungs- und Auskunftsrechte.[260] Zur Nichtbeeinträchtigung dieser Rechte ist das Auslagerungsunternehmen zumindest in die nach diesen Vorschriften möglichen Aufsichtsmaßnahmen einzubeziehen, selbst wenn die Aufsichtsmaßnahmen gegenüber dem auslagernden Institut angeordnet werden.
Daneben ist Teilen der Literatur[261] darin zuzustimmen, dass das Auslagerungsunternehmen auch in die gesetzlich vorgesehenen Prüfungen des Jahresabschlusses des auslagernden Instituts einzubinden ist. Zwar ist dafür der Anknüpfungspunkt im Vergleich zu den Rechten aus § 44, § 44b KWG loser. § 26 KWG stellt indessen klar, dass der Jahresabschluss zum Kontrollinstrumentarium der Aufsichtspraxis zählt. Sollten die auf der Basis gesetzlicher Vorschriften bestellten Prüfer Bedarf für Prüfungshandlungen auch im Auslagerungsunternehmen erkennen, sollte daher die Einbindung des Auslagerungsunternehmens in die Jahresabschlussprüfung (auch) aus den § 25a Abs. 2 KWG zu Grunde liegenden *bankaufsichtlichen* Erwägungen befürwortet werden. Dies wird dadurch gestützt, dass nach § 29 Abs. 1 S. 2 KWG eine besondere Pflicht des Prüfers darin besteht, die Erfüllung der Anforderungen nach § 25a KWG bei der Prüfung des Jahresabschlusses (neben der Erfüllung anderer Anforderungen) festzustellen.
Ferner sind die nach § 25 KWG, § 18 BBankG zu erstellenden monatlichen Bilanzstatistiken Bestandteil der aufsichtlichen Kontrollausübung. Ihre Beachtung durch das auslagernde Institut auch nach Funktionsauslagerungen ist somit ebenfalls einzufordern für eine Nichtbeeinträchtigung der aufsichtlichen Rechte iSd. § 25a Abs. 2 KWG.

§ 25a Abs. 2 KWG bildet keine eigene Ermächtigungsgrundlage für die Aufsicht zur Prüfung im Auslagerungsunternehmen. Diese kann allenfalls aus § 44, § 44b KWG ressortieren.
Nach § 44 Abs. 1 KWG in der Fassung bis zum Vierten Finanzmarktförderungsgesetz[262] ist es der Aufsicht gestattet, bei den *Instituten* (§ 1 Abs. 1b KWG) und den *Mitgliedern ihrer Organe* Auskünfte einzuholen, Unterlagen einzufordern und Prüfungen vorzunehmen. Die Rechte des § 44 Abs. 1 KWG gelten gemäß § 44b KWG auch gegenüber den *Inhabern bedeutender Beteiligungen* im Sinne dieser Vorschrift. Nach § 44 Abs. 2 KWG ist die Aufsicht ermächtigt, bei *nachgeordneten Unternehmen iSd. § 10a Abs. 2-5 KWG*, bei *Finanzholding-Gesellschaften an der Spitze einer Finanzholding-Gruppe iSd. § 10a Abs. 3 KWG* , bei den *Mitgliedern der Organe solcher Unternehmen*, bei *nicht in die Zusammenfassung einbezogenen Tochterunternehmen* (§ 1 Abs. 7

260 Die Prüfungsrechte gemäß §§ 35 f. WpHG sind dagegen nur tangiert, wenn die Auslagerung die Durchführung einer Wertpapierdienstleistung oder einer Wertpapiernebendienstleistung betrifft und der Vorschrift des § 33 Abs. 2 WpHG unterfällt.

261 *Eyles* (2000), S. 1232.

262 Viertes Finanzmarktförderungsgesetz (Gesetz zur weiteren Fortentwicklung des Finanzplatzes Deutschland) vom 21.6.2002 [BGBl. I S. 2010].

KWG) sowie bei *gemischten Unternehmen* (§ 1 Abs. 3b KWG) und *Tochterunternehmen von gemischten Unternehmen* Auskünfte einzuholen, Unterlagen einzufordern und Prüfungen vorzunehmen. Nach § 44 Abs. 3 KWG schließlich kann die Aufsicht bei *in die Zusammenfassung* (§ 10a, § 13b KWG) *einbezogenen Unternehmen mit Sitz im Ausland* und bei *nicht in die Zusammenfassung einbezogenen Tochterunternehmen mit Sitz im Ausland* Prüfungen vornehmen, soweit dies nach dem Recht des anderen Staates zulässig ist (§ 44 Abs. 3 S. 1 a.E.).[263]
In allen Fällen, in denen das Auslagerungsunternehmen nicht in den umrissenen Adressatenkreis dieser Normen fällt, bedeutet fehlende Zustimmung des Auslagerungsunternehmens zunächst, dass aufsichtliche Prüfungsrechte und Kontrollmöglichkeiten ins Leere laufen.
Ebenso ist im Rahmen der Jahresabschlussprüfungen das auslagernde Institut und nicht das Auslagerungsunternehmen Objekt der Prüfung; wiederum bieten die gesetzlichen Grundlagen keinen sicheren aufsichtlichen Durchgriff auf das Auslagerungsunternehmen.

Vor diesem Hintergrund trifft das auslagernde Institut die Verantwortung, rechtsgeschäftlich die Prüfungsrechte und Kontrollmöglichkeiten der Aufsicht abzusichern. Dazu sieht § 20 S. 3 Nr. 2 AnzV eine innerhalb des Outsourcing-Vertrages oder getrennt abzugebende Duldungserklärung des Auslagerungsunternehmens vor, in Prüfungsmaßnahmen eingebunden werden zu können, die gegenüber dem auslagernden Institut angeordnet werden (§ 44 KWG oder Jahresabschluss). Sobald eine solche Erklärung beigebracht ist, wird seitens der Aufsicht von einer Nichtbeeinträchtigung ihrer Rechte iSd. § 25a Abs. 2 S. 1 KWG ausgegangen. Auch bei Abgabe einer Duldungserklärung wurde das Auslagerungsunternehmen nach bisheriger Rechtslage nicht Adressat von Prüfungsanordnungen nach § 44 KWG, es hatte lediglich zu dulden, dass Prüfungen des auslagernden Instituts durch die Aufsicht auch beim Auslagerungsunternehmen unter Inanspruchnahme seiner Räumlichkeiten und seiner Unterlagen bei grundsätzlicher Kooperation seines Personals durchgeführt werden. Mit der Duldungserklärung erfüllt das Auslagerungsunternehmen eine privatrechtliche Pflicht gegenüber dem auslagernden Institut.

Die Literatur äußert z.T. Bedenken, ob die Duldungserklärung nach § 20 S. 3 Nr. 2 AnzV von der Ermächtigungsnorm des § 24 Abs. 4 KWG gedeckt ist, denn nach § 24 Abs. 4 KWG darf die Rechtsverordnung nur „nähere Bestimmungen über Art, Umfang, Zeitpunkt und Form der nach diesem Gesetz vorgesehenen Anzeigen und Vorlagen von Unterlagen" enthalten.[264] Gegen diese Bedenken ist allerdings einzuwenden, dass das Anforderungskriterium „Einbindung des Auslagerungsunternehmens in die aufsichtlichen Sonderprüfungen und die Jahresabschlussprüfungen des auslagernden Instituts" materiell in § 25a Abs. 2 KWG begründet ist (nämlich als Ausprägung der Zulässigkeitsvoraussetzung „keine Beeinträchtigung der Prüfungsrechte und Kontrollmöglichkeiten der Aufsicht"), nicht in § 20 S. 3 Nr. 2 AnzV. Insoweit

---

263 In besonderen Fällen kann die Aufsicht Auskunftsrechte auch aus § 44a III KWG herleiten.

264 *Zerwas/ Hanten* (1998), S. 1115

verhält es sich nicht so, dass erst in der Anzeigenverordnung neue Pflichten begründet würden. Soll die Absichtsanzeige nach § 25a Abs. 2 S. 3 KWG die Aufsicht wirksam in die Lage versetzen, die Rechtmäßigkeit einer Outsourcing-Maßnahme zu prüfen, wird man somit auch die benannte Duldungserklärung des Auslagerungsunternehmens als aus § 25a Abs. 2 S. 1 KWG resultierenden regulären Anzeigeninhalt betrachten müssen.[265]

Diese Rechtslage hat nunmehr mit dem Vierten Finanzmarktförderungsgesetz eine gewisse, wenngleich nicht durchgreifende Verbesserung erfahren. Durch die eingefügte Regelung in § 44 Abs. 1 S. 2 2. HS, Abs. 2 S. 2 2. HS KWG n.F. werden Auslagerungsunternehmen hinsichtlich der Aufsichtsmaßnahme „Prüfung in den Instituten" der BAFin unterstellt. Indes verbleiben Lücken: Der Wortlaut gibt nicht her, dass sich diese Unterstellung der Auslagerungsunternehmen unter die Bankaufsicht auch auf die in § 44 Abs. 1 S. 1 KWG benannten Aufsichtsmaßnahmen „Einholung von Auskünften" und „Einholung von Unterlagen" erstreckt. Allerdings lässt sich insoweit argumentieren, dass diese Maßnahmen *a fortiori* gedeckt sein müssen, wenn die rigidere Maßnahme der Prüfung vor Ort gesetzlich gestattet wird. Zweifelsfrei aber werden die Auslagerungsunternehmen durch die Neuformulierung nicht in die Jahresabschlüsse der auslagernden Institute und in die Meldepflichten nach § 25 KWG, § 18 BBankG eingebunden. Soll also eine Beeinträchtigung der aufsichtlichen Möglichkeiten iSd. § 25a Abs. 2 S. 1 KWG unterbleiben – die Vorschrift verlangt diesbezüglich Gewissheit –, wird man um die bezeichnete Duldungserklärung trotz der Gesetzesergänzung nicht herum kommen.[266]

### β. Prüfung und Kontrolle im Ausland

§ 25a Abs. 2, § 44 KWG verlangen, dass auch solche Auslagerungsunternehmen in die angeordneten aufsichtlichen Prüfungen eingebunden werden, die im Ausland sitzen.[267] Dem ist beizupflichten: § 25a Abs. 2 KWG verlangt *Nichtbeeinträchtigung*, unabhängig davon, wie die Auslagerung realisiert wird. Auch hinsichtlich § 44 (Abs. 1 S. 2 2. HS) KWG gilt zunächst, dass es für die Prüfungsobjekte und -inhalte keine Rolle spielen kann, wo das Auslagerungsunternehmen ansässig ist – sie richten sich allein nach den tatsächlichen Aufsichtserfordernissen; allerdings ist die Ermächtigung nach § 44 KWG grundsätzlich auf das Inland begrenzt. Gemäß § 25a Abs. 2 KWG gilt auch für die gesetzlich vorgeschriebene Prüfung des Jahresabschlusses (§ 26, § 29 KWG), dass im Ausland ansässige Auslagerungsunternehmen einzubinden

265 Wie Tz. 34, 46 des Rundschreibens 11/2001 des BAKred zu § 25a Abs. 2 KWG (Fn. 2) klarstellen, darf sich die Duldungserklärung entgegen dem Wortlaut des § 20 S. 3 Nr. 2 AnzV nicht auf die Aufsichtsmaßnahme „Prüfung (vor Ort) in den Instituten" beschränken, sondern muss auch die Aufsichtsmaßnahmen „Einholung von Auskünften" und „Einholung von Unterlagen" erfassen. Die Duldungserklärung ist insoweit eine Mitwirkungserklärung.

266 Im Weiterverlagerungsfall gilt: Das auslagernde Institut und das Auslagerungsunternehmen haben eine Duldungserklärung iSd. § 20 S. 3 Nr. 2 AnzV vom Weiterverlagerungsunternehmen einzuholen; auch das Weiterverlagerungsunternehmen unterliegt § 44 Abs. 1 S. 2 2. HS KWG.

267 *Herring/ Steck* (2000), S. 1444; *Braun* in Boos/ Fischer/ Schulte-Mattler § 25a Rn. 641; *Braun* ebenda § 44 Rn. 55; *Eyles* (2000), S. 1232; *Zerwas/ Hanten* (1998), S. 1115 f.

sind. In der Praxis erwächst die Relevanz dieser Konstellationen insbesondere aus den Auslagerungen, die die im Inland ansässigen Tochterinstitute ausländischer Kreditinstitute auf ihre Mutterunternehmen vornehmen.[268]
Sonach ist aus dem Kriterium der Nichtbeeinträchtigung der Aufsichtsrechte iSd. § 25a Abs. 2 KWG die Anforderung abzuleiten, die bezeichneten Prüfungsrechte auch im Ausland zu sichern. In der Wahrnehmung von Rechten der inländischen Aufsicht im Ausland ist die Vornahme hoheitlicher Maßnahmen auf dem Gebiet eines anderen Staates zu sehen. Die Sicherung dieser Rechte ist daher keine Selbstverständlichkeit;[269] die Zielstaaten werden solche Prüfungsmaßnahmen ohne völkerrechtliche Absprache kaum hinzunehmen bereit sein.[270]

Das Rundschreiben 11/2001 des vormaligen BAKred zu § 25a Abs. 2 KWG (Fn. 2) sieht dazu vor, dass *das auslagernde Institut* sicherzustellen hat, dass die inländische Aufsicht ihre Prüfungsrechte und Kontrollmöglichkeiten wahrnehmen kann.[271] Die Verantwortung wird insoweit vollständig auf das auslagernde Institut verlagert. In der Praxis bleibt diesem im Wesentlichen nur, zwei Voraussetzungen zu schaffen:

- Die oben skizzierten Anforderungen des § 20 S. 3 Nr. 2 AnzV an die privatrechtliche Duldungserklärung des Auslagerungsunternehmens bleiben bestehen;
- weiter wird erforderlich eine Bestätigung der Aufsichtsbehörde des Zielstaates, dass Prüfungen durch die inländische (deutsche) Aufsicht nach dem örtlichen Recht zulässig sind und nicht (polizeilich) unterbunden werden. Alternativ sollte ausreichend sein eine Bestätigung der örtlichen Aufsichtsbehörde, entsprechenden „Amtshilfeersuchen" der inländischen (deutschen) Aufsicht nachzukommen.[272]

Soweit dem auslagernden Institut die Herstellung dieser Voraussetzungen misslingt, sind die Zulässigkeitsbedingungen des § 25a Abs. 2 KWG der verlautbarten aufsichtlichen Position zufolge nicht erfüllt.

Auf den ersten Blick erscheint es plausibel, grenzüberschreitende Outsourcing-Lösungen als unzulässig einzustufen, wenn die Vornahme hoheitlicher Prüfungen rechtlich unmöglich ist. Auf diese Weise wird ohne Zweifel eine Beeinträchtigung

268 Diese Tochterinstitute (also keine Zweigstellen oder Zweigniederlassungen) unterliegen auch dann der inländischen Aufsicht, wenn das Mutterinstitut in einem anderen EWR-Staat sitzt, arg. e. § 53b Abs. 1 KWG.

269 Vgl. allein die Formulierung in § 44 Abs. 3 S. 1 KWG a.E.

270 Anders wohl die britische Aufsicht („Financial Services Authority") gegenüber dem vormaligen BAKred, siehe *Zerwas/ Hanten* (1998), S. 1116.

271 Rundschreiben 11/2001 des BAKred zu § 25a Abs. 2 (Fn. 2), Tz. 46; unverständlicherweise finden die Jahresabschlussprüfungen an dieser Stelle, anders als in den Entwürfen zum Rundschreiben, keine Erwähnung, sondern nur die Prüfrechte der Aufsicht nach § 44 KWG.

272 Auch der im Entwurfsstadium zum Rundschreiben enthaltene Vorschlag zur Behandlung und Sicherstellung der Prüfungsrechte im Ausland unterschied sich nur unwesentlich von der Regelung im eigentlichen Rundschreiben, wenngleich er ausführlicher formuliert war (Entwurf für ein Rundschreiben des BAKred zu § 25a Abs. 2 KWG vom 13.7.1998 [Fn. 138], S. 14). Er forderte (a.) eine Erklärung im Outsourcing-Vertrag gegenüber der Aufsicht, dass das Auslagerungsunternehmen in die Prüfungen einbezogen zu werden bereit ist und (b.) – vereinfachend – eine Bestätigung der betroffenen nationalen Aufsichtsbehörde, dass nationale Rechtsvorschriften den Prüfungshandlungen der inländischen Aufsicht nicht entgegenstehen. Andere Entwürfe (siehe Dritter Entwurf für ein Rundschreiben des BAKred zu § 25a Abs. 2 KWG vom 14.6.2000 [Fn. 138], Tz. 42) brachten an diesem Punkt keine signifikante Veränderung.

iSd. § 25a Abs. 2 KWG unterdrückt, und es wird sichergestellt, dass mit der grenzüberschreitenden Auslagerung keine Umgehung aufsichtlicher Pflichten (und damit ggf. ein ungerechtfertigter Wettbewerbsvorteil) erwirkt werden kann. Ebenso scheint es bei erstem Hinsehen auch verständlich, dass die Aufsicht im Rundschreiben a.a.O. dem auslagernden Institut die Verantwortung für die Sicherung der aufsichtlichen Rechte aufbürdet, da Normadressat der §§ 25a, 26, 44 KWG just das auslagernde Institut ist.
Die Lösung bleibt dennoch unzufriedenstellend, da die Beseitigung etwaiger völkerrechtlicher bzw. verfassungsrechtlicher Hindernisse dem auslagernden Institut regelmäßig unmöglich ist und bereits deshalb außerhalb seiner Verantwortlichkeiten in der bankaufsichtsrechtlichen Zusammenarbeit liegen muss. Die strikten Vorgaben des Rundschreibens dürften dazu führen, dass eine Reihe betriebswirtschaftlich sinnvoller Lösungen rechtlich ausgeschlossen wird. Auch kann der Norm des § 25a Abs. 2 KWG nicht unterstellt werden, in einem sich international entwickelnden Umfeld – die Sechste KWG-Novelle geht maßgeblich auf EU-Recht zurück (s.o. III.1.a.)[273] – grenzüberschreitende Auslagerungssachverhalte pauschal verhindern zu wollen; die Vorschrift intendiert nicht, der internationalen Marktintegration eine Schranke zu setzen.

Ein vorgetragener Alternativvorschlag[274] sieht vor, dass im Land des Auslagerungsunternehmens ein zugelassener Wirtschaftsprüfer vor Ort im Auftrag des auslagernden Instituts unter privatrechtlich abgesicherter Duldung des Auslagerungsunternehmens die erforderlichen Prüfungen vornimmt; das auslagernde Institut, das wiederum durch die inländische Aufsicht instruiert worden ist, macht dem Wirtschaftsprüfer dabei die inhaltlichen Prüfungsvorgaben. Eine Erklärung des auslagernden Instituts, derartigen Instruktionen der Aufsicht zu folgen, verstärkt insoweit den aufsichtlichen Zugriff. Nur dann, wenn trotz eines solchen Arrangements die höchstpersönliche hoheitliche Prüfung durch die Aufsicht oder durch von ihr beauftragte Personen zur Erfüllung der aufsichtlichen Pflichten erforderlich bleibt, muss bei mangelnder Durchsetzbarkeit der Prüfungsrechte die Auslagerung unterbleiben.

Dieser pragmatische Weg darf sich zuschreiben, an der *tatsächlich* wirksamen Kontrolle ebenso wie an der Verhältnismäßigkeit orientiert zu sein. Er gestattet die Verfolgung vieler Outsourcing-Vorhaben, die andernfalls rechtlich scheitern müssten. Allerdings verbleibt ein Defizit in der *hoheitlichen* Kontrolle. Die Findigkeit der Lösung hilft nicht darüber hinweg, dass sie rechtlich keine hoheitliche Prüfung vorsieht; § 25a Abs. 2, § 44 KWG sind insoweit missachtet.

---

273 Gesetz zur Umsetzung von EG-Richtlinien zur Harmonisierung bank- und wertpapieraufsichtsrichtlicher Vorschriften vom 22.10.1997 [BGBl. I S. 2518 ff.].

274 Schreiben des Verbandes der Auslandsbanken in Deutschland e.V. an das BAKred vom 18.1.2000, S. 7 ff. [nicht veröffentlicht]; Schreiben des Verbandes der Auslandsbanken in Deutschland e.V. an das BAKred vom 13.6.2001, S. 6-8 [nicht veröffentlicht]; so auch schon, wenngleich nicht in einem Outsourcing-Zusammenhang, *von Schenck* (1982) S. 41 (Fn. 15).

Die mittelfristige Lösung muss hier in europarechtlichen bzw. völkerrechtlichen Übereinkommen liegen, durch die für den EWR[275] und darüber hinausgehend den nationalen Prüfungsrechten beim internationalen Phänomen Outsourcing gebührend Rechnung getragen wird, indem entsprechende grenzüberschreitende hoheitliche Prüfungen oder Amtshilfeverfahren vorgesehen werden oder entsprechende Verwaltungsabkommen (vgl. Art. 59 Abs. 2 S. 2 GG) zugelassen werden.[276]
Kurzfristig ist im Sinne einer wirklichkeitsnahen Aufsicht der ausgewiesene Lösungsweg zu tolerieren, da er unter dem Gesichtspunkt der Effektivität der Aufsicht mit dem Kriterium des § 25a Abs. 2 KWG „keine Beeinträchtigung der Prüfungsrechte und Kontrollmöglichkeiten der Aufsicht" zu vereinbaren ist.[277]

Die Darstellung hat sich bisher mit den Anwendungsvoraussetzungen des § 25a Abs. 2 KWG befasst (III.3.c.aa., -bb.) sowie mit den grundsätzlichen Voraussetzungen, die die Vorschrift vorsieht, um eine Outsourcing-Maßnahme zulässig werden zu lassen (cc.). Damit bleiben indes noch andere Fragen der Auslegung und Handhabung der Vorschrift unbeantwortet, die zum Teil auf weitere, entweder im Wortlaut des § 25a Abs. 2 KWG nicht erfasste oder auch auf bloß formelle Zulässigkeitsvoraussetzungen von Auslagerungen hinauslaufen. So sind im Folgenden die aufsichtlichen Anforderungen an bereits als grundsätzlich zulässig bestätigte Auslagerungen sowie die aufsichtlichen Anzeigeerfordernisse zu beleuchten (dd., ee.). Des Weiteren gilt es, besondere Auslagerungssachverhalte auf ihre Vereinbarkeit mit § 25a Abs. 2 KWG zu prüfen (ff.) und die Rolle zu klären, die der aufsichtsrechtliche Status des Auslagerungsunternehmens spielt (gg.). Auch ist die Frage zu stellen, ob die Übertragung von Vertretungsbefugnissen im Rahmen von Outsourcing-Arrangements zulässig ist (hh.).

### dd. Anforderungen an zulässige Auslagerungen (auch § 25a Abs. 2 S. 2 KWG)

Im Rundschreiben 11/2001 zu § 25a Abs. 2 KWG (s.o. Fn. 2) postuliert die Aufsicht eine Zweistufigkeit in der Prüfung einer Auslagerungsmaßnahme (dazu bereits oben unter III.3.c.cc.aaa. a.E.). Auf der ersten Stufe soll es um die eigentliche Zulässigkeit der Auslagerung gehen (v.a. Kriterium der Nichtbeeinträchtigung der Ordungsmäßigkeit, der Steuerungsmöglichkeit und der aufsichtlichen Prüfungsrechte durch die Auslagerung eines wesentlichen Bereiches; Abschnitt IV. des Rundschreibens); dies

275 Mit Art. 28, Art. 29, Art. 56 Abs. 7 Europäische Bankenrichtlinie (Fn. 216; im deutschen Recht (indes nicht vollständig) umgesetzt in § 53b Abs. 6 KWG) bestehen zwar europarechtliche Regelungen, die eigenhändige Prüfungen der Herkunftslandaufsicht vor Ort in einem anderen Mitgliedstaat vorsehen, allerdings betrifft dies nur die Prüfung von in einem anderen Mitgliedstaat errichteten Zweigniederlassungen. Nur wenn das ausländische Auslagerungsunternehmen eine solche Zweigniederlassung ist, helfen diese Vorschriften daher weiter.

276 Die grundsätzliche Kenntnis des KWG von derartigen Lösungen zeigt sich etwa in § 44 Abs. 3, § 44a Abs. 2, Abs. 3, § 53b Abs. 6 KWG. Siehe auch § 36c Abs. 5 WpHG.

277 Diese Bewertung wird gestützt durch die bisherige Praxis der Aufsicht. Die Aufsicht hat bisher Zweigstellen oder Tochtergesellschaften (vgl. § 44 Abs. 3 S. 2 KWG) deutscher Banken in Drittländern ebenfalls noch nicht mit der Begründung untersagt, dass hoheitliche Prüfungen dort nicht möglich sind. Dieser Fall eines Aufsichtsdefizits wiegt in mancher Hinsicht sogar schwerer als derjenige im Outsourcing-Sachverhalt.

wurde vorliegend unter III.3.c.cc. behandelt. Auf der zweiten Stufe ist sodann die Erfüllung der Anforderungen an (bereits als zulässig approbierte) Auslagerungen sicherzustellen (Abschnitt V. des Rundschreibens); darum geht es in diesem Abschnitt (III.3.c.dd.). Zu diesem Vorgehen laut Rundschreiben ist wiederholend anzumerken: Die Güte der bezeichneten Erfüllung der Anforderungen auf der zweiten Stufe ist in der Sache maßgeblich dafür, ob eine Beeinträchtigung iSd. ersten Stufe verhindert werden kann. In der aufsichtlichen Praxis wird daher die Prüfung der Ausgestaltung einer Auslagerung, insbesondere die Prüfung ihrer vertraglichen Grundlage, parallel laufen zu der Ermittlung der (Un-) Zulässigkeit der Maßnahme als solcher mit der Folge, dass die Zweistufigkeit verwischen wird.[278]

Die Ausgestaltunganforderungen an zulässige Funktionsauslagerungen tangieren zahlreiche Felder und zielen wie dargestellt ab auf die Unterdrückung einer Beeinträchtigung iSd. § 25a Abs. 2 S. 1 KWG. Sie können zum Teil aus Satz 2 der Vorschrift herausgelesen werden, im Übrigen sind sie als Umsetzungskonsequenzen der materiellen Anforderungen des Satzes 1 zu werten. Satz 2 stellt zwei Forderungen auf: zum einen vertragliche Sicherung der erforderlichen Weisungsbefugnisse durch das auslagernde Institut gegenüber dem Auslagerungsunternehmen, zum anderen Einbezug der ausgelagerten Bereiche in die internen Kontrollverfahren des auslagernden Instituts.

Die Ausgestaltunganforderungen materialisieren sich in organisatorisch-tatsächlichen Vorkehrungen und Maßnahmen ebenso wie in der Ausgestaltung des Outsourcing-Vertrages. In der Diskussion der materiellen Anforderungen wurde auf die Ausgestaltungsanforderungen zum Teil bereits eingegangen (z.B. hinsichtlich der Aufgaben der Internen Revision in Auslagerungsfällen[279]). Zusammenfassend ist eine Ausgestaltung zu verlangen, die Folgendem zur Aufrechterhaltung der Ordnungsmäßigkeit der Geschäfte, der Steuerungs- und Kontrollmöglichkeiten und der aufsichtlichen Prüfungsrechte genügt:

*Organisatorisch-tatsächliche Maßnahmen/Vorkehrungen/Regelungen*

- Auswahl des Auslagerungsunternehmens: Nur finanziell, personell, fachlich und (gewerbe-) rechtlich geeignete Unternehmen kommen als Auslagerungsunternehmen in Betracht. Die Auswahl muss die Solidität des Auslagerungsunternehmens in diesen Hinsichten zweifelsfrei gewährleisten. Das auslagernde Institut sollte auch verifizieren, ob die ausgelagerten Tätigkeiten eine Bankerlaubnis des Auslagerungsunternehmens verlangen (siehe unten III.3.c.gg. zum aufsichtlichen Status des Auslagerungsunternehmens);

278 Das Gesetz legt diese seidene, verwischte Zweistufigkeit selbst an: § 25a Abs. 2 S. 2 KWG formuliert einerseits eigenständig gegenüber Satz 1 der Norm den Kern der Ausgestaltungsanforderungen, beruft sich andererseits aber mit den „erforderlichen" Weisungsbefugnissen auf das, was nach Satz 1 erforderlich ist, um Auslagerungen zulässig werden zu lassen.

279 S.o. unter III.3.c.cc.ccc.β. (Sicherung der Prüfungsrechte für die Interne Revision des auslagernden Instituts, verbleibende Mindestprüfungsdichte durch die Interne Revision des auslagernden Instituts für den Fall, dass das Auslagerungsunternehmen die revisorischen Aufgaben für den ausgelagerten Bereich übernommen hat, Beachtung der MaR bei Outsourcing der Internen Revision selbst).

- Festlegung der institutsinternen operativen Verantwortlichkeit und formellen Zuständigkeit für laufende Auslagerungsüberwachung und -steuerung bei jeder Outsourcing-Maßnahme;
- Einbindung des Auslagerungsunternehmens in die internen Kontrollverfahren des auslagernden Instituts (Kostenrechungs-, Planungs-, Controlling-, Risikomanagement-, Management-Informationssysteme);
- Sicherheitsvorkehrungen (äußere Sicherheit, EDV) und Notfallmaßnahmen als Bestandteil des Risikomanagement des auslagernden Instituts und des Auslagerungsunternehmens sowie Vorhalten von Alternativlösungen bei (Total-) Ausfall des Dienstleisters;
- Informationserteilung an die Kunden über die Auslagerungsmaßnahme einschließlich Zustimmungseinholung, wenn und soweit eine gesetzliche oder vertragliche Verpflichtung dazu besteht (v.a. Auftragsrecht, Datenschutzrecht, s.o. unter III.2.b., c., d.). In der Literatur wird darauf hingewiesen,[280] dass die aufsichtliche Position zum Outsourcing kein Sonderkündigungsrecht des Kunden bei Funktionsauslagerungen vorsieht. Dies ist beachtlich, da eine (in Dauerschuldverhältnissen stets mögliche) Kündigung aus wichtigem Grund nicht pauschal zu bejahen sein dürfte, lediglich weil es zu (irgend-) einem Outsourcing kommt. Die Position der Aufsicht – kein Sonderkündigungsrecht – ist dennoch als ausreichend zu befürworten, da § 664 Abs. 1 S. 1 BGB (analog) zumindest bei Geschäftsbesorgungsverträgen genügend Schutz gewährt. Im *Investmentgeschäft* besitzt der Anteilinhaber zwar die jederzeitige Möglichkeit der Rückgabe der Anteilscheine. Dies dürfte allerdings nicht immer seinen Interessen entsprechen, sei es, weil er erst für kurze Zeit investiert ist und einen Ausgabeaufschlag hat bezahlen müssen, sei es, weil er einen Rücknahmeabschlag (vgl. § 41 Abs. 1 S. 2, 3 InvG) zu leisten hätte. Siehe dazu die Lösungsvorschläge unter VI.5.a.

*Ausgestaltung des Auslagerungsvertrages*

Jede Outsourcing-Maßnahme muss vertraglich fixiert werden. Die Schriftform folgt letztlich aus der Verordnungsregelung des § 20 S. 3 Nr. 1 AnzV. Mindestinhalte des Auslagerungsvertrages sind:

- Sorgfältige Abgrenzung des auszulagernden Bereiches und der sachlichen Verantwortlichkeiten – in der Praxis häufig durch Service Level Agreements bewerkstelligt (festzulegen ist, was (schon) und was nicht (mehr) Aufgabe des Auslagerungsunternehmens ist);
- Sicherung der *Rechte*, die für die Aufrechterhaltung der Steuerungs- und Kontrollmöglichkeiten des Instituts (insbesondere für die Einbindung in die internen Kontrollverfahren) und für die Prüfungsrechte der Aufsicht erforderlich sind: Auskunfts-, Einsichts-, Zutritts-, Zugangs-, Prüfungsrechte für das auslagernde Institut, seine Prüfer und die Aufsicht, Recht zur Vornahme von revisorischen Ergänzungsprüfungen. Daneben ist ein Weisungs- und Kontrollrecht zu Gunsten

---

280 *Hennrichs* (2000), S. 1564.

des auslagernden Instituts einzuräumen (siehe dazu näher den Exkurs sogleich);[281]

- Sicherstellung der Prüfungsrechte der Aufsicht für den Fall, dass das Auslagerungsunternehmen im Ausland sitzt (s.o. unter III.3.c.cc.ddd.β.);
- Sicherstellung, dass die allgemeinen gesetzlichen Bestimmungen (insbesondere datenschutzrechtliche Vorschriften) sowie Bank- und Geschäftsgeheimnisse beachtet werden;
- Kündigungsrechte, die ausreichend flexibel sind für Alternativlösungen;
- weitere Vertragsinhalte müssen im Einzelfall sein: Pflicht zur regelmäßigen Berichterstattung/ Meldepflichten, Haftungsregelungen, Vertragsdauer, Vergütung, Pflichtenbeachtung durch das Auslagerungsunternehmen bei Weiterverlagerungen (s.o. unter III.3.c.cc.ccc.γ. a.E.).

Dieser anspruchsvolle Anforderungskatalog, der im Rundschreiben 11/2001 (s.o. Fn. 2) noch stärker ausdifferenziert ist, wird in der Praxis bei weitem nicht in allen Outsourcing-Fällen berücksichtigt. Bei Auslagerungsunternehmen, die der Institutsgruppe des auslagernden Instituts angehören oder anderweitig der Bankaufsicht unterliegen, sollten gewisse Abstriche mit Blick auf die anderweitig bestehenden aufsichtlichen Möglichkeiten geduldet werden.

*Exkurs: Weisungsrecht nach § 25a Abs. 2 S. 2 KWG*

Die von § 25a Abs. 2 S. 2 KWG, § 20 S. 3 Nr. 1 AnzV geforderte Einräumung von *Weisungs*befugnissen ist *aufsichtsrechtlich* zu begründen mit der Pflicht des auslagernden Instituts zur Wahrnehmung seiner aufsichtlichen Pflichten, insbesondere die Wahrung der Ordnungsmäßigkeit und der Steuerungs- und Kontrollmöglichkeiten. In *gesellschaftsrechtlicher* Hinsicht bleiben indessen offene Fragen.[282] Adressat des Weisungsrechts müsste teleologisch die Geschäftsleitung des Auslagerungsunternehmens sein.[283] Nach den gesellschaftsrechtlichen Strukturprinzipien der eigenverantwortlichen Wahrnehmung der Unternehmensleitung und der Verbandssouveränität (s.u. unter III.3.c.ff.aaa.) ist das Geschäftsführungsorgan des Auslagerungsunternehmens jedoch dazu berufen, autonom darüber zu bestimmen, wie der Gesellschaftszweck zu verfolgen ist. Unwidersprochen hinzunehmende Weisungen eines unverbundenen Unternehmens sind damit grundsätzlich nicht in Übereinstimmung zu bringen. Es verbleiben gesellschaftsrechtlich zwei Wege, das Weisungsrecht ge-

---

281 Nach § 20 S. 3 Nr. 2 AnzV ist hinsichtlich der formellen Prüfungen – Jahresabschlussprüfungen, Prüfungen der Aufsicht (insbesondere nach § 44 KWG) – eine Duldungserklärung des Auslagerungsunternehmens gefordert (s.o.unter III.3.c.cc.ddd.α). Diese kann jedoch auch Bestandteil des vertraglichen Arrangements werden.

282 Darauf wird hingewiesen von *Mülbert* (2001), S. 24 ff.

283 *Mülbert* (2001), S. 25; *Benzler* (2001), S. 340 (Fn. 50); *Zerwas/ Hanten* (1998), S. 1114 f.; *Zerwas/ Hanten* (2000), S. 278; *Zerwas/ Hanten/ Bühr* (2002), S. 22; wohl auch *Eyles* (2001), S. 1230 f.; während im Ersten Entwurf zum Rundschreiben (s. Fn. 138) noch von einem „unmittelbare[n] Weisungsrecht gegenüber der Geschäftsleitung des Serviceunternehmens" die Rede war (S. 9), halten sich die späteren Entwürfe und das eigentliche Rundschreiben in diesem Punkt bedeckt. So formuliert das eigentliche Rundschreiben (s.o. Fn. 2), Tz. 30: „Weisungs- und Kontrollrechte vom Auslagerungsunternehmen vertraglich einräumen […] lassen".

genüber dem Geschäftsführungsorgan einzurichten: Entweder wird dem auslagernden Institut in der Satzung des Auslagerungsunternehmens ein organschaftliches Weisungsrecht eingeräumt. Dadurch würde es zum einzigen Mitglied eines neu geschaffenen Organs. Oder die Gesellschafter des Auslagerungsunternehmens beseitigen die Souveränität als den verbandlichen Daseinszweck und setzen einen neuen Zweck an seine Stelle, der die Einräumung des gefragten Weisungsrechts gestattet. Mit § 291 AktG hat der Gesetzgeber eine solche Möglichkeit anerkannt; die überwiegende Ansicht im Schrifttum spricht sich auch bei der GmbH und bei Personengesellschaften für die Möglichkeit der beherrschungsvertraglichen Konzernierung aus. Es bestehen allerdings weitere gesellschafts- und konzernrechtliche Schwierigkeiten auf, die bei beiden der skizzierten Lösungswege bestehen:[284] Ein neues organschaftliches Weisungsrecht ist bei der Aktiengesellschaft infolge § 23 Abs. 5 AktG (Grundsatz der Satzungsstrenge) wohl nicht möglich, bei Personengesellschaften ist der Kreis der Weisungsberechtigten auf die Gesellschafter selbst begrenzt. Der Beherrschungsvertrag bereitet u.a. bei Delegationen auf ein Mutterinstitut und bei Auslagerungsunternehmen mit Sitz im Ausland Probleme. Diese gesellschaftsrechtlichen Bedenken können im Rahmen dieser Arbeit nicht weiter erörtert werden. Ihre kursorische Prüfung legt allerdings nahe, aufsichtsrechtlich „Verzicht zu üben" und das benannte Weisungsrecht nicht als Weisungsrecht gegenüber dem Geschäftsführungsorgan zu verstehen. Es sollte dann allein schuldrechtlich verstanden werden (z.B. geschäftsbesorgungsvertragliches Weisungsrecht [gegenüber dem Auslagerungsunternehmen als juristischer Person]). Dies ist vertretbar, da auch auf diese Weise in Verbindung mit den verbleibenden, vertraglich einzurichtenden Befugnissen die Honorierung des § 25a Abs. 2 S. 2 KWG grundsätzlich möglich ist.[285]

### ee. Anzeigeerfordernisse, § 25a Abs. 2 S. 3 KWG

Nach § 25a Abs. 2 S. 3 KWG ist das auslagernde Institut angehalten, der BAFin und der Deutschen Bundesbank die Absicht zur Auslagerung eines wesentlichen Bereiches und den Vollzug der Auslagerung anzuzeigen. Die Unterrichtung der Aufsicht wird auf diese Weise zu einer weiteren, formellen Zulässigkeitsvoraussetzung.
§ 25a Abs. 2 KWG sieht also kein Genehmigungsverfahren für Outsourcing-Vorhaben vor, sondern lediglich ein zweistufiges Anzeigeverfahren, das der Aufsicht die Möglichkeit zur Prüfung und ggf. zur Einleitung von Sanktionsmaßnahmen gibt (dazu unter III.3.c.ii.; im Rahmen der Anzeige ist insbesondere an eine Untersagung nach § 6 Abs. 3 KWG zu denken). Da § 25a Abs. 2 KWG von der grundsätzlichen Zulässigkeit des Outsourcing ausgeht, kann die Vorschrift nicht zugleich eine präventive Kontrolle vorsehen; die formale Regelungstechnik eines Verbots mit Erlaubnisvorbehalt scheidet daher aus (s. bereits III.3.a.aa.).

---

284 Darauf weist wiederum *Mülbert* a.a.O. hin m.w.N.

285 Die hier diskutierte beherrschungsvertragliche Konstellation ist zu unterscheiden von der unter III.3.c.ff.aaa. erörterten, bankaufsichtsrechtlich (und weniger gesellschaftsrechtlich) bedenklichen Situation, in der das betrachtete auslagernde Institut nicht herrschendes Unternehmen, sondern abhängiges Unternehmen ist.

§ 20 AnzV detailliert auf der Basis der Ermächtigungsnorm des § 24 Abs. 4 KWG die Modalitäten der Anzeigen. Auch Weiterverlagerungen sind anzuzeigen.
In der *Absichtsanzeige* sind der auszulagernde Bereich, das Auslagerungsunternehmen und der absehbare Zeitraum bis zur Realisierung zu benennen. Dies ist insbesondere durch den Outsourcing-Vertrag bzw. durch seinen Entwurf darzulegen. Er sollte den unter III.3.c.dd. angeführten Anforderungen genügen. Der relevante Zeitpunkt für die Anzeige ist der Zeitpunkt der Entscheidung der Geschäftsleitung des auslagernden Instituts zur Vornahme der Auslagerung.[286]
Die *Vollzugsanzeige* kann sich beschränken auf die schlichte Angabe des Vollzugs des Outsourcing-Vorhabens und auf ggf. eingetretene inhaltliche Abweichungen von der Absichtsanzeige. Hier ist der richtige Zeitpunkt für die Anzeige der Zeitpunkt, zu dem das Auslagerungsunternehmen tatsächlich mit der Leistungserbringung beginnt.

### ff. Grenzen des Outsourcing nach § 25a Abs. 2 KWG

Um § 25a Abs. 2 KWG weiter zu konkretisieren, soll ausgelotet werden, wie weit Auslagerungsmaßnahmen greifen können, bevor die Grenzen erreicht werden, ab denen die betroffenen Outsourcing-Maßnahmen unzulässig werden. Dazu soll drei Fragestellungen nachgegangen werden:

- Können auch zentrale Leitungsfunktionen ausgelagert werden (dazu aaa.)?
- Gibt es Teilakte von Bankgeschäften oder Finanzdienstleistungen, die generell der Auslagerung entzogen sind (dazu bbb.)?
- Werden Zulässigkeitsgrenzen erreicht, wenn ein Institut sukzessive mehr Bereiche der eigenen Geschäftstätigkeit auslagert? Ist etwa auch eine Totalauslagerung möglich (dazu ccc.)?

Vorangestellt werden sollte, dass dann, wenn das Gesetz selbst die zur Vornahme einer Entscheidung Berufenen individualisiert, dieser gesetzgeberische Wille nicht durch Auslagerung unterlaufen werden darf: Die Gewährung von Großkrediten und Organkrediten ist ausschließlich den Geschäftsleitern (§ 1 Abs. 2 KWG) bzw. dem Aufsichtsrat zugewiesen und kann nicht delegiert werden (§ 13 Abs. 2 S. 1, § 13a Abs. 2, § 15 Abs. 1 S. 1 KWG). Ebenso können gesellschaftsrechtliche Kompetenzverteilungen zwischen den Organen einer Gesellschaft durch Outsourcing nicht modifiziert werden.

#### aaa. Auslagerbarkeit von zentralen Leitungsfunktionen

Die zentralen Leitungsfunktionen umfassen die wichtigen Führungsaufgaben der Geschäftsleitung. Dazu zählen die Unternehmenspolitik, die Unternehmensplanung und -organisation, das strategische Unternehmenscontrolling, der grundsätzliche Einsatz der Unternehmensressourcen sowie die Besetzung von Führungspositio-

286 *Benzler* (2001), S. 338; *Braun* in Boos/ Fischer/ Schulte-Mattler § 25a Rn. 653; *Zerwas/ Hanten* (1998), S. 1117; *Eyles* (2000), S. 1230.

nen.[287] Aus Sicht eines Kredit- oder Finanzdienstleistungsinstituts wird man auch die Entscheidung über die grundsätzliche Aufnahme oder Beendigung der geschäftlichen Aktivität in einem der Katalogtatbestände des § 1 Abs. 1, Abs. 1a KWG dazu rechnen müssen.

Nach einhelliger Auffassung sind diese Funktionen nicht auslagerbar. Ein Outsourcing dieser Tätigkeiten wäre, auch nach Haltung der Aufsicht,[288] bereits wegen Unvereinbarkeit mit der Pflicht zur eigenverantwortlichen Unternehmensleitung gesellschaftsrechtlich unzulässig. Für die Aktiengesellschaft wird dies aus § 76 Abs. 1 AktG hergeleitet: Aus der in dieser Vorschrift normierten Zuweisung der Leitung an den Vorstand folgt ihre Nichtdelegierbarkeit.[289] Auch in der GmbH sind die originären Führungsfunktionen den Geschäftsführern vorbehalten; Ausnahmen davon sind nur möglich bei gesetzlichen Regelungen, in denen die Gesellschafter zuständig sind (z.B. § 37 Abs. 1, § 46 Nr. 5, Nr. 7 GmbHG), oder falls die Gesellschafter im Gesellschaftsvertrag abweichende Leitungszuständigkeiten vorsehen.[290]

Aus anderen aktienrechtlichen Vorschriften können kaum weitere gesellschaftsrechtliche Auslagerungsschranken abgeleitet werden[291]

- § 91 Abs. 2 AktG verlangt die Einrichtung eines Risikomanagement- und Risikoerkennungssystems;[292] die Vorschrift wäre jedoch trotz ihrer organisationsrechtlichen Stoßrichtung überinterpretiert, wenn darin die Forderung nach einer organisatorischen Mindesttiefe zur Kappung von Kontrollverlusten infolge von Outsourcing gesehen würde.
- Denkbar ist, dass Outsourcing zu einem Eingriff in die gesellschaftliche Verbandssouveränität auswächst. Danach agiert die autonome Gesellschaft selbstbestimmt und darf ihr Schicksal nicht in die Hände anderer legen.[293] Indes ist bei Beachtung der Anforderung des § 25a Abs. 2 KWG (keine Beeinträchtigung der Steuerungs- oder Kontrollmöglichkeiten der Geschäftsleitung) nicht zu erkennen, dass Funktionsauslagerungen dennoch unzulässig in die Gesellschaftsautonomie eingreifen.[294] Aus der Verbandssouveränität entstehen daher keine neuen, strengeren Grenzziehungen für Outsourcing.

Die Möglichkeit einer Aktiengesellschaft, durch einen Beherrschungsvertrag nach § 291 AktG die Leitung ihrer Gesellschaft einem anderen Unternehmen zu unterstellen, muss nicht der Nichtauslagerbarkeit der zentralen Leitungsfunktionen gemäß

---

287 *Mertens* in Kölner Kommentar zum Aktiengesetz § 76 Rn. 4 f.; *Fischer* in BankRHandB § 128 Rn. 53; *Eyles* (2000), S. 1228; *Mülbert* (2001), S. 13 m.w.N.; *Endres* (1999), S. 449.

288 Rundschreiben des BAKred zu § 25a Abs. 2 KWG (Fn. 2), Tz. 13.

289 *Mertens* in Kölner Kommentar zum Aktiengesetz § 76 Rn. 4 f., 40, 43-46; *Mülbert* (2001), S. 13 f.; bereits die betriebs- oder konzern*interne* Verlagerung von Leitungsentscheidungen auf eine tiefere Führungsebene scheidet nach § 76 Abs. 1 AktG aus (vgl. *Mertens* a.a.O.).

290 *Lutter/ Hummelhoff* (2000) § 37 Rn. 4; *Mülbert* (2001), S. 13 f.

291 In Anlehnung an *Mülbert* (2001).

292 A.A., aber nicht überzeugend, *Hüffer* (2002) § 91 Rn.1, 4, 9.

293 *Schmidt* (1997) § 5 I 3, § 17 I 1 a).

294 Ähnlich *Mülbert* (2001), S. 23, 39.

der Pflicht zur eigenverantwortlichen Unternehmensleitung widersprechen: Bei einem solchen Beherrschungsvertrag wird der verbandliche Daseinszweck geändert und die Leitungsstruktur gesellschaftsrechtlich auf eine andere, gesetzlich geregelte Grundlage gestellt. Dies ist zu unterscheiden von der schlicht-schuldrechtlichen Delegation von Leitungsfunktionen einer Gesellschaft, die gesellschaftsrechtlich unverändert als souveräne, nicht beherrschte Unternehmung agiert. Für die *bankaufsichtliche* Rechtmäßigkeit von Beherrschungsverträgen ist allerdings einzuschränken: Zwar fehlen im Bankaufsichtsrecht spezifische Regelungen zum Schutz vor konzerntypischen Risiken, dennoch ist ein Vorbehalt im Beherrschungsvertrag zu fordern, der die bedingungslose Weisungsgebundenheit eines Instituts bzw. seiner Geschäftsleiter ausschließt. Denn aufsichtsrechtlich bleiben allein die Geschäftsleiter gegenüber der Aufsichtsbehörde für die Führung der Geschäfte verantwortlich, auch im Falle eines Beherrschungsvertrags, § 1 Abs. 2, § 32 Abs. 1 S. 2 Nr. 4, § 33 Abs. 1 S. 1 Nr. 2, Nr. 4 KWG.[295]

Auch aus dem KWG selbst – § 25a Abs. 1 S. 1 Nr. 2, Abs. 2 KWG und § 34 Abs. 1 KWG – ist die Nichtauslagerbarkeit der zentralen Geschäftsleitungstätigkeiten herauszulesen.
Eine ordnungsgemäße Geschäftsorganisation iSd. § 25a Abs. 1 S. 1 Nr. 2 KWG, die zur Erreichung der unternehmerischen Ziele und zur Beachtung der aufsichtsrechtlichen Anforderungen angemessen ist, ist ohne eigene Wahrnehmung der zentralen Leitungsfunktionen nicht denkbar. Das Outsourcing dieser Tätigkeiten führte außerdem unausweichlich zu einer Beeinträchtigung der Steuerungs- oder Kontrollmöglichkeiten der (zumindest formell verbliebenen) Geschäftsleitung und damit zu einer Verletzung der Zulässigkeitsvoraussetzungen des § 25a Abs. 2 KWG: Ohne die Entscheidungshoheit über die grundlegenden Unternehmenssachverhalte ist die Geschäftsleitung zu einer wirkungsvollen Steuerung und Kontrolle des Unternehmens außer Stande.[296]

§ 34 Abs. 1 KWG schließt die Anwendbarkeit des § 45 GewO aus. In § 45 GewO wird Gewerbetreibenden die grundsätzliche Möglichkeit eingeräumt, „die Befugnisse zum [...] Gewerbebetrieb" durch einen Stellvertreter ausüben zu lassen. Die Vorschrift zielt dabei auf die Vertretung des Gewerbetreibenden selbst ab, d.h. des Inhabers des Gewerbebetriebes; der Stellvertreter im Sinne der Vorschrift führt *den Gewerbebetrieb des Inhabers* mit *dessen* Anlagen, Räumlichkeiten etc.[297]

---

295 Dazu *Miederhoff* (2001), v.a. S. 2042 f., 2048-2051; *Szagunn/ Haug/ Ergenzinger* § 1 Rn. 74; *Fülbier* in Boos/ Fischer/ Schulte-Mattler § 1 Rn. 153; Schreiben des BAKred vom 27.2.1989 [Geschäftszeichen II 5 – E 246 – 31]). Siehe auch III.3.c.dd. a.E.

296 So auch *Hofmann* (2001), S. 47; *Braun* in Boos/ Fischer/ Schulte-Mattler § 25a Rn. 596; beim Kriterium der Nichtbeeinträchtigung der Steuerungs- und Kontrollmöglichkeiten der Geschäftsleitung geht es einerseits um den Erhalt der Kontrolle über das Auslagerungsunternehmen und den ausgelagerten Bereich (dazu v.a. die Darstellung unter III.3.c.cc.ccc.). Andererseits verlangt das Kriterium aber auch die Sicherstellung, dass die institutsinternen Möglichkeiten zur Steuerung und Kontrolle des eigenen Unternehmens unversehrt bleiben. Gerade dies ist aber durch das Outsourcing zentraler Leitungsfunktionen in Frage gestellt (siehe bereits Fn. 254).

297 *Marcks* in Robinski S. 126 f.; *Stober* (2001) § 46 I 4.

In der gedanklichen Anwendung dieser Vorschrift auf Institute wird deutlich, dass mit dem Ausschluss des § 45 GewO die Stellvertretung für Geschäftsleitungstätigkeiten der Institute ausgeschlossen wird. Denn *ratio legis* des § 34 Abs. 1 KWG ist, dass *Leitung des Instituts* und *Verantwortung gegenüber der Aufsicht* (die nicht abgegeben werden kann) grundsätzlich übereinstimmen[298] und dass nur solche Personen gegenüber der Aufsicht für die Leitung eines Instituts verantwortlich sind, die betriebsintern die erforderliche Unabhängigkeit besitzen.[299] Einem Stellvertreter wird insoweit nicht immer zugetraut, diese Unabhängigkeit aufzuweisen.
Da Eigentümer und Erlaubnisträger nicht in allen gesellschaftsrechtlichen Konstellationen zur Leitung des Instituts und zur Verantwortung gegenüber der Aufsicht berufen sind, muss insoweit auf die Geschäftsleiter iSd. § 1 Abs. 2 S. 1 KWG abgestellt werden (im Ausnahmefall auch § 1 Abs. 2 S. 2 KWG). Diese sind zur Führung der Geschäfte nach innen und zur Vertretung des Instituts nach außen befugt sowie gegenüber der Aufsicht verantwortlich.
Im Ergebnis impliziert damit die in § 34 Abs. 1 KWG normierte rechtliche Unmöglichkeit der Bestellung eines Stellvertreters für Geschäftsleiter iSd. § 1 Abs. 2 KWG, dass das *Outsourcing* der originären Geschäftsleitungstätigkeiten ausgeschlossen ist. Denn das Outsourcing dieser Tätigkeiten erschöpft sich in der Einräumung von Vertretungsmacht und verlangt vom „Insourcer" nicht das Aufbringen einer (rein tatsächlichen) eigenen Infrastruktur o.ä.

Aus transaktionskostenökonomischer Sicht weisen die zentralen Leitungsfunktionen hohe Spezifität auf, und ihre Delegation birgt Unsicherheit infolge substanzieller Opportunismusgefahren. Daher sind Organisationsformen mit hoher vertikaler Integration zu bevorzugen. Insoweit geht die Transaktionskostenlehre konform mit der bankaufsichtsrechtlichen Nichtauslagerbarkeit der zentralen Leitungsfunktionen.

### bbb. Auslagerbarkeit von Teilakten von Bankgeschäften und Finanzdienstleistungen

Die Nichtauslagerbarkeit von ausgewählten „Teilakten" von Bankgeschäften und Finanzdienstleistungen ist umstritten. Dahinter steht die Frage, ob essenzielle bankbetriebliche Funktionen bestehen, die zwingend in der operativen Verantwortung des Instituts stehen müssen und daher von Anbeginn als Gegenstand eines Outsourcing ausscheiden. Mit „Teilakten" sind dabei Tätigkeiten gemeint, die unmittelbar für die Durchführung von Bankgeschäften und Finanzdienstleistungen notwendig sind, die also in ihrer Summe zum tatsächlichen Erbringen und zur rechtlichen Erfüllung eines Bankgeschäftes oder einer Finanzdienstleistung führen (siehe näher unten unter III.3.c.gg.aaa. und -eee.).
Die Existenz nicht auslagerbarer Teilakte war in den Entwurfsstadien zum Rundschreiben 11/2001 des BAKred (s. Fußnoten 2, 138) unter dem Stichwort des „Kern-

298 *Szagunn/ Haug/ Ergenzinger* § 34, Rn. 2.
299 *Fischer* in Boos/ Fischer/ Schulte-Mattler § 34 Rn. 1; *Reischauer/ Kleinhans* § 34 Rn. 1.

bereiches" diskutiert worden und ist zum Teil auf positiven Widerhall[300], allerdings auch auf die Kritik der Interessenverbände der Kreditwirtschaft gestossen. Der Kernbereich soll betroffen sein, wenn Entscheidungen gefällt werden, die nur dem lizenzierten Unternehmen zustehen, wenn also gegenüber dem Bankkunden Willenserklärungen abgegeben und damit bankspezifische Risiken begründet werden.[301] Bejaht man einen so definierten Kernbereich, wäre es Auslagerungsunternehmen verwehrt, Tätigkeiten zu übernehmen, die einen eigenen Ermessens- und Entscheidungsspielraum beinhalten. Begründet wird der Kernbereich damit, dass die Abgabe von Willenserklärungen in die Entscheidungskompetenz des Instituts fällt und damit originäre Geschäftsleiteraufgabe ist; auf die Entscheidung über die Abgabe dieser Willenserklärungen zu verzichten, bedeutet demnach einen aufsichtlich unvertretbaren Verlust an Steuerungsmöglichkeiten für die Geschäftsleitung des Instituts.

Die Vorstellung eines solchen Kernbereichs ist indes nicht haltbar. Die Vorschrift des § 25a Abs. 2 KWG ist nach ihrem Regelungsmuster hinsichtlich der grundsätzlichen Möglichkeiten des Outsourcing eine liberale Vorschrift, die Gestaltungsspielräume eröffnen möchte. Die Norm stellt keine Verbote auf, durch die bestimmte Bereiche oder Teilakte als nicht auslagerbar stigmatisiert werden. Vielmehr formuliert sie Bedingungen, bei deren Respektierung Auslagerungen grundsätzlich zulässig sind.

---

300 *Zerwas/ Hanten* (2000), S. 1113; *Nirk* (1999), S. 75; *Szagunn/ Haug/ Ergenzinger* § 1 Rn. 93 [insoweit schon vor der Sechsten KWG-Novelle (1.1.1998)]; *Braun* in Boos/ Fischer/ Schulte-Mattler § 25 Rn. 584 f.; *Fischer* in BankRHandB § 128 Rn. 53; wenngleich bei diesen Autoren nicht ausnahmslos in den Kategorien des Kernbereichs argumentiert wird, wird doch stets ein Bereich tabuisiert, der *a priori* für Outsourcing unzugänglich ist. Bereiche, die *Entscheidungen* erfordern, sollen danach nur ausgelagert werden dürfen, wenn diese Entscheidungen durch das auslagernde Institut prädeterminiert werden können. *Benzler* (2001), S. 334 f., erkennt zwar einen Kernbereich an, will ihn aber nicht pauschal, sondern institutsindividuell bestimmen. Diese Position ist letztlich ein Einverständnis mit der gesetzlichen Regelung, dass es nicht auslagerbare Bereiche geben kann nach den Zulässigkeitsmaßstäben des § 25a Abs. 2 KWG.

301 Entwurf des BAKred zu einem Rundschreiben zu § 25a Abs. 2 KWG vom 13.7.1998 (siehe Fn. 138) S. 5; das Verständnis dieses ersten Entwurfes zur Auslagerbarkeit unterschiedlicher Bereiche lässt sich wie folgt schematisieren:

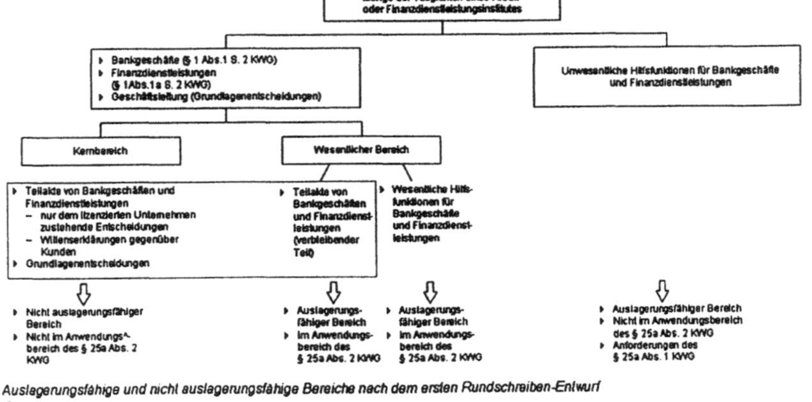


*Auslagerungsfähige und nicht auslagerungsfähige Bereiche nach dem ersten Rundschreiben-Entwurf*

Das Gesetz hält insoweit keinen Anhalt parat für einen Bereich von generell nicht auslagerungsfähigen Teilakten.[302] Im Gegenteil verhält es sich so, dass mit der gesetzlichen Möglichkeit, auch *wesentliche* Bereiche auszulagern, im Wortlaut eher Indizien gegen einen nicht auslagerbaren Kernbereich zu finden sind.[303]

Es werden weitere Argumente gegen einen Kernbereich der Nichtauslagerbarkeit vorgetragen, darunter:

- Weder das AktG (§ 76 Abs. 1 AktG) noch das GmbHG ziehen der Auslagerung von Entscheidungen gesellschaftsrechtliche Schranken, die den Abschluss von Rechtsgeschäften mit Dritten bedeuten oder in anderer Weise Risiken für das auslagernde Institut begründen oder verändern, solange nicht die Pflicht zur eigenverantwortlichen Unternehmensleitung missachtet wird.[304]
- § 5 Abs. 3 Nr. 4 VAG zeigt für das Versicherungsaufsichtsrecht, dass eine liberale Handhabung der Auslagerung auch sensibler Bereiche nicht zu aufsichtlichen Beeinträchtigungen führen muss. Es wird daher eine der Aufsicht als solcher anhaftende Gesetzmäßigkeit negiert, der zufolge stets ein nicht auslagerbarer Bereich bestehen würde.[305]

Neben diesen Zweifeln an einem *a priori* nicht auslagerungsfähigen Kernbereich als solchem wird berechtigte Kritik an der gewählten inhaltlichen Bestimmung des Kernbereichs geübt. Von Nichtauslagerbarkeit auszugehen, sobald eine Willenserklärung abzugeben ist, definiert einen sehr weiten Kernbereich, der viele Outsourcing-Maßnahmen im Keim erstickte. Hinzu tritt, dass es nicht praxisgerecht ist, jede Abgabe einer Willenserklärung zu einer originären Geschäftsleiteraufgabe zu stilisieren;[306] hier ist vielmehr eine Abstufung zu den tatsächlichen zentralen Führungsaufgaben und Grundlagenentscheidungen vonnöten.

Ein Kernbereich ist mithin zumindest unter Outsourcing-Gesichtspunkten abzulehnen. Ein *von Anbeginn* dem Outsourcing verschlossener Bereich existiert nicht.[307] Damit ist allerdings noch keine Aussage dazu getroffen, ob es Teilakte von Bankgeschäften oder Finanzdienstleistungen gibt, die *im Ergebnis* nicht auslagerbar sind. Ebenso wenig wie § 25a Abs. 2 KWG pauschale Auslagerungsverbote postuliert, verteilt die Vorschrift Freibriefe. Es ist in jedem Einzelfall die Zulässigkeit des Outsourcing zu prüfen. Stellt sich dabei heraus, dass ein Teilakt eines Bankgeschäftes oder einer Finanzdienstleistung seiner Natur nach nicht ausgelagert werden kann, ohne

302 Außerdem bietet das Gesetz weder im Wortlaut noch in teleologischer Hinsicht eine Grundlage für die im ersten Entwurf – offenbar motiviert durch die Regierungsbegründung zur Sechsten KWG-Novelle (BT-Drucks. 13/7142, S. 88) – durch die Aufsicht vorgenommene feinadrige Gliederung aller Institutstätigkeiten (wie dargestellt in Fn. 301).

303 *Baums/ Steck* (1998), S. 2264 f.

304 *Mülbert* (2001), S. 15.

305 *Eyles* (2000), S. 1227; *Eyles* (2001).

306 *Marwede* (2001), S. 306; *Marwede* in Boos/ Fischer/ Schulte-Mattler § 53 Rn. 36 f. (1. Auflage, ohne Wiederaufgreifen der Problematik in der Folgeauflage); *Benzler* (2001), S. 335; *Eyles* (2001), S. 90.

307 So nun auch das Rundschreiben des vormaligen BAKred zu § 25a Abs. 2 KWG (Fn. 2), Tz. 12.

die Zulässigkeitsvoraussetzungen zu verletzen, d.h. ohne die Ordnungsmäßigkeit der Geschäfte oder Dienstleistungen, die Steuerungs- und Kontrollmöglichkeiten der Geschäftsleitung oder die Prüfungsrechte und Kontrollmöglichkeiten der Aufsicht zu beeinträchtigen, ist der betroffene Teilakt im Ergebnis nicht auslagerbar nach § 25a Abs. 2 KWG.
Schließlich ist festzuhalten: Auch wenn § 25a Abs. 2 KWG einen Kernbereich nicht kennt, präjudiziert dies nicht, dass aus spezialgesetzlichen Materien keine Anforderungen an Outsourcing-Maßnahmen erwachsen, die auch die pauschale Nichtauslagerbarkeit von Teilakten bedeuten können.

#### ccc. „Absolute" Grenzen

Auslagerungsmaßnahmen müssen in der unternehmerischen Strategie von Instituten keine nur einmalig vorgenommenen Aktionen sein. Denkbar ist auch, dass ein Institut entweder bereits bei Geschäftsaufnahme (also im Zeitpunkt der Lizenzerteilung) oder als etabliertes Institut Outsourcing-Vorhaben „kumuliert" und zunehmend mehr Bereiche innerhalb eines Bankgeschäftes oder einer Finanzdienstleistung oder auch über Geschäfte oder Finanzdienstleistungen hinweg auslagert. Daher gilt es zu ermitteln, ob die Reduktion auf „virtuelle" Institute im Wege der Totalauslagerung möglich ist, so dass nur noch eine Banklizenz mit Outsourcing-Netzwerk und der gesetzlich vorgesehenen Mindestanzahl an Geschäftsleitern zurückbleibt, oder ob bei der Kumulation von Auslagerungsmaßnahmen, die individuell aufsichtsrechtlich unkritisch sind, eine Zulässigkeitsgrenze erreicht wird.[308]

Zunächst bestehen *gesellschaftsrechtliche* Grenzen, deren Bestimmung in der Pflicht zur eigenverantwortlichen Unternehmensleitung und in der gesellschaftlichen Verbandssouveränität zu suchen ist (s.o. unter III.3.c.ff.aaa.). Eine Gesellschaft darf sich demnach nicht der zentralen Leitungsfunktionen begeben und muss die Fähigkeit zur eigenen, selbstbestimmten unternehmerischen Willensbildung zurückbehalten. Eine Totalauslagerung, die die Geschäftsleitung einschließt, ist damit nicht zu vereinbaren.
Auch Outsourcinglösungen, die alle Funktionen bis auf die Geschäftsleitung auslagern, können im Einzelfall bereits aufgrund der bezeichneten gesellschaftsrechtlichen Schranken unzulässig sein. Jedoch reichen diese Schranken nicht aus, ein generelles Unzulässigkeitsurteil für solche Lösungen zu treffen: Ein selbstbestimmtes Vorgehen der Gesellschaft kann – theoretisch – auch durch die isoliert agierende Geschäftsleitung sichergestellt werden.

308 Die Entstehung „virtueller" Institute ist keine betriebswirtschaftliche Phantasie. Weit vorangeschritten in diese Richtung ist insbesondere die NetBank AG (Hamburg), eine 1998 durch sieben Sparda-Banken gegründete (Internet-) Bank. Der Personalstamm dieser Bank mit über 50.000 Kunden wird durch konsequentes Outsourcing auf zwölf Mitarbeiter einschließlich zweier Geschäftsleiter reduziert (vgl. *Siems* [2002]). Gerade im Investmentbereich ist die virtuelle Gesellschaft für viele der kleineren Kapitalanlagegesellschaften bei sich ständig verbesserndem Outsourcing-Angebot eine ernsthaft zu erwägende Alternative.

Allerdings bestehen andere, *bankaufsichtsrechtliche* Grenzen, die bereits unterhalb der Totalauslagerung greifen können. Die Aufsicht zieht diese Grenzen so, dass „Auslagerungslösungen [unzulässig sind], bei denen die Gesamtheit der in der Einzelbetrachtung zulässigerweise ausgelagerten Bereiche die im Institut verbleibenden Bereiche an Umfang und Bedeutung deutlich übertreffen".[309] Diese Grenzziehung ist fragwürdig, da sie die von § 25a Abs. 2 KWG selbst gelieferten Kriterien übergeht, nämlich die Nichtbeeinträchtigung der Ordnungsmäßigkeit der Geschäfte und Dienstleistungen, der Steuerungs- und Kontrollmöglichkeiten der Geschäftsleitung und der aufsichtlichen Prüfungsrechte und Kontrollmöglichkeiten. Eine solche Nichtbeeinträchtigung kann im Einzelfall selbst dann zu bejahen sein, wenn Umfang und Bedeutung der ausgelagerten Bereiche gegenüber den zurückbehaltenen Bereichen dominieren. Umgekehrt sind auch Fälle denkbar, in denen es zu einer Beeinträchtigung iSd. § 25a Abs. 2 KWG kommt, obwohl der ausgelagerte Bereich gegenüber dem Bereich der Selbsterstellung zurückbleibt.
Es sollte daher auf die von § 25a Abs. 2 KWG selbst gebotene Handhabung rekurriert werden. Danach ist jede Outsourcing-Maßnahme individuell auf Nichtbeeinträchtigung im angegebenen Sinn zu prüfen unter Berücksichtigung der institutsspezifischen Gegebenheiten. Zu diesen Gegebenheiten kann auch zählen, dass das betrachtete Institut schon zuvor Auslagerungen unternommen hat. Wenn aufgrund dieses institutsspezifischen Outsourcing-Profils in der Kumulation der Maßnahmen mit der nunmehr zu prüfenden Maßnahme eine Beeinträchtigung iSd. Vorschrift eintritt, wird die Unzulässigkeit nach § 25a Abs. 2 KWG nicht dadurch aufgehoben, dass dieselbe Maßnahme isoliert bzw. zu einem früheren Zeitpunkt in der Outsourcing-Historie dieses Instituts nicht zu einer Beeinträchtigung geführt hätte. In dieser Hinsicht ist eine strenge Einzelfallbetrachtung geboten unter Berücksichtigung bereits vorgenommener Auslagerungen. Insoweit sind neue Kriterien für den aufsichtlichen Umgang mit dem Kumulieren von Outsourcing-Vorhaben entbehrlich. Die Vorschrift des § 25a Abs. 2 KWG löst diese Fälle aus sich heraus.

Den Anlass für die Aufsicht, das benannte Missverhältnis als Unzulässigkeitsmaßstab heranzuziehen, scheinen (berechtigte) Bedenken hinsichtlich der Ordnungsmäßigkeit der Geschäftsorganisation bei kumulierten Delegationen zu geben (§ 25a Abs. 1 S. 1 Nr. 2 KWG).[310] Aber auch dieser Aufhänger wird durch die Zulässigkeitsvoraussetzungen des § 25a Abs. 2 KWG zur Genüge berücksichtigt: Sollten die mit zunehmendem Outsourcing beschnittenen aufbau- und ablauforganisatorischen Vorkehrungen nicht hinreichen, den Geschäftsprozess solide und fehlerfrei zu halten, kommt es zu einer von § 25a Abs. 2 KWG nicht tolerierten Beeinträchtigung der Ordnungsmäßigkeit der Geschäfte und Dienstleistungen (auch dann, wenn bereits bei Lizenzerteilung und nicht erst im Laufe des Geschäftsbetriebs umfangreiches Outsourcing geplant wird); § 25a Abs. 1 S. 1 Nr. 2 KWG ist insoweit in Abs. 2 gespiegelt.

---

309 Rundschreiben des BAKred zu § 25a Abs. 2 KWG (Fn. 2), Tz. 17.

310 Rundschreiben des BAKred zu § 25a Abs. 2 KWG (Fn. 2), Tz. 12 a.E., 17; *Hofmann* (2001), S. 48.

Somit ist in § 25a Abs. 2 KWG selbst eine aufsichtsrechtliche Grenze für das Kumulieren von Auslagerungen angelegt. Eine zweite Grenzziehung, die zur ersten Grenze komplementär zu sehen ist, resultiert aus der Lizenzpflichtigkeit des Geschäfts bzw. der Pflicht zur dauerhaften Erfüllung der Lizenzvoraussetzungen (§§ 32 ff. KWG). Die Erlaubnis zum Betreiben von Bankgeschäften und zum Erbringen von Finanzdienstleistungen ist ein Verwaltungsakt, der an eine *bestimmte* Person oder an mehrere *bestimmte* Personen für *bestimmte* organisatorische Vorkehrungen vergeben wird (sog. persönliche und dingliche Erlaubnis; siehe dazu näher unten III.3.c.gg.eee.γ.).[311] Daher sind Auslagerungsmaßnahmen nicht mehr zu vereinbaren mit dem Inhalt des ergangenen Verwaltungsaktes, mit der zu Grunde liegenden behördlichen Prüfung und mit der gesetzgeberischen Wertung der §§ 32 ff. KWG, wenn sie faktisch die der Erlaubnis unterliegenden Gegebenheiten – Zuverlässigkeit und fachliche Eignung des relevanten Personenkreises, aber auch organisatorisch-prozessuale Einrichtungen – unzulässig modifizieren.
Kredit- und Finanzdienstleistungsinstitute müssen die Erlaubnisvoraussetzungen dauerhaft und nicht lediglich bei Erlaubniserteilung erfüllen.[312] Andernfalls könnten die mit der Erlaubnispflicht verfolgten aufsichtlichen Ziele (dazu näher unter III.3.c.gg.ddd.β.) nicht wirksam verfolgt werden. Aufsichtlich ist es daher nicht zu dulden, dass Institute außerhalb ihrer eigenen Lizenz operieren. Dies zeigt sich v.a. darin, dass das Entfallen der Erlaubnisvoraussetzungen nach § 35 Abs. 2 Nr. 3 iVm. § 33 Abs. 1 S. 1 KWG zur Aufhebung der Erlaubnis berechtigen kann.[313] Diese Erlaubnisvoraussetzungen umfassen nach § 32 Abs. 1 S. 2 Nr. 5, § 33 Abs. 1 S. 1 Nr. 7 KWG auch die organisatorisch-operativen Voraussetzungen der Geschäftstätigkeit. Gemäß diesen Bestimmungen sind ein bestimmter Geschäftsplan, ein bestimmter organisatorischer Aufbau und bestimmte interne Prozesse lizenziert. Bei sukzessiven Auslagerungen muss dann wegen Entfallens der Erlaubnisvoraussetzungen diejenige Auslagerungsmaßnahme unzulässig sein, durch die erstmalig die organisatorisch-operativen Vorkehrungen so stark verändert werden, dass man sie nicht mehr als diejenigen Vorkehrungen ansehen kann, die ursprünglich zur Erlaubniserteilung vorgelegt worden waren und die als ausreichend für das ordnungsgemäße Betreiben der Geschäfte konzessioniert worden sind; das auslagernde Institut würde sich außerhalb der eigenen Lizenz bewegen.

Ebenso wie die Änderung des Rechtsträgers eine neue Erlaubnis erforderlich werden lässt aufgrund des persönlichen Charakters der Erlaubniserteilung, der keinen

311 *Fischer* in Boos/ Fischer/ Schulte-Mattler § 32 Rn. 5, 20, 23, 25; *Fischer* in BankRHandB § 128 Rn. 6; *Szagunn/ Haug/ Ergenzinger* § 32 Rn. 3 lit. c); Schreiben des Bundesministers der Justiz vom 6.2.1963 (abgedruckt bei *Consbruch/ Möller/ Bähre/ Schneider* 4.22, unter 2. a.E.).

312 Unmissverständlich z.B. *Huber* (2001), S. 74 f.

313 *Fischer* in BankRHandB § 128 Rn. 60; *Fischer* in Boos/ Fischer/ Schulte-Mattler § 35 Rn. 19, 32; *Huber* (2001), S. 74 f.; § 35 Abs. 2 Nr. 3 KWG geht ausweislich der Begründung des Gesetzesentwurfes der Bundesregierung zur Sechsten KWG-Novelle, BR-Drucks. 963/96, S. 89, auf Art. 3 Abs. 7 lit. c) Wertpapierdienstleistungsrichtlinie (s. Fn. 180) zurück. Dort heißt es besonders deutlich: „Die [...] Behörden dürfen [...] die Zulassung [...] entziehen, wenn die betreffende Firma [...] die Voraussetzungen, auf denen die Zulassung beruhte, nicht mehr erfüllt; [...]".

Übergang im Wege der Einzel- oder Gesamtrechtsnachfolge zulässt,[314] kann bei grundlegender Veränderung der Erlaubnisvoraussetzungen hinsichtlich der Geschäftsorganisation iSd. § 32 Abs. 1 S. 2 Nr. 5 KWG eine neue Erlaubnis die Rechtmäßigkeit der durch kumuliertes Outsourcing herbeigeführten Situation herstellen. Voraussetzung ist allerdings, dass trotz des intensiven Outsourcing keine Beeinträchtigung iSd. § 25a Abs. 2 KWG eintritt.

Outsourcing bzw. kumuliertes Outsourcing kann neben einer Veränderung der organisatorisch-operativen Erlaubnisgrundlagen iSd. § 32 Abs. 1 S. 2 Nr. 5 KWG auch dazu führen, dass fachliche Eignung und Zuverlässigkeit des relevanten, d.h. tatsächlich geschäftsverantwortenden Personenkreises iSd. § 32 Abs. 1 S. 2 Nr. 3, Nr. 4 KWG in der Sache beim Auslagerungsunternehmen vielmehr als beim auslagernden Institut gefordert sind. Damit entfallen aber nicht automatisch die fachliche Eignung und die Zuverlässigkeit im auslagernden Institut (wenngleich diese Eignung und Zuverlässigkeit nicht mehr an den erheblichen Stellen sitzen mag); es stellt sich in diesem Fall eher die Frage nach der Erlaubnispflicht für das Auslagerungsunternehmen (dazu sogleich unter III.3.c.gg.). Das Kumulieren von Auslagerungsmaßnahmen wirkt sich im Schwerpunkt in die Richtung aus, dass im auslagernden Institut die der Konzession zu Grunde liegenden operativen Annahmen modifiziert werden oder wegfallen.

Es bestehen mithin sowohl in § 25a Abs. 2 KWG als auch in den Vorschriften zur Erlaubniserteilung aufsichtsrechtliche Grenzen für das Kumulieren von Outsourcing-Vorhaben. Verhält es sich so, dass ein Institut bereits bei der Erlaubnisbeantragung umfangreiches Outsourcing plant und offen legt, wird lediglich die beschriebene Grenze iSd. § 25a Abs. 2 KWG greifen (in Antizipation des Geschäftsbetriebes). Wird dagegen erst nach Geschäftsaufnahme sukzessive ausgelagert, wird auch der Wegfall der Erlaubnisgrundlage im aufgezeigten Sinn relevant. Dann können die beiden einschlägigen Grenzen im Einzelfall wechseln, d.h. unterschiedlich „früh" greifen, und müssen jeweils individuell bestimmt werden. Da in beiden Grenzziehungen das Kriterium der Ordnungsmäßigkeit der Geschäfte eine wesentliche Rolle spielt, ist zwischen diesen Grenzziehungen jedoch nur mit geringen Abweichungen zu rechnen.
Es ist zu erwarten, dass die Unzulässigkeitsschwelle der Auslagerung durch diese Schranken regelmäßig bereits unterhalb der Totalauslagerung erreicht wird.

Das Ergebnis, dass der Kumulation von Auslagerungsmaßnahmen gesellschaftsrechtliche und bankaufsichtsrechtliche Hürden entgegenstehen, korrespondiert mit den transaktionskostentheoretischen Bedenken gegenüber besonders intensiven Outsourcing-Lösungen (s.o. unter II.1.b.cc.bbb.β. a.E. und -ccc. a.E.). Insbesondere die Zulässigkeitsschranken des § 25a Abs. 2 KWG (v.a. Wahrung der Steuerungs- und Kontrollmöglichkeiten der Geschäftsleitung) können verstanden werden als ein

314 *Fischer* in Boos/ Fischer/ Schulte-Mattler § 32 Rn. 25.

gesetzestechnischer Weg, die Komplexitätsrisiken zu erfassen, die bei der Kumulation von Auslagerungen entstehen.

Zu den Grenzen des Outsourcing nach § 25a Abs. 2 KWG lässt sich zusammenfassen, dass die Vorschrift im Rahmen der aufsichtlichen Erfordernisse nach einer großzügigen Regelung sucht. Grundsätzlich wird kein Bereich *a priori* von der Auslagerung ausgeschlossen. Die Auslagerung auch wesentlicher Bereiche ist gestattet, solange im Einzelfall Ordnungsmäßigkeit, Steuerungsmöglichkeit und Prüfungsrechte nicht beeinträchtigt werden. Das Outsourcing zentraler Leitungsfunktionen ist allerdings bereits gesellschaftsrechtlich ausgeschlossen. Durch das Kumulieren von Auslagerungsmaßnahmen kann sich ein Institut so lange weiterer Funktionen entäußern, bis es zu einer Beeinträchtigung iSd. § 25a Abs. 2 KWG oder zum Entfallen der Erlaubnisvoraussetzungen (§§ 32, 33 KWG) kommt. Die Reduktion eines Instituts auf Geschäftsleitung mit Stabsfunktionen scheidet damit in der Regel aus, ist aber bei kleineren Instituten im Einzelfall nicht völlig auszuschließen.[315]

### gg. Erfordernis der aufsichtlichen Erlaubnis für das Auslagerungsunternehmen

Eine Frage, die für das Verständnis des § 25a Abs. 2 KWG und seine Auswirkungen in der Praxis des Outsourcing im Vordergrund steht, ist diejenige nach dem aufsichtsrechtlichen Status des Auslagerungsunternehmens: Ist für die materielle Zulässigkeit von Funktionsauslagerungen zu fordern, dass das Auslagerungsunternehmen über eine Erlaubnis nach § 32 KWG verfügt?
Der Wortlaut des § 25a Abs. 2 KWG ist dazu unergiebig. Auch in der Regierungsbegründung[316] wird keine Position bezogen. Es bestehen allerdings Stellungnahmen der Aufsicht und der Literatur. Diese sollen nachfolgend vorgestellt und erörtert werden.

#### aaa. Erlaubnispflicht bei Teilakten von Bankgeschäften und Finanzdienstleistungen

Jede Erlaubnispflicht für ein Auslagerungsunternehmen setzt voraus, dass es sich beim Gegenstand des Outsourcing um erlaubnispflichtige Bankgeschäfte oder Finanzdienstleistungen handelt. Zumeist aber wird den Auslagerungsunternehmen nur ein Ausschnitt aus einem Bankgeschäft oder einer Finanzdienstleistung überantwortet, sog. Teilakte, nicht etwa das gesamte Geschäft. Damit kommt es zu der Frage, ob bereits die Übernahme derartiger Teilakte hinreicht, um die Erlaubnispflicht auszulösen. Sollte dies zu verneinen sein, würde dem Problem insgesamt die Schärfe genommen.

---

315 Insbesondere muss auch die Komplettauslagerung einzelner Bankgeschäfte und Finanzdienstleistungen aus dem von einem Institut unterhaltenen Portfolio von Geschäften und Dienstleistungen nicht unzulässig sein, solange sie unterhalb der gezeichneten Schwellen in der Kumulation von Outsourcing-Maßnahmen bleibt. Ihre Zulässigkeit bemisst sich regulär nach § 25a Abs. 2 KWG.

316 Regierungsbegründung zur Sechsten KWG-Novelle, abgedruckt in ZBB 1997, S. 104.

### *Exkurs: Zum Begriff des Teilaktes*

Der Begriff des Teilaktes ist in der Literatur und im aufsichtlichen Gebrauch nicht gefestigt.

- Zum Teil dient der Begriff nur dazu, Randtätigkeiten und Hilfsfunktionen auszugrenzen, die allenfalls für den grundsätzlichen infrastrukturellen Erhalt des Bankgeschäftes oder der Finanzdienstleistung erforderlich sind, die aber nicht direkt mit dem Geschäft oder der Dienstleistung verbunden sind. In dieser Verwendung resultiert ein recht breiter Teilaktsbegriff.[317] Danach sind Teilakt alle Tätigkeiten, die unmittelbar für die Durchführung von Bankgeschäften und Finanzdienstleistungen notwendig sind, die also in ihrer Summe zum tatsächlichen Erbringen und zur rechtlichen Erfüllung eines Bankgeschäftes oder einer Finanzdienstleistung führen. Dieser Teilaktsbegriff liegt den weiteren Ausführungen im Text zu Grunde.
- Zum Teil wird der Begriff aber auch instrumentalisiert, um in sich bereits eine Antwort zu geben auf die Frage der Erlaubnispflichtigkeit. Dann soll er nur die Abschnitte der Wertschöpfung bezeichnen, die die Erlaubnispflicht auslösen; andere Tätigkeiten, selbst wenn sie zum Bankgeschäft oder zur Finanzdienstleistung gehören, sollen nicht als Teilakte gelten. Bei solchem Gebrauch stößt man auf engere Begriffe.[318] Der Ursprung dieser Begriffsverwendung scheint in der Übernahme von abschlussvermittelnden Aufgaben durch inländische Stellen für Institute mit Sitz im Ausland zu liegen. Deren Vertretertätigkeit sollte nach aufsichtlichem Willen erlaubnispflichtig sein, so dass diejenigen Tätigkeiten zu Teilakten wurden, die eine Rechtsbindung etablieren. Dieser Hintergrund wirkt zum Teil in den heutigen Positionen noch nach (siehe weiter im Text).
- Die Aufsicht hat ihre Haltung verschiedentlich überarbeitet (siehe weiter im Text). Im Rundschreiben zu § 25a Abs. 2 KWG (s. Fn. 2) ist zuletzt sogar auf den Begriff verzichtet worden (siehe weiter im Text).

Im Schrifttum wird von einer grundsätzlichen Erlaubnispflicht bereits bei Teilakten ausgegangen, d.h. die Erlaubnispflicht wird nicht erst dann bejaht, wenn das vollständige Bankgeschäft bzw. die vollständige Finanzdienstleistung ausgelagert wird.[319] Die Rechtsprechung hat sich in derselben Weise geäußert.[320] Auch der Ge-

317 Z.B. bei *Braun* in Boos/ Fischer/ Schulte-Mattler § 25a Rn. 593 f.

318 So der „traditionelle" Teilaktsbegriff, dargestellt bei *Marwede* in Boos/ Fischer/ Schulte-Mattler (1. Auflage, ohne Wiederaufgreifen der Problematik in der Folgeauflage) § 53 Rn. 40; dieser Gebrauch auch bei *Eyles* (2000), S. 1225.

319 *Herring/ Steck* (2000), S. 1443; *Marwede* in Boos/ Fischer/ Schulte-Mattler (1. Auflage, ohne Wiederaufgreifen der Problematik in der Folgeauflage) § 53 Rn. 12, 39, 42 f.; *Fülbier* ebenda § 1 Rn. 190; *Szagunn/ Haug/ Ergenzinger* § 1 Rn. 93; *Benzler* (2001), S. 335 f. (Rn. 68), S. 342 (Rn. 86); a.A., allerdings ohne eine Begründung, *Eyles* (2001), S. 85.

320 VG Berlin in: *Beckmann/ Bauer* § 1 Abs. 1 S. 2 Nr. 1 [Nr. 11], § 53 Abs. 1 [Nr. 13], wenngleich jeweils in Sachverhalten mit Auslandsbezug, ohne dass jedoch Gründe ersichtlich sind, derentwegen die gerichtliche Gedankenführung für reine Inlandssachverhalte anders ausgefallen wäre.

setzgeber geht implizit von derselben Annahme aus: Zweigstellen nach § 53 KWG sind lizenzpflichtig, nehmen in der Regel aber nur Teilakte von Bankgeschäften oder Finanzdienstleistungen vor.
Dieser Position ist beizupflichten. Teilakte erlaubnisfrei erbringen zu dürfen, würde Missbrauchsmöglichkeiten schaffen dergestalt, dass die erforderlichen Teilakte konzessionsfrei auf mehrere Unternehmen verteilt werden könnten, ohne dass an einer Stelle Lizenzpflicht entstehen würde. Ebenso verlangt die Effektivität der Aufsicht mit ihrem Auftrag, Gefahren abzuwehren, dass die Erlaubnispflicht früh einsetzt; auch in Teilakten können bankaufsichtlich interessierende Risiken liegen.

Verhält es sich somit grundsätzlich nicht so, dass erst die Auslagerung des kompletten Bankgeschäftes bzw. der kompletten Dienstleistung zur Aufsichtspflicht führt, ist zu klären, welche Teilakte für sich dazu ausreichen. In dieser Frage werden die nunmehr zu diskutierenden Ansätze vertreten.

**bbb. Position der Aufsicht**

Im Rundschreiben 11/2001 des vormaligen BAKred zu § 25a Abs. 2 KWG (s.o. Fn. 2) wird an zwei Stellen zur Frage der Erlaubnispflicht des Auslagerungsunternehmens Stellung genommen:

- Im Zusammenhang mit der Übertragung von Vertretungsbefugnissen auf das Auslagerungsunternehmen wird in Abhängigkeit der Kriterien „offene Stellvertretung/ verdeckte Stellvertretung" sowie „Bankgeschäft/ Finanzdienstleistung/ andere Tätigkeit" eine Kasuistik zur Erlaubnispflicht nach § 32 KWG erstellt[321], die sich in folgender Tabelle zusammenfassen lässt:

321 Fußnote 2 des Rundschreibens 11/2001 des BAKred zu § 25a Abs. 2 KWG (s.o. Fn. 2).

| **Tätigkeit des Auslagerungsunternehmens (erbrachte Leistung)** | **„Auftritt" des Auslagerungsunternehmens** | **Erlaubnispflicht des Auslagerungsunternehmens (§ 32 KWG)** |
|---|---|---|
| Bankgeschäft (§ 1 Abs. 1 S. 2 KWG) | Offene Stellvertretung | - |
| Bankgeschäft (§ 1 Abs. 1 S. 2 KWG) | Verdeckte Stellvertretung | + |
| Finanzdienstleistung (§ 1 Abs. 1a S. 2) | *Ohne Relevanz*[322] | + |
| Ausnahme: Fall des § 2 Abs. 10 KWG iVm. § 1 Abs. 1a S. 2 Nr. 1, Nr. 2 KWG | *Ohne Relevanz*[323] | - |
| Andere Tätigkeit (§ 1 Abs. 3, § 24 Abs. 1 Nr. 9 KWG) | *Ohne Relevanz* | - |

*Tabelle III-1 Position der Aufsicht zur Erlaubnispflicht des Auslagerungsunternehmens*

- An anderer Stelle[324] formuliert das Rundschreiben, dass das „Auslagerungsunternehmen [...] über die für seine Tätigkeit erforderlichen Erlaubnisse verfügen" muss.

Es ist unklar, in welchem Verhältnis diese Aussagen des Rundschreibens zueinander stehen. In der zweiten Aussage ist nur von „erforderlichen Erlaubnissen" die Rede, in der ersten Aussage wird jedoch ausdrücklich auf die „Erlaubnis gemäß § 32 KWG" Bezug genommen. Es lässt sich daher zur Auflösung eines eventuellen Widerspruches mutmaßen, dass die zweite Aussage andere als bankaufsichtsrechtliche Erlaubnisse meint, denn die Erlaubnis nach § 32 KWG ersetzt nicht Genehmigungen, die nach anderen Gesetzen erforderlich sind.[325] Zu denken ist also z.B. an allgemeine gewerberechtliche Genehmigungen[326] oder an Genehmigungen, die nach den Landessparkassengesetzen einzuholen sind[327].

---

322 „Ohne Relevanz" meint hier, dass die Aufsicht in jedem Fall von der Erlaubnispflicht des Auslagerungsdienstleisters ausgeht, unabhängig davon, ob er, soweit einschlägig, in offener oder verdeckter Stellvertretung handelt.

323 Beim Anlagevermittler (§ 1 Abs. 1a S. 2 Nr. 1 KWG) spielen Stellvertretungsaspekte keine Rolle, da er in makelnder Tätigkeit im vor-rechtsgeschäftlichen Raum bleibt. Der Abschlussvermittler (§ 1 Abs. 1a S. 2 Nr. 2 KWG) agiert stets in offener Stellvertretung.

324 Tz. 25 des Rundschreibens 11/2001 des BAKred zu § 25a Abs. 2 KWG (s.o. Fn. 2).

325 *Fischer* in Boos/ Fischer/ Schulte-Mattler § 32 Rn. 14; vgl. auch § 52 KWG.

326 Zu nennen ist etwa § 34c Abs. 1 S. 1 Nr. 1 lit. b) GewO (beachte aber Abs. 5 Nr. 2 der Vorschrift); diese gewerbliche Tätigkeit kann der Anlagevermittlung nach § 1 Abs. 1a S. 2 Nr. 1 KWG entsprechen. Gegebenenfalls hat die Aufsicht auch kartellrechtliche Erlaubnisse, Legalisierungen nach dem ersten Teil des GWB oder Erlaubnisse nach der Makler- und Bauträgerverordnung im Auge.

327 Zum Beispiel für Nordrhein-Westfalen § 1 Abs. 1 S. 2 Sparkassengesetz NRW: Genehmigung der obersten Sparkassenbehörde.

### ccc. In der Literatur vertretene Positionen

In der bankrechtlichen Literatur wird vereinzelt zum aufsichtsrechtlichen Status des Auslagerungsunternehmens Stellung bezogen.

Eine Meinungsrichtung im Schrifttum knüpft – wohl in einer ähnlichen grundsätzlichen Stoßrichtung wie die Aufsicht – daran an, ob das Auslagerungsunternehmen im Innenverhältnis gegenüber dem auslagernden Institut auftritt oder im Außenverhältnis im Rahmen einer Kundenbeziehung.
Eine Stimme innerhalb dieser Meinungsrichtung[328] vertritt, dass eine Erlaubnispflicht für das Auslagerungsunternehmen zu bejahen ist, wenn das Auslagerungsunternehmen Teilakte von „Bankgeschäften"[329] im Außenverhältnis „erkennbar diesem [dem Bankkunden] gegenüber" erbringt. „Erkennbar gegenüber dem Bankkunden" ist wohl so zu verstehen, dass die tatsächlichen Verhältnisse im Sinne der offenen Stellvertretung dem Kunden dargelegt werden. Die Vertreter dieser Meinung haben dabei insbesondere eine Situation im Kopf, in der das Auslagerungsunternehmen rechtlich bindend für das auslagernde Institut nach außen agiert. Aus dem Gesamtzusammenhang heraus wird man sie aber wohl so verstehen müssen, dass die Erlaubnispflicht auch gelten soll, wenn das Auslagerungsunternehmen gegenüber dem Bankkunden rein tatsächlich auftritt (etwa eine tatsächliche Erfolgshandlung erbringt). Die Erlaubnispflicht ist nach dieser Meinung dagegen zu verneinen, wenn das Auslagerungsunternehmen Teilakte von Bankgeschäften im Innenverhältnis dem bereits lizenzierten Institut gegenüber erbringt.
Eine Nuancierung dieser Meinung vertritt, dass die Übernahme solcher Teilakte erlaubnispflichtig ist, durch die Bankgeschäfte oder Verträge über Finanzdienstleistungen „rechtlich oder faktisch abgeschlossen, geändert oder aufgehoben werden", sog. Abschlussteilakte.[330] Die *rechtliche* Bindung meint dabei die reguläre Stellvertretung nach §§ 164 ff. BGB; die *faktische* Bindung soll eintreten, wenn das Auslagerungsunternehmen innerhalb einer Kundenrelation die Geschäftsbeziehung weitest gehend inhaltlich determinieren und vorbereiten kann, so dass bereits eine geschäftspolitisch-faktische Bindung hergestellt wird und allein der rechtliche Schlussstrich ausbleibt. Damit wird diese Meinung so verstanden werden müssen, dass zumindest für einen Teil der rein tatsächlichen Aktionen von Auslagerungsunternehmen keine Erlaubnispflicht besteht, auch wenn sie im Außenverhältnis erfolgen. Außerdem sollen erlaubnisfrei bleiben „Geschäftsentscheidungen außerhalb einer Kundenbeziehung über laufendes [...] Geschäft", d.h. Tätigkeiten, die nicht selbst zum Abschluss der Geschäfte mit Kunden führen, sondern sie lediglich vorbereiten.

---

328 *Herring/ Steck* (2000), S. 1443 f.

329 Zu vermuten ist, dass auch Finanzdienstleistungen (§ 1 Abs. 1a KWG), nicht lediglich Bankgeschäfte (§ 1 Abs. 1 KWG) gemeint sind.

330 *Marwede* in Boos/ Fischer/ Schulte-Mattler (1. Auflage, ohne Wiederaufgreifen der Problematik in der Folgeauflage) § 53 Rn. 23, 39-44.

In der Literatur findet sich daneben eine zweite, grundsätzlich andere Haltung, die die Erlaubnispflicht des Auslagerungsunternehmens negiert.[331] Entgegen der allgemeinen Ansicht (s.o. unter III.3.c.gg.aaa.) und ohne nähere Begründung setzt sie damit an, dass die Übernahme von Teilakten von Bankgeschäften oder Finanzdienstleistungen „im Regelfall" nicht erlaubnispflichtig sei. Daneben wird insbesondere betont, dass Auslagerungsunternehmen *für fremde Rechung* handelten, die Bankerlaubnis „nach der Konzeption des KWG" allerdings nur erforderlich sei, wenn Geschäfte oder Dienstleistungen *für eigene Rechnung* durchgeführt werden; die ausgelagerten Tätigkeiten seien bankaufsichtsrechtlich nur dem auf eigene Rechnung handelnden auslagernden Institut zuzurechnen, nicht aber dem „fremdbestimmten" Auslagerungsunternehmen.

Schließlich findet sich im Schrifttum ein Standpunkt, der sich auf die Feststellung begrenzt, dass auch Auslagerungsunternehmen „den allgemeinen Erlaubnisvorschriften" unterliegen.[332]

### ddd. Kritik

#### α. Position der Aufsicht

Aus ihrem Rundschreiben zu § 25a Abs. 2 KWG (s. Fn. 2) ist die Motivation der Aufsicht nicht herauszulesen, eine Erlaubnis für das Auslagerungsunternehmen (gerade) unter den oben dargestellten Bedingungen zu fordern (III.3.c.gg.bbb.).
Der Rückgriff auf das Kriterium der Offenkundigkeit lässt vermuten, dass es der Aufsicht um den Vertrauensschutz zu Gunsten des Dritten geht, der mit einem Unternehmen der Kreditwirtschaft in Kontakt tritt. Demnach sollte der Kunde vertrauen dürfen, dass an der Stelle, an der er sich auf ein Bankgeschäft oder eine Finanzdienstleistung einlässt, sein Gegenüber bzw. Vertragspartner über eine Bankerlaubnis verfügt: Bei offener Stellvertretung – so diese gemutmaßte Begründung – kann der Kunde diese Erlaubnis beim auslagernden Institut „erkennen", bei verdeckter Stellvertretung muss er sie beim handelnden Unternehmen vermuten dürfen.

Die darüber hinaus getroffene Unterscheidung zwischen Bankgeschäften und Finanzdienstleistungen mit der pauschalen Erlaubnispflicht für Auslagerungsdienstleister im Finanzdienstleistungsbereich lässt die Hypothese zu, dass es der Aufsicht darauf ankommt, Regelungen der Marktaufsicht aus dem WpHG dem Auslagerungsunternehmen gegenüber unmittelbar anwendbar werden zu lassen. Zu denken ist dabei insbesondere an die Verhaltensregeln der §§ 31 ff. WpHG. Diese Bestimmungen verlangen ein Wertpapierdienstleistungsunternehmen, das nach § 2 Abs. 4 WpHG Kreditinstitut (§ 1 Abs. 1 KWG) oder Finanzdienstleistungsinstitut (§ 1 Abs. 1a KWG) sein muss. Dafür ist, will man nicht unerlaubt Bankgeschäfte betreiben, eine Erlaubnis nach § 32 KWG unabdingbar (§ 37 KWG). Zwar trägt im Nor-

331 *Eyles* (2001), S. 85-86; wohl auch *Zerwas/ Hanten/ Bühr* (2002), S. 21 (unter 4.), S. 23 (unter 5.2.1.).
332 *Benzler* (2001), S. 335 f. (Rn. 68).

malfall dieser Auslagerungskonstellationen – nämlich wenn das auslagernde Institut seinerseits Wertpapierdienstleistungsunternehmen ist – bereits das Ordnungsmäßigkeitskriterium der § 25a Abs. 2 KWG, § 33 Abs. 2 WpHG dafür Sorge, dass die Verhaltenspflichten der §§ 31 ff. WpHG durch ein Auslagerungsunternehmen verfolgt werden. Allerdings könnte angesichts des Umfangs dieser Regeln und ihrer aufsichtlichen Sensibilität im Sinne einer vorbeugenden und sorgsamen Aufsicht der Schritt getan worden sein, zur wirksamen Sicherstellung der §§ 31 ff. WpHG die Institutseigenschaft auch für das Auslagerungsunternehmen zu verlangen.

Beide (experimentellen) Überlegungen vermögen nicht zu überzeugen.
Die erste Überlegung – Vertrauensschutz zu Gunsten des Kunden – setzt voraus, dass Vertrauensschutzziele von § 25a Abs. 2 KWG oder § 32 KWG verfolgt werden. Dies ist abzulehnen: Bereits § 4 Abs. 4 iVm. Abs. 1 FinDAG (zuvor § 6 Abs. 4 KWG) belegt, dass der Schutzzweck der Aufsicht und des KWG insgesamt nicht auf das Individualinteresse, sondern auf das öffentliche Interesse gerichtet ist. Bei der Erlaubnispflicht handelt es sich um eine gewerbepolizeiliche Pflicht, die die öffentliche Ordnung, nicht den einzelnen Gläubiger schützen soll.[333] Die Aufsicht hat zwar das Vertrauen der Öffentlichkeit in die Funktionsfähigkeit der Kreditwirtschaft im Auge, d.h. der Kunde darf – vorgelagert – sicher sein, dass er sich bei Bankgeschäften und Finanzdienstleistungen in einem aufsichtlich überwachten Bereich bewegt, in dem insgesamt die Solvenz der Institute gesichert ist. Diese Zielsetzung des Bankaufsichtsrechts darf indessen nicht dergestalt in den privatrechtlichen Raum fortgeschrieben werden, dass der Institutskunde in seinem rechtsgeschäftlichen Benehmen sicher sein darf, es nur mit lizenzierten Partnern zu tun zu haben. Das Bankaufsichtsrecht gewährt dem Institutskunden keinen individuellen Vertrauensschutz im privatrechtlichen Bereich,[334] so dass auch privatrechtliche Prinzipien wie das Offenkundigkeitsprinzip des Stellvertretungsrechts nicht bankaufsichtsrechtlich protegiert werden. Dies wäre mit der gesetzlichen Wertung des § 4 Abs. 4 FinDAG nicht in Übereinstimmung zu bringen; der Schutz erfolgt hier durch §§ 164 ff. BGB.
Diese gegenseitige Nichtbeeinflussung der zivilrechtlichen und bankaufsichtsrechtlichen Kategorien bestätigt sich auch darin, dass unerlaubte Bankgeschäfte und Finanzdienstleistungen, für die das handelnde Institut keine Erlaubnis vorzuweisen vermag, grundsätzlich zivilrechtlich wirksam bleiben.[335] Der Kunde, der bei Geschäftsabschluss darauf vertraut hat, dass es sich um ein ordentlich zugelassenes Institut handelt, und ohne dieses Vertrauen nicht abgeschlossen hätte, wird durch Anfechtbarkeit der Erklärungen und schuldrechtliche Ersatzansprüche geschützt. Bankaufsichtsrechtlich werden die Kunden allenfalls bezüglich der Abwehr von Ge-

---

333 *Fischer* in BankRHandB § 128 Rn. 8; eine allgemeine Rechtskontrolle ist erst recht keine bankaufsichtliche Aufgabe (*Fischer* in BankRHandB § 128 Rn. 4; *Fischer* in Boos/ Fischer/ Schulte-Mattler § 32 Rn. 17 f.). Schließlich entfalten die Bestimmungen des KWG keine verbraucherschützende und keine drittschützende Wirkung [§ 823 Abs. 2 BGB] (*Fischer* in BankRHandB § 125 Rn. 12-14; *Fischer* in Boos/ Fischer/ Schulte-Mattler Einf Rn. 63-67, § 32 Rn. 17 f.).

334 So auch *Kümpel* (2000) Rn. 19.176; *Nirk* (1999), S. 23; *Fischer* in Boos/ Fischer/ Schulte-Mattler § 32 Rn. 17 f.; in diese Richtung auch EuGH WM 2005, S. 365 ff.

335 *Fischer* in BankRHandB § 128, Rn. 8; *Fischer* in Boos/ Fischer/ Schulte-Mattler § 32 Rn. 16.

fahren geschützt, etwa für ihr eingelegtes Vermögen (z.B. bei Absinken der Eigenmittel unter die Angemessenheitsgrenzen, vgl. auch §§ 45-46a KWG). Dies bedeutet indessen nicht die Erfüllung individueller Ansprüche oder die Honorierung individuellen rechtsgeschäftlichen Vertrauens.

Die Auseinandersetzung mit der Position der Aufsicht hat bisher unterstellt, dass die Aufsicht auf *rechtsgeschäftliches* Handeln des Auslagerungsunternehmens abstellt, wenn sie von „Leistungen [des Auslagerungsunternehmens] ausschließlich in offener Stellvertretung" spricht.[336] Die von der Aufsicht gewählten Begrifflichkeiten legen dies nahe. Sodann drängt sich aber die Frage auf, wie die Erlaubnispflicht des Auslagerungsunternehmens zu beurteilen ist, wenn das Auslagerungsunternehmen nicht rechtsgeschäftlich handelt, dennoch aber (tatsächliche) Teilakte von Bankgeschäften oder Finanzdienstleistungen erbringt – durchaus auch im Kontakt mit Dritten oder Kunden des auslagernden Instituts – oder aber einmal rechtsgeschäftlich, einmal rein tatsächlich gehandelt wird. Die Haltung der Aufsicht dazu ist aus dem Rundschreiben nicht zu erkennen. Aus dem Umstand allein, dass auf rechtsgeschäftliches Handeln abgehoben wird, sollte nicht abgeleitet werden, dass die Aufsicht bei Teilakten, die im vor-rechtsgeschäftlichen Raum unternommenen werden, auf die Erlaubnis pauschal verzichten möchte. Denn in der Entstehung des Rundschreibens hat sich die Aufsicht zunehmend von einem vornehmlich rechtlich orientierten Teilaktsbegriff wegentwickelt hin zu einem eher tatsächlich geprägten Begriff.[337] Insgesamt muss daher konstatiert werden, dass die Haltung der Aufsicht an dieser Stelle im Dunkeln verbleibt.

Möglicherweise bot die in der Literatur (in anderem Kontext) zu findende Position einen Anknüpfungspunkt für die Aufsicht, dass Kreditinstitut nur ist, wer *im eigenen Namen* Bankgeschäfte betreibt.[338] Danach würde die Kreditinstitut-Eigenschaft fehlen, wenn das Auslagerungsunternehmen erkennbar in fremdem Namen handelt (erinnernd: die Aufsichtsposition sieht bei in offener Stellvertretung erbrachten Bankgeschäften keine Erlaubnispflicht für das Auslagerungsunternehmen vor, siehe Tabelle III-1).

Es ist zweifelhaft, ob das Handeln im eigenen Namen dem Begriff des Kreditinstituts innewohnt (für Finanzdienstleistungsinstitute kann dies nicht gelten, vgl. nur § 1

336 Fußnote 2 des Rundschreibens 11/2001 des BAKred zu § 25a Abs. 2 KWG (s.o. Fn.2).

337 Im ersten Entwurf eines Rundschreibens des BAKred zu § 25a Abs. 2 KWG vom 13.7.1998 (s. Fn. 138) hieß es zum „Teilakt": „rechtlich nicht unerhebliche Arbeitsschritte" (S. 4), im dritten Entwurf (s. Fn. 138) dagegen: „alle Handlungen und Arbeitsabläufe, die unmittelbar auf die Durchführung und Abwicklung der betriebenen Bankgeschäfte und erbrachten Finanzdienstleistungen ausgerichtet bzw. für ihre Durchführung und Abwicklung notwendig sind (Teilakte)" (Tz. 10). Im eigentlichen Rundschreiben (s. Fn. 2) ist es bei dieser Formulierung geblieben, ohne dass der Begriff „Teilakt" noch Verwendung finden würde. Auch *Marwede* in Boos/ Fischer/ Schulte-Mattler (1. Auflage, ohne Wiederaufgreifen der Problematik in der Folgeauflage) § 53 Rn. 39 f. m.w.N., führt aus – unabhängig vom Rundschreiben und den Entwürfen –, dass das vormalige BAKred ursprünglich von einem „traditionellen" Teilaktsbegriff ausgegangen war, der nur rechtlich relevante Handlungen bzw. „wesentliche" Teilakte für die Erlaubnispflicht erfassen sollte, um dann umzuschwenken zu einem „uneingeschränkten" Teilaktsbegriff, der zum Teilakt erklärte, was irgendwie – phänotypisch, maschinell, rechtlich – zum Bankgeschäft bzw. zur Finanzdienstleistung gehört.

338 *Szagunn/ Haug/ Ergenzinger* § 1 Rn. 4 a.E.; so nun auch *Reischauer/ Kleinhans* § 1 Rn. 19 f.

Abs. 1a S. 2 Nr. 2 KWG [Abschlussvermittlung]). Diese Zweifel gelten umso mehr in einer Kreditwirtschaft, in der großflächiges Outsourcing zur Realität gehört. Fest steht aber, dass die hier in Rede stehende Erteilung einer Erlaubnis unabhängig ist von der Eigenschaft als Kreditinstitut.[339] Hinzu kommt: Auch derjenige, der gegenüber einem anderen Kreditinstitut solche Teilakte erbringt, die rechtsgeschäftlich nicht Abschlussteilakte sind, betreibt Bankgeschäft – und zwar bezüglich der betroffenen Teilakte im eigenen Namen.
Die Erfassung durch das KWG sollte in erster Linie durch die realen Aufsichtsnotwendigkeiten begründet sein und nicht danach, in wessen Namen gehandelt wird. Es reicht nicht, dass haftendes Eigenkapital, fachliche Eignung, persönliche Zuverlässigkeit und organisatorische Solidität *irgendwo* vorhanden sind, sondern sie müssen überall dort vorliegen, wo mit bankaufsichtlich relevanten Risiken umgegangen wird. So kann nicht nur der in eigenem Namen Handelnde, sondern auch der in fremdem Namen Handelnde bankaufsichtlich relevante Risiken begründen, ebenso wie der, der rein tatsächlich und ohne Außenkontakt handelt.

Auch die zweite Überlegung zur Begründung der Position der Aufsicht – unmittelbare Anwendbarkeit der marktaufsichtlichen Verhaltensregeln der §§ 31 ff. WpHG – ist nicht zugkräftig. Für diese Überlegung hätte es einerseits ausgereicht, innerhalb des § 1 Abs. 1a S. 2 KWG die Dienstleistungen nach Nr. 1-4 der Erlaubnispflicht zu unterstellen (bei den Dienstleistungen nach Nr. 5-8 handelt es sich nicht um Wertpapierdienstleistungen), andererseits hätte auch man diejenigen Bankgeschäfte einbeziehen müssen, die Wertpapierdienstleistung sind (das Finanzkommissionsgeschäft [§ 1 Abs. 1 S. 2 Nr. 4 KWG] und das Emissionsgeschäft [§ 1 Abs. 1 S. 2 Nr. 10 KWG] sind Wertpapierdienstleistungen nach § 2 Abs. 3 Nr. 1, Nr. 5 WpHG). Hinzu kommt: Finanzdienstleistungen nach § 1 Abs. 1a S. 2 KWG haben durch die Umsetzung der Wertpapierdienstleistungsrichtlinie[340] Eingang in das Gesetz gefunden, um die aufsichtliche Gleichstellung von Finanzdienstleistungsinstituten und Kreditinstituten (näherungsweise) zu bewerkstelligen.[341] Daher ist die im Rundschreiben vorgenommene Regulierungsdifferenzierung zweifelhaft.[342]

Insgesamt ist der Position der Aufsicht vorzuhalten, dass ihre Beweggründe unklar bleiben und dass wesentliche Kategorien des § 32 KWG vernachlässigt bleiben. Auch bei nicht rechtsgeschäftlichem Handeln und bei Handeln ohne Kundenkontakt kann

---

339 *Szagunn/ Haug/ Ergenzinger* § 32 Rn. 2; *Fülbier* in Boos/ Fischer/ Schulte-Mattler § 1 Rn. 8; *Fischer* in Boos/ Fischer/ Schulte-Mattler § 32 Rn. 5; *Reischauer/ Kleinhans* § 1 Rn. 6, § 32, Rn. 3; in derselben Weise stellt eine Entscheidung der Aufsicht nach § 4 KWG nicht fest, dass ein Unternehmen Kreditinstitut ist, sondern dass es dem KWG unterliegt (*Fülbier* in Boos/ Fischer/ Schulte-Mattler § 1 Rn. 6; *Szagunn/ Haug/ Ergenzinger* § 4 Rn. 4; *Reischauer/ Kleinhans* § 4 Rn. 4).

340 Richtlinie 93/22/EWG des Rates über Wertpapierdienstleistungen vom 10.5.1993, ABl. EG vom 11.6.1993, L 141, S. 27 ff.

341 *Fischer* in BankRHandB § 125 Rn. 29; *Kümpel* (2000) Rn. 19.49-19.61; *Fülbier* in Boos/ Fischer/ Schulte-Mattler § 1 Rn. 120.

342 Die von der Aufsicht im Rundschreiben (dort Fn. 2) getroffene Ausnahme von der Erlaubnispflicht für Anlage- und Abschlussvermittler gemäß § 2 Abs. 10 KWG ist letztlich nur Konsequenz der gesetzlichen Regelung (siehe dazu auch die Anmerkung in Fn. 213). Daher ist wiederum uneinsichtig, warum nicht auch die Ausnahme des § 2 Abs. 6 S. 1 Nr. 8 KWG Erwähnung findet.

die Tätigkeit von Auslagerungsunternehmen bankaufsichtlich erhebliche Risiken bergen, die eine Prüfung auf Eigenmittelausstattung, fachliche Eignung, Zuverlässigkeit und genügende infrastrukturelle Voraussetzungen aufdrängen.

Die Aufsicht setzt sich mit ihrer Haltung außerdem in Widerspruch zu Positionen, die sie im Zusammenhang mit grenzüberschreitenden Geschäften eingenommen hat: Wenn bei solchen Geschäften inländische rechtlich selbständige Dritte Teilaktstätigkeiten übernommen haben für ausländische Stellen, wurden sie von der Aufsicht stets als lizenzpflichtige fiktive Zweigstellen nach § 53 KWG behandelt und zwar insbesondere auch dann, wenn diese Teilaktstätigkeit in offener Stellvertretung bestand. Dieser Widerspruch setzt sich auch bei dem jüngeren vertriebsorientierten Regulierungsansatz der Aufsicht zu grenzüberschreitenden Geschäften fort.[343]

### β. Positionen der Literatur

Auch die im Schrifttum anzutreffenden Meinungen greifen zum Teil die Kriterien auf, die der aufsichtlichen Position unterliegen (s.o. unter III.3.c.gg.ccc.). Überraschend ist, dass diese Meinungen dabei, wenn sie die Erlaubnispflicht bei Agieren im Außenverhältnis feststellen, zu einem Ergebnis gelangen, das demjenigen der Aufsicht (zumindest in Teilen) entgegengesetzt ist. Hinter diesem Lösungsvorschlag verbirgt sich die Vorstellung, dass bei Handeln des Auslagerungsunternehmens nach außen risikobehaftetes bankgeschäftliches oder finanzdienstleisterisches Tun in den Publikums- und Rechtsverkehr gewendet wird mit der Folge, dass das Auslagerungsunternehmen lizenziert sein muss. Denn während beim Auftritt nach innen das Handeln der Partner nur diese selbst betrifft und insoweit „kein neues Problem" entsteht, ist im Agieren nach außen Solidität zu fordern und durch eine Erlaubnis gleichsam zu verbürgen.[344]

Auch diese Lösung geht an der Norm zur Regelung der Erlaubnispflicht vorbei, § 32 KWG. In dieser Vorschrift, deren Einschlägigkeit durch das Vorliegen einer Outsourcing-Sachlage nicht betroffen wird, wird nicht darauf abgehoben, ob das Institut nach innen oder nach außen handelt. Dies ist folgerichtig, da jedes Bankgeschäft und jede Finanzdienstleistung letztlich nach außen vermarktet werden soll – Bankrecht ist Wirtschaftsrecht –, dabei aber interne Vorbereitung, Durchführung und Abwicklung erfordert. Der Umstand, dass in Outsourcing-Konstellationen mit dem auslagernden Institut bereits ein lizenziertes Institut besteht, kann nicht dazu ermächtigen, Kategorien des Stellvertretungsrechts bzw. der Rechtsgeschäftslehre im Allgemeinen heranzuziehen in der Beurteilung, ob eine Bankerlaubnis erforderlich ist. Derartige Kategorien sind § 32 KWG fremd.

343 Insgesamt dazu *Marwede* in Boos/ Fischer/ Schulte-Mattler § 53 Rn. 122-138.

344 *Marwede* in Boos/ Fischer/ Schulte-Mattler (1. Auflage, ohne Wiederaufgreifen der Problematik in der Folgeauflage) § 53 Rn. 42 f. geht so weit zu vertreten, dass die Aufsicht allein an eine Außenwirkung der Tätigkeit anknüpfen könne. Allein durch nach außen „rechtlich oder faktisch" bindende Teilakte entstünden Risiken, die Aufsicht rechtfertigen.

Die Erlaubnispflicht ist vielmehr einzuordnen als ein zentrales Instrument zur Verfolgung der aufsichtlichen Gesamtziele. Diese sind abzuleiten aus § 6 Abs. 2 KWG[345]:

- Sicherung der den Instituten anvertrauten Vermögenswerte,
- Sicherung der Ordnungsmäßigkeit der Durchführung der Bankgeschäfte und Finanzdienstleistungen,
- Sicherung der Funktionsfähigkeit des Kreditwesens für die Stabilität der Gesamtwirtschaft.

Um die Verfolgung dieser Ziele wirkungsvoll zu gestalten, soll nicht jedermann zur Ausübung risikobehafteter Geschäfte zugelassen werden, sondern nur der, der persönliche Zuverlässigkeit, fachliche Eignung, ausreichende Eigenmittel und angemessene organisatorisch-infrastrukturelle Vorkehrungen vorzuweisen vermag (vgl. im Einzelnen die Versagungsgründe des § 33 Abs. 1 S. 1 KWG). Auf diese Eigenschaften und Voraussetzungen kann es zur Beherrschung des Risikos und zum adäquaten Umgang mit den anvertrauten Geldern in der Wertschöpfungskette auf dem Weg zur Erstellung einer Bank- oder Finanzdienstleistung ankommen, weit bevor der externe Kunde ins Spiel kommt und insbesondere auch weit nachdem er ins Spiel gekommen ist. Auch können sie relevant werden in rein tatsächlichem Umfeld, ohne dass die rechtliche Bindung (bereits) eine Rolle spielen würde. Dies gilt unabhängig davon, ob der in der Erbringung eines Bankgeschäftes oder einer Finanzdienstleistung auftretende Akteur ein auslagerndes Institut ist oder ein Auslagerungsunternehmen. Kriterien wie „Handeln nach außen/ Handeln nach innen" oder „offene Stellvertretung/ verdeckte Stellvertretung" können daher allenfalls am Rand des für § 32 relevanten Kriterienspektrums liegen; der Vorschrift geht es nicht um die rechtsgeschäftliche Auseinandersetzung. Die Frage, ob für ein Auslagerungsunternehmen Erlaubnispflicht besteht, sollte daher als ihren Aufhänger nicht diese Kriterien wählen.[346]

Diese Bewertung wird transparent in einem Szenario, in dem das auslagernde Institut die gesamte Wertschöpfungskette bis auf den Kontakt zum Bankkunden auslagert – wie die skizzierte Tendenz der Aufspaltung in „Vertriebsbanken" und „Produktionsbanken" belegt, hat die Bankenrealität den Weg in diese Richtung bereits eingeschlagen (s.o. unter II.2c.). Hier verlagert sich das aufsichtlich relevante Risiko

345 Diese aufsichtlichen Ziele gehen wiederum zurück auf die eigentlichen *Gründe* für eine staatliche Bankenaufsicht. In Anlehnung an *Baltensperger* (1989) und *Fischer* in BankRHandB § 125 Rn. 9-11a, sind als diese Gründe zu benennen: Schlüsselstellung der Kreditwirtschaft für die gesamte Volkswirtschaft in Ersparnisbildung und Kreditvergabe (insgesamt also in der Kapitalallokation), Instrumentalisierung der Kreditwirtschaft für die staatliche Geldpolitik, die Aufsicht als Antwort auf die Vertrauensempfindlichkeit des Kreditwesens, aufgrund derer eine Krisenvermeidung besonders dringlich ist, und Bekämpfung der Geldwäsche.

346 In anderem Zusammenhang formuliert *Eyles* (2001), S. 89 f., beim Vergleich von Risiken, die auf Entscheidungen beruhen, mit Risiken, die auf anderen, nämlich bloß tatsächlichen Handlungen beruhen: „Angesichts der ausschließlichen Zielsetzung des § 25a Abs. 2 KWG, […] Risiken zu begrenzen […], leuchtet nicht ein, warum solche Risiken, wenn sie auf Entscheidungen beruhen, im Hinblick auf Auslagerungen anders behandelt werden sollten, als wenn sie auf anderen Handlungen beruhen. Der Auslagerung von *Entscheidungs*prozessen als solchen kann insoweit neben der Risikobegründung und der Risikominimierung keine eigenständige Bedeutung im Rahmen der gesetzlichen Auslagerungsvorschriften zukommen." (Hervorhebung nicht im Originaltext).

massiv auf die Seite des Auslagerungsunternehmens, das aber dennoch ausschließlich im Innenverhältnis handelt; es wird kein Teilakt gegenüber dem Bankkunden erbracht. Es wäre mit der Wertung des § 32 KWG nicht in Übereinstimmung zu bringen, das Auslagerungsunternehmen allein mangels Handelns nach außen von jeder Erlaubnispflicht freizustellen und mithin aufsichtlich zu vernachlässigen.

Weitere Positionen im Schrifttum, die die Erlaubnispflicht für Auslagerungsunternehmen insgesamt ablehnen, sind fragwürdig und vermögen nicht zu überzeugen: Die Argumente zu Gunsten der grundsätzlichen Erlaubnispflichtigkeit schon von Teilakten sind bereits heraus gestellt worden (s.o. unter III.3.c.gg.aaa.). Weiter gilt: Zwar ist die von der betroffenen Literaturmeinung geäußerte Feststellung richtig, dass Auslagerungsunternehmen regelmäßig für fremde Rechnung und nicht für eigene Rechnung handeln (*wenn* sie nach außen auftreten – indes muss Stellvertretung nicht zwingend zu den Aufgaben von Auslagerungsunternehmen zählen). Daraus abzuleiten, dass die Erlaubnispflicht pauschal entfällt, ist allerdings unzulässig: Zunächst stützt der Wortlaut des § 32 KWG nicht, dass die Erlaubnis nur bei Handeln für eigene Rechnung erforderlich ist. Den Merkmalen des § 32 Abs. 1 S. 1 KWG – „gewerbsmäßig"[347], „in kaufmännischer Weise eingerichteter Geschäftsbetrieb"[348], „Betreiben von Bankgeschäften"/ „Erbringen von Finanzdienstleistungen"[349] – ist es nicht immanent, dass für eigene Rechnung gehandelt wird.[350] Sodann ist in teleologischer Hinsicht zwar zuzustimmen, dass bei ausreichender *Fremdbestimmtheit* des Auslagerungsunternehmens der Sinn und Zweck des § 32 KWG es zulässt, gewisse Abstriche von der Erlaubnispflicht des Auslagerungsunternehmens vorzunehmen (siehe dazu sogleich unter III.3.c.gg.eee.). Jedoch kann nicht pauschal von einer Fremdbezogenheit im Sinne des Handelns für fremde Rechung auf eine solche – nämlich sehr weitreichende – Fremdbestimmtheit geschlossen werden. Vielmehr bleibt zahlreichen Auslagerungsunternehmen ein eigener Handlungs- und Entscheidungsspielraum.
Wiederum wird durch diese Position die Zielsetzung des § 32 KWG übergangen, die Erlaubnispflicht primär in den Dienst der Verfolgung der aufsichtlichen Gesamtziele

---

347 *Fülbier* in Boos/ Fischer/ Schulte-Mattler § 1 Rn. 18; *Fischer* in BankRHandB § 127 Rn. 3; in den hier von den Kommentatoren gebotenen Definitionen für „gewerbsmäßig" taucht „Selbständigkeit", worunter man ein Handeln für eigene Rechung verstehen könnte, zu Recht nicht auf (sondern nur das „Betreiben auf gewisse Dauer" und mit „Gewinnerzielungsabsicht"). Dasselbe gilt für die Gesetzesbegründung (BR-Drucks. 963/96, S. 62). Das Merkmal „gewerbsmäßig" ist in das Gesetz aufgenommen worden, um den Anwendungsbereich des KWG (beträchtlich) auszudehnen. Dem würde es widersprechen, durch einengende Auslegung den Anwendungsbereich wieder einzuengen.

348 *Fülbier* in Boos/ Fischer/ Schulte-Mattler § 1 Rn. 19-22; *Fischer* in BankRHandB § 127 Rn. 4; *Szagunn/ Haug/ Ergenzinger* § 1 Rn. 6; *Reischauer/ Kleinhans* § 1 Rn. 24-26.

349 *Fülbier* in Boos/ Fischer/ Schulte-Mattler § 1 Rn. 23-27; *Szagunn/ Haug/ Ergenzinger* § 1 Rn. 4 a.E. und *Reischauer/ Kleinhans* § 1 Rn. 19 f. vertreten, s.o. unter III.3.c.gg.ddd.α. (Fn. 338), dass die *Kreditinstitut*-Eigenschaft („Betreiben von Bankgeschäften") das Handeln in eigenem Namen verlangt.

350 Außerdem muss kritisiert werden, dass die von *Eyles* (2001), S. 85 f., gewählte Argumentation Kriterien aus dem Problemkreis „Erlaubnisträger" (juristische Personen/ persönlich haftende Gesellschafter) unzulässigerweise überträgt auf den anderen Problemkreis „Erlaubnispflicht des Auslagerungsunternehmens". In diesem letzten Problemkreis geht es aber nicht mehr um eine (weitere) Erlaubnis für das Geschäft des auslagernden Instituts, sondern um eine neue Erlaubnis für das Geschäft des Auslagerungsunternehmens.

zu stellen. Das Risiko liegt darin, *dass* Bankgeschäfte oder Finanzdienstleistungen erbracht werden, nicht darin, für wessen Rechnung dies geschieht.[351]

### eee. Erlaubnispflicht von Auslagerungsunternehmen

Den ersten Ausgangspunkt der Überlegungen zur Erlaubnispflicht von Auslagerungsunternehmen müssen die Vorschriften des § 25a Abs. 2 KWG und des § 32 KWG bilden. § 25a Abs. 2 KWG ist die Norm des Kreditwesengesetzes zur Regelung des Outsourcing; sie ist darauf zu prüfen, ob sie Aussagen zur Erlaubnispflicht des Auslagerungsunternehmens enthält. § 32 KWG ist die Vorschrift des Kreditwesengesetzes zur Erlaubnispflicht; sie ist „im selben Atemzug" zu Rate zu ziehen.

Zweiter Ausgangspunkt ist, dass (siehe schon oben unter III.3.c.gg.aaa.) bereits die Übernahme von Teilakten von Bankgeschäften und Finanzdienstleistungen die Erlaubnispflicht auslösen kann, nicht lediglich deren vollständiges Outsourcing. Als Teilakte werden hier solche Tätigkeiten verstanden, die unmittelbar für die Durchführung von Bankgeschäften und Finanzdienstleistungen notwendig sind, die also in ihrer Summe zum tatsächlichen Erbringen und zur rechtlichen Erfüllung eines Bankgeschäftes oder einer Finanzdienstleistung führen.

#### α. § 25a Abs. 2 KWG

Möglicherweise muss bereits die Norm des § 25a Abs. 2 KWG selbst so verstanden werden, dass sie die Erlaubnis des Auslagerungsunternehmens verlangt, sobald Teilakte von Bankgeschäften oder Finanzdienstleistungen erbracht werden. Dies könnte etwa der Anforderung zu entnehmen sein, dass die Ordnungmäßigkeit und die aufsichtlichen Prüfungsrechte durch Auslagerungsmaßnahmen nicht beeinträchtigt werden dürfen. Von dieser Warte aus wäre eine Lizenz der beste Garant, dass Ordnungsmäßigkeit und Prüfungsrechte sichergestellt bleiben.
Aus gesetzessystematischen Gesichtspunkten findet eine solche These keinen Halt. Das KWG verfügt über einen eigenen Unterabschnitt zur Zulassung zum Geschäftsbetrieb, der von § 32 KWG angeführt wird. § 25a Abs. 2 KWG dagegen befindet sich in einem Unterabschnitt über besondere Pflichten der Institute und normiert seinerseits Organisationspflichten. Dies spricht dagegen, dass § 25a Abs. 2 KWG die Erlaubnispflicht regeln möchte.
Auch der Wortlaut der Vorschrift lässt den Sachverhalt unerwähnt. Diesen Umstand zu verwenden, den Wortlaut als pauschale Befreiung von der Erlaubnispflicht zu werten, wäre indes ebenfalls ungerechtfertigt, denn – wiederum – es besteht eine

351 *Benzler* (2001), S. 350 (Rn. 107), bemerkt beiläufig, dass man „die mit den ausgelagerten Tätigkeiten betrauten Personen des Auslagerungsunternehmens", nicht also das Auslagerungsunternehmen selbst, als Zweigstelle des auslagernden Instituts betrachten könnte, so dass die Erlaubnis des auslagernden Instituts auch deren Tätigkeiten erfassen würde. Dieser Vorschlag ist zu verwerfen. Die Zweigstelleneigenschaft ist nicht in den Dienst der Umgehung einer unliebsamen Erlaubnispflicht zu stellen und kann nicht beliebig verteilt werden. Ferner ist der Zielsetzung des § 32 KWG damit nicht gedient. Zuletzt würde mit einer solchen Zweigstellenfiktion sogar die Anwendbarkeit des § 25a Abs. 2 KWG zweifelhaft.

andere Norm, die dem Thema gewidmet ist, deren Aussage § 25a Abs. 2 KWG nicht vorgreifen will.
In teleologischer Hinsicht schließlich kann der Bestimmung ebenfalls nicht entnommen werden, dass sie eine Erlaubnis des Auslagerungsunternehmens voraussetzt. § 25a Abs. 2 KWG ist eine Organisationsvorschrift, der es zur Risikokontrolle auf die *faktische* Beachtung von Ordnungsmäßigkeit und Prüfungsrechten ankommt. Dieser „pragmatische", auf Wirkung zielende Ansatz der Vorschrift kommt insbesondere in Satz 2 zum Ausdruck, der Forderungen an die Ausgestaltung des Outsourcing-Vertrages und an die Einbindung des Auslagerungsunternehmens in die internen Kontrollverfahren des auslagernden Instituts festschreibt. Die damit implizit gegebenen Anforderungen an das Auslagerungsunternehmen betreffen v.a. die tatsächliche Zusammenarbeit mit dem auslagernden Institut und können nicht überdehnt werden in ein Lizenzerfordernis. Vielmehr ist der durch Satz 2 beschriebene Zustand bei jedem Auslagerungsunternehmen zu realisieren, ob dieses lizenziert ist oder nicht.
Die Erlaubnispflicht ist damit nicht bereits in § 25a Abs. 2 KWG angelegt; ohne entsprechende Äußerungen des Gesetzgebers kann eine so weit tragende Bestimmung der Vorschrift nicht entnommen werden. Ausschlaggebend wird somit § 32 KWG.

### β. § 32 KWG

Nach § 32 KWG besteht die Erlaubnispflicht für den, der

- im Inland (dazu näher unten III.3.c.gg.eee.ε.),
- gewerbsmäßig oder in einem Umfang, der einen in kaufmännischer Weise eingerichteten Geschäftsbetrieb erfordert,
- Bankgeschäfte betreiben oder Finanzdienstleistungen erbringen will.

Der Wortlaut der Vorschrift trennt nicht zwischen auslagernden Instituten und Auslagerungsunternehmen.[352] Auch bei Vornahme nur von Teilakten von Bankgeschäften oder Finanzdienstleistungen, ob nach außen (in eigenem oder in fremdem Namen) oder nach innen erbracht, können die Merkmale der Norm erfüllt sein (s.o. unter III.3.c.gg.aaa.). Andere mögliche Anwendunghindernisse im Fall von Auslagerungsunternehmen sind nicht ersichtlich; gesetzliche Ausnahmen greifen nicht grundsätzlich, sondern allenfalls im Einzelfall (§ 2, § 4 KWG). Denkbar sind etwa gesetzliche Ausnahmen nach § 2 Abs. 1 Nr. 7, Abs. 6 S. 1 Nr. 5, Nr. 8, Abs. 10 KWG (siehe Fn. 213 zur Thematik Dispens von der Erlaubnispflicht vs. Dispens von der Institutseigenschaft). Aufsichtlich veranlasste Ausnahmen können im Einzelfall zurückgehen auf § 2 Abs. 4, Abs. 5 KWG (siehe dazu auch unten im Text). Die Befreiungsmöglichkeit nach § 31 Abs. 2 S. 1 KWG erstreckt sich dagegen nicht auf den Erlaubnistatbestand des § 32 KWG. Dass der Gesetzgeber mit den Bestimmungen des § 2 Abs. 6 S. 1 Nr. 8, Abs. 10 KWG Fälle des Outsourcing regelt (s. III.3.c.aa.bbb.α.) und

---

352 § 32 KWG ist im Erlasszeitpunkt bereits Bestandteil des KWG gewesen (1961) und ist damit gegenüber § 25a Abs. 2 KWG die ältere Norm. § 25a Abs. 2 KWG ist mit der Sechsten KWG-Novelle in das Gesetz aufgenommen worden (1997) [Fn. 1], ohne dass § 32 KWG unter dem Aspekt der Outsourcing-Problematik verändert worden wäre.

dabei die Auslagerungsunternehmen von der Konzessionspflicht befreit, darf als Bestätigung gewertet werden, dass das Gesetz im Übrigen von der grundsätzlichen Anwendbarkeit des § 32 KWG auch auf Auslagerungsdienstleister ausgeht.

Damit werden auch Auslagerungsunternehmen tatbestandlich von § 32 KWG erfasst; grundsätzlich besteht auch für sie Erlaubnispflicht nach § 32 KWG.

Eine Ausnahme von dieser Erlaubnispflicht kann in Outsourcing-Konstellationen teleologisch nur gewährt werden, wenn Sinn und Zweck des § 32 KWG es nicht erforderlich werden lassen, dass auch das Auslagerungsunternehmen lizenziert wird, wenn Sinn und Zweck also bereits erfüllt sind allein durch die Erlaubnis des auslagernden Instituts.

Wie dargestellt (siehe oben unter III.3.c.gg.ddd.β.), steht § 32 KWG im Dienst der aufsichtlichen Gesamtziele. Um diese gewährleisten zu können, bestimmt die Vorschrift, dass die Aufnahme von Bankgeschäften und Finanzdienstleistungen an eine schriftliche Erlaubnis gebunden ist. Zuwiderhandlungen können die Einstellung des Geschäftsbetriebes nach sich ziehen (§ 37 KWG) und sind strafbewehrt (§ 54 Abs. 1 Nr. 2 KWG).
Zur Operationalisierung der Gesamtziele stellen §§ 32, 33 KWG Kriterien auf, deren Erfüllung die Zielverfolgung erfolgreicher werden lässt; nach ihnen richten sich Vergabe und Versagung der Erlaubnis. Im Wesentlichen sind diese Kriterien (vgl. § 32 Abs. 1 S. 2, § 33 Abs. 1 S. 1 KWG):

- Vorhandensein der zum Geschäftsbetrieb erforderlichen Mittel, insbesondere ein ausreichendes Anfangskapital,
- die Zuverlässigkeit der Antragsteller (Inhaber), Geschäftsleiter (§ 1 Abs. 2 S. 1 KWG) und Inhaber von bedeutenden Beteiligungen (§ 1 Abs. 9 KWG),
- die fachliche Eignung der Inhaber und Geschäftsleiter,
- die Solidität und Angemessenheit der internen Organisation und der internen Kontrollverfahren,
- die Unbedenklichkeit von bedeutenden Beteiligungen und engen Verbindungen (§ 1 Abs. 10 KWG).

Wenn das Vorliegen dieser Kriterien beim Auslagerungsunternehmen aufsichtlich nicht erheblich ist, kann auf dessen grundsätzliche Erlaubnispflicht verzichtet werden. Dann sind Sinn und Zweck des § 32 KWG bereits durch das Lizenzverfahren einschließlich Lizenzvergabe beim auslagernden Institut beachtet. Dies kann in verschiedenen Konstellationen der Fall sein:

1. Das Auslagerungsunternehmen verfügt in der Wahrnehmung seiner Aufgaben über keinen oder nur sehr geringen eigenen Entscheidungsspielraum und agiert lediglich als „verlängerter Arm“ des auslagernden Instituts, das insoweit „Herr des Handelns“ bleibt. Wenn das Handeln, die Entscheidungen und die erzielten Ergebnisse des Auslagerungsunternehmens (weitest gehend) vorprogrammiert sind, kann es sich so verhalten, dass keine Risiken entstehen, die nicht bereits über das erste Erlaubnisverfahren bekannt und aufsichtlich behandelt wären. Die Erlaubnis des aus-

lagernden Instituts deckt dann auch die Tätigkeiten des Auslagerungsunternehmens. Dies wird umso eher der Fall sein, je intensiver das Auslagerungsunternehmen auf Personal und Infrastruktur des auslagernden Instituts zurückgreift.
Sachlich kann es sich dabei um Fallgestaltungen handeln, in denen entweder die Entscheidungen, die das Auslagerungsunternehmen trifft, (nahezu) vollständig vorherbestimmt sind (Entscheidungskriterien bekannt und kein oder nur sehr geringes Ermessen) oder in denen die vom Auslagerungsunternehmen ausgeführte Tätigkeit keine Entscheidungen erfordert, sondern sich in inhaltlich bekannter Weise in tatsächlicher Übung erschöpft.

Selbst in solchen begünstigenden Konstellationen muss allerdings teleologisch nicht zwingend die Befreiung von der Erlaubnispflicht resultieren. Denn auch bei weitgehender Determiniertheit des Handelns kann z.B. der Umfang oder die Bedeutung der übertragenen Aufgaben eine Prüfung der Zuverlässigkeit, der fachlichen Eignung sowie der Angemessenheit der internen Organisation aufsichtlich unentbehrlich werden lassen.[353] Zur Vorherbestimmtheit des Handelns des Auslagerungsunternehmens muss sich daher ein geringes aufsichtsrechtliches Risiko gesellen. Dies führt zur zweiten grundsätzlichen Konstellation für die Ausnahme von der Erlaubnispflicht.

2. Auf die Erlaubnis des Auslagerungsunternehmens kann aus teleologischen Gründen verzichtet werden, wenn das bankliche Risiko des ausgelagerten Teilakts aufsichtlich von nachgeordneter Relevanz ist.
Im Sinne einer praxisgerechten und wirklichkeitsnahen Aufsicht muss eine Erheblichkeitsschwelle für das Einsetzen der Erlaubnispflicht des Auslagerungsunternehmens gefordert sein. Ein gewisses Risikomaß sollte erlaubnisfrei toleriert werden, um einer unerwünschten Ausuferung der Erlaubnispflicht entgegenzuwirken. Diese Toleranzschwelle muss auch verstanden werden als ein Spiegel der schon bestehenden Erlaubnis des auslagernden Instituts. Diese Erlaubnis rechtfertigt aufsichtlich ein gewisses Risikozugeständnis. Hinzu tritt, dass auch bei Verzicht auf die Erlaubnis die Anforderungen des § 25a Abs. 2 KWG an Auswahl, Instruktion und Überwachung des Auslagerungsunternehmens bestehen bleiben, die ihrerseits Kontrolle bieten. Die Aufsicht ist damit also nicht gänzlich außen vor gehalten.
Die erforderliche Abgrenzung der Risiken kann notwendigerweise nicht völlig trennscharf ausfallen und muss dem Einzelfall vorbehalten sein. Als Leitlinien können herangezogen werden:

---

353 Als Beispiel kann die Verwahrung und technische Verwaltung von Wertpapieren dienen. Der Inhalt jedenfalls der Grundaufgaben des „Custody" ist in manchen Abschnitten bestimmt oder zumindest im Voraus bestimmbar. Dennoch macht regelmäßig die Bedeutung der Wertpapierverwaltung für das auslagernde Institut – etwa mit Blick auf dessen andere Geschäfte wie die Finanzportfolioverwaltung – Zuverlässigkeit und organisatorische Sicherheit unverzichtbar. Andere Aufgaben innerhalb der technischen Wertpapierverwaltung wie die Vereinnahmung von Zinsen und Dividenden oder die steuerliche Behandlung der Finanzinstrumente verlangen die Aufwendung eigener, fallindividueller Expertise und bergen neue bankliche Risiken für Anleger und Institute, so dass für solche Aufgaben schon deshalb eine eigene Erlaubnis für das Auslagerungsunternehmen geboten ist.

- Das Risiko, das spezifisch ist für ein Bankgeschäft bzw. eine Finanzdienstleistung, bleibt erlaubnispflichtig.
- Das Eingehen rechtlicher Bindungen mit Wirkung für das auslagernde Institut ist in der Regel erlaubnispflichtig. Eine Ausnahme sollte gewährt werden, wenn das Auslagerungsunternehmen buchstäblich nur den formellen Abschluss des Vertrages verantwortet (im Sinne einer rein vertrieblichen Tätigkeit) und die o.a. Kriterien der Vorherbestimmheit gegeben sind.
- Reguläre technische Risiken reichen nicht aus für die Erlaubnispflicht. Dies wird zumeist so sein, wenn die technische Expertise die Aufgabe dominiert und nicht die bankfachliche Perspektive.
- Aufgaben von geschäftspolitisch vernachlässigbarem Umfang können nicht die Erlaubnispflicht rechtfertigen. Dabei kommt es auf den absoluten Umfang an, nicht auf den Umfang, den der ausgelagerte Bereich am Geschäft des auslagernden Instituts ausmacht.

3. Die Erlaubnispflicht für das Auslagerungsunternehmen nach § 32 KWG kann sich nach teleologischen Erwägungen außerdem erübrigen, wenn das Auslagerungsunternehmen bereits über eine Erlaubnis für ein anderes Bankgeschäft oder eine andere Finanzdienstleistung verfügt, das/die mit dem Bankgeschäft bzw. der Finanzdienstleistung „verwandt" ist, das/die nunmehr im Rahmen eines Outsourcing übernommen werden soll.[354] Wenn vor dem Hintergrund der aufsichtlichen Erfahrungen mit der bestehenden Erlaubnis ein erneutes Erlaubnisverfahren zur Erweiterung der Lizenz auf andere Geschäfte oder Dienstleistungen offensichtlich erfolgreich sein wird, sollte auf die zweite Erlaubnis verzichtet werden können.
Indessen dürfte der Anwendungsbereich für diese Ausnahme eingeschränkt sein. In Betracht kommt etwa, dass eine bestehende Erlaubnis für das Finanzkommissionsgeschäft (§ 1 Abs. 1 S. 2 Nr. 4 KWG) Outsourcing-Aufgaben der Anlagevermittlung, der Abschlußvermittlung und des Eigenhandels für andere abdeckt (§ 1 Abs. 1a S. 2 Nr. 1, Nr. 2, Nr. 4 KWG). Derjenige, der für das Girogeschäft lizenziert ist (§ 1 Abs. 1 S. 2 Nr. 9 KWG), sollte als Auslagerungsunternehmen auch im Rahmen des E-Geld-Geschäftes (§ 1 Abs. 1 S. 2 Nr. 11 KWG) und des Finanztransfergeschäftes (§ 1 Abs. 1a S. 2 Nr. 6 KWG) agieren dürfen. Eine Konzession für die Finanzportfolioverwaltung (§ 1 Abs. 1a S. 2 Nr. 3 KWG) sollte auch zur Übernahme zumindest der Fondsmanagement-Aufgaben des Investmentgeschäftes (§ 1 Abs. 1 S. 2 Nr. 6 KWG) berechtigen (und umgekehrt, vgl. auch § 7 Abs. 2 Nr. 1 InvG).

Insgesamt zeigt sich damit, dass Auslagerungsunternehmen, die (zumindest) Teilakte von Bankgeschäften und Finanzdienstleistungen vornehmen, trotz vorhandener Konzession des auslagernden Instituts ihrerseits der Erlaubnispflicht nach § 32 KWG unterliegen.[355] Etwas anderes kann insbesondere dann gelten, wenn das Auslage-

354 Die Erlaubnispflicht des § 32 KWG wird auch ausgelöst, wenn bei einer bestehenden Teilkonzession neue, noch nicht konzessionierte Geschäfte aufgenommen werden sollen (vgl. *Fischer* in Boos/ Fischer/ Schulte-Mattler § 32 Rn. 5; *Fischer* in BankRHandB § 128 Rn. 2; *Szagunn/ Haug/ Ergenzinger* § 32 Rn. 13 a.E.).

355 Davon sind ausgenommen die Auslagerungsunternehmen, die Zweigniederlassungen nach § 53b, § 53c KWG sind.

rungsunternehmen bloß „verlängerter Arm" des auslagernden Instituts ist und/oder seine Tätigkeit geringes aufsichtlich relevantes Risiko bedeutet. In diesen Fällen kann das Ziel des § 32 KWG bereits mit dem Erlaubnisverfahren und der Erlaubniserteilung an das auslagernde Institut erreicht sein. Die *vollständige* Auslagerung eines Bankgeschäftes oder einer Finanzdienstleistung wird demnach regelmäßig zu einer Konzessionspflicht des Auslagerungsunternehmens führen. Bei Auslagerung nur von Teilakten kann sie gemäß den genannten Kriterien im Einzelfall entfallen.

Die Zielrichtung des § 32 KWG (tatsächliche Risikobeherrschung zur Verfolgung der aufsichtlichen Gesamtziele, s.o. III.3.c.gg.ddd.β.) belegt auch, dass für die Erlaubnisfreiheit der Auslagerungsunternehmen nicht vorgetragen werden kann, dass das auslagernde Institut aufsichtlich verantwortlich bleibt, als wenn kein Outsourcing vorläge. Aufsichtlich entscheidend ist nicht, dass die Haftung „irgendwo" aufgehoben ist, sondern dass Vermögen tatsächlich geschützt und Ordnungsmäßigkeit und Funktionsfähigkeit tatsächlich sichergestellt werden. Auch das Argument, die Erlaubnispflicht erübrige sich, da die Aufsicht bei ordnungsgemäßer Auslagerung das Auslagerungsunternehmen jederzeit nach § 44 KWG prüfen könne, trägt nicht weit. Nach § 44 Abs. 1 S. 2 2. HS KWG kann die Aufsicht lediglich im Rahmen von Prüfungen beim auslagernden Institut auch beim Auslagerungsunternehmen Prüfungen vornehmen. Das Auslagerungsunternehmen wird, wenn es nicht bereits selbst Institut ist (§ 1 Abs. 1b KWG), in keiner weiteren Hinsicht zum Aufsichtsobjekt; insbesondere kann die Aufsicht ihm gegenüber keine Anordnungen nach § 6 Abs. 3, § 25a Abs. 1 S. 2 KWG erlassen. Die Gefahr abwehrende Gesamtaufgabe der Aufsicht kann sich nicht mit einer solchen Rechtsposition begnügen.

#### γ. Ergänzende verwaltungsrechtliche Überlegung

Zusätzlichen Halt dafür, nicht unbedenklich Auslagerungsunternehmen ohne Erlaubnis zuzulassen, liefern ergänzende allgemein-verwaltungsrechtliche Überlegungen.

Gewerberechtliche Erlaubnisse sind begünstigende Verwaltungsakte, die einen festen Adressaten haben. Sie werden für *bestimmte* Personen und *bestimmte* Anlagen erteilt, bezüglich derer das Vorliegen der Erlaubnisvoraussetzungen geprüft worden ist. Es ist daher sachnotwendig ausgeschlossen, die Erlaubnis zu übertragen.[356] So verhält es sich auch mit der Lizenz nach § 32 KWG, die an eine bestimmte Person bzw. an bestimmte Personen für bestimmte organisatorische Vorkehrungen vergeben wird (sog. persönliche und dingliche Erlaubnis).[357]

---

356 *Badura* in Schmidt-Aßmann, 3. Abschn. IV 1; *Steiner* (1999), S. 864 f.; *Marcks* in Robinski S. 121 f.; *Frotscher* (1999), S. 127; sowohl ein Wechsel in der Person des Gewerbetreibenden als auch ein Wechsel oder eine wesentliche Änderung der Betriebsanlagen/ -einrichtungen löst eine erneute Erlaubnispflicht aus.

357 *Fischer* in Boos/ Fischer/ Schulte-Mattler § 32 Rn. 5, 20, 23, 25; *Fischer* in BankRHandB § 128 Rn. 6; *Szagunn/ Haug/ Ergenzinger* § 32, Rn. 3 lit. c); Schreiben des Bundesministers der Justiz vom 6.2.1963 (abgedruckt bei *Consbruch/ Möller/ Bähre/ Schneider* 4.22, unter 2. a.E.); Träger der Erlaubnis nach § 32 KWG sind bei juristischen Personen diese selbst, bei Einzelkaufleuten (wegen § 2a KWG nur für Finanzdienstleistungsinstitute) ebenfalls diese selbst, bei Personenhandelsgesellschaften nach h.M. jeder persönlich haftende Gesellschafter

Mit diesem Regelungsinhalt des Verwaltungsaktes „Erlaubnis" ist es nicht ohne weiteres vereinbar, wenn die Erlaubnis (zur Vornahme risikobehafteter Handlungen im Rahmen von Bankgeschäften und Finanzdienstleistungen) faktisch weitergereicht wird durch Outsourcing. Dadurch wird eine Situation geschaffen, die der behördlichen Prüfung im Verwaltungsverfahren gerade nicht zu Grunde lag. Es liegt auf der Hand, dass Prüfungsinhalte und -anforderungen anders ausfallen, wenn ein Outsourcing-Sachverhalt den Gegenstand des Erlaubnisverfahrens bildet. So aber ist der Erlaubnisantrag gestellt worden mit dem Inhalt der (tatsächlichen) Erlaubniswahrnehmung durch die antragstellende Person selbst, nicht mit dem Inhalt der Erlaubniswahrnehmung durch eine von der antragstellenden Partei auszuwählende, womöglich im Zeitablauf wechselnde – jedenfalls: nicht geprüfte – Partei.
Das Verwaltungsverfahrensrecht im Allgemeinen und der Verwaltungsakt im Einzelfall können es daher nicht ohne Vorbehalt zulassen, dass die Nichtübertragbarkeit der Konzession tatsächlich umgangen wird durch Auslagerungskonstellationen. Zwar lautet die verwaltungsrechtliche Wertung aus dem Umstand, dass die Konzession nach § 32 KWG eine persönliche (und dingliche) Erlaubnis ist, nicht so, dass (überhaupt) nicht ausgelagert werden darf; denn solange nicht die Schwelle der Nichtausübung des Geschäftsbetriebes iSd. § 35 Abs. 2 Nr. 1 KWG bzw. infolge des Kumulierens von Outsourcing-Maßnahmen die Entstellung der lizenzierten operativ-organisatorischen Vorkehrungen erreicht ist (siehe dazu oben unter III.3.c.ff.ccc.), ist die Nichtnutzung bzw. die nicht eigenhändige Nutzung einer Erlaubnis unschädlich. Aber die verwaltungsrechtliche Wertung lautet dahin gehend, dass vorbehaltlich besonderer Umstände derjenige, dem konzessionspflichtige Aufgaben vom Erlaubnisträger überantwortet werden, seinerseits eine Konzession benötigt, denn er war nicht Prüfungsgegenstand der ersten Erlaubnis.[358]

### δ. Aufsichtliche Handhabung

Die Kontrolle über das Erlaubniserfordernis muss bei der Aufsicht angesiedelt sein. Als Handhabung bietet es sich an, im Rahmen des obligatorischen Anzeigeverfahrens nach § 25a Abs. 2 S. 3 KWG, § 20 AnzV zu prüfen, ob beim Auslagerungsunternehmen eine Erlaubnis zu verlangen ist. Die innerhalb des Anzeigeverfahrens einzureichenden Unterlagen, insbesondere der Outsourcing-Vertrag, reichen aus, um der Aufsicht diese Prüfung zu ermöglichen. Besteht nach o.a. Grundsätzen kein Anlass zur Befreiung von der Erlaubnispflicht und liegt keine die ausgelagerte Tätigkeit deckende Erlaubnis vor, fordert die Aufsicht das auslagernde Institut zum Wechsel des Auslagerungsunternehmens oder dazu auf, das Auslagerungsunternehmen zum Be-

---

(*Fischer* in Boos/ Fischer/ Schulte-Mattler § 32 Rn. 23; *Fischer* in BankRHandB § 128 Rn. 5; *Szagunn/ Haug/ Ergenzinger* § 32 Rn. 6; *Marcks* in Robinski, S. 122).

358 Ein solcher besonderer Umstand kann insbesondere die Situation sein, die soeben unter III.3.c.gg.eee.β. den ersten Ausnahmetatbestand von der Konzessionspflicht des Auslagerungsunternehmens gebildet hat: Wenn die Arbeit des Auslagerungsunternehmens inhaltlich und im Ergebnis vorherbestimmt ist („verlängerter Arm"), ist es sachlich (immer noch) die erste Erlaubnis, die ausgeübt wird.

schreiten des Verfahrens nach § 32 KWG zu veranlassen. Andernfalls kann ggf. nach pflichtgemäßem Ermessen eine Ausnahme nach § 2 Abs. 4 KWG gewährt werden.[359]

Im Rahmen des Erlaubnisverfahrens bestehen weitere aufsichtliche Mittel, praxisgerechte Zugeständnisse an die Outsourcing-Konstellation zu machen.
Zwar ist die Aufsicht hinsichtlich der Versagungsgründe des § 33 Abs. 1 KWG gebunden (anders bezüglich der Gründe des § 33 Abs. 3 KWG), doch bestehen Einschätzungsspielräume in der Beurteilung, ob diese Gründe vorliegen.[360] Im Rahmen des Verhältnismäßigkeitsgrundsatzes bestehen hier in der aufsichtlichen Praxis Möglichkeiten, wohlwollend zu verwalten. Auch kann die Auflage (§ 32 Abs. 2 KWG) das mildere Mittel gegenüber der Versagung der Konzession sein. Schließlich sind Erleichterungen nach § 31 Abs. 2 S. 1 KWG zu erwägen.[361]
Fehlt es an der Konzession des Auslagerungsunternehmens trotz Erlaubnispflicht, ist die Auslagerung unrechtmäßig; der Aufsicht stehen die gesetzlichen Sanktionsmöglichkeiten zur Verfügung (s.u. III.3.c.ii.).

#### ε. Auslagerungsunternehmen mit Sitz im Ausland

In Fällen, in denen das Auslagerungsunternehmen im Ausland ansässig ist, könnte es sich als Problem darstellen, dass die ausgelagerten Tätigkeiten im Sitzstaat nicht zwingend zur Erlaubnispflicht führen. Hier muss hinsichtlich des Erlaubniserfordernisses differenziert werden.

Aus § 25a Abs. 2 KWG ist die Erlaubnispflicht für Auslagerungsunternehmen mit Sitz im Ausland nicht abzuleiten (siehe soeben unter III.3.c.gg.eee.α.): Zwar verhält es sich hinsichtlich des Kriteriums der *Nichtbeeinträchtigung der aufsichtlichen Prüfungsrechte und Kontrollmöglichkeiten* so, dass § 25a Abs. 2, § 44 KWG es verlangen, dass das Auslagerungsunternehmen in Prüfungen nach § 44 KWG einbezogen wird unabhängig davon, ob es im Inland sitzt oder im Ausland (s.o. unter III.3.c.cc.ddd.β.). Doch eine entsprechende Forderung des § 25a Abs. 2 KWG bezüglich der *Erlaubnispflicht des Auslagerungsunternehmens* kann nicht aufgestellt werden. Denn die Nichtbeeinträchtigung der aufsichtlichen Rechte ist Zulässigkeitsvoraus-

359 Die Entscheidung nach § 2 Abs. 4 KWG ergeht als Verwaltungsakt (auch von Amts wegen) und kann mit Auflagen versehen oder unter einen Widerrufsvorbehalt gestellt werden (*Fülbier* in Boos/ Fischer/ Schulte-Mattler § 2 Rn. 44 f.). Das von einer Ausnahme nach § 2 Abs. 4 KWG begünstigte Unternehmen bleibt Institut (vgl. *Fülbier* in Boos/ Fischer/ Schulte-Mattler § 2 Rn. 45). Sollte das Unternehmen (Teilakte von) Werpapierdienstleistungen nach § 2 Abs. 3 WpHG erbringen, ist es infolgedessen unverändert als Wertpapierdienstleistungsunternehmen gemäß § 2 Abs. 4 WpHG einzustufen und muss insbesondere die Meldepflichten nach § 9 WpHG sowie die Verhaltensregeln der §§ 31 ff. WpHG erfüllen. Die Ausnahmemöglichkeiten des WpHG sind eng, §§ 2a, 20, 37 WpHG.

360 *Fischer* in BankRHandB § 128 Rn. 4 a.E.

361 § 2 Abs. 4, § 31 KWG sollen die Aufsicht flexibler gestalten und Möglichkeiten der Reduktion der Aufsicht auf das tatsächlich gebotene Maß eröffnen. Insbesondere § 31 Abs. 2 S. 1 KWG erlaubt es, Institute selektiv nur von einzelnen KWG-Verpflichtungen zu befreien sowie solche Befreiungen mit Auflagen und Befristungen zu flankieren (*Szagunn/ Haug/ Ergenzinger* § 2 Rn. 28, 31, § 31 Rn. 1, 10; *Reischauer/ Kleinhans* § 2 Rn. 35).

setzung der Vorschrift selbst. So ist der Fall bezüglich der Erlaubnispflicht gerade nicht gelagert; sie erwächst nicht bereits aus § 25a Abs. 2 KWG.
Unterliegt die Tätigkeit des Auslagerungsunternehmens in dessen Sitzstaat nicht der Konzessionspflicht, hat die inländische Aufsicht darauf keinen Zugriff. Indessen spielt dies keine hervorgehobene Rolle: Das Auslagerungsunternehmen erbringt seine als Bankgeschäft oder Finanzdienstleistung zu bewertende Tätigkeit gegenüber dem inländischen auslagernden Institut idR. im Wege des grenzüberschreitenden Dienstleistungsverkehrs oder über eine (rechtlich unselbständige) Zweigstelle, so dass es bei Erfüllung der sonstigen Voraussetzungen im Inland nach § 32 KWG lizenzpflichtig wird. Denn die Erlaubnispflicht knüpft an jegliche Form der Geschäftsaufnahme „im Inland" an; dazu rechnen auch der grenzüberschreitende Dienstleistungsverkehr und die Zweigstelle.[362] Davon wiederum ist zwar eine Ausnahme zu machen nach § 53b KWG für solche Auslagerungsunternehmen aus EWR-Staaten, die Einlagenkreditinstitute (§ 1 Abs. 3d S. 1 KWG) oder Wertpapierhandelsunternehmen (§ 1 Abs. 3d S. 2 KWG) sind (eine entsprechende Ausnahme kann nach § 53c KWG für Auslagerungsunternehmen aus gleichgestellten Staaten gelten); allerdings sind diese Unternehmen in ihren Sitzstaaten lizenziert.[363]

Die Fälle, in denen „regelwidrig" ein nicht lizenziertes ausländisches Auslagerungsunternehmen eingebunden sein könnte, beschränken sich somit v.a. auf reine Auslandsgeschäfte, in denen die relevanten Teilakte vollständig außerhalb des Geltungsbereichs des KWG erbracht werden. Es ist allerdings schwer vorstellbar, wie das inländische auslagernde Institut für seine inländische Geschäftstätigkeit die Leistungen des im Ausland gelegenen Auslagerungsunternehmens nutzen kann, ohne dass es zu irgendeinem Inlandsbezug kommt. Denn selbst der Zugriff per Datenfernverkehr oder die elektronische Leistungserbringung genügen, um den grenzüberschreitenden Dienstleistungsverkehr zu bejahen.[364] Sollte der bezeichnete Fall

362 *Fülbier* in Boos/ Fischer/ Schulte-Mattler § 32 Rn. 6; Schreiben des BAKred vom 12.4.2002 über die „Anzeige gemäß § 53a KWG" (abgedruckt bei *Consbruch/ Möller/ Bähre/ Schneider* Nr. 4.341); Merkblatt der BAFin „Hinweise zur Erlaubnispflicht nach § 32 Abs. 1 KWG in Verbindung mit § 1 Abs. 1 und Abs. 1a KWG von grenzüberschreitend betriebenen Bankgeschäften und/oder grenzüberschreitend erbrachten Finanzdienstleistungen", abgedruckt bei *Consbruch/ Möller/ Bähre/ Schneider* Nr. 4.350; a.A. *Reischauer/ Kleinhans* § 32 Rn. 8. Aktivitäten von Instituten aus Drittstaaten sind nur in der Form von Tochterunternehmen oder Zweigstellen vorgesehen, nicht im Wege des grenzüberschreitenden Dienstleistungsverkehrs. *Hanten* (2003a) vertritt, wenngleich nicht mit zwingenden Argumenten, dass grenzüberschreitende Dienstleistungen *de lege lata* zwar nicht unter § 32 KWG fallen; er erachtet aber *de lege ferenda* eine Beaufsichtigung als geboten. Bedenkenswert ist dazu der Vorschlag, die erforderliche Aufsichtsregelung zu erleichtern im Vergleich zum aufwändigen Verfahren des § 32 KWG. Dies würde auch einen sachgerechten Umgang mit § 33 Abs. 1 S. 1 Nr. 6 KWG gestatten.

363 Innerhalb der EU dürften nach der Zweiten Bankrechtskoordinierungsrichtlinie (Richtlinie 89/646/EWG des Rates zur Koordinierung der Rechts- und Verwaltungsvorschriften über die Aufnahme und Ausübung der Tätigkeit der Kreditinstitute und zur Änderung der Richtlinie 77/780/EWG vom 15.12.89, ABl. EG vom 30.12.1989 Nr. L 386, S. 1 ff.) und der sie ersetzenden Bankenrichtlinie (Richtlinie 2000/12/EG des Europäischen Parlaments und des Rates über die Aufnahme und Ausübung der Tätigkeit der Kreditinstitute vom 20.3.2000, ABl. EG vom 26.5.2000 Nr. L 126, S. 1 ff.), hier insbesondere Art. 18 f. iVm. Anhang I, die Fälle selten sein, in denen dieselbe Tätigkeiten in Mitgliedstaat A der Erlaubnispflicht unterfällt, nicht aber in Mitgliedstaat B.

364 Strittig; vgl. zum Meinungsstand im Einzelnen *Fischer* in Boos/ Fischer/ Schulte-Mattler § 32 Rn. 7-9; *Marwede* ebenda § 53 Rn. 109-167, § 53b Rn. 115-124.

dennoch eintreten, muss mangels Bankgeschäfts oder Finanzdienstleistung im Inland die Erlaubnisfreiheit der Tätigkeit zugestanden werden (§ 32 Abs. 1 KWG). Die fehlende inländische Erlaubnis des ausländischen Auslagerungsunternehmens führt dann nicht zur Unzulässigkeit der Auslagerungsmaßnahme – ob das Auslagerungsunternehmen im Herkunftsland lizenziert ist oder nicht –, da, wie dargelegt, aus § 25a Abs. 2 KWG die Erlaubnispflicht für Auslagerungsunternehmen nicht abgeleitet werden kann.

Ein anderer Fall ist der, in dem das Auslagerungsunternehmen im Inland sitzt, das auslagernde Institut jedoch im Ausland. Hier ist der Anwendungsbereich für § 25a Abs. 2 KWG nicht eröffnet (Ausnahme: Auslagerndes Institut ist ausländische Zweigstelle eines Instituts mit Sitz im Inland). Für die Tätigkeit des Auslagerungsunternehmens gilt – außerhalb jedes Outsourcing-Zusammenhangs – § 32 KWG. Erbringt das Auslagerungsunternehmen Dienstleistungen ausschließlich im Wege des grenzüberschreitenden Dienstleistungsverkehrs in das Ausland, fehlt es am Kriterium des § 32 KWG der Geschäftsaufnahme im Inland.

### ζ. Weitere Überlegungen

Grundsätzlich benötigt das Auslagerungsunternehmen nach Maßgabe der obigen Ausführungen zu § 32 KWG eine (Teil-) Konzession für dasjenige Bankgeschäft oder diejenige Finanzdienstleistung der Kataloge des § 1 Abs. 1, Abs. 1a KWG, dem oder der die ausgelagerte Tätigkeit zugehört. Ist die „Lieferfähigkeit" eines Auslagerungsdienstleisters breit angelegt und für mehrere Bankgeschäfte und Finanzdienstleistungen geeignet (z.B. Back Office-Funktionen sowohl für den Zahlungsverkehr als auch für die Wertpapierabwicklung und -verwaltung), muss das Unternehmen bei tatsächlicher Wahrnehmung von Auslagerungsaufgaben in mehreren Bereichen für alle einschlägigen Geschäfte lizenziert sein (im Beispiel also für das Girogeschäft, das Finanzkommissionsgeschäft und das Depotgeschäft).[365]

Für Auslagerungsunternehmen, die als Mehrmandantendienstleister auftreten, stellt sich ebenso wie für Auslagerungsunternehmen, die in mehreren Outsourcing-Maßnahmen für dasselbe auslagernde Institut tätig werden, die Frage nach der Erlaubnispflicht in jedem einzelnen Auslagerungsfall von neuem. Eine einmal erteilte Erlaubnis erfasst sodann aber nicht nur die Anlass gebende Auslagerung, sondern auch nachfolgende, sachlich gleiche Delegationen.

Die Erlaubnispflicht des § 32 KWG bedeutet für die betroffenen Anbieter von Bankgeschäften und Finanzdienstleistungen eine Einschränkung ihres Grundrechtes der Berufsfreiheit, die sich daraus rechtfertigt, dass gewichtige Gemeinwohlgründe vorliegen, insbesondere der Schutz der Schlüsselfunktion des Kreditwesens für die Gesamtwirtschaft und die staatliche Geld- und Fiskalpolitik sowie die Rücksichtnahme

---

365 Zu beachten ist hier die dritte der unter III.3.c.gg.eee.β. begründeten Ausnahmemöglichkeiten von der Lizenzpflicht („verwandte" Erlaubnis).

auf die Vertrauensempfindlichkeit der Branche.[366] Diese Gründe greifen in derselben Weise gegenüber den auslagernden Instituten wie gegenüber den Auslagerungsunternehmen. Bedenken aus Art. 12 GG hinsichtlich der Erlaubnispflicht für Auslagerungsunternehmen tragen daher nicht.

### hh. Übertragung von Vertretungsbefugnissen auf das Auslagerungsunternehmen

Aufsichtliche Haltung ist es, dass die Übertragung von Vertretungsbefugnissen im Rahmen von Outsourcing-Arrangements zulässig ist, soweit es das Gesetz (gemeint sind wohl v.a. gesellschaftsrechtliche [etwa §§ 78 ff. AktG] und handelsrechtliche [etwa §§ 48 ff. HGB] Vorschriften) und der Gesellschaftsvertrag bzw. die Satzung des auslagernden Instituts zulassen.[367]

In den Entwurfsversionen zum Rundschreiben war dagegen von der Zulässigkeit der Einräumung von Vertretungsmacht nicht die Rede. Der Grund dafür liegt in der restriktiveren Haltung, die die Entwürfe im Vergleich zum eigentlichen Rundschreiben hinsichtlich Möglichkeiten und Grenzen des Outsourcing einnahmen. Noch der dritte Entwurf ging davon aus, dass „Entscheidungen über die Begründung neuer und Veränderung bestehender bank- und finanzdienstleistungsspezifischer Risiken" nicht auslagerbar sind,[368] da dies die Risikosteuerungsmöglichkeiten der Geschäftsleitung untergraben würde. Rechtstechnisches Mittel zur „Begründung neuer und Veränderung bestehender bank- und finanzdienstleistungsspezifischer Risiken" ist insbesondere die rechtsgeschäftliche Verpflichtung des auslagernden Instituts. Bei der durch den Entwurf vorgenommenen inhaltlichen Bestimmung der Auslagerbarkeit von (Teilakten von) Bankgeschäften und Finanzdienstleistungen musste daher die Unzulässigkeit der Einräumung von Vertretungsbefugnissen resultieren.[369]

Die nunmehr geltenden, liberaleren Grenzen des Outsourcing nach § 25a Abs. 2 KWG allerdings schließen die Risikobegründung und -veränderung durch Auslagerungsdienstleister grundsätzlich nicht aus. Auch aus dem Recht der Geschäftsbesorgung sind keine Bedenken gegen eine Vertretungsmacht auf Seiten des Auslagerungsunternehmens vorzutragen. Im Gegenteil verhält es sich sogar so, dass die Tätigkeiten bei einer Geschäftsbesorgung regelmäßig auf rechtsgeschäftliches Handeln

366 *Fischer* in Boos/ Fischer/ Schulte-Mattler § 32 Rn. 4; *Fischer* in BankRHandB § 125 Rn. 9 ff.; *Burgi* (2001), S. 315 (Rn. 21); *Stober* (2001) § 50 II 5, IV 1.

367 Rundschreiben des BAKred zu § 25a Abs. 2 KWG (Fn. 2), Tz. 14.

368 Entwurf des BAKred für ein Rundschreiben zu § 25a Abs. 2 KWG vom 14.6.2000, Tz. 16 (s. Fn. 138).

369 Grundsätzlich nichts anderes galt im ersten Entwurf, der die Begründung und die Veränderung von Risiken durch Willenserklärungen gegenüber dem Kunden ausdrücklich dem nicht auslagerbaren Kernbereich zuordnete (Entwurf des BAKred für ein Rundschreiben zu § 25a Abs. 2 KWG vom 13.7.98 (s. Fn. 138), S. 5; s. bereits III.3.c.ff.bbb.). Auch im Schrifttum wird z.T. vertreten (*Braun* in Boos/ Fischer/ Schulte-Mattler § 25a Rn. 585), dass die Vollmachtserteilung nur so lange zuzulassen sei, solange das Auslagerungsunternehmen seine Willenserklärungen auf diktierten Entscheidungsmustern bildet, die keinen eigenen Willensbildungsspielraum lassen.

gerichtet sind und Raum für eigenverantwortliche Willensbildung des Geschäftsbesorgers lassen müssen.[370]

Hinter der Übertragung von Vertretungsbefugnissen verbirgt sich somit keine weitere Zulässigkeitsschranke für das Outsourcing. Die Frage der Einräumung von Vertretungsmacht bestimmt nicht ihrerseits die Zulässigkeit von Auslagerungsmaßnahmen, sondern eine nach den Vorgaben der §§ 25a Abs. 2, 32 KWG zulässige Auslagerung impliziert die Zulässigkeit der Übertragung von Vertretungsmacht, wenn die ausgelagerte Tätigkeit sachlich nur so durch das Auslagerungsunternehmen ausgeführt werden kann.

#### ii. Reaktionsmöglichkeiten der Aufsicht

Wie dargestellt (III.3.c.ee.), ist der Aufsicht zwar eine vorbeugende Kontrolle in dem Sinn verschlossen, dass einem Outsourcing-Projekt die erforderliche Erlaubnis verwehrt werden könnte. Dennoch verfügt sie über zahlreiche Möglichkeiten und Instrumente, präventiv (im Rahmen des Anzeigeverfahrens), laufend oder repressiv Auslagerungen zu kontrollieren und die aufsichtlichen Belange zu wahren.

- Zunächst bestehen die regulären Auskunfts- und Prüfungsrechte nach §§ 44 ff. KWG, die auch ohne besonderen Anlass in Anspruch genommen werden dürfen.
- Nach § 6 Abs. 3 KWG steht der Aufsicht eine Anordnungkompetenz zur Verfügung, um Verstöße gegen aufsichtsrechtliche Vorschriften zu unterbinden und um Missstände in Instituten bezüglich der Sicherheit der Vermögenswerte und der Ordnungsmäßigeit der Geschäfte und Dienstleistungen zu verhindern oder zu beseitigen. Diese Ermächtigungsgrundlage für Verwaltungsakte ist grundsätzlich auch bei bankorganisatorischen Defiziten, insbesondere beim Outsourcing, anwendbar;[371] sie kann bis zur Untersagung einer Auslagerung reichen. Das Gesetz kennt in § 25a Abs. 1 S. 2 KWG (nunmehr) auch eine spezielle Anordnungskompetenz für organisatorische Belange, die deshalb auch in Outsourcing-Zusammenhängen regelmäßig vorrangig heranzuziehen sein wird. Diese Ermächtigungsgrundlage ist auf die Schaffung von ausreichenden organisatorischen Vorkehrungen in den Instituten iSd. § 25a Abs. 1 S. 1 Nr. 1-4 KWG gerichtet.
- Grundsätzlich sind auch die Abberufung der Geschäftsleiter (§ 1 Abs. 2 KWG) nach § 36 Abs. 1 KWG iVm. § 35 Abs. 2 Nr. 3, Nr. 6 KWG bzw. die Verwarnung und Abberufung von Geschäftsleitern nach § 36 Abs. 2 KWG und die Versagung bzw. Aufhebung der Erlaubnis nach § 33 Abs. 1 S. 1 Nr. 7 KWG bzw. § 35 Abs. 2

370 Vgl. nur *Sprau* in Palandt Einf vor § 662, Rn. 7; § 675, Rn. 3.

371 Regierungsbegründung zur Sechsten KWG-Novelle, Art. 1 zu Nr. 9, Nr. 40, BT-Drucks. 13/7142 (S. 74, 87); bestätigend die Literatur *Braun* in Boos/ Fischer/ Schulte-Mattler § 25a Rn. 22 f., *Baums/ Steck* (1998), S. 2264; *Zerwas/ Hanten* (1998), S. 1117; Adressat dieser Anordnungen können Institute und ihre Geschäftsleiter sein. Insoweit ist es denkbar, dass auch das Auslagerungsunternehmen, nicht nur das auslagernde Institut, einer Anordnung nach § 6 Abs. 3 KWG unterworfen wird (gerade angesichts der gebotenen Regulierung der Erlaubnispflicht für Auslagerungsunternehmen, siehe III.3.c.gg.).

Nr. 3 KWG iVm. § 33 Abs. 1 S. 1 Nr. 7 KWG oder § 35 Abs. 2 Nr. 6 KWG mögliche aufsichtliche Sanktionen.

- Der Verstoß gegen die Anzeigepflichten nach § 25a Abs. 2 S. 3 KWG, § 20 AnzV kann die Verhängung eines Ordnungswidrigkeiten-Bußgeldes nach § 56 Abs. 2 Nr. 4, Abs. 4 KWG nach sich ziehen.

Fehlt dem Auslagerungsunternehmen trotz ggf. bestehender Erlaubnispflicht (s.o. unter III.3.c.gg.) die Konzession nach § 32 KWG, kann die Aufsicht nach § 37 KWG auch gegen das Auslagerungsunternehmen vorgehen und die Einstellung des Geschäftsbetriebes und die Abwicklung der Geschäfte verlangen.

### d. Praxis der Regulierung im Outsourcing

Abschließend soll ergänzend ein kursorischer Blick auf die Praxis der Regulierung von Outsourcing-Fällen geworfen werden.
Innerhalb der BAFin ist die Zuständigkeit für das Outsourcing nicht gebündelt. Es besteht nicht etwa ein „Outsourcing-Referat". Outsourcing-Fälle werden vielmehr durch die Referate behandelt, die für die Regulierung des auslagernden Instituts zuständig sind.[372] Infolgedessen liegt keine verlässliche Gesamtübersicht dazu vor, wieviele Outsourcing-Vorhaben bearbeitet wurden und bei welchen Fällen aufsichtlich wie verfahren wurde.
Nach Angaben der BAFin ist die Qualität der Anzeigen nach § 25a Abs. 2 S. 3 KWG in der Praxis insgesamt zufrieden stellend. Der Auslagerungsvertrag wird den Absichtsanzeigen in der Regel beigefügt (§ 20 S. 3 Nr. 1 AnzV).

Die eigentliche Prüfung der BAFin erfolgt anhand einer Checkliste zum internen Gebrauch, durch die das Rundschreiben 11/2001 (s.o. Fn. 2) handhabbar wird.
In der Praxis wird versucht, die bereits dargestellte (zweifelhafte) Zweistufigkeit der Prüfung (s.o. III.3.c.cc.aaa. und III.3.c.dd.) näherungsweise durchzuhalten:

- Auf der ersten Stufe geht es um die Frage, ob das angezeigte Vorhaben überhaupt in der Lage ist, die Anforderungen des § 25a Abs. 2 KWG zu erfüllen.
- Auf der zweiten Stufe wird geprüft, ob die Anforderungen an zulässige Auslagerungen erfüllt sind. Dies kann z.B. Kündigungsrechte, Weisungsrechte oder aufsichtliche Prüfungsrechte betreffen.

Vollständige Untersagungen von Outsourcing-Vorhaben (Aufsichtsentscheidungen, die tendenziell der ersten Stufe zuzuordnen sind) sind vorgekommen, auch bereits bei Plänen, das Fondsmanagement einer Kapitalanlagegesellschaft vollständig auszulagern. Ausgestaltungsanforderungen der Aufsicht (Aufsichtsentscheidungen, die tendenziell der zweiten Stufe zuzuordnen sind) werden regelmäßig gestellt.

---

372 Das Rundschreiben 11/2001 der Aufsicht zur Handhabung der Auslagerungsfälle (s.o. Fn. 2) dient somit nicht zuletzt dem Ziel, unterschiedliche Rechtsauffassungen und Verwaltungsusancen innerhalb der Aufsichtsbehörde zu vereinheitlichen, um eine stringente Aufsichtspraxis zu gewährleisten.

Die Aufsicht handelt in Outsourcing-Angelegenheiten besonders selten in der Form von Verwaltungsakten. In der Praxis reicht regelmäßig der informelle Kontakt zwischen Aufsicht und auslagerndem Institut, um dem aufsichtlichen Willen Geltung zu verschaffen. Die Auslagerungsverträge werden dann entsprechend den aufsichtlichen Nachbesserungs-Vorgaben angepasst. Es ist selten und unüblich, dass ein auslagerndes Institut einen Verwaltungsakt „erbittet", um die aufsichtlichen Vorstellungen gegenüber dem Auslagerungsunternehmen durchsetzen zu können.
Insgesamt hat die BAFin in der bisherigen Verwaltungspraxis nicht etwa einen repressiven Standpunkt bezogen, sondern sie versucht vielmehr, durch Nachbesserungsforderungen Outsourcing-Pläne aufsichtsrechtlich zu ermöglichen. Zu Recht unnachgiebig ist die Aufsicht allerdings hinsichtlich der vertraglich zu sichernden Weisungsrechte des auslagernden Instituts (§ 25a Abs. 2 S. 2 KWG, § 20 S. 3 Nr. 1 AnzV) und hinsichtlich der Duldungserklärung des Auslagerungsunternehmens iSd. § 20 S. 3 S. 2 AnzV.

## 4. Zusammenfassung

Mit § 25a Abs. 2 KWG ist das Outsourcing im Kredit- und Finanzdienstleistungswesen erstmals innerhalb des deutschen Rechtskreises aufsichtsgesetzlich geregelt worden. Zuvor hatte die Rechtslage aus denjenigen Verlautbarungen und Bekanntmachungen der Aufsicht herausgefiltert werden müssen, die das Outsourcing (mit-) behandelten, ohne dass wirklich Transparenz und Rechtsklarheit geherrscht hätten.
§ 25a Abs. 2 KWG ist eine Organisationsvorschrift[373], die sich der Risiken annimmt, die bei der Auslagerung von bankbetrieblichen Funktionen für die Aufrechterhaltung der betrieblichen und aufsichtlichen Kontrolle und für die Ordnungsmäßigkeit der Geschäfte entstehen. Die Vorschrift trifft eine grundsätzlich liberale Regelung, durch die bis auf die zentralen Leitungsfunktionen keine Bereiche pauschal von der Möglichkeit der Auslagerung ausgenommen werden. Die gewählte Regelungstechnik ist kein Verbot mit Erlaubnisvorbehalt, sondern eine Erlaubnis mit Verbotsvorbehalt und Anzeigepflicht.[374]

Privatrechtlich[375] richtet sich der Outsourcing-Vertrag als Geschäftsbesorgungsvertrag vornehmlich nach §§ 675, 662 ff. BGB. Die zivilrechtlichen Anforderungen an die Einschaltung von Dritten in Geschäftsbesorgungsbeziehungen (Substitution, § 664 Abs. 1 S. 1 BGB entsprechend) konfligieren nicht mit den bankaufsichtsrechtlichen Anforderungen. Neben dem Aufsichtsrecht können im Einzelfall v.a. arbeitsrechtliche, gesellschaftsrechtliche und datenschutzrechtliche Materien ein Outsourcing-Vorhaben einrahmen.

Die Vorschrift des § 25a Abs. 2 KWG ist an Kreditinstitute und Finanzdienstleistungsinstitute gerichtet und ist damit für alle Bankgeschäfte und Finanzdienstleis-

---

373 Siehe III.3.a.

374 Diese Regulierung wird z.T. auch als „Verbot mit Anzeigevorbehalt" bezeichnet, etwa *Maurer* § 9 V 3 a) a.E.

375 Siehe III.2.

tungen der Katalogtatbestände des § 1 Abs. 1, Abs. 1a KWG relevant, auch für das Investmentgeschäft (§ 1 Abs. 1 S. 2 Nr. 6 KWG). Die investmentrechtliche Spezialvorschrift des § 16 InvG macht sich in ihrem Abs. 1 die Regelungen des § 25a KWG zu eigen und steht daher in einem Kooperationsverhältnis zu § 25a Abs. 2 KWG.
In personal-räumlicher Hinsicht[376] findet die Vorschrift keine Anwendung auf im Ausland sitzende auslagernde Institute und auf inländische Zweigniederlassungen ausländischer Institute, die unter die Vergünstigungen des „Europäischen Passes" nach § 53b KWG fallen. Für das Investmentgeschäft (§ 16 InvG) ergibt sich nunmehr mit der Umsetzung der entsprechenden Pass-Regelung für Investment-Verwaltungsgesellschaften in §§ 12, 13 InvG eine vergleichbare Rechtslage.
Als Auslagerungsunternehmen kommen verbundene und nicht verbundene Unternehmen in Betracht. Rechtlich unselbständige Zweigstellen im Inland und im EWR-Ausland stellen bei Delegation von Aufgaben keine Auslagerungsunternehmen iSd. § 25a Abs. 2 KWG dar. Die Vorschrift kümmert sich nur um die Auslagerung solcher Bereiche, die unmittelbar für die Durchführung von Bankgeschäften oder Finanzdienstleistungen notwendig sind und bankaufsichtlich relevante Risiken begründen oder nachhaltig beeinflussen können („Wesentlichkeit").

Zentrale Zulässigkeitsvoraussetzung[377] ist, dass die Auslagerung zu keiner regulatorisch nicht tolerierbaren Beeinträchtigung der Ordnungsmäßigkeit der Geschäfte und Dienstleistungen, der Steuerungs- und Kontrollmöglichkeiten der Geschäftsleitung und der Prüfungsrechte der Aufsicht führt. Der Erhalt der Steuerungsmöglichkeiten für die Geschäftsleitung verlangt insbesondere die Einbindung des ausgelagerten Bereiches in die internen Kontrollverfahren des auslagernden Instituts einschließlich der Internen Revision; das Outsourcing der Internen Revision selbst unterliegt erheblichen Einschränkungen. Bei Weiterverlagerungen[378] treffen die Pflichten, die auf der Ebene der ersten Auslagerung das auslagernde Institut treffen, auf der Folgeebene das Auslagerungsunternehmen gegenüber dem Weiterverlagerungsunternehmen. Die aufsichtlichen Prüfungsrechte gegenüber dem Auslagerungsunternehmen nach § 44 Abs. 1 S. 2 KWG sind durch eine entsprechende Duldungserklärung des Dienstleisters zu komplettieren; zur Durchsetzung der Aufsichtsrechte gegenüber im Ausland befindlichen Auslagerungsunternehmen steht eine europarechtliche bzw. völkerrechtliche Lösung aus.

Jede Outsourcing-Maßnahme ist so auszugestalten, dass die Zulässigkeitsvoraussetzungen nach § 25a Abs. 2 S. 1 KWG respektiert werden und eine Beeinträchtigung iSd. Vorschrift ausbleibt. Diese Ausgestaltungsanforderungen erstrecken sich auf vertragliche und tatsächliche Maßnahmen, darunter insbesondere die nach § 25a Abs. 2 S. 2 KWG geforderte vertragliche Sicherung von Weisungsrechten gegenüber dem Auslagerungsunternehmen.

376 Siehe III.3.c.aa.bbb.
377 Siehe III.3.c.cc.
378 Siehe III.3.c.cc.ccc.γ.

Es bestehen Grenzen des Outsourcing.[379] Die zentralen Leitungsfunktionen können aus gesellschaftsrechtlichen und bankaufsichtsrechtlichen Gründen nicht ausgelagert werden. Das Kumulieren von Outsourcing-Maßnahmen findet Grenzen insbesondere in den Zulässigkeitskriterien des § 25a Abs. 2 KWG selbst sowie in der Pflicht des Instituts zur dauerhaften Erfüllung der Erlaubnisvoraussetzungen gemäß §§ 32 ff. KWG (keine auslagerungsbedingte Entstellung des der Erlaubnis zu Grunde liegenden organisatorisch-operativen Sachverhaltes bis zum Entfallen der Erlaubnisvoraussetzungen). Daneben existiert – vorbehaltlich spezialgesetzlicher Wertungen – kein Bereich, der von Anbeginn dem Outsourcing nicht zugänglich ist; die Vorstellung eines solchen „Kernbereichs" ist abzulehnen.[380]
Die aufsichtsrechtlichen Ergebnisse zu den Grenzen des Outsourcing harmonieren mit den entsprechenden transaktionskostentheoretischen Bewertungen.

Da bereits die Durchführung von Teilakten von Bankgeschäften und Finanzdienstleistungen eine Erlaubnis nach § 32 KWG verlangt, können sich Auslagerungsunternehmen nicht prinzipiell der Erlaubnispflicht entziehen.[381] Die durch Aufsicht und Literatur eingenommenen Positionen zum aufsichtsrechtlichen Status des Auslagerungsunternehmens vermögen nicht zu überzeugen.[382] Die Konzessionspflicht für Auslagerungsunternehmen erwächst zwar nicht aus § 25a Abs. 2 KWG, ist aber regulär aus § 32 KWG und aus verwaltungsrechtlichen Überlegungen herzuleiten. Ausnahmen können teleologisch gewährt werden, wenn die Tätigkeit des Auslagerungsunternehmens inhaltlich und im Ergebnis durch das auslagernde Institut vorherbestimmt wird, wenn die Tätigkeit des Auslagerungsunternehmens bankaufsichtlich nur untergeordnete Risiken birgt oder wenn bereits eine inhaltlich verwandte Erlaubnis vorliegt.[383]
Erfordert die Übernahme der delegierten Aufgaben die Einräumung von Vertretungsbefugnissen zu Gunsten des Auslagerungsunternehmens, ist dies im Rahmen von nach § 25a Abs. 2 KWG zulässigen Auslagerungen unbedenklich.

379 Siehe III.3.c.ff.
380 Siehe III.3.c.ff.bbb.
381 Siehe III.3.c.gg.aaa., -eee.β.
382 Siehe III.3.c.gg.ddd.
383 Siehe III.3.c.gg.eee.

## IV. Die europäische Regulierungslösung zum Outsourcing bei Investmentgesellschaften: OGAW-Änderungsrichtlinie 2001/107/EG

Im Anschluss an die deutsche Regulierung des Outsourcing in der Kreditwirtschaft soll nun die europäische bankaufsichtsrechtliche Lösung des Outsourcing bei Kapitalanlagegesellschaften erörtert werden. Die einschlägige Norm, Art. 5g OGAW-Richtlinie, ist vom deutschen Bundesgesetzgeber in Form von § 16 InvG in nationales Recht umgesetzt worden. Dennoch nimmt dieses Kapitel der Arbeit eine Rückbesinnung auf den europarechtlichen Hintergrund vor, um mit einer zweifachen Zielsetzung die Motivation des Europarechtgebers zu erforschen: zum einen, um Erkenntnisse zu gewinnen für die Entwicklung der Lösung *de lege ferenda,* zum anderen, um Lehren zu ziehen für die Auslegung und aufsichtliche Handhabung des § 16 InvG.

Eingangs sind Stellung und Ziele der einschlägigen Richtlinie zu berücksichtigen (1.). Nach Diskussion der relevanten Norm des Art. 5g OGAW-Richtlinie und der sich mit ihr stellenden Fragen (2.) soll die Prüfung der Rechtslage für das Outsourcing im Investmentgeschäft erfolgen, wie sie sich bei unterstellter Umsetzung der Richtlinie ergibt (3.). Zusammenfassende Bemerkungen schließen das Kapitel ab (4.).

### 1. Zielsetzung der OGAW-Richtlinie und der Änderungsrichtlinie 2001/107/EG[384]

#### a. Einordnung und Zielsetzung

Die OGAW-Richtlinie[385] bietet das europäische Regelungswerk für das Investmentgeschäft. Sie ist insgesamt einzuordnen in die Anstrengungen des EU-Normgebers, einen einheitlichen europäischen Binnenmarkt auch für Finanzdienstleistungen zu schaffen.[386]
Ausgangspunkt der OGAW-Richtlinie waren qualitative Differenzen in den Regulierungen der Investmentbranche in den Mitgliedstaaten. Die dadurch hervorgerufenen Ungleichheiten sowohl in den Wettbewerbsbedingungen als auch im Schutzniveau zu Gunsten der Anteilinhaber sollten ausgeglichen werden. Zur Herstellung eines europäischen Kapitalmarktes musste der Vertrieb der Anteilscheine in anderen Mitgliedstaaten erleichtert werden, so dass die bestehenden Beschränkungen des freien Verkehrs zu beseitigen waren. Zur Verfolgung dieser Ziele sieht die Richtlinie

---

384 Richtlinie 2001/107/EG des Europäischen Parlaments und des Rates zur Änderung der Richtlinie 85/611/EWG des Rates zur Koordinierung der Rechts- und Verwaltungsvorschriften betreffend bestimmte Organismen für gemeinsame Anlagen in Wertpapieren (OGAW) zwecks Festlegung von Bestimmungen für Verwaltungsgesellschaften und vereinfachte Prospekte vom 21.01.2002, ABl. EG L 41 vom 13.02.2002, S. 20-34.

385 Richtlinie 85/611/EWG des Rates zur Koordinierung der Rechts- und Verwaltungsvorschriften betreffend bestimmte Organismen für gemeinsame Anlagen in Wertpapieren (OGAW) vom 20.12.1985, ABl. EG L 375 vom 31.12.1985, S. 3-18.

386 Zu erfolgten Vereinheitlichungen und verbleibenden Aufgaben in der Harmonisierung des Europäischen öffentlichen Bankrechts insgesamt siehe *Hirte/ Heinrich* (2001).

gemeinsame Mindestregelungen hinsichtlich Zulassung (einschließlich Eigenmittelausstattung), Aufsicht, Struktur (insbesondere Trennung von Verwaltung und Verwahrung des Anlagevermögens), Geschäftstätigkeit und Informationspflichten der Verwaltungsgesellschaften vor.

Das Prinzip der OGAW-Richtlinie ist es, nach dem Grundsatz der Herkunftslandaufsicht[387] dem Mitgliedstaat, in dem die Verwaltungsgesellschaft ihren Sitz und ihre Hauptverwaltung hat, die Aufsicht und die Produktzulassung zu überantworten, um die grundsätzliche Solidität des Investmentwesens, insbesondere den Anlegerschutz, zu gewährleisten und damit die gegenseitige Anerkennung überhaupt zu ermöglichen. Darauf aufbauend – und dies ist der Hauptbeitrag der OGAW-Richtlinie zur Förderung des grenzüberschreitenden Vertriebs von Investmentanteilen – wird der „Europäische Pass" für Investmentanteile festgeschrieben, d.h. die gegenseitige mitgliedstaatliche Anerkennung der Vertriebszulassung für Investmentfonds, die in einem Mitgliedstaat erteilt wurde, Art. 44-48 OGAW-Richtlinie (im deutschen Recht umgesetzt durch §§ 128-134 InvG, zuvor §§ 15-15k AuslInvestG).[388, 389]

Die OGAW-Richtlinie verfolgt zwar insofern einen ganzheitlichen Ansatz, dass alle wesentlichen Rechtsformen, in denen „Investmentfonds" in Europa aufgelegt und vertrieben werden (Vertragsform, Satzungsform, „Trusts")[390], Art. 1 Abs. 3 OGAW-Richtlinie, erfasst und einheitlichen Ausübungsbedingungen unterworfen werden. Dennoch ist der Investmentmarkt auch nach allen Änderungsrichtlinien immer noch nicht lückenlos durch die OGAW-Richtlinie geregelt. Insbesondere gilt die Richtlinie nur für Publikumsfonds („gemeinsame Anlagen"), nicht aber für Spezialfonds[391]; auch sind nicht alle Vermögensgegenstände erfasst, in die Investmentfonds investieren können (v.a. nicht Grundstücke und Edelmetalle).

---

387 Dieser Grundsatz findet sich in der OGAW-Richtlinie in Art. 1 Abs. 6, Art. 4 Abs. 1, Art. 5 Abs. 1 S. 2, Art. 5d Abs. 2, Art. 5f Abs. 1, Art. 5h S. 1, Art. 6a, Art. 6b, Art. 6c, Art. 49 Abs. 3, Art. 52 Abs. 1, Art. 52b.

388 Siehe dazu bereits oben unter III.3.c.aa.bbb.β. und IV.1.b. sogleich.

389 Wenngleich der EuGH davon ausgeht, dass rein nationale Sachverhalte nicht dem EG-Recht unterfallen, werden von der OGAW-Richtlinie auch Verwaltungsgesellschaften erfasst, die ihre Investmentanteile nicht grenzüberschreitend vertreiben. *Grundmann* (1991), S. 244, begründet dies damit, dass der grenzüberschreitende Handel einmal emittierter Anteilscheine nicht auszuschließen ist, so dass der grenzüberschreitende Verkehr *potenziell* berührt ist.

390 Näher dazu unter V.1.c; zusammenfassend *Baur* Einl I Rn. 8, 70 ff.

391 Art. 1 Abs. 2 S. 1 erster Spiegelstrich, Art. 2 Abs. 1 zweiter Spiegelstrich OGAW-Richtlinie; auch geschlossene Fonds werden von der Richtlinie nicht reguliert, Art. 2 Abs. 1 erster Spiegelstrich, Art. 37 OGAW-Richtlinie (geschlossene Fonds sind solche, bei denen der Anleger keine vertragliche Gewähr hat, dass seine Anteile jederzeit aus Mitteln des Fonds zurückgenommen werden; bei geschlossenen Fonds bilden sich Anteilspreise idR. durch Angebot und Nachfrage, und nur bei Vorhandensein von Käufern können Anteile abgegeben werden [näher V.1.c.bb.]).

Die jüngste Änderungsrichtlinie[392] nimmt sich des weiteren Ausbaus des Binnenmarktes im Investmentbereich an und eröffnet die Möglichkeit für Verwaltungsgesellschaften, die Dienstleistungen, für die sie in ihrem Herkunftsmitgliedstaat eine Zulassung erhalten haben, nunmehr auch mittels Zweigniederlassungen oder im grenzüberschreitenden Dienstleistungsverkehr zu erbringen, ohne erneute Zulassungen in den Aufnahmemitgliedstaaten einholen zu müssen, Art. 6-6c OGAW-Richtlinie (vgl. Exkurs unter IV.1.b. sogleich).[393]
Diese Änderungsrichtlinie brachte auch die Einführung des Art. 5g OGAW-Richtlinie, der ihre wichtigste Regelung zum Outsourcing im Investmentgeschäft darstellt. Ziel der Vorschrift ist es, auch bei der Funktionsauslagerung einheitliche Bedingungen in allen Mitgliedstaaten herzustellen. Mit der Vorschrift sollte die grundsätzliche Möglichkeit des Outsourcing eingeräumt werden, um den betriebswirtschaftlich stimulierten Forderungen der europäischen Investmentindustrie nachzukommen. Gleichzeitig sollten zur Sicherung der Interessen von Aufsicht und Anlegern die Zulässigkeitanforderungen, inbesondere hinsichtlich der Auslagerung des Fondsmanagement, geklärt und die Grenzen des Outsourcing detailliert werden.

### b. Exkurs: Der neue „Europäische Pass" für Verwaltungsgesellschaften, Art. 6-6c OGAW-Richtlinie

Die OGAW-Änderungsrichtlinie bringt durch die Normierung der gegenseitigen Anerkennung der (Betriebs-) Zulassung der Verwaltungsgesellschaften einen Fortschritt in der Herstellung des europäischen Investment-Binnenmarktes.

Ein „Europäischer Pass" nicht lediglich für Produkte, sondern für die lizenzierten Institute selbst, ist für andere Bankgeschäfte als das Investmentgeschäft und für Finanzdienstleistungen bereits bekannt und im deutschen Recht in §§ 24a, 53b KWG normiert.[394] Für das Investmentgeschäft wird dies durch die neue Passregelung in Art. 6-6c OGAW-Richtlinie somit nachgeholt (im deutschen Recht umgesetzt durch

---

392 Richtlinie 2001/107/EG des Europäischen Parlaments und des Rates, siehe Fn. 384; Hauptgegenstand der taggleich erlassenen zweiten Änderungsrichtlinie (Richtlinie 2001/108/EG des Europäischen Parlaments und des Rates zur Änderung der Richtlinie 85/611/EWG des Rates zur Koordinierung der Rechts- und Verwaltungsvorschriften betreffend bestimmte Organismen für gemeinsame Anlagen in Wertpapieren (OGAW) hinsichtlich der Anlagen in OGAW vom 21.1.2002, ABl. EG L 41 vom 13.2.2002, S. 35-42) ist die Erweiterung des Anlagespektrums für OGAW: Neben Wertpapieren, d.h. insbesondere an Börsen und anderen geregelten Märkten gehandelten Papieren (vgl. Art. 1 Abs. 8 OGAW-RL), kann zukünftig auch investiert werden in Geldmarktpapiere, in andere OGAW, Sichteinlagen und Derivate. Außerdem ist die Nachbildung von Wertpapierindizes nunmehr gestattet. Beide Richtlinien bilden einen Teil des EU-Aktionsplans für Finanzdienstleistungen, durch den bis zum Jahr 2005 der Kapitalverkehrs- und Finanzdienstleistungsbinnenmarkt verwirklicht sein soll.

393 Für eine ökonomische Rechtfertigung der OGAW-Änderungsrichtlinien angesichts des tatsächlichen Integrationsstatus des Investmentmarktes siehe *Heinemann* (2002); darin auch zu den Möglichkeiten und Grenzen der Marktintegration durch (allein) legislative Maßnahmen und zu der Frage, welches Kostensenkungspotenzial sich daraus ergibt, dass im Zuge der Europäisierung des Vertriebs die durchschnittlichen Fondsvolumina steigen können (*Heinemanns* Ergebnis in letztgenanntem Punkt bestätigt die diskutierten Fixkostenstrukturen im Fondsgeschäft [s.o. II.1.b.cc.ccc.]).

394 Vgl. auch die zu Grunde liegende europarechtliche Regelung in Art. 18-22 Bankenrichtlinie (Richtlinie 2000/12/EG des Europäischen Parlaments und des Rates über die Aufnahme und Ausübung der Tätigkeit der Kreditinstitute vom 20.3.2000, ABl. EG L 126 vom 26.5.2000, S. 1 ff.).

§§ 12-13 InvG). Der neue Pass, der die Verwaltungsgesellschaften, also die Institute betrifft, besteht parallel zur alten Pass-Regelung in Art. 44-48 OGAW-Richtlinie, die die Investmentfonds, also die Produkte betrifft (im deutschen Recht umgesetzt durch §§ 128-134 InvG, zuvor §§ 15-15k AuslInvestG). Durch den neuen Pass können Verwaltungsgesellschaften, die in ihren Heimatstaaten gemäß der OGAW-Richtlinie konzessioniert und beaufsichtigt sind, in anderen Mitgliedstaaten das Investmentgeschäft und die zulässigen Nebengeschäfte (individuelle Portfolioverwaltung, Anlageberatung, Anlagekontenverwaltung) betreiben, ohne in diesen Staaten eine erneute Zulassung beantragen zu müssen. Die Hauptergänzung der neuen zur bisherigen Pass-Regelung ist im Ergebnis, dass die Investmentgesellschaft für das Investmentgeschäft nicht länger eine fremde (oder eigene erlaubnispflichtige) Vertriebsgesellschaft im Aufnahmemitgliedstaat benennen und einschalten muss (vgl. die deutsche Umsetzung in § 131 InvG), sondern diese Aufgabe nunmehr erlaubnisfrei durch die eigene Zweigniederlassung wahrnehmen kann. Nach wie vor bleibt es aber dabei, dass die Verwaltungsgesellschaft die direkte Fondsauflage im Aufnahmemitgliedstaat als solche nicht aus dem Herkunftsmitgliedstaat heraus und auch nicht über Zweigniederlassungen vornehmen kann. Dazu muss eine dem nationalen Investmentrecht unterliegende inländische Gesellschaft bestehen (vgl. im deutschen Recht § 6 Abs. 1 S. 3 InvG), so dass die Verwaltungsgesellschaft die Fondsauflage durch ein Tochterunternehmen im Aufnahmemitgliedstaat oder mittels Formen des Outsourcing bewerkstelligen muss.

Auch bleibt es dabei, wie erwähnt, dass „trotz" Inanspruchnahme des neuen Passes die einheitliche Vertriebszulassung des Investmentproduktes nach dem Modus des alten Passes für den Vertrieb in den anderen Mitgliedstaaten erwirkt werden muss. Denn nach wie vor erhalten nur diejenigen Produkte das Privileg der einmaligen Zulassung, die sich an die Investmentvorgaben, Anlagegrundsätze und Ausstellergrenzen der OGAW-Richtlinie (v.a. Art. 19-26 OGAW-Richtlinie) halten, Art. 46 S. 2 OGAW-Richtlinie. Die Parallelität der Pässe ergibt sich außerdem unzweideutig aus dem Werdegang der Änderungsrichtlinie 2001/107/EG und findet sich, wenngleich nur für den grenzüberschreitenden Dienstleistungsverkehr, nicht für den Vertrieb über Zweigniederlassungen, im Wortlaut des Art. 6b Abs. 3 S. 1 OGAW-Richtlinie.[395] Im deutschen Recht ist die Parallelität in § 13 Abs. 2 S. 3, Abs. 3 S. 3 InvG fixiert.

---

395 Vgl. etwa die kritische Stellungnahme des Wirtschafts- und Sozialausschusses ABl. EG C 116 vom 28.04.1999 (Fn. 406, a.a.O. S. 3), und Geänderter Vorschlag der Kommission (Fn. 401, a.a.O. S. 7 f.). In Entwurfsversionen bestand ein solcher Hinweis auf die Parallelität der Pässe, wie er sich in Art. 6b Abs. 3 S. 1 OGAW-Richtlinie befindet, auch in Art. 6a OGAW-Richtlinie für den Vertrieb über Zweigniederlassungen; aus redaktionellen Gründen wurde dieser zweite Hinweis fallen gelassen, vgl. Gemeinsamer Standpunkt (EG) Nr. 23/2001, vom Rat festgelegt am 5. Juni 2001 im Hinblick auf den Erlass der Richtlinie 2001/[...]/EG des Europäischen Parlaments und des Rates vom [...] zur Änderung der Richtlinie 85/611/EWG des Rates zur Koordinierung der Rechts- und Verwaltungsvorschriften betreffend bestimmte Organismen für gemeinsame Anlagen in Wertpapieren (OGAW) zwecks Festlegung von Bestimmungen für Verwaltungsgesellschaften und vereinfachte Prospekte, ABl. EG C 297 vom 23.10.2001, S. 32.

Für die zulässigen Nebentätigkeiten einer Verwaltungsgesellschaft, insbesondere die individuelle Portfolioverwaltung, die Anlageberatung und das Depotführungsgeschäft (Anlagekontengeschäft), vgl. Art. 5 Abs. 3 S. 1 OGAW-Richtlinie und § 7 Abs. 2 InvG, gilt, dass diese von der alten Passregelung nicht erfasst wurden, das Angebot in einem anderen Mitgliedstaat durch die neue Passregelung also erstmalig möglich wird.

## 2. Die Regulierungslösung der OGAW-Richtlinie (Art. 5g OGAW-Richtlinie)

### a. Einführung

#### aa. Grundsätzliche Möglichkeit des Outsourcing

Wie Art. 1a Nr. 2 iVm. Anhang II OGAW-Richtlinie belegt, geht auch die OGAW-Richtlinie grundsätzlich von einer nicht zersplitterten Verwaltungsgesellschaft aus, deren Geschäftstätigkeit in der Wahrnehmung aller Aufgaben des Investmentgeschäftes besteht.[396]
Dieser Grundsatz wird jedoch an mehreren Stellen durchbrochen. Art. 5g OGAW-Richtlinie ist die zentrale Norm der Richtlinie zur Regulierung des Outsourcing,[397] doch auch andere Vorschriften geben die Möglichkeit zur Einbeziehung dritter Parteien oder unterstellen zumindest eine solche Einbeziehung: Erwägungsgrund 7 der Änderungsrichtlinie 2001/107/EG (s. Fn. 384) und Art. 5a Abs. 1 lit. a) zweiter Spiegelstrich i), ii), iii) OGAW-Richtlinie gehen übereinstimmend davon aus, dass Dritte in die Verwaltung von Investmentfonds eingeschaltet werden können.[398] Art. 6b Abs. 5 OGAW-Richtlinie unterstellt die Bemühung Dritter im Vertrieb in Nicht-Herkunftsstaaten. Art. 7 Abs. 2, Art. 14 Abs. 2 OGAW-Richtlinie räumen den Verwahrstellen die Möglichkeit zur Auslagerung der Verwahraufgabe ein, also der eigentlichen Depottätigkeit. Art. 25 Abs. 3 lit. e) OGAW-Richtlinie bestätigt, dass Tochtergesellschaften für bestimmte Sachverhalte im Zusammenhang mit der Anteilscheinrücknahme bei Investmentgesellschaften (OGAW in Satzungsform, Art. 1 Abs. 3 S. 1 OGAW-Richtlinie) eingeschaltet werden dürfen.[399]

---

396 Wenn die OGAW-Richtlinie von „Verwaltung" von Investmentfonds spricht, liegt gemäß Anhang II der Richtlinie ein weites Begriffsverständnis zu Grunde. Gemeint sind alle Aufgaben der Wertschöpfungskette des Investmentgeschäftes, die nicht der Verwahrstelle (Depotbank) zugewiesen sind, neben dem Fondsmanagement also insbesondere Vertrieb und Custody-Aufgaben.

397 Nach Art. 13b OGAW-Richtlinie gilt Art. 5g OGAW-Richtlinie auch für solche *Investmentgesellschaften*, also OGAW in Satzungsform (Art. 1 Abs. 3 OGAW-Richtlinie), die keine Verwaltungsgesellschaft (Art. 1a Nr. 2 OGAW-Richtlinie) benannt haben [selbstverwaltete Investmentgesellschaften].

398 Dieses Normverständnis wird gestützt durch Art. 13b S. 3 OGAW-Richtlinie, der einer (selbstverwalteten oder nicht selbstverwalteten) Investmentgesellschaft, also einem OGAW in Satzungsform (Art. 1 Abs. 3 OGAW-Richtlinie), die Annahme von Aufträgen zur *Verwaltung fremden Vermögens* untersagt, im Gegensatz zu Verwaltungsgesellschaften, also den Gesellschaften, die Investmentgesellschaften und Investmentfonds in Trust- oder Vertragsform verwalten (Art. 1a Nr. 2 OGAW-Richtlinie).

399 Bestätigt wird die Zulässigkeit der Inanspruchnahme Dritter durch das Erfordernis der Entgeltangaben nach Anhang I, Schema A, Spalten 1 und 3, jeweils Nr. 1.18 iVm. Art. 28 Abs. 2 OGAW-Richtlinie.

Der Wortlaut des Art. 5g Abs. 1 OGAW-Richtlinie („Gestatten die Mitgliedstaaten den Verwaltungsgesellschaften [...] Aufgaben [...] an Dritte zu übertragen, [...]") zeigt, dass die Richtlinie es nicht etwa den Mitgliedstaaten, an die sie gerichtet ist (Art. 59 OGAW-Richtlinie), verbindlich aufgibt, das Outsourcing nach ihrem nationalen Recht zuzulassen, sondern den Mitgliedstaaten lediglich die (inhaltlich konditionierte) Möglichkeit gibt, den von ihnen beaufsichtigten Verwaltungsgesellschaften das Outsourcing zu gestatten. Diese Normgebung verwundert zunächst, da sie nicht mit Gewissheit dafür sorgt, die europäische Investmentaufsicht in diesem Punkt zu harmonisieren.

Dennoch muss an diesem Verständnis des Art. 5g OGAW-Richtlinie festgehalten werden: Die Entstehung der Vorschrift belegt, dass es das Regelungsziel des Richtliniengebers war, lediglich Vorgaben für den Fall zu machen, dass ein Mitgliedstaat Outsourcing zulässt. Zwischenzeitliche, anders lautende Änderungsvorschläge des Europäischen Parlamentes[400] fanden keine Berücksichtigung: Man sah es im originären Ermessen der Mitgliedstaaten, die Funktionsauslagerung als solche (überhaupt) zu gestatten.[401] Diese Haltung war wohl weniger Ausdruck einer bedächtigen Auslegung der eigenen Richtlinienkompetenz, denn unter dem Banner der Binnenmarktrealisierung ließe sich sowohl das „Ob" als auch das „Wie" des Outsourcing regeln. Vielmehr wurde pragmatisch erkannt, dass ein Teil der Ziele der zu schaffenden Outsourcing-Norm, nämlich „Wahrung des Anlegerschutzes", „Kontrollerhalt für die Verwaltungsgesellschaft" und „Wahrung der Aufsichtsmöglichkeiten", erst bei entschiedener, d.h. nach erfolgter Gestattung des Outsourcing gefährdet sein würde, so dass es für diesen Fall einer Regelung bedurfte, während der andere Teil der Ziele, nämlich „Sicherung der Wettbewerbsfähigkeit der Anbieter im Investmentgeschäft", *bereits* und *nur* durch das prinzipielle Befürworten des Outsourcing erreicht werden würde, was im ureigenen Interesse der Mitgliedstaaten liegt und daher durch diese selbst verfolgt werden würde.
Die englische und französische Fassung der Richtlinie an dieser Stelle („If" und „Lorsque" zu Beginn des Abs. 1) stützen die Wortlautauslegung des Art. 5g OGAW-Richtlinie, dass es den Mitgliedstaaten anheim gestellt ist, das Outsourcing generell zu gestatten (vgl. auch Erwägungsgrund 12 der Änderungsrichtlinie 2001/107/EG [Fn. 384]). Nichts anderes ergibt sich beim Vergleich mit anderen Normen der

400 Änderungsvorschlag des Europäischen Parlaments zu einer Richtlinie des Europäischen Parlaments und des Rates zur Änderung der Richtlinie 85/611/EWG zur Koordinierung der Rechts- und Verwaltungsvorschriften betreffend bestimmte Organismen für gemeinsame Anlagen in Wertpapieren (OGAW) zwecks Regulierung der Verwaltungsgesellschaften und der vereinfachten Prospekte für OGAW (KOM(1998) 451 – C4-0465/1998 – 1998/0242(COD)), ABl. EG C 339 vom 29.11.2000, S. 228-231.

401 Geänderter Vorschlag für eine Richtlinie des Europäischen Parlaments und des Rates zur Änderung der Richtlinie 85/611/EWG zur „Koordinierung der Rechts- und Verwaltungsvorschriften betreffend bestimmte Organismen für gemeinsame Anlagen in Wertpapieren (OGAW)" zwecks Festlegung von Bestimmungen für Verwaltungsgesellschaften und vereinfachte OGAW-Prospekte, 30.05.2000, Geschäftsnummer der Kommission KOM(2000)331 endgültig 1998/0242 (COD), S. 6 [entspricht ABl. EG C 311 E vom 31.10.2000, S. 273-301]; Gemeinsamer Standpunkt (EG) Nr. 23/2001 (Fn. 395, a.a.O. S. 31).

OGAW-Richtlinie, in denen den Mitgliedstaaten Vorgaben zur Normsetzung gemacht werden.[402]

Insoweit wäre eine Umsetzung mit der OGAW-Richtlinie vereinbar, die Outsourcing ausschließt.[403] Für den Fall aber, dass die Richtlinienumsetzung die Gestattung von Outsourcing vorsieht, hält Art. 5g OGAW-Richtlinie – nunmehr zwingend – Vorgaben dazu bereit, welche Anforderungen Auslagerungen zu erfüllen haben. Eine liberalere Rechtsgestaltung ist den Mitgliedstaaten daher verschlossen, nicht aber eine strengere Regelung, Art. 1 Abs. 7 OGAW-Richtlinie.
Der deutsche Gesetzgeber hat sich dazu entschieden, den in Deutschland regulierten Verwaltungsgesellschaften die Möglichkeit zu Funktionsauslagerungen zu bieten und hat mit diesem Regelungsziel Art. 5g OGAW-Richtlinie durch die formellgesetzliche Vorschrift des § 16 InvG umgesetzt.

### bb. Regelungsmechanismus des Art. 5g OGAW-Richtlinie

Auf den ersten Blick wirkt es uneindeutig, auf welche Weise Art. 5g OGAW-Richtlinie das Outsourcing reguliert: In Abs. 1 lit. a) wird lediglich ein Unterrichtungserfordernis für die betroffene Verwaltungsgesellschaft festgelegt; dies deutet auf eine *Erlaubnis mit Verbotsvorbehalt* hin. Abs. 1 lit. i) spricht allerdings doch von einer „Genehmigung", die die Verwaltungsgesellschaft für ihre Auslagerungsvorhaben erhalten hat; daraus ist eher ein *Verbot mit Erlaubnisvorbehalt* abzuleiten.

Zieht man den Entstehungsgang der Vorschrift zu Rate, wird ersichtlich, dass der Regelungsmechanismus des Art. 5g OGAW-Richtlinie, wie er durch die nationalen Umsetzungsnormen zu adoptieren ist, die Erlaubnis mit Verbotsvorbehalt ist: Der ursprüngliche Kommissionsvorschlag sah für jedes Auslagerungsvorhaben eine Vorlagepflicht und die vorherige „Zustimmung" der zuständigen Behörden vor.[404] Dieser Vorschlag stieß auf die Kritik des Europäischen Parlamentes[405] und des Wirt-

---

402 Zum Beispiel Art. 6a Abs. 2 OGAW-Richtlinie: „Die Mitgliedstaaten schreiben vor, dass ...".

403 Fraglich wäre sodann, ob ein Verbot des Outsourcing mit europarechtlich und verfassungsrechtlich gewährten (Freiheits-) Rechten konform ginge.

404 Kommission der Europäischen Gemeinschaften: Vorschlag für eine Richtlinie des Europäischen Parlaments und des Rates zur Änderung der Richtlinie 85/611/EWG zur Koordinierung der Rechts- und Verwaltungsvorschriften betreffend bestimmte Organismen für gemeinsame Anlagen in Wertpapieren (OGAW) zwecks Regulierung der Verwaltungsgesellschaften und der vereinfachten Prospekte für OGAW, ABl. EG C 272 vom 1.9.1998, S. 7-21; der ursprüngliche Vorschlag für Art. 5g OGAW-Richtlinie war zwar in seiner Forderung nach einer Genehmigung eindeutig, ging aber verwirrend einmal – fälschlicherweise – in Abs. 1 von der Verwaltungsgesellschaft als Auslagerungsunternehmen und Pflichtenträgerin aus, sodann in Abs. 2 und Abs. 3 – richtigerweise – von der Verwaltungsgesellschaft als auslagernder Stelle und Pflichtenträgerin. In den späteren Fassungen wurde dies korrigiert dahin gehend, dass eine Genehmigungspflicht (im weiteren Verlauf der Richtlinienentstehung: eine Meldepflicht) nur der auslagernden Verwaltungsgesellschaft obliegt.

405 Bericht von *Brian Crowley*, Mitglied des Europäischen Parlaments, als Berichterstatter des Ausschusses für Recht und Bürgerrechte des Europäischen Parlaments, 22.04.1999, Geschäftsnummer A4-0233/99 – PE 229.498/end., S. 18; in diesem Bericht befindet sich außerdem die Stellungnahme des Ausschusses für Wirtschaft, Währung und Industriepolitik als mitberatender Ausschuss (Verfasser: *Wilfried Kuckelkorn*, Mitglied des Europäischen Parlaments), der bemüht war, der von der Kommission vorgesehenen Genehmigungs-

schafts- und Sozialausschusses[406], die in ihren Berichten und Stellungnahmen darauf verwiesen, dass die bestehenden Unterschiede in den nationalen Regulierungen des Outsourcing noch zu keinen Verwerfungen geführt hätten und nationale Vorschriften zur Beseitigung von Interessenkonflikten zusätzlichen Schutz für die Anlegerinteressen böten. Das Parlament stellte daher anfangs einen Harmonisierungsbedarf insgesamt in Frage, während der Wirtschafts- und Sozialausschuss den Vorschlag unterbreitete, die Genehmigungspflicht durch eine Meldepflicht zu ersetzen, offenbar um die Eingriffstiefe der Norm zu verringern.
Die Kommission distanzierte sich daraufhin von ihrem Ausgangsvorschlag. Sie betonte (nur noch) die Notwendigkeit, die umfassende Information der Behörden über die unternommenen Auslagerungen sicherzustellen, und sah dazu eine Informationspflicht der auslagernden Verwaltungsgesellschaften vor.[407] Bis auf semantische und redaktionelle Änderungen ist es in der weiteren Richtlinienerarbeitung bei dieser Regelung geblieben. Diese Abkehr vom Genehmigungserfordernis muss als Wille des Richtliniengebers verstanden werden, den Mitgliedstaaten – für den Fall, dass sie sich für die Ermöglichung des Outsourcing entscheiden (siehe soeben unter IV.2.a.aa.) – den Regelungsmechanismus einer Erlaubnis mit Verbotsvorbehalt aufzugeben. Die Vokabel „Genehmigung" in Art. 5g Abs. 1 lit. i) OGAW-Richtlinie – ohnehin verwendet im Zusammenhang mit der Veröffentlichungspflicht, also nicht in einem Kontext, der die Auseinandersetzung mit den zuständigen Behörden betrifft – muss als Rudiment aus den Entwurfsfassungen verstanden werden.

### b. Anwendungsbereich

Als Richtlinie gemäß Art. 249 Abs. 3 EGV ist die OGAW-Richtlinie an die Mitgliedstaaten adressiert (Art. 59 OGAW-Richtlinie), die zu einer solchen Umsetzung verpflichtet sind, die die Erreichung der Ziele der Richtlinie gewährleistet. Wenn im Folgenden von „Anwendungsbereich" die Rede ist, geht es um die Vorgaben, die die OGAW-Richtlinie den nationalen Normen macht, die der Umsetzung des Art. 5g OGAW-Richtlinie dienen.

#### aa. Sachlicher Anwendungsbereich

Art. 5g OGAW-Richtlinie findet Anwendung auf das *Investmentgeschäft*, also dasjenige Bankgeschäft, das im deutschen Recht in § 1 Abs. 1 S. 2 Nr. 6 KWG, § 6 Abs. 1 S.

---

pflicht ihre Schärfe dadurch zu nehmen, dass sie erst ab einer gewissen Erheblichkeitsschwelle einsetzen würde. Diese Schwelle sah der Ausschuss erreicht bei der Auslagerung „mindestens einer[r] Aufgabe im Bereich der Investitionstätigkeit und zwei[er] Aufgaben im Marketingbereich" (S. 31). Wegen seiner Unbestimmtheit wurde dieser Vorschlag zu Recht nicht weiterverfolgt.

406 Es handelt sich um den Wirtschafts- und Sozialausschuss iSd. Art. 7 Abs. 2, Art. 257-262 EGV; die relevante Äußerung ist hier die Stellungnahme des Wirtschafts- und Sozialausschusses zu dem „Vorschlag für eine Richtlinie des Europäischen Parlaments und des Rates zur Änderung der Richtlinie 85/611/EWG zur Koordinierung der Rechts- und Verwaltungsvorschriften betreffend bestimmte Organismen für gemeinsame Anlagen in Wertpapieren (OGAW) zwecks Regulierung der Verwaltungsgesellschaften und der vereinfachten Prospekte für OGAW", ABl. EG C 116 vom 28.4.1999, S. 1-5.

407 Geänderter Vorschlag für eine Richtlinie des Europäischen Parlaments und des Rates zur Änderung der Richtlinie 85/611/EWG, siehe Fußnote 401.

1, § 7 Abs. 2 InvG beschrieben ist. Andere Bankgeschäfte oder Finanzdienstleistungen sind grundsätzlich nicht erfasst.

Das Hauptaugenmerk der OGAW-Richtlinie liegt auf den sog. harmonisierten Fonds – die von der Richtlinie mit „OGAW" bezeichneten Fonds –, die das Privileg der nur einmaligen Zulassung zum Vertrieb in allen Mitgliedstaaten erhalten (Art. 44-48 OGAW-Richtlinie, im deutschen Recht umgesetzt durch §§ 128-134 InvG). Für diesen Vorzug stellt die OGAW-Richtlinie Anforderungen, so dass sich nicht alle Fonds – Organismen für gemeinsame Anlagen, nicht jedoch zwingend Organismen für gemeinsame Anlagen in Wertpapieren *iSd. Richtlinie* – qualifizieren. Insbesondere werden in dieser Hinsicht nicht berücksichtigt:

- Spezialfonds und geschlossene Fonds, Art. 1 Abs. 2 S. 1, Art. 2 Abs. 1 erster und zweiter Spiegelstrich, Art. 37 Abs. 1 OGAW-Richtlinie (Ausnahme für geschlossene Fonds: Art. 1 Abs. 2 S. 2 OGAW-Richtlinie);
- Fonds, die Anlagegegenstände wählen, die von der OGAW-Richtlinie nicht vorgesehen sind, Art. 1 Abs. 2 S. 1 erster Spiegelstrich, Art. 2 Abs. 1 vierter Spiegelstrich iVm. Art. 19 OGAW-Richtlinie (damit sind v.a. Edelmetallfonds und Immobilienfonds nicht-harmonisierte Fonds);
- Fonds, die Strategien hinsichtlich Anlagegrundsätzen und Ausstellergrenzen wählen, die von der OGAW-Richtlinie aus Gründen des Anlegerschutzes nicht zugelassen werden, Art. 2 Abs. 1 vierter Spiegelstrich iVm. Art. 21-26 OGAW-Richtlinie (damit fällt v.a. ein Teil der Hedge-Fonds und indexnachbildenden Fonds [vgl. Art. 22a OGAW-Richtlinie] heraus);
- Fonds, die nicht zum Vertrieb in den Mitgliedstaaten bestimmt sind, Art. 2 Abs. 1 dritter Spiegelstrich OGAW-Richtlinie.

Mithin gelten nicht alle Fonds als OGAW iSd. Richtlinie. Die Outsourcing-Vorschrift des Art. 5g OGAW-Richtlinie beruft sich indessen auf die „Aufgaben" der Verwaltungsgesellschaften, zu denen nach Art. 5 Abs. 2 S. 1 2. HS OGAW-Richtlinie ausdrücklich auch die Verwaltung nicht-harmonisierter Fonds zählt, die, wie Art. 5 Abs. 2 S. 1 2. HS a.E. OGAW-Richtlinie selbst ausführt, in anderen Mitgliedstaaten nicht gemäß der OGAW-Richtlinie – wohl aber über länderindividuelle Zulassungen – vertrieben werden können.[408] Man wird daher folgern müssen, dass sich der sachliche Anwendungsbereich des Art. 5g OGAW-Richtlinie auf die nicht-harmonisierten Fonds erstreckt. Dies ist auch mit den Zielen der Vorschrift zu vereinbaren: Die Wahrung der Anlegerinteressen auch im Outsourcing-Fall, der Kontrollerhalt für die Verwaltungsgesellschaft auch im Outsourcing-Fall und die Wahrung der Aufsichtsmöglichkeiten auch im Outsourcing-Fall sind aufsichtsrechtlich berechtigte Ziele auch bei nicht-harmonisierten Fonds. In der Praxis des Outsourcing wird sich idR. eine organisatorische Trennung der Auslagerung zwischen harmonisierten und

---

408 Art. 5 Abs. 2 S. 1 2.HS OGAW-Richtlinie birgt einen Widerspruch, wenn er einerseits formuliert, dass „andere Organismen für gemeinsame Anlagen" nicht unter die Richtlinie fallen, andererseits aber ihre Verwaltung zu einer zulässigen Tätigkeit der durch die Richtlinie regulierten Verwaltungsgesellschaften erklärt. Der Halbsatz ergibt aber nur rechtssetzenden Sinn, wenn die Richtlinie (auch) in diesem Punkt Regelungen für nicht-harmonisierte Fonds schaffen will.

nicht-harmonisierten Fonds ohnehin nicht durchhalten lassen, so dass das weite Verständnis des sachlichen Anwendungsbereichs die realitätsgerechte Regelung bedeutet.
Die Kompetenz des Richtliniengebers auch im Bereich der nicht-harmonisierten und daher dem „Europäischen Pass" nicht zugänglichen Fonds lässt sich schon daraus herleiten, dass die Schaffung des Binnenmarktes einheitliche Wettbewerbsbedingungen auch bei der Funktionsauslagerung verlangt (Rechtsangleichungskompetenz, Art. 94 EGV; die OGAW-Änderungsrichtlinie stützt sich im Übrigen insbesondere auf Art. 47 Abs. 2 EGV); die europarechtliche Normgebungskompetenz hat nichts mit der Abgrenzung der harmonisierten Fonds zu tun. So betreffen z.B. auch die Bedingungen des Art. 5a OGAW-Richtlinie für die Lizenz der Verwaltungsgesellschaft nicht nur die Tätigkeiten bezüglich harmonisierter Fonds, sondern die Gesamtheit der Aufgaben einer Verwaltungsgesellschaft.[409]

Art. 1a Nr. 2, Art. 5 Abs. 2 S. 2 iVm. Anhang II OGAW-Richtlinie zeigt auf, dass die gesamte Wertschöpfungskette des Investmentgeschäftes von Vertrieb über Fondsmanagement bis zu Fondsbuchhaltung in den Anwendungsbereich des Art. 5g OGAW-Richtlinie fällt. Neben dieser Verwaltung von Investmentfonds als kollektiver Vermögensverwaltung sind nach Art. 5 Abs. 3 S. 1 OGAW-Richtlinie die Nebentätigkeiten der individuellen Vermögensverwaltung, der Anlageberatung und der Depotkontenverwaltung zulässige Aufgaben der Verwaltungsgesellschaft. Auch diese Tätigkeiten unterliegen damit Art. 5g OGAW-Richtlinie. Außerhalb des Anwendungsbereichs der Vorschrift liegen allerdings die Tätigkeiten der Verwahrstellen; dies erwächst aus dem Wortlaut der Norm, die insoweit nur an die Verwaltungsgesellschaften adressiert ist, und aus ihrer systematischen Stellung. Abschnitt III der Richtlinie, in dem sich Art. 5g OGAW-Richtlinie befindet, betrifft ausschließlich die Verwaltungsgesellschaften, während die Verwahrstellen in den Abschnitten IIIa und IVa behandelt werden.

Für Altfälle, also Auslagerungen, die vor dem Zeitpunkt vorgenommen sind, ab dem die nationalen Vorschriften in Kraft treten, die in Umsetzung der OGAW-Richtlinie ergehen, sieht die Richtlinie keinen Dispens vor. Art. 3 der Richtlinie 2001/107/EG (s. Fn. 384), durch die Art. 5g OGAW-Richtlinie eingefügt wurde, sieht die *Anwendung* der nationalen Umsetzungsvorschriften spätestens ab dem 13.2.2004 vor. Ab diesem Zeitpunkt werden auch Altfälle die Auslagerungsanforderungen gemäß Art. 5g OGAW-Richtlinie erfüllen müssen.

---

409 Dieser Rechtssetzungswille des Richtliniengebers ist unschwer aus Art. 5a Abs. 1 lit. a) zweiter Spiegelstrich iii) OGAW-Richtlinie und den Normentstehungsmaterialien zu erkennen, siehe z.B. Mitteilung der Kommission an das Europäische Parlament gemäß Art. 251 Abs. 2 UAbs. 2 EGV betreffend den vom Rat angenommenen gemeinsamen Standpunkt im Hinblick auf den Erlass einer Richtlinie des Europäischen Parlaments und des Rates zur Änderung der Richtlinie 85/611/EWG zur Koordinierung der Rechts- und Verwaltungsvorschriften betreffend bestimmte Organismen für gemeinsame Anlagen in Wertpapieren (OGAW) zwecks Festlegung der Bestimmungen für Verwaltungsgesellschaften und der vereinfachten Prospekte, Geschäftsnummer SEK (2001) 1004 endg. – COD/1998/0242* vom 28.6.2001. Siehe auch Fn. 389.

## bb. Personal-räumlicher Anwendungsbereich

In personaler Hinsicht findet Art. 5g OGAW-Richtlinie Anwendung auf *Verwaltungsgesellschaften*. Dies sind nach Art. 1a Nr. 2 OGAW-Richtlinie Gesellschaften, deren reguläre Geschäftstätigkeit in der Verwaltung von OGAW besteht unabhängig davon, welche Rechtsform die OGAW annehmen. Im deutschen Recht sind Verwaltungsgesellschaften gleichzusetzen mit den Kapitalanlagegesellschaften iSd. § 2 Abs. 6, § 6 Abs. 1 S. 1 InvG.

Gemäß Art. 13b S. 1 OGAW-Richtlinie gilt Art. 5g OGAW-Richtlinie auch für selbstverwaltete Investmentgesellschaften, also solche in Satzungsform konstituierte OGAW (Art. 1 Abs. 3 S. 1 OGAW-Richtlinie), die keine Verwaltungsgesellschaft benannt haben. Alternativ können Investmentgesellschaften Verwaltungsgesellschaften benennen, die für sie die Verwaltungsaufgaben ausführen (Art. 1a Nr. 2 OGAW); solche Verwaltungsgesellschaften unterliegen „regulär" Art. 5g OGAW-Richtlinie. Investmentgesellschaften dürfen keine Nebentätigkeiten iSd. Art. 5 Abs. 3 OGAW-Richtlinie ausüben (Art. 13 OGAW-Richtlinie), so dass sich der sachliche Anwendungsbereich des Art. 5g OGAW-Richtlinie bei selbstverwalteten Investmentgesellschaften auf die Verwaltungstätigkeit iSd. kollektiven Portfolioverwaltung beschränkt. Das InvG kennt die Satzungsvariante für „Fonds" in Form der Investmentaktiengesellschaften (§ 2 Abs. 5, §§ 96-111 InvG). Art. 5g OGAW-Richtlinie würde also auch eine nationale Outsourcing-Norm für Investmentaktiengesellschaften abdecken; *de lege lata* ist § 16 InvG gemäß § 99 Abs. 3 InvG auf Investmentaktiengesellschaften entsprechend anzuwenden.

In räumlicher Hinsicht können die Umsetzungnormen nur für das jeweilige Staatsgebiet Gültigkeit beanspruchen. Folgende Konstellationen sind zu unterscheiden (siehe dazu bereits oben unter III.3.c.aa.bbb.β.):
Unzweifelhaft ist der Anwendungsbereich eröffnet bei einer inländischen Verwaltungsgesellschaft (Sitz im Inland) als auslagerndem Unternehmen; unzweifelhaft nicht eröffnet ist er, wenn auslagerndes Unternehmen eine ausländische Verwaltungsgesellschaft (Sitz im Ausland)[410] oder eine ausländische (im Ausland sitzende) Zweigstelle einer ausländischen Verwaltungsgesellschaft ist, solange das Institut mit Sitz im Ausland sich nicht im Inland zielgerichtet an den Markt wendet, um gegenüber Unternehmen und/oder Personen, die ihren Sitz oder gewöhnlichen Aufenthalt im Inland haben, wiederholt und geschäftsmäßig Bankgeschäfte oder Finanzdienstleistungen anzubieten. Ist auslagerndes Unternehmen eine inländische oder ausländische Zweigstelle einer inländischen Verwaltungsgesellschaft, wird man die personal-räumliche Anwendbarkeit im Sinne einer effektiven Richtlinienumsetzung bejahen müssen.

Tiefer zu differenzieren ist in dem Fall, in dem eine inländische Zweigstelle einer ausländischen Verwaltungsgesellschaft (Sitz im Ausland) die auslagernde Stelle ist:

---

410 Dies können auch ausländische Tochterunternehmen inländischer Verwaltungsgesellschaften sein.

Ist ein *EU-Mitgliedstaat der Herkunftsstaat* (Art. 1a Nr. 3 OGAW-Richtlinie) der Verwaltungsgesellschaft, findet die Umsetzungsnorm zu Art. 5g OGAW-Richtlinie (im deutschen Recht § 16 InvG) aufgrund der Umsetzungsnormen zu Art. 6, 6a, 6c OGAW-Richtlinie (im deutschen Recht §§ 12, 13 InvG) keine Anwendung, da die in diesen Vorschriften niedergelegte Pass-Regelung iVm. dem Grundsatz der Herkunftslandaufsicht die nationalen Normen (weitgehend) verdrängt (vgl. für das deutsche Recht § 13 Abs. 1 S. 2, Abs. 4 InvG iVm. § 53 KWG).
Ist ein *Drittland Herkunftsstaat*, fehlt es an einer Pass-Regelung nach dem Muster der Art. 6 ff. OGAW-Richtlinie, so dass die nationale aufsichtsrechtliche Norm zur Regulierung des Outsourcing Anwendung findet. Hier gilt nun (für das deutsche Recht): Da für das Investmentgeschäft die grundsätzlich vorgesehene und in §§ 135-140 InvG geregelte Form der grenzüberschreitenden Geschäftstätigkeit der Vertrieb zugelassener Investmentanteile mittels einer inländischen Vertriebsstelle ist, wird für den Bereich des Investmentgeschäftes keine investmentrechtliche Spezialnorm für Zweigstellen nach dem Muster des § 53 KWG geschaffen werden; dies erhellt *de lege lata* bereits arg. e. § 14 S. 1 Nr. 2 InvG. Infolgedessen finden die allgemeinen Vorschriften der §§ 53, 25a Abs. 2 KWG auf die auslagernde inländische Zweigstelle der ausländischen Verwaltungsgesellschaft Anwendung.

Insgesamt stellt sich hinsichtlich des personal-räumlichen Anwendungsbereiches damit ein Bild wie bei § 25a Abs. 2 KWG ein (vgl. auch Abb. III-3). Dies ist wenig verwunderlich, da die Pass-Regelung der Art. 6-6c OGAW-Richtlinie dem Strickmuster der Pass-Regelung der Art. 18-22 Bankenrichtlinie[411] folgt, auf die § 53b, § 24a KWG zurückgehen.

### c. Weitere Anwendungsvoraussetzungen

#### aa. Auslagerung

Art. 5g OGAW-Richtlinie setzt einen Outsourcing-Tatbestand voraus. Die Norm spricht insoweit von „Übertragung", nicht von „Outsourcing", „Delegation" oder „Auslagerung". Zugleich wird wiederholt von „Auftrag" gesprochen.[412] Daraus resultiert jedoch kein anderes Verständnis des zu Grunde liegenden tatbestandlichen Sachverhaltes, als es von § 25a Abs. 2 KWG bekannt ist.[413] „Übertragen" bringt vielmehr das „In-Verantwortung-Setzen" des Auslagerungsunternehmens bei gleichzeitiger Abgabe der Aufgabenausführung durch die auslagernde Verwaltungsgesellschaft zum Ausdruck; „Auftrag" verdeutlicht das Zurückbehalten eines Weisungsrechtes bei unberührter Haftung (vgl. auch Abs. 2 der Vorschrift). Somit ist auch für Art. 5g OGAW-Richtlinie zur Bejahung einer Auslagerung zu verlangen, dass eine Aufgabe, die in den Tätigkeitsbereich der Verwaltungsgesellschaft gehört,

---

411 Siehe Fußnote 394.

412 Ähnliche Formulierungen finden sich auch in Art. 5a Abs. 1 lit. a) zweiter Spiegelstrich, Art. 7 Abs. 2, Art. 14 Abs. 2 OGAW-Richtlinie, die ebenfalls, wie dargestellt (siehe IV.2.a.aa.), Auslagerungs-Konstellationen behandeln.

413 Siehe oben unter III.3.c.bb.aaa.

dauerhaft angelegt organisatorisch getrennt durch das Auslagerungsunternehmen ausgeführt wird (Abs. 1: „... die [die Dritten] diese Aufgaben für sie [die Verwaltungsgesellschaften] wahrnehmen ..."). Auch für Art. 5g OGAW-Richtlinie spielt es keine Rolle, ob die übernommene Aufgabe zuvor durch die auslagernde Verwaltungsgesellschaft ausgeführt wurde oder ob sie geschäftlich erstmalig durch die Verwaltungsgesellschaft in Angriff genommen wird.
Wenn Art. 5g Abs. 1 OGAW-Richtlinie zu Beginn von „eine[r] oder mehrere[n] [...] Aufgaben" spricht, die Gegenstand der Auslagerung sein können, ist aus dieser Wendung nicht abzuleiten, dass nicht auch bloß Teile dieser Aufgaben delegiert werden könnten.

### bb. Auslagerungsunternehmen („Dritter")

Zur Anwendung des Art. 5g OGAW-Richtlinie bzw. seiner nationalen Umsetzungsnorm bedarf es der Übertragung an einen „Dritten". Daraus ist zunächst nicht mehr ableitbar, als dass es sich dabei um eine der auslagernden Verwaltungsgesellschaft nicht zuzurechnende Stelle handeln muss. Rechtlich unselbständige Zweigstellen sind daher keine Dritten im Sinne der Vorschrift; dies gilt zur Sicherstellung der Nichtdiskriminierung unabhängig davon, in welchem Mitgliedstaat sich die Zweigstelle befindet.

Darüber hinausgehende Aussagen zum Kreis der Dritten sind Art. 5g OGAW-Richtlinie schwer zu entnehmen. Wenngleich die Zielsetzung, Anlegerinteressen zu wahren sowie unternehmerische und aufsichtliche Kontrolle auch in Outsourcing-Fällen zu gewährleisten, in der Tendenz für ein weites Verständnis des „Dritten" spricht, dürften Privilegierungen oder Erleichterungen für Mütter- und Töchterunternehmen, die ebenfalls einer Aufsicht unterliegen, im Rahmen der nationalen Umsetzungen noch richtlinienkonform sein. Realistisch scheint eine Umsetzungslösung, wie sie mit dem Kriterium des „anderen Unternehmens" in § 25a Abs. 2 KWG gegeben ist (siehe oben unter III.3.c.bb.bbb.).

Wie bereits aus Art. 5g Abs. 1 lit. d) OGAW-Richtlinie erhellt, kann das Auslagerungsunternehmen selbstverständlich auch in einem Drittland beheimatet sein.
Zur erforderlichen Qualifikation des Auslagerungsunternehmens siehe unten unter IV.2.d.cc.aaa.

### cc. „Zum Zwecke einer effizienteren Geschäftsführung"

In dem Kriterium des Art. 5g Abs. 1 OGAW-Richtlinie, dass Auslagerungen „zum Zwecke einer effizienteren Geschäftsführung" erfolgen müssen, tritt die Zielsetzung zu Tage, mit der Vorschrift die Weiterentwicklung der Investmentbranche und die Wettbewerbsfähigkeit ihrer Anbieter zu fördern.
Die Wendung darf nicht verstanden werden als eine Forderung zum Nachweis betriebswirtschaftlicher Legitimität; das wäre ein unzulässiger Eingriff in die unter-

nehmerische Freiheitssphäre, der außerdem in der Aufsichtspraxis kaum einer Verwaltungsübung zugänglich wäre.

Dennoch kann man in dem Passus nicht lediglich einen Programmsatz sehen. Im Stile eines Erheblichkeitskriteriums (vgl. das Wesentlichkeitskriterium in § 25a Abs. 2 KWG) wird mit ihm eine gewisse Mindestrelevanz der Auslagerungsmaßnahme für das unternehmerische Anliegen der Verwaltungsgesellschaft gefordert. Die „Geschäftsführung" iSd. Art. 5g Abs. 1 OGAW-Richtlinie, zu deren Effizienzsteigerung die Auslagerungen vorgenommen werden, bezieht sich auf das zu regulierende Investmentgeschäft. Die Umsetzungsbestimmung zu Art. 5g OGAW-Richtlinie soll sich nicht kümmern um die Auslagerung solcher Tätigkeiten, die zwar zur Aufrechterhaltung des betrieblichen Tuns notwendig sein mögen, aber nicht mit der Führung des Investmentgeschäftes und der Nebentätigkeiten im Sinne der Aufgaben des Art. 5 Abs. 2, Abs. 3 OGAW-Richtlinie verbunden sind und daher aufsichtsrechtlich keiner Betreuung bedürfen. Der Gegenstand der Auslagerung darf daher nicht nur völlig mittelbar dem investmentgeschäftlichen Interesse dienen – er muss sich in diesem Sinne dem „Zweck einer effizienteren Geschäftsführung" unterordnen lassen –, andernfalls ist er aufsichtlich zu vernachlässigen.

### d. Zulässigkeitsvoraussetzungen der Auslagerung

Gegenstand der vorangegangenen Ausführungen waren die Anwendungsvoraussetzungen, also die Vorgaben, die Art. 5g OGAW-Richtlinie den nationalen Umsetzungnormen dazu macht, unter welchen Voraussetzungen sie überhaupt zur Anwendung gelangen. In diesem Abschnitt geht es um die Zulässigkeitsvoraussetzungen, mithin um die Voraussetzungen, die nach Art. 5g OGAW-Richtlinie im nationalen Recht festgeschrieben werden müssen, um ein relevantes, also den Anwendungsbereich eröffnendes Auslagerungsvorhaben zulässig, d.h. rechtmäßig werden zu lassen.

Die Erörterung der Zulässigkeitsvoraussetzungen soll weitgehend ohne Bezugnahme auf bestimmte Aufgaben oder Funktionalitäten innerhalb des Investmentgeschäfts erfolgen. Die Rechtslage, wie sie sich bei unterstellter Umsetzung des Art. 5g OGAW-Richtlinie für die jeweiligen betrieblichen Funktionen ergibt, soll erst im Anschluss diskutiert werden (IV.3.). Diese Trennung der Darstellung in einerseits (abstrakte) Zulässigkeitsvoraussetzungen und andererseits (tatsächliche) Rechtslage lässt sich indes im Rahmen des Art. 5g OGAW-Richtlinie weniger gut durchhalten als im Rahmen des § 25a Abs. 2 KWG, da der Regelungsbereich des Art. 5g OGAW-Richtlinie bereits auf das Investmentgeschäft beschränkt ist und die Zulässigkeitskriterien daher an Abstraktheit verlieren mit der Folge, dass sich ihre „Übersetzung" in eine tatsächliche Rechtslage in konkreten Auslagerungszusammenhängen zum Teil erübrigt. Dies gilt insbesondere für das Fondsmanagement, da Art. 5g OGAW-Richtlinie sich in Abs. 1 der Auslagerung des Fondsmanagement (in der Sprache der Richtlinie: „Anlageverwaltung") mit besonderen Zulässigkeitsvoraussetzungen annimmt. Die Diskussion dieser Voraussetzungen bedeutet inhaltlich in einigen Teilen bereits die Ermittlung der Rechtslage für das Outsourcing des Fondsmanagement; dennoch verbleibende Fragen außerhalb der engeren Zulässigkeitsvoraussetzungen werden dann Abschnitt IV.3.a. zugewiesen.

### aa. Aufrechterhaltung der Wirksamkeit der Aufsicht [Art. 5g Abs. 1 lit. a), b), d) OGAW-Richtlinie]

#### aaa. Unterrichtungspflicht [Art. 5g Abs. 1 lit. a) OGAW-Richtlinie]

Als eine Norm, die sich für den Regelungsmechanismus der Erlaubnis mit Verbotsvorbehalt entschieden hat, benötigt Art. 5g OGAW-Richtlinie eine Form von Anzeige- oder Meldeverfahren. Ein solches ist in Abs. 1 lit.a) mit der dort vorgesehenen Unterrichtungspflicht normiert. Die Mitgliedstaaten bezeichnen die zuständigen Behörden im Sinne der Bestimmung, Art. 49 Abs. 1 S. 1 OGAW-Richtlinie.
In den verschiedenen Entwurfsstadien zu Art. 5g OGAW-Richtlinie hat die letztlich verwirklichte Fassung der Unterrichtungspflicht erst sehr spät Eingang in die Direktive gefunden. Dies lag zunächst daran, dass ursprünglich ein striktes Genehmigungsverfahren anstatt eines Anzeigeverfahrens intendiert war (s.o. unter 2.a.bb.). Zu der jetzigen, vagen Formulierung („geeignete Form") ist es sodann gekommen, da man den nationalen Behörden die Wahl des jeweiligen Verfahrens hat überlassen wollen.[414]

Einer Richtlinie nach Art. 249 Abs. 3 EGV ist zuzugestehen, dass sie den umsetzenden Mitgliedstaaten Spielraum belässt, um nationale Gegebenheiten zu berücksichtigen und nicht unnötig einzuebnen. Art. 5g Abs. 1 lit. a) OGAW-Richtlinie allerdings lässt grundsätzliche Anforderungen an die Ausgestaltung der Unterrichtung vermissen und ist damit zu unbestimmt. Mindestgehalt der Regelung hätte die Klarstellung sein müssen, dass die Anzeige den Inhalt aufweisen muss, den die Behörde benötigt, um wirkungsvoll und rechtzeitig prüfen zu können, ob die Zulässigkeitsvoraussetzungen des Art. 5g Abs. 1 lit. b)-h), Abs. 2 OGAW-Richtlinie beachtet sind oder ob aufsichtlicher Handlungsbedarf besteht.
Bei teleologischer Auslegung wird man in der Umsetzungsnorm zumindest eine *Absichts*anzeige verlangen müssen, der der Outsourcing-Vertrag beizufügen ist und durch die der Nachweis der Einhaltung der Zulässigkeitsvoraussetzungen nach Art. 5g OGAW-Richtlinie geführt werden muss.

---

414 Mitteilung der Kommission an das Europäische Parlament gemäß Art. 251 Abs. 2 UAbs. 2 EGV vom 28.6.2001 (s. Fn. 409); Gemeinsamer Standpunkt (EG) Nr. 23/2001 (s. Fn. 395, a.a.O. S. 32); Kommission und Rat reklamierten jeweils a.a.O. für die letztlich gewählte Formulierung „Die zuständigen Behörden sind in geeigneter Form davon zu unterrichten; [...]" einen Flexibilitätsvorteil ggü. der Vorgängerfassung „..., muß die Verwaltungsgesellschaft die zuständigen Behörden über jedes Mandat informieren." (siehe für diese Vorgängerfassung Geänderter Richtlinienvorschlag der Kommission ABl. EG C 311 E vom 31.10.2000, S. 286 [s. Fn. 401]). Damit kann jedoch nicht gemeint sein, den Mitgliedstaaten eine Auswahl zu gestatten, welche Vorhaben aus der Menge aller relevanten Outsourcing-Vorhaben zu melden sind; dies liefe der Zielsetzung des Unterrichtungserfordernisses zuwider.

### bbb. Keine Beeinträchtigung der Wirksamkeit der Aufsicht [Art. 5g Abs. 1 lit. b), d) OGAW-Richtlinie]

#### α. Anforderungen

Hinsichtlich des Kriteriums der „Wirksamkeit der Aufsicht" legt Art. 5g Abs. 1 lit. b) OGAW-Richtlinie mit der eindeutigen Formulierung „[...] in keiner Weise beeinträchtigen [...]" eine strikte Auslegung nahe.[415]
Zu verlangen ist mithin, dass die bestehenden Aufsichtsrechte trotz Outsourcing unverwässert bleiben. Dies impliziert, dass auch das Auslagerungsunternehmen in aufsichtliche Sonderprüfungen und Jahresabschlussprüfungen, soweit diese zu aufsichtlichen Zwecken benötigt werden, eingebunden werden können muss. Sollte das Auslagerungsunternehmen selbst der Aufsicht unterliegen, sind insoweit zumindest die rein aufsichtsrechtlichen Prüfungsrechte gegeben, nicht aber die Prüfungsrechte im Rahmen des bei der auslagernden Verwaltungsgesellschaft vorgenommenen Jahresabschlusses. Bei allen anderen Auslagerungsunternehmen bestehen ohne weitere Vorkehrungen keinerlei Möglichkeiten der Aufsicht.
Es bestehen deshalb zwei Möglichkeiten, den aufsichtlichen Zugriff zu sichern: Entweder wird gesetzlich vorgesehen, alle Auslagerungsunternehmen der Aufsicht zu unterstellen und sie in die relevanten Jahresabschlussprüfungen einzubeziehen. Oder es wird eine Duldungserklärung vorgeschrieben, die das Auslagerungsunternehmen gegenüber der Verwaltungsgesellschaft oder gegenüber der Aufsicht abzugeben hat mit dem Inhalt, die erforderlichen Aufsichts- und Prüfungsmaßnahmen zumindest zu billigen und, soweit erforderlich, zu unterstützen. Diese Duldungserklärung hat die auslagernde Verwaltungsgesellschaft sicherzustellen.

Es wird geäußert, dass auch im Verbot des Art. 5g Abs. 2 OGAW-Richtlinie, die Verwaltungsgesellschaft zu einer „Briefkastenfirma" degenerieren zu lassen, eine Sicherung für die ordnungsgemäße Beaufsichtigung liegt.[416] Dem ist entgegenzuhalten, dass dann, wenn gegenüber jedem Auslagerungsunternehmen bzw. bei jeder Auslagerungsmaßnahme die Aufsichtsrechte jeweils erhalten bleiben, (gerade) in der Kumulation von Auslagerungen jedenfalls kein außergewöhnlicher Verlust an aufsichtlicher Dichte liegen muss. Eine „absolute" Grenze des Outsourcing mag aus anderen Gründen erreicht werden (siehe dazu unten IV.3.f.), allerdings nicht wegen intolerabler Einbußen in der Wirksamkeit der Aufsicht.

---

415 Die Vorschrift ist in lit. b) im Werdegang der Änderungsrichtlinie im ersten Halbsatz unverändert geblieben. Der zweite Halbsatz ist später eingefügt worden, weist allerdings keinen überzeugenden inhaltlichen Konnex zum ersten Halbsatz auf. Soll die Verbindung darin bestehen, dass die Beaufsichtigung auch darauf gerichtet sein muss, dass die Verwaltungsgesellschaft im Interesse der Anleger handelt, liegt darin nicht mehr als eine investmentrechtliche Selbstverständlichkeit.

416 Gemeinsamer Standpunkt (EG) Nr. 23/2001 (s. Fn. 395, a.a.O. S. 32); angedeutet auch in Erwägungsgrund 12 Richtlinie 2001/107/EG (s. Fn. 384, a.a.O. S. 21).

### β. Prüfung und Kontrolle im Ausland

Die Aufsichtsbefugnis der nationalen Behörden erstreckt sich idR. nicht auf Auslagerungsunternehmen, die ihren Sitz im Ausland haben. Ihre Prüfungs- und Kontrollmöglichkeiten im Ausland sind daher nicht ohne weiteres gewährleistet. Allerdings muss Art. 5g Abs. 1 lit. b) OGAW-Richtlinie so verstanden werden, dass auch für den Fall eines im Ausland befindlichen Auslagerungsunternehmens die Wirksamkeit der Aufsicht keine Einbußen erleiden darf („[...] Wirksamkeit der Beaufsichtigung der Verwaltungsgesellschaft in keiner Weise beeinträchtigen"). Infolgedessen muss die Einbindung des Auslagerungsunternehmens in die aufsichtlichen Sonderprüfungen und in die regulären Jahresabschlussprüfungen der auslagernden Verwaltungsgesellschaft unverändert gewährleistet sein. Hinsichtlich der rein bankaufsichtsrechtlichen Prüfungen kann dies geschehen, entweder indem die inländischen Behörden unter ausdrücklicher Duldung der ausländischen Staatsgewalt selbst im Ausland prüfen oder indem die Prüfung auf Ersuchen der inländischen Aufsicht durch die ausländische Aufsicht erfolgt.[417] Sollte das Auslagerungsunternehmen nicht der Aufsicht unterliegen, muss wie in reinen Inlandszusammenhängen eine entsprechende Duldungserklärung vorliegen.

- *Auslagerungsunternehmen mit Sitz in einem anderen EU-Mitgliedstaat*

Indem Art. 5g Abs. 1 lit. d) OGAW-Richtlinie die Forderung nach Sicherstellung der Zusammenarbeit der betroffenen Aufsichtsbehörden nur erhebt, wenn das beauftragte Auslagerungsunternehmen aus einem Drittland stammt, wird offenbar, dass die Richtlinie davon ausgeht, dass eine solche Zusammenarbeit der Bankaufsichtsbehörden innerhalb der EU bereits eine Regelung erfahren hat.
Eine Regelung zu aufsichtlichen Prüfungsrechten im EU-Ausland findet sich zwar in Art. 52a, 52b OGAW-Richtlinie iVm. Art. 6c OGAW-Richtlinie (im deutschen Recht umgesetzt durch § 13 Abs. 7 InvG). Jedoch betreffen diese Bestimmungen die Aufsicht über die im EU-Ausland errichteten Zweigniederlassungen. Daher können sie in Outsourcing-Zusammenhängen nur nutzen, wenn eine solche Zweigniederlassung als Auslagerungsunternehmen agiert. Auch die in der OGAW-Richtlinie anzutreffenden Vorschriften, die eine Zuständigkeit der Aufnahmestaataufsicht oder die Anwendbarkeit des Aufnahmestaatrechts neben der Herkunftslandaufsicht regeln, sichern nicht die Ausdehnung der Beaufsichtigung auf die Auslagerungsunternehmen.[418]

Allerdings werden die zuständigen Aufsichtsbehörden in Art. 50 Abs. 1 OGAW-Richtlinie zur engen Zusammenarbeit zur *Erfüllung der ihnen übertragenen Aufgaben* verpflichtet. Zu diesen Aufgaben ist auch die Beaufsichtigung von Outsourcing-Maßnahmen nach Art. 5g OGAW-Richtlinie zu rechnen: Zwar geht es in Art. 50

417 Die Einbindung in die Jahresabschlussprüfungen verlangt lediglich eine entsprechende Duldungserklärung des Auslagerungsunternehmens. Der Prüfung durch einen Wirtschaftsprüfer oder Sachverständigen im Ausland stehen keine völkerrechtlichen Hürden im Weg.

418 Außer in Art. 6c OGAW-Richtlinie finden sich solche Regeln in Art. 6a Abs. 4, Art. 44, Art. 49 Abs. 3, Art. 52 Abs. 2, Art. 52b Abs. 3 OGAW-Richtlinie.

OGAW-Richtlinie primär um den Informationsaustausch zwischen den Behörden, allerdings muss der generalklauselartig gefasste Abs. 1 der Vorschrift in Verbindung mit Art. 5g Abs. 1 lit. b), d) OGAW-Richtlinie so ausgelegt werden, dass dem in Outsourcing-Sachverhalten aufsichtsführenden Mitgliedstaat bzw. seinen Behörden das Prüfungsrecht vor Ort durch den das Auslagerungsunternehmen beheimatenden Mitgliedstaat zu gewähren ist bzw. letzterer die Zusage abzugeben verpflichtet ist, entsprechenden grenzüberschreitenden „Amtshilfeersuchen" stets nachzukommen. Gerade dies bedeutet die von Art. 50 Abs. 1 OGAW-Richtlinie eingeforderte effektive Zusammenarbeit. Die völkerrechtliche „Absicherung" für diesen Souveränitätsverlust ergibt sich daraus, dass die OGAW-Richtlinie ihre Legalität im EGV als völkerrechtlichem Vertrag findet; jede andere Regelung wäre letztlich mit der EGV-Zielsetzung der Herstellung des Binnenmarktes nicht vereinbar, da ein im EU-Ausland gelegenes Auslagerungsunternehmen gegenüber einem im Inland gelegenen Auslagerungsunternehmen Nachteile für das Outsourcing-Vorhaben – nämlich dessen aufsichtsrechtliche Unzulässigkeit – mit sich brächte. Das bezeichnete Verständnis des Art. 50 Abs. 1 OGAW-Richtlinie wird auch dadurch nahe gelegt, dass in Art. 52b Abs. 1, Abs. 2 OGAW-Richtlinie (im deutschen Recht umgesetzt durch § 13 Abs. 7 InvG) dieselben grenzüberschreitenden Prüfungsrechte (und damit derselbe Souveränitätsverlust) normiert sind, ohne dass bei den dieser Vorschrift unterliegenden Fällen eine grundsätzlich andere aufsichtliche Gewichtung geboten wäre als bei den Outsourcing-Fällen.

Damit ist eine Beeinträchtigung der Aufsicht ausgeschlossen bei im EU-Ausland befindlichen Auslagerungsunternehmen.

- *Auslagerungsunternehmen mit Sitz in einem Drittstaat*

Art. 5g Abs. 1 lit. d) OGAW-Richtlinie verlangt die behördliche Zusammenarbeit bei Auslagerung des *Fondsmanagement* (Anlageverwaltung) in einen *Drittstaat* (Staat außerhalb der EU).[419] Wie die voranstehenden Ausführungen gezeigt haben, verlangt bereits Art. 5g Abs. 1 lit. b) OGAW-Richtlinie für das *gesamte Ausland*, in dem ein Auslagerungsunternehmen sitzen kann, und für *alle Tätigkeiten des Investmentgeschäftes*, die relevant sind, d.h. den Anwendungsbereich des Art. 5g OGAW-Richtlinie bzw. seiner nationalen Umsetzungsvorschrift eröffnen, dass durch grenzüberschreitende behördliche Zusammenarbeit jegliche Beeinträchtigung der Aufsicht über die auslagernde Verwaltungsgesellschaft unterbunden wird. Insoweit geht lit. d) nicht über den Regelungsgehalt von lit. b) hinaus.

Ist eine völkerrechtliche Vereinbarung zwischen den betroffenen Staaten getroffen, können die zuständigen Behörden Verwaltungs-Kooperationsabreden eingehen, die

419 In Entwurfsversionen des Art. 5g OGAW-Richtlinie (vgl. die Fundstellen in Fn. 401) war der jetzige Buchstabe d) der Vorschrift nicht auf das Fondsmanagement begrenzt. Dies wurde sodann geändert, offenbar im (fehlgehenden) Glauben, die Aufsichtszusammenarbeit würde nur bei Auslagerungsunternehmen erforderlich, die der Aufsicht unterliegen. Da Auslagerungsunternehmen wiederum nur dann lizenzpflichtig sein sollten, wenn sie das Fondsmanagement übernehmen, kam es zu der endgültigen Fassung, in der nur bei Auslagerung des Fondsmanagement die Zusammenarbeit der Behörden problematisiert wird.

die Vornahme von Aufsichtsmaßnahmen durch die fremde Hoheit gestatten.[420] Andernfalls müssen die Anforderungen der lit. b), d) gesichert werden durch (nach nationalem Verfassungsrecht rechtmäßige) Zusagen der zuständigen Behörden, Prüfungs- und Unterstützungsersuchen der fremden Aufsicht vollumfänglich nachzukommen, ggf. gepaart mit entsprechenden Duldungserklärungen der Auslagerungsunternehmen, soweit diese nicht beaufsichtigt werden.

Sollte keiner dieser Lösungswege beschreitbar sein, kann die Lösung über einen privatrechtlich beauftragten Wirtschaftsprüfer, der nach den aufsichtlichen Vorgaben im Auftrag der auslagernden Verwaltungsgesellschaft vor Ort prüft (siehe dazu oben unter III.3.c.cc.ddd.β.) allenfalls für eine Interimszeit toleriert werden, da diese Lösung keine Zusammenarbeit der Behörden bedeutet und keine hoheitliche Kontrolle gewährleistet, wie sie lit. b), d) im Auge haben.

Sollte die Drittlandszusammenarbeit auf keinem dieser Wege gelingen, ist die Auslagerung unzulässig.

#### bb. Wahrung des Anlegerinteresses [Art. 5g Abs. 1 lit. b), e), g) OGAW-Richtlinie]

Der Schutz der Anteilinhaber gehört zu den Leitmotiven der OGAW-Richtlinie (vgl. nur Erwägungsgründe 1 und 2) und findet in zahlreichen Vorschriften Niederschlag, besonders prägnant in Art. 10 Abs. 2, Art. 17 Abs. 2 OGAW-Richtlinie.[421] Auch in Outsourcing-Zusammenhängen wird die Gewährleistung des Anlegerschutzes zu einer Zulässigkeitsvoraussetzung erhoben in Art. 5g Abs. 1 lit. b), e), g) OGAW-Richtlinie.[422]

Lit. b) 2. HS hält eine generalklauselartige Formulierung bereit, dass die Auslagerung die Verwaltungsgesellschaft nicht daran hindern darf, im Interesse ihrer Anleger zu handeln – womit nur Art. 10 Abs. 2 OGAW-Richtlinie bestätigt wird –, und

---

420 Für derartige Verwaltungsabkommen ist es auch ausreichend, dass die nationalen Verwaltungen nach den Regeln des jeweiligen Verfassungsrechts entsprechend ermächtigt werden. Beachte die Nebenbedingung des Art. 50 Abs. 4 OGAW-Richtlinie.

421 Weitere Vorschriften, die den Schutz der Anteilinhaber verfolgen, sind Art. 5 Abs. 4 OGAW-Richtlinie iVm. Art. 10 fünfter Spiegelstrich Wertpapierdienstleistungsrichtlinie (s. Fn. 180), Art. 5f Abs. 1 S. 2 lit. b), Abs. 2, Art. 5h S. 3 lit. a), b), d), Art. 6c Abs. 9 S. 1, Art. 11, Art. 18, Art. 21 Abs. 2 S. 3, Art. 26 Abs. 2, Art. 34 S. 2, Art. 37 Abs. 2 lit. a), b) OGAW-Richtlinie. Letztlich sind auch die (weiteren) Vorschriften zu Anlagegrenzen (Art. 19-26 OGAW-Richtlinie) und die weiteren Verpflichtungen nach Art. 36-43 OGAW-Richtlinie als Anlegerschutzvorschriften einzustufen.

422 In der Entstehung der Vorschrift sind die entsprechenden Zusätze in lit. b) und lit. g) erst später eingefügt worden. Die EZB hatte in ihrer Stellungnahme die Notwendigkeit zur Vermeidung von Interessenkonflikten auch in Outsourcing-Sachverhalten betont (Stellungnahme der Europäischen Zentralbank auf Ersuchen des Rates der Europäischen Union gemäß Artikel 109l Absatz 2 und 109f Absatz 6 des Vertrags zur Gründung der Europäischen Gemeinschaft und Artikel 5.3 der Satzung des Europäischen Währungsinstituts zu zwei Vorschlägen der Europäischen Kommission für eine Richtlinie des Europäischen Parlaments und des Rates zur Änderung der Richtlinie 85/611/EWG zur Koordinierung der Rechts- und Verwaltungsvorschriften betreffend bestimmte Organismen für gemeinsame Anlagen in Wertpapieren (OGAW), 98/0242 – KOM(1998) 451 endg. und 98/0243 – KOM(1998) 449 endg., ABl. EG C 285 vom 7.10.1999, S. 12).

dass sie nicht verhindern darf, dass der OGAW im Interesse der Anleger verwaltet wird. Diese letzte Bedingung kann nur bei in Satzungsform konstituierten OGAW eigenständige Bedeutung gewinnen, die keine Verwaltungsgesellschaft benannt haben.

Zu lit. e) ist unter IV.2.d.ee. getrennt Stellung zu nehmen.

Gemäß lit. g) muss die Auslagerung so ausgestaltet sein, dass die Verfolgung der Interessen der Anteilinhaber die Verwaltungsgesellschaft dazu berechtigt, jederzeit weitere Anweisungen zu erteilen (dazu sogleich unter IV.2.d.cc.bbb.) oder die Zusammenarbeit mit dem Auslagerungsunternehmen mit sofortiger Wirkung zu beenden. Die Mitgliedstaaten können diese Bestimmung umsetzen, entweder indem die nationale Umsetzungsnorm die Pflicht der Verwaltungsgesellschaften vorsieht, Kündigungsklauseln in den Outsourcing-Vertrag aufzunehmen, die insoweit die „Interessen der Anleger" konkretisieren, oder indem die Umsetzungsnorm ein gesetzliches Recht zur außerordentlichen fristlosen Kündigung aus wichtigem Grund formuliert.

### cc. Auswahl und Überwachung des Auslagerungsunternehmens [Art. 5g Abs. 1 lit. f), g), h) OGAW-Richtlinie]

#### aaa. Auswahl des Auslagerungsunternehmens [Art. 5g Abs. 1 lit. h) OGAW-Richtlinie]

Voraussetzung für die Zulässigkeit der Auslagerung ist auch, dass ein Auslagerungsunternehmen ausgewählt wird, dessen Kompetenz dafür Sorge trägt, dass die übernommenen Aufgaben ebenso zuverlässig ausgeführt werden, wie es bei Erledigung der Aufgaben durch die Verwaltungsgesellschaft selbst der Fall wäre.

Dafür verlangt lit. h) zunächst eine ausreichende Qualifikation des Dienstleisters. Dieses Kriterium kann sich auf Sachmittel, Eigenmittelausstattung, Geschäfts- und Prozesserfahrung sowie persönliche Zuverlässigkeit und fachliche Eignung der Geschäftsleitung beziehen; wie lit. h) selbst ausführt, hängt die geforderte Qualifikation von der Art der übertragenen Aufgaben ab. Bei Übernahme des Fondsmanagement zählt zur erforderlichen Qualifikation auch die nach lit. c) notwendige Lizenz des Auslagerungsunternehmens (siehe dazu unten unter IV.2.d.ee.; sollten die Mitgliedstaaten ein breiteres Lizenzerfordernis normieren, schlägt dies im nationalen Recht auf die notwendige Qualifikation des Auslagerungsunternehmens iSd. lit. h) durch).

Außerdem muss der Dienstleister gemäß lit. h) „[...] in der Lage sein, die betreffenden Aufgaben wahrzunehmen [...]", d.h. seine geschäftliche Situation muss die Übernahme der Aufgaben tatsächlich zulassen, v.a. hinsichtlich freier Personal- und Sachkapazitäten und anderer vertraglicher Verpflichtungen.

#### bbb. Überwachung des Auslagerungsunternehmens [Art. 5g Abs. 1 lit. f), g) OGAW-Richtlinie]

Art. 5g Abs. 1 lit. f) OGAW-Richtlinie kodifiziert die prinzipielle Anforderung, hinreichende Steuerungs- und Kontrollmöglichkeiten über das Auslagerungsunterneh-

men sicherzustellen. Die in lit. f) als Begünstigte benannten „[...] Personen, die die Geschäfte der Verwaltungsgesellschaft führen, [...]" sind im deutschen Recht die Geschäftsleiter nach § 1 Abs. 2 KWG.
Die geeigneten Maßnahmen zur Sicherstellung wirksamer Überwachungsmöglichkeiten sind im Wesentlichen identisch mit denjenigen Vorkehrungen, die nach § 25a Abs. 2 KWG zum Erhalt der Steuerungs- und Kontrollmöglichkeiten der Geschäftsleitung zu treffen sind (s.o. unter III.3.c.cc.ccc. und III.3.c.dd.). Zum Gegenstand der *vertraglichen Absprache* sollten dazu gemacht werden ein Weisungsrecht der Verwaltungsgesellschaft (siehe auch Art. 5g Abs. 1 lit. g) OGAW-Richtlinie, dazu sogleich), Auskunfts- und Einsichtsrechte, Zutritts- und Zugangsrechte (für die Verwaltungsgesellschaft bzw. ihre Beauftragten sowie für die gesetzlich zu bestellenden Prüfer), Berichts- und Meldepflichten (einschließlich Berichtslinien) und Kündigungsrechte (siehe wiederum lit. g), dazu soeben unter IV.2.d.bb. a.E. und sogleich). Die auslagernde Verwaltungsgesellschaft muss *intern* Verantwortlichkeiten für die Kontrollausübung und Fehlerbehebung zuweisen sowie den ausgelagerten Bereich in die internen Kontrollverfahren einschließlich der Internen Revision einbinden.
Wenngleich in lit. f) nur unspezifisch von den „Tätigkeiten" des Auslagerungsunternehmens als zu überwachendem Bereich die Rede ist, können teleologisch nur die Tätigkeiten gemeint sein, die im Zusammenhang mit dem Auftrag der Verwaltungsgesellschaft verrichtet werden. Die in der Richtlinienerarbeitung spät erfolgte Einfügung der Vokabel „wirksam" in den Richtlinientext unterstreicht die Anforderung an die nationalen Umsetzungsgesetze, auf tatsächlicher Effektivität der Maßnahmen zu insistieren.[423]

Wie erwähnt, liegt der Regelung des Art. 5g Abs. 1 lit. g) OGAW-Richtlinie die Anforderung zu Grunde, dass ein Weisungsrecht der Verwaltungsgesellschaft begründet wird. Auszuüben ist dieses Recht wiederum von den Geschäftsleitern. Die Richtlinie trifft keine Aussage darüber, gegen wen genau sich das Weisungsrecht richtet. Dazu werden in den nationalen Rechtsordnungen unterschiedliche Möglichkeiten im jeweiligen Gesellschaftsrecht bestehen. Für das deutsche Recht empfiehlt es sich angesichts der sich andernfalls auftuenden gesellschaftsrechtlichen Schwierigkeiten (s.o. III.3.c.dd. a.E.), das Weisungsrecht als ein lediglich vertraglich verankertes Recht zu verstehen.
Der Richtlinienformulierung „[...] jederzeit weitere Anweisungen zu erteilen [...]" ist (auch) zu entnehmen, dass das Weisungsrecht so flexibel zu vereinbaren ist, dass ein einmal gesteckter Pflichtenkreis ergänzt werden kann um neue gesetzliche oder auch geschäftliche Anforderungen.

---

423 Erst der Geänderte Vorschlag der Kommission (s. Fn. 401) brachte diese auf Effektivität der Richtlinie gerichtete Ergänzung (a.a.O. S. 286) Diese Betonung der tatsächlichen Wirksamkeit dürfte es rechtfertigen, lit. f) ausladender auszulegen dahin gehend, dass auch Maßnahmen zur EDV-Sicherheit (hier sind ggf. die Pflichten gemäß Art. 5f Abs. 1 S. 2 lit. a) OGAW-Richtlinie an das Auslagerungsunternehmen durchzureichen), Vorkehrungen für den äußeren Notfall und Verpflichtungen auf die Wahrung des Datenschutzrechtes sowie des Bankgeheimnisses Bestandteil der wirksamen Überwachung sind.

Lit. g) bestimmt schließlich als Zulässigkeitsbedingung, dass ausreichend flexible Kündigungsrechte zu Gunsten der Verwaltungsgesellschaft verabredet werden. Sollte die Richtlinienumsetzung kein Recht zur außerordentlichen fristlosen Kündigung aus wichtigem Grund normieren, muss sie zumindest die Parteien zu einer entsprechenden vertraglichen Vereinbarung verpflichten (s. bereits IV.2.d.bb. a.E.).

Weiterverlagerungen, also das (vollständige oder teilweise) Outsourcing der übernommenen Aufgaben durch das Auslagerungsunternehmen, sind in der Richtlinie nicht ausdrücklich angesprochen. Ihre Zulässigkeit berührt v.a. die Steuerungs- und Kontrollmöglichkeiten der auslagernden Verwaltungsgesellschaft und ist daher im Lichte der lit. f) zu ermitteln. Danach ist zu verlangen, dass eine Weiterverlagerung die jederzeitige Möglichkeit zur Überwachung und Steuerung der ausgelagerten Tätigkeiten nicht beeinträchtigt. Dies wird, da jede Weiterverlagerung natürlicherweise die Gefahr von Reibungsverlusten birgt, nur mittels einer sehr hohen Überwachungsintensität gegenüber dem Weiterverlagerungsunternehmen zu bewerkstelligen sein. Eine dem genügende Umsetzung muss ein Zustimmungserfordernis der Verwaltungsgesellschaft zur Weiterverlagerung vorschreiben sowie vorsehen, dass das Auslagerungsunternehmen im Verhältnis zum Weiterverlagerungsunternehmen die Auswahl- und Kontrollpflichten in tatsächlicher und vertraglicher Hinsicht treffen, die die Verwaltungsgesellschaft im Verhältnis zum Auslagerungsunternehmen zu erfüllen hat (siehe bereits III.3.c.cc.ccc.γ.). Daneben wird eine gesonderte Berichtspflicht des Auslagerungsunternehmens zur Weiterverlagerung zu verlangen sein.

### dd. Offenlegungsanforderung [Art. 5g Abs. 1 lit. i) OGAW-Richtlinie]

Art. 5g Abs. 1 lit. i) OGAW-Richtlinie verpflichtet die Verwaltungsgesellschaften, in den Prospekten ihrer OGAW Angaben dazu zu machen, welche Auslagerungen sie vorgenommen haben.[424] Zielsetzung der Vorschrift ist es, für vollständige Information des Investors zu sorgen, um ihm eine fundierte und bedarfsgerechte Anlageentscheidung zu ermöglichen (insoweit ist die Veröffentlichungspflicht zur Auslagerung bereits aus Art. 28 Abs. 1 OGAW-Richtlinie herauszulesen). Die Vermögensverwaltung ist ein vertrauensgetriebenes Geschäft, in dem es für den potenziellen Anleger von Relevanz ist, ob Teile der durch ihn mit seinem Erwerb von Anteilscheinen in Auftrag gegebenen Tätigkeiten durch dritte Personen wahrgenommen werden. Diese Zielsetzung rechtfertigt eine Auslegung der Bestimmung, nach der dem Anleger auch offen zu legen ist, welche die Personen sind, die als Auslagerungsunternehmen agieren.
Mit der Offenlegungsanforderung der lit. i) kann die Prospekthaftung nach nationalen Vorschriften ausgelöst werden (im deutschen Recht § 127 InvG). In zivilrechtlicher Hinsicht kann etwaig bestehenden Zustimmungserfordernissen zur Auslage-

424 Trotz der Verpflichtung der lit. i) hat die Änderungsrichtlinie keine entsprechende Ergänzung der Schemata A und C des Anhangs I der Richtlinie zum vollständigen und vereinfachten Prospekt gebracht.

rung (z.B. nach dem Muster des § 664 Abs. 1 BGB) durch die Offenlegung allein nicht nachgekommen werden.

Verwirrend in lit. i) ist, dass die Offenlegungspflicht auf Outsourcing-Vorhaben Anwendung finden soll, für die die Verwaltungsgesellschaft „[...] eine Genehmigung erhalten hat.". Wie dargelegt (s.o. unter IV.2.a.bb.), hat sich Art. 5g OGAW-Richtlinie in seiner Entstehung vom ursprünglichen Konzept eines Verbots mit Erlaubnisvorbehalt verabschiedet und ist nun als Erlaubnis mit Verbotsvorbehalt ausgestaltet. Die zur Vokabel „Genehmigung" anzustellenden Überlegungen führen ebenfalls nicht zu einem Genehmigungsverfahren:
In der Erarbeitung des Art. 5g OGAW-Richtlinie wurde „Genehmigung" zunächst (konsequenterweise) aus dem Richtlinientext herausgenommen zu dem Zeitpunkt, zu dem das ursprünglich vorgesehene Genehmigungsverfahren zu Gunsten des Anzeigeverfahrens aufgegeben wurde.[425] In dem vom Rat festgelegten Gemeinsamen Standpunkt (s. Fn. 395, a.a.O. S. 17) wurde „Genehmigung" sodann ohne Erläuterung wieder aufgenommen, obwohl in der Begründung des Gemeinsamen Standpunktes (a.a.O., S. 32) das Festhalten am Wechsel zum Anzeigeverfahren bekräftigt wurde. Ein redaktionelles Versehen, wie es an anderen Stellen in der Richtlinienentstehung unzweifelhaft zu beobachten war, ist nicht auszuschließen.
Ggf. wird mit „Genehmigung" in lit. i) auch nur darauf verwiesen, insoweit allerdings bloß deklaratorisch, dass die prinzipielle Gestattung des Outsourcing von der Entscheidung der Mitgliedstaaten abhängt, vgl. die Regelung zu Beginn des Abs. 1 (s.o. IV.2.a.aa.). Während in der deutschen Fassung mit „Gestatten die Mitgliedstaaten [...]" zu Beginn des Abs. 1 und „Genehmigung" in lit. i) unterschiedliche Vokabeln auftauchen, nutzen die englische und die französische Fassung jeweils Formen desselben Verbs („permit", „autoriser"). Dies lässt einen Bezug der lit. i) auf die mitgliedstaatliche Umsetzungsentscheidung vermuten.
Die „Genehmigung" in lit. i) ist daher lediglich als Überbleibsel aus Entwurfsversionen der Richtlinie zu verstehen, anders allenfalls noch als das Ausbleiben einer aufsichtlichen Untersagung nach Eingang der Absichtsanzeige iSd. Art. 5g Abs. 1 lit. a) OGAW-Richtlinie.

### ee. Besondere Voraussetzungen für die Auslagerung des Fondsmanagement [Art. 5g Abs. 1 lit. c), d), e) OGAW-Richtlinie]

Art. 5g OGAW-Richtlinie regelt das Outsourcing des Fondsmanagement durch spezielle Anforderungen, die den Kreis der Auslagerungsunternehmen und ihre Zusammenarbeit mit der auslagernden Verwaltungsgesellschaft betreffen. Hinsichtlich der geforderten Zusammenarbeit mit Drittlandsbehörden gemäß lit. d) kann auf die Ausführungen unter IV.2.d.aa.bbb.β. verwiesen werden.

425 Geänderter Vorschlag der Kommission (s. Fn. 401, a.a.O. S. 287) versus ursprünglicher Vorschlag der Kommission (s. Fn. 404, a.a.O. S. 13).

#### aaa. Zulässige Auslagerungsunternehmen

##### α. Erlaubnispflicht des Auslagerungsunternehmens [Art. 5g Abs. 1 lit. c) 1. HS OGAW-Richtlinie]

Für den Fall der Auslagerung des Fondsmanagement verlangt lit. c), dass das Auslagerungsunternehmen „[...] für die Zwecke der Vermögensverwaltung zugelassen oder eingetragen [...]" ist und „[...] einer Aufsicht [...]" unterliegt. Damit ist die Lizenzpflicht für das Auslagerungsunternehmen normiert.
Die Vorschrift formuliert dabei: „wenn die Übertragung die Anlageverwaltung *betrifft*, [...]" (Hervorhebung nicht im Richtlinientext). Daraus ist jedoch nicht abzuleiten, dass mit der Aufgabe des Fondsmanagement lose verbundene Tätigkeiten, die die Anlageverwaltung „betreffen" können – zu denken ist dabei insbesondere an vorgelagerte Analystentätigkeiten wie Informationsbeschaffung/-validierung, Marktbeobachtung etc. –, ebenfalls die Lizenzpflicht des Auslagerungsunternehmens auslösen. Diese nur unterstützenden Tätigkeiten gehören nicht untrennbar zum Fondsmanagement *und* sind isoliert nicht erlaubnispflichtig; bindet eine Verwaltungsgesellschaft sie in den Prozess des Fondsmanagement ein, ändert dies nicht ihren aufsichtsrechtlichen Charakter, so dass ein anschließendes Outsourcing nicht zur Erlaubnispflicht des Dienstleisters führen kann. Allerdings sind das Risikomanagement und -controlling des Anlagevermögens integraler Bestandteil des Fondsmanagement und „betriffen" daher die Anlageverwaltung.

Hinreichende Lizenzen iSd. Art. 5g Abs. 1 lit. c) 1. HS OGAW-Richtlinie sind Lizenzen für die individuelle oder kollektive Portfolioverwaltung (in der Nomenklatur des § 1 KWG die Finanzportfolioverwaltung nach § 1 Abs. 1a S. 2 Nr. 3 KWG und das Investmentgeschäft nach § 1 Abs. 1 S. 2 Nr. 6 KWG); bei diesen Bankgeschäften bzw. Finanzdienstleistungen werden fremde Vermögen mit eigenem Entscheidungsspielraum durch den Dienstleister verwaltet. Nicht hinreichend sind dagegen Konzessionen für die Anlage- oder Abschlussvermittlung (im deutschen Recht legaldefiniert in § 1 Abs. 1a S. 2 Nr. 1, Nr. 2 KWG), da diese Finanzdienstleistungen lediglich eine vertriebliche Aktivität bedeuten. Auch beim Finanzkommissionsgeschäft (§ 1 Abs. 1 S. 2 Nr. 4 KWG) und beim Eigenhandel für andere (§ 1 Abs. 1a S. 2 Nr. 4 KWG) mangelt es an eigenverantwortlichen Anlageentscheidungen.[426]

Die von Art. 5g Abs. 1 lit. c) 1. HS OGAW-Richtlinie vorgesehene Erlaubnispflicht für den Auftragnehmer bei Auslagerung des Fondsmanagement ist zu befürworten. Es handelt sich beim Investmentgeschäft (kollektive Portfolioverwaltung) nach Art. 5 Abs. 1 OGAW-Richtlinie um ein konzessionspflichtiges Bankgeschäft.[427] Das

426 Bei § 1 Abs. 1a S. 2 Nr. 4 KWG tritt das Finanzdienstleistungsinstitut seinem Kunden nicht als Kommissionär, sondern als Käufer oder Verkäufer gegenüber, vgl. *Fülbier* in Boos/ Fischer/ Schulte-Mattler § 1 Rn. 132; *Fischer* in BankRHandB § 127 Rn. 30; Szagunn/ Haug/ Ergenzinger § 1 Rn. 47.

427 Dasselbe gilt für die individuelle Portfolioverwaltung nach Art. 4 iVm. Anhang I Nr. 11 Bankenrichtlinie (Richtlinie 2000/12/EG des Europäischen Parlaments und des Rates über die Aufnahme und Ausübung der Tätigkeit der Kreditinstitute vom 20.3.2000, ABl. EG L 126 vom 26.5.2000, S. 1 ff.).

Fondsmanagement ist Teilakt des Investmentgeschäfts; auch Teilakte von lizenzpflichtigen Geschäften können die Lizenzpflicht begründen:[428] Allein der Umstand, dass ein Teilakt lediglich im Auftrag für einen anderen ausgeübt wird, nimmt diesem Teilakt nicht seine bankaufsichtsrechtliche Erheblichkeit; die zur Risikobeherrschung zu fordernde personelle und sachliche Solidität muss dort vorhanden sein, wo diese Risiken entstehen. Dieser Ort ist bei eigenverantwortlich handelnden Outsourcing-Nehmern eben das Auslagerungsunternehmen (siehe dazu auch III.3.c.gg.ddd.β. und -eee.β.).
Auch die verwaltungsrechtliche Wertung der Vorschriften, die die Konzessionspflicht für Bankgeschäfte normieren, und der konkrete Hoheitsakt, durch den eine persönliche und dingliche Erlaubnis zugesprochen wird, verlangen ein formelles Erlaubnisverfahren auch für das Auslagerungsunternehmen (siehe dazu die Argumentation unter III.3.c.gg.eee.γ.).

Art. 5g OGAW-Richtlinie verlangt die Erlaubnis für das Auslagerungsunternehmen unmissverständlich nur für den Fall des Fondsmanagement-Outsourcing. Es ist daher unzulässig, die dargestellte Argumentation – nämlich die Herleitung der Erlaubnispflicht des Auslagerungsunternehmens aus den aufsichtsrechtlichen Normen zur Lizenzvergabe – heranzuziehen, um für weitere Bereiche des Investmentgeschäftes (Fondsbuchhaltung, Anlagekontenführung, Vertrieb) ein Konzessionserfordernis für Auslagerungsunternehmen zu begründen. Wenngleich dieses Vorgehen für § 25a Abs. 2 KWG zu bevorzugen ist (siehe dazu oben unter III.3.c.gg.eee.), trifft die OGAW-Richtlinie eine andere, liberalere Regulierung.
Diese Wertung wird durch den Werdegang der Vorschrift bestätigt. Während der Ausgangsvorschlag die Konzessionspflicht des Auslagerungsunternehmens unerwähnt ließ,[429] wurde der im Anschluss geäußerte Vorschlag der Europäischen Zentralbank, diese Pflicht für alle relevanten Auslagerungen vorzusehen,[430] durch das Europäische Parlament zurückgeschnitten auf ein Lizenzerfordernis bei Auslagerung des Fondsmanagement.[431] Dieser Vorschlag des Parlaments fand schließlich in veränderter Fassung seinen Weg in die Richtlinie.[432] Der normgeberische Wille, den Mitgliedstaaten die Etablierung der Lizenzpflicht für Auslagerungsunternehmen aufzugeben, ist somit auf das Fondsmanagement beschränkt geblieben.[433]
Gemäß Art. 1 Abs. 7 OGAW-Richtlinie ist es den Mitgliedstaaten unbenommen, für weitere Tätigkeiten innerhalb des Investmentgeschäftes die Erlaubnispflicht des Auslagerungsunternehmens zu verankern. Mit der OGAW-Richtlinie ist es allerdings vereinbar, wenn dies nur für die Anlageverwaltung vorgesehen wird.

---

428 Siehe bereits III.3.c.gg.aaa. Zur Definition des Teilakts siehe III.3.c.ff.bbb., III.3.c.gg.aaa., III.3.c.gg.eee. (am Anfang).

429 Kommissionsvorschlag (s. Fn. 404, a.a.O. S. 13).

430 Stellungnahme der Europäischen Zentralbank (s. Fn. 422, a.a.O. S. 12).

431 Geänderter Vorschlag des Europäischen Parlaments (s. Fn. 400, a.a.O. S. 230).

432 In der Begründung des Rates zu seinem Gemeinsamen Standpunkt (s. Fn. 395, a.a.O. S. 32), wird zu lit. c) ausdrücklich darauf hingewiesen, dass das Lizenzerfordernis (nur) die „Übertragung der Anlageverwaltung" betrifft.

433 Aus diesem Grund kann bis auf den Fall der Auslagerung des Fondsmanagement unter „Qualifikation" iSd. lit. h) nicht die Lizenznotwendigkeit verstanden werden (siehe bereits oben unter IV.2.d.cc.aaa.).

Die OGAW-Richtlinie trifft damit im Gegensatz zu § 25a Abs. 2 KWG eine eindeutige Regelung zum aufsichtsrechtlichen Status des Auslagerungsunternehmens. Insbesondere sind ihr Kriterien des Handelns nach innen/nach außen oder Kriterien der Stellvertretung fremd, wie sie durch Aufsicht und Literatur im Kontext des § 25a Abs. 2 KWG genutzt werden.

### β. Vermeidung von Interessenkollisionen [Art. 5g Abs. 1 lit. e) OGAW-Richtlinie]

Nach Art. 5g Abs. 1 lit. e) OGAW-Richtlinie scheiden als Auslagerungsunternehmen für das Fondsmanagement die *Verwahrstelle* sowie *andere Unternehmen* aus, deren Interessen mit den Interessen der Verwaltungsgesellschaft oder der Anteilinhaber kollidieren können. Die Vorschrift rückt damit die Interessen der Anteilinhaber im Zusammenhang mit der Auslagerung des Fondsmanagement noch einmal besonders in den Vordergrund.
Die Formulierung „[...] kollidieren können, [...]" unterstreicht, dass die bloße Möglichkeit der Interessenkollision ausreicht, um ein anderes Unternehmen als Auslagerungsunternehmen zu disqualifizieren.

Die *Verwahrstellen* sind nach Art. 7 Abs. 3 [insbesondere lit. c)], Art. 14 Abs. 3 OGAW-Richtlinie berufen, das Fondsmanagement zu überwachen, v.a. hinsichtlich der Einhaltung der gesetzlichen Vorschriften und der Vertragsbedingungen. Mit dieser Überwachungsaufgabe ist es unvereinbar, zugleich das Fondsmanagement als den zu überwachenden Bereich zu verantworten. Die Delegation auf die Verwahrstelle ist daher schlechthin ausgeschlossen (siehe auch Art. 10 Abs. 1, Art. 17 Abs. 1 OGAW-Richtlinie). Interessenkonflikte können insbesondere aus anderen Geschäften des Kreditinstitutes rühren, das als Verwahrstelle agiert. Engagiert sich dieses Kreditinstitut etwa in der Begebung von Aktien, gerade auch in der Form des Emissionsgeschäftes iSd. § 1 Abs. 1 S. 2 Nr. 10 KWG (Übernahme einer Garantie für den Platzierungserfolg), kann das Interesse der Verwahrstelle darin liegen, junge Aktien in Aktienfonds der Verwaltungsgesellschaft unterzubringen, während dies in der Sache für die Wertentwicklung des Sondervermögens und damit für das Interesse der Anteilinhaber unvorteilhaft sein kann.

*Andere Unternehmen* iSd. Art. 5g Abs. 1 lit. e) OGAW-Richtlinie können etwa Unternehmen sein, die Kapitalanteile an der Verwahrstelle halten, über anderweitige Einflussmöglichkeiten auf die Verwahrstelle verfügen oder ihrerseits beherrschendem Einfluss durch die Verwahrstelle unterliegen.[434]

---

434 In den frühen Entwurfsfassungen zu Art. 5g OGAW-Richtlinie war die Nichtauslagerbarkeit auf Verwahrstelle und andere Unternehmen in dem beschriebenen Sinn nicht begrenzt auf das Fondsmanagement, sondern betraf alle Tätigkeiten des Investmentgeschäftes. Dies ist zu Recht zu Gunsten der jetzigen Fassung aufgegeben worden, da Fondsbuchhaltung, Vertrieb, Transaktionsmanagement und Anlagekontenführung (teilweise erheblich) geringeres Interessenkonfliktpotenzial bieten und gerade in diesen z.T. technischen Bereichen Skaleneffekte im Konzern beim als Verwahrstelle auftretenden Mutterunternehmen betriebswirtschaftlich sinnvoll realisiert werden können.

### bbb. Art. 5g Abs. 1 lit. c) 2. HS OGAW-Richtlinie

Art. 5g Abs. 1 lit. c) 2. HS OGAW-Richtlinie hält eine weitere Zulässigkeitsbedingung bereit. Zwar erschließt sich schnell, dass sie die Ausgestaltung des Outsourcing-Verhältnisses und den Modus der Kooperation zwischen Verwaltungsgesellschaft und Auslagerungsunternehmen betrifft. Allerdings ist zunächst unklar, ob mit lit. c) 2. HS auch eine (qualitative) Grenze für die Auslagerbarkeit des Fondsmanagement gezogen wird.

#### α. Einhaltung der Vertragsbedingungen

Liest man die Wendung der lit. c) 2. HS „regelmäßig festgelegte[...] Vorgaben" als „typischerweise/ üblicherweise festgelegte Vorgaben", könnte lit. c) 2. HS mit den „regelmäßig festgelegten Vorgaben" die Grundsätze zur Auswahl der Vermögensgegenstände bezeichnen, wie sie typischerweise in den Vertragsbedingungen des OGAW oder im Prospekt festgelegt werden (vgl. Art. 28 Abs. 1, 2, 3 iVm. Anhang I Schema A Nr. 1.15, Schema C OGAW-Richtlinie, im deutschen Recht § 42 Abs. 1 S. 3 Nr. 14, § 43 Abs. 4 Nr. 1 InvG). Die Vorschrift würde damit zum Ausdruck bringen, dass das Auslagerungsunternehmen die vertraglich fixierten Anlagebedingungen zu beachten hat, selbst wenn es selbst nicht Vertragspartei ist.

Gegen dieses Verständnis sind Bedenken vorzutragen:
Die gesetzliche Verpflichtung zur Angabe der Anlagegrundsätze in Vertrag oder Prospekt ist lückenlos und immer zu erfüllen. Dazu passt nicht der Wortlaut „regelmäßig festgelegt", auch nicht in der Interpretation „typischerweise festgelegt". „Regelmäßig" zu verstehen als „gemäß den gesetzlichen Verpflichtungen" bedeutete eine Überdehnung des Wortlautes.
Die englischen und französischen Fassungen der lit. c) legen es stärker als die deutsche Fassung nahe, dass die „regelmäßig festgelegten Vorgaben" zu verstehen sind als „periodisch festgelegte Vorgaben".[435] Damit können kaum die einmalig determinierten oder allenfalls sehr selten modifizierten Vertragsbedingungen angesprochen sein.

Entscheidend zeigt die Entstehunggeschichte der lit. c), dass man mehr als die Verpflichtung zur Einhaltung der Vertragsbedingungen im Auge hatte, nämlich eine Regelung der Beziehung von Verwaltungsgesellschaft und Auslagerungsunternehmen im Investmentprozess. In der Fassung, in der erstmalig der entsprechende Passus auftauchte, trat die Vorstellung einer Arbeitsteilung beim Fondsmanagement-Outsourcing zu Tage.[436] Die Auslagerung des Fondsmanagement war danach quali-

---

435 Art. 5g Abs. 1 lit. c) 2. HS OGAW-Richtlinie lautet im Englischen: „[...]; the delegation must be in accordance with investment-allocation criteria *periodically laid down* by management companies; [...]" und im Französischen: „[...]; la délégation doit être en conformité avec les critères de repartition des investissements *fixés périodiquement* par les sociétés de gestion; [...]" (Hervorhebungen nicht im Richtlinientext).

436 Änderungsvorschlag des Europäischen Parlaments (s. Fn. 400, a.a.O. S. 230); dort lautete der relevante Abschnitt des Art. 5g OGAW-Richtlinie: „[...] den Verwaltungsgesellschaften gestatten, die *spezifische Auswahl*

tativ derart zu begrenzen, dass dem Auslagerungsunternehmen lediglich die „spezifische Auswahl von Investitionen" – gemeint war die Einzeltitelauswahl – überlassen werden durfte, während die auslagernde Verwaltungsgesellschaft nach wie vor angehalten war, einen „Rahmen von Kriterien zur Streuung der Investitionen" im Sinne einer Vorauswahl und Risikomischung festzulegen, innerhalb dessen sich sodann die Einzeltitelauswahl zu bewegen hatte. Diese insoweit klare Fassung wurde in der weiteren Richtlinienerarbeitung zunehmend verwässert,[437] bis schließlich in der Richtlinie selbst allein noch die Auslagerung insgesamt – nicht mehr die Einzeltitelauswahl – mit den Vorgaben der auslagernden Verwaltungsgesellschaft für den Investmentprozess „in Einklang" zu stehen hatte.
Aus dieser Entwicklung wird zunächst ersichtlich, dass der Richtliniengeber die Eingrenzung des Fondsmanagement-Auslagerungsunternehmens auf spezifische Aufgaben im Investmentprozess im Laufe der Normentstehung wieder zurückgenommen hat; eine breite Zuständigkeit des Auslagerungsunternehmens muss daher jetzt als zulässig erachtet werden. Sodann ist aber auch herauszulesen, dass der Richtliniengeber die Verwaltungsgesellschaft nach wie vor in einer Rolle sieht beim Outsourcing des Fondsmanagement, die jedenfalls über die einmalige Festlegung der Anlagegrundsätze in den Vertragsbedingungen hinausgeht.

Es geht daher in Art. 5g Abs. 1 lit. c) 2. HS OGAW-Richtlinie um mehr als die Einhaltung der Vertragsbedingungen durch das Auslagerungsunternehmen.

### β. Vorgaben für den Investmentprozess

Haftet man enger am Wortlaut der Vorschrift, würde mit der Bestimmung nur zulässig sein eine solche Auslagerung des Fondsmanagement, bei der die „auslagernde" Verwaltungsgesellschaft zuständig bleibt für die periodische Vorgabe von Anlagestrategien, und bei der das Auslagerungsunternehmen lediglich diejenigen Fondsmanagement-Entscheidungen fällen darf, deren Abstraktionsgrad unterhalb des Niveaus liegt, das die Verwaltungsgesellschaft wählt. Da unverändert die prinzipielle Festlegung der Investmentstrategie bereits in den Vertragsbedingungen erfolgt, müssten die Vorgaben der Verwaltungsgesellschaft im Vergleich dazu konkreter, allerdings abstrakter sein im Vergleich zu den dem Dienstleister überlassenen Entscheidungen.

Wiederum treten Einwände gegen ein solches Normverständnis auf:
Diesem Verständnis zu folgen hieße, in der europäischen Investmentindustrie eine signifikante Umwälzung der Investmentprozesse herbeizuführen. Die Richtlinie würde im Ergebnis dazu zwingen, dass zwischen der (in der Regel) einmaligen Festlegung der Anlagegrundsätze in den Vertragsbedingungen und der konkreten Aus-

---

*von Investitionen im Rahmen von Kriterien zur Streuung der Investitionen*, die von der Verwaltungsgesellschaft *in regelmäßigen Abständen* festgelegt werden, an Vermittler zu delegieren, [...]" (Hervorhebungen nicht im Original).

437 Einen weitere Etappe bildete diesbezüglich der Geänderte Vorschlag der Kommission für eine Richtlinie (s. Fn. 401, a.a.O. S. 286).

wahl der Vermögensgegenstände eine mittlere Stufe des Investmententscheidungsprozesses eingezogen werden müsste, auf der taktische Vorgaben zur Anlage entwickelt werden müssten. Zwar existieren Investmentprozesse, die unterhalb der vertraglich verankerten Investmentstrategie zweistufig ablaufen: Die erste Stufe dient der Festlegung der Allokation auf Märkte, Geographien, Branchen, Risikoklassen, Laufzeiten, wodurch eine Basis für die Portfoliozusammensetzung bereitet wird (z.T. mit „Top Down-Ansatz" bezeichnet); auf der zweiten Stufe erfolgt die konkrete Auswahl der Vermögensgegenstände (z.T. mit „Bottom Up-Ansatz" bezeichnet). Allerdings entschließen sich die Verwaltungsgesellschaften keinesfalls bei allen Fonds und auf allen Märkten zu diesem Investmentprozess. Vielmehr wird er (nur) dann gewählt, wenn die Expertise des Vermögensverwalters es für ratsam erachtet. Damit wird offenbar, dass der Investmentprozess Teil des Sachverstandes der Verwaltungsgesellschaften und damit wesentliches wettbewerbliches Differenzierungskriterium ist. Es kann nicht Ziel des Art. 5g OGAW-Richtlinie sein, Outsourcing zum Anlass zu nehmen, hier nivellierend zu regulieren. Es läuft der risikobehafteten Natur des Investmentgeschäftes und der wettbewerblichen Auseinandersetzung entgegen, in diesem Bereich regulatorische Vorschriften zu setzen. Darüber hinaus dürften Fonds, die ein enges Anlagespektrum besitzen (z.B. Themen- oder Branchenfonds) häufig gar nicht den Spielraum bieten, einen solchen Investmentprozess zu verfolgen.

Die Tätigkeit des Fondsmanagement mag sich nach außen als ein homogener Block darstellen, im Inneren aber lassen sich verschiedene Funktionen und Schritte trennen. Dabei bestehen zahlreiche „Stilrichtungen" und Techniken, die es nicht zulassen, vereinheitlicht zu beschreiben, wie Fondsmanagement erfolgt. Als Aufgaben im Fondsmanagement lassen sich grundsätzlich unterscheiden reine „Research"-Aufgaben, quantitative Aufgaben, qualitative Analysen, Risikomanagement, Bewertungs- und Entscheidungsverfahren etc. Diese Aufgaben lassen sich im Grundsatz zwar aufteilen, so dass verschiedene Personen daran mitwirken können. Allerdings verhält es sich nicht so, dass stets „Hierarchien" in diesen Aufgaben bestehen in dem Sinn, dass die Ergebnisse mancher Schritte Anlagekriterien und Vorgaben für nachfolgende Schritte lieferten. Auch ist es nicht so, dass stets dieselbe Chronologie der Aufgaben eingehalten würde. Insoweit ist zwar zuzugestehen, dass das Fondsmanagement seiner Natur nach in Aufgaben zerteilt werden kann, die unterschiedlichen Personen übertragen werden können. Die diskutierte Forderung des Art. 5g Abs. 1 lit. c) 2. HS OGAW-Richtlinie jedoch, der Verwaltungsgesellschaft einen Teil zu belassen, der periodisch „Vorgaben" produziert, ist eher selten erfüllbar. Den Fondsmanagementprozess in anderer Weise aufzutrennen allein *irgendeiner* Einbindung der Verwaltungsgesellschaft wegen, kann dem Wortlaut der Norm nicht entnommen werden und ist nicht anzuraten, da die gewünschte Einbindung über den Weg rigider Kontrolle ebenbürtig, im Zweifel sogar besser erfolgen kann als durch die Übernahme einer beliebigen Aufgabe im Fondsmanagement (dazu sogleich γ.).

Es bestehen ferner Bedenken dazu, wie ein geteilter Investmentprozess zwischen auslagernder Verwaltungsgesellschaft und Auslagerungsunternehmen eingerichtet

und überwacht werden soll. So ist etwa unklar, bis wohin die Verwaltungsgesellschaft „Vorgaben für die Verteilung der Angaben" machen muss, ab wo also das Auslagerungsunternehmen verantwortlich sein darf, und welche die Perioden sind, die die geforderte Regelmäßigkeit der Vorgaben beachten. Auch ist es zweifelhaft, ob es den Anlageerfolg eines Sondervermögens steigert und insoweit im Interesse der Anteilinhaber gehandelt wird, wenn ungewollt im Ergebnis zwei Fondsmanager aktiv sind.
Schließlich wäre es betriebswirtschaftlich ein inkonsequentes Outsourcing, auf halbem Wege zu verharren und die Verwaltungsgesellschaft doch zu verpflichten, Fondsmanagement-Kapazitäten zurückzubehalten. Kostentreiber für das Fondsmanagement ist v.a. das Fondsmanagement-Personal, dessen Stärke sich v.a. nach der Anzahl der zu managenden Fonds richtet.[438] Eine Verpflichtung der Verwaltungsgesellschaft zur periodischen Abgabe qualifizierter Anlagevorgaben für jeden Fonds ist nahezu gleichbedeutend damit, die Anzahl der eigenhändig verwalteten Fonds nicht abzubauen, so dass der Kostenblock im Fondsmanagement nicht durchgreifend abgeschmolzen werden kann (das Auslagerungsunternehmen wird weitgehend fixe Honorarforderungen stellen). Hinzu kommt, dass die angestrebten Verschlankungen, Prozess- und Performanceverbesserungen auf diese Weise in vielen Fällen ausbleiben dürften.
Die Motivation für die Auslagerung von einzelnen Fonds oder von Fondsgruppen ist oft genug, dass der Verwaltungsgesellschaft schlicht der Sachverstand für Teilbereiche des Investmentspektrums fehlt (etwa für Rentenprodukte, derivative Produkte, Geographien oder Branchen). Es verkennt daher die betriebswirtschaftlichen Realitäten, den Verwaltungsgesellschaften vorzuschreiben, in den somit ausgelagerten Bereichen doch Vorgaben für den Investmentprozess entwickeln zu müssen. Außerdem steht zu vermuten, dass in der Praxis für derartige Vorgaben Umgehungen gefunden würden, etwa indem sie ebenfalls durch den Dienstleister erstellt und sodann als durch die Verwaltungsgesellschaft erarbeitet deklariert würden.

Die benannten Schwierigkeiten sind teleologisch nicht mit Art. 5g Abs. 1 lit. c) 2. HS OGAW-Richtlinie zu vereinbaren. Man wird sonach insgesamt in der Vorschrift keine Melange sehen können aus Präjudiz und Diktat für einen nicht immer geeigneten Investmentprozess.

### γ. Auslegung

Die Vorschrift steht ersichtlich in der Motivation, die Einbindung der Verwaltungsgesellschaft in das Fondsmanagement als das Herzstück des Investmentgeschäftes nicht ganz aufzugeben. Dazu ist es allerdings unverhältnismäßig (siehe soeben β.), einen bestimmten Investmentprozess vorzuschreiben.
Alternativ könnte man die Bestimmung so verstehen, insoweit allerdings in Dissonanz zum Wortlaut, dass *irgendeine* Aufgabe innerhalb des Fondsmanagement durch die Verwaltungsgesellschaft zu verantworten sein muss. Jedoch verlangen Kontrolle

438 Siehe dazu oben unter II.1.b.cc.ccc.

und Aufsicht über den Dienstleister nicht, dass (irgend-) eine Tätigkeit im Fondsmanagement übernommen wird. Auch treten wiederum die bereits erwähnten betriebswirtschaftlichen Zweifel auf, den Prozess zwanghaft aufzutrennen.
Es drängt sich infolgedessen ein Normverständnis auf, dem zufolge durch Art. 5g Abs. 1 lit. c) 2. HS OGAW-Richtlinie die fortgesetzte Involvierung der auslagernden Verwaltungsgesellschaft verfolgt wird, indem diese auf eine ungewöhnlich enge Kontrolle über den Fondsmanagement-Prozess verpflichtet wird. Die Verwaltungsgesellschaft ist angehalten, besondere Kontrollvorkehrungen zu treffen, die den Investmentprozess laufend und „wasserdicht" auf Vereinbarkeit mit dem Gesetz, Konformität mit den Vertragsbedingungen sowie (prinzipielle) ökonomische Begründetheit und Legitimität überprüfen. Die Kontrollvorkehrungen sind dann ausreichend, wenn ein Ausscheren der Anlageentscheidungen aus gesetzlichen oder vertraglichen Vorgaben unmittelbar auffällt. Diese Position der Verwaltungsgesellschaft als „Herrin des Investmentprozesses" ist die Mindestbeteiligungstiefe am Investmentprozess. Das Auslagerungsunternehmen muss in dem Wissen handeln, jede Investmententscheidung gegenüber der Verwaltungsgesellschaft begründen zu müssen; die Verwaltungsgesellschaft bleibt im Stile einer Schattenbuchführung eingebunden.[439]

Für den Fall, dass die auslagernde Verwaltungsgesellschaft sich einmalig oder grundsätzlich zur Vorgabe von Leitlinien für den Investmentprozess entscheiden sollte, sind diese durch das Auslagerungsunternehmen ebenso zu beachten wie der gesetzliche Anlagerahmen und die vertraglichen Anlagebedingungen – das Auslagerungsunternehmen ist im Outsourcing-Vertrag entsprechend zu verpflichten. Allerdings verlangt die Zielsetzung der Mindesteinbindung der Verwaltungsgesellschaft nicht zwingend, dass innerhalb des Investmentprozesses eine Vorentscheidungsstufe kreiert und der Verwaltungsgesellschaft zugewiesen wird. Trifft die Investmentgesellschaft keine Vorgaben, steht dem Auslagerungsunternehmen auch die Erarbeitung von Anlagekriterien und -leitlinien im Rahmen der bestehenden Vertragsbedingungen offen.

Zusammenfassend zeigt sich damit, dass die OGAW-Richtlinie (als Maßgabe für das nationale Recht) das Outsourcing des Fondsmanagement zulässt, wenn das Auslagerungsunternehmen den erforderlichen aufsichtsrechtlichen Status vorweisen kann, keine Interessenkonflikte drohen und eine so enge Kontrolle gesichert ist, dass

439 Dieses Verständnis des Art. 5g Abs. 1 lit. c) 2.HS OGAW-Richtlinie ist dahin gehend zu verlängern, dass die Verwaltungsgesellschaft stets in der Verantwortung bleiben muss, ihre unternehmenseigene Produktportfoliostrategie (Fondsauflage und Fondseinstellung) selbst festzulegen. Die Forderung der Vorschrift nach der aufgezeigten Mindesteinbindung der Verwaltungsgesellschaft in das Fondsmanagement würde unterminiert, wenn die Entscheidungen über Fondsauflage (und damit über die Vertrags- und Anlagebedingungen) sowie Fondseinstellung delegiert werden könnten: Es wäre widersprüchlich zu fordern, dass die Einhaltung der vertraglichen Anlagebedingungen laufend überwacht wird, es aber gleichzeitig zu gestatten, dass die Fondsauflage und mit ihr die ursprüngliche Festlegung der Anlagebedingungen des Investmentproduktes ausgelagert werden. „Herrin des Investmentprozesses" iSd. lit. c) 2. HS zu bleiben verlangt von der Verwaltungsgesellschaft, auch die Fondsprodukte zu bestimmen, die es (eigenhändig oder durch ein Auslagerungsunternehmen) zu managen gilt (siehe auch unten IV.3.d. für die Einstufung der Produktportfoliostrategie als zentrale Leitungsfunktion einer Verwaltungsgesellschaft).

die Nichtbeachtung von gesetzlichen, investmentvertraglichen oder – im Einzelfall – durch die Verwaltungsgesellschaft getroffenen Vorgaben zur Anlage der eingelegten Gelder und zur Verwaltung des Fondsvermögens unmittelbar auffällt.
Es verbleiben andere Fragen zum Outsourcing des Fondsmanagement, die sogleich unter IV.3.a. behandelt werden, darunter insbesondere, ob das Fondsmanagement nach der OGAW-Richtlinie vollständig, also für alle Fonds der Verwaltungsgesellschaft, ausgelagert werden darf.

### e. Übertragung von Vertretungsbefugnissen auf das Auslagerungsunternehmen

Die Erteilung von Vertretungsmacht zu Gunsten des Auslagerungsunternehmens wird in Art. 5g OGAW-Richtlinie nicht ausdrücklich geregelt. Die Wendung zu Beginn des Abs. 1 „[...] Aufgaben [...] an Dritte zu übertragen, die diese Aufgaben *für sie wahrnehmen* [...]" (Hervorhebung nicht im Richtlinientext) beinhaltet nicht zwingend, dass den Dritten Vertretungsmacht eingeräumt wird.
Indessen wird man Art. 5g OGAW-Richtlinie nicht anders verstehen können als so, dass dann, wenn zur sachlichen Übernahme der ausgelagerten Tätigkeit die Vollmacht auf Seiten des Auslagerungsdienstleisters erforderlich oder auch nur sinnvoll ist, aufsichtsrechtlich keine weiteren Bedingungen gestellt werden. Das Fondsmanagement etwa, dessen Outsourcing grds. zulässig ist (siehe soeben unter IV.2.d.ee.), *kann* dergestalt ausgelagert werden, dass der Dienstleister im Namen der Verwaltungsgesellschaft auftritt bei Erwerb und Veräußerung von Anlagegegenständen. Auch der Vertrieb von Anteilscheinen durch einen Dritten kann im Namen der Verwaltungsgesellschaft erfolgen. Ein Stimmrechtsvertreter, der die Stimmrechte aus im Fondsvermögen befindlichen Wertpapieren für die Verwaltungsgesellschaft ausübt, handelt regelmäßig in deren Namen.
In diesen Fällen ist die Einräumung von Vertretungsmacht bei Erfüllung der Zulässigkeitsvoraussetzungen für das Outsourcing als solches aufsichtlich unbedenklich.

### f. Reaktionsmöglichkeiten der Aufsicht

Indem Art. 5g OGAW-Richtlinie die Mitgliedstaaten anhält, für den Fall, dass sie den durch sie beaufsichtigten Verwaltungsgesellschaften das Outsourcing gestatten, für die Erfüllung der Voraussetzungen aus Abs. 1 lit. a) – i) Sorge zu tragen, wird die effektive Richtlinienumsetzung auf Sanktionsmöglichkeiten der zuständigen Aufsichtsbehörden nicht verzichten können. Eine wirksame Aufsicht wird daher der Instrumente bedürfen zur Vornahme von regulären Prüfungen und Sonderprüfungen, zur Verwarnung und Abberufung von Geschäftsleitern, zur Untersagung von Auslagerungen und zur Vornahme anderer Anordnungen einschließlich Verhängung von Bußgeldern und Entziehung der Zulassung der Verwaltungsgesellschaft. Sollten Auslagerungsunternehmen lizenzpflichtig sein (s.o. IV.2.d.ee.aaa.α.), muss die Aufsicht auch über eine Handhabe gegen nicht lizenzierte Dienstleister verfügen. Regelmäßig dürfte das bestehende bankaufsichtsrechtliche Regelwerk der Mitgliedstaaten dem bereits genügen.

### 3. Rechtslage für das Outsourcing im Investmentgeschäft nach der OGAW-Richtlinie

Der vorangegangene Abschnitt behandelte die Voraussetzungen des Art. 5g OGAW-Richtlinie für die Zulässigkeit des Outsourcing. Diese Voraussetzungen gilt es in eine Rechtslage zu „übersetzen". Unter der Annahme der Umsetzung der OGAW-(Änderungs-) Richtlinie in nationales Recht ist zu ermitteln, welche konkreten Möglichkeiten für das Outsourcing der einzelnen Abschnitte der Wertschöpfungskette im Investmentgeschäft und für das Outsourcing der anderen zulässigen Tätigkeiten einer Verwaltungsgesellschaft bestehen. Daneben sind die Grenzen zu erkunden, die die OGAW-Richtlinie hinsichtlich der Auslagerung von Leitungsfunktionen und hinsichtlich der Kumulation von Outsourcing-Maßnahmen zieht.

#### a. Auslagerung des Fondsmanagement („Totalauslagerung")

Die OGAW-Richtlinie lässt das Outsourcing des Fondsmanagement unter den insbesondere in Art. 5g Abs. 1 lit. c), d), e) OGAW-Richtlinie kodifizierten Bedingungen grundsätzlich zu (siehe oben IV.2.d.ee.). Die Verwaltungsgesellschaft darf sich weitgehend aus dem Fondsmanagement zurückziehen, muss aber ein so engmaschiges Kontrollnetzwerk etablieren, dass eine Abweichung der Anlageentscheidungen des Auslagerungsunternehmens von den gesetzlichen, investmentvertraglichen oder – im Einzelfall – durch die Verwaltungsgesellschaft getroffenen Vorgaben unmittelbar auffällt und Korrekturmaßnahmen auslöst (s.o. unter IV.2.d.ee.bbb.γ.).
Daneben stellt sich die Frage, ob sich eine Verwaltungsgesellschaft auch in der Hinsicht von der Anlageverwaltung lösen darf, dass sie nicht bloß das Management für einzelne Fonds oder Fondsgruppen auslagert, sondern für ausnahmslos alle durch sie aufgelegten Produkte externes Fondsmanagement in Anspruch nimmt („Totalauslagerung" des Fondsmanagement). Gerade von kleineren Verwaltungsgesellschaften wird diese Handlungsalternative erwogen.

Dem Wortlaut des Art. 5g OGAW-Richtlinie kann dazu keine unzweideutige Aussage entnommen werden: Wenn zu Beginn des Abs. 1 der Norm von „[...] eine[r] oder mehrere[n] ihrer Aufgaben [...]" gesprochen wird, darf man dies – projiziert auf das Fondsmanagement – nicht verstehen als die Auslagerung des Management eines oder mehrerer (und damit potenziell aller) Fonds. Die dort bezeichneten „Aufgaben" sind iVm. Art. 5 Abs. 2 S. 2 OGAW-Richtlinie als die in Anhang II der OGAW-Richtlinie gelisteten Tätigkeiten zu verstehen. Das Fondsmanagement wird insoweit nur thematisch aufgerufen. Auch die in lit. c) [und ähnlich in lit. d)] gebrauchte Wendung „wenn die Übertragung die Anlageverwaltung *betrifft*, [...]" (Hervorhebung nicht im Richtlinientext) ist uneindeutig; die vorsichtige Vokabel „betreffen" kann nicht so ausgelegt werden, dass das Fondsmanagement bloß in Teilen tangiert und nicht auch vollständig angegangen werden dürfte.

Möglicherweise stehen Strukturprinzipien oder prinzipielle Wertungen der OGAW-Richtlinie der Totalauslagerung des Fondsmanagement entgegen.

So könnte vorgetragen werden, dass es sich nicht (mehr) um eine Verwaltungsgesellschaft iSd. OGAW-Richtlinie handelt, wenn keinerlei eigenes Fondsmanagement verbleibt; eine solche Gesellschaft wäre demnach nicht mit dem Leitbild der OGAW-Richtlinie von einer Verwaltungsgesellschaft in Einklang zu bringen. Dagegen spricht aber bereits, dass die OGAW-Richtlinie selbst (anders etwa das KAGG vor Umsetzung der Richtlinie) in Art. 5g die Türen für das Outsourcing des Fondsmanagement öffnet. Da anderweitige klare Grenzziehungen fehlen, zeichnet die OGAW-Richtlinie kein Bild einer Verwaltungsgesellschaft, die in jedem Fall Teile ihrer Fonds selbst verwaltet. Dies gilt umso mehr, da nach Art. 1a Nr. 2, Art. 5 Abs. 2 S. 2 iVm. Anhang II OGAW-Richtlinie die gesamte Investment-Wertschöpfungskette zum Tätigkeitsspektrum der Verwaltungsgesellschaft rechnet und somit das Auslagern sogar des gesamten Fondsmanagement noch immer eine aufgabenbeladene Verwaltungsgesellschaft zurückließe.

Ein mit dieser Überlegung verwandter Einwand könnte der Lizenzpflichtigkeit der Verwaltungsgesellschaft entstammen, wie sie auch in der OGAW-Richtlinie vorgesehen ist (Art. 4 Abs. 2 S. 1, Art. 5 Abs. 1, Art. 5a OGAW-Richtlinie). Jeder Verwaltungsgesellschaft wird individuell eine Erlaubnis zum Betrieb des Investmentgeschäftes zugesprochen; den entsprechenden Hoheitsakten liegen dabei konkrete Entscheidungssachverhalte u.a. hinsichtlich Geschäftsleitung, Organisationsplan und Eigenmittelausstattung zu Grunde (persönliche und dingliche Erlaubnis). Möglicherweise führt die Totalauslagerung des Fondsmanagement dazu, dass diese „Geschäftsgrundlage" der Tätigkeit der Verwaltungsgesellschaft nicht länger gegeben ist mit der Folge, dass die mit der Auslagerung herbeigeführte Situation letztlich nicht lizenziert ist. Dies würde nach Art. 5a Abs. 5 lit. c) OGAW-Richtlinie zum Entzug der aufsichtlichen Zulassung zum Geschäftsbetrieb berechtigen, d.h. das beschriebene Agieren außerhalb der eigenen Lizenz wäre verwaltungs- und aufsichtsrechtlich nicht zu tolerieren und implizierte daher die Unzulässigkeit der Totalauslagerung.
Mit anderen Worten: Die verwaltungsrechtliche Wertung der Erlaubnispflichtigkeit eines Geschäftes lautet dahin, dass nur bestimmten und geprüften Personen und Einrichtungen das Vertrauen ausgespochen wird, das Geschäft betreiben zu dürfen. Daraus ist abzuleiten, dass Outsourcing nur bis zu dem Punkt erfolgen kann, an dem das Zusammenwirken von auslagernder Verwaltungsgesellschaft und Auslagerungsunternehmen das der Erlaubnis zu Grunde liegende personelle, organisatorische, infrastrukturelle und finanzielle Bild so stark durchlöchert, dass die Verwaltungsgesellschaft sich nicht mehr auf *diese* Erlaubnis berufen kann. Dann haben sich die aufsichtsrechtlich relevanten (Risiko-) Sachverhalte verschoben in eine Konstellation, die nicht Gegenstand des aufsichtlichen Prüfungsverfahrens war und die die Zulassungsvoraussetzungen nicht länger erfüllt. Dies ist der Grund dafür, dass bei der Kumulation von Outsourcing-Maßnahmen eine „absolute Grenze" der Zulässigkeit erreicht wird (siehe dazu bereits oben unter III.3.c.ff.ccc. und unten unter IV.3.f.).
Diese Zulässigkeitsschwelle muss allerdings bei Totalauslagerung des Fondsmanagement nicht unausweichlich überschritten sein, auch da die Verwaltungsgesellschaft bei keinem ihrer Fonds von der sehr intensiven qualitativen Überwachungs-

pflicht entbunden wird (s.o. IV.2.d.ee.bbb.). Werden Vertrieb, Anlagekontenverwaltung und Fondsbuchhaltung nach wie vor intern betrieben, muss noch kein Gesamtbild entstanden sein, das die Aufsichtsbehörde zu neuen Überlegungen veranlassen müsste. Folgt die Totalauslagerung anderen Outsourcing-Maßnahmen, kann es zwar zur bezeichneten Unvereinbarkeit mit den Wertungen der Lizenzerteilung kommen; alleinstehend muss die Totalauslagerung des Fondsmanagement aber nicht unausweichlich zu diesem Ergebnis führen.
Das Lizenzerfordernis steht somit nicht pauschal der Totalauslagerung des Fondsmanagement entgegen.

Auch der Grundsatz des Anlegerschutzes kann die Totalauslagerung nicht unterbinden:
Die OGAW-Richtlinie ist dem Schutz der Anteilinhaber verpflichtet [s.o. unter IV. 2.d.bb. (auch Fn. 421), Prinzip der Trennung von Verwahrung und Verwaltung des Fondsvermögens (Art. 7 Abs. 1, Art. 10 Abs. 1, Art. 14 Abs. 1, Art. 17 Abs. 1 OGAW-Richtlinie), gesetzlich festgelegtes (Kontroll-)Verhältnis zwischen Verwahrstelle und Verwaltungsgesellschaft (Art. 7 Abs. 3, Art. 14 Abs. 3 OGAW-Richtlinie), Lizenzpflicht (Art. 4 Abs. 2, Art. 5 Abs. 1 OGAW-Richtlinie) etc.]. Mit den Bestimmungen des Art. 5g Abs. 1 lit. c), d), e) OGAW-Richtlinie trifft die Richtlinie unzweifelhaft die Wertung, dass die Auslagerung des Management jedenfalls eines Teils des Fondsangebots einer Verwaltungsgesellschaft mit dem Grundsatz des Anlegerschutzes vereinbar ist. Es braucht an dieser Stelle nicht erörtert zu werden, ob dieser Wertung *de lege ferenda* zuzustimmen ist (siehe dazu unten VI.5.a.bb.ccc.).
Steigert sich die Zahl der Fonds, deren Management durch die Verwaltungsgesellschaft ausgelagert wird, entstehen keine strukturell anders gelagerten Risiken oder Schwierigkeiten für den Anlegerschutz, als sie bei der Auslagerung des Management nur eines oder weniger Fonds gegeben sind; es wiederholen sich lediglich die Strukturen, die von Art. 5g OGAW-Richtlinie unstrittig gebilligt sind. Anlegerschutz im Kontext des Fondsmanagement bedeutet Verwaltung des Anlagevermögens nach den gesetzlich vorgegebenen und vertraglich vereinbarten Bedingungen (vereinfachend, siehe dazu näher VI.5.a.bb.ccc.α.). Die Risiken, die darin liegen, diese Aufgabe an Dritte zu delegieren, haben keine Neigung, sich zu potenzieren, wenn diese Delegation bei zunehmend mehr Fonds erfolgt. Der Anlegerschutz bei Fonds A wird nicht beeinflusst durch die neu hinzukommende Auslagerung des Management von Fonds B.

Da mit zunehmender Auslagerung des Fondsmanagement keine neuartigen Risiken oder Beeinträchtigungen des Anlegerschutzes entstehen, kann es auch keine Rolle spielen, ob ein Anleger in einem oder in mehreren oder womöglich allen Fonds einer Verwaltungsgesellschaft investiert ist, deren Management ausgelagert wird. Sollte die Auslagerung das Risiko unvorteilhafter Wertentwicklung des Fondsvermögens gegenüber der Eigenerstellung steigern, ist zwar der Anlegerschutz tangiert. Allerdings ist diese Flanke des Anlegerschutzes in der Wertung des Art. 5g Abs. 1 OGAW-Richtlinie, Fondsmanagement-Auslagerungen zuzulassen, bereits erfasst. Ein solches Risiko taucht bei der Totalauslagerung nicht in anderer Form wieder auf, da es auch in der Summe der Auslagerungen nicht in ein anders geartetes Meta-Risiko überspringt.

Denkbar ist allenfalls, dass bei größeren Verwaltungsgesellschaften die Totalauslagerung zu neuen Kosten der internen Organisation führt, da der Umfang des Auslagerungscontrolling nunmehr einer organisierten Struktur bedarf. Es ist daher auch nicht auszuschließen, dass der einhergehende Koordinationsaufwand im Einzelfall zu Verlusten in der Wahrnehmung der Steuerungsaufgabe und damit mittelbar zu Verlusten im Anlegerschutz führt. Bei wertender Betrachtung wiegen diese (lediglich möglichen, nicht sicheren) Einbußen jedoch nicht schwer genug, um zur Unvereinbarkeit der Totalauslagerung mit der Steuerbarkeit des Auslagerungsunternehmens und infolgedessen mit dem Anlegerschutz zu führen.[440]

Die Auslagerung des Management aller Fonds unterscheidet sich von anderen Formen des kumulierten Auslagerns dadurch, dass dabei stets dieselbe Stufe im Wertschöpfungsprozess betroffen ist. Interdependenzen und System- und Komplexitätsrisiken, wie sie v.a. zwischen den Gliedern einer Prozesskette entstehen können, liegen dabei nahezu nicht vor (vgl. bereits oben unter II.1.b.cc.bbb.α. [-δδ. Komplexitätsmanagement] und -ccc.). Auch transaktionskostenökonomisch ist die Totalauslagerung des Fondsmanagement daher weniger kritisch.

Auch die Totalauslagerung des Fondsmanagement ist mithin mit der OGAW-Richtlinie vereinbar.

### b. Auslagerung anderer Abschnitte der Investmentgeschäft-Wertschöpfungskette

Zwar schlägt im Fondsmanagement das Herz des Investmentgeschäftes, zur vollständigen Dienstleistungserbringung müssen jedoch weitere Wertschöpfungsschritte hinzukommen. Dazu zählen (siehe Abb. II-4) die Produktentwicklung, der Vertrieb, das Transaktionsmanagement und die Fondsbuchhaltung. Dieses Set von Aufgabenblöcken führt gemeinsam mit dem Fondsmanagement und der Verwahrstellentätigkeit (dazu unter IV.3.g.) zur vollständigen Erbringung des Investmentgeschäftes. Die Inhalte der hier thematisch vorgeschlagenen Tätigkeitsblöcke können dabei nicht gänzlich randscharf abgegrenzt werden.

Für diese Funktionen der Verwaltungsgesellschaft bleibt es nach der Regulierungslösung der OGAW-Richtlinie ohne weitere Erwägungen bei Art. 5g OGAW-Richtlinie, d.h. diese Funktionen dürfen – jedenfalls einzeln – ausgelagert werden, wenn die Voraussetzungen des Art. 5g Abs. 1 OGAW-Richtlinie beachtet werden. Es spielt dabei keine Rolle, ob es sich, soweit eine solche Differenzierung in der Sache

440 Es ist nicht zu erkennen, dass die Totalauslagerung des Fondsmanagement, solange die Anforderungen des Art. 5g Abs. 1 lit. a), b), d) OGAW-Richtlinie beachtet werden (s. IV.2.d.aa.), den aufsichtsinternen Koordinationsaufwand überproportional steigerte oder anderweitige Gefahren für die Aufsichtsqualität erzeugte. Diesbezüglich bestehen daher ebenfalls keine Einwände gegen die Totalauslagerung.

möglich ist, um eine teilweise oder vollständige Auslagerung der einzelnen Tätigkeit handelt.

### c. Auslagerung von Nebentätigkeiten

Nach Art. 5 Abs. 3 S. 1 OGAW-Richtlinie dürfen Verwaltungsgesellschaften eine begrenzte Zahl von Nebentätigkeiten ausüben, die eine Nähe zur kollektiven Vermögensverwaltung aufweisen oder sie ergänzen können. Mit der Eröffnung dieses erweiterten Tätigkeitsspektrums soll den Verwaltungsgesellschaften auch ein verbreiterter wettbewerblicher Aktionsradius geboten werden.

Demnach zulässige Nebentätigkeiten sind die individuelle Vermögensverwaltung (im deutschen Recht Finanzdienstleistung nach § 1 Abs. 1a S. 2 Nr. 3 KWG und Wertpapierdienstleistung nach § 2 Abs. 3 Nr. 6 WpHG), die Anlageberatung (im deutschen Recht Finanzunternehmenstätigkeit nach § 1 Abs. 3 S. 1 Nr. 6 KWG und Wertpapiernebendienstleistung nach § 2 Abs. 3a Nr. 3 WpHG) und die Anteilscheinverwahrung und -verwaltung (im deutschen Recht Bankgeschäft nach § 1 Abs. 1 S. 2 Nr. 5 KWG und Wertpapiernebendienstleistung nach § 2 Abs. 3a Nr. 1 WpHG).

Auch die Nebentätigkeiten zählen zu den „Aufgaben" iSd. Art. 5g Abs. 1 OGAW-Richtlinie und unterfallen daher dessen Anwendungsbereich (siehe bereits oben unter IV.2.b.aa.). Dies ist auch teleologisch geboten, da die Nebentätigkeiten risikobehaftete bankliche Tätigkeiten darstellen, deren Outsourcing sonach reguliert sein sollte.

Der betriebswirtschaftliche Bedarf für die Auslagerung von Nebentätigkeiten entsteht im Allgemeinen dann, wenn das Dienstleistungsangebot für den Kunden komplettiert werden soll, allerdings keine eigenen Kapazitäten vorhanden sind oder keine eigene Expertise aufgeboten werden kann.[441]

Zur Rechtslage nach der OGAW-Richtlinie kann bündig festgestellt werden: Das Outsourcing von Nebentätigkeiten ist unter den Voraussetzungen des Art. 5g Abs. 1 OGAW-Richtlinie zulässig.[442] Zu fordern ist daneben, dass die auslagernde Verwaltungsgesellschaft für die Nebentätigkeiten lizenziert ist; Outsourcing ist kein Weg, der Konzessionspflicht auszuweichen.[443]

---

441 In der deutschen Investmentbranche taucht bei mehreren Gesellschaften der folgende Fall auf: Die Depotkontenführung (Anteilscheinverwahrung und -verwaltung) liegt beim Mutter-Kreditinstitut einer Kapitalanlagegesellschaft oder dezentral bei anderen Vertriebsstellen. Die Kontenführung für die besonderen Anlagemodi der Fonds-Sparpläne bzw. Fonds-Auszahlungspläne stellt indessen hohe und spezifische Anforderungen, die reguläre Kontenführungssysteme typischerweise nicht zu bewältigen vermögen. Um die in der Summe der Verträge volumensstarken Fondssparpläne dennoch anbieten zu können, übernehmen die betroffenen Kapitalanlagegesellschaften die Depotkontenführung als Nebentätigkeit selbst (Art. 5 Abs. 3 S. 1 lit. b) zweiter Spiegelstrich OGAW-Richtlinie), lagern sie allerdings an einen entsprechend qualifizierten Dienstleister aus, der regelmäßig ein verbundenes Unternehmen ist.

442 Art. 5g Abs. 1 lit. i) OGAW-Richtlinie passt nicht auf Nebentätigkeiten, da der OGAW-Prospekt nur das eigentliche Investmentgeschäft adressiert. Die Offenlegung hat daher in dem getrennten Vertragsverhältnis über die Erbringung der Nebentätigkeit zu erfolgen.

443 Ein Auslagerungsunternehmen für die Nebentätigkeit der individuellen Portfolioverwaltung (Art. 5 Abs. 3 S. 1 lit. a) OGAW-Richtlinie) hat zusätzlich Art. 5f Abs. 2 OGAW-Richtlinie zu beachten, wonach die Anlage

### d. Auslagerung von zentralen Leitungsfunktionen

Die zentralen Leitungsfunktionen umfassen die unternehmerischen Richtungsentscheidungen der Geschäftsleitung in den Bereichen Unternehmenspolitik, Unternehmensplanung, Unternehmensorganisation, Strategisches Controlling und Unternehmenssteuerung, prinzipielle Ressourcenverwendung (siehe bereits oben unter III.3.c.ff.aaa.). Für eine Verwaltungsgesellschaft im Investmentgeschäft wird man die Produktportfoliopolitik, d.h. die Entscheidungen über Fondsauflage und Fondseinstellung, ebenfalls als zentrale Leitungsfunktion ansehen müssen: Im engen Spezialbankgeschäft mit wenigen strategischen Ausweichmöglichkeiten sind Produktangebot und –qualität Stellhebel des Unternehmenserfolges. Die Interne Revison ist als Kerninstrument der Unternehmenssteuerung Bestandteil des Strategischen Controlling.

Die Auslagerung der zentralen Leitungsfunktionen wirft *gesellschaftsrechtliche* Fragen auf (vgl. im Kontext des § 25a Abs. 2 KWG oben unter III.3.c.ff.aaa.). In *investmentrechtlicher* Hinsicht aber ist zunächst Art. 5g OGAW-Richtlinie zu Rate zu ziehen.
Die zentralen Leitungsfunktionen müssten in den Regelungsbereich des Art. 5g OGAW-Richtlinie fallen. Die „Aufgaben" iSd. Abs. 1 der Vorschrift umfassen nach Art. 1a Nr. 2, Art. 5 Abs. 2, Abs. 3 OGAW-Richtlinie zumindest die Verwaltung von OGAW. Dazu zählen unstrittig die in Anhang II OGAW-Richtlinie aufgeführten Tätigkeiten, wo allerdings zentrale Leitungsfunktionen und auch Stabsfunktionen oder Funktionen der allgemeinen Verwaltung keine Erwähnung finden. Zwar ist Anhang II, wie Art. 1a Nr. 2, Art. 5 Abs. 2 S. 2 OGAW-Richtlinie betonen, nicht erschöpfend, allerdings fällt in systematischer Hinsicht der Sprung von den operativen Aufgaben des Anhang II zu den zentralen Leitungsfunktionen und Stabs- und Verwaltungsaufgaben nicht leicht.
Dennoch wird man die zentralen Leitungsfunktionen im Anwendungsbereich des Art. 5g OGAW-Richtlinie sehen müssen: Die Vorschrift reguliert das Outsourcing im Investmentgeschäft durch Verwaltungsgesellschaften; die Ausübung dieses Geschäftes ist nicht ohne Wahrnehmung der zentralen Leitungsfunktionen denkbar. Ferner normiert Abs. 2 2. HS der Vorschrift das Verbot der „Briefkastenfirma". Wie Erwägungsgrund 12 der OGAW-Änderungsrichtlinie klarstellt,[444] ist von einer Briefkastengesellschaft erst zu sprechen, wenn ausnahmslos alle Funktionen und Tätigkeiten übertragen werden und nur noch Firmierung und Anschrift des Unternehmens verbleiben (siehe dazu auch unten IV.3.f.). Die Regelung des Art. 5g Abs. 2 2. HS hätte mithin nicht getroffen werden können, wenn die auch an dieser Stelle des Art. 5g OGAW-Richtlinie erwähnten „Aufgaben" nicht auch die Leitungstätigkeiten einschlössen. Auch teleologisch ist der Einbezug der Leitungstätigkeiten geboten: Art. 5g OGAW-Richtlinie zielt mittels der Formulierung von Zulässigkeitsvoraussetzungen darauf, betriebliche Kontrolle und aufsichtliche Überwachung auch in Outsour-

---

in Investmentfonds der (auslagernden) Verwaltungsgesellschaft der Zustimmung des Anlegers bedarf und die Anlegerschutzrichtlinie zu beachten ist (Richtlinie 97/9/EG des Europäischen Parlaments und des Rates über Systeme für die Entschädigung der Anleger vom 3.3.1997, ABl. EG L 84 vom 26.03.1997, S. 22 ff.).

444 Richtlinie 2001/107/EG (s. Fn. 384, a.a.O. S. 21).

cing-Konstellationen zu erhalten; diese Zielsetzung ist gerade bei der Auslagerung von Leitungsaufgaben berechtigt.[445]

Bei der Auslagerung von Leitungsfunktionen wird die Erfüllung der Zulässigkeitskriterien des Art. 5g Abs. 1 OGAW-Richtlinie zweifelhaft.
Bedenklich ist bereits, ob es mit dem in lit. b) festgeschriebenen Leitmotiv des Handelns im Interesse der Anteilscheininhaber vereinbar ist, wenn zentrale Aufgaben der Unternehmensführung delegiert werden.
Handfester werden die Zweifel insbesondere hinsichtlich des in lit. f), g) niedergelegten Kriteriums des Erhalts der Steuerungs- und Überwachungsmöglichkeiten über das Auslagerungsunternehmen. Hier treten in zweierlei Hinsicht dann Einbußen auf, wenn *solche Aufgaben der Unternehmensleitung* ausgelagert werden, *die sich mit Unternehmenssteuerung und –controlling befassen* (v.a. also die Interne Revision):

- Werden diese Bereiche zum Gegenstand von Outsourcing, fehlt in der auslagernden Verwaltungsgesellschaft die Einheit, die die Beachtung der Anforderungen der lit. f), g) im Hinblick auf die ausgelagerte Unternehmenssteuerung (*sic*) zu gewährleisten hätte.
- Die Auslagerung dieser Bereiche zöge es außerdem nach sich, dass bei weiteren Outsourcing-Maßnahmen das erste Auslagerungsunternehmen verantwortlich wäre für die Kontrolle über das zweite Auslagerungsunternehmen. Das aber ist deshalb nicht mit lit. f) in Übereinstimmung zu bringen, da darin ausdrücklich verlangt wird, dass die *Geschäftsleiter der Verwaltungsgesellschaft* die Überwachung *wirksam* ausüben können müssen. Daran fehlt es bei einer bloß mittelbaren Kontrolle ohne zwingende Einschaltung der Verwaltungsgesellschaft.

Auch die in systematischem Kontext stehende Organisationsanforderung des Art. 5f Abs. 1 S. 2 lit. a) OGAW-Richtlinie, angemessene interne Kontrollverfahren vorzuhalten, verbietet es Verwaltungsgesellschaften, die mit Steuerung und Controlling befassten Leitungsaufgaben gänzlich abzugeben.

Indes sind *andere, nicht mit der Unternehmenssteuerung befasste Leitungsfunktionen*, die nichts mit der Überwachung des Auslagerungsunternehmens zu tun haben, z.B. die Strategische Planung, unter diesen Aspekten noch nicht (zwingend) dem Outsourcing unzugänglich. Nicht auszuschließen ist daher, dass das Outsourcing dieser Funktionen von Art. 5g OGAW-Richtlinie allein nicht unterbunden wird.
Der Grund dafür, dass die Aussage des Art. 5g OGAW-Richtlinie zur Auslagerbarkeit der zentralen Leitungsfunktionen gegenüber der Aussage des § 25a Abs. 2 KWG weniger klar ist, liegt darin, dass Art. 5g OGAW-Richtlinie weniger weitreichend formuliert ist hinsichtlich des Erhalts der Steuerungs- und Kontrollmöglichkeiten der Geschäftsleitung. Beide Normen verlangen, dass trotz Auslagerung die Steuerungs- und Kontrollmöglichkeiten im Sinne der Überwachung des Auslagerungsunternehmens bewahrt bleiben. § 25a Abs. 2 KWG normiert indessen darüber hinaus,

445 Schließlich wird ein großzügigeres Verständnis der „Aufgaben" iSd. Art. 5g OGAW-Richtlinie bekräftigt dadurch, dass der in den Entwurfsstadien vorhandene Verweis auf Anhang II OGAW-Richtlinie nicht in den eigentlichen Richtlinientext aufgenommen wurde.

dass die Auslagerung auch die *unternehmenseigenen* Steuerungs- und Kontrollmöglichkeiten im Sinne der eigenen Unternehmensplanung und -kontrolle nicht beeinträchtigen darf. Daher folgt im Rahmen des § 25a Abs. 2 KWG aus dem Kriterium der Nichtbeeinträchtigung der Steuerungs- und Kontrollmöglichkeiten der Geschäftsleitung ohne Umschweife die Nichtauslagerbarkeit aller zentralen Leitungsfunktionen. Denn ohne eigenhändige Beherrschung der grundlegenden laufenden und einmaligen unternehmerischen Entscheidungsnotwendigkeiten kann insoweit keine unverwässerte Unternehmensplanung und -steuerung bestehen (siehe dazu oben unter III.3.c.ff.aaa.).
Im Kontext der OGAW-Richtlinie kann die Nichtauslagerbarkeit auch der übrigen zentralen Leitungsfunktionen jedoch aus den Vorschriften zur Erlaubniserteilung abgeleitet werden: Art. 5a Abs. 1 lit. b) OGAW-Richtlinie verlangt, dass die *Geschäftspolitik* der Verwaltungsgesellschaft in den Händen ausschließlich der aufsichtlich geprüften und von der Konzession gedeckten Personen liegt, die insoweit die Geschäfte *dieser Verwaltungsgesellschaft tatsächlich leiten*. Diese Vorgabe ist bei Delegation der zentralen Leitungsfunktionen nicht länger erfüllt, da die Personen, die die Geschäftspolitik dann tatsächlich bestimmen, nicht von der Konzession erfasst sind; das Outsourcing wäre insoweit gleichbedeutend mit der unzulässigen Übertragung der Lizenz zum Investmentgeschäft.[446]
Daneben können sich aus den nationalen Gesellschaftsrechtsordnungen Gründe gegen den Bestand solcher Auslagerungsmaßnahmen ergeben.[447]

Die Nichtauslagerbarkeit der Fondsauflage und Fondseinstellung, letztlich also der Produktportfoliostrategie der Verwaltungsgesellschaft, ist außerdem in Art. 5g Abs. 1 lit. c) 2. HS OGAW-Richtlinie verankert (s.o. unter IV.2.d.ee.bbb.γ., Fn. 439).

### e. Weitere Auslagerungssachverhalte

Regelmäßig werden auch die Informationstechnologie (IT), das Produkt- und Unternehmensmarketing sowie Stabsfunktionen zum Gegenstand des Outsourcing gemacht. Unter Stabsfunktionen fallen Bereiche wie Recht/ Steuern, Buchhaltung/ Bilanzen/ Meldewesen, Personal, allgemeine Administration.

Die Auslagerung der IT steht häufig in einem (Annex-) Zusammenhang zur Auslagerung von funktionalen Tätigkeiten wie z.B. der Fondsbuchhaltung oder der Depotkontenführung. Dann richtet sich ihre Zulässigkeit nach der Zulässigkeit des Outsourcing der jeweiligen Fachaufgabe. Geht es dagegen um das Outsourcing einer

446 Die Regelung des Art. 5a Abs. 1 lit. b) OGAW-Richtlinie ist mikroökonomisch anreizkompatibel, da sie verhindert, dass die Personen, die die Geschäftspolitik und damit die unternehmerische Strategie bestimmen, andere Personen sind als die, die geschäftlich und aufsichtlich verantwortlich und haftbar sind. Im deutschen Bankrecht findet sich eine vergleichbare Regelung in § 34 Abs. 1 KWG, der ebenfalls darauf zielt, dass die Leitung eines Instituts und die Veranwortung gegenüber der Aufsicht übereinstimmen (siehe bereits unter III.3.c.ff.aaa.).

447 Vgl. die gesellschaftsrechtlichen Fragen oben unter III.3.c.ff.aaa.

eigenständigen IT-Einheit, unterfällt das Vorhaben regulär der Regelung des Art. 5g OGAW-Richtlinie.

Stabsfunktionen und Marketing-Aufgaben kann es im Einzelfall an der sachlichen Nähe zum eigentlichen Investmentgeschäft fehlen, so dass sie mangels aufsichtlicher Erheblichkeit aus dem Anwendungsbereich des Art. 5g OGAW-Richtlinie herausfallen können („zum Zwecke einer effizienten Geschäftsführung", vgl. oben unter IV.2.c.cc.). Andernfalls gilt auch für sie, dass ihre Auslagerung unter den Voraussetzungen des Art. 5g OGAW-Richtlinie zulässig ist.

Hinsichtlich des aufsichtlichen Meldewesens, also der Berichtspflichten der Verwaltungsgesellschaft gegenüber der Aufsicht (im deutschen Recht insbesondere § 25 KWG iVm. § 18 BBankG), ist zu ergänzen: Die Verantwortung eines Institutes gegenüber der Aufsicht ist Spiegelbild der Lizenzinhaberschaft und kann deshalb nicht abgegeben werden, sondern ist stets von der Unternehmensleitung selbst wahrzunehmen. Dies kommt auch in Art. 5g Abs. 2 1. HS OGAW-Richtlinie zum Ausdruck. Zu dieser Verantwortung zählen auch die aufsichtlichen Berichtspflichten. Allerdings liegt die operative Erstellung der entsprechenden Statistiken und Informationen außerhalb der unternehmerischen Leitungsaufgaben. Daher können zwar nicht die Verantwortung gegenüber der Aufsicht sowie die Auseinandersetzung und Kommunikation mit der Aufsicht delegiert werden, durchaus aber die statistische Aufbereitung und die Berichterstellung unter den Voraussetzungen des Art. 5g OGAW-Richtlinie (insbesondere lit. b), keine Beeinträchtigung der Wirksamkeit der Aufsicht, s.o. unter IV.2.d.aa.).

### f. „Absolute" Grenzen für das Outsourcing durch Verwaltungsgesellschaften

Ebenso wie bei der Betrachtung des § 25a Abs. 2 KWG (s.o. unter III.3.c.ff.ccc.) ist auch im Rahmen der Erörterung des Art. 5g OGAW-Richtlinie zu beleuchten, welche „absoluten" Grenzen gelten, wenn eine Verwaltungsgesellschaft Auslagerungsmaßnahmen häuft bis hin zum Modell einer „virtuellen" Verwaltungsgesellschaft.

Im Richtlinientext wird dieser Punkt ausdrücklich an zwei Stellen behandelt. In Art. 5g Abs. 1 OGAW-Richtlinie wird von „[...] eine[r] oder mehrere[n] [...] Aufgaben [...]" der Verwaltungsgesellschaft gesprochen, deren Auslagerung durch die Mitgliedstaaten gestattet werden kann. In Abs. 2 der Vorschrift wird die Degradierung der Verwaltungsgesellschaft zu einer „Briefkastenfirma" untersagt.
Der Wortlaut des Abs. 1 ist nicht aus sich heraus eindeutig. „Eine oder mehrere ihrer Aufgaben" kann sowohl zu lesen sein im Sinne von „eine oder mehrere, aber nicht alle ihre Aufgaben" als auch im Sinne von „eine oder mehrere, ggf. also auch alle ihre Aufgaben". Konsultiert man den Entstehungsgang der Vorschrift, drängt sich die erste Alternative auf: Die Begründung zum Geänderten Kommissionsvorschlag legt das Verständnis nahe, dass mit dem Passus die Auslagerung einer nur begrenzten

Zahl von Aufgaben reguliert werden sollte[448]; die Begründung zum Gemeinsamen Standpunkt des Europäischen Rates lässt auf die Lesart „einige, aber nicht sämtliche ihrer Aufgaben" schließen.[449] Insoweit muss in dem Passus zwar eine Grenzziehung für das Outsourcing gesehen werden; diese bleibt allerdings weitgehend unbestimmt.

Auch die Regelung des Art. 5g Abs. 2 2. HS OGAW-Richtlinie, wenngleich sie bestimmt ist, hilft in der Ermittlung der Outsourcing-Grenze letztlich nicht weiter: Danach ist ein Outsourcing bis zur „Briefkastenfirma" nicht zulässig. Eine Briefkastengesellschaft ist ein Unternehmen, das lediglich eine Firmierung und eine Anschrift vorweisen kann, jedoch über keine eigene materielle Geschäftsleitung verfügt; seine Geschäftstätigkeit wird durch andere Personen oder Unternehmen wahrgenommen.[450] Da damit lediglich das denkbare Outsourcing-Höchstmaß untersagt wird, ist diese Bestimmung sogar weniger limitierend als diejenige aus Abs. 1.

Zur Gewinnung von Kriterien zur Grenzbestimmung kann – vergleichbar zur Vorgehensweise im Rahmen des § 25a Abs. 2 KWG (s.o. unter III.3.c.ff.ccc.) – auf die Zulässigkeitsbedingungen des Art. 5g OGAW-Richtlinie selbst sowie auf die Lizenzanforderung nach Art. 5 Abs. 1, Art. 5a OGAW-Richtlinie zurückgegriffen werden:

Das Kriterium der wirksamen Überwachung und Steuerung des Auslagerungsunternehmens [Art. 5g Abs. 1 lit f), g) OGAW-Richtlinie] führt ohne weiteres dazu, dass ein Auslagerungskonstrukt unzulässig ist, das infolge der Kumulation oder Verschachtelung von Outsourcing-Maßnahmen die effektive Überwachung und die Beherrschung der Risiken durch die Verwaltungsgesellschaft angesichts Art und Umfang der Geschäfte von Anbeginn nicht oder nicht länger oder nur unter Beeinträchtigungen gestattet.

Die Erteilung der Lizenz als persönlicher und dinglicher Erlaubnis zu Gunsten bestimmter Personen und Infrastrukturen (Art. 5 Abs. 1, Art. 5a OGAW-Richtlinie) verlangt, dass die Voraussetzungen der Lizenzvergabe dauerhaft erhalten bleiben. Andernfalls wird das Investmentgeschäft unter Verhältnissen betrieben, die aufsichtlich nicht geprüft und gebilligt sind und daher aufsichtlich auch nicht beherrscht werden; die Verwaltungsgesellschaft bzw. ihr verbliebener Teil operierten außerhalb ihrer eigenen Lizenz. Sonach ist die Grenze des Outsourcing erreicht, sobald die nächste anvisierte Auslagerung die tatsächlichen Verhältnisse so weit von der Entscheidungsgrundlage der Erlaubnis entfernt, dass die Zulassungsvoraussetzungen nicht

448 Geänderter Vorschlag für eine Richtlinie des Europäischen Parlaments und des Rates (s. Fn. 401, a.a.O. S. 3); die Kommission hatte damit anderslautende Änderungsvorschläge des Europäischen Parlaments (s. Fn. 400, a.a.O. S. 230) zurückgewiesen.

449 Gemeinsamer Standpunkt (EG) Nr. 23/2001 (s. Fn. 395, a.a.O. S. 31); die Begründung des Gemeinsamen Standpunktes durch den Rat stellt außerdem klar, dass der Passus sich nicht auf die Gestattung des Outsourcing durch die Mitgliedstaaten bezieht. Nach diesem Verständnis hätte er bloß zum Ausdruck gebracht, dass es den Mitgliedstaaten, die sich für die prinzipielle Ermöglichung des Outsourcing entscheiden, offen steht, nur ausgewählte Aufgaben für das Outsourcing freizugeben. Dies resultiert allerdings schon aus Art. 5g Abs. 1 iVm. Art. 1 Abs. 7 OGAW-Richtlinie, s.o. unter IV.2.a.aa.

450 Dieses Verständnis der Briefkastengesellschaft bestätigt sich in Erwägungsgrund 12 zur OGAW-Änderungsrichtlinie 2001/107/EG (s. Fn. 384, a.a.O. S. 21). Dort wird von einer Briefkastengesellschaft erst ausgegangen, wenn die Aufgaben der Verwaltungsgesellschaft „insgesamt", also lückenlos übertragen werden. Siehe auch oben IV.3.d.

mehr gegeben sind und die Verwaltungsgesellschaft sich daher auf *diese* Erlaubnis nicht mehr berufen kann. Diese Wertung findet sich wieder in Art. 5a Abs. 5 lit. c) OGAW-Richtlinie, wonach der Konzessionsentzug möglich ist, wenn die Voraussetzungen entfallen, auf denen die Zulassung beruhte; dazu zählt auch das organisatorisch-operative Konzept, gemäß dem die Verwaltungsgesellschaft ihr Geschäft betreiben möchte, Art. 5a Abs. 1 lit. c) OGAW-Richtlinie.

Diese beiden investmentrechtlichen Grenzziehungen stehen komplementär zueinander, soweit sie sachlich zutreffen können (wird den Behörden bereits im Lizenzantrag ein voluminöses Auslagerungskonzept unterbreitet, kann es nicht zum Wegfall der Erlaubnisvoraussetzungen durch sukzessives Outsourcing kommen). Sie müssen in jedem Einzelfall neu zur Anwendung kommen und gestatten keine abstrakt-generell gültigen Aussagen des Musters, dass etwa die Kumulation der Wertschöpfungsschritte A, B, und C unweigerlich unzulässig sei. Sie dürften aber regelmäßig dazu führen, dass deutlich unterhalb der Schwelle der Briefkastengesellschaft die „absolute" Grenze des Outsourcing erreicht wird.

### g. Auslagerung der Verwahrstellenfunktionen

Die OGAW-Richtlinie sieht wie das InvG die Einbindung einer Verwahrstelle in das Investmentgeschäft vor (Art. 1a Nr. 1 OGAW-Richtlinie), die insbesondere die Verwahrung des Anlagevermögens der OGAW zu verantworten hat, daneben aber mit weiteren Aufgaben betraut ist.
Ihre Tätigkeit ist v.a. in Art. 7-11 und Art. 14-18 OGAW-Richtlinie geregelt. Art. 14-18 OGAW-Richtlinie richten sich nur an die Verwahrstellen von in Satzungform konstituierten OGAW (sog. Investmentgesellschaften, Art. 1 Abs. 3 S. 1 OGAW-Richtlinie). Nach Art. 4 Abs. 2 OGAW-Richtlinie muss der Wahl der Verwahrstelle aufsichtlich zugestimmt werden. Gemäß Art. 8 Abs. 2, Art. 15 Abs. 2 OGAW-Richtlinie muss die Verwahrstelle ihrerseits einer Aufsicht unterstehen.
Nach Art. 7 Abs. 3, Art. 14 Abs. 3 OGAW-Richtlinie umfassen die weiteren Aufgaben der Verwahrstelle Kontroll- und Überwachungsaufgaben bei Verkauf, Ausgabe und Rücknahme der Anteilscheine, bei der Berechnung des Anteilwertes, bei der Anlageverwaltung und bei der Ertragsverwendung.

Das Outsourcing dieser Aufgaben der Verwahrstelle ist nicht Gegenstand des Art. 5g OGAW-Richtlinie und der meisten anderen Vorschriften der Richtlinie, die Outsourcing-Regelungen treffen (Erwägungsgrund 7 der Änderungsrichtlinie 2001/107/EG (Fn. 384), Art. 5a Abs. 1 lit. a), Art. 6b Abs. 5, Art. 25 Abs. 3 lit. e) OGAW-Richtlinie). Allerdings implizieren Art. 7 Abs. 2, Art. 14 Abs. 2 OGAW-Richtlinie die Zulässigkeit der Auslagerung der *Verwahrtätigkeit* auf Dritte. Damit ist ein Teil der eigentlichen Depottätigkeit gemeint, wie sie im deutschen Recht das Bankgeschäft nach § 1 Abs. 1 S. 2 Nr. 5 KWG ausmacht (Verwahrung und Verwaltung von Wertpapieren für andere) und im Depotgesetz geregelt ist.
Die Zulässigkeit des Outsourcing dieser Funktion dient v.a. der Erleichterung der Verwahrung von Wertpapieren und der Vereinfachung des Geschäftsbetriebes. Re-

gelmäßig handelt es sich um eine standardisierte Tätigkeit, deren Übernahme Skaleneffekte bedeuten kann. Aufsichtlich entscheidend ist insoweit, dass eine andere Person als die *Verwaltungsgesellschaft* die Verwahrung übernimmt; solange dabei die Haftung der Verwahrstelle nach Art. 9, Art. 16 OGAW-Richtlinie beibehalten bleibt – und dies ist Regelungsinhalt der Art. 7 Abs. 2, Art. 14 Abs. 2 OGAW-Richtlinie – ist es nachrangig, ob die Verwahrstelle sich der Hilfe Dritter bedient oder nicht.[451]
In den Abschnitten IIIa und IVa der OGAW-Richtlinie zu den Verwahrstellen fehlt eine Vorschrift nach dem Muster des Art. 5g OGAW-Richtlinie, der auf Verwaltungsgesellschaften zugeschnitten und daher im Abschnitt der Richtlinie zu den Ausübungsbedingungen der Verwaltungsgesellschaften platziert ist. Indem Art. 7 Abs. 2, Art. 14 Abs. 2 OGAW-Richtlinie andere Aufgaben der Verwahrstelle als die eigentliche Verwahrtätigkeit unerwähnt lassen, liefern die Vorschriften ein starkes Indiz, dass die OGAW-Richtlinie das Outsourcing der Verwahrstellenfunktionen auf eben die Verwahrtätigkeit eingrenzen möchte.
Diese Auslegung wird durch eine systematische Überlegung gestützt: Nach Art. 7 Abs. 2, Art. 14 Abs. 2 OGAW-Richtlinie kann die Verwahraufgabe ausgelagert werden; zugleich sieht Art. 4 Abs. 4 OGAW-Richtlinie vor, dass der Wechsel der Verwahrstelle genehmigungspflichtig ist. In der Zusammenschau dieser Bestimmungen ergibt sich, dass die Übertragung anderer Tätigkeiten als der Verwahraufgabe nur im Wege des genehmigungspflichtigen Wechsels der Verwahrstelle erfolgen kann. Jedes Vorhaben, eine Aufgabe zu delegieren, löst das (vollständige) Wechselerfordernis aus mit der Folge, dass die funktionsabgebende Stelle ihre Position als Verwahrstelle insgesamt verliert. Das Outsourcing von Tätigkeiten der Verwahrstelle ist somit mit der Ausnahme der eigentlichen Depottätigkeit ausgeschlossen. Es folgt auch, dass nur *eine* Verwahrstelle pro OGAW existieren kann.

Zu demselben Ergebnis führt auch Art. 55 OGAW-Richtlinie. Die Norm ist zwar lediglich als Ausnahmevorschrift in die Richtlinie aufgenommen, sie lässt aber aus der Art der Ausnahme erkennen, welche Regulierungskonzeption die OGAW-Richtlinie hinsichtlich des Outsourcing von Verwahrstellentätigkeiten verfolgt. Nach Art. 55 OGAW-Richtlinie können „[...] OGAW, die zum Zeitpunkt der Annahme dieser Richtlinie mehrere Verwahrstellen [...] besaßen [...]" behördlich ermächtigt werden, „[a]bweichend von Artikel 7 Absatz 1 und Artikel 14 Absatz 1 [...]" OGAW-Richtlinie die Konstruktion mit mehreren Verwahrstellen beizubehalten, wenn die Behörden die Gewähr dafür haben, „[...] daß die in Artikel 7 Absatz 3 und Artikel 14 Absatz 3 genannten Aufgaben ordnungsgemäß erfüllt werden.". Darin tritt die Überzeugung des Richtliniengebers zu Tage, dass die wirkungsvolle und ordnungsgemäße Wahrnehmung der Überwachungsaufgaben der Art. 7 Abs. 3, Art. 14 Abs. 3 OGAW-Richtlinie es bedingen, dass diese Aufgaben nicht zerplittert werden, sondern aus einer Hand operativ geführt und verantwortet werden. Outsourcing schafft zwar formell keine weiteren Verwahrstellen, lässt aber faktisch genau die Zerfase-

451 Zu kritisieren ist allerdings, dass der Richtliniengeber zur Qualitätssicherung den Kreis der Auslagerungsunternehmen nicht eingegrenzt hat auf solche, die für die Ausübung des Depotgeschäftes lizenziert sind. Offenbar wurde dies angesichts der Aufrechterhaltung der Haftung der Verwahrstellen für überflüssig gehalten.

rung der Aufgaben eintreten, die Art. 55 iVm. Art. 7 Abs. 1, Art. 14 Abs. 1 OGAW-Richtlinie vermeiden möchte. Mithin ist aus diesen Bestimmungen abzulesen, dass die Auslagerung von Verwahrstellenfunktionen grundsätzlich ausscheidet; Art. 7 Abs. 1 OGAW-Richtlinie (dies gilt entsprechend für Art. 14 Abs. 1 OGAW-Richtlinie) ist (auch) gemäß Art. 55 OGAW-Richtlinie zu lesen als „Die Verwahrung des Vermögens des Investmentfonds ist einer – *und nur einer* – Verwahrstelle zu übertragen.".

Von den Funktionen der Verwahrstelle kann nach der OGAW-Richtlinie somit nur die eigentliche Verwahrtätigkeit ausgelagert werden.

### 4. Zusammenfassung

Die OGAW-Richtlinie ist das europäische Regelungswerk zum Investmentgeschäft. Ihre Hauptzielsetzung ist die Herstellung des europäischen Binnenmarktes im Investmentbereich, indem sie einheitliche Wettbewerbsbedingungen schafft und das grenzüberschreitende Angebot von Investmentanteilscheinen erleichtert („Europäische Pässe" für Produkte und Verwaltungsgesellschaften[452]). Die jüngste Änderungsrichtlinie führte auch die Outsourcing-Regelung des Art. 5g OGAW-Richtlinie ein, um Möglichkeiten und Grenzen der Funktionsauslagerung in den Mitgliedstaaten zu harmonisieren.

Durch diese Vorschrift wird es den Mitgliedstaaten eröffnet – nicht etwa vorgeschrieben –, den von ihnen beaufsichtigten Verwaltungsgesellschaften das Outsourcing zu gestatten. Es ist davon auszugehen, dass die Mitgliedstaaten demgemäß jeweils für ihr Hoheitsgebiet Auslagerungen ermöglichen bzw. ihre dazu bestehenden Regeln bestätigen. Für diesen Fall gibt Art. 5g OGAW-Richtlinie Regulierungsvorgaben; der für die nationalen Umsetzungnormen vorgesehene prinzipielle Regulierungsmechanismus des Outsourcing ist die Erlaubnis mit Verbotsvorbehalt.[453] Der deutsche Bundesgesetzgeber hat Art. 5g OGAW-Richtlinie mit § 16 InvG in nationales Recht umgesetzt.

Der Anwendungsbereich der nationalen Umsetzungsnormen umfasst in sachlicher Hinsicht das Investmentgeschäft der Verwaltungsgesellschaften in Bezug auf harmonisierte und nicht-harmonisierte Fonds sowie die sog. Nebentätigkeiten, nicht aber den Aufgabenbereich der Verwahrstellen, die mit den Depotbanken nach dem InvG vergleichbar sind. Die Umsetzungsvorschrift hat Auslagerungsvorhaben inländischer Verwaltungsgesellschaften und ihrer in- und ausländischen Zweigstellen zu erfassen, nicht aber die Auslagerungen der inländischen Zweigstellen von im EU-Ausland befindlichen ausländischen Verwaltungsgesellschaften (Grundsatz der Herkunftslandaufsicht).[454]

452 Siehe IV.1.b.

453 Siehe IV.2.a.bb.

454 Siehe IV.2.b.bb.

Weitere Anwendungsvoraussetzung ist das Vorliegen einer *Auslagerung* auf einen *Dritten*, d.h. die dauerhaft angelegte, organisatorisch getrennte Übernahme einer andernfalls durch die Verwaltungsgesellschaft auszuführenden Aufgabe durch eine der Verwaltungsgesellschaft nicht zuzurechnende Person.

Art. 5g OGAW-Richtlinie hält einen Katalog von Zulässigkeitsvoraussetzungen bereit, um die aufsichtlichen Risiken des Outsourcing zu handhaben und die Interessen der Anteilinhaber zu wahren. Bei Missachtung dieser Anforderungen ist die nationale Aufsicht angehalten, vom Verbotsvorbehalt Gebrauch zu machen. Schlaglichtartig lässt sich die Auslegung des Voraussetzungskataloges wie folgt zusammenfassen:

- Um trotz Funktionsauslagerung die aufsichtlichen Prüfungsrechte unbeeinträchtigt zu gewährleisten, wird sich das Auslagerungsunternehmen formell zu Duldung von Prüfungsmaßnahmen verpflichten müssen. Liegt das Auslagerungsunternehmen im EU-Ausland, kann nach den Umsetzungsnormen zu Art. 50 Abs. 1 iVm. Art. 5g Abs. 1 lit. b), d) OGAW-Richtlinie grenzüberschreitend geprüft werden.[455]
- Das Auslagerungsunternehmen muss personell, sachlich und finanziell in der Lage sein, die delegierten Aufgaben ordnungsgemäß und dauerhaft zu erfüllen. Die Überwachung des Auslagerungsunternehmens ist durch die vertragliche Absprache insbesondere von Weisungsrechten und durch die Einbindung in die internen Kontrollverfahren der auslagernden Verwaltungsgesellschaft zu sichern. Bei Weiterverlagerungen – die stets der Zustimmung der Verwaltungsgesellschaft bedürfen – steht das Auslagerungsunternehmen seinerseits in denselben Auswahl- und Kontrollpflichten gegenüber dem Weiterverlagerungsunternehmen.[456]
- Zur vollständigen Information des Anlegers ist in den OGAW-Prospekten offen zu legen, welche Auslagerungen vorgenommen werden und wer Auslagerungsunternehmen ist.[457]
- Bei Auslagerung des Fondsmanagement muss das Auslagerungsunternehmen zur individuellen oder kollektiven Portfolioverwaltung lizenziert sein. Mit der OGAW-Richtlinie ist es vereinbar, für die Auslagerung anderer Funktionen als des Fondsmanagement keine Lizenz des Auslagerungsunternehmens für die betroffene bankliche Tätigkeit zu verlangen. Die Verwahrstelle scheidet als Outsourcing-Nehmer für das Fondsmanagement aus.[458]
- Der zuständigen Behörde ist eine Absichtsanzeige zu erstatten, die den Auslagerungsvertrag enthält und den Nachweis führt, dass die genannten Zulässigkeitsbedingungen beachtet sind.

Die Auslagerung des Fondsmanagement ist unter den bezeichneten Voraussetzungen zulässig. Dabei darf sich die Verwaltungsgesellschaft sehr weitgehend aus dem

455 Siehe IV.2.d.aa.

456 Siehe IV.2.d.cc.

457 Siehe IV.2.d.dd.

458 Siehe IV.2.d.ee.aaa.

Fondsmanagement zurückziehen; insbesondere verlangt das Outsourcing des Fondsmanagement nicht, dass der Investmentprozess arbeitsteilig zwischen Verwaltungsgesellschaft und Auslagerungsunternehmen zu gestalten wäre. Die Verwaltungsgesellschaft muss allerdings für eine so enge Kontrolle des Dienstleisters sorgen, dass Abweichungen der Anlageentscheidungen des Auslagerungsunternehmens von den gesetzlichen, investmentvertraglichen oder – im Einzelfall – durch die Verwaltungsgesellschaft getroffenen Vorgaben unmittelbar auffallen und Korrekturmaßnahmen auslösen. Im Rahmen der OGAW-Richtlinie ergeben sich keine investmentrechtlichen Barrieren für eine Totalauslagerung des Fondsmanagement. Allerdings sind Fondsauflage (einschließlich Festlegung der Vertragsbedingungen) und Fondseinstellung nicht delegierbar.[459]
Produktentwicklung, Vertrieb, Transaktionsmanagement, Fondsbuchhaltung, Stabsfunktionen, IT, Marketing und Nebentätigkeiten können unter den gelisteten Voraussetzungen des Art. 5g OGAW-Richtlinie ohne weitere Bedingungen ausgelagert werden.

Auch die zentralen Leitungsfunktionen unterfallen Art. 5g OGAW-Richtlinie. Danach können jedenfalls die zentrale Unternehmenssteuerung und das Strategische Controlling (einschließlich Interne Revision) nicht delegiert werden, da ihre Auslagerung mit einer wirksamen Steuerung und Überwachung des Auslagerungsunternehmens nicht vereinbar ist. Die Nichtauslagerbarkeit anderer Leitungsfunktionen erwächst aus der Zuweisung der Geschäftspolitik an die tatsächlichen, von der Lizenz gedeckten Geschäftsleiter, Art. 5a Abs. 1 lit. b) OGAW-Richtlinie.[460]

Die „absolute" Grenze des Outsourcing bei Häufung von Auslagerungsmaßnahmen wird erreicht, entweder wenn die wirksame Überwachung und Steuerung des Auslagerungsunternehmens nicht länger gegeben ist oder wenn die Auslagerungen zu einer so starken Aushöhlung des der Erlaubniserteilung zu Grunde liegenden Sachverhaltes führen, dass sich die Verwaltungsgesellschaft organisatorisch-operativ außerhalb der eigenen Konzession bewegt, was zur Aufhebung der Erlaubnis berechtigen würde.[461]

Verwahrstellen können lediglich die eigentliche Depottätigkeit auslagern. Die Nichtauslagerbarkeit ihrer anderen Funktionen dient der Effizienz in der Überwachung der Verwaltungsgesellschaft und ist abzuleiten aus Art. 4 Abs. 4, Art. 7 Abs. 2, Art. 14 Abs. 2, Art. 55 OGAW-Richtlinie.[462]

---

459 Siehe IV.2.d.ee.bbb., IV.3.a.

460 Siehe IV.3.d.

461 Siehe IV.3.f.

462 Siehe IV.3.g.

## 5. Exkurs: Outsourcing gemäß den Wohlverhaltensregeln nach Art. 11 Wertpapierdienstleistungsrichtlinie[463]

An einer aus investmentrechtlicher Sicht weniger prominenten Stelle innerhalb der europarechtlichen Sphäre ist es ebenfalls zur Formulierung von Outsourcing-Regeln gekommen. Diese sollen komplettierend beleuchtet werden.
Art. 11 Abs. 1 Wertpapierdienstleistungsrichtlinie gibt es den Mitgliedstaaten der EU auf, Wohlverhaltensregeln für Wertpapierfirmen zu entwickeln. Im deutschen Recht sind „Wertpapierfirmen" Wertpapierdienstleistungsunternehmen iSd. § 2 Abs. 4 WpHG; tangiert sind Wertpapierdienstleistungen iSd. Art. 1 Nr. 1 iVm. Anhang A Wertpapierdienstleistungsrichtlinie (im deutschen Recht § 2 Abs. 3, Abs. 3a WpHG). Ziel des Art. 11 Wertpapierdienstleistungsrichtlinie ist es, europaweit harmonisierte Mindeststandards zum Investorenschutz zu etablieren.
Dem Mandat des Art. 11 Wertpapierdienstleistungsrichtlinie hat sich das *Committee of European Securities Regulators* (CESR)[464] angenommen. Die vom CESR erarbeiteten Wohlverhaltensregeln[465] haben selbst keine normative Wirkung. Eine faktische Verbindlichkeit entsteht erst dadurch, dass sich die teilnehmenden Wertpapieraufsichtsbehörden verpflichtet haben, zumindest ihr Aufsichtsgebaren nach den Vorschlägen auszurichten, möglichenfalls die Vorschläge in Rechtsnormen zu gießen oder sie ihren Regierungen zur Gesetzgebung zu empfehlen. Die deutsche Aufsicht hat erklärt, dem nachzukommen durch „Richtlinien" gemäß § 35 Abs. 6 WpHG, nach denen sie im Regelfall beurteilen wird, ob die Wohlverhaltensregeln beachtet sind. Da die §§ 31-34b WpHG bereits Wohlverhaltensregeln enthalten, müssen solche Richtlinien als Konkretisierung und weitere Detaillierung verstanden werden. In der Tat sind die Regeln des CESR-Vorschlags erheblich feinkörniger als die des WpHG.

Der CESR-Vorschlag regelt die *Wertpapierdienstleistungen* und ist damit ohne unmittelbare Relevanz für das *Investmentgeschäft*. Dennoch ergeben sich Berührungspunkte dadurch, dass Art. 5 Abs. 3 S. 1 lit. a) OGAW-Richtlinie die Nebentätigkeit der individuellen Portfolioverwaltung gestattet, die Wertpapierdienstleistung ist, sowie dadurch, dass eine gewisse Anleitungsrolle der CESR-Arbeit angesichts der nach

463 Richtlinie 93/22/EWG des Rates über Wertpapierdienstleistungen, ABl. EG L 141 vom 11.05.1993, S. 27 ff.

464 Das CESR ist im Juni 2001 auf Veranlassung der Europäischen Kommission gegründet worden, die damit auf den sog. Lamfalussy-Bericht reagiert hatte. Mitglieder des CESR sind die Wertpapieraufsichtsbehörden der (damals) 15 EU-Staaten sowie Islands und Norwegens. Die Aufgaben des CESR liegen in der Verbesserung der aufsichtlichen Zusammenarbeit auf dem Gebiet des Wertpapierrechts, in der Beratung der Kommission und in der Unterbreitung von Entwürfen für normative Maßnahmen im Wertpapierwesen. Die Arbeit des Forum of European Securities Commissions (FESCO) ist im CESR aufgegangen.

465 CESR Proposal for the European Regime of Investor Protection, A European Regime of Investor Protection, The Harmonization of Conduct of Business Rules under Article 11 of the ISD, April 2002, Geschäftszeichen CESR/01-014d; A European Regime of Investor Protection, The Professional and Counterpart Regimes, Juli 2002, Geschäftszeichen CESR 02/098b (jeweils erhältlich auch unter www.europefesco.org). Zur Arbeit des CESR siehe auch *Birnbaum/Kopp-Colomb* (2001).

Art. 5h OGAW-Richtlinie anstehenden Erarbeitung von Wohlverhaltensregeln für die kollektive Vermögensverwaltung nicht bestritten werden kann.[466]

Die in den CESR-Wohlverhaltensregeln formulierten Anforderungen an das Outsourcing[467] bedeuten im Ergebnis nur wenige Regulierungsinhalte, die nicht aus der OGAW-Richtlinie jedenfalls im Grundsatz bekannt wären.
Die Outsourcing-Anforderungen, die für *alle* Wertpapierdienstleistungen gelten sollen, sind vernachlässigenswert niedrig. Sehr viel genauer und anspruchsvoller werden die Wohlverhaltensregeln hinsichtlich der Bedingungen, die für die Auslagerung der Dienstleistung des individuellen Portfoliomanagement gelten sollen:

- Die Auslagerung der Management-Funktion, also der Anlageentscheidung, muss zum Gegenstand des Vertrages mit dem Kunden gemacht werden. Dem Wechsel des externen Vermögensverwalters muss die Information an den Kunden darüber vorangehen.
- Wahrung der Wirksamkeit der Aufsicht: Die Aufsicht ist über die Auslagerung der Management-Funktion in Kenntnis zu setzen, wobei unklar bleibt, ob dies buchstäblich für jeden einzelnen Kundenvertrag gelten soll. Liegt das Auslagerungsunternehmen in einem Drittstaat, wird ein formelles Verwaltungsabkommen zwischen den Aufsichtsbehörden eingefordert darüber, dass relevante Materialien unter ihnen ausgetauscht werden können.
- Als Auslagerungsunternehmen für die Management-Funktion kommen nur Gesellschaften in Frage, die für die individuelle Portfolioverwaltung lizenziert sind und sachlich in der Lage sind, die Vermögensverwaltung zu übernehmen.
- Das auslagernde Institut wird aufgefordert – wenngleich der entsprechende Passus etwas vage formuliert ist –, zur Steuerung und Überwachung des Auslagerungsunternehmens periodisch Anlagekriterien für das Auslagerungsunternehmen zu formulieren. Diese Regelung stösst zwar in die Richtung des diffizilen Art. 5g Abs. 1 lit. c) 2. HS OGAW-Richtlinie (s.o. unter IV.2.d.ee.bbb.). Sie ist allerdings für die individuelle Portfolioverwaltung weniger problematisch als für das Investmentgeschäft, da ein Revirement der Anlagestrategie im Rahmen der individuellen Vermögensverwaltung plausibel und handhabbar ist: Die Präferenzen des individuellen Anlegers können sich kurzfristig verschieben und können ohne Nachteile für andere Anleger und ggf. ohne Vertragsänderung berücksichtigt werden.

---

466 Nach Art. 2 Abs. 2 lit. h) Wertpapierdienstleistungsrichtlinie sind Verwaltungsgesellschaften hinsichtlich des Investmentgeschäftes als ihres Hauptgeschäftes nicht der Wertpapierdienstleistungsrichtlinie unterworfen, durchaus aber hinsichtlich der Nebentätigkeiten der individuellen Portfolioberatung und der Anlageberatung, solange diese Tätigkeiten nicht ihrerseits nur OGAW als Anlageinstrumente vorsehen. Da sich die Nebentätigkeit der Anteilscheinverwahrung nur auf OGAW bezieht [Art. 5 Abs. 3 S. 1 lit. b) zweiter Spiegelstrich OGAW-Richtlinie], liegt in ihr gemäß Abschnitt C Nr. 1 iVm. Abschnitt B des Anhangs der Wertpapierdienstleistungsrichtlinie keine Wertpapiernebendienstleistung.

467 CESR Proposal for the EU Regime of Investor Protection, The Harmonization of Conduct of Business Rules under Article 11 of the ISD (s. Fn. 465), Tz. 4, 117, 126-128; die Gestaltung des Outsourcing ist nur einer unter zahlreichen Themenbereichen des recht umfänglichen CESR-Vorschlages. Andere Bereiche betreffen Produktinformationen, Risikoinformationen, Kunden-Reporting, Beratungsregeln, Vertragsgestaltung, Orderausführung, Compliance-Organisation etc.

Als weitere Überwachungsmechanismen sind großzügige Kündigungsregeln zu Gunsten des Outsourcer sowie der kontinuierliche Informationsfluss an das auslagernde Institut vorgesehen, um die Investmenttätigkeit des Auslagerungsunternehmens jederzeit wirksam überwachen zu können.

- Als unzulässig wird das Outsourcing bis zur Briefkastengesellschaft angesehen. Die Haftung des Instituts bleibt unberührt.

In der geforderten vertraglichen Zustimmung des Anlegers zur Auslagerung des Anlagemanagement liegt ein interessanter Anhaltspunkt für die Erarbeitung einer Regulierungslösung *de lege ferenda*. Die Aufnahme der Auslagerungen in den Kundenvertrag scheint schon aus zivilrechtlichen Gründen der Variante der OGAW-Richtlinie vorzuziehen zu sein, darüber im Prospekt zu informieren (darauf wird in Kapitel VI ausführlich zurückzukommen sein). Ansonsten bleibt der CESR-Vorschlag im Bereich „Outsourcing des Portfoliomanagement" hinter Art. 5g OGAW-Richtlinie zurück; während die Richtlinie eine durchstrukturierte Normierung bietet, liefert der CESR-Vorschlag eher eine Wunschliste. Seine Anforderungen greifen nur für die eigentliche Anlagetätigkeit der Portfolioverwaltung und sind insgesamt weniger präzise und umfassend.

# V. Das US-amerikanische Investment-Regulierungsrecht und Implikationen für eine deutsche Regulierungslösung

In der Ermittlung einer Regulierungslösung für das Outsourcing soll auch das US-amerikanische Investmentrecht konsultiert werden. Die USA bilden den international bedeutendsten Markt für Investmentprodukte, dessen Größe allein es nahe legt, dass Gesetzgeber und Aufsichtspraxis um eine gleichermaßen interessenausgleichende wie praktikable Lösung für das Outsourcing bemüht waren. Die ggf. vorzufindenden grundlegend anderen Ansätze können ideengeberisch genutzt werden.
Einführend sollen der US-Investmentmarkt und die relevanten Gesetzesmaterien dargelegt werden (1.). Es schließt sich die Erörterung von Organisation und Funktionsweise der „Investment Companies" an (2). Die normierte und geübte Regulierung zum Outsourcing bzw. zur praktizierten Form der Zusammenarbeit im Investmentgeschäft wird untersucht (3.). Dieses Vorgehen ist gerichtet auf die Ermittlung erster Implikationen für die deutsche Regulierungslösung (4.); dies wird in Teilen in Kapitel VI. wieder aufgegriffen. Ein abschließender Abschnitt fasst zusammen (5.).

## 1. Einführung

### a. Der US-amerikanische Investmentmarkt

Wenige Zahlen sollen ein Gefühl für den amerikanischen Investmentmarkt vermitteln.[468] Sie können nicht mehr als eine Momentaufnahme sein: Die Zahlen sind beeinflusst durch eine über dreijährige ausgeprägte Baisse (Frühjahr 2000 – Sommer 2003), von der sich die weltweiten (Aktien-) Märkte im Anschluss nur langsam erholten; das Investmentverhalten der privaten und institutionellen Investoren unterliegt zahlreichen politischen und steuerlichen Einflüssen und weist auch soziologisch keine Stetigkeit auf.
Das Gesamtvolumen der durch die amerikanische Investmentbranche verwalteten Vermögen belief sich im November 2004 auf etwa US-$ 8,4 Billionen und zog damit über 50% des weltweiten Volumens auf sich. Dies entspricht ca. 76% des US-amerikanischen Bruttoinlandsprodukts zu Marktpreisen. Ein Amerikaner hält annähernd US-$ 27.000 seines privaten Vermögens in Fondsanlagen (Wohnsitzinländer

[468] Sämtliche nachfolgenden Daten sind entnommen oder hergeleitet aus ICI Mutual Fund Fact Book (2004), Website des Investment Company Institute (ICI) [www.ici.org] – das ICI ist der US-amerikanische Interessenverband der Investmentbranche –, Website der Fédération Européenne des Fonds et Sociétés d'Investissement (FEFSI) [www.fefsi.org] – die FEFSI ist der europäische Interessenverband –, Website des Bundesverbandes Investment und Asset Management e.V. [www.bvi.de], Website der Europäischen Union [www.europa.eu.int], Website des U.S. Department of Commerce, Bureau of Economic Analysis [www.bea.gov], Website des U.S. Census Bureau [www.census.gov], Eurostat Jahrbuch (2004). Das ICI repräsentiert etwa 95% der in der amerikanischen Investmentindustrie gebündelten Anlagewerte. Die hier gebotenen Zahlen sind solide Näherungen; hinter ihnen steht kein empirisch unbestreitbares Vorgehen. Insbesondere müssen infolge der gegebenen Datenlage in einzelnen Fällen Zahlen miteinander verglichen werden, deren Geltungszeiträume nicht vollständig übereinstimmen.

der USA). Zum Vergleich: Die in der Europäischen Union[469] gesammelten Fondsgelder betrugen im dritten Quartal 2004 Euro 5,2 Billionen (dies entspricht etwa 51% des EU-Bruttoinlandsproduktes zu Marktpreisen); die Fondsanlage pro Einwohner belief sich auf ca. Euro 10.700.

Nachfolgend (V.2.a.) werden die verschiedenen Gruppen von „Investment Companies" erörtert, wie sie der Investment Company Act als die einschlägige Gesetzesmaterie vorsieht. Die sog. Open End Management Companies lassen in ihrer Marktrelevanz die anderen Gruppen in den Hintergrund treten (monetäre Größen in US-$; drittes Quartal 2004):

| | **Verwaltetes Vermögen** | **Anzahl Fonds** | **Verwaltetes Vermögen/Fonds** |
|---|---|---|---|
| Open End Management Companies | 7.924 Mrd. | 8.089 | 980 Mio. |
| Closed End Management Companies | 241 Mrd. | 608 | 397 Mio. |
| Unit Investment Trusts | 36 Mrd. | 7.233 | 5,0 Mio. |

*Tabelle V-1 Marktdaten US-Investment Companies (drittes Quartal 2003)*

Ein US-EU-Vergleich hinsichtlich der Größe der einzelnen Fonds belegt eindrucksvoll die trotz der OGAW-Richtlinie noch fortbestehende Fragmentierung des europäischen Investmentmarktes: Der mit der Open End Management Company – durchschnittliches Fondsvermögen US-$ 980 Mio., siehe Tabelle V-1 – am ehesten auf eine Stufe zu stellende OGAW (offener Publikumsfonds) weist nur ein Durchschnittsvolumen iHv. Euro 145 Mio. auf (drittes Quartal 2004).
Ein Spezialfondsgeschäft, wie es der deutsche Markt und das deutsche Investmentrecht (§ 2 Abs. 3, §§ 91-95 InvG) kennen, besteht in den USA in dieser Form nicht. Allerdings werden Investmentprodukte aufgelegt, die für die Bedürfnisse institutioneller Investoren geschneidert sind und Privatleute häufig bereits durch hohe Mindestanlagesummen abschrecken.

## b. Einschlägige Gesetzesmaterien des US-Kapitalmarktrechts

Ein skizzenhafter Blick über die kapitalmarktrechtlichen Regeln soll zur Orientierung dienen. Das zentrale Regulierungswerk für das Investmentgeschäft ist der Investment Company Act von 1940 (ICA). Er ist eingebettet in eine kapitalmarktrechtliche Gesetzeslandschaft, die aus mehreren Gesetzesinitiativen der 30er Jahre des vergangenen Jahrhunderts hervorgegangen ist. Die in dieser Zeit entstandenen gesetzlichen Regeln müssen im Kontext gesehen werden. Sie hatten insgesamt die

469 Tatsächlich umfasst der hier unterliegende Markt die von der FEFSI in 2004 betreuten Länder: Belgien, Dänemark, Deutschland, Finnland, Frankreich, Griechenland, Irland, Italien, Lichtenstein, Luxemburg, Niederlande, Norwegen, Österreich, Polen, Portugal, Schweden, Schweiz, Slowakei, Spanien, Tschechische Republik, Türkei, Ungarn, Vereinigtes Königreich.

Schaffung eines moderneren Wertpapierrechts im Visier nach den negativen Erfahrungen gegen Ende der 20er Jahre und zu Beginn der 30er Jahre; dazu wurden Transparenz, Aufsicht und Anlegerschutz gestärkt. Die dergestalt erarbeitete „Federal Securities Regulation" führte dazu, dass im Wertpapier- und damit auch im Investmentrecht ein für das richterrechtlich geprägte amerikanische Recht verhältnismäßig stark raumgreifendes geschriebenes Recht besteht, das in den 15. Titel des United States Code (U.S.C.) [„Commerce and Trade" – Handelsrecht] Eingang gefunden hat.
Neben dem ICA sollen der Securities Act von 1933, der Securities Exchange Act von 1934 und der Investment Advisers Act von 1940 kurz Erwähnung finden.[470, 471]

### aa. Securities Act von 1933 und Securities Exchange Act von 1934

Das Gesetzeswerk zur Regulierung des öffentlichen Angebots von Wertpapieren in den USA ist der Securities Act von 1933. Sein Hauptgegenstand ist die Emission von Effekten (sog. Primärmarkt), hier v.a. die Informations-, Offenlegungs- und Prospektpflichten. Die Registrierungspflicht für Wertpapiere, ohne deren Beachtung das öffentliche Angebot unzulässig ist, bildet einen Eckpfeiler im US-Kapitalmarktrecht. Da diese Registrierungspflicht auch für Investmentprodukte Gültigkeit beansprucht, wird der Securities Act auch für das Investmentgeschäft relevant: Gemäß Sec. 8 (b)(5) iVm. Sec. 7 (a) ICA[472] sind die Wertpapier-Eintragungsanforderungen nach dem Securities Act auch für Investmentangebote zu erfüllen, andernfalls ist der öffentliche Vertrieb untersagt.

Der Securities Exchange Act von 1934 reguliert die Sekundärmärkte, also die Märkte, auf denen Wertpapiere nach der Emission öffentlich gehandelt werden. Während für Anteilscheine von „Open End Management Companies" (s.u. V.2.a.) infolge der Rücknahmepflicht der Investment Company in der Regel kein solcher Sekundärmarkt besteht, werden Anteilscheine von „Closed End Management Companies" an Börsen gehandelt, so dass auch der Securities Exchange Act für das Investmentgeschäft eine Rolle spielt. Das Gesetz steckt außerdem den Rechtsrahmen ab für die Börsen als Handelsplätze, u.a. durch Registrierungs- und Berichtspflichten für die an den Börsen auftretenden Wertpapierhändler und andere als „Principal Underwriter" agierende Personen, die Investmentanteile vertreiben. Schließlich geht die Einrichtung der United States Securities and Exchange Commission (SEC) als die Aufsichtsbehörde für die Wertpapiermärkte (einschließlich des Investmentmarktes) auf den Securities Exchange Act zurück.

---

470 In den kapitalmarktrechtlichen Gesamtzusammenhang gehören außerdem der Public Utility Holding Company Act von 1935, der Bankruptcy Act (Chapter X) von 1938 und der Trust Indenture Act von 1939.

471 Weniger knappe Zusammenfassungen der Federal Securities Regulation finden sich bei *Lotze* (2002), S. 59-72, *von Schenck* (1982), S. 22-27, und *Steck* (2002), S. 42-48; ausführlich *Loss* (1988) und *Ratner* (1992).

472 Hier und im Folgenden werden die Gesetzesstellen verkürzt wiedergegeben. Da der ICA die Sections 80a-1 bis 80a-64 bildet, müsste es hier vollständig heißen: 15 U.S.C. § 80a-8 (b)(5) iVm. § 80a-7 (a).

### bb. Investment Company Act von 1940 und Investment Advisers Act von 1940

Der ICA hält die formellen und materiellen Bedingungen für Aufnahme und Ausübung des Investmentgeschäftes bereit. Das Gesetz stellte eine Antwort auf die aufgedeckten Missstände in der Investmentbranche dar. Die präambelartige Sec. 1 ICA betont die Zielsetzung, den nationalen (im Gegensatz zum zuvor eher einzelstaatlichen) Wertpapiermarkt einer Regulierung durch ein bundesstaatliches Gesetzeswerk zu unterwerfen und den Anlegerschutz zum gesetzgeberischen Anliegen zu machen. Der ICA ist kein Spezialbankgesetz im dem Sinne, dass die regulierten Investment Companies exklusiv nur das Investmentgeschäft ausüben dürften (wie im deutschen Recht vorgesehen in § 7 Abs. 4 InvG).[473]

Zur Regelungstechnik des ICA bezüglich des personalen Anwendungsbereiches: In Sec. 3 (a)(1)(A)-(C) wählt der ICA zunächst eine sehr breite Definition der Investment Company. Unliebsame Folgen daraus werden durch Befreiungen und Ausnahmen vom ICA gedämpft. Sec. 3 (c)(3) ICA, wonach reguläre Geschäftsbanken, Sparkassen, genossenschaftlich organisierte Banken ebenso wie Versicherungsunternehmen nicht als Investment Company gelten, stellt einen solchen Befreiungstatbestand dar. Er besagt nicht, dass derartige Institute die Investmenttätigkeiten iSd. Sec. 3 (a)(1) ICA nicht ebenfalls ausüben dürfen; vielmehr nimmt er sie vom Anwendungsbereich des Gesetzes aus, auch wenn sie entsprechend geschäftlich engagiert sind.

In den nachfolgenden Abschnitten wird auf einige der Regelungsmaterien des ICA noch einzugehen sein. Daher sollen hier nur die Schwerpunktmaterien des ICA als solche benannt werden: organisatorische Ausgestaltung und Kapitalausstattung der Investment Company, funktionale Ausgestaltung des Investmentgeschäftes insgesamt, Ausgestaltung des Investmentproduktes hinsichtlich Risiko, Anlagepolitik, Anlagegrenzen und zulässigen Geschäften, Umgang mit Interessenkonflikten, aufsichtliche Prüfungsmöglichkeiten.[474]

---

473 Allerdings können sich für Investment Companies, nicht für Investment Advisers, Sperren hinsichtlich des Einlagengeschäftes ergeben aus 12 U.S.C. § 378 (a)(1).

474 Zur Illustration des ganzheitlichen Gestaltungsanspruchs des ICA sei auf folgende Regelungen hingewiesen: personaler und sachlicher Anwendungsbereich [Sec. 3-6], Registrierungspflichten [Sec. 7, Sec. 8], Kapitalisierung der Investment Company [Sec. 14], Aufgaben und Besetzung des Board of Directors [Sec. 10, Sec. 16, Sec. 36], Mitspracherechte der Anteilinhaber [Sec. 13, Sec. 15, Sec. 16], Umgang mit Interessenkonflikten/ verbotene Geschäfte [Sec. 10 (f), Sec. 12 (a)-(c), Sec. 17, Sec. 21], Anlagegrenzen/ unzulässige Transaktionen [Sec. 12] (die Regelung in diesem Punkt bleibt deutlich hinter dem aus dem InvG für die unterschiedlichen Arten von Sondervermögen bekannten Detaillierungsgrad zurück), rechtliche Ausgestaltung der emittierten Anteilscheine [Sec. 18], Ausgabe und Rücknahme von Anteilscheinen [Sec. 11, Sec. 22, Sec. 23], Dividendenzahlungen [Sec. 19], Kreditvergabe [Sec. 21], Verträge mit Investment Adviser und Principal Underwriter [Sec. 15], Publizitäts- und Berichtspflichten [Sec. 8, Sec. 24, Sec. 30], Verwahrung des Vermögens [Sec. 17 (f)], Verflechtungen der Investment Company mit anderen Gesellschaften [Sec. 20 (c)], Wirtschaftsprüfung [Sec. 31, Sec. 32], zivil- und strafrechtliche Verantwortlichkeiten [Sec. 37], Prüfungs-, Anordnungs-, Sanktions-, andere Rechte der SEC [Sec. 8 (e), (f), Sec. 9 (d), Sec. 26 (b), (d), Sec. 36, Sec. 38-42, Sec. 44], Strafregelungen [Sec. 49], besondere Regeln für Unit Investment Trusts [Sec. 26], für Face Amount Certificate Companies [Sec. 28] und für Business Development Companies [Sec. 54-65]. Der ICA präsentiert sich im Vergleich zu KAGG oder WpHG verhältnismäßig unstrukturiert und schwerfällig.

Der Investment Advisers Act von 1940 zieht den rechtlichen Rahmen um die Tätigkeit der Anlageberatung. Sein Anliegen ist die kapitalmarktrechtliche Absicherung fachkundiger und objektiver, von Interessenkonflikten bereinigter Anlageberatung. Ein Investment Adviser, der für eine Investment Company tätig ist, ist zum Teil bereits durch den ICA reguliert, muss sich weiter aber nach dem Investment Advisers Act richten. Inhalte des Investment Advisers Act sind die Registrierungs- und Berichtspflichten der Investment Adviser, die Ausgestaltung des Beratervertrages und die Rechte der SEC gegenüber den Advisers.[475]

### cc. Weitere Regelungsmaterien

Maßnahmen der SEC können für Investment Companies im Ergebnis rechtsetzend wirken. Die SEC konkretisiert und modernisiert auf diese Weise die in den Bundesgesetzen getroffenen Regeln und sorgt für deren Anwendbarkeit. Dies kann erfolgen in Form von „Rules" oder „Regulations", die als Akte der Exekutive materielles Recht bedeuten. Zu diesen Maßnahmen wird die SEC ebenso wie zum Erlass von mit Verwaltungsakten vergleichbaren „Orders" an mehreren Stellen im ICA ermächtigt. Wie Sec. 42 (d) ICA klärt, kann die Nichtbeachtung dieser Äußerungen der SEC wie die Missachtung eines formellen Gesetzes sanktioniert werden. Daneben gibt es eher informelle Möglichkeiten der SEC zur Stellungnahme in Form von „Releases" und „No Action-Letters".

Weiterhin beinhaltet die Steuergesetzgebung (Subchapter M des Internal Revenue Code von 1986, Titel 26 U.S.C.) Normen für Investment Companies. Dabei geht es um Steuervergünstigungen, die an Risikostreuungsmuster im Fondsportfolio geknüpft werden, die über die Diversifikationsanforderungen der Sec. 5 (b)(1) ICA hinausgehen.

Wenngleich standesrechtliche Regelungen von Selbstregulierungsorganisationen im Kapitalmarktbereich eine Rolle einnehmen – so v.a. diejenigen der „National Association of Securities Dealers" für Wertpapierhändler –, sind Investment Companies durch entsprechende Vorgaben des „Investment Company Institute", der einschlägigen Interessenvereinigung der US-Investmentbranche, im Ergebnis nicht gebunden.[476]

---

475 Im Einzelnen (jeweils Investment Advisers Act): Registrierungserfordernis [Sec. 203 (genau: 15 U.S.C. § 80b-203)], Inhalt des Beratungsvertrages, v.a. Vergütungsregelung [Sec. 205; die Regelung geht insoweit über Sec. 15 ICA hinaus], Berichtspflichten [Sec. 204, Sec. 207], Verhaltensregeln und verbotene Geschäfte [Sec. 204, Sec. 204A, Sec. 207, Sec. 208], Rechte der Aufsicht [Sec. 203 (e), (f), (j), (k), Sec. 204, Sec. 209, Sec. 211], Strafregelungen [Sec. 203 (i), Sec. 209 (e), Sec. 217], Kompetenzabgrenzungen SEC vs. einzelstaatliche Aufsicht [Sec. 203A, Sec. 218a, Sec. 222].

476 Das Kapitalmarktrecht der US-*Bundesstaaten* ist nach einer dahin gehenden Gesetzesänderung aus dem Jahr 1996 („National Securities Markets Improvement Act") sehr weitreichend zurückgedrängt worden. Zu den verbleibenden Regulierungen der Bundesstaaten, die zu beachten sind, siehe *Lemke/ Lins/ Smith* § 11.01 [2].

### c. Exkurs: Organisationsrechtliche Formen des Investmentgeschäftes

Im US-amerikanischen Recht ist das Investmentgeschäft in andere organisationsrechtliche Formen gegossen, als es vom deutschen Recht bekannt ist. Daher soll zur Grundlegung in groben Zügen abgehandelt werden, welche Rechtsformen des Investmentgeschäftes sich international haben etablieren können. Dies sind im Wesentlichen die drei Typen, die auch Art. 1 Abs. 3 OGAW-Richtlinie benennt: die Vertragsform, die Satzungform und der Trust.[477]

#### aa. Vertragsform

Die Vertragsform ist die Lösung, für die sich das InvG bei den Kapitalanlagegesellschaften entschieden hat.[478] Auch das französische Recht kennt diese Regulierung (*Fonds communs de placement*). Der Investor und eine Verwaltungsgesellschaft (im deutschen Recht die Kapitalanlagegesellschaft) stehen in einem zivilrechtlichen Vertragsverhältnis zueinander, durch das die Verwaltungsgesellschaft zur Anlage der eingelegten Gelder und zur Verwaltung des Anlagevermögens gemäß der vertraglichen Vereinbarung verpflichtet wird. Die eingelegten Gelder bzw. das Anlagevermögen sind nicht identisch mit dem Gesellschaftsvermögen der Verwaltungsgesellschaft, sondern bilden eine eigene Vermögensmasse, ein *Sondervermögen*, die allerdings rechtlich unselbständig ist. *Der Investmentfonds ist das Sondervermögen*. Es wird getrennt vom Vermögen der Verwaltungsgesellschaft durch eine dritte Stelle verwahrt.

Die Investoren erhalten Zertifikate oder Anteilscheine. Diese verbriefen zumindest die schuldrechtlichen Ansprüche der Investoren aus dem Investmentvertrag gegen die Verwaltungsgesellschaft auf Anlage der Gelder und Verwaltung der Vermögensgegenstände, Ausschüttung der Erträge und Rücknahme der Anteilscheine.[479] In der sog. Miteigentumslösung (im Gegensatz zur sog. Treuhandlösung) zertifizieren sie außerdem das Miteigentum der Anleger am Fondsvermögen.

In der Ausübung des Fondsmanagement tritt die Verwaltungsgesellschaft je nach nationaler Rechtsgestaltung und für das Fondsvermögen gewählter Eigentumslösung im eigenen Namen oder als Vertreterin der Anteilinhaber auf.

---

477 Vgl. die Darstellung bei *Baur* Einl I Rn. 8, 70-74, Einl III Rn. 29-38, 55-61, 269-274; *Köndgen* in BankRHandB § 113 Rn. 10 f., ergänzend *Kümpel* (2002) Rn. 12.31 ff., *Beckmann* in Beckmann/ Scholtz KAGG – Einleitung Rn. 6, § 6 Rn. 2-4; grundlegend *Roth* S. 13-109.

478 Andere Organisationsformen des Investmentgeschäfts sind damit nach der deutschen Rechtsordnung nicht etwa unzulässig, sie unterstehen allerdings nicht dem Schutz und der steuerlichen Behandlung nach dem InvG und InvStG. Davon bilden eine Ausnahme die in der Praxis bisher unerheblichen Investmentaktiengesellschaften, die der Satzungsform des Investmentgeschäfts folgen (siehe näher sogleich unter V.1.c.bb.).

479 Insoweit liegt im deutschen Recht eine Schuldverschreibung iSd. § 793 BGB vor (Ausnahme: Namensanteilscheine, § 33 Abs. 1 S. 2 InvG). Nach anderer Ansicht handelt es sich bei den Anteilscheinen um Wertpapiere eigener Art (Nachweise für beide Meinungsrichtungen bei *Baur* § 18 Rn. 2).

### bb. Satzungsform

In Satzungsform organisierte „Investmentfonds" können die Rechtsformen der privatrechtlichen Körperschaften der jeweiligen nationalen Rechtordnungen annehmen. Die Anlage durch den Investor erfolgt dabei gegen den Erwerb von Gesellschaftsanteilen an einer Investmentgesellschaft, deren (einziger) Zweck die Vermögensverwaltung nach den satzungsmäßig festgelegten Grundsätzen ist. In diesem Sinn gilt: *Der Investmentfonds ist die Investmentgesellschaft*; es besteht (annähernd) Identität zwischen dem Fondsvermögen und dem Gesellschaftsvermögen. Die Investoren erhalten mitgliedschaftliche Kontrollrechte an der Investmentgesellschaft und werden zu Aktionären oder Gesellschaftern. Infolgedessen kann es zu (ggf. temporären) Mehrheitsbeteiligungen bzw. Mehrheitsaktionärsstellungen kommen.
Im Rahmen des Fondsmanagement handelt die Investmentgesellschaft im eigenen Namen auf eigene Rechnung.

Diese Investmentgesellschaften als Körperschaften, wenn sie in der Form offener „Fonds" aufgezogen sind, weisen die Besonderheit auf, dass ihnen ein variables Gesellschaftskapital gestattet ist, da sie andernfalls nur unzureichend über die Möglichkeit verfügten, jederzeit Anteile auch bezüglich kleinerer Beträge auszugeben und zurückzunehmen. Offene Fonds kennen *a priori* keine Begrenzung des Anlagevermögens; entscheidend aber ist, dass die verantwortliche Verwaltungsgesellschaft bei offenen Fonds vertraglich oder per Satzung verpflichtet ist, die Fondsanteile bzw. Gesellschaftsanteile jederzeit zu einem Preis nahe dem Nettoinventarwert zurückzukaufen. Bei geschlossenen Fonds dagegen wird das Anlagevermögen nicht variabel erhöht oder gesenkt. Anteile werden bei Gründung oder im Zuge von Kapitalerhöhungen ausgegeben; es besteht keine Obligation zur Rücknahme, so dass der Investor seine Anteile lediglich auf einem Sekundärmarkt abstoßen kann, ohne die Gewissheit zu haben, den Nettoinventarwert zu erlösen.[480]

Da im deutschen Kapitalgesellschaftsrecht ein variables Grundkapital bzw. Stammkapital nicht vorgesehen ist,[481] scheidet die Satzungsform als rechtlicher Rahmen für die kollektive Portfolioverwaltung in Deutschland grundsätzlich aus. Eine Ausnahme davon bilden die ebenfalls im InvG geregelten Investmentaktiengesellschaften, § 2 Abs. 5, §§ 96-111 InvG, die durch das Dritte Finanzmarktförderungsgesetz[482] kre-

---

480 Für den Hoheitsbereich der EU-Mitgliedstaaten gilt nach Art. 1 Abs. 2 S. 1, Art. 2 Abs. 1, Art. 37 Abs. 1 OGAW-Richtlinie, dass alle OGAW, auch solche, die in Satzungsform verfasst sind, grundsätzlich zur jederzeitigen Rücknahme der Anteile verpflichtet sind. Mit anderen Worten: Die OGAW-Richtlinie reguliert grundsätzlich nur offene Fonds (s. bereits IV.2.b.aa.). Vgl. für das deutsche Recht die Regelung in § 2 Abs. 2, § 37 Abs. 1 InvG für Kapitalanlagegesellschaften; für Investmentaktiengesellschaften siehe sogleich im Text.

481 Vgl. etwa zu den Schwierigkeiten für die Aktiengesellschaft, eigene Aktien zu zeichnen oder zu erwerben oder Einlagen zurückzugewähren, § 56, § 57 Abs. 1, §§ 71 ff. AktG sowie zur mit dem Investmentgeschäft unvereinbaren aktienrechtlichen Trägheit bei Kapitalerhöhungen und -herabsetzungen §§ 182-221 und §§ 222-240 AktG. Das InvG sieht nunmehr erstmalig mit der Investmentaktiengesellschaft die Möglichkeit einer Aktiengesellschaft mit veränderlichem Grundkapital vor (dazu *Baums/Kiem* [2003]); siehe sogleich im Text.

482 Gesetz zur Fortentwicklung des Finanzplatzes Deutschland vom 1.4.1998, BGBl. I S. 529 (Drittes Finanzmarktförderungsgesetz)

iert wurden. Dabei handelt es sich um Aktiengesellschaften, deren Aktien öffentlich vertrieben werden müssen (Investmentaktiengesellschaften sind nicht als Spezialfonds denkbar) und deren Unternehmensgegenstand in der Anlage und Verwaltung ihrer Mittel nach dem Grundsatz der Risikomischung liegen muss mit dem einzigen Ziel, ihre Anteilseigner am Gewinn aus dieser Verwaltung teilhaben zu lassen. Durch die Innovationen des InvG tauchen Investmentaktiengesellschaften nunmehr in zwei Formen auf: als Investmentaktiengesellschaft mit fixem Grundkapital und als Investmentaktiengesellschaft mit veränderlichem Grundkapital. Die Investmentaktiengesellschaften mit fixem Grundkapital weisen gegenüber etwa den US-amerikanischen Investment Companies in Form der Corporation den entscheidenden Nachteil eben des fixen Grundkapitals auf; die Anteilinhaber haben keinen Anspruch auf Rücknahme der Aktien (ähnlich geschlossenen Fonds), so dass sie auf Sekundärmärkte verwiesen sind mit der Gefahr, dass der dort erzielbare Preis nicht dem Nettoinventarwert der Aktien entspricht. Entsprechend kann die Investmentaktiengesellschaft mit fixem Grundkapital auch nur über den mühsamen Weg der Kapitalerhöhung wirkungsvoll wachsen. Investmentaktiengesellschaften mit veränderlichem Gundkapital verfügen über die Möglichkeit, jederzeit Aktien zurückzunehmen oder neu auszugeben (§§ 104, 105 InvG). Investmentaktiengesellschaften sind in der Investmentpraxis bisher nicht in Erscheinung getreten.

Üblich ist die Satzungsform in den USA und in einigen europäischen Ländern. Inbesondere in Frankreich und Luxemburg haben sich die körperschaftlichen *SICAV* gefestigt.[483]

### cc. Form des Trust

In der Form des Trust wird das Investmentgeschäft insbesondere in den USA und in Großbritannien betrieben, wenngleich beide Länder auch die Gesellschaftsform kennen.

Durch einen Treuhandvertrag („Trust Indenture") zwischen einer Verwaltungsgesellschaft und einer Treuhandgesellschaft („Trustee") wird ein *Trust* begründet, dessen Gegenstand ein zweckgebundenes Vermögen ist. Auf der Basis des Treuhandvertrages werden Wertpapiere in Form von Anteilscheinen emittiert, durch deren Erwerb ein fiduziarisches Rechtsverhältnis zwischen der Treuhandgesellschaft und den erwerbenden Anteilinhabern („Beneficiaries") entsteht. In diesem Sinne lässt sich sagen: *Der Investmentfonds ist der Trust als Treuhandverhältnis über ein Vermögen.* Der Trust ist rechtlich unselbständig ausgestaltet und agiert über die Treuhand- und/oder die Verwaltungsgesellschaft; die Treuhandgesellschaft bzw. die Verwaltungsgesellschaft handelt im eigenen Namen und wird selbst Vertragspartnerin, auch bei für das Treuhandvermögen getätigten Geschäften iRd. Fondsmanagement.

483 Sowohl die nach dem Prinzip der offenen Fonds strukturierten *Sociétés d'investissement à capital variable* (SICAV) als auch die nach dem Prinzip der geschlossenen Fonds auftretenden *Sociétés d'investissement à capital fixe* (SICAF) sind Aktiengesellschaften.

Die Treuhandgesellschaft ist verpflichtet zum Handeln zu Gunsten der Beneficiaries; sie verwahrt die Vermögensgegenstände und übt eine Kontrollfunktion aus.
Das bürgerlich-rechtliche Eigentum an den Vermögensgegenständen wird von der Treuhandgesellschaft gehalten. Die Investoren, deren Rechte sich (auch) aus dem Treuhandvertrag ergeben, erwerben (dennoch) Anteile am Eigenkapital des Trust, die der Trust durch die benannten Wertpapiere („Anteilscheine" „Zertifikate", „Aktien") verbrieft. Mit anderen Worten: Der Treuhänder hält das alleinige Verwaltungsrecht am Vermögen; den Anteilinhabern steht in dieser Hinsicht keinerlei dingliches Recht am Vermögen zu. Die aus dem Vermögen zu ziehenden Vorteile indessen sind aus dem Treuhandverhältnis allein den Beneficiaries zugewiesen.[484]

Eine Gemeinsamkeit des Trust- oder Treuhandmodells mit dem Vertragsmodell liegt darin, dass sich der stimmrechtslose Anleger hier nahezu vollständig dem Management der Verwaltungs- bzw. Treuhandgesellschaft ausliefert und allein durch Entzug seiner Kapitalanlage wirksam reagieren kann. Das korporative Modell der Satzungsform kennt dagegen – zumindest konzeptionell – die Mitsprache der Investoren, die, wie für Aktiengesellschaften typisch, das Los der Gesellschaft in der Hand halten.

## 2. Organisation, Rechtskleid und Funktionsweise von Investment Companies

Um das US-Investmentrecht auf die Möglichkeiten und Grenzen des Outsourcing hin untersuchen zu können, sind die Grundzüge der rechtlichen und tatsächlichen Organisation und Funktionsweise des amerikanischen Investmentgeschäftes aufzubereiten. Zu Beginn soll es dabei um die vom Investment Company Act (ICA) vorgenommene Klassifizierung von Investment Companies gehen (a.). Nach Erörterung der wesentlichen Organisationsformen von Investment Companies (b.) steht das faktische Funktionieren des Investmentgeschäftes im Vordergrund (c.).
Abb. V-1 vermittelt eine Gliederung der Begrifflichkeiten und einen „Fahrplan" durch diesen Abschnitt (V.2.).

484 Diese aufteilende Zuordnung des Vermögens ist eine Besonderheit der angelsächsischen Rechtsentwicklung, siehe dazu *Roth* S. 81 ff. m.w.N. Von der Warte des deutschen (Sachen-) Rechts aus erscheint der Trust als ein Konstrukt.

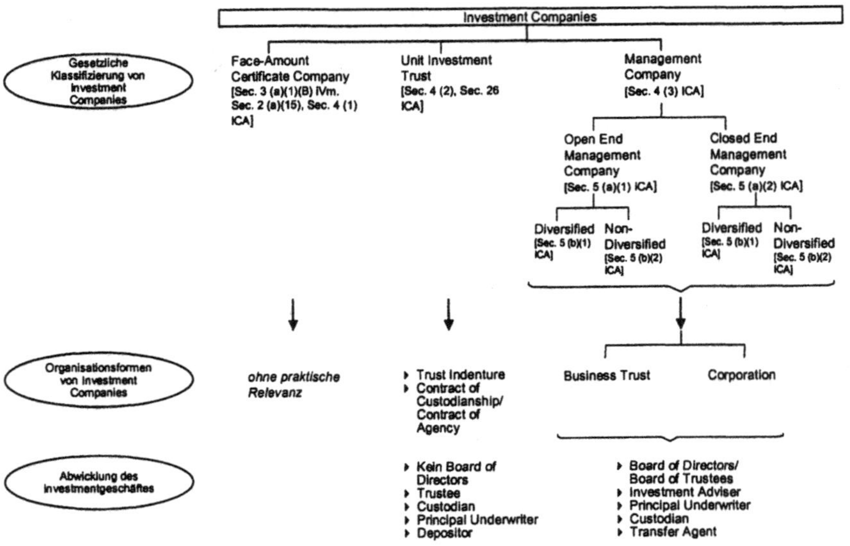


*Abb. V-1 Klassen und Organisationsformen von Investment Companies (Übersicht)*

## a. Einführung

Sec. 3 (a)(1) ICA legaldefiniert die Investment Companies generalklauselartig weit, um anschließend durch Ausnahme- und Befreiungstatbestände die Anwendungsbreite wieder zurückzunehmen. Danach sind Investment Companies *Emittenten* [Sec. 2 (a)(22) ICA] von Wertpapieren, deren Hauptgeschäft in der Anlage, Wiederanlage und im Handel mit Wertpapieren liegt. Die kollektive Vermögensanlage, also das Einsammeln von Geldern gegen Anteilscheine mit dem Ziel, davon zur kollektiven Portfolioverwaltung Vermögensgegenstände zu erwerben, liegt in dieser Legaldefinition gleichsam verborgen. Wie aus Sec. 3 (c)(1), (7)(A) ICA hervorgeht, verlangt das Geschäft der Investment Company, dass es zu einem *öffentlichen Angebot* der emittierten Wertpapiere (der Anteilscheine) kommt; der Grundsatz der *Risikodiversifikation* dagegen fehlt in der Legalbestimmung der Investment Company.[485]

Nach der gesetzlichen Definition in Sec. 3 (a)(1) ICA sind neben der bezeichneten Gruppe von Emittenten zwei weitere Gruppen von Unternehmen als Investment Companies einzustufen:

- Die „Face-Amount Certificate Companies" nach Sec. 3 (a)(1)(B) iVm. Sec. 2 (a)(15), Sec. 4 (1) ICA geben Zertifikate mit Anspruch auf Auszahlung eines Nennbetrages

485 Faktisch verhält es sich so, dass zur Erlangung von steuerlichen Vorteilen nach Sec. 851 (b)(4) Internal Revenue Code die in dieser Bestimmung vorgeschriebene Risikomischung von den Investment Companies in der Regel beachtet wird. Vgl. dazu *Ratner* (1992), S. 216 f.; *Steck* (2000), S. 45, 52, 175-185.

(„Face Amount") gegen Ratenzahlungen aus. Sie sind heute weitgehend unbedeutend.

- Auch solche Emittenten, die die Anlage in Wertpapiere oder den Handel mit Wertpapieren nicht zum Hauptgegenstand ihres Geschäftes machen – die sich also nicht im „primary purpose" um die kollektive Vermögensverwaltung kümmern –, werden dem ICA unterworfen, sobald ihr Wertpapierbestand einen gesetzlich festgelegten Schwellenwert überschreitet, ob beabsichtigt oder unbeabsichtigt [Sec. 3 (a)(1)(C) ICA]. Der Grund dafür ist im Schutz der Anteilinhaber der Gesellschaften zu sehen: Diese Gesellschaften werden durch diese gesetzliche Definition den Organisations- und Aufsichtspflichten des ICA unterordnet. Aufgrund ihrer voluminösen Wertpapierinhaberschaft wird diesen Gesellschaften unterstellt, in der Hauptsache die Investmenttätigkeit zu betreiben. Dies ist eine im Vergleich zum Anknüpfungspunkt des InvG (§ 2 Abs. 6, § 6 Abs. 1 S. 1 InvG) erweiterte personale Anwendung des Investmentrechts. Allerdings bestehen gesetzliche [Sec. 3 (b) ICA] und durch die SEC getroffenene Ausnahmeregelungen, durch die dergestalt „unbeabsichtigt" in den Anwendungsbereich des ICA geratene Unternehmen doch wieder ausgenommen werden können; bei diesen Ausnahmetatbeständen wird insbesondere darauf abgehoben, ob der Emittent tatsächlich hauptgeschäftlich außerhalb des Investmentgeschäftes tätig ist.

Die in Sec. 3 (b), (c), Sec. 6 ICA gebündelten Ausnahme- und Befreiungstatbestände grenzen den Anwendungsbereich des ICA wieder ein. Insbesondere fallen sog. Private Investment Companies aus dem ICA heraus. Dies setzt – vereinfachend – voraus, dass entweder nicht mehr als 100 Personen zu Anteilinhabern werden oder dass die Anteilinhaber ausnahmslos „Qualified Purchasers" sind, jeweils ohne dass ein öffentliches Angebot der Anteilscheine gemacht würde, Sec. 3 (c)(1), (7) ICA. „Qualified Purchasers" sind nach Sec. 2 (a)(51) ICA private oder institutionelle Großinvestoren, die weniger schutzbedürftig sind. Damit sind im Ergebnis große Teile des Geschäftes, das in der deutschen Investmentbranche das Spezialfondsgeschäft ausmacht, nicht vom ICA reguliert.[486]

Der ICA segmentiert die Investment Companies in sog. Principal Classes, Sec. 4 ICA. Neben der in der Praxis unerheblichen „Face-Amount Certificate Company" sind diese Principal Classes der „Unit Investment Trust" und die „Management Company". Eine dieser Formen ist bei Gründung der Investment Company zu wählen.[487] Es handelt sich dabei um eine *investmentrechtliche* Einteilung, an die sich unterschiedliche Regulierungen knüpfen, nicht etwa geht es um eine *gesellschaftsrechtliche* Kategorie.

486 Ferner werden nach Sec. 3 (c), Sec. 6 ICA ausgenommen: Unternehmen, die primär als Wertpapiervertriebsgesellschaften arbeiten, reguläre Geschäftsbanken, Sparkassen, genossenschaftliche Banken und Versicherungen, steuerbegünstigte Pensionsfonds nach Sec. 401 (k) Internal Revenue Code, Wagniskapitalgesellschaften (letztere werden einem besonderen Regelungsabschnitt des ICA unterstellt [Sec. 53-64 ICA]).

487 Nach Sec. 8 (b)(1)(A) ICA gehört es zum Mindestinhalt der Eintragungsunterlagen bei der SEC, die Investmentklasse festzulegen.

Der *Unit Investment Trust* [Sec. 4 (2), Sec. 8 (d), Sec. 26 ICA] wird idR. gegründet durch einen Vertrag („Trust Indenture") zwischen einem Treuhänder („Trustee") und einem „Trust-Sponsor". Letzterer initiiert den Unit Investment Trust und bestimmt das Portfolio des Trust. Gemäß Sec. 4 (2) ICA besteht eine gesetzliche Rückkaufverpflichtung; es handelt sich insoweit um einen „offenen Fonds" (s.o. V.1.c.bb.). Dennoch wird zumeist ein regulärer Sekundärmarkt für die Anteile errichtet. Der Unit Investment Trust betreibt kein aktives Management der Vermögensanlagen, d.h. das zuvor durch den Sponsor ausgewählte Portfolio von Anlagegegenständen wird erworben und nicht wieder ausgetauscht, bleibt also eine „Unit" und wird bis zum festgelegten Laufzeitende schlicht gehalten. Ein Vorteil dieses Konzepts liegt darin, dass ein Missbrauch des Fonds etwa zur Unterbringung missglückter Wertpapieremissionen ausgeschlossen werden kann. Auch sind die laufenden Kosten mangels Fondsmanagement und mangels Transaktionsaufkommens besonders niedrig. Dafür muss eine Risikoanfälligkeit in Kauf genommen werden, denn bei nachteilhaften Wertentwicklungen fehlen dem Unit Investment Trust Reaktionsmöglichkeiten, um Vermögensgegenstände umzuschichten.

Nach Sec. 4 (3) ICA ist eine Investment Company eine *Management Company*, wenn sie weder eine Face-Amount Certificate Company noch ein Unit Investment Trust ist. Die Management Company ist die bedeutendste Klasse der Investment Companies. Gemäß Sec. 5 ICA nimmt sie die Erscheinungsformen einer Open End Management Company (sog. Mutual Fund) oder einer Closed End Management Company an.

Bei *Open End Management Companies* besteht wiederum die jederzeitige Rückgabemöglichkeit der Anteile für den Anteilinhaber. Anders als beim Unit Investment Trust bildet sich hier allerdings kein Sekundärmarkt für Anteilscheine. Open End Management Companies unterliegen zwar keiner Pflicht, neue Anteile zu begeben, in der Regel allerdings werden entsprechende Zeichnungswünsche bedient.

*Closed End Management Companies* sind nicht verpflichtet, Anteile zurückzunehmen.[488] Daher werden die Anteile auf einem Sekundärmarkt gehandelt. Junge Anteile werden allenfalls gelegentlich ausgegeben, um neues Anlagekapital zu gewinnen.

Bei beiden Formen der Management Companies wird das Anlagevermögen aktiv verwaltet, entweder – zur Kontrolle des Portfoliorisikos und zur Eindämmung der Einflussmacht der Fonds – diversifiziert iSd. Sec. 5 (b)(1) ICA oder nicht diversifiziert iSd. Sec. 5 (b)(2) ICA.

---

488 Allerdings ist in 17 Code of Federal Regulation § 270.23c-3 eine Ausnahmeregelung getroffen: Danach können

- auch Closed End Management Companies einmal innerhalb von zwei Jahren ein Rückkaufangebot unterbreiten,
- „Closed End Interval Funds" aufgelegt werden, die dem Anteilinhaber in festgelegten Intervallen von drei, sechs oder zwölf Monaten ein Rückkaufangebot zum Nettoinventarwert machen. Siehe dazu *Lemke/ Lins/ Smith* § 4.04[1][c].

### b. Organisationsrechtliche Formen von Investment Companies

„Investment Company", „Unit Investment Trust" und „Management Company" sind investmentrechtliche, nicht etwa gesellschaftsrechtliche Termini. Der ICA macht keine Vorgaben zur gesellschaftsrechtlichen Form der Management Company und setzt grundsätzlich auch keine gesellschaftsrechtlichen Regeln.[489] Durchaus allerdings trifft der ICA Regeln zu Funktionsweise und Organisation des Investmentgeschäftes; diese Regeln haben gesellschaftsrechtlichen Charakter und ragen insoweit in das Gesellschaftsrecht hinein (dazu näher sogleich unter V.2.c.). So werden insbesondere die Einrichtung eines Verwaltungsrates („Board of Directors", v.a. Sec. 15, 16 ICA) und die Gewährleistung von Mitspracherechten der Anteilinhaber [v.a. Sec. 11 (b), 12 (d)(1)(E), 13 (a), 15 (a), (b), 16 (a) ICA] verlangt. Dies bringt es mit sich, dass sich neben der Trust-Form für den Unit Investment Trust zwei organisationsrechtliche Formen für die Management Company in der Praxis behauptet haben: der „Business Trust" und die „Corporation" (gleichermaßen für Open End Management Companies und für Closed End Management Companies).[490]

#### aa. Die Trust-Form der Unit Investment Trusts

Die Rechtsform des Trust beruht beim Unit Investment Trust idR. auf einem Trustvertrag zwischen einem „Depositor" („Creator", „Sponsor") und einem Treuhänder („Trustee"), dessen Inhalt im ICA ausführlich reguliert wird [„Trust Indenture", Sec. 4 (2), Sec. 26 (a) ICA].[491] Auf der Basis dieses Vertrages wird das gebildete Portfolio an Vermögensgegenständen an den Treuhänder übergeben und werden die Anteilscheine ausgegeben. Der Trustee hält das Eigentum am Trustvermögen, ist jedoch treuhänderisch den Anteilinhabern verpflichtet. Mit den Anteilinhabern werden Verträge zur treuhänderischen *Verwahrung* des *fixen Portfolios* gegen Leistung der Einlage abgeschlossen, an denen neben dem Depositor wiederum der Treuhänder beteiligt ist.

---

489 Die Gesetzgebungskompetenz im Bereich des Gesellschaftsrechts liegt weitgehend bei den Bundesstaaten (vgl. Art. 1 Sec. 8 No. 3 Constitution), so dass der Bundesgesetzgeber im ICA nicht aktiv werden konnte. Dies kommt auch in Sec. 2 (a)(8) ICA zum Ausdruck: Das Gesetz hält dort die Legaldefintion von „Company" gesellschaftsrechtlich bewusst offen.

490 Die Gesellschaftsform der Limited Partnership hat heute geringere Bedeutung, nachdem ihre vormals bestehenden Steuervorteile gegenüber anderen Gesellschaften aufgehoben worden waren, vgl. *Steck* (2000), S. 85. *von Schenck* (1982), S. 46 f., und *Thiel* (1982), S. 27, nennen weitere kaum relevante Organisationsformen.

491 Unit Investment Trusts, anders als die Bezeichnung vermuten lässt, müssen nicht zwingend in der Rechtsform des Trust organisiert sein. Allerdings finden die von Sec. 4 (2) ICA außerdem angebotenen Formen des Verwaltungs- oder Vertretungsverhältnisses (Contract of Custodianship, Contract of Agency) keine Verwendung mehr (*von Schenck* (1982), S. 44 f.). Näher zum Unit Investment Trust *Lemke/ Lins/ Smith* § 4.03, § 9.05.

### bb. Der Business Trust als Organisationsform der Management Company

Der Business Trust[492], der – wenngleich ebenfalls ein *Trust* – nicht zu verwechseln ist mit dem Unit Investment Trust, ist – wie der Trust im Allgemeinen – ein Rechtsinstitut des *Common Law*, also des Gewohnheitsrechts [vgl. auch Sec. 2 (a)(12) ICA a.E.].[493] Während der Trust als Organisationsform prinzipiell auf keinen Zweck eingeengt ist, bezeichnet der Business Trust im Besonderen einen gewerbsmäßig in Angriff genommenen Trust zur Bewältigung der Aufgabe der kollektiven Vermögensverwaltung.[494] Auch die Rechtsform des Business Trust wird durch einen Trustvertrag ins Leben gerufen; die Anleger werden wiederum durch individuelle Verträge beteiligt, die den Treuhänder fiduziarisch verpflichten. Da der Trust keine eigene Rechtspersönlichkeit besitzt – er ist keine juristische Person –, handelt er durch den Treuhänder, der Eigentum an den Vermögensgegenständen des Trust erwirbt. Die Rechte der Anleger werden geschützt, indem sie „Eigenkapital" („Equity") erwerben. Ihre anteiligen Rechte am Gewinn und am Vermögen im Liquidations- oder Rückgabefall werden durch Anteilscheine zertifiziert.

Der entscheidende Unterschied zum Unit Investment Trust liegt weniger in der rechtlichen Form als Trust-Variante, sondern eher in der tatsächlichen Organisation des Investmentgeschäftes: Anders als der Unit Investment Trust errichtet der Business Trust, wenngleich er insoweit keine *Gesellschaft* ist („unincorporated"), ein mit Rechten und Pflichten nach dem ICA versehenes Board of Trustees (dazu sogleich unter V.2.c.).

In seiner tatsächlichen Bedeutung für die amerikanische Investmentpraxis bleibt der Business Trust spürbar hinter der Corporation als Organisationsform der Management Company zurück.

### cc. Die Corporation als Organisationsform der Management Company

Alternativ zur Form des Business Trust kann sich die Management Company als Corporation gründen, wofür sich insbesondere die meisten Mutual Funds (Open End Management Companies, s.o. V.2.a.) entscheiden. Die Corporation ist eine aktienrechtliche Gesellschaftsform nach dem Recht des jeweiligen Bundesstaates.[495] Sie wird Eigentümerin der Investmenteinlagen der Anleger, die als Aktionäre an der Corporation partizipieren. Das Gesellschaftsvermögen besteht annähernd vollständig aus dem Anlagevermögen der Investoren. Indem das bundesstaatliche Gesell-

---

492 Darstellungen zum Business Trust finden sich bei *Roth* S. 80-109; *Baur* Einl III Rn. 273; *von Schenck* (1982), S. 46 f., 50; *Steck* (2000), S. 81-84; *Thiel* (1982), S. 27-29; verstreut auch bei *Lemke/ Lins/ Smith*, z.B. § 6.01.

493 Allerdings lassen sich bundes- und einzelstaatliche gesetzliche Regelungen des Business Trust finden [z.B. Sec. 2 (1) Securities Act of 1933], durch die zum Teil die Bedingungen für die Corporation auf den Business Trust übertragen werden.

494 Die Ausgestaltung als *Business* Trust, die im Treuhandvertrag sicherzustellen ist, kann sich steuerrechtlich in der Gleichsetzung mit der Corporation niederschlagen (*von Schenck* (1982), S. 47).

495 Die Corporation ist gesellschaftsrechtlich der deutschen Aktiengesellschaft nahestehend: eigene Rechtspersönlichkeit, keine Haftung des Privatvermögens der Gesellschafter für Verbindlichkeiten der Corporation, Unabhängigkeit der Corporation vom Bestand der Gesellschafter durch Zerlegung des Grundkapitals in Anteile, die übertragbar sind (vgl. *Roth* S. 17; *Thiel* (1982), S. 30-33).

schaftsrecht bei Investmentgesellschaften, anders als bei anderen Corporations, den Rückerwerb eigener Aktien gestattet, erfüllt die Corporation die Anforderung der jederzeitigen Rückgabemöglichkeit nach Sec. 5 (a)(1) ICA (Open End Management Company).[496]

### c. Funktionsweise und Ablauforganisation des Investmentgeschäftes

Die Funktionsweise – der „Schaltplan" – des Investmentgeschäftes findet sich nicht kohärent kodifiziert. Die Regulierung ergibt sich teilweise explizit oder implizit aus dem ICA, teilweise aus tradierter geschäftlicher und rechtlicher Übung. Sie besitzt für Business Trust und Corporation als die wesentlichen Organisationsformen von Management Companies in derselben Weise Gültigkeit.
Die Darstellung beschränkt sich im Folgenden auf die im Outsourcing-Kontext im Vordergrund stehenden Zusammenhänge. Vorgestellt wird der typische Funktionsaufbau, der in der Praxis Abweichungen kennt. Abb. V-2 verschafft einen Überblick.[497]

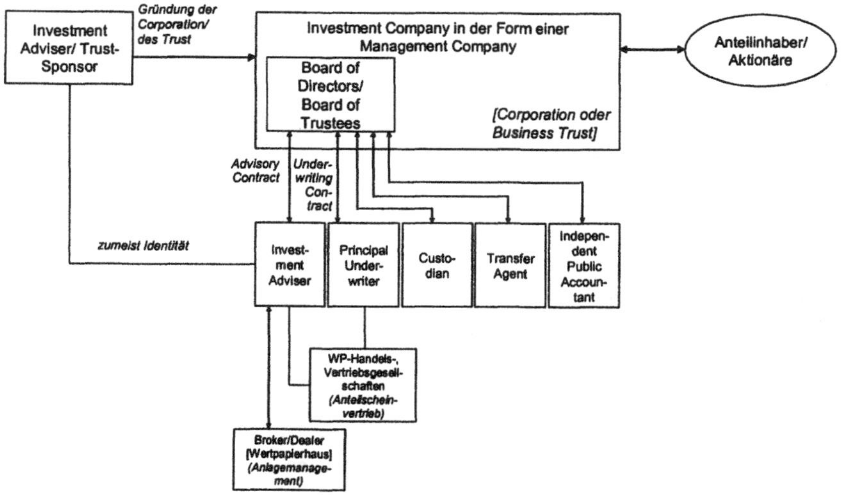


*Abb. V-2 Funktionsweise und AblauforganisationUS-Investmentgeschäft*

Der betriebswirtschaftlich dominante Beteiligte in diesem Zusammenspiel ist der „Investment Adviser". Er ist zumeist der Gründer der Investment Company und be-

496 Die Corporation ermöglicht es sich, neue Anteilscheine in Form neuer Aktien fortlaufend *auszugeben*, indem sie per Satzung bloß den Umfang des zur Ausgabe genehmigten Kapitals festlegt, dann aber zunächst nur eine niedrigere Summe zeichnen lässt (vgl. *Roth* S. 30 ff.).

497 Im Fall des Business Trust ist Abb. V-2 zu ergänzen um die (rechtlich eigenständige) Treuhandgesellschaft, bei der das bürgerlich-rechtliche Eigentum am Anlagevermögen liegt und die die Verträge mit den Akteuren eingeht.

sitzt regelmäßig beherrschenden Einfluss auf den „Principal Underwriter" und die Vertriebsgesellschaften. Der gesamte Aufbau muss daher auch verstanden werden als das Bestreben, institutionelle Vorkehrungen im Interesse der anderen Beteiligten zu schaffen.
Die nachfolgende Darstellung der Funktionsweise des Investmentgeschäftes stellt auf die Management Company ab. Beim *Unit Investment Trust*, der im Übrigen außen vor bleibt, agiert im Verwaltungsaufbau kein Board of Directors [vgl. Sec. 4 (2)(B) ICA], da keine aktive Anlageverwaltung existiert, die zu kontrollieren wäre. Daher erübrigt es sich auch, einen Investment Adviser einzuschalten. Die Rolle des Depositor ist es, als „Creator" des Unit Investment Trust den Effektenbestand zu bilden und die Geschäftsführung wahrzunehmen. Bei den Depositors handelt es sich zumeist um spezialisierte Unternehmen zur Verwaltung von Trusts. Der Treuhänder (Trustee) übernimmt vom Depositor den Vermögensbestand zu treuhänderischem Eigentum zu Gunsten der Anteilinhaber. Ein Custodian kann zur tatsächlichen Verwahrung des Trust-Vermögens hinzugezogen werden, soweit nicht der Treuhänder diese Aufgabe schultert. Ein Principal Underwriter verantwortet Emission und Vertrieb der Anteilscheine.

### aa. Mitsprache der Anteilinhaber

Der ICA ist gemäß Sec. 1 (b) ICA a.E. jedenfalls auch auf den Anlegerschutz ausgerichtet. Dementsprechend sieht der ICA eine Reihe von Regelungen vor, um den Anteilinhabern Mitspracherechte einzuräumen:

- [Sec. 13 (a) ICA] Mit der Mehrheit der ausstehenden Stimmrechte[498] muss grundlegenden geschäftspolitischen Entscheidungen der Investment Company zugestimmt werden:
  - Wechsel der Investmentklasse von „Open End" zu „Closed End" oder anders herum sowie von „Diversified" zu „Non-Diversified" oder anders herum (vgl. Sec. 5 ICA);
  - Aufnahme neuer Geschäftsfelder wie Zeichnung und Auslegung von Krediten, Ausgabe vorrangiger Anteilscheine, Emission fremder Wertpapiere, An- und Verkauf von Immobilien, soweit diese Geschäftsfelder nicht bereits im Eintragungsverfahren zur Investment Company nach Sec. 8 ICA belegt worden sind;
  - Veränderung der Anlageschwerpunkte in der Vermögensverwaltung;
  - insgesamter Wechsel des Geschäftsfeldes unter Aufgabe des Investmentgeschäftes.
- [Sec. 15 (a) ICA] Mit der Mehrheit der ausstehenden Stimmrechte muss der (erstmaligen) Wahl des Investment Adviser zugestimmt werden. Die Entscheidung über die jährliche Verlängerung des Investment Adviser Agreement ist entweder ebenfalls durch die Mehrheit der ausstehenden Stimmrechte der Anteilinhaber zu

---

498 Die „Mehrheit" in diesem Sinne ist gemäß Sec. 2 (a)(42) ICA die geringere Anzahl der Stimmrechte aus den beiden folgenden Alternativen: entweder die absolute Mehrheit der ausstehenden Stimmrechte oder, wenn mehr als 50% des stimmberechtigten Kapitals anwesend oder vertreten sind, 67% der anwesenden oder vertretenen Stimmrechte.

treffen oder dem Board of Directors zu überantworten. In derselben Weise muss entweder die Mehrheit der Stimmrechte der Anteilscheininhaber oder das Board of Directors über die jederzeitige Beendigung des Vertrages mit dem Investment Adviser entscheiden können.

- [Sec. 15 (b) ICA] Mit entweder der Mehrheit der ausstehenden Stimmrechte der Anteilinhaber oder durch das Board of Directors muss jährlich über die Verlängerung des Vertrages mit dem Principal Underwriter befunden werden.
- [Sec. 16 (a) ICA] Auf einer jährlich oder besonders anzuberaumenden Versammlung wählen die Anteilinhaber die Mitglieder des Board of Directors. Vakanzen können durch das Board selbst besetzt werden, solange mindestens zwei Drittel der jeweiligen Besetzung durch die Anteilinhaber gewählt sind. Ist zu einem Zeitpunkt nur die Minderheit der Board-Mitglieder durch die Anteilinhaber bestimmt, ist eine Anteilinhaberversammlung anzuberaumen, um die Positionen zu füllen.
  Die Wahl eines Board of Trustees (das Board of Trustees entspricht bei der Rechtsform des Business Trust dem Board of Directors) bricht streng genommen mit einem Strukturprinzip der Organisationsform des Trust. Dieser zeichnet sich im Gegensatz zu korporativen Organisationsformen dadurch aus, dass den Beneficiaries (Investoren) lediglich Rechte auf treuhänderische Verwaltung sowie auf Gewinn- und Liquidationszuteilung zustehen, nicht aber Partizipations- oder Kontrollrechte. Dieser Bruch erhellt allerdings unzweideutig aus Sec. 16 ICA (insbesondere Überschrift), aus der Befreiungsregelung der Sec. 16 (c) ICA, die nur für Altfälle des Trust, nicht aber für die übrigen Fälle des Trust gilt, und aus der Legaldefinition in Sec. 2 (a)(12) ICA, durch die der „Director", von dessen Wahl Sec. 16 (a) ICA handelt, dem „Trustee" gleichgestellt wird. In derselben Weise brechen die Rechte der Beneficiaries nach Sec. 13, Sec. 15 (a), (b) ICA mit dem benannten Strukturprinzip des Trust. Daran ist deutlich abzulesen, dass die Wahl der Rechtsform einer Investment Company für den Anteilinhaber keine sonderliche Bedeutung hat; insbesondere haftet der Investor auch beim Trust nicht persönlich[499]

Weitere, weniger wichtige Fälle der Mitsprache der Anteilinhaber finden sich in Sec. 11 (b), Sec. 12 (d)(1)(E)(iii)(aa), Sec. 16 (b), (c), Sec. 23 (b)(2), Sec. 32 (a), (b) ICA.

Trotz dieser normierten Rechte kommen in der Praxis die Anteilinhaberinteressen nur so gut zur Geltung, wie das Board of Directors die Vertretung dieser Interessen wahrnimmt. Die Anteilinhaber einer Investment Company sind idR. nicht ausreichend gut organisiert, um sich in das Zentrum des Investmentgeschäftes zu rücken. Auch illustriert die o.a. Liste, dass ein lebendiges Board zahlreiche Entscheidungen den Anteilinhabern vorzuenthalten vermag. Insoweit muss es etwa investmentrechtlich nicht zwingend zu jährlichen Anteilinhaberversammlungen kommen. Da außerdem das Gesellschaftsrecht der miteinander konkurrierenden Bundesstaaten die

499 Diehe dazu *Thiel* (1982), S. 27-29; *Roth* S. 80-109.

Hauptversammlungspflicht zunehmend aufweicht,[500] besteht auch in gesellschaftsrechtlicher Hinsicht keine intensive Ausrichtung auf die Anteilinhaber.

### bb. Board of Directors

Der ICA geht von der Einrichtung eines Board of Directors für die Management Company aus [beim Business Trust als „Board of Trustees" bezeichnet, vgl. Sec. 2 (a)(1), Sec. 16 ICA], arg. e. Sec. 4 (2)(B) ICA, außerdem Sec. 2 (a)(19)(A) a.E., Sec. 7 (a), Sec. 10, Sec. 16, Sec. 36 ICA. Seine Rolle kann nur im Gesamtgefüge verstanden werden: Das Board bildet ein Gegengewicht zu dem machtvollen und im Vordergrund stehenden Investment Adviser. Das Bestehen des Board und seine Rechtsstellung, wenngleich insoweit bei der Corporation bereits gesellschaftsrechtlich gefordert, werden dem Investment Adviser als dem Unternehmen, das die Investment Company gegründet hat, „abverlangt" als ein Zugeständnis, durch das ihm das Betreiben des Investmentgeschäftes unter Wahrung eines Interessenausgleichs zwischen ihm und den Anlegern überhaupt erst ermöglicht wird.
Das Board of Directors übernimmt Kontrollaufgaben und verfolgt die Übereinstimmung der Geschäftstätigkeit und des Fondsmanagement mit der festgelegten Anlagestrategie. Es muss, soweit dies nicht durch die Anteilinhaber geschieht (siehe soeben V.2.c.aa.), den Verträgen mit den anderen Beteiligten und ihrer Verlängerung zustimmen (siehe Abb. V-2).[501]

Um diese Aufgaben erfüllen zu können, ist dem Board of Directors eine Mindestunabhängigkeit zu sichern. Dazu verlangt Sec. 10 (a) ICA iVm. „Rules & Regulations" der SEC, dass die Mehrheit der Direktoren aus „disinterested persons" besteht – nicht verbundene und nicht anderweitig abhängige Personen.[502] · [503]
Die Rolle der unabhängigen Direktoren („disinterested") wird dadurch gestärkt, dass zur Begründung und Verlängerung der Verträge mit dem Investment Adviser bzw. dem Principal Underwriter nicht nur die Mehrheit der Direktoren im (Gesamt-)

---

500 Siehe dazu *Steck* (2000), S. 84, 97.

501 Diese Verträge werden seitens der Investment Company, wenn sie als Corporation gebildet ist, durch die Corporation selbst eingegangen, wenn sie als Business Trust auftritt, durch den Treuhänder in eigenem Namen.

502 Gemäß Sec. 2 (a)(3), Sec. (19)(A) ICA gehören zu den „interested persons" einer Investment Company u.a.: Personen oder Gesellschaften, die mindestens 5% des stimmberechtigten Kapitals der Investment Company halten, Gesellschaften, an denen die Investment Company zumindest 5% des stimmberechtigten Kapitals hält, Geschäftsführer und Angestellte, Personen oder Gesellschaften, die in der jüngeren Vergangenheit als Rechtsberater für die Investment Company tätig waren, nach dem Securities Exchange Act erfasste und registrierte Wertpapierhändler und, im vorliegenden Sachzusammenhang entscheidend, der Investment Adviser sowie dessen verbundene Unternehmen, dessen Direktoren, Geschäftsführer, Angestellte, Rechtsberater und Wertpapierhändler.

503 Während Sec. 10 (a) ICA einen Mindestanteil der „disinterested persons" von lediglich 40% im Board verlangt, fordert die SEC seit Januar 2002 einen Anteil von 50%; bis zur Drucklegung schwebt eine Gesetzesinitiative, durch die dieser Anteil auf mindestens 75% angehoben würde, vgl. ICI Mutual Fund Fact Book (2004), S. 8. Weitere Restriktionen für die Auswahl und Berufung der Direktoren finden sich in Sec. 10 (b)(3), (c) ICA. Zwar trifft Sec. 10 (d) ICA eine Regelung, nach der das Board weitgehend (doch) mit „interested persons" besetzt werden darf, allerdings sind die Bedingungen dafür so restriktiv, dass von einem Ausnahmefall ausgegangen werden darf.

Board, sondern auch die Mehrheit der unabhängigen Direktoren zustimmen muss, Sec. 15 (c) ICA.[504] Die Besetzung der Direktorenposten erfolgt grundsätzlich durch die Anteilinhaber; es ist möglich, dass die Nachbesetzung bis zu einem gewissen Grad den Anteilinhabern durch die (verbleibenden) Direktoren vorenthalten wird (siehe soeben unter V.2.c.aa.).

### cc. Investment Adviser

Dem ICA liegt zu Grunde, dass die Management Company einen Investment Adviser für die aktive Vermögensverwaltung bestellt [Sec. 2 (a)(19)(A)(iii), (19)(B), (20), Sec. 15, Sec. 36 ICA]. In der Praxis fällt der Investment Adviser, wie angeführt, regelmäßig mit dem Gründer der Investment Company zusammen. Ein Investment Adviser betreut als ein spezialisiertes Unternehmen häufig mehrere Investment Companies parallel.

Der Investment Adviser wird tätig auf der Basis eines Beratervertrages, der in Sec. 15 (a), (c) ICA reguliert ist. Danach wird der Vertrag zunächst nur auf zwei Jahre abgeschlossen und unterliegt dann einem jährlichen Verlängerungserfordernis (s. bereits V.2.c.aa.). Dem Board of Directors muss ein jederzeitiges sanktionsfreies Recht zur Kündigung innerhalb von 60 Tagen eingeräumt werden. Die nicht gebilligte Übertragung des Adviser Contract auf andere Personen (auch im Wege der Übernahme des Investment Adviser als Gesellschaft) führt zum Erlöschen des Vertrages [Sec. 15 (a)(4) ICA und Sec. 205 (a)(2) Investment Advisers Act].
Diese Regulierung bedeutet jedenfalls der Papierform nach die Möglichkeit für das Board of Directors, den Investment Adviser unter Druck zu setzen. Zu bedenken ist jedoch, dass der Vertrag nicht unter Parteien geschlossen wird, die auf Augenhöhe zueinander stehen. Vielmehr hat der Investment Adviser seine Verhandlungs- und Vertragspartner zuvor selbst eingesetzt (dazu näher sogleich V.3.a.). Das Gesetz setzt einem denkbaren ausbeuterischen Verhalten des Investment Adviser dessen besondere treuhänderische Pflicht hinsichtlich seiner Vergütung entgegen, Sec. 36 (b) ICA. Eine Verletzung dieser speziellen Pflicht, die neben einer allgemeinen treuhänderischen Pflicht gemäß Sec. 36 (a) ICA besteht, kann durch die SEC oder durch die Anteilinhaber verfolgt werden und gerichtlich begründete Schadensersatzansprüche nach sich ziehen. Hier zeigt sich wie schon in der präambelartigen Einleitung zum ICA noch einmal deutlich, dass auch der externe Investment Adviser, wenngleich er nicht Investment Company iSd. Sec. 3 ICA sein mag, Regulierungsobjekt des ICA ist.

In der Regel erhält der Investment Adviser die vollständige Verantwortung für das Fondsmanagement, d.h. er trifft eigenverantwortlich die Entscheidungen über Erwerb und Veräußerung der Vermögensgegenstände. Diese Geschäfte wickelt er typischerweise in der Zusammenarbeit mit einem Kommissionär oder Wertpapierhändler ab. Der Investment Adviser übernimmt außerdem regelmäßig Aufgaben der

---

504 Eine ähnlich hervorgehobene Position haben die unabhängigen Direktoren in der Auswahl des Independent Public Accountant, Sec. 32 ICA.

Fondsbuchhaltung, Internen Revision, allgemeinen Verwaltung und Datenverarbeitung. Auch der Vertrieb der Anteile wird in manchen Fällen von ihm verantwortet. Typischerweise hält er zumindest Beteiligungen an Vertriebsgesellschaften und kann auf diese Weise Einfluss auf die Vertriebstätigkeit ausüben.
Nach Sec. 2 (a)(20) ICA qualifiziert es bereits für einen Investment Adviser, wenn er nur Ratgeber, nicht auch Entscheider ist. In diesem Fall aber muss der Rat gemäß Sec. 2 (a)(20)(B)(i)-(iii) ICA aus mehr bestehen als statistischen Auswertungen oder Periodika, die an eine Mehrzahl von Empfängern verteilt werden; auch Gemeinschaftsunternehmen, die Analysetätigkeiten betreiben, kommen insoweit nicht als Investment Adviser in Frage. In der Praxis werden in der Regel in Situationen, in denen der Investment Adviser nicht selbst als Vertreter für die Investment Company ordert, dessen Orderempfehlungen ungeprüft durch die Investment Company umgesetzt. Die „Empfehlungen" sind im praktischen Ergebnis Weisungen.

#### dd. Andere Beteiligte

Wie zahlreiche Vorschriften belegen [etwa Sec. 2 (a)(19)(A), (B), (29), Sec. 7, Sec. 9, Sec. 10 (b)(2), Sec. 11, Sec. 12, Sec. 15 (b), (c), (f), Sec. 17, Sec. 26, Sec. 36 ICA], nimmt der ICA die Einschaltung eines *Principal Underwriter* an. Seine Aufgaben liegen in der Emission und im Vertrieb der Anteilscheine in der Rolle eines Kommissionärs oder Händlers/ Abschlussvermittlers. Die Hauptvertriebsgesellschaft wird oft durch weitere Vertriebsgesellschaften ergänzt.
Gemäß Sec. 15 (b) ICA muss die Beziehung der Investment Company zum Principal Underwriter wiederum auf einen Vertrag gründen, der jedoch, anders als der Vertrag mit dem Investment Adviser, nicht der Billigung durch die Anteilinhaber bedarf. Nach einer maximalen Erstlaufzeit von zwei Jahren muss der Vertrag jährlich durch das Board of Directors oder mit der Mehrheit der ausstehenden Stimmrechte der Anteilinhaber verlängert werden. Ohne Zustimmung der Investment Company führt die Übertragung des Underwriting Contract zu dessen Erlöschen.

Sec. 17 (f) ICA schreibt die Verwahrung der Vermögensgegenstände bei einem *Custodian* vor. Dabei handelt es sich um eine rechtlich eigenständige Person, die – vereinfachend – gemäß Sec. 17 (f) iVm. Sec. 26 (a) ICA zur Sicherung der Einlagen über eine Mindestkapitalisierung verfügen muss. Der Custodian wird über einen Verwahrungsvertrag an die Investment Company gebunden. Die Vermögensgegenstände sind getrennt vom Vermögen des Custodian aufzubewahren, dürfen zur Erleichterung der Geschäftstätigkeit aber einem beaufsichtigten Wertpapierabwicklungs- und -verwahrungshaus zur Verwahrung übergeben werden. Bei Fondsmanagementtransaktionen ist der Custodian für Eingriffe in das Fondsvermögen auf Weisungen des Investment Adviser angewiesen. Dabei muss er zwar nicht die Einhaltung der Investmentrichtlinien des Fonds kontrollieren, ist aber angehalten, die Ordnungsmäßigkeit des Geschäftes im Auge zu behalten und den Eingang der Gegenleistung sicherzustellen.[505] Die Zahlungsvorgänge im Zusammenhang mit der

---

505 Sec. 17 (f)(5) ICA; *Lemke/ Lins/ Smith* § 8.02[1][a]; *Roth* S. 62; *Thiel* (1982), S. 48 f.

Ausgabe und Rücknahme von Anteilscheinen werden über den Custodian geleitet. Die Ausschüttungen aus dem Vermögen nimmt ebenfalls der Custodian vor (alternativ der Transfer Agent).

Der *Transfer Agent*, der dem ICA bekannt ist, wenngleich er nur an sachlich unbedeutender Stelle im Gesetz Erwähnung findet [Sec. 9 (a)(1), (2), (f)(3)(B) ICA], ist mit der Führung der Anlegerkonten betraut, führt Anlegeraufträge aus, erstellt und versendet Orderbestätigungen, Depotauszüge, Steuerbescheinigungen. Auch Teile der Fondsbuchhaltung liegen bei ihm (v.a. Führung des Anteilscheinregisters bei Namensanteilscheinen).

Ein *Independent Public Accountant* testiert Bilanz, Gewinn- und Verlustrechnung und andere Finanzaufstellungen der Investment Company [Sec. 30 (a), (e), (g) ICA]. Insbesondere kann er auch in die Überwachung des Custodian eingeschaltet werden [Sec. 17 (f)(3) ICA].

### 3. Outsourcing im US-Investmentrecht

Auf dem Hintergrund dieser Zusammenhänge im US-Investmentgeschäft muss es nunmehr um die rechtliche und tatsächliche Bedeutung des Outsourcing in diesem Geschäft gehen.[506] Eine „Outsourcing-Section" kennt der ICA nicht.

#### a. Angelegtes Zusammenspiel der Funktionsträger

Die Investment Company – die Gesellschaft bzw. der Trust als „Fonds" – ist zwar die Trägerin des Anlagevermögens, aber sie steht nicht im Zentrum des Geschehens. Die zentrale Figur ist vielmehr der Investment Adviser: Er tritt als Gründer bzw. Sponsor auf den Plan, führt das Fondsmanagement und zahlreiche andere Aufgaben aus, kann faktisch einen hohen Einfluss auf die Besetzung und die Tätigkeit des Board of Directors ausüben[507] und ist regelmäßig über Beteiligungen mit den anderen Akteuren wie Principal Underwriter und Custodian verbunden.
Indessen kann auch der Investment Adviser nicht gänzlich isoliert agieren: Das Board of Directors und die Anteilinhaber sind – jedenfalls der Papierform nach – mit Kontrollrechten ausgestattet (insbesondere in Form von Kündigungsrechten), und es bestehen mit Principal Underwriter, Custodian und Transfer Agent eben weitere Beteiligte, die zumindest zu koordinieren sind (wenngleich diese häufig, wie erwähnt, unter der Einflussnahme des Investment Adviser stehen).

---

506 Möglichkeiten und Grenzen des Outsourcing werden dabei nur investmentrechtlich abgesteckt. Einschränkungen, die sich ggf. aus dem US-Gesellschaftsrecht, das in den einzelnen Bundesstaaten nicht deckungsgleich ist, oder aus dem Recht der (Business) Trusts ergeben, werden vorliegend (nahezu) nicht betrachtet. Festhalten lässt sich freilich ein Verbot der Delegation von Organfunktionen (siehe dazu auch *Roth* S. 30).

507 In der Praxis nimmt der Investment Adviser über Stimmrechtsvollmachten massiv Einfluss auf die Berufung auch der unabhängigen Direktoren (vgl. *Steck* (2000), S. 98; bestätigend *Roth* S. 21 f., 47-49, 52 f.). Dem Adviser gelingt es mühelos und nahezu immer, die erforderlichen Stimmrechtsmehrheiten bei den Anlegern einzusammeln. Zu den personellen Verflechtungen siehe Fußnote 511.

Es zeigt sich insgesamt, dass das US-Investmentgeschäft durch den Investment Company Act angelegt ist als ein Zusammenwirken zwischen der Investment Company und anderen Parteien, unter denen der Investment Adviser die tonangebende Rolle spielt. Mit diesem „Set Up" besteht von Anbeginn nicht die Vorstellung des US-Investmentrechts, dass die gesamte Investment-Wertschöpfungskette durch nur eine Partei bzw. eine Gesellschaft abzudecken ist. Insbesondere ist es nicht das gesetzliche Leitbild von der Investment Company, dass sie eine solche Rolle einzunehmen hätte. Zieht man die Wertschöpfungskette aus den Abbildungen II-3 und II-4 heran, ergibt sich das folgende Bild für die Rollenverteilung im US-Investmentgeschäft:

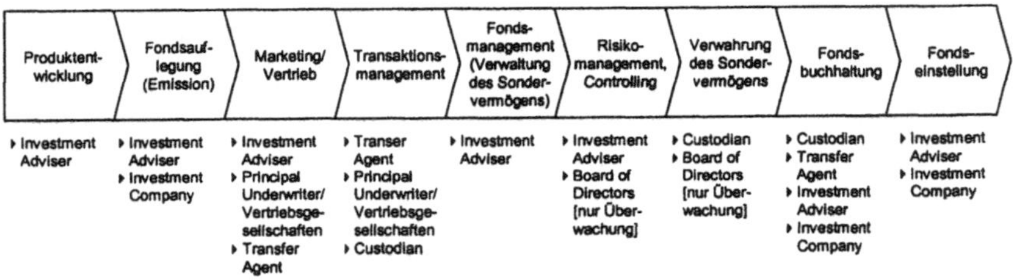


*Abb. V-3 Aufteilung der Wertschöpfungskette/ Rollenverteilung im US-Investmentgeschäft*

Fraglich ist, ob die in diesem Zusammenspiel der Akteure bestehenden (Vertrags-) Beziehungen zwischen der Investment Company und den anderen Parteien als Outsourcing-Beziehungen bewertet werden müssen mit der Folge, dass in der Gesamtkonstellation ein großangelegtes Outsourcing-Netz- und -„Kunst"-Werk zu sehen ist.

Der bedeutendste dieser Verträge ist der „Advisory Contract" zwischen der Investment Company und dem Investment Adviser.
Um eine Outsourcing-Relation bejahen zu können, müsste eine Übertragung von betrieblichen Funktionen auf eine andere Person vorliegen. Zwar liegen die Dinge formell so, dass „Asset Management" zum Aufgabenkreis der Investment Company gehört [arg.e. Sec. 3 (a)(1)(A) ICA]. Dennoch geht das Gesetz davon aus [v.a. Sec. 2 (a)(20), Sec. 15, Sec. 36 (a), (b) ICA[508]], dass ein Investment Adviser bestellt wird, selbst wenn der ICA dies nicht zwingend vorgibt. Die Kooperation der Investment Company mit dem Investment Adviser bildet insoweit den Normalfall. Es lässt sich daher nicht behaupten, der Investment Adviser nehme mit seiner (Fondsmanagement-) Tätigkeit wie ein Outsourcing-Nehmer fremdes Geschäft wahr. Tatsächlich verhält es sich so, dass die Investment Company von vornherein konzipiert ist als

508 In der präambelartigen Gesetzesbestimmung vor Sec. 1 ICA ist klargestellt, dass neben der Investment Company auch der Investment Adviser Regulierungsgegenstand des Gesetzes ist. Weitere Vorschriften, die die Einschaltung des Investment Adviser als den Normalfall belegen, sind Sec. 2 (a)(19)(A)(iii), (19)(B), Sec. 9, Sec. 10 (d), Sec. 12 (d)(1)(C), Sec. 17 (i), (j), Sec. 27 (a)(5), Sec. 31 (a)(1) ICA.

ein rechtlich-organisatorisches Vehikel, um dem Investment Adviser sein Geschäft in einer Weise zu gestatten, durch die berechtigte Interessen der Anleger und der Aufsicht im Investmentgeschäft in ausreichendem Maß respektiert werden.
Angesichts dieser „Spielregeln" ist die vertraglich vereinbarte Tätigkeit des Investment Adviser nicht gleichzusetzen mit einem für die Auslagerung typischen Herauslösen eines Teiles der Aufgaben der Investment Company, um sie auf den Investment Adviser zu übertragen. Man kann die Konstellation nicht damit charakterisieren, dass der Investment Adviser in das originäre Geschäft der Investment Company eingebunden wäre. An dieser Bewertung ändert sich nichts dadurch, dass im Einzelfall die Investment Company „hochgerüstet" wird und das Fondsmanagement selbst ausführt (es gibt keine gesetzliche *Pflicht* zur Bestellung eines Investment Adviser). *Wenn* aber, wie nahezu immer, ein Investment Adviser per Vertrag eingeschaltet wird, ist dieser Vertrag jedenfalls kein materieller Outsourcing-Vertrag.

Außerdem verhält es sich nicht so, dass zwischen Investment Company und Investment Adviser ein Beziehungsmuster wie zwischen Outsourcer und Outsourcing-Nehmer herrscht:
Es handelt sich um zwei rechtlich selbständige Personen, deren Zusammenarbeit auf Dauer angelegt ist[509]; den Investment Adviser trifft eine treuhänderische Pflicht gegenüber der Investment Company sowie eine treuhänderische Pflicht hinsichtlich seiner Honorare [Sec. 36 (a), (b) ICA]. Dies sind für einen Outsourcing-Nehmer typische Loyalitätspflichten; trotzdem lässt sich schwerlich vortragen, die Parteien stünden zueinander wie Geschäftsherr und Geschäftsbesorger bzw. wie Auftraggeber und Auftragnehmer. Insbesondere fehlt der Investment Company bzw. dem Board of Directors das für den Geschäftsherrn typische Weisungsrecht: Die Investment Company kann sich zwar jederzeit vom Vertrag lösen (wenngleich dieses Recht im Ergebnis wirkungslos verpufft[510]); auch ist der Investment Adviser gehalten, die festgelegte Anlagepolitik einzuhalten. Aber ein effektives Weisungs- und Durchgriffsrecht in der Beziehung verlangt die einschlägige Norm des ICA [Sec. 15 (a) ICA] nicht.
Die tatsächlichen Kräfteverhältnisse liegen vielmehr so, dass der Investment Adviser, wie dargelegt, „die Zügel in der Hand hält" und ausladende Gestaltungs- und Eingriffsmöglichkeiten besitzt. Er hat die Investment Company initiiert und die Beschaffenheit des Investmentproduktes bestimmt (v.a. die Anlagepolitik), um seinerseits sein eigenes Geschäft, die Vermögensverwaltung, betreiben zu können; er diktiert Abschluss und Inhalt des Advisory Agreement bis hin zu seiner eigenen Vergütung. Seine Position entspricht bereits unter diesem Aspekt nicht der eines Geschäftsbesorgers oder Auftragnehmers.[511]

---

509 Während Unit Investment Trusts typischerweise einen festgelegten Liquidationstermin kennen, sind die hier im Mittelpunkt stehenden Management Companies in der Regel nicht terminiert in der Laufzeit.

510 Zur Wirkungslosigkeit des Kündigungsrechts nach Sec. 15 (a)(3) ICA ausführlich *Roth* S. 53-55.

511 Diese Machtverhältnisse kommen auch in der personellen Verwobenheit zum Ausdruck (siehe dazu *Lemke/ Lins/ Smith* § 6.03; *Roth* S. 50 f., *Thiel* (1982), S. 34 f.): In der Regel findet man als sog. abhängige („interested") Mitglieder des Board of Directors der Investment Company Personen, die Gesellschafter des Investment Adviser sind und in Personalunion die Ämter als Director und Officer sowohl bei der Investment

Jedoch ist es umgekehrt auch nicht so, dass die machtvolle Position des Investment Adviser ihn zum Geschäftsherrn in einer Auslagerungsbeziehung werden ließe. Formell bleibt es so, dass die Investment Company sich die Dienste des Investment Adviser sichert, wenngleich dieser die Investment Company als Mittel zum Zweck gründet. Legal bleibt es bei der Leitungsbefugnis des Board of Directors.
Hinzu kommt, dass nur ausgelagert werden kann, was man auch eigenständig ausführen könnte. Die Kernaufgaben der Investment Company bzw. des Board of Directors – insbesondere Trägerschaft des Fonds und Überwachung des Vermögensmanagement sowie der Vermögensverwahrung – sind dem Investment Adviser jedoch schon gesetzlich entzogen.
Zusammenfassend ist somit festzuhalten, dass zwischen der Investment Company und ihrem Adviser keine materielle Outsourcing-Beziehung vorliegt.[512]

Auch bezüglich der Verträge mit Principal Underwriter, Custodian und Transfer Agent ist das Gesetz so angelegt, dass die betroffenen Aufgaben nicht durch die Investment Company ausgeführt werden (vgl. nur Sec. 2 (a)(19)(A), (B), (29), Sec. 7, Sec. 9, Sec. 10 (b)(2), Sec. 11, Sec. 12 [für die Tätigkeiten des Principal Underwriter besonders deutlich in Sec. 12 (b)], Sec. 15 (b), (c), (f), Sec. 17 [v.a. (f)], Sec. 26 (a), Sec. 36, s.o. V.2.c.dd.). Die Einbindung auch dieser Akteure ist insoweit wiederum der Normalfall; ihre Tätigkeit bedeutet nicht, wie es bei Outsourcing-Nehmern der Fall wäre, die Übernahme von Aufgaben, die der Investment Company obliegen.[513]

Man muss daher die Beziehungen unter den Beteiligten verstehen als das vom Gesetz angelegte Zusammenspiel der Parteien zur Organisation des Investmentgeschäftes. Der ICA und die ungeschriebene Rechtstradition normieren einen Funktionsablauf im Investmentgeschäft, der gerade in diesem Zusammenwirken in vernetzter Struktur besteht. Die Verträge, die zwischen Investment Company, Investment Adviser, Principal Underwriter, Custodian und Transfer Agent vorgesehen sind, rufen den Normalzustand der Gesamtorganisation überhaupt erst ins Leben als Voraussetzung des Geschäftsbetriebes. Outsourcing-Verträge dagegen verändern

---

Company als auch beim Adviser bekleiden (Officers können mit leitenden Angestellten verglichen werden). Der Investment Adviser zahlt idR. die Honorare und Gehälter der Directors und Officers der Investment Company. Einfache Angestellte hat die Investment Company üblicherweise nicht oder nur sehr wenige. Der Investment Adviser besorgt das Anfangskapital des Fonds, trägt die administrativ-organisatorischen Kosten und stellt typischerweise die Büroräume, d.h die Investment Company hat ihren Sitz beim Investment Adviser. Diese Praxis illustriert, dass nicht von Weisungsverhältnissen zu Gunsten der Investment Company ausgegangen werden kann.

512 Die im Zusammenhang mit der Relation zwischen Investment Company und Investment Adviser anzutreffende Wendung von der „externalization of management" ist zumindest missverständlich, da, wie dargelegt, nicht von einer Auslagerung im engeren Sinn ausgegangen werden kann. Die Wendung sollte daher verstanden werden als bloßer Ausdruck für die Trennung von einerseits Trägerschaft des Fonds/ Eigentum am Fondsvermögen und andererseits Fondsmanagement.

513 Unter engen Bedingungen gestattet die SEC die „Self Custody" – wenngleich auch bei einer solchen Konstruktion eine dritte Bank eingebunden bleibt – [Sec. 17 (f) ICA iVm. 17 Code of Federal Regulation § 270.17f-2; vgl. *Lemke/ Lins/ Smith* § 8.02[1]] und sehr eingegrenzt auch Vertriebsaktivitäten einer Investment Company, die allerdings den Principal Underwriter nicht ersetzen können [Sec. 12 (b) ICA iVm. 17 Code of Federal Regulation § 270.12b-1; vgl. *Lemke/ Lins/ Smith* § 7.05; *Ratner* (1992), S. 241].

den Normalzustand durch den Einbezug von Personen, die regulär nicht eingeplant sind.

Nach außen hin entsteht durch die Verträge ein Zustand, als wenn eine Investmentgesellschaft, die sonst für alle Arbeitsschritte im Investmentprozess verantwortlich ist, besonders weitreichend ausgelagert hätte. Allerdings ist dieser Zustand im US-Investmentgeschäft nicht das Ergebnis eines strategischen Outsourcing, sondern die reguläre Ablauforganisation, nach der das Investmentgeschäft erfolgt. Die Beteiligten sind insoweit Funktionsträger innerhalb dieser Ablauforganisation. Ihr Verhältnis untereinander ist eher symbiotisch als auftragend, wenngleich überlagert durch die Rolle des Investment Adviser.

Diese Bewertung ändert sich, wie dargestellt, nicht dadurch, dass es tatsächlich vereinzelte Investment Companies gibt, die das Fondsmanagement eigenverantwortlich durchführen. Wie erwähnt, gibt es keinen gesetzlichen Zwang zur Einrichtung eines Investment Adviser. Allein ist die Rechtswirklichkeit eine andere, die insoweit auch ihren Niederschlag im ICA findet (siehe die Gesetzesverweise im Text). *Wenn* also, wie nahezu immer, ein Investment Adviser oder ein anderer Beteiligter per Vertrag eingeschaltet wird, ist dieser Vertrag jedenfalls kein materieller Outsourcing-Vertrag. Sollte der nicht realitätsnahe Fall eintreten, dass eine Investment Company, die bisher das Anlagemanagement eigenständig ausführt, diesen Bereich im Sinne des klassischen Outsourcing an einen tatsächlich weisungsgebundenen Externen auslagern möchte, sind dem ICA keine Bedenken zu entnehmen; man läge dann aufsichtsrechtlich auf halber Strecke zwischen der Eigenerstellung und dem dargestellten Funktionsablauf.[514, 515]

Durch diese angelegte Funktionsaufteilung stellt sich die Frage des Outsourcing im US-Investmentgeschäft gänzlich anders und weniger brisant. Nachdem die Wertschöpfungkette bereits zugeteilt ist, besteht kein rechter Bedarf nach Outsourcing-Modellen. Es ist nur noch für jeden der Beteiligten zu klären, ob er seinen Wertschöpfungsausschnitt oder Teile daraus delegieren darf. Allerdings dürfte hier die betriebswirtschaftliche Nachfrage nach Outsourcing infolge der bereits mitgegebenen Spezialisierung im Verhältnis schmal ausfallen. Dennoch soll im nächsten Abschnitt betrachtet werden, inwieweit dem ICA dazu Aussagen entnommen werden können.[516]

---

514 Auch seitens des „Corporation Law" ist dies grundsätzlich gesellschaftsrechtlich zu tolerieren, solange die Corporation – genauer: das Board – sich Kontrollrechte zurückbehält und der Outsourcing-Vertrag jederzeit wieder aufhebbar ist (dazu *Roth* S. 34 f.; *Thiel* (1982), S. 33). Auch für das Recht des Trust gilt: Trotz der fiduziarischen Bindung des Treuhänders wird es als zulässig angesehen, externe Investment Adviser zu beschäftigen, in welcher vertraglichen Form sie auch gebunden sein mögen (auch dazu *Roth* S. 105 f.).

515 Bei der Investment Company-Klasse der Unit Investment Trusts nach Sec. 4 (2) ICA (s.o. V.2.a., -b.aa., auch V.2.c. [zu Beginn]) stellt sich das Bild zwar im Grundsatz gleich dar. Da allerdings mangels aktiven Portfoliomanagement der entscheidende Vertrag zum Investment Adviser fehlt, hat die Frage nach der Bewertung der Gesamtkonstellation unter Outsourcing-Gesichtspunkten geringere Relevanz.

516 Der folgende Abschnitt (V.3.b.) behandelt die Möglichkeiten des Outsourcing für die am Investmentprozess beteiligten Funktionsträger nach dem ICA. Zu den außerhalb des Investmentrechts im US-Bankaufsichtsrecht ggf. bestehenden Reglementierungen siehe unten V.3.c.

### b. Outsourcing durch die einzelnen Funktionsträger

Outsourcing ist auch hinsichtlich der den einzelnen Funktionsträgern zugewiesenen Aufgabenblöcke kein ausdrücklicher Regulierungsgegenstand des ICA – wie aufgezeigt ist die Funktionsauslagerung im Investment-„Konzert" weniger dringlich. Aus einigen Vorschriften und Regelungszusammenhängen lassen sich dennoch manche Aussagen gewinnen.

*Board of Directors*
Die Mitglieder des Board of Directors werden durch die Anteilinhaber individuell gewählt mit der speziellen Aufgabe, Kontrolle und Geschäftsüberwachung für die Anteilinhaber auszuüben.[517] Infolgedessen findet der Wille der Anteilinhaber in der Besetzung des Board einen Ausdruck; eine im Wege des Outsourcing herbeigeführte andere faktische Rekrutierung wiese nicht dieselbe Legitimation auf.
Auch die gesetzlich gewollte personelle Struktur im Board – der Kreis der Personen, die Director werden können, ist beschränkt [Sec. 10 (b), (c) ICA], und eine Mindestanzahl der Directors muss *unabhängig* sein [„disinterested", Sec. 10 (a) ICA] – darf durch Outsourcing nicht umgangen werden.
Insoweit haftet der Tätigkeit der Board-Mitglieder etwa Höchstpersönliches an. Dies tritt auch in der persönlichen treuhänderischen Pflichtenstellung der Direktoren nach Sec. 36 (a), Sec. 17 (h), Sec. 2 (a)(41)(A)(ii), (B) ICA zu Tage. Eine Auslagerung der Aufgaben des Board ist damit nicht zu harmonisieren.

*Investment Adviser*
Wiederholend ist zu betonen: Da es sich bei den Investment Advisers in der Regel um auf die Betreuung und Verwaltung von Investment Companies spezialisierte Unternehmen handelt, die die Gründung einer Investment Company im Rahmen ihrer geschäftlichen Strategie gezielt angehen, fällt der Bedarf für Funktionsauslagerungen tatsächlich gering aus.

Hinsichtlich des eigentlichen Fondsmanagement als der zentralen Aufgabe des Investment Adviser ist der Legaldefinition der Sec. 2 (a)(20)(B) ICA zu entnehmen, dass ein Investment Adviser vertraglich eine andere Person verpflichten darf, für ihn die Anlagemanagementaufgaben wahrzunehmen, zu denen er gegenüber der Investment Company verpflichtet ist. Damit gestattet die Norm die Auslagerung des Fondsmanagement durch den Investment Adviser. Allerdings bestimmen Sec. 1 (b)(6) ICA leitsatzartig und Sec. 15 (a) ICA explizit, dass die Übertragung der Management-Aufgaben ohne die Zustimmung der Anteilinhaber unrechtmäßig ist. In der Zusammenschau dieser Vorschriften ergibt sich also, dass das isolierte Outsour-

517 ICI Mutual Fund Fact Book (2004), S. 8; *Lemke/ Lins/ Smith* § 6.03 [mit Nachweisen zu bestätigenden Entscheidungen des Supreme Court]; *Roth* S. 40, 50; *Steck* (2000), S. 89.

cing des Fondsmanagement unter der Voraussetzung der Zustimmung durch die Anteilinhaber zulässig ist.[518]

Aus dem Umstand, dass sich Sec. 2 (a)(20)(B) ICA nur auf die eigentliche Investment-Tätigkeit (Anlagemanagement) bezieht, nicht aber auch auf andere möglicherweise durch den Investment Adviser übernommene Aufgaben (etwa aus dem Bereich der Fondsbuchhaltung) kann nicht die Unzulässigkeit einer Outsourcing-Maßnahme abgeleitet werden, die diese anderen Aufgaben betrifft. Denn Sec. 2 (a)(20) ICA liefert eine Legaldefinition für den „Investment Adviser", zu dessen Tätigkeiten Aufgaben außerhalb des Fondsmanagement *definitorisch* eben nicht zählen, mit der Folge dass Sec. 2 (a)(20)(B) ICA zu dergleichen Aufgaben keine Regelungen treffen kann. Vielmehr gilt daher, dass bei Bejahung der grundsätzlichen Möglichkeit der Delegation des zentralen Bereiches des Fondsmanagement auch periphere Bereiche ausgelagert werden können.

*Principal Underwriter*
Das Outsourcing von Teilen des Vertriebes durch den Principal Underwriter, indem weitere Vertriebsgesellschaften eingeschaltet werden, ist aufsichtlich geduldete Rechtspraxis.[519]

*Custodian*
Gemäß Sec. 17 (f)(2) ICA ist der Custodian bei Zustimmung der Investment Company ermächtigt, die eigentliche Wertpapier-Verwahraufgabe an einen bei der SEC eingetragenen Zentralverwahrer zu delegieren. Da der ICA außerhalb dieser speziellen Norm die Delegation der anderen Aufgaben des Custodian unerwähnt lässt, ist deren Auslagerbarkeit zu verneinen. Der Umstand, dass nach Sec. 17 (f)(1) ICA nur ein ausgewählter Kreis von Unternehmen sich qualifiziert, Custodian werden zu können, stützt dies.

Für den *Transfer Agent* und den *Independent Public Accountant* hat Outsourcing kaum praktische Relevanz.

### c. Weitere Regulierungsmaterien außerhalb des Investment Company Act

Im allgemeinen US-Bankaufsichtsrecht findet sich keine generalklauselhafte Outsourcing-Vorschrift nach dem Muster des § 25a Abs. 2 KWG. Ein Regulierungsbild ergibt sich vielmehr aus der Zusammenschau einer Reihe von aufsichtlichen Stel-

---

518 So auch, wenngleich ohne Begründung, *Lemke/ Lins/ Smith* § 7.11[1][b], [d]. Sie weisen darauf hin, dass die SEC in einigen Fällen das Votum des Board of Directors anstatt das der Anteilinhaber nach Sec. 15 (a) ICA hat genügen lassen für derartige „Sub-Advisory Contracts".

519 Dies betrifft hauptsächlich die Open End Management Companies; bei Closed End Management Companies erschöpft sich der Vertrieb mehr oder weniger in der Emissionsaufgabe. Für diese Aufgabe allerdings ist aus Sec. 2 (a)(29) ICA ableitbar, dass die Führung eines „Underwriting-Syndikates" durch den Principal Underwriter gestattet ist. Darin liegt zwar eine Funktionsauslagerung; von Outsourcing zu sprechen bietet sich dennoch nicht an, da es sich dabei nicht um eine dauerhafte Zusammenarbeit handelt.

lungnahmen, v.a. in der Form von „Supervision and Regulation Letters", und einer einzelnen, punktuellen (formell-) gesetzlichen Regelung.
Autor dieser aufsichtlichen Stellungnahmen ist das Federal Reserve System, zumeist das „Board of Governors of the Federal Reserve System", in einem Fall jedoch die „Federal Reserve Bank of New York" als eine der zwölf zum System gehörenden „Reserve Banks". An dieser Urheberschaft ist bereits abzulesen, dass sich diese Regulierungsmaterien nicht primär an die Akteure des Investmentgeschäfts richten, die nicht vom Federal Reserve System, sondern von der SEC beaufsichtigt werden (auch nach Aufhebung des Trennbankensystems, vgl. nur Sec. 1 (a) ICA).[520] Die einzelnen Papiere bestätigen durch ihren jeweiligen (personalen) Anwendungsbereich, dass Investment Companies und Investment Advisers nicht zu ihren Adressaten zählen (dazu sogleich).

Dennoch soll auf diese Materien kurz eingegangen werden. Dies zunächst deshalb, weil sie Bestandteil der US-Aufsichtslandschaft zum Outsourcing sind und daher nicht gänzlich ausgeklammert sein sollen. Hinzu kommt, dass die Papiere zum Teil prinzipielle Aussagen zum aufsichtlichen Umgang mit Outsourcing enthalten, so dass die SEC geneigt sein könnte, sich im Einzelfall daran anzulehnen. Allerdings – dies ist in Erinnerung zu rufen – gäbe es nur einen eng abgesteckten Spielraum für die SEC, derlei Anleihen beim allgemeinen Bankaufsichtsrecht zu nehmen: Das angelegte Zusammenspiel der Beteiligten im Investmentgeschäft ist nicht unter Outsourcing zu subsumieren und ohnehin „durchreguliert" (s.o. unter V.3.a.); „wirkliche" Auslagerungen spielen daneben keine handfeste Rolle (s.o. unter V.3.b.).
Soweit diese allgemeinen bankaufsichtsrechtlichen Materien Erkenntnisse für eine Regulierungslösung für das Outsourcing im deutschen Investmentrecht bereithalten, sollen sie unter 4.c.dd. aufgegriffen werden.

*Federal Reserve Supervision and Regulation Letter on the Outsourcing of Information and Transaction Processing*[521]
In diesem Dokument, das an alle durch das Federal Reserve System beaufsichtigten Banken gerichtet ist, trifft die Bankaufsicht einige grundlegende, wenngleich „unspektakuläre" Aussagen zu ihrer Haltung in der Outsourcing-Regulierung. Der vage

520 Vgl. auch *Ratner/ Hazen* (2001), S. 1; in ungewöhnlichen Ausnahmefällen mag es freilich doch zur Aufsichtszuständigkeit des Federal Reserve System im Investmentbereich kommen. So gelten „Banken" (gemeint sind Kreditinstitute, die nicht als Investment Company agieren) auch bei Ausübung der entsprechenden Beratertätigkeit nicht als Investment Adviser, Sec. 2 (a)(11) Investment Advisers Act, mit der Folge, dass ihre Tätigkeit nicht dem Investment Advisers Act unterfällt und damit nicht der SEC untersteht. Sollte eine solche Bank Teile ihrer Tätigkeit delegieren, werden die angesprochenen Outsourcing-Materien relevant. Für eine Übersicht zur Regulierung von Banken, die Aktivitäten im Mutual Fund-Bereich übernehmen, siehe *Lemke/ Lins/ Smith* § 23.

521 Board of Governors of the Federal Reserve System Supervision and Regulation Letter vom 29.2.2000, Aktenzeichen SR 00-4 (SUP); auf einer Linie mit dieser aufsichtlichen Stellungnahme steht ein inhaltlich verwandter Supervision and Regulation Letter on Guidance on the Risk Management of Outsourced Technology Services, Aktenzeichen SR 00-17 (SPE), vom 30.11.2000, der wiederum auf ein Interagency Statement on Risk Management of Outsourced Technology Services vom 28.11.2000, ohne Aktenzeichen, rekurriert (zu „Interagency Statements" siehe sogleich Fn. 522). Diese Papiere betonen noch einmal einige Aspekte des Risikomanagement in Outsourcing-Beziehungen, führen inhaltlich jedoch nicht erwähnenswert weiter.

gehaltene Anwendungsbereich kreist um die Auslagerung von „Information Processing"- und „Transaction Processing"-Aktivitäten; dazu wird man wohl, wie sich zwischen den Zeilen aus dem Dokument ergibt, mit der Ausnahme des Vertriebs alle Tätigkeiten des Zahlungsverkehrs-, Kredit- und Einlagengeschäfts rechnen müssen, ebenso wie alle Back Office-Funktionen zu (Wertpapier-) Handelsaktivitäten. Damit erzielt das Aufsichtspapier eine ansehnliche inhaltliche Reichweite.
Das Dokument stellt die grundsätzliche Zulässigkeit des Outsourcing nicht in Frage. Es formuliert Anforderungen an die Ausgestaltung von Auslagerungsbeziehungen, die zur Risikokontrolle dienen sollen. Diese Anforderungen betreffen die Bereiche Auswahl des Dienstleisters, Gestaltung und Mindestinhalt der Auslagerungsverträge, laufende Kontrollen und Einbezug des Auslagerungsunternehmens in die Interne Revision des auslagernden Instituts, Informationsrechte, Notfallpläne sowie Sicherung der Prüfungsrechte der Aufsicht auch bei im Ausland sitzenden Auslagerungsunternehmen.

Dem Papier können keine neuen Grenzbestimmungen für das Outsourcing im Investmentgeschäft entnommen werden, für das es, wie erwähnt, ohnehin nicht konzipiert wurde. Seine Bedeutung liegt darin, dass die in ihm eingenommene inhaltliche Position der Federal Reserve weitgehend unabhängig vom herrschenden Aufsichtsregime Gültigkeit beanspruchen kann. Somit drängt es sich auf, auch weil diese Standard-Vorstellungen nunmehr mittels eines Supervision and Regulation Letter *niedergelegt* sind, dass die SEC – und hier liegt die Implikation für das Investmentgeschäft – bei Bedarf ihre Haltung in allgemeinen Outsourcing-Fragen daran ausrichten wird.

*Federal Reserve Supervision and Regulation Letter and Interagency Policy Statement on the Internal Audit Function and its Outsourcing*[522]
Diese Aufsichtspublikation bestimmt die Mindestanforderungen an die Interne Revision und enthält Leitlinien zur Ausgestaltung ihrer Auslagerung.[523] Adressaten des Papiers sind die der Aufsicht der vier „Federal Banking Agencies" unterstehenden Finanzdienstleister[524]. Damit sind die Akteure des Investmentgeschäftes grund-

522 Board of Governors of the Federal Reserve System Supervision and Regulation Letter vom 22.12.1997, Aktenzeichen SR 97-35 (SUP); Board of Governors of the Federal Reserve System/ Federal Deposit Insurance Corporation/ Office of the Comptroller of the Currency/ Office of Thrift Supervision Interagency Policy Statement vom 22.12.1997 (ohne Aktenzeichen) [bei gemeinsamer Autorenschaft dieser Aufsichtsbehörden werden ihre Papiere mit „Interagency Policy Statements" bezeichnet].

523 In seiner Zielsetzung ist das Dokument vergleichbar mit den „Mindestanforderungen an die Ausgestaltung der Internen Revision der Kreditinstitute" des vormaligen BAKred (abgedruckt bei *Consbruch/ Möller/ Bähre/ Schneider* Nr. 4.325).

524 Die Bankaufsicht ist in den USA nicht zentralisiert. Auf der Bundesebene sind zu unterscheiden: Federal Reserve System (also Board of Governors und zwölf Federal Reserve Banks) – Aufsicht u.a. über Bank Holding Companies und deren Nichtbank-Töchter, Banken, die nach dem Recht eines Bundesstaates inkorporiert sind und sich dem Federal Reserve System als „Members" angeschlossen haben, Niederlassungen und Zweigstellen ausländischer Banken –, Federal Deposit Insurance Corporation – Aufsicht über Banken, die nach dem Recht eines Bundesstaates inkorporiert sind und sich nicht dem Federal Reserve System angeschlossen haben –, Comptroller of the Currency – Aufsicht über sog. National Banks, die in Währungsfragen eingebunden sind –, Office of Thrift Supervision – Aufsicht über Savings Banks und Savings and Loan Associations [vgl. 12 U.S.C. § 1813 (q)].

sätzlich nicht erfasst. Dennoch strahlt auch dieses Dokument wegen seiner z.T. grundlegenden Aussagen zum aufsichtlichen Umgang mit dem Outsourcing der Internen Revision auf den Investmentbereich aus, sollte es hier zur Delegation von Revisionsaufgaben kommen.
Zentral ist die Grenzziehung, dass die Verantwortlichkeit für die Interne Revision nicht delegiert werden kann, wohl aber – auch vollständig – ihre operative Durchführung, solange eine Minimalbesetzung zur Koordination des externen Revisors erhalten bleibt. Weiter wird verlangt, dass die grundsätzlichen Anforderungen an die Ausgestaltung der Internen Revision (u.a. direkter Zugang zur Geschäftsleitung, obligatorische Aufstellung eines Prüfungsplanes) auch bei Outsourcing respektiert werden; der Auslagerungsvertrag muss Mindestinhalte aufweisen, insbesondere die Sicherung des Zugangs der Aufsicht auch zu den extern erstellten Prüfberichten.

Außer den bisher zur Sprache gekommenen Supervision and Regulation Letters bestehen zwei weitere Aufsichtsdokumente, die sich mit Outsourcing befassen:

- Im Supervision and Regulation Letter SR 95-48 (SPE) geht es um die Auslagerung von Transaktionen zwischen den Banken und der Zentralbank, inbesondere hinsichtlich der Nutzung des zentralbankseitig bereitgestellten Großbetragszahlungssystems („Fedwire"). Eine derartige Auslagerung kommt im Investmentbereich kaum in Betracht.
- Der Supervision and Regulation Letter SR 90-5 (FIS) soll hier ebenfalls nicht näher behandelt werden, da er sich mit Spezialfragen der Auslagerung von IT-Prozessen beschäftigt und inhaltlich im hier interessierenden Kontext nicht weiterführt.

*Bank Service Company Act*
Eine (formell-) gesetzliche Regelung zu Auslagerungen an eine spezielle Gruppe von Dienstleistern ist im Bank Service Company Act zu finden (12 U.S.C. §§ 1861-1867). Bank Service Companies sind Unternehmen, die auf die Erbringung von (einfacheren) Back Office-Dienstleistungen für andere Finanzdienstleister spezialisiert sind. In der Konzeption des Bank Service Company Act werden die Bank Service Companies von anderen Banken gehalten, die dann zumeist auch Kunden ihrer eigenen Bank Service Companies sind. Das Gesetzeswerk reguliert die Tätigkeiten der Bank Service Companies und unterwirft sie selbst der Aufsicht derjenigen Federal Banking Agency, die für ihren jeweiligen Hauptanteilseigner zuständig ist (siehe dazu Fn. 524). Die Banken, die an Bank Service Companies auslagern, sollen durch diese Auslagerung nicht der Aufsicht ausweichen können. Aus diesem Grund sieht Sec. 1867 (c) Bank Service Company Act eine Notifizierungspflicht für die auslagernden Häuser vor und unterstellt die im Rahmen des Outsourcing-Vertrages erbrachten Tätigkeiten der Aufsicht. Die Bankaufsicht hat damit ein gesetzlich gesichertes Prüfungsrecht im Bereich der Bank Service Companies.

Die Regelung des Bank Service Company Act ist zu einem Teil, allerdings auch nur zu einem Teil, kongruent mit dem erwähnten Supervision and Regulation Letter on Outsourcing of Information and Transaction Processing. Der Act erfasst nur Bank Service Companies als Dienstleister, für den Letter dagegen spielt das Auslagerungsunternehmen keine Rolle; der Act betrifft Banken aller Federal Banking Agencies, der Letter nur die durch das Federal Reserve System beaufsichtigten Banken. In materieller Hinsicht ist der entscheidende Unterschied, dass der Act die Auslagerungsunternehmen formell der Aufsicht unterordnet, auch wenn sie „isoliert" keine aufsichtspflichtigen Gesellschaften wären, und dass sich die Aufsicht durch die normierte Notifizierungspflicht eine Übersicht über das Auslagerungsverhalten sichert. In den Anforderungen an die Ausgestaltung der Auslagerung indessen ist der Letter erheblich genauer und anspruchsvoller. Damit gilt, dass selbst in dem Subset personeller Konstellationen von auslagerndem Institut und Auslagerungsunternehmen, in dem beide Regelungsmaterien einschlägig sind, inhaltlich wegen unterschiedlichen Regelungsgehalts kein Verdrängungsverhältnis der Materien gegeben ist.

Die Auswirkungen dieser Regelungen des Bank Service Company Act für das Investmentgeschäft sind nicht gewichtig. Investment Companies sind weder selbst Bank Service Companies noch sind sie den Federal Banking Agencies unterstehende Banken, die Leistungen von Bank Service Companies in Anspruch nehmen würden. Da es sich nicht um eine aufsichtliche Grundsatzäußerung handelt, sondern um eine gesetzliche Regelung nur für einen Ausschnitt aus dem gesamten Bankgeschäft, ist keine Übertragbarkeit auf die SEC im Sinne einer „Anlehnungsmöglichkeit" gegeben. Es verbleibt die Konstellation, dass eine Bank, die Aufgaben im Investmentgeschäft wahrnimmt, z.B. als Investment Adviser oder als Custodian, sich der Hilfe einer Bank Service Company bedient. Hier ist der Bank Service Company Act einschlägig.[525] · [526]

*Federal Reserve Bank of New York Statement on Outsourcing Financial Services Activities*[527]

Die Publikation der Federal Reserve Bank of New York ist unterhalb eines Supervision and Regulation Letter angesiedelt. Sie ist undifferenziert an die gesamte Branche gerichtet, da sie einen informellen Charakter aufweist. Das Papier bietet eine geordnete Zusammenstellung der Geschäftspraktiken, durch die dem Outsourcing innewohnende Risiken beherrscht oder gemildert werden können. Diese Praktiken entstammen den Bereichen Auswahl des Auslagerungsunternehmens, laufendes Management der Outsourcing-Beziehung, Vertragsgestaltung, Personalangelegenheiten, Geschäftsunterbrechungsszenarien.

Das Dokument lässt trotz seiner normenhierarchisch kraftlosen Stellung einen Prüfungsfaden der Federal Reserve Bank of New York für Outsourcing-Vorfälle durch-

525 Zur erwähnten Bestimmung der Sec. 1867 (c) Bank Service Company Act besteht ein begleitender Supervisory Letter der Federal Reserve Bank of New York, der Details zur Notifizierungspflicht enthält (Federal Reserve Bank of New York Supervisory Letter on Outsourced Service Arrangements vom 29.3.1995). Siehe dazu näher Federal Reserve Bank of New York (1999) [s. Fn. 527], dort Appendix A.

526 Eine Parallelregelung zu Sec. 1867 Bank Service Company Act findet sich in Sec. 1464 Home Owners Loan Act [12 U.S.C. § 1464 (d)(7)]. Da keiner der Investment-Akteure im Regelungszusammenhang dieser Norm auftauchen kann, braucht dies hier nicht weiter verfolgt zu werden.

527 Federal Reserve Bank of New York: Outsourcing Financial Services Activities: Industry Practices to Mitigate Risks (1999).

scheinen. Die eingenommene aufsichtliche Haltung wartet allerdings mit keinen inhaltlichen Neuigkeiten auf. Dennoch kann auch dieses Dokument, gerade da es unverbindlich gehalten ist, in eine Anleitungsrolle für die SEC geraten.

### 4. Implikationen für eine deutsche Outsourcing-Regulierungslösung

Die Implikationen des US-Modells für eine deutsche Outsourcing-Regulierungslösung *de lege ferenda* liegen nicht sogleich auf der Hand. Kennzeichnend für die Organisation und den Ablauf des Investmentgeschäftes im US-Recht ist die Aufgliederung der Investment-Wertschöpfungskette auf mehrere Beteiligte, die zur Abwicklung des Geschäftes einem Netzwerk gleich zusammenwirken. Abstrahiert man von den Einzelheiten, prägt vor allem, dass die (juristische) Person, die den Anteilinhabern gegenüber verpflichtet ist und in diesem Sinne „Schuldnerin" des Investmentproduktes ist, nicht identisch ist mit der (juristischen) Person, die das Fondsmanagement, also die eigentliche Vermögensverwaltung wahrnimmt. Darin besteht die „externalization of management". Da die Management Company, ob als Corporation oder Business Trust, das Eigentum am Fondsvermögen hält (beim Trust die Treuhandgesellschaft), während dem Investment Adviser das Management zugewiesen ist, kann man auch von der Trennung von Eigentum des Fonds und Management des Fonds sprechen. Im Modell des InvG dagegen ist die Kapitalanlagegesellschaft sowohl Schuldnerin gegenüber den Anteilscheininhabern als auch Fondsmanager. Eigentum am Fondsvermögen bzw. Trägerschaft des Fonds und Management des Fonds sind nicht getrennt;[528] es besteht „internalization of management".

Prüft man, ob die institutionalisierte Aufteilung der Wertschöpfungskette und die bezeichnete Trennung von Eigentum und Management zu adoptieren sind, müssen die Gründe dafür transparent sein, warum sich gerade dieses Organisationsmodell des Investmentgeschäftes in den USA erfolgreich durchgesetzt hat.

---

528 Formell betrachtet mangelt es an einer Trennung zwischen *Eigentum* am Fondsvermögen und Fondsmanagement nur bei der sog. Treuhandlösung des § 30 Abs. 1 S. 1 InvG, bei der die zum Sondervermögen gehörenden Gegenstände im Eigentum der Kapitalanlagegesellschaft stehen. Bei der alternativen Miteigentumslösung – nicht möglich bei Immobilien- und Gemischten Sondervermögen, bei denen nur die Treuhandlösung besteht (§ 75, § 83 iVm. § 75 InvG) – steht das Fondsvermögen im Miteigentum der Anteilinhaber, die eine Bruchteilsgemeinschaft nach §§ 741 ff., 1008 ff. BGB bilden (*Baur* § 6 Rn. 12; *Köndgen* in BankRHandB § 113 Rn. 123; *Beckmann* in Beckmann/ Scholtz § 6 Rn. 4; a.A. *Canaris* Rn. 2397). Dies ist allerdings eine nur formelle Eigentümerstellung, v.a. da § 38 Abs. 5 InvG dem Anteilinhaber die Auflösung der Bruchteilsgemeinschaft verwehrt, aber auch weil andere Rechte wie die Ausübung von mit dem Sondervermögen verbundenen Stimm- und Gläubigerrechten (§ 32 Abs. 1 InvG) oder die Erhebung einer Klage (§ 28 Abs. 1 S. 1 Nr. 3 InvG) den Anteilinhabern genommen sind. Sowohl bei der Treuhand- als auch bei der Miteigentumslösung handelt es sich materiell um Formen der Treuhand (*Baur* § 6 Rn. 4, 11, 15 unter Verweis auf § 9 Abs. 1 S. 1, § 10 Abs. 1 S. 1 KAGG [jetzt § 31, § 9 Abs. 1 S. 1 InvG]; *Köndgen* a.a.O.; *Beckmann* in Beckmann/ Scholtz a.a.O. und § 15 Rn. 1; *Canaris* Rn. 2395, 2409). Unter den hier interessierenden Gesichtspunkten ist entscheidend, dass in beiden Lösungen die Kapitalanlagegesellschaft sowohl den Fonds als Investmentprodukt emittiert und administriert als auch das Fondsvermögen verwaltet. In diesem Sinn fallen „Eigentum" (Produktträgerschaft, „Produkthoheit") und Fondsmanagement zusammen.

### a. Erklärungsfaktoren für die Ablauforganisation des US-Investmentgeschäftes

Das US-Modell würde sich umso stärker ins Blickfeld schieben für eine Regulierungslösung, umso vollständiger seine erklärenden Faktoren auch im deutschen Investmentgeschäft anzutreffen wären. Vorwegzuschicken ist, dass das Investmentprodukt als Lösung für einen Anlagebedarf des Investors und der grundsätzliche, bankfunktionale Prozess seiner Erstellung in den USA keine andere bankbetriebswirtschaftliche Veranlagung haben als in Europa, die zu besonderen, anders gelagerten Spezialisierungs-, Kostensenkungs- oder Risikomanagementmotiven führen würde. Treiber der Entwicklung sind vielmehr die geschäftliche Grundposition der Produktinitiatoren, der Organisationmodus in Form von Gesellschaften oder Trusts sowie bestehende Interessen, den Einfluss der Investoren einzudämmen.

#### aa. Position der Produktinitiatoren

Ein Teil der Erklärung ist in der geschäftlichen Ausgangsposition zu suchen, in der sich die Gesellschaften befinden, die Investmentfonds initiieren und in der großen Mehrheit der Fälle sodann als Investment Adviser auftreten: So kann es sich z.B. um ein Wertpapierhandelshaus drehen, das den Fonds nutzt, um Umsatzprovisionen durch die zwangsläufig auftretenden Wertpapiertransaktionen zu generieren, oder um einen reinen Anlageberater, der lediglich seine Beratungs- und Managementkapazitäten vermarkten will, oder um einen Aktienemittenten, der den Fonds zur Unterbringung seiner Aktien nutzen möchte.[529] Diese Produktinitiatoren haben idR. vor, einen Teil, allerdings auch *nur* einen Teil des Investmentgeschäftes zu übernehmen – für mehr mögen ihnen die Kenntnisse oder die Infrastruktur oder der Kundenkontakt fehlen, oder sie mögen neben dem Investmentgeschäft noch andere Geschäftsfelder haben. Indem der ICA zugleich die zu gründende Investment Company zu gesetzlichen Mindestaufgaben verpflichtet, ist der Grundstein für die Aufteilung der Wertschöpfungskette gelegt.

Aufgrund der prävalenten Rolle des Investment Adviser bleibt die Zersplitterung der Wertschöpfungskette dabei transaktionskostentheoretisch recht unbedenklich. Denn mit dem Fondsmanagement sowie der Auflage und der Einstellung des Produktes liegen die transaktionskostenökonomisch sensiblen Bereiche (s.o. unter II.1.b.bb.fff.) bei dem Akteur, dessen Geschäft wahrgenommen wird. Es bleibt insoweit bei hoher vertikaler Integration. Die weiteren Schritte – Fondsbuchhaltung, Verwahrung des Vermögens, Transaktionsmanagement, Vertrieb – sind transaktionskostentheoretisch weniger heikel, so dass niedrigere vertikale Integration (aus Sicht des Investment Adviser) ökonomisch berechtigt ist.

---

529 *Roth*, S. 34 f., charakterisiert die Situation im US-Investmentgeschäft dadurch, dass anders als sonst bei Gründung eines Unternehmens nicht die Kapitalgeber vorhanden sind, die sich dann um die Einsetzung eines Management bemühen, sondern bei Gründung einer Investment Company das Management vorhanden ist, das sich dann auf die Suche nach Kapitalgebern macht.

### bb. Organisation in Form einer Gesellschaft bzw. eines Trust

Die Trennung von Eigentum und Management ist ferner zu erklären dadurch, dass sich das US-Investmentrecht hinsichtlich der rechtlichen Einfassung des Investmentgeschäftes gegen die Vertragsform und für die Korporierung als Gesellschaft bzw. als Trust entschieden hat (s.o. unter V.1.c. und V.2.b.). Dies bringt es mit sich, dass grundsätzlich jedes neue Investmentprodukt einer neuen, individuell zu errichtenden Investment Company als Gesellschaft oder Trust entspricht.[530] Der wettbewerbliche Druck indessen verlangt, dass unter demselben marktlichen und namentlichen Auftritt dem Investor ein breites Anlagespektrum offeriert wird. Infolgedessen kann der produktinitiierende Investment Adviser nicht seinerseits in einer Investment Company aufgehen, kann also nicht bei Platzierung des ersten Produktes zu einer Investment Company mit internem Management mutieren. Vielmehr muss er zu seiner wettbewerblichen Positionierung ein „Portfolio" von Investment Companies unterhalten, die verschiedene Anlagestrategien und –ziele verfolgen. Dazu bietet es sich aus ganz vordergründigen Erwägungen der Koordination und Beherrschung dieses Portfolios an, dass die Investment Companies einfach strukturiert sind und von außen gesteuert werden können. Ideal sind unter diesen Gesichtspunkten Gesellschaften, die nur rechtliche Vehikel sind, um Investmentprodukte zu transportieren, die aber im Übrigen kein Eigenleben entfalten.

Dem entspricht das vorzufindende Bild einer institutionell schwachen Investment Company, die ohne markante eigene Aktivitäten auf die Zusammenarbeit mit anderen Beteiligten angewiesen ist (s.o. unter V.2.c. und V.3.a.).

### cc. Eindämmung des Einflusses der Kapitalgeber

Die Investoren sind im US-Modell an der Investment Company beteiligt und damit auch mit gewissen Mitspracherechten ausgestattet (s.o. unter V.2.c.aa.). Diese Rechte können jedenfalls konzeptionell entgegen den Interessen des Investment Adviser ausgeübt werden. Da die Anteilinhaber typischerweise nur mäßig gut organisiert sind, sind auch unbeabsichtigte Mehrheitsverhältnisse theoretisch nicht auszuschließen. Der Investment Adviser als die Person, die die unternehmerische Verantwortung trägt, hat ein prinzipielles Interesse, den Einfluss der Investoren zu dämpfen und sie eher in die Rolle von Kunden als in die von mitsprachberechtigten Aktionären zu schieben.[531] In diese Richtung verlagert sich das Kräftefeld, wenn die Stellung der Investment Company, an der die Investoren Anteile halten, schwach ist. Die Bedeutung der Wahl der Mitglieder des Board of Directors sinkt, und insbesondere

530 Sec. 18 (f)(2) ICA offeriert nur in eingegrenztem Rahmen die Möglichkeit zur Ausgabe von Anteilsserien mit unterschiedlichen Anlagezwecken und Risiken ohne Neugründung einer Investment Company. Die von der SEC gebilligten „Multiple Class Funds" gestatten ebenfalls lediglich eingeschränkte Differenzierungen ohne Neuauflage von Fonds (dazu *Lemke/ Lins/ Smith* § 8.06[3][c], [d]; *Steck* (2000), S. 87 f.).

531 So ein Vergleich von *Roth* S. 35.

wird durch die Trennung von Eigentum und Management die Einflussnahme der Anteileigner auf die Anlageentscheidungen gedeckelt.[532]
Nicht zu unterschätzen ist die Signalwirkung des Gesetzes an die Branche, durch eine solche Kontrolle der Anlegerschaft die Anreize für die Bereitstellung von Investmentprodukten zu wahren.

### dd. Zugkraft der Faktoren im deutschen Investmentmarkt

Skepsis ist angebracht in der Frage, ob dieser Satz von Gründen für die Etablierung der Aufgabenteilung auch in der deutschen Investmentlandschaft Geltung beanspruchen kann.

- Ein solcher Ausgangspunkt der produktstiftenden Gesellschaften wie in den USA ist im deutschen Investmentmarkt nicht anzutreffen. Es besteht keine signifikante Gruppe von Unternehmen, deren Geschäftsmodell mit dem der Investment Advisers gleichzusetzen ist. Insbesondere sind die Kapitalanlagegesellschaften nicht darauf ausgerichtet, ihre Tätigkeit auf Fondsauflage und -management zu limitieren. Ihre Geschäftsmodelle sehen vielmehr die Erbringung (nahezu) aller Produktionsstufen vor. Die sich in der jüngeren Vergangenheit im deutschen Markt abzeichnenden Outsourcing-Neigungen lassen es zwar zu zu spekulieren, dass sich Kapitalanlagegesellschaften oder andere Gesellschaften herausschälen werden, die nur noch Teile der Investmentdienstleistung abdecken. Diese Entwicklung, sollte sie sich substanziieren und sollte sie tatsächlich zu spezialisierten Fondsmanagement-Dienstleistern führen – und nicht lediglich zu auf Back Office-Funktionen spezialisierten Dientleistern –, kann allerdings nicht mit der Ausgangssituation der Investment Advisers als der Produktinitiatoren im US-Markt gleichgesetzt werden: Eine solche Spezialisierung wäre das *Ergebnis* einer liberalen *Outsourcing*-Regulierung, also einer distinkt anderen Regulierung als die institutionalisierte Funktionentrennung. Nicht etwa liegt im Ausgangspunkt bereits eine signifikante Gruppe von Unternehmen vor, deren Geschäftsmodell mit dem der Investment Advisers gleichzusetzen wäre. Insoweit kann die bezeichnete Tendenz nicht herangezogen werden als ein Beleg für einen bereiteten Boden zu Gunsten der institutionalisierten Trennung von Eigentum und Management.[533]
- Die in der Satzungs- bzw. Trust-Form der Fonds begründete Schwierigkeit für den Investment Adviser, nicht in der Investment Company aufzugehen und mehrere Gesellschaften oder Trusts parallel zu unterhalten, stellt sich im deutschen Recht nicht. Ein und dieselbe Kapitalanlagegesellschaft kann ohne gesellschaftsrechtliche Auswirkung und ohne besondere Koordinationshürden auch eine größere Zahl von Fonds in der Form von Sondervermögen betreuen und managen (vgl. auch § 30 Abs. 3 InvG).

---

532 Eine Mindestmitsprache verbleibt hinsichtlich des Fondsmanagement lediglich bei grundlegenden Änderungen der Anlagestrategie, Sec. 13 (a)(3) ICA.

533 In drei besonders gelagerten Fällen, die allerdings nur Randerscheinungen darstellen, kommt es tatsächlich zu einer Annäherung an das US-Modell. Zur Behandlung dieser Fälle siehe unter VI.6.b. Zu denkbaren Entwicklungen bei der Investmentaktiengesellschaft siehe sogleich im Text.

- Auch die Bemühungen um Begrenzung des Einflusses der Kapitalgeber hängen mit der Gesellschafts- bzw. Trust-Form und der besonderen Ausgestaltung der Rechtsstellung der Anleger durch den ICA zusammen. Der Anteilinhaber hat in der Sondervermögens-Lösung des deutschen Investmentrechts nur schwache gesetzlich gewährte Teilhabe- oder Kontrollrechte: Nach dem Konzept des InvG übernimmt die Depotbank die Kontrolle der Kapitalanlagegesellschaft und (in sehr eingegrenztem Ausmaß) die Teilhabe an ihrer Geschäftstätigkeit; dem Anteilscheininhaber bleibt lediglich der Auskunfts- und Rechenschaftsanspruch nach § 675 Abs. 1, § 666 BGB aus dem Investmentvertrag und die (theoretische) Möglichkeit zur Klage (vgl. § 28 Abs. 1 S. 2 InvG).[534]

Es lässt sich somit festhalten, dass die Erklärungsfaktoren für die US-Ablauforganisation des Investmentgeschäftes im deutschen Regulierungs- und Marktumfeld strukturell nicht greifen. Eine Gleichartigkeit der Verhältnisse scheidet daher als Legitimation für die Übernahme des US-Modelles aus.

Nicht auszuschließen ist, dass sich zukünftig bei den bisher nicht in Erscheinung getretenen Investmentaktiengesellschaften (§ 2 Abs. 5, §§ 96-111 InvG) eine mit den US-Verhältnissen vergleichbare Sachlage ergibt. Nach ihrer Konzeption betreiben Investmentaktiengesellschaften das Investmentgeschäft in Satzungsform. Da bisher noch keine dieser Gesellschaften existiert, drängt sich die Vermutung auf, dass Neugründungen Outsourcing-Modelle favorisieren könnten, um den Aufbau von Unternehmenskapazitäten zu begrenzen. Zu einer Neugründung müsste ein „Sponsor" auf den Plan treten, der die Investmentaktiengesellschaft ins Leben ruft und das öffentliche Angebot der Aktien bewerkstelligt. Dieser Sponsor wäre geschäftlich die beherrschende Figur mit der Folge, dass die Investmentaktiengesellschaft zu einer Trägergesellschaft für das Investmentgeschäft des Sponsors herabsinken würde. Ließe der Sponsor, z.B. eine Geschäftsbank, betriebliche Funktionen, etwa das Fondsmanagement, an sich auslagern, näherte sich das Szenario weiter den US-Umständen an. Anders als im US-Modell hätte man es jedoch durchaus noch mit „Outsourcing" zu tun, da das InvG im Gegensatz zum ICA kein Zusammenspiel mehrerer Akteure mit der Investmentaktiengesellschaft angelegt hat, sondern davon ausgeht, dass die Investmentaktiengesellschaft das Geschäft eigenständig bewältigt; die Einschaltung anderer Personen wäre insoweit nicht der Normalfall. Hinsichtlich der Vorteilhaftigkeit der US-Lösung und ihrer Übernahmewürdigkeit wäre sodann zu überlegen, ob man einer denkbaren Outsourcing-Lösung für Investmentaktiengesellschaften das Modell der Funktionentrennung vorziehen sollte. Dem ist im Rahmen dieser Arbeit nicht nachzugehen (siehe I.3.).

---

534 Von der Aktionärsstellung der Anleger bei den in der Praxis bedeutungslosen Investmentaktiengesellschaften wird hier abgesehen (siehe näher V.1.c.bb. und sogleich im Text).

### b. Regulatorisches Prinzip der Trennung

Andere Gründe könnten trotz der mangelnden Parallelität der Umstände die Übernahme der US-Lösung rechtfertigen.
Behält man im Auge, dass es vorliegend darum geht zu verstehen, was für die Outsourcing-Regulierung im deutschen Investmentrecht aus der amerikanischen Regulierung gelernt werden kann, ist hinsichtlich einer Übernahme des US-Modells zu betonen, dass sie letztlich die Einführung eines regulatorischen Prinzips der Trennung bedeutete. Die aufsichtsrechtliche Frage, wie Outsourcing reglementiert werden soll – welche Funktionen ausgelagert werden dürfen, welche Bedingungen zu erfüllen sind, wie weit Investmentgesellschaften Auslagerungen kumulieren dürfen etc. – würde abgelöst dadurch, dass die Aufgabentrennung zum regulatorischen Normalfall würde. Die Regulierung des Outsourcing würde weitgehend obsolet.

Es zeigt sich damit, dass die Adoption der US-Lösung weniger in den Sachzusammenhang „Regulierung des Outsourcing“ zu stellen ist, sondern vielmehr gleichbedeutend ist mit einem systemischen Wechsel der Investment-Regulierung insgesamt. Wie dargestellt (s.o. unter V.3.a.), fügt sich die organisatorisch-funktionale Seite des US-Investmentgeflechtes, insbesondere die Relation Investment Company – Investment Adviser, nicht in das Muster von Outsourcing-Beziehungen ein. Folgerichtig kann eine Annahme des US-Modells auch nur in der Hinsicht eine Antwort auf die Outsourcing-Regulierung sein, dass sie das Beschreiten eines vom Outsourcing verschiedenen Weges mit sich bringt. Die US-Lösung bedeutet einen gänzlich anderen tatsächlichen und aufsichtlichen Modus, das Investmentgeschäft zu organisieren.

Die Systemfrage – Ablösung des derzeitigen integrierten Modells des InvG durch eine regulatorisch vorgegebene Aufteilung der Wertschöpfungskette – liegt (unter dem sogleich zu erwähnenden Vorbehalt) jenseits der Aufgabenstellung dieser Arbeit. Sie zu beantworten erfordert eine Auseinandersetzung nicht nur mit zahlreichen investmentrechtlichen Fragen; es geht dabei auch um grundlegende Fragen der bankaufsichtsrechtlichen Einbettung des Investmentgeschäftes, um Fragen des Gesellschaftsrechts, der steuerlichen Behandlung von Investmentprodukten sowie der betriebswirtschaftlichen und ökonomischen Rechtfertigung. Dies belegt, dass sich ein systemischer Wechsel in der Investment-Regulierung nicht allein an der Frage des Outsourcing festmachen darf. Andere Arbeiten haben sich zumindest mit Ausschnitten aus diesem Komplex zur Systemalternative befasst.[535]

Ein Einlassen auf die Systemfrage wäre im Rahmen dieser Arbeit nur zu vertreten, wenn sich schon bei kursorischer Prüfung zeigte, dass das US-Modell auf zentralen investmentrechtlichen Feldern überlegen ist, also offensichtlich zu besseren Ergebnissen im Umgang mit Sachproblemen führt. Eine solche oberflächige Prüfung soll in den Punkten „Umgang mit Interessenkonflikten“ und „Anlegerschutz“ vorge-

---

535 *Roth* (1972), *Thiel* (1982), *von Schenck* (1982), allerdings alle nicht vor dem Hintergrund des Outsourcing.

nommen werden, zwei investmentrechtlich traditionell im Mittelpunkt von Verbesserungsanstrengungen stehende Gebiete.[536]

*Management von Interessenkonflikten*

In der Literatur wird auf eine Palette von in den USA gerichtlich ausgetragenen Auseinandersetzungen infolge missbräuchlichen, einseitigen Umgangs mit Interessenkonflikten hingewiesen.[537] Es liegt nahe zu mutmaßen, dass nur ein Ausschnitt der bedenklichen Verhaltensweisen gerichtlich oder auf anderen Wegen an die Öffentlichkeit dringt. Die unterliegenden Missbräuche sind facettenreich und bedeuten zumeist ein Ausnutzen von geschäftlichen Zusammenhängen zu Lasten des Fonds bzw. der Investoren und zu Gunsten der Mitglieder des Board of Directors, des Investment Adviser oder der eingebundenen Vertriebsstellen: manipulierte und für den Fonds nicht kostengünstige Vergabe von Wertpapiertransaktionen an ausgewählte Broker unter Beteiligung des Investment Adviser an den Transaktionsprovisionen; Anlass-ungebundenes Auslösen von Transaktionen allein der Generierung von Transaktionsaufkommen halber („Portfolio Churning"); Zielkonflikte zwischen Maximierung des Fondsvolumens zur Erzielung von Ausgabeaufschlägen und Kontrolle des Fondsvolumens zu Gunsten bestehender Anteilinhaber bei marktengen Fonds, die z.B. in illiquide Titel investieren; Abschluss von Geschäften für Rechnung des Fonds, um günstige Eigengeschäfte abschließen zu können oder anderweitige Geschäftsinteressen zu verfolgen; verschiedene Konstellationen des „insider trading" durch den Investment Adviser; Kollisionen zwischen mehreren durch denselben Investment Adviser verwalteten Fonds (Titelzuteilung bei marktengen Papieren, Aufteilung der Fondsmanagement-Kompetenz, variierende Eigeninteressen des Investment Adviser an verschiedenen Fonds, Sachkostenzuteilung auf die Fonds); Unterbringung von missglückten Emissionen im Fonds; für den Fonds unvorteilhafte Ausübung von Stimm- und Gläubigerrechten aus Portfoliotiteln; missbräuchliche Festlegung der eigenen Vergütungshöhe durch den Investment Adviser; bevorzugte Behandlung institutioneller Anleger durch das Handeln von Fondsanteilen nach Börsenschluss bzw. Anteilwertfeststellung (zur Ausnutzung antizipierter Preisveränderungen am folgenden Handelstag) oder durch häufige Rücknahme und Neuausgabe von Anteilen (zur Ausnutzung von Preisdifferenzen an verschiedenen Handelsplätzen).

Der ICA kann mit einigen Bestimmungen zum Umgang mit Interessenkonflikten aufwarten.[538] Diese Bestimmungen berücksichtigen zwar die Eigenart des US-

---

536 Klarstellend soll erwähnt sein: Die Gebiete „Konfliktmanagement" und „Anlegerschutz" können nicht allein dadurch zufrieden stellend abgehandelt werden, dass man den Modus der Leistungserstellung im Investmentgeschäft erörtert. Im vorliegenden Zusammenhang soll es (nur) darum gehen zu ermitteln, ob das US-Modell der Leistungserstellung erkennbar Vorteile in sich trägt, zur Lösung in diesen Bereichen beizutragen, selbst wenn außerhalb der Organisationsfragen weitere investmentrechtliche Bestimmungen und Maßnahmen zur Regelung des Konfliktmanagement und des Anlegerschutzes getroffen werden.

537 *Roth*, S. 68-77 mit zahlreichen Nachweisen; *Thiel* (1982), S. 99 f. m.w.N.

538 Zu diesen Vorschriften des ICA zählen: Sec. 10 (f) [kein Erwerb von Wertpapieren durch die Investment Company, deren Principal Underwriter zugleich Mitglied im Board of Directors der Investment Company, leitender Angestellter, Mitarbeiter oder Investment Adviser ist], Sec. 12 (d)(3) [kein Erwerb von solchen

Geschäftes, dass mehrere Parteien in die Leistungserbringung eingebunden sind; denn die relevanten Akteure – Investment Company, Investment Adviser, Principal Underwriter, Wertpapierhändler – werden in diesen Vorschriften aufgerufen und dem Regelgehalt der Normen unterworfen. Allerdings beruht die regulierende Wirkung der Vorschriften nicht gerade auf der Nutzbarmachung des US-Ablaufmodells. Eher geht es im Allgemeinen darum, die Möglichkeiten dieser Beteiligten zu eliminieren, Einfluss zu gewinnen, der nicht im Interesse der Anlieger liegt. Mit anderen Worten: Es verhält sich nicht so, dass die Vorschriften des ICA zum Management von Interessenkonflikten sich just auf die Trennung der Funktionen stützen würden. Das Konfliktmanagement des ICA ist insoweit unabhängig von der Ablauforganisation des Investmentgeschäftes.

Ferner liegen die Dinge nicht so, dass die Aufgabentrennung in der Ablauforganisation bereits die *Entstehung* von Interessenkonflikten hemmen würde. Dies ist zunächst darauf zurückzuführen, dass manche dieser Konflikte sachlich nichts mit der Art oder der Anzahl der Beteiligten zu tun haben; die Aufgabentrennung ist insoweit untauglich, zur Konfliktunterbindung beizutragen. Als Grund ist aber auch anzuführen, dass die in der Trennung der Funktionen vermeintlich angelegte „Isolierung" gegen missbräuchliches Verhalten vom ICA nicht konsequent umgesetzt wird: So ist etwa die gesellschaftsrechtliche Unverbundenheit von Investment Adviser und Wertpapierhandel nicht vorgeschrieben. Vielmehr duldet der ICA einen einflussmächtigen Investment Adviser, dessen Position zur Nutzung von Missbrauchsmöglichkeiten und zu kollusivem Verhalten verleitet. Mit dem Zuschnitt auf den Investment Adviser büßt der ICA im Umgang mit Interessenkonflikten den grundsätzlich vorhandenen strukturellen Vorteil wieder ein, dass im US-Modell anders als im deutschen Modell Geschäftsbanken als Gesellschafterbanken keine besondere Rolle spielen, die sich zusätzlich als Depotbanken einsetzen lassen können. Eine offensichtliche konzeptionelle oder tatsächliche Überlegenheit des US-Modells gegenüber der Regulierung nach dem InvG ist somit in der Lösung von Interessenkonflikten nicht auszumachen.

*Anlegerschutz*

Bereits das Management von Interessenkonflikten macht einen Baustein im Anlegerschutz aus, siehe soeben; er bringt keinen deutlichen Vorsprung zu Gunsten der US-Organisation des Investmentgeschäftes. Auch über Vorkehrungen zum Umgang mit Interessenkonflikten hinaus findet sich im amerikanischen Investmentrecht eine jedenfalls konzeptionell starke Ausrichtung auf den Schutz der Anteilinhaber. Histo-

---

Wertpapieren durch die Investment Company, die von Wertpapierhändlern, Vertriebsgesellschaften oder Investment Advisers emittiert sind], Sec. 17 (a), (d) [kein Kauf oder Verkauf von Wertpapieren oder anderen Vermögensgegenständen von bzw. an sowie keine Kreditvergabe an Gesellschaftsgründer, Principal Underwriter und „affiliated persons" – Sec. 2 (a)(3), dazu rechnen auch Direktoren, leitende Angestellte und der Investment Adviser], Sec. 17 (e) [Verbot der Vorteilsannahme für Vertriebspartner, Begrenzung der Vergütung für Wertpapierhändler], Sec. 17 (j) [Ermächtigung an die SEC zum Erlass von verbindlichen Wohlverhaltensregeln im Handel für Rechnung des Fonds], Sec. 36 (b) [fiduziarische Pflicht des Investment Adviser hinsichtlich seiner Vergütung]. Außerdem binden die gesellschaftsrechtlich etablierten Pflichten „duty of care" und „duty of loyalty" die Mitglieder des Board of Directors und nach hM (Nachweise bei *Roth* S. 23-25, 64 f.) auch den Investment Adviser.

risch war der ICA auch eine Reaktion auf die die Anleger belastenden Missstände in der Investmentbranche in den 20er und 30er Jahren des 20. Jahrhunderts.

- Die Anlegerschaft ist formell mit einer eigenständigen Rechtsstellung ausgestattet (s.o. unter V.2.c.aa.).
- Dem Board of Directors, v.a. seinen unabhängigen Mitgliedern („disinterested directors"), ist eine Wächterfunktion zu Gunsten der Interessen der Anleger anvertraut.
- Das Fondsvermögen ist getrennt bei einem Custodian zur Verwahrung unterzubringen.
- Der einzelne Anleger besitzt neben der Möglichkeit, eigene Ansprüche aus der Verletzung seiner Rechte zu verfolgen, unter gewissen Voraussetzungen auch die Möglichkeit, Ansprüche der Investment Company gegen ihr Management, also das Board of Directors, geltend zu machen.[539]

Zumindest die ersten drei dieser Anlegerschutzbestimmungen sind in der Ablauforganisation und in der Rechtsstellung der Beteiligten verhaftet.[540] Die genauere Betrachtung fördert indessen Schwächen in Gesetz und Rechtswirklichkeit ans Licht: Die Kontrolle der Anteilinhaber über die geschäftliche Ausrichtung des Fonds und über die Besetzung des Board (Sec. 8, Sec. 13, Sec. 15, Sec. 16 ICA) wird in der Praxis nahezu nicht ausgeübt: Die Anteilinhaber sind schlecht organisiert, uninteressiert, v.a. sachlich überfordert, und das Vorgehen der Investment Adviser zum Einsammeln von Stimmrechtsvollmachten ist in der Praxis unerschütterlich wirkungsvoll.[541] Die Mitwirkungsrechte der Anleger gehen damit faktisch auf den Investment Adviser über, auf dessen personelle Besetzung – dies ist entscheidend – die Anleger gesetzlich und tatsächlich keinerlei Einfluss ausüben können. Der Einfluss des Investment Adviser reicht damit bis zur Bestimmung der „disinterested directors", so dass das Board of Directors häufig seine Aufgaben zur Interessenvertretung nur halbherzig wahrnimmt. Faktisch ist das Board of Directors außerdem schon deshalb kaum in der Lage, ein Gegengewicht zum Investment Adviser zu bilden, da kein funktionierender Markt für die Dienstleistung des Adviser besteht mit der Folge, dass seine Auswechslung kein seriöses Drohszenario darstellt.

Hinter diesem angekratzten Bild des Anlegerschutzes im US-Investmentmodell steht der Schutz des InvG jedenfalls nicht uneinholbar zurück: Auch das InvG schreibt die

---

539 Sog. „Derivative Suit", siehe *von Schenck* (1982), S. 150-152; *Roth* S. 26, 75; *Thiel* (1982), S. 141 f., der auch Fälle benennt, in denen der Investment Adviser Beklagter des „derivative suit" war. Innerhalb des ICA sind Klagerechte des individuellen Anlegers in Sec. 30 (h) ICA iVm. Sec. 16 Securities Exchange Act und in Sec. 36 (b) ICA kodifiziert. Daneben hat die Rechtsprechung im Klagewege durchsetzbare Ansprüche anerkannt („Implied Private Rights of Action"); eine Übersicht findet sich bei *von Schenck* (1982), S. 153-155.

540 Neben den genannten Bestimmungen bestehen im ICA weitere Vorschriften zum Anlegerschutz aus den Bereichen Veröffentlichungs- und Berichtspflichten, aufsichtliche Eingriffsbefugnisse, Anlagepolitik und -grenzen, Verbot bestimmter Geschäfte, Ausschluss bestimmter Personen, Möglichkeiten Dritter, auf den Fonds zuzugreifen oder in den Fonds zu vollstrecken, Möglichkeiten zur Auflösung der Fondsanlage, Klagerechte des Anlegers. Diese Normierungen bleiben an dieser Stelle unberücksichtigt, da sie nicht (gerade) auf dem Verwaltungsmodell gründen.

541 Anschaulich die Darstellung wiederum bei *Roth* S. 47-49.

getrennte Verwahrung des Fondsvermögens vor (§ 30 Abs. 1 S. 2 InvG, aber auch § 2 Abs. 7, § 20 Abs. 1 S. 1, § 24 InvG), die Überwachung der Kapitalanlagegesellschaft ist der Depotbank übertragen (§§ 20-29 InvG) – die allerdings, und dies verwässert das Schutzniveau, mit der Kapitalanlagegesellschaft gesellschaftsrechtlich verbunden sein darf –, Ansprüche der Anteilscheininhaber gegen die Kapitalanlagegesellschaft bzw. die Depotbank müssen von der Depotbank bzw. der Kapitalanlagegesellschaft verfolgt werden und können daneben auch durch die Anleger selbst geltend gemacht werden (§ 28 InvG).[542]
Auch im Bereich des Anlegerschutzes kommt diese flüchtige Prüfung sonach nicht zu einer sogleich ersichtlichen Überlegenheit der US-Verwaltungslösung.

Damit bietet sich ein Gesamtbild, in dem das US-Modell nicht offensichtlich in seinem Modus der Organisation des Investmentgeschäfts den besseren Ansatz in den Bereichen Konfliktmanagement und Anlegerschutz bietet. Es soll sonach dabei bleiben, die Frage nach der richtigen Outsourcing-Regulierung nicht durch die Frage nach einem Regimewechsel in Richtung eines regulatorischen Prinzips der Trennung abzulösen.

### c. Weitere Lehren aus der US-Regulierung

Weiter ist zu fragen, ob in anderer Form als durch seine Übernahme vom US-Modell gelernt werden kann. Denkbar scheinen etwa die partielle Annahme oder auch ein Lernen in anderer Form als durch Übernahme irgendeines Teiles.

#### aa. Regulatorisches Prinzip der Abspaltung (nur) des Fondsmanagement

Anstatt der insgesamten Übernahme der US-Lösung ist zu erwägen, nur eine Facette von ihr dergestalt zu übernehmen, aufsichtsrechtlich nur die Abspaltung des Fondsmanagement von der Kapitalanlagegesellschaft vorzugeben. Dieselbe Überlegung lässt sich auch mit anderen Wertschöpfungsstufen anstellen, jedoch ist das Fondsmanagement hinsichtlich des Outsourcing der sensibelste Bereich.
Ein solches Prinzip der Abspaltung wäre kein vollständiger Regimewechsel der soeben diskutierten Form. Die Kapitalanlagegesellschaft dürfte bis auf das Fondsmanagement alle Tätigkeiten unverändert selbst ausführen; auch die Depotbank bliebe als solche erhalten. Das Fondsmanagement müsste allerdings durch eine von der Kapitalanlagegesellschaft verschiedene Person verantwortet werden.

---

542 Das InvG selbst bietet als Anspruchsgrundlage nur § 127 InvG (Prospekthaftung). Zivilrechtlich werden die Ansprüche zumeist aus dem Recht der Leistungsstörung und der unerlaubten Handlung erwachsen. *von Schenck* (1982), S. 151 f., 160-167, weist darauf hin, dass die Regelung des § 30 Abs. 2 InvG (zuvor § 6 Abs. 2 KAGG) dazu führt, dass die vom Anleger erstrittene Schadensersatzleistung als Surrogat allein dem Sondervermögen zukommt (a.A. *Köndgen* in BankRHandB § 113 Rn. 139 a.E.), was den Anreiz zur klageweisen Geltendmachung der Rechte verringern könnte. Dennoch erkennt *von Schenck* aufgrund der gesetzlich vorgesehenen Geltendmachung der Anteilinhaberansprüche durch die Depotbank bzw. die Kapitalanlagegesellschaft (§ 28 InvG, zuvor § 12c KAGG) keinen Rückstand im Schutzniveau gegenüber den USA (dies trotz der wertpapiergesetzlich kodifizierten Klagerechte im US-Recht und „Derivative Suit" und „Class Action" [s. Fn. 539]).

Diese Lösung hätte zunächst den Reiz, dass sich (wiederum) die Frage nach Zulässigkeit und Ausgestaltung der Auslagerung des Fondsmanagement nicht mehr stellte. Das regulatorische Problem des Outsourcing würde im Bereich des Fondsmanagement gelöst, indem man es loswird.
Es erscheint jedoch fragwürdig, welchen Vorteil eine solche Vorgehensweise gegenüber einer potenziellen Outsourcing-Regulierung hätte, die die Auslagerung des Fondsmanagement vollständig liberalisieren würde, es dabei aber der Erwägung der Kapitalanlagegesellschaft überlassen würde, *ob* ausgelagert wird. Denn die regulatorische Abspaltung wird nicht der Interessenlage der Kapitalanlagegesellschaften entsprechen, die sich nicht mit Auslagerungsabsichten tragen – die vertikale Desintegration ist transaktionskostenökonomisch und betriebswirtschaftlich nicht immer sinnvoll (s.o. II.1.b.bb., cc.). Angesichts einer solchen Alternative erscheint es als Überreaktion, dass ein Zwang zur Trennung herhalten soll, um von der Obliegenheit zu befreien, eine Outsourcing-Regulierung zu finden. Vor Einführung einer Lösung, die einen Systemwechsel im Kleinen bedeutet, gilt es zu prüfen, ob nicht ohne Zwangsabspaltung eine befriedigende Reglementierung des Outsourcing gefunden werden kann. Der Patient soll nicht mit der Diagnose „Unheilbarkeit", sondern nach Therapie und Genesung das Hospital verlassen.
Sollte keine solche zufrieden stellende Outsourcing-Regulierung ermittelt werden können, wird im Rahmen von Kapitel VI auf die regulatorische Abspaltung zurückzukommen sein.

Es kann an dieser Stelle nicht völlig ausgeschlossen werden, dass ein regulatorisches Prinzip der Abspaltung des Fondsmanagement sich als geeignet herausstellen könnte, andere (auch investmentrechtliche) Probleme anzugehen, z.B. das Management von Interessenkonflikten. Damit wäre dann (ungewollt) die Beantwortung bzw. Abschaffung der Outsourcing-Frage verbunden. Zur Relativierung einer solchen Überlegung, ein regulatorisches Prinzip der Abspaltung in den Dienst des Konfliktmanagement zu stellen, soll bemerkt sein: Zwar könnten durch die Abspaltung des Fondsmanagement Interessenkonflikte angegangen werden, die aus der Verbindung zur Depotbank entstehen (Unterbringung von Emissionen, Stimmrechtsausübung zu Gunsten der Depotbank, ...). Auch könnten auf diese Weise Anreize geschaffen werden, die Fondsmaximierung „um jeden Preis" zu unterbinden. Allerdings gilt es, gewichtige Einwände und Risiken zu bedenken: Zunächst muss das tatsächliche Gewicht dieser Interessenkonflikte gesichert ermittelt sein; auch gilt es zu prüfen, ob diese Konflikte nicht schon durch mildere Mittel bereinigt werden können. So drängt sich etwa auf, die Kapitalverflechtungen der Depotbanken mit den Kapitalanlagegesellschaften zu kappen.[543] Weiter muss klargestellt sein, dass die regulatorische Abspaltung nicht in allen Ausgestaltungen zur Lösung der Konflikte führen würde. So würde man verlangen müssen, dass der Fondsmanager eine mit der Kapitalanlagegesellschaft und der Depotbank nicht verbundene Person ist; die Beziehung

543 Dazu bereits *Baums* (1995), S. 128-130, 132 f., und *Roth* S. 156 ff.; zu darüber hinausgehenden Überlegungen, Kreditinstituten die Beteiligung an Kapitalanlagegesellschaften generell zu untersagen, siehe (ablehnend) *Baums/ König* (1997) und *Baums/ Theissen* (1999).

zur Kapitalanlagegesellschaft dürfte außerdem keine (regulatorische) *Outsourcing*-Beziehung sein. Ferner stünden in der Person des Fondsmanagers neue aufsichtliche Implikationen im Raum. Die Entstehung neuer, anderer Interessenkonflikte müsste ausgeschlossen werden. Schließlich sind die ökonomischen Implikationen dazu zu berücksichtigen, ob ausreichend Anreize zur Entwicklung neuer Investmentprodukte bestehen blieben und ob die Vitalität des Investmentgeschäftes insgesamt erhalten bliebe. In diesem Zusammenhang ist außerdem prinzipiell in Erinnerung zu rufen, dass das Management von Interessenkonflikten und der Anlegerschutz nicht die erklärenden Treiber der Funktionentrennung im US-Modell sind (s.o. V.4.a.).
Da es bereits nach dieser ersten Betrachtung äußerst zweifelhaft ist, ob die regulatorische Abspaltung des Fondsmanagement zu einer positiven Gesamtbilanz für das Investmentgeschäft zu führen vermag, soll dies hier nicht weiter verfolgt werden, auch da das Management von Interessenkonflikten nicht den Gegenstand dieser Arbeit ausmacht.

### bb. Komplexitätsrisiken bei der Kumulation von Outsourcing-Maßnahmen

Bei der Kumulation von Outsourcing-Maßnahmen entsteht die Gefahr, dass die betriebliche Steuerungsmöglichkeit für die auslagernde Geschäftsleitung Einbußen davonträgt und neue Transaktionskosten durch den erforderlichen Koordinationsaufwand und die Ausfall- bzw. Schlechtleistungsrisiken entstehen (s.o. unter II.1.b.cc.bbb.β. a.E. und -ccc.).
Das US-Modell als ein Netzwerk der Leistungserbringung liefert nunmehr Hinweise, dass diese Gefahr weniger groß ist, als vermutet werden könnte. Zwar handelt es sich bei den Beziehungen der Investment Company zu den anderen Beteiligten um keine traditionellen Outsourcing-Beziehungen (s.o. unter V.3.a.). Allerdings befindet sich der *Investment Adviser* in einer Generalunternehmer-ähnlichen Stellung, der manche Teile der Wertschöpfung koordiniert – wenngleich nicht die besonders sensiblen Bereiche (s.o. V.3.a., V.4.a.aa. a.E.) –, ohne diese Teile allesamt selbst auszuführen. Die Konstellation gerät damit in die Nachbarschaft zu einer Situation des „kumulativen" Outsourcing. Infolgedessen wird man dem US-Modell zugestehen müssen, dass es glaubwürdig indiziert, dass die Risiken aus der Kumulation von Outsourcing-Maßnahmen beherrschbar sind.

### cc. Outsourcing durch die einzelnen Funktionsträger

Trotz der Aufgabenteilung unter den Beteiligten im Investmentgeschäft enthält der ICA einige Vorschriften dazu, ob diese Beteiligten wiederum ihren Funktionsausschnitt auslagern dürfen (s.o. unter V.3.b.).

Für eine Regulierungslösung *de lege ferenda* ist dabei von Interesse, dass dem Investment Adviser zwar die Auslagerung von Fondsmanagement-Aufgaben gestattet wird, dass dafür allerdings die Zustimmung der Anteilinhaber einzuholen ist [Sec. 2 (a)(20)(B) iVm. Sec. 1 (b)(6), Sec. 15 (a) ICA]. Dieses Teilhaberecht bei der Delegation ist folgerichtig, wenn den Anteilinhabern, wie im ICA geschehen [Sec. 15 (a) ICA], bereits hinsichtlich der (erstmaligen) Auswahl des Investment Adviser und grundsätzlich auch hinsichtlich der Verlängerung seines Vertrages ein Mitbestimmungsrecht eingeräumt wird. Bezüglich möglicher Implikationen für eine deutsche Regulierungslösung ist dabei zwar nicht aus den Augen zu verlieren, dass der Anteilinhaber im US-Investmentrecht die Position eines Aktionärs einnimmt, dessen Mitspracherechte bereits gesellschafts- bzw. organisationsrechtlich angelegt sind.[544] Dies muss aber nicht bedeuten, dass Anteilinhaber an einem Sondervermögen niemals Inhaber von Teilhaberechten werden könnten. Die US-amerikanische Entwicklung beim Business Trust liefert dafür einen illustrativen Beleg: Der Trust hat sich – beim Business Trust – von seiner ursprünglichen Konzeption einer fiduziarisch verpflichteten, aber völlig eigenverantwortlich und ohne Bindung an irgendwelche Teilhaberechte der Beneficiaries handelnen Treuhandgesellschaft wegentwickelt zu einer korporativen Struktur, in der sich der Trustee, nicht anders als die Corporation hinsichtlich ihrer Aktionäre, mitspracheberechtigten Beneficiaries gegenüber sieht.[545] Es kann daher als eine Lehre aus dem US-Modell nicht verworfen werden, in die Erarbeitung einer Lösung Überlegungen einfließen zu lassen dazu, ob in kritischen Fällen des Outsourcing, z.B. bei Auslagerung des Fondsmanagement, Mitspracherechte der Anteilscheininhaber erforderlich sind oder anderweitig einen Ansatz bieten können. Dabei sind die Schwierigkeiten im Kopf zu behalten, die sich in der Praxis hinsichtlich der tatsächlichen Ausübung der Anlegerrechte im US-Investmentrecht stellen (s.o. unter V.4.b. a.E.). In Kapitel VI wird somit auf diese Facette des US-Modells zurückzukommen sein (u.a. VI.6.a.).

Die Reglementierung von Auslagerungen der anderen Funktionsträger wie Principal Underwriter und Custodian (s.o. unter V.3.b.) lässt keine besonderen Ableitungen zu – die Auslagerbarkeit der Wertpapierverwahrung an einen Zentralverwahrer ist insoweit bereits investmentrechtlicher Standard. Die Nichtauslagerbarkeit der Aufgaben des Board of Directors bestätigt die Nichtauslagerbarkeit der zentralen Leitungsfunktionen auch für die Führung von Investmentgesellschaften.

### dd. Regulierungsmaterien außerhalb des Investment Company Act

Die außerhalb des Investmentrechts im US-Bankaufsichtsrecht Raum greifende Outsourcing-Regulierung ist kaum kodifiziert, sondern nimmt die Form aufsichtlicher Äußerungen an (s.o. unter V.3.c.). Das sich darin einstellende Gesamtbild der Outsourcing-Regulierung ist keinesfalls systematisch angelegt. Im Vergleich zum deutschen und europäischen Recht in diesem Bereich ist die US-Regulierung geringer ausdifferenziert; zu einigen wichtigen Fragen (etwa Lizenzpflicht der Auslagerungsunternehmen, aufsichtliche Reaktionsmöglichkeiten) finden sich allenfalls implizit Positionierungen.

---

544 Eine formelle *Aktionärs*stellung hat der Anleger nur bei der vorherrschenden Organisationsform der Corporation. Die gewährten Teilhaberechte stehen ihm allerdings in derselben Form zu, wenn er als Beneficiary an einem Trust beteiligt ist. Siehe sogleich im Text.

545 *Roth* S. 80, 87 ff., 101-103.

Das US-Bankaufsichtsrecht zum Outsourcing ist permissiv. Grundsätzlich gibt es kein Erlaubnisverfahren für Auslagerungsmaßnahmen, d.h. Outsourcing ist grundsätzlich zulässig.[546] Ebenso gibt es grundsätzlich kein Anzeigeverfahren.[547] Eine Grenzziehung zu nicht auslagerbaren Bereichen findet sich nicht, grundsätzlich sind alle Funktionen der Auslagerung zugänglich.[548]

Aus dieser US-Regulierungslage für Banken kann für eine Lösung *de lege ferenda* im Investmentrecht kein besonderer Ertrag generiert werden. Soweit in Fragen zum „Wie" des Outsourcing Aussagen getroffen werden, handelt es sich um – anzuerkennende – Standard-Regelungen zum Outsourcing aus den Bereichen Vertragsinhalt und -gestaltung, Auswahl und Kontrolle des Dienstleisters, Risikovorkehrungen, aufsichtliche Rechte. Lösungsansätze, die interessenausgleichend wirken, sind ebenso wenig zu finden wie Ansätze zur Bestimmung der zulässigen Grenzen des Outsourcing. Eine unkritische Übernahme einer nur auf Liberalisierung setzenden Vorgehensweise kommt für das Investmentrecht nicht in Betracht.

In einem Einzelpunkt soll jedoch ein möglicherweise verfolgenswerter Lösungsvorschlag nicht übergangen sein (dieser Vorschlag ist nicht spezifisch investmentrechtlicher Natur, sondern betrifft prinzipiell die Outsourcing-Regulierung bei Finanzdienstleistern): Bei im Ausland befindlichen Auslagerungsunternehmen wird durch die US-Bankaufsicht offenbar nicht auf der (idR. völkerrechtlich unrealistischen) Sicherung von Prüfungsrechten der Aufsicht im Ausland insistiert. Vielmehr soll hinreichen, dass die Gesamttätigkeit des der Aufsicht unterstehenden auslagernden Instituts durch das Vorhalten von Geschäftsunterlagen im Inland zu allen auch im Ausland vorgenommen Aktivitäten auch des Auslagerungsunternehmens geprüft werden kann (so die Regelung in Supervision and Regulation Letter SR 00-4 (SUP), s.o. Fn. 521). Dies muss wohl als eine strenge Plausibilitätsprüfung interpretiert werden, an die sich Regulierungsmaßnahmen knüpfen können, als wenn tatsächlich im Ausland geprüft worden wäre.

Resümierend ist zu den Implikationen für eine Outsourcing-Regulierungslösung festzuhalten: In der konkreten Ausgestaltung der Investmentregulierung zum Outsourcing bei Kapitalanlagegesellschaften kann das US-Investmentrecht nicht entscheidend weiterhelfen. Es belegt zwar eindrucksvoll, dass zur grundlegenden Organisation des Investmentgeschäftes nach dem InvG eine prinzipielle Strukturalternative besteht; diese Alternative macht Outsourcing weitgehend entbehrlich. Aller-

---

546 Eine Ausnahme wird hinsichtlich der Auslagerung des Zugangs zu „Fedwire" gemacht, dem vom Federal Reserve System bereitgestellten System u.a. für Zahlungen zwischen den Geschäftsbanken und der Zentralbank. Hier wird ein formelles Erlaubnisverfahren vorgeschrieben (Supervision and Regulation Letter SR 95-48 (SPE), s.o. V.3.c.).

547 Hier bildet die Regelung der Sec. 1867 (c) Bank Service Company Act die Ausnahme (s.o. unter V.3.c.).

548 Eine Ausnahme wird insoweit gemacht, als die Verantwortlichkeit der Geschäftsleitung für die Funktionsfähigkeit der Internen Revision nicht delegiert werden kann (s.o. unter V.3.c.). Allerdings darf bis auf diese Leitungsverantwortung auch bei großen Instituten die gesamte Interne Revision ausgelagert werden.

dings impliziert ihre Übernahme im Kern eine Auswechslung der Investmentregulierung insgesamt – ein Vorhaben, das sich nicht allein an der Frage nach der richtigen Outsourcing-Regulierung aufhängen sollte. Infolgedessen wird dem hier nicht nachgegangen, zumal die Voraussetzungen, die der US-Lösung im amerikanischen Markt zum Durchbruch verholfen haben, auf dem deutschen Investment-Terrain ökonomisch und regulatorisch noch nicht einmal angelegt sind.
Das US-Investmentmodell kann, gerade da es keine Outsourcing-Regulierung darstellt, auch keine Anleitung bieten etwa zu den Zulässigkeitsvoraussetzungen oder Zulässigkeitsgrenzen von Auslagerungsmaßnahmen oder zur (Nicht-) Auslagerbarkeit einzelner Funktionen. Im US-Modell der Funktionentrennung stellen sich alle diese Fragen von Anbeginn nicht.
Die nicht kohärente Regulierung des Outsourcing im (allgemeinen) US-Bankrecht bevorratet bis auf versprengte Lösungen in Spezialfragen keine aufgreifenswerten Ansätze. Als Merkposten verbleibt, inwieweit Mitspracherechte der Anleger eine Komponente in der Regulierungslösung im Investmentrecht bilden sollen.

## 5. Zusammenfassung

Die Vereinigten Staaten bilden den international volumenstärksten Markt für Investmentprodukte. Das zentrale Regulierungswerk für das Investmentgeschäft ist der Investment Company Act (ICA), der Teil der „Federal Securities Regulation" ist. Er regelt die Bedingungen für Aufnahme und Ausübung des Investmentgeschäftes. In der vom ICA vorgenommenen Gliederung der Investment Companies bilden die aktiv verwalteten Management Companies die bedeutendste Gruppe. In organisationsrechtlicher Hinsicht sind Management Companies nicht in der aus dem InvG bekannten Vertragsform organisiert, sondern, ohne dass der ICA strikte gesellschaftsrechtliche Vorgaben machte, in körperschaftlicher Form (sog. Corporation) oder in Form eines Business Trust. Bei der Corporation werden die Anleger zu Aktionären und ihre Einlagen zum Gesellschaftsvermögen; Corporations, die als Investmentgesellschaften agieren, verfügen über ein variables Grundkapital. Der Business Trust als gewohnheitsrechtliches Institut stellt ein Treuhandverhältnis dar, in dem eine Treuhandgesellschaft den Anlegern verpflichtet ist zur vereinbarten Verwaltung ihrer Einlagen.

Die Funktionsweise und Ablauforganisation des US-Investmentgeschäftes[549] sind gekennzeichnet durch das Zusammenwirken mehrerer Akteure, die in der Wahrnehmung jeweils ihrer Funktionen gemeinschaftlich die Investment-Dienstleistung erbringen, ohne dass alle Beteiligten Parteien desselben (einzigen) Vertrages wären. Charakteristisch ist bei allen Management Companies zunächst die formal ausgeprägte Stellung der Anteilinhaber, denen Mitspracherechte u.a. in grundlegenden geschäftspolitischen Entscheidungen sowie bei der Bestimmung des sog. Investment Adviser und der Besetzung des Board of Directors bzw. Board of Trustees zustehen. Der tatsächlich dominante Akteur ist jedoch der Investment Adviser, der zumeist

549 Siehe V.2.c.

auch der Gründer der Investment Company ist und beherrschenden Einfluss auch auf den sog. Principal Underwriter und eingeschaltete Vertriebsgesellschaften hat. Durch effiziente Mechanismen bei der Einholung von Stimmrechtsübertragungen dirigiert der Investment Adviser in der Praxis die Anlegerversammlungen und damit sogar die Besetzung des Board of Directors. Der Investment Adviser verantwortet v.a. das eigentliche Fondsmanagement.
Das Board of Directors der Investment Company ist als institutionelles Gegenstück zum Investment Adviser konzipiert und soll Kontrollaufgaben ausüben. Weitere Beteiligte im Investment-„Orchester" sind der Principal Underwriter (Emission und laufender Vertrieb der Anteilscheine), der Custodian (Verwahrung des Anlagevermögens), der Transfer Agent (Teile des Vertriebs und der Fondsbuchhaltung) und der Independent Public Accountant (Testate). Vertraglich sind diese Akteure durch jeweils individuelle Verträge an die Investment Company gebunden.

Das US-Investmentrecht geht mithin von einer Aufteilung der Wertschöpfungskette aus. Unter den Beteiligten herrschen allerdings keine traditionellen Outsourcing-Beziehungen, insbesondere nicht zwischen Investment Company und Investment Adviser: Die Investment Company hält kein materielles Weisungsrecht gegenüber dem Investment Adviser; die tatsächlichen Kräfteverhältnisse liegen nicht so, dass der Investment Adviser etwa mit einem Geschäftsbesorger gleichgestellt werden könnte. Vielmehr ist die Investment Company nur ein rechtlich-organisatorisches Vehikel, um unter Wahrung der Interessen von Anlegerschaft und Aufsicht dem Investment Adviser dessen Geschäftsausübung zu ermöglichen. So wie die Hinzuziehung des Investment Adviser ist auch die Einschaltung von Principal Underwriter, Custodian und Transfer Agent der gesetzlich vorgesehene Normalfall; es ist daher nicht gerechtfertigt, diese Akteure als Outsourcing-Nehmer zu bewerten, die in ein Geschäft eingebunden wären, das regulär von der Investment Company zu erledigen wäre.
Insgesamt hat man es nicht mit einem Outsourcing-Netzwerk zu tun, sondern die Organisationsnatur des US-Investmentgeschäftes *ist* die konzertierte Funktionentrennung.[550]

Die Frage des eigentlichen Outsourcing stellt sich damit – weniger dringlich – nur noch dahin, ob die einzelnen Akteure jeweils ihren Funktionsausschnitt delegieren dürfen.[551] Dem Board of Directors ist dies aufgrund der Höchstpersönlichkeit seiner Tätigkeit versagt. Der Investment Adviser darf Fondsmanagement-Aufgaben bei Zustimmung der Anteilinhaber auslagern. Dem Principal Underwriter ist die Einschaltung weiterer Vertriebsgesellschaften gestattet (in der Rechtspraxis). Die Auslagerung (nur) der eigentlichen Verwahraufgabe durch den Custodian an einen bei der SEC eingetragenen Verwahrer ist ebenfalls zulässig.
Aus dem allgemeinen US-Bankaufsichtsrecht gehen keine weiteren Outsourcing-Anforderungen an das Investmentgeschäft hervor.

---

550 Siehe V.3.a.
551 Siehe V.3.b.

In der Prüfung, ob die institutionalisierte Aufteilung der Wertschöpfungskette und v.a. die Trennung von einerseits Produktverantwortung gegenüber dem Investor und andererseits Fondsmanagement eine empfehlenswerte Regulierungslösung für das deutsche Investmentrecht ist, ist zu betonen, dass die Gründe, die der US-Lösung auf dem amerikanischen Markt zum Durchbruch verholfen haben, auf dem deutschen Investmentmarkt nicht anschlagen.[552] Weder besteht in relevantem Umfang eine Gruppe von Marktteilnehmern, die ähnlich den Investment Advisers auf das Fondsmanagement spezialisiert wären, ohne weitere Aufgaben wahrnehmen zu wollen oder zu können, noch hindert die Fonds-Organisationsform des Sondervermögens das Unterhalten eines Portfolios von Investmentprodukten – so aber tendenziell die Organisationsformen der Corporation und des Trust –, noch bestehen in der Lösung des InvG Einflussmöglichkeiten der Anleger vergleichbar den Möglichkeiten der Investoren bei Corporation und Trust, die es einzudämmen gälte.
Auch liefert eine Inaugenscheinnahme der Punkte „Management von Interessenkonflikten" und „Anlegerschutz" keine offensichtlichen Vorteile für die US-Lösung.
Einer Übernahme des US-Modells kann angesichts dieses Gesamtsachverhaltes nicht unbesehen beigepflichtet werden, zumal sie im Ergebnis zu einer Umwälzung des Investment-Aufsichtsrechts für Kapitalanlagegesellschaften führen würde[553] – ein Vorhaben, das sich nicht allein an der Frage des Outsourcing entscheiden sollte und daher in dieser Arbeit nicht behandelt werden kann.

Ferner überzeugt es nicht, in Variation der Übernahme-Überlegung dergestalt vom US-Modell zu lernen, die Abspaltung nur eines Teils der Aufgaben der Kapitalanlagegesellschaft, etwa nur des Fondsmanagement, vorzugeben.[554] Die durch eine solche regulatorische Vorgabe der Abspaltung bewirkte Erübrigung des Outsourcing hat als Zwangsmaßnahme keine Vorteile gegenüber einer schlichten aufsichtlichen Freigabe der Auslagerung.

Unter dem Schlussstrich können keine substanziellen Lehren aus dem US-Investmentrecht für eine Outsourcing-Regulierungslösung bei Kapitalanlagegesellschaften gezogen werden. Mitgenommen werden kann zweierlei: Das US-Modell indiziert, dass in der Kumulation von Outsourcing-Maßnahmen keine unbeherrschbaren Risiken liegen müssen. Zu prüfen ist außerdem, inwieweit Mitspracherechte der Investoren einen Beitrag zur Outsourcing-Regulierung leisten können.

552 Siehe V.4.a.
553 Siehe V.4.b.
554 Siehe V.4.c.aa.

# VI. Vorschlag einer Regulierungslösung für das Outsourcing im Investmentgeschäft

Im Mittelpunkt dieses Kapitels steht die Herleitung eines Regulierungsvorschlags für das Outsourcing im Investmentgeschäft. Dabei soll auf die Erörterungen und Ergebnisse der vorangegangenen Kapitel II.-V. zurückgegriffen werden; in dieser Hinsicht erfolgt eine Zusammenführung der bisherigen Kapitel. Eine Bindung an die gegebene Rechtslage soll nicht bestehen; vielmehr ist möglichenfalls vorhandener Verbesserungsbedarf aufzuzeigen.
Nach einer kurzen Hinführung (1.) geht es um die Bestimmung der Maßstäbe, die in der Lösungserarbeitung bemüht werden, wenn Bewertungen anstehen (2.). Zu prüfen wird sein, ob ein gänzliches Verbot des Outsourcing bzw. eine gänzliche Liberalisierung des Outsourcing als Randpunkte möglicher Reglementierung in Betracht kommen (3., 4.). Der Regulierungsvorschlag soll abstrakte Gültigkeit für das Investmentgeschäft besitzen; soweit erforderlich, wird zwischen den einzelnen Wertschöpfungsstufen unterschieden werden müssen (5., 6.). Auch ein Abgleich mit den gewonnenen ökonomischen Aussagen wird vorzunehmen sein.
Im Vordergrund soll die inhaltliche Ausgestaltung der Regelung stehen. Abrundend wird der Regulierungsvorschlag sodann mit der bestehenden Rechtslage abgeglichen (7.).

## 1. Einführung

Als Ausgangspunkt soll noch einmal die gegenwärtige Rechtslage zum Investment-Outsourcing zusammengefasst werden. Funktionsauslagerungen bei Kapitalanlagegesellschaften wurden seit 1998 durch die allgemeine bankaufsichtsrechtliche Vorschrift des § 25a Abs. 2 KWG reguliert. Die 2002 ergangene europarechtliche Vorschrift des Art. 5g OGAW-Richtlinie stellt es den Mitgliedstaaten anheim, den durch die nationalen Aufsichtsbehörden regulierten Verwaltungsgesellschaften das Outsourcing unter Bedingungen zu ermöglichen. Die formellgesetzliche Richtlinienumsetzung durch den deutschen Gesetzgeber erfolgte mit § 16 InvG, der zum 1.1.2004 in Kraft trat. § 16 InvG trifft eigene Bestimmungen zur Regulierung von Auslagerungen im Investmentgeschäft und verweist auf § 25a KWG. Maßgeblich für das Outsourcing bei Kapitalanlagegesellschaften ist daher nunmehr *de lege lata* § 16 InvG iVm. § 25a KWG.[555]

Die Zielsetzung dieses Kapitels VI. ist es, einen Schritt zurückzutreten von der bestehenden Rechtslage und einen Lösungsvorschlag für das Outsourcing im Invest-

555 Die Aufsicht hatte zwischenzeitlich die Haltung eingenommen, dass sich zur Umsetzung des Art. 5g OGAW-Richtlinie eine neue gesetzliche Regelung erübrige, da § 25a Abs. 2 KWG als Vorschrift des allgemeinen Bankaufsichtsrechts genüge. Zur Anpassung an die Verhältnisse im Investmentgeschäft war an ein Ergänzungsrundschreiben zum Rundschreiben 11/2001 vom 6.12.2001 zu § 25a Abs. 2 KWG (s. Fn. 2) gedacht. Diese Ansicht ist aufgegeben worden zu Gunsten der Auffassung, das Outsourcing formellgesetzlich im Investmentrecht zu regeln.

mentgeschäft zu erarbeiten. Die vorhandene Rechtslage soll auf diese Weise auf den Prüfstand gestellt werden und Rechtsanpassungsbedarf erkannt werden.
In der Ermittlung einer Lösung *de lege ferenda* herrscht kein methodischer Zwang, sich an der gegebenen Rechtslage zu orientieren. Dies soll hinsichtlich der bestehenden Rechtslage zum Outsourcing in der Tat nicht geschehen. Allerdings soll nicht im „luftleeren Raum" operiert werden, d.h. es wird grundsätzlich eine Lösung im Rahmen der existierenden investmentrechtlichen Gesamtlandschaft angestrebt. Wie in Kapitel V. bereits dargelegt (siehe V.4.b.), geht es in dieser Untersuchung ohne besonderen Anlass nicht um ein Total-Revirement der Investmentregulierung; es soll, soweit nicht erforderlich, nicht das Aufsichtsregime des InvG insgesamt herausgefordert werden, sondern nur das Outsourcing-Aufsichtsrecht.
Aus diesem Grund soll im Weiteren, soweit sinnvoll, auch die vorhandene Rechtslage außerhalb des Outsourcing konsultiert werden. Dadurch soll die bezeichnete Realitätsnähe gewahrt bleiben, bewährte Regulierung identifiziert werden und eine Loslösung vom bestehenden Aufsichtskorpus vermieden werden, wo sie nicht nötig ist.

## 2. Investmentrechtliche Bewertungsmaßstäbe

In der Ermittlung einer Regulierungslösung zum Outsourcing kommt es zu wertenden Entscheidungen. Es sollen daher Bewertungsmaßstäbe festgelegt werden, auf die als Entscheidungshilfe bei Bedarf rekurriert werden kann. Diese Bewertungsmaßstäbe müssen, um eine stringente Lösung zu erzielen, ihrerseits investmentrechtlich beheimatet sein; ihre Auswahl ist daher nicht willkürlich zu treffen. Sie behalten jedoch zu einem gewissen Grad einen normativen Charakter, da sich in der investmentrechtlichen Diskussion, soweit ersichtlich, allgemein anerkannte, d.h. unstrittige und in diesem Sinn objektive Grundsätze des Investmentrechts – abgesehen vom Anlegerschutz – noch nicht durchgesetzt haben. In der Auswahl der Bewertungsmaßstäbe ist darauf abzustellen, dass sie als Richtschnur für die Frage der Outsourcing-Regulierung eingesetzt werden können.

Es geht im vorliegenden Zusammenhang um die begründete Herleitung einer Regelung, als wenn der zu behandelnde Sachverhalt noch nicht formell kodifiziert wäre; es geht nicht um die Anwendung oder Auslegung schon bestehender Rechtssätze. Derartige Rechtsentwicklung muss normativ, systematisch ohne Widersprüche, nach ökonomischen Prinzipien und lösend erfolgen. Vor diesem Hintergrund sollen als investmentrechtliche Bewertungsmaßstäbe dienen:

- Förderung des Anlegerschutzes,
- Förderung der Wahrnehmung der volkswirtschaftlichen Aufgaben des Investmentwesens,
- ökonomische Effizienz.

Diese Kriterien sind zwar nicht gänzlich ohne Berührungspunkte, aber doch weitgehend überschneidungsfrei. Das Kriterium des Anlegerschutzes soll Bewertungsmaßstab sein, da es ubiquitäre Regel des Investmentrechts ist; die Kriterien „volkswirtschaftliche Funktionen" und „ökonomische Effizienz" werden herangezogen, da sie als axiomatische „erste Sätze" stehen. Darauf soll nachfolgend eingegangen werden.

### a. Förderung des Anlegerschutzes

Das Investmentrecht im Allgemeinen und das KAGG sowie das Nachfolgegesetz InvG im Besonderen sind auf den Anlegerschutz ausgerichtet;[556] der Anlegerschutz ist ein *Prinzip* des Investmentrechts. Verschiedene Herleitungen werden für dieses Prinzip geboten.[557] Entscheidend ist, dass ohne Anlegerschutz ein funktionierender Investmentmarkt ausgeschlossen ist und damit die ökonomischen Chancen dieses Marktes unerschlossen bleiben. Wenngleich der personelle und materielle Schutzinhalt des Prinzips nicht unumstritten ist – *wer* ist zu schützen und *welche Interessen* sind zu schützen (Substanzinteresse, Interesse an sachgerechter Anlageentscheidung, Erhaltungs- und Ertragsinteresse, Liquiditätsinteresse, Informationsinteresse etc.) –, sind zahlreiche Bestimmungen des InvG unzweifelhaft als Ausprägungen des Anlegerschutzprinzips zu verstehen. Dazu zählen u.a.:

- Institutionelle Trennung von Verwaltung des Sondervermögens (Kapitalanlagegesellschaft) und Verwahrung des Sondervermögens (Depotbank) [§ 20 Abs. 1 S. 1, § 24 Abs. 1, § 30 Abs. 1 S. 2 InvG]; besondere Qualifikationsanforderungen und Erlaubnispflicht für Kapitalanlagegesellschaft [§ 7 Abs. 1, 2 InvG, §§ 32 ff. KWG, § 6 Abs. 2, 3 InvG] und Depotbank [§ 20 Abs. 1 S. 2, § 21 Abs. 1 InvG; §§ 32 ff. KWG];
- Spezialbankprinzip [§ 7 Abs. 4 InvG][558];
- Qualifikationsanforderungen an die Mitglieder des Aufsichtsrats der Kapitalanlagegesellschaft [§ 6 Abs. 3 InvG];
- determinierte Anlage- und Ausstellergrenzen sowie weitere Investmentregeln und -beschränkungen des Fondsmanagement für die festgelegten Arten von Sondervermögen [z.B. § 51 Abs. 2, §§ 52-53, §§ 60-65 InvG für Richtlinienkonforme Sondervermögen (sog. harmonisierte Fonds), § 67, § 68 Abs. 6, 7, § 80 InvG für Immobilien-Sondervermögen, §§ 85-86 InvG für Gemischte Sondervermögen, § 88 für Altersvorsorge-Sondervermögen, § 113 für Sondervermögen mit zusätzlichen Risiken];
- Schutz der Substanz des Sondervermögens durch eine gesetzliche Surrogationsvorschrift [§ 30 Abs. 2 InvG] sowie durch Vorschriften zum Schutz gegen den Zugriff von außen [§ 31 Abs. 2 InvG (Verbindlichkeiten der Kapitalanlagegesellschaft), § 31 Abs. 5, Abs. 6 InvG (Pfändung, Sicherungsübereignung und -abtretung, Aufrechnung), § 38 Abs. 3 S. 2 InvG (Insolvenz der Kapitalanlagegesellschaft)];

---

556 *Köndgen* in BankRHandB § 113 Rn. 33 f.; *Baur* vor § 1 Rn. 63-67; *Baur* in Assmann/ Schütze § 18 Rn. 157 ff.; *König* (1998), S. 18 f.

557 Vgl. dazu *Schäfer* (1987), S. 23 ff.; *Hopt* (1975), S. 61 ff., 261 ff.; *Thiel* (1982), S. 11 ff.

558 Auch das Spezialbankprinzip steht letztlich im Dienst des Anlegerschutzes. Es besagt, dass eine Kapitalanlagegesellschaft außer dem Investmentgeschäft iSd. § 1 Abs. 1 S. 2 Nr. 6 KWG nur eine abgesteckte Reihe von Nebentätigkeiten (§ 7 Abs. 2 InvG) ausführen darf. Die damit herbeigeführte Trennung des Investmentgeschäftes von anderen Bankgeschäften und Finanzdienstleistungen soll u.a. bewirken, dass es zu keinen Interessenverquickungen kommt, die nicht im Sinne der Stabilität des Sondervermögens sind. Näher unter VI.5.a.bb.bbb.

- Pflichten der Kapitalanlagegesellschaft und der Depotbank zum Handeln im Interesse der Anteilinhaber [§ 9 Abs. 2, § 22 Abs. 1 InvG];
- Publizitätspflichten [Vertriebspublizität (§§ 42, 121, 124 InvG), Bekanntmachungsvorschriften (§ 36 InvG, v.a. Abs. 6), Rechnungslegungspublizität (§ 44 InvG)];
- Prospekthaftung [§ 127 InvG];
- Vertragsgenehmigungspflicht für Publikumsfonds, Mindestvertragsinhalte [§ 43 , § 118 InvG];
- besondere Vertriebsregeln [§ 37 Abs. 1, 2, § 121, § 126, § 117Abs. 2 InvG].

Das Investmentrecht baut mithin auf dem Prinzip des Anlegerschutzes auf; der Anlegerschutz wird zur „Lebensregel" des Investmentrechts. Es muss an dieser Stelle noch keine Abgrenzung des materiellen Schutzbereiches des Prinzips erfolgen, allerdings darf die Klarstellung vorgenommen werden, dass es nicht um eine blinde Bevorzugung des Anlegers gehen kann. Ebenso wenig sind schon Aussagen dazu vonnöten, ob in der Schutzintensität zwischen verschiedenen Anlegergruppen – Publikumsfonds-Investoren vs. Spezialfonds-Investoren – zu differenzieren ist. Ausreichend ist es an dieser Stelle festzuhalten, dass der Anlegerschutz Leitmotiv auch einer Investment-Outsourcing-Regulierung sein muss, dass also eine solche Regulierung sich am Anlegerschutzprinzip messen lassen muss.

### b. Förderung der Wahrnehmung der volkswirtschaftlichen Aufgaben des Investmentwesens

Der Investmentmarkt hat gewichtige volkswirtschaftliche Aufgaben zu schultern:

- Kollektive Vermögensverwaltung für Private: Durch Investmentprodukte erhalten breite Schichten überhaupt erst vertrauenswürdigen Zugang zu professionellem, risikodiversifizierendem Vermögensmanagement auch bei nur geringen Anlagebeträgen. Dies fördert auch die breite Akzeptanz von Wertpapieren als Anlageform und die Beteiligung am Produktivkapital.
- Vermögensverwaltung für Institutionelle: Institutionelle Investoren nutzen den Investmentmarkt zur Verwaltung und Entwicklung ihres Vermögens.
- Private Altersvorsorge: Das Investmentsparen und die Spezialfondsanlage privater Kapitalsammelstellen wie Versicherungen und betrieblicher Rentenkassen stabilisieren die volkswirtschaftliche Altersvorsorge angesichts der Defizite der staatlichen Rentensysteme.
- (Re-) Finanzierung: Der Investmentmarkt ist unumgängliche (Re-) Finanzierungsquelle für Emittenten von Aktien und Anleihen und für zahlreiche Investitionsvorhaben.

Die Erfüllung dieser volkswirtschaftlichen Aufgaben des Investmentwesens ist die unausgesprochene Maxime des Investmentrechts im Sinne eines obersten Grundsatzes. Im Innersten geht es um die Realisierung des Wertschöpfungspotenzials des Investmentmarktes zu Gunsten sowohl der Kapitalgeber als auch der Kapitalnehmer. „Schutzgut" des Investmentrechts ist insoweit die Funktionsfähigkeit des Investment-Kapitalmarktes zu Gunsten aller Marktteilnehmer (Fähigkeit des Marktes, Kapitalgebern und Kapitalsuchern Marktzugang zu gewähren, Allokationseffizienz des

Marktes, Marktliquidität, Produktvielfalt, Fähigkeit des Marktes zur Vertrauensbildung auf Seiten der Anleger).
Es muss sonach Auftrag der Aufsicht und des Aufsichtsrechts sein, für die Stabilität des Investmentwesens in den beschriebenen Hinsichten zu sorgen. Dies trifft umso mehr zu, als die von der Investmentbranche verwalteten Gelder Summen erreichen, die bankwirtschaftliche Systemrisiken ins Spiel bringen. Folgerichtig muss auch im Bereich des Outsourcing gelten, dass solche Regulierungslösungen Berücksichtigung verdienen, die zur Stärkung der volkswirtschaftlichen Leistungsfähigkeit des Investmentwesens und der Funktionsfähigkeit des Investmentmarktes beitragen.

### c. Ökonomische Effizienz

Dieser Maßstab weist eine Verwandtschaft zum Kriterium der „volkswirtschaftlichen Aufgaben" auf. Als Teil des Bank- und Wirtschaftsrechts kann sich das Investmentrecht ökonomischen Einsichten nicht verschließen; es muss ihm auch um wirtschaftliche Werte gehen. Effizienzorientierte Überlegungen zu Ressourcenallokation, Ressourcenschonung oder transaktionskostenökonomischen Verbesserungen, soweit sie im Sachzusammenhang angestellt werden können, haben daher Berechtigung. Eine Outsourcing-Regulierung sollte auch mit Blick auf diese ökonomischen Prinzipien standhalten können.

## 3. Option: Vollständiges Verbot des Outsourcing im Investmentgeschäft

In der Annäherung an eine Lösung *de lege ferenda* sieht man sich zu Beginn mit der Option konfrontiert, Outsourcing vollständig zu unterbinden, die Kapitalanlagegesellschaften also zu verpflichten, das Investmentgeschäft mit Ausnahme der Verwahrung des Sondervermögens lückenlos selbst zu erbringen. Durch eine solche Regulierung werden Schwierigkeiten in der Durchsetzung der aufsichtlichen Rechte von Anbeginn vermieden; ebenso können Kontrollverluste der Geschäftsleitung gegenüber einem Auslagerungsunternehmen gar nicht erst auftreten. Da vom gesetzlich vorgesehenen Organisationsmodell des Investmentgeschäfts nicht abgewichen würde, kann es ferner zu keinen weiteren Beeinträchtigungen des Anlegerschutzes kommen.

Dies wird nicht ohne Einwand hingenommen werden können. Outsourcing birgt regelmäßig betriebswirtschaftliche Chancen und ist transaktionskostenökonomisch teilweise gut zu rechtfertigen (s.o. Kapitel II). Solange keine Einbußen an anderer Stelle drohen, sollten diese Wertsteigerungspotenziale nicht ungenutzt bleiben müssen.
Ein Totalverbot wäre nur dann zu legitimieren, wenn es bei jeder Auslagerungsmaßnahme unvermeidlich zu Verlusten für den Anlegerschutz oder die Funktionen des Investmentwesens käme. Das ist, wie die geübte Outsourcing-Praxis der deutschen und europäischen Investmentindustrie illustriert, etwa im Bereich des Vertriebs, offensichtlich nicht der Fall. Es verhält sich sogar so, dass das deutsche Investmentrecht schon vor dem Inkrafttreten des InvG „unbeanstandet" und unab-

hängig von der allgemeinen bankaufsichtsrechtlichen, nicht Investment-spezifischen Norm des § 25a Abs. 2 KWG einige Vorschriften zur Delegation von Aufgaben der Kapitalanlagegesellschaft und zur Zusammenarbeit mit Dritten bereithielt, die ungeachtet des § 16 InvG fortbestehen:

- § 1 Abs. 6 S. 1 Nr. 1, Nr. 6 KAGG (nun § 7 Abs. 2 Nr. 4, Nr. 5 InvG): Es sind zulässige Nebentätigkeiten für eine Kapitalanlagegesellschaft, Anteilscheine für andere zu verwahren und zu verwalten (dahinter steht die Depotführung für den Anteilinhaber) sowie Anteilscheine zu vertreiben, die nach den Vorschriften des KAGG/des InvG ausgegeben worden sind. „Andere" iSd. § 1 Abs. 6 S. 1 Nr. 1 KAGG/§ 7 Abs. 2 Nr. 4 InvG meint auch andere Kapitalanlagegesellschaften;[559] der in § 1 Abs. 6 S. 1 Nr. 6 KAGG/§ 7 Abs. 2 Nr. 5 InvG bezeichnete Anteilscheinvertrieb ist nicht auf die eigenen Anteilscheine begrenzt. Damit implizieren diese Normierungen, dass die Kapitalanlagegesellschaften, die diese Nebentätigkeiten ausüben, dies auch in der Rolle des Auslagerungsunternehmens für andere Kapitalanlagegesellschaften tun können.[560]
- § 9d KAGG (nun § 56 InvG): Kapitalanlagegesellschaften haben die Möglichkeit, bei Wertpapierdarlehen iRd. Fondsmanagement ein von dritter Stelle betriebenes organisiertes System zur Vermittlung und Abwicklung von Wertpapierdarlehen in Anspruch zu nehmen.
- § 10 Abs. 1 S. 5 KAGG (nun § 32 Abs. 1 S. 4 InvG): Die dauerhafte Bevollmächtigung eines unabhängigen Stimmrechtsvertreters zur Ausübung der mit dem Sondervermögen verbundenen Stimm- und Gläubigerrechte bedeutet die Auslagerung einer Fondsbuchhaltungsaufgabe, die sogar eine sachliche Nähe zum Fondsmanagement aufweist.
- § 12a Abs. 1 S. 2 KAGG (nun § 24 Abs. 1 S. 2, 3 InvG): Die Depotbank kann sich hinsichtlich der eigentlichen Verwahraufgabe eines abgesteckten Kreises von Verwahrern bedienen und muss diese Aufgabe nicht eigenhändig erfüllen (im Wertpapierbereich).
- § 19 Abs. 1 S. 3, § 20 Abs. 1, Abs. 3, Abs. 4, § 23 KAGG (nun § 127 Abs. 1, 3, 4, § 126 InvG), § 2 Abs. 6 S. 1 Nr. 8 KWG gehen von der Möglichkeit aus, dass Dritte in den Vertrieb der Anteilscheine eingebunden werden können.[561]
- § 3 Abs. 2 S. 2 Nr. 1, § 7 Abs. 2 S. 1 Nr. 1 AuslInvestG (nun § 137 Abs. 1 S. 2 Nr. 1, § 139 Abs. 2 S. 1 Nr. 1 InvG): Diese Vorschriften belegen, dass der Gesetzgeber mit

559 Siehe dazu unten VI.5.c.aa.

560 Für die *Verwahr*tätigkeit nach § 1 Abs. 6 S. 1 Nr. 1 KAGG/§ 7 Abs. 2 Nr. 4 InvG gilt, dass sie als Teil der Depotgeschäftstätigkeit bereits nach § 1, § 3 Abs. 1 S. 1, § 5 Abs. 1 S. 1, Abs. 3 DepotG delegiert werden kann, d.h. die Verwahrung der Anteilscheine kann an einen anderen Verwahrer ausgelagert werden (bestätigend *Köndgen* in BankRHandB § 113 Rn. 127 [Fn. 8]).

561 Dritte Institute können ferner in die Ausgabe und Rücknahme der Anteilscheine (als Teil des Transaktionsmanagement) durch sog. Konsignationslagerverträge eingebunden werden, die auch die Verwahrung von (noch) nicht begebenen Anteilscheinen durch diese dritten Institute und die Kooperation mit der Depotbank regeln (vgl. *Baur* § 12a Rn. 11 f. und Schreiben des BAKred vom 6.10.1982 „Einschaltung einer dritten Bank bei der Ausgabe und Rücknahme von Anteilscheinen (Konsignationslager-Verträge)", Geschäftsnummer V 1/Cd 32, abgedruckt bei *Consbruch/ Möller/ Bähre/ Schneider* Nr. 10.29).

der Möglichkeit zur Aufteilung der Wertschöpfungskette schon vor Einführung des § 16 InvG vertraut war.[562] · [563]

Diese Regelungen, die im InvG unter neuer Kodifikation fortbestehen und unabhängig von § 16 InvG Gültigkeit besitzen, sind Teil einer etablierten Geschäfts- und Aufsichtspraxis, die noch keine Verwerfungen im Investmentgeschäft hervorgerufen haben. Sie sind in der unvoreingenommenen Ermittlung einer Outsourcing-Regulierungslösung zwar nicht bindend, ihr Bestand darf aber als Ausdruck ihrer Vereinbarkeit mit Anlegerschutz und Funktionen des Investmentwesens gewertet werden.
Eine völlige Unvereinbarkeit des Investmentgeschäfts mit der Auslagerung von betrieblichen Funktionen kann daher nicht angenommen werden. Ein vollständiges Verbot des Outsourcing wäre unnötig restriktiv und ist abzulehnen.[564]

### 4. Option: Vollständige Liberalisierung des Outsourcing im Investmentgeschäft

Scheidet die Verbotslösung aus, könnte auf die entgegengesetzte Reglementierung umgeschwenkt werden. Das konzeptionelle Gegenstück zum vollständigen Verbot ist die vollständige Liberalisierung. Demnach würden Outsourcing-Vorhaben keinen oder allenfalls vernachlässigbaren Beschränkungen unterworfen. Eine solche Lösung bedeutete ein Lernen vom US-Modell „auf Umwegen".
Durch die Freigabe des Outsourcing würde der Interessenlage der Anbieter von Investmentprodukten entsprochen. Die unternehmerischen Chancen des Outsourcing könnten ungehindert ergriffen werden. Weiterhin entfielen die Kosten und rechtlichen Unsicherheiten, die mit einer aufsichtlichen Regulierung verbunden sind.

Zweifelhaft ist aber die unter Befürwortern des Outsourcing in der Praxis zuweilen anklingende Argumentation, im Sinne des Handelns im Interesse der Anleger (v.a. § 9 Abs. 2 InvG) und der Pflicht zur Nichtgefährdung der anvertrauten Vermögenswerte (arg. e. § 6 Abs. 2, Abs. 3 KWG) eine Pflicht zum Ergreifen der Chancen des Outsourcing auszumachen. Dies stimmt zunächst deshalb bedenklich, da kein Auslagerungsprojekt ohne Risiken auskommt. Sodann gilt weiter: *Kostensenkungen* infolge Outsourcing wirken sich nur dann unmittelbar entlastend auf das Sondervermögen aus, wenn sie Positionen betreffen, die dem Sondervermögen als Aufwendungsersatz (§ 675 Abs. 1, § 670 BGB) angelastet werden dürfen (§ 31 Abs. 3, § 29 Abs. 1 InvG), z.B. die Transaktionsprovisionen für Wertpapierkäufe und –verkäufe iRd.

---

562 *Baur* Einl I Rn. 78: „Nach dem AuslnvestG ist anerkannt, dass einzelne Funktionen im Rahmen der Organisation des Investmentgeschäftes von rechtlich selbständigen Funktionsträgern wahrgenommen werden können [...] ."

563 Die Vorschrift des § 19 Abs. 2 S. 3 Nr. 8 KAGG (nun § 42 Abs. 1 S. 3 Nr. 24 InvG) hat keine Auslagerungssituation im Auge, sondern lediglich das Hinzuziehen von Beratungsgesellschaften auf Vertragsbasis.

564 Dieses Ergebnis geht konform mit der verfassungsrechtlichen Wertung des Art. 12 Abs. 1 GG. Danach kann entlang der angeführten Argumentation ein Totalverbot als Einschränkung der Berufsausübungsfreiheit nicht mit dem Interesse des Gemeinwohls oder unter Gesichtspunkten der Zweckmäßigkeit rechtfertigt werden.

Fondsmanagement oder die Kosten für Druck und Versand der Rechenschafts- und Halbjahresberichte. Keinesfalls ist dies aber bei allen Auslagerungen der Fall, da eine Prozessveränderung wie Outsourcing typischweise die allgemeine betriebliche Kostendisposition eines Hauses tangiert. Bei derlei die allgemeinen Sach- und Personalkosten berührenden Maßnahmen können sich die realisierten Kostensenkungen allenfalls mittelbar in der Weise auswirken, dass der wettbewerbliche Druck die Kapitalanlagegesellschaft veranlasst, die Kostensenkung ganz oder zum Teil durch eine verringerte Management-Gebühr weiterzugeben. Dergleichen sind aber aus Sicht des Anteilinhabers nur Hoffnungen.
Angestrebte *Performance-Verbesserungen* infolge Outsourcing (v.a. bei Auslagerung des Fondsmanagement) sind in derselben Weise nur vage Perspektiven für den Anleger. Kostensenkungen und Performance-Verbesserungen infolge Outsourcing verdienen somit unter dem Aspekt der allgemeinen ökonomischen Effizienz Beachtung, diese wirtschaftlichen Argumente können aber im hier interessierenden Zusammenhang nicht in die Rechtssphäre des Anlegerschutzes exportiert werden.

Der bezeichnete Liberalisierungsvorschlag kann auch aus weiteren Gründen nicht unwidersprochen bleiben. Auslagerungen ohne regulierende aufsichtliche Begleitung führen zu Einbußen in der aufsichtlichen Kontrolle. Es besteht keine Gewährleistung, dass die Kapitalanlagegesellschaften stets die Interessen der Anleger im Auge behalten. Die Solidität des Investmentwesens insgesamt könnte Schaden davontragen.
Solange auf eine Regulierung und eine Aufsicht als solche nicht verzichtet werden kann, scheiden daher „laissez faire"-Varianten des Outsourcing aus, sind also nur solche Outsourcing-Regulierungen in Betracht zu ziehen, die mindestens eine aufsichtliche Eskortierung vorsehen, insbesondere durch Mittel, die die aufsichtliche Einflusssphäre auf das Auslagerungsunternehmen erstrecken.

Bestätigend können sowohl die gegenwärtige Rechtslage nach dem InvG als auch die Vorläuferkodifikation des KAGG zu Rate gezogen werden: Bereits das KAGG enthielt eine Reihe von Vorschriften, denen das Bild nicht einer (infolge weitgehender Auslagerung) funktionsberaubten und inhaltsleeren, sondern vielmehr einer in wesentlichen Belangen eigenverantwortlichen und verbindlichen Kapitalanlagegesellschaft zu Grunde liegt – eine Kapitalanlagegesellschaft „mit Leib und Seele". Diese Vorschriften bestehen im InvG fort (dazu sogleich), obwohl § 16 InvG das Outsourcing mittlerweile grds. gestattet. Sie sind Teil einer Investmentgesetzgebung, die jedenfalls hinsichtlich eines tatsächlich stabilen Investmentmarktes als grundsätzlich bewährt eingestuft werden kann.

- § 1 Abs. 1 KAGG (nun § 6 Abs. 1 S. 1 InvG): Der Geschäftsbereich der Kapitalanlagegesellschaft muss „darauf gerichtet" sein, die kollektive Vermögensverwaltung vorzunehmen. Dem Gesetz schwebt hier grds. die eigenständige Wahrnehmung dieser Aufgabe vor und kein funktionsentleerter Geschäftsbereich. Die Rolle eines „Delegationsmeisters" ist nicht ohne weiteres mit der Führung eines auf die Vermögensverwaltung gerichteten Geschäftsbereiches zu vereinbaren.

- § 2 Abs. 2 lit. b) KAGG (nun § 7 Abs. 1 S. 1 InvG iVm. § 32 Abs. 1 S. 2 Nr. 3, Nr. 4 KWG): Die Anforderungen an die fachliche und persönliche Eignung der Geschäftsleiter sowie die weiteren Lizenzerteilungsvoraussetzungen für eine Kapitalanlagegesellschaft unterstützen die Vorstellung einer ihre Aufgaben selbständig erfüllenden Gesellschaft.
- § 2 Abs. 2 lit. c) KAGG (nun § 7 Abs. 4 InvG): Das Spezialbankprinzip beschränkt die geschäftlichen Aktivitäten einer Kapitalanlagegesellschaft auf das Investmentgeschäft und wenige Nebentätigkeiten (§ 1 Abs. 1, Abs. 6 KAGG, nun § 7 Abs. 2 InvG) sowie die Anlage des gesellschaftseigenen Vermögens. Wenngleich das Spezialbankprinzip Funktionsauslagerungen nicht zu unterbinden vermag (dazu näher unter VI.5.a.bb.bbb.), disharmoniert es grds. mit einem in der skizzierten Weise stark eingeengten Tätigkeitskreis, wenn die Kapitalanlagegesellschaft sich dennoch von wesentlichen Aufgaben trennt im Wege der Auslagerung. Insoweit verwässert Outsourcing den grundsätzlichen gesetzgeberischen Willen der exklusiven Geschäftszuordnung.
- § 6 Abs. 1 S. 1 KAGG (nun § 30 Abs. 1 S. 1 InvG): Bei beiden vom Gesetz eröffneten Möglichkeiten zur Ausgestaltung der Rechtsverhältnisse am Sondervermögen – sog. Treuhandlösung und sog. Miteigentumslösung – treffen die Kapitalanlagegesellschaft treuhänderische Pflichten,[565] die grds. wiederum die höchstpersönliche Pflichtenwahrnehmung nahe legen. Gerade die Variante der Treuhandlösung, durch die die Kapitalanlagegesellschaft formell Eigentümerin des Sondervermögens wird, akzentuiert ihre Rolle und hebt die Vertragsbeziehung von anderen Konstellationen ab.
- § 9 Abs. 1, 2, 3, 6, § 10 Abs. 2 KAGG (nun § 31 Abs. 1, 2, 4, 5, 6 InvG): In dieser Bestimmung zur Treuhänderschaft der Kapitalanlagegesellschaft kommt eine Anvertrauenssituation zum Vorschein, die eine präsente, nichtvirtuelle Kapitalanlagegesellschaft „aus Fleisch und Blut" unterstellt.
- § 10 Abs. 1 S. 1 KAGG (nun § 9 Abs. 1. S. 1 InvG): Das Gesetz legt einen Sorgfaltsstandard an das Handeln der Kapitalanlagegesellschaft an („Sorgfalt eines ordentlichen Kaufmanns"). Auch hier schwingt mit, dass die Einhaltung dieses Standards Sache der Kapitalanlagegesellschaft ist, und dass sie in ihrer Person dafür Gewähr zu tragen hat. Dieses Verständnis des § 10 Abs. 1 S. 1 KAGG/§ 9 Abs. 1 S. 1 InvG gilt umso mehr, da der Inhalt der Vorschrift bereits durch § 347 Abs. 1 HGB iVm. § 3 Abs. 1 AktG, § 6 HGB, § 1 Abs. 3 KAGG/§ 6 Abs. 1 S. 2 InvG bzw. § 347 HGB iVm. § 7 Abs. 1 GmbHG, § 5 HGB, § 1 Abs. 3 KAGG/§ 6 Abs. 1 S. 2 InvG gesichert wäre. Die Norm bekräftigt also die gesetzliche Anspruchshaltung an die Kapitalanlagegesellschaft.
- § 10 Abs. 1 S. 2 KAGG (nun § 9 Abs. 2 InvG): Die Kapitalanlagegesellschaft ist aufgerufen, ausschließlich im Interesse der Anteilinhaber zu handeln. Diese Rollenzuweisung als Statthalter der Anleger im professionellen Asset Management – ein Segment, das für den Anleger individuell kaum erschließbar ist – verträgt sich wiederum besonders gut mit der Vorstellung von der eigenhändigen Wahrnehmung der Aufgaben.

565 Vgl. nur *Baur* § 6 Rn. 8-16; siehe auch Fn. 528 m.w.N.

- § 12c Abs. 3 S. 1 KAGG (nun § 28 Abs. 2 S. 1 InvG): Die Vorschrift stellt einen gesetzlich geregelten Fall der Prozessstandschaft dar; die Kapitalanlagegesellschaft hat das Recht und die Pflicht, die Ansprüche der Anteilinhaber gegen die Depotbank im eigenen Namen geltend zu machen. Auch hier gibt das Gesetz im Wissen um die gestellten Qualifikationsanforderungen sein Vertrauen in die Leistungsfähigkeit der Kapitalanlagegesellschaft zu erkennen; es erklärt die Kapitalanlagegesellschaft (höchstpersönlich) dazu berufen, die Ansprüche der Anteilinhaber zu verfolgen. Zu dieser gesetzlichen Individualisierung des Verantwortlichen passt nur das Bild der präsenten, eigenverantwortlichen Kapitalanlagegesellschaft.

Für eine Lösung *de lege ferenda* sind diese Vorschriften kein Diktum. Sie attestieren jedoch, dass mit einem Abschied von einer verbindlich-realen Kapitalanlagegesellschaft behutsam umgegangen werden sollte. Mit der *vollständigen* Liberalisierung des Outsourcing würde Beliebigkeit eingeführt in eine Rechtsmaterie, die ansonsten einem Regelkatalog für die Ausübung des Investmentgeschäfts gleichkommt. Beliebigkeit aber ist kein guter Regulator angesichts des vorbeugenden, Gefahr abwehrenden Charakters des Aufsichtsrechts. Eine schrankenlose Freigabe des Outsourcing ist infolgedessen ebenfalls zu verwerfen.

Damit ergibt sich: Die Regulierungslösung sollte weder das strikte Verbot noch die vollständige Freigabe des Outsourcing anstreben. Sie wird Outsourcing grundsätzlich zulassen müssen, dabei jedoch aufzeigen müssen, für welche Bereiche, in welchem Ausmaß und unter welchen Bedingungen Auslagerungen vorgenommen werden dürfen.

## 5. Vorschlag einer Regulierungslösung

Die Viel-Stufigkeit des Investmentprozesses und die Eigen-Artigkeit der verschiedenen Tätigkeiten bedingen, dass in der Herleitung eines Reglementierungsvorschlages zwischen den Abschnitten der Investment-Wertschöpfungskette differenziert wird. Daher sollen zunächst die individuellen Wertschöpfungsschritte getrennt behandelt werden (VI.5.a.-VI.5.e.). Im Anschluss wird auf solche Bestandteile der Regulierung einzugehen sein, die für alle Teilschritte bzw. den gesamten Prozess gelten (VI.5.f.).

Das Augenmerk soll zunächst auf das Fondsmanagement als den sensibelsten Bereich der kollektiven Portfolioverwaltung gerichtet sein.

### a. Fondsmanagement

Mit der allgemeinen Ansicht ist das Fondsmanagement als der Nukleus des Investmentgeschäftes einzustufen. Stärker als bei allen anderen Tätigkeiten wird hier über Erfolg oder Misserfolg der Kapitalanlage entschieden. Die Regulierung des Fondsmanagement muss daher mit besonderer Umsicht betrieben werden.

Wenn insoweit vom Fondsmanagement die Rede ist, wird damit die Planung, Durchführung und Kontrolle der Anlageentscheidungen zu Gunsten oder zu Lasten des Sondervermögens (einschließlich Risikomanagement) bezeichnet. Es soll bei dem hier zu Grunde gelegten Verständnis von der Auslagerung des Fondsmanagement nicht erforderlich sein, dass das Auslagerungsunternehmen auch die technische Ausführung der Transaktionen an den einschlägigen Märkten verantwortet (z.B. einen Wertpapierkauf selbst über einen Broker vornimmt). Entscheidend ist, dass eine andere Gesellschaft als die Kapitalanlagegesellschaft tatsächlich die Zusammensetzung des Sondervermögens bestimmt. Daher müssen auch nach außen als Berater auftretende Dienstleister, deren Empfehlungen ungeprüft umgesetzt werden, als Auslagerungsunternehmen für das Fondsmanagement angesehen werden.

Der Fokus der Ausführungen liegt also auf dem fachlichen Management des Portfolios „Sondervermögen", d.h. den Entscheidungen über die Anlagedispositionen betreffend das Sondervermögen. Die technische Durchführung dieser Dispositionen bildet nicht den Gegenstand der Betrachtung. Wenngleich manche Kapitalanlagegesellschaften eigene Handelsabteilungen zur Abwicklung von Transaktionen für das Sondervermögen vorhalten, ist es seit langem etablierte Geschäftspraxis, dass die entsprechenden Abteilungen der Depotbanken zu diesen Zwecken eingeschaltet werden. Aufgrund der ohnehin vorgeschriebenen Mitwirkung der Depotbank bei derlei Transaktionen (§§ 25, 27 Abs. 1 Nr. 2 InvG) gelangt diese (isolierte) Auslagerung der Handelsaktivitäten in die Nähe einer strukturellen Arbeitsteilung des Geschäfts, die außerhalb der Outsourcing-Regulierung stehen sollte.[566] Auf die Frage des (nicht-isolierten) Outsourcing der Handelsaktivitäten im Zuge der Auslagerung der Anlagedispositionen selbst soll erst eingegangen werden, wenn die Erörterungen ergeben sollten, dass die Auslagerung des Fondsmanagement (im engeren, beschriebenen Sinn) nicht zuzulassen ist. Andernfalls darf davon ausgegangen werden, dass die aufsichtlich weniger heiklen Durchführungsfragen als Annex ebenfalls delegiert werden dürfen.

Keinesfalls handelt es sich um Outsourcing des Fondsmanagement bei Einrichtung sog. Anlageausschüsse durch die Kapitalanlagegesellschaft. Anlageausschüsse werden zuweilen bei Publikumsfonds und regelmäßig bei Spezialfonds gebildet.[567] Sie sind gesetzlich nicht vorgesehen und haben als durch die Praxis entwickelte Gremien einen rein beratenden Charakter.[568]
Auch der für Grundstücks-Sondervermögen (§§ 66 ff. InvG) obligatorische Sachverständigenausschuss (§ 77 InvG) trifft selbst keine Dispositionen.

---

566 Vgl. dazu richtigerweise Tz. 47 des BAKred-Rundschreiben 11/2001 zu § 25a Abs. 2 KWG (s. Fn. 2) und bereits oben III.3.c.aa.aaa.β.

567 Vgl. § 4 Nr. 3 Allgemeine Vertragsbedingungen für Wertpapier-Sondervermögen, Stand 23.6.1998; Muster einer sog. Dreier-Vereinbarung im Spezialfondsbereich, abgedruckt bei *Baur* S. 1807 f. [dort Nr. 2, Nr. 4]).

568 *Baur* in Assmann/ Schütze § 18 Rn. 119 f.; *Baur* Anhang zu § 1 Rn. 19, 36, 38, 56, § 2 Rn. 20, § 5 Rn. 1, § 10 Rn. 4, 9; *Laux/ Päsler* (2001), S. 39; *Stolzenburg* (1979), S. 198, 200; *Stolzenburg* (1985), S. 278; *Köndgen* in BankRHandB § 113 Rn. 51, 98; Schreiben des BAKred V 4/51 vom 8.6.1989 zu Anforderungen an die Umschreibung der Anlagegrundsätze, Funktion von Anlageausschüssen [*Consbruch/ Möller/ Bähre/ Schneider* Nr. 10.44]; indirekt auch *Canaris* Rn. 2431)

Eingangs soll als Startpunkt die prinzipielle Rechtslage zum Outsourcing des Fondsmanagement im deutschen Investmentrecht vor und nach Umsetzung des Art. 5g OGAW-Richtlinie geprüft werden.

### aa. Rechtslage im deutschen Investmentrecht vor und nach Umsetzung des Art. 5g OGAW-Richtlinie

Die Gesetzeslage vor Umsetzung des Art. 5g OGAW-Richtlinie prägte in besonderer Weise das Leitbild einer höchstpersönlich gegenüber den Anteilinhabern verpflichteten Kapitalanlagegesellschaft. Maßgeblich hinsichtlich des Fondsmanagement waren § 1 Abs. 1, § 9 Abs. 1, § 10 Abs. 1 KAGG. Diese Bestimmungen mussten in der Zusammenschau verstanden werden. In ihnen beauftragte das Gesetz die Kapitalanlagegesellschaft damit, die eingelegten Gelder und die Gegenstände des Sondervermögens „im eigenen Namen" für Rechnung der Anteilinhaber zu verwalten. Rechtsgeschäftlich verpflichtet wurde beim Fondsmanagement also (gerade) die Kapitalanlagegesellschaft. Im gleichen Atemzug gab das Gesetz der Kapitalanlagegesellschaft die Grundlinien vor, entlang derer die Verwaltung der Gelder und des Sondervermögens zu erfolgen hatte (nämlich nach dem Grundsatz der Risikodiversifikation und innerhalb der gesetzlich zugelassenen Sondervermögensarten sowie Anlage- und Ausstellergrenzen). Auf diese Weise trat die Haltung des Gesetzgebers hervor, gerade die Kapitalanlagegesellschaft in ihrer Person mit der Vermögensverwaltung nach den gesetzlich beschriebenen Vorgaben zu betrauen. Denn die Solidität und Qualifikation der Kapitalanlagegesellschaft hatte der Gesetzgeber selbst durch § 32 KWG, § 2 Abs. 2, § 4 Abs. 1 KAGG regulativ gesichert (Erlaubnispflicht, Eigenmittel, fachliche und persönliche Eignung der Geschäftsleiter und Aufsichtsratsmitglieder). Wenngleich eine Vertretung der Kapitalanlagegesellschaft dem Wortlaut des Gesetzes nach nicht ausgeschlossen war, war sie ohne eine ausdrückliche Outsourcing-Normierung nur schwer mit dem „Geist" der § 1 Abs. 1, § 9 Abs. 1, § 10 Abs. 1 KAGG in Übereinstimmung zu bringen, gerade angesichts der Treuhänderstellung der Kapitalanlagegesellschaft gegenüber der Gemeinschaft der Anteilinhaber.
Aus diesem Kontext heraus kann nicht davon ausgegangen werden, dass die Vornahme des Fondsmanagement durch einen beauftragten Dritten, selbst wenn sie im Namen der Kapitalanlagegesellschaft erfolgte, begrifflich und teleologisch noch im Einklang mit § 1 Abs. 1, § 9 Abs. 1 KAGG stand.

In derselben Weise wird man auch die Vorschrift an die Kapitalanlagegesellschaft auslegen müssen, den Sorgfaltsmaßstab des ordentlichen Kaufmanns anzulegen und sich der ausschließlichen Maxime des Anlegerschutzes zu unterstellen (§ 10 Abs. 1 S. 1, S. 2 KAGG). Mit der „Sorgfalt des ordentlichen Kaufmanns" griff § 10 Abs. 1 S. 1 KAGG auf den erhöhten Sorgfaltsmaßstab des § 347 Abs. 1 HGB zurück; im allgemeinen Zivilrechtsverkehr fordert § 276 Abs. 2 BGB lediglich „die im Verkehr erforderliche Sorgfalt". Die Sorgfalt des ordentlichen Kaufmanns verlangt insbesondere die Beachtung der für das betroffene Gewerbe relevanten Vorschriften[569] – eine Auf-

569 *Schäfer* (1987), S. 54; *Baur* § 10 Rn. 14, 16.

gabe, die nach der Zielrichtung des § 10 Abs. 1 KAGG nicht beliebig delegiert werden konnte. Gesetzesformulierung des § 10 Abs. 1 S. 1, S. 2 KAGG und systematischer Zusammenhang zu § 1 Abs. 1, § 9 Abs. 1 KAGG offenbarten das Verständnis des Gesetzgebers, dass die Einhaltung dieser Verpflichtungen höchstpersönliche Angelegenheit der Kapitalanlagegesellschaft war, der dazu Unabhängigkeit von der Depotbank gesetzlich attestiert wurde. Die Kapitalanlagegesellschaft traf insoweit eine (aufsichtsrechtliche) Pflicht zur eigenverantwortlichen Geschäftsbesorgung.

Durch diese Ausstattung der Kapitalanlagegesellschaft mit Rechten und Pflichten rückten die Vorschriften der § 1 Abs. 1, § 9 Abs. 1, § 10 Abs. 1 KAGG in die Nähe von solchen Normen, die die in ihnen verpflichteten oder berechtigten Akteure individualisieren mit der Folge, dass jede Form der Delegation dem gesetzgeberischen Willen zuwiderläuft (vgl. etwa § 13 Abs. 2 S. 1, § 13a Abs. 2, § 15 Abs. 1 S. 1 a.E. KWG).

Es zeigt sich damit: Nach der KAGG-Rechtslage vor der Umsetzung des Art. 5g OGAW-Richtlinie ging das gesetzliche Leitbild der Kapitalanlagegesellschaft von deren eigenhändiger Ausführung des Fondsmanagement aus; die Treuhänderstellung der Kapitalanlagegesellschaft gegenüber den Anteilinhabern – jedenfalls in der Form, in der diese Treuhandschaft in § 1, § 10 KAGG angelegt war – war nicht zu vereinbaren mit der Delegation der Verwaltungaufgabe, die deshalb unzulässig war. § 25a Abs. 2 KWG war als Vorschrift des allgemeinen Bankaufsichtsrechts nicht imstande, die spezialgesetzliche Rechtslage nach KAGG zu übertönen.[570]

Nach Umsetzung des Art. 5g OGAW-Richtlinie besteht mit § 16 InvG die Möglichkeit zur Funktionsauslagerung für Kapitalanlagegesellschaften, die sich, wie Abs. 2 der Vorschrift klarstellt, auch auf das Fondsmanagement erstreckt. Die Einzelheiten der Situation *de lege lata* müssen an dieser Stelle noch nicht erörtert werden; ein Abgleich der Rechtslage mit dem Regulierungsvorschlag erfolgt unter VI.7.

Im Sinne der zu ermittelnden Regulierungslösung *de lege ferenda* ist unabhängig von der wechselnden Rechts- und Gesetzeslage zu fragen, welche die investmentrechtlich zwingende oder wünschenswerte Regulierung ist, ob also eine investmentrechtlich nicht zurückzuweisende Begründung für die Nichtauslagerbarkeit des Fondsmanagement besteht oder ob nicht auch eine Outsourcing-Lösung mit dem Investmentrecht in Übereinstimmung gebracht werden kann. Die Nullhypothese lautet zunächst, dass ein zwingender Grund für die Nichtauslagerbarkeit besteht; zu untersuchen ist, ob diese Nullhypothese verworfen werden kann.

570 Auch die Aufsicht gesteht im Rundschreiben zu § 25a Abs. 2 KWG zu (Rundschreiben 11/2001 vom 6.12.2001 [s. Fn. 2], Tz. 16), dass sich die grundsätzliche, liberale Stoßrichtung des § 25a Abs. 2 KWG im Bereich der Spezialkreditinstitute ändern kann.

### bb. Denkbare Begründungen der Nichtauslagerbarkeit des Fondsmanagement

Sollte ein zwingender Grund für die Nichtauslagerbarkeit des Fondsmanagement bestehen, wird die Regulierungslösung das Outsourcing nicht gestatten können.
Eine unausweichliche *ökonomische Begründung* der Nichtauslagerbarkeit besteht jedenfalls nicht: Transaktionskostenökonomisch ist die Auslagerung des Fondsmanagement infolge seiner hohen Spezifität und bestehender Opportunismusgefahren zwar nicht begünstigt, doch erreichen die Transaktionskosten der Delegation aufgrund der vorhandenen Ausweich- oder Rückholmöglichkeiten keine prohibitive Größenordnung (s.o. unter II.1.b.bb.fff.). In betriebswirtschaftlicher Hinsicht gilt: Wenngleich die Auslagerung des Fondsmanagement nicht immer überzeugend ist, lassen sich Konstellationen ausmachen, in denen sie betriebswirtschaftlich zu befürworten ist (so v.a. bei kleineren Kapitalanlagegesellschaften, s.o. unter II.1.b.cc.ccc., IV.3.a.).
Auch ergibt sich keineswegs aus der *Erlaubnispflichtigkeit des Investmentgeschäftes* die pauschale Unzulässigkeit der Auslagerung des Fondsmanagement. Die Erlaubnispflichtigkeit als solche rührt nicht an der grundsätzlichen Möglichkeit der Auslagerung, sondern allenfalls an der Konzessionspflicht des Auslagerungsunternehmens (s. dazu unten VI.5.f.bb.aaa. und bereits oben unter III.3.c.gg.eee.γ.).

#### aaa. Aufsichtliche Kontrolleinbußen

In der Diskussion schwingen zum Teil Bedenken mit, die Auslagerbarkeit des Fondsmanagement bedeute den Einstieg in einen permissiven organisatorischen Wildwuchs bei Kapitalanlagegesellschaften, durch den die Aufsicht Kontrolle über das Investmentgeschäft einbüßt mit negativen Folgen für übergeordnete bankaufsichtliche Belange, hier v.a. die Stabilität des Investmentgeschäftes.

Aufsichtlicher Kontrollverlust ist eine Begleiterscheinung bei jeder Outsourcing-Maßnahme (s.o. III.3.c.cc.aaa.). Es ist nicht zu erkennen, dass diese Einbußen im Fall des Fondsmanagement unerträglich ansteigen würden:
Die aufsichtlichen Kontrollrechte betreffen die allgemeinen Prüfungen und Auskunftsersuchen nach § 44 KWG, den regulären Jahresabschluss (vgl. § 26 KWG) und die gesetzlichen Berichtspflichten (§ 25 KWG). Die Schwierigkeiten in der Durchsetzung dieser Aufsichtsrechte gegenüber einem Auslagerungsunternehmen sind beim Outsourcing des Fondsmanagement weder strukturell anders noch sachlich gravierender als bei der Auslagerung anderer Funktionen. Eher noch ist herauszustreichen, dass das Fondsmanagement ein stark diskretionär geprägter Bereich ist, in dem Marktkenntisse, Fachexpertise und Einschätzungen schwerlich „prüfungstauglich" sind, so dass (irgendwelche) Prüfungsbehinderungen sogar weniger schwer wögen. Soweit allerdings die – gut nachprüfbare – Einhaltung der detaillierten gesetzlichen Vorgaben an das Fondsmanagement betroffen ist, namentlich Grenzen für einzelne Vermögensgegenstände oder Gruppen von Vermögensgegenständen (z.B. § 51 Abs. 2, §§ 52-53, §§ 60-65 InvG für Richtlinienkonforme Sondervermögen) und verbotene Geschäfte (z.B. § 31 Abs. 2 S. 2, Abs. 4-6, § 53, § 59 InvG), ist ihre Kontrolle

bei einem dritten Unternehmen anstatt bei der Kapitalanlagegesellschaft nicht sonderlich erschwert. Dasselbe gilt für die Beachtung der wenigen Normen, durch die für besondere Maßnahmen des Fondsmanagement vorgesehen ist, dass die Aufsicht zu informieren ist oder deren Zustimmung einzuholen ist, wie etwa § 54 Abs. 4 InvG. Voraussetzung ist jeweils, dass der aufsichtliche Zugang zum Auslagerungsunternehmen, wie bei der Auslagerung anderer Funktionen auch, gesetzlich und vertraglich gesichert ist (siehe dazu die Anforderungen an die Nichtbeeinträchtigung der aufsichtlichen Kontrollmöglichkeiten unter VI.5.f.dd. und III.3.c.cc.ddd.). Der neue Passus in § 44 Abs. 1 S. 2 2. HS KWG bringt hier spürbare Erleichterungen, indem er Auslagerungsunternehmen jedenfalls hinsichtlich eines Teils der aufsichtlichen Prüfungsmaßnahmen unmittelbar der Aufsicht unterstellt.

### bbb. Spezialbankprinzip

Das Spezialbankprinzip, im InvG verankert in § 7 Abs. 4 InvG, besagt: Wer das Investmentgeschäft betreibt, dem ist es grundsätzlich verschlossen, parallel dazu andere Bankgeschäfte oder Finanzdienstleistungen zu betreiben. Das Spezialbankprinzip verfolgt eine zweifache Zielsetzung: Es geht zunächst um die Vermeidung von Interessenkonflikten (v.a. zwischen den Interessen der Kapitalanlagegesellschaft einerseits und der Anteilinhaber andererseits), indem Vermögensdispositionen des Investmentgeschäftes nicht mit anderen Bankgeschäften in Zusammenhang gebracht werden können. Sodann soll ein Mindestmaß an fachlicher Spezialisierung der Investmentgesellschaften erreicht werden mit dem Ziel, Expertise zu bündeln im Sinne einer hohen bankgeschäftlichen Sachkunde und Qualität des Investmentgeschäftes.[571] Am Spezialbankprinzip sollte zur Stärkung des Anlegerschutzes und zur Stabilisierung des Investmentwesens im volkswirtschaftlichen Interesse festgehalten werden.

Angesichts des aus dem Spezialbankprinzip resultierenden engen Geschäftskreises der Investmentgesellschaften entsteht eine gewisse Reibung, wenn diese Gesellschaften sich im Wege des Outsourcing mittelbar aus dem Fondsmanagement als dem Kristallisationspunkt des Geschäftes zurückziehen. Allerdings ist dieser Einwand nicht *zwingend*, um derlei Auslagerungen wirklich ausschließen zu können. Er entspringt vielmehr dem Leitbild einer Investmentgesellschaft, dessen (Allein-) Gültigkeit es gerade zu prüfen gilt. Die bezeichneten Ziele (keine Vermengung der Geschäfte, Qualitätssicherung) würden nicht unerreichbar dadurch, dass eine Investmentgesellschaft das Fondsmanagement durch eine (entsprechend qualifizierte) dritte Stelle ausführen lässt und ihrerseits zur engen Überwachung verpflichtet wird; insbesondere würde die Kapitalanlagegesellschaft auch nach einer Auslagerung keinen Zugang zu anderen Bankgeschäften haben.

---

571 Das Schreiben V 4/44.1 des vormaligen BAKred vom 15.6.1989 (Beratungstätigkeit als zulässige Nebentätigkeit von Kapitalanlagegesellschaften, abgedruckt bei *Consbruch/ Möller/ Bähre/ Schneider* Nr. 10.45) lässt erkennen, dass die Nichtzulassung anderer Bankgeschäfte auch dazu dient, keine neuen (Haftungs-) Risiken entstehen zu lassen, durch die das haftende Eigenkapital der Investmentgesellschaft für eventuelle Ansprüche der Anteilinhaber geschmälert werden könnte.

Aus einer anderen Perspektive weist das Spezialbankprinzip v.a. die Facette auf, dass es das Investmentgeschäft exklusiv den *Investmentgesellschaften* zuweist; es ist insoweit ausgeschlossen, dass etwa eine unselbständige Abteilung einer Geschäftsbank sich im Investmentgeschäft betätigt. Dieser Aspekt der ausschließlichen Besetzung des Investmentfeldes könnte zur Nichtauslagerbarkeit des Fondsmanagement führen: Es könnte mit dem Spezialbankprinzip unvereinbar sein, dass andere Unternehmen als Kapitalanlagegesellschaften die zentrale Aufgabe des Fondsgeschäftes wahrnehmen.[572]

Diese Argumentation ist nicht haltbar: Der Umstand, dass das Investmentgeschäft den Kapitalanlagegesellschaften vorbehalten ist, berührt nicht die Nichtauslagerbarkeit des Fondsmanagement als solche, sondern höchstens die Qualifikation des Auslagerungsunternehmens. Für den Fall, dass die Übernahme des Fondsmanagement durch das Auslagerungsunternehmen das Betreiben des Investmentgeschäftes bedeutet, kommt aufgrund des Spezialbankprinzips als Dienstleister wiederum nur eine Kapitalanlagegesellschaft in Betracht. Gleichwohl liegt bei einer Auslagerung des Fondsmanagement kein Betreiben des Investmentgeschäftes vor, solange der Dienstleister lediglich die Anlagedispositionen verantwortet, nicht aber auch die Produktverantwortung für den Investmentfonds gegenüber dem Anteilinhaber innehat und Anteilscheine ausstellt: Das Fondsmanagement umfasst die Planung, Durchführung und laufende Kontrolle des Erwerbs und des Verkaufs von Vermögensgegenständen unter Beachtung der vertraglichen und gesetzlichen Rahmenbedingungen mit dem Ziel, das im Vertrag vereinbarte Anlageziel zugunsten der Investoren weitestmöglich zu erreichen. Mit der Übernahme dieser Aufgaben für eine Kapitalanlagegesellschaft wird der Externe noch nicht zu einer Person, die das Investmentgeschäft betreibt, also zusätzlich zum Fondsmanagement Anteilscheine ausstellt und vertreibt, d.h. ausgibt und zurücknimmt, eingelegte Gelder entgegennimmt und ausgibt, die Fondsbuchhaltung einschließlich der aufsichtlichen Auflagen wahrnimmt etc.

Dies bedeutet im Ergebnis: Unter dem Aspekt der ausschließlichen Zuweisung des Geschäftes an Investmentgesellschaften kann das Spezialbankprinzip nicht die Nichtauslagerbarkeit des Fondsmanagement erzwingen. Es verlangt allerdings durchaus, dass ein externer Fondsmanagement-Dienstleister zur Wahrung der geforderten Expertise und Qualität ausreichend lizenziert ist. Da das Fondsmanagement einen Ausschnitt des Investmentgeschäftes bildet, wird eine Erlaubnis für das Investmentgeschäft zwar *hinreichen* (§ 1 Abs. 1 S. 2 Nr. 6 KWG), aber sie ist nicht *notwendig*; ebenso hinreichend für die fachliche Vornahme der Vermögensanlage ist die Konzession für die individuelle (Finanz-) Portfolioverwaltung (§ 1 Abs. 1a S. 2 Nr. 3 KWG) [s. auch unten VI.5.a.ff. und VI.5.f.bb.aaa.].

Nach einer weiteren denkbaren Variante, das Spezialbankprinzip auszulegen, ist zu überlegen, ob die Nichtauslagerbarkeit des Fondsmanagement daraus resultiert,

---

572 In diese Richtung argumentiert das Schreiben V 1/02 - 17/97 vom 29.9.1997 des vormaligen BAKred zur Auslagerung des Fondsmanagement bei Kapitalanlagegesellschaften (abgedruckt bei *Consbruch/ Möller/ Bähre/ Schneider* Nr. 10.73).

dass sich die Investmentgesellschaft bei Delegation des Fondsmanagement ihres „Wesens" begibt und damit ihren Charakter als Spezialkreditinstitut verliert.
Ein nur formeller, äußerlicher Wesensverlust als solcher würde jedoch als Begründung der Nichtauslagerbarkeit nicht zufrieden stellen. Es gibt keinen mit einem Eigenwert versehenen „Artenschutz" für Investmentgesellschaften; eine wesensberaubte Investmentgesellschaft ist nicht allein aufgrund ihrer Wesenslosigkeit definitorisch abzulehnen. Vielmehr muss der Verlust mit einer handfesten investmentrechtlichen Begründung unterfüttert werden.
Eine Argumentation in diese Richtung lautet, dass mit der Auslagerung des prägenden Fondsmanagement eine Investmentgesellschaft entsteht, die nicht mehr auf der Basis der Konzession agiert, die ihr ursprünglich einmal erteilt worden war, dass also der Verlust des Fondsmanagement der Erlaubniserteilung gleichsam die Geschäftsgrundlage nimmt. Wie bereits im Zusammenhang mit der Totalauslagerung des Fondsmanagement bei OGAW diskutiert wurde (s.o. unter IV.3.a.), sind Bedenken dieser Art nicht stichhaltig: Eine Investmentgesellschaft mit ausgelagertem Fondsmanagement muss nicht zwangsläufig zum Entfallen der Erlaubnisvoraussetzungen führen oder eine Missachtung des Aufsichtsrechts bzw. des aufsichtsbehördlichen Willens darstellen, wie er sich im Verwaltungsakt der Erlaubnis manifestiert (darauf wird unten unter VI.5.a.ee. zurückzukommen sein).

Aus dem Spezialbankprinzip kann sonach die Nichtauslagerbarkeit des Fondsmanagement nicht abgeleitet werden.

#### ccc. Anlegerschutz

##### α. Anlegerschutz im Fondsmanagement und Auswirkungen auf das Outsourcing

Der Anlegerschutz ist im gegenwärtigen Bewußtsein der Rechtsgemeinschaft anerkannt und muss daher als *Rechtsprinzip* des Investmentrechts verstanden werden (s.o. VI.2.a.).[573] In der Bestimmung der inhaltlichen Reichweite des Anlegerschutzes werden auseinandergehalten: die Schutzobjekte (Anlageobjekte), die zu schützenden Interessen und die Interessensträger, also die zu schützenden Personen. Zwar herrscht im Schrifttum hinsichtlich keiner dieser Schutzbereichdimensionen Einigkeit, wo exakt die Schutzgrenzen zu ziehen sind.[574] Dennoch besteht in vielen Punkten Übereinstimmung, die insbesondere im vorliegenden Zusammenhang – Investmentgeschäft – relevant sind und die Berufung auf das Anlegerschutzprinzip noch sattelfester machen:

---

573 *Schäfer* (1987), S. 36, 45, 48 f.; *König* (1998), S. 18 f., 215; *Köndgen* in BankRHandB § 113 Rn. 33 ff.; *Hopt* (1975), S. 333-347; wohl leicht einschränkend *Baur* § 10 Rn. 5.

574 Offene Fragen in der Bestimmung des Anlegerschutzes sind gelistet bei *Schäfer* (1987), S. 23 ff.; *König* (1998), S. 17 ff. (etwa: Erfassung auch von Kunstgegenständen oder Rohstoffen/ Waren aller Art, Anknüpfung (lediglich) an den öffentlichen Vertrieb [so wohl *Köndgen* in BankRHandB § 113 Rn. 34], Erfassung auch des (teilweisen oder vollständigen) Unternehmenserwerbs).

- Finanzinstrumente aller Art, auch Investmentanteilscheine, selbst wenn ihnen Immobilien als Vermögensgegenstände zu Grunde liegen, sind vom Anlegerschutzprinzip umfasste Anlageobjekte.
- Zu schützende Interessen des Anlegers, insbesondere des Investmentanteilscheininhabers, sind das Substanzinteresse, das Interesse an sachgerechter Anlageentscheidung (Verwaltungsinteresse), das Interesse an Erhalt und Ertrag der Vermögensanlage, das Interesse an der Liquidierbarkeit der Anlage und das Informationsinteresse (siehe bereits oben unter VI.2.a.).[575]
- In personaler Hinsicht deckt das Prinzip jedenfalls den privaten (nicht-institutionellen) Investor, grundsätzlich aber auch den institutionellen Anleger.

Zahlreiche Bestimmungen des kodifizierten Investmentrechts sind Ausformungen des Anlegerschutzprinzips und dienen einem oder mehreren der benannten Interessen (vgl. die Liste der Ausprägungen im InvG unter VI.2.a.).

Um Anleitung für die Entscheidung von Einzelfragen zu bieten, muss das Anlegerschutzprinzip tiefer in subsumtionsfähige Sätze heruntergebrochen werden. Dies gilt auch bei der Bestimmung der Implikationen des Anlegerschutzes für das Outsourcing des Fondsmanagement.

Auf dem Hintergrund des Verwaltungsinteresses, des Vermögenserhaltungs- und Ertragsinteresses sowie des Informationsinteresses des Anlegers bedeutet Anlegerschutz hinsichtlich des Fondsmanagement, dass die eingelegten Gelder und das Sondervermögen verwaltet werden

- gemäß den vertraglichen Vereinbarungen bezüglich Anlageziel und Anlagestrategie,
- unter Beachtung der gesetzlichen und aufsichtlichen Vorgaben an die kollektive Portfolioverwaltung (u.a. Anlage-, Ausstellergrenzen, verbotene Geschäfte, Aufbringung der erforderlichen Sorgfalt[576], Wahrung der Anlegerbelange bei Interessenkonflikten) und
- auf dem vertraglich vereinbarten Risikoniveau.

Projiziert man diese Inhaltsbestimmung des Anlegerschutzes auf das Outsourcing des Fondsmanagement, ist festzustellen, dass auch ein externer Dienstleister grundsätzlich in der Lage ist, Fondsziele und Fondsstrategie zu beachten sowie das vereinbarte Risikoniveau in den Anlagedispositionen und die aufsichtsrechtlichen Vorgaben einzuhalten. Voraussetzung ist, dass die auslagernde Kapitalanlagegesellschaft das Auslagerungsunternehmen in allen relevanten Punkten detailliert verpflichtet. Unter diesen Gesichtspunkten allein muss es somit nicht zu einer Verletzung des umrissenen Anlegerschutzstandards kommen.

---

575 Der Zuschnitt der Interessenssphäre des Anlegers im Allgemeinen und des Investmenfondsanlegers im Besonderen erfolgt in der Literatur uneinheitlich (eine Übersicht findet sich bei *Schäfer* (1987), S. 23 f.; weitere Alternativen bei *Thiel* (1982), S. 14; *König* (1998), S. 26 f.; *Assmann* in Assmann/ Schütze § 1 Rn. 65 [Fn. 170]).

576 Dies meint auch die Verwaltung unter Verwendung fachlich anerkannter Regeln (etwa Grundsätze der Risikomischung und Risikoelimination unter Einbringung der Erkenntnisse der modernen Portfoliotheorie [ausführlicher dazu *König* (1998), S. 31–33], Einbringung von Hedging-Techniken etc.).

Allerdings geht es beim Outsourcing des Fondsmanagement nicht nur bezüglich des eigentlichen Anlagemanagement (also der Planung, Durchführung und Kontrolle von Anlageentscheidungen) um die Interessen der Anteilinhaber. Schon der Auslagerungsvorgang als solcher, bevor es zu Anlageentscheidungen kommt, betrifft bereits in mehrfacher Hinsicht die Anlegerschutzinteressen im Fondsmanagement.

### β. Implikationen in der Rechtsbeziehung Anteilinhaber – Kapitalanlagegesellschaft

Im Sinne eines effektiven Schutzes wird man den Anlegerschutz umfassend verstehen müssen, so dass alle risikoerheblichen Faktoren zu berücksichtigen sind. Es kann daher beim vereinbarten Risiko nicht nur um das Anlagerisiko gehen, wie es als marktliches Risiko in der Anlage des Sondervermögens gebannt ist (Auswahl der Vermögensgegenstände, Eingehen von Derivat-Geschäften, Abschluss von Wertpapierdarlehen etc.). Auch die operativen und strukturellen Risiken des Investmentgeschäftes machen das zwischen Kapitalanlagegesellschaft und Anleger vereinbarte Risiko aus. Wirtschaftlich betrachtet, zeichnet der Anteilinhaber mit seiner Einlage ein Risikobündel. Ändern sich die Faktoren, die für den Anleger risikorelevant sind, d.h. mehr als nur unerheblich Einfluss auf den Erfolg der Investmentanlage ausüben können, ändert sich auch die Beschaffenheit des Risikobündels. Der Anlegerschutz (in der Dimension „vertraglich vereinbartes Risikoniveau") verlangt hier nicht, dass sich das vereinbarte Risikoniveau niemals ändern darf, sondern erfordert, dass die Billigung des Anlegers eingeholt wird, dass dem Anleger also keine risikorelevanten Variablen verborgen bleiben.

Zu den operativ-strukturellen, risikobehafteten und erfolgsbeeinflussenden Umständen in der Verwirklichung des Investmentauftrages zählt auch, *wer* das Fondsmanagement ausübt; mithin rechnet auch die über die reine Beratung hinausgehende Delegation des Fondsmanagement auf externe Dritte dazu. Outsourcing des Fondsmanagement ist eine Weiterentwicklung der Organisation des Investmentgeschäftes, in der ein neues, strukturelles, rechtsformunabhängiges Anlegerrisiko bei der kollektiven Vermögensanlage liegt. Aus Sicht des Anlegerschutzes ist ein solches Outsourcing nicht apriorisch unzulässig, jedoch setzt seine Rechtmäßigkeit voraus, dass die Zustimmung des Anlegers gesichert wird. Denn der Anleger platziert seine Gelder bzw. hat seine Gelder platziert im Vertrauen auf die Wahrnehmung des Fondsmanagement durch die von ihm ausgewählte Kapitalanlagegesellschaft. Die Auslagerung des Fondsmanagement kommt in ihrer tatsächlichen Auswirkung dem Wechsel des Vertragspartners in einem Ausschnitt der Investmentdienstleistung gleich; dafür wird die Zustimmung des Anteilinhabers zu fordern sein, und zwar eine Zustimmung zu dem einen, namentlich benannten Auslagerungsunternehmen.

Zu diesem Zustimmungserfordernis gelangt man aufsichtsrechtlich nicht nur unter dem Aspekt des Anlegerschutzes, sondern auch unter dem Aspekt der Ordnungsmäßigkeit der Bankgeschäfte, hier des Investmentgeschäftes:

Die Ordnungsmäßigkeit der Geschäfte ist ein allgemeines bankaufsichtliches Kriterium (vgl. § 6 Abs. 2, Abs. 3, § 25a Abs. 1 S. 1 Nr. 1, Nr. 2, Abs. 2 S. 1 KWG; s. bereits oben unter III.2.b. und III.3.c.cc.bbb. und unten VI.5.f.dd.aaa.); sie trägt zur Stabilität des Investmentwesens bei und ist auch in Outsourcing-Zusammenhängen zu beachten. Die aufsichtsrechtliche Ordnungsmäßigkeit kann eine Investment-Praxis nicht tolerieren, die dauerhaft zivilrechtswidrig operiert. Privatrechtlich unrechtmäßige Zustände unterminieren die Sicherheit des Gesamtgeschäfts; Aufsichtsrecht und Zivilrecht müssen einen einheitlichen Rechtsrahmen gewähren (siehe wiederum oben III.2.b.; auch § 25a Abs. 1 S. 1 Nr. 1 KWG: Einhaltung der gesetzlichen Bestimmungen).

Zivilrechtlich ist der Investmentvertrag nach § 43 InvG zwischen Anteilinhaber und Kapitalanlagegesellschaft als ein auf eine Dienstleistung gerichteter Geschäftsbesorgungsvertrag zu werten (§ 675, § 611 BGB).[577] Im Geschäftsbesorgungsrecht gilt gemäß § 675, § 664 Abs. 1 S. 1 BGB (in entsprechender Anwendung, s.o. unter III.2.b.) bzw. § 675, § 613 S. 1 BGB, dass die Leistung „im Zweifel" höchstpersönlich geschuldet wird. Höchstpersönlichkeit ist mit der Pflicht zur eigenhändigen Geschäftsbesorgung gleichzusetzen, d.h. die Investmentgesellschaft ist grundsätzlich angehalten, in Person leisten. Damit wird es für die Zivilrechtmäßigkeit der Auslagerung erforderlich, die Zustimmung des Geschäftsherrn, hier des Anteilinhabers, einzuholen.
Diese Anforderung des § 664 Abs. 1 S. 1 BGB (§ 613 S. 1 BGB) setzt zwar erst ein, wenn die zu delegierende Tätigkeit eine gewisse Erheblichkeit überschritten hat.[578] Dies ist indessen beim Fondsmanagement als der kardinalen Komponente der Investmentdienstleistung zu bejahen.[579]

Mithin kann aus der Höchstpersönlichkeit der Leistung (zwar) nicht auf die Nichtauslagerbarkeit des Fondsmanagement geschlossen werden, jedoch ist die Zustimmung der Anleger Voraussetzung für die Rechtmäßigkeit des Outsourcing und damit für die aufsichtliche Ordnungsmäßigkeit des Investmentgeschäftes.[580]
Die zivilrechtliche Wertung aus § 664 Abs. 1 S. 1 BGB (§ 613 S. 1 BGB) spiegelt die vorstehend erläuterte, durch den Anlegerschutz motivierte investmentrechtliche

---

577 Unstrittig, vgl. etwa *Canaris* Rn. 2352; *Beckmann* in Beckmann/ Scholtz § 15 Rn. 1; *Baums/ König* (1997), S. 5, 23; *Kümpel* (2000) Rn. 12.121 ff.; *Köndgen* in BankRHandB § 113 Rn. 119; *Schäfer* (1987), S. 41; *Baur* § 15 Rn. 5 m.w.N.; *Baur* in Assmann/ Schütze § 18 Rn. 78; *Ohl* (1989), S. 45 f.; *Schödermeier/ Baltzer* in Brinkhaus/ Scherer § 15 Rn. 8.

578 Siehe etwa *Seiler* in Münchener Kommentar § 664 Rn. 4, *Sprau* in Palandt § 664 Rn. 2; *Putzo* in Palandt § 613 Rn. 1 mit Verweis auf § 157 BGB. Auch bereits oben III.2.b.

579 Die für § 664 Abs. 1 S. 1 BGB zu fordernde Selbständigkeit des Dritten wird nicht dadurch aufgehoben, dass der Fondsmanagement-Dienstleister für den (Einzel-) Fall von Weisungen der Kapitalanlagegesellschaft sich diesen vertraglich untergeordnet hat, solange er grundsätzlich eigenständig unter Verwendung eigener Entscheidungsfindungsprozesse agiert (siehe bereits oben III.2.b.).

580 Damit geht es Hand in Hand, dass auch die schlummernden Haftungsrisiken aus unzulässiger – da nicht gebilligter – Substitution zu einer aufsichtlich nicht zu duldenden Verschlechterung der Haftungsposition der Kapitalanlagegesellschaft führen können (s.o. III.2.b. a.E.). Für das Sondervermögen dürfte allerdings dank § 31 Abs. 2, 5, 6, § 38 Abs. 3 S. 2 InvG kaum Gefahr bestehen.

Wertung. Dies ist nicht verwunderlich auf dem Hintergrund des Vertrauensverhältnisses, auf dem das Geschäftsbesorgungsverhältnis fußt.

### γ. Exkurs: Keine analoge Anwendung des § 664 Abs. 1 S. 2 BGB auf den Investmentvertrag

Wie dargestellt (s.o. III.2.b. und soeben), kommt es zur analogen Anwendung des § 664 Abs. 1 S. 1 BGB auf den Geschäftsbesorgungsvertrag. Davon ist für den Investmentvertrag als einen Geschäftsbesorgungsvertrag keine Ausnahme zu machen, wie auch das im Anlegerschutz begründete Zustimmungserfordernis belegt.

Zweifelhaft ist aber, ob auch die entsprechende Anwendung des § 664 Abs. 1 S. 2 BGB begründet werden kann.[581] Die analoge Anwendung führte dazu, dass die Kapitalanlagegesellschaft dem Anteilinhaber nur noch für Fehler in der Auswahl und Instruktion des Auslagerungsunternehmens haften würde, nicht länger aber für fehlerhafte und sorgfaltswidrige Aufgabenerfüllung durch das Auslagerungsunternehmen, z.B. für fehlerhaftes und sorgfaltswidriges Fondsmanagement.

Es müsste (jedenfalls) eine vergleichbare Interessenlage vorliegen, die es rechtfertigt, die bestehende Regelung zur Behandlung des ungeregelten Falles heranzuziehen. Im Auftragsrecht sorgt § 664 Abs. 1 S. 2 BGB für einen berechtigten Ausgleich zu § 664 Abs. 1 S. 1 BGB: Wenn das Gesetz es dem Auftragnehmer abverlangt, den Auftraggeber um dessen Zustimmung zur Delegation anzuhalten, soll der Auftraggeber nicht länger den zunächst Beauftragten in Anspruch nehmen dürfen, gerade vor dem Hintergrund der Unentgeltlichkeit des Auftrags. Im speziellen Investmentrecht aber mit seiner Geneigtheit zum Anleger bedeutet die grundsätzliche Möglichkeit der Substitution bereits ein Entgegenkommen für die höchstpersönlich beauftragte Kapitalanlagegesellschaft, so dass die Kompensation des § 664 Abs. 1 S. 2 zur Wiederherstellung der Parität der Vertragsparteien nicht erforderlich ist.[582]

Eine analoge Anwendung wäre allenfalls zu erwägen, wenn durch die Substitution das Vertrauensverhältnis zu dem ursprünglich beauftragten Geschäftsbesorger und in dieser Weise dessen Verantwortung abbricht. So aber liegen die Dinge im Investmentgeschäft nicht: Selbst wenn der Anteilinhaber seine Zustimmung zur Auslagerung z.B. des Fondsmanagement gibt, wird er davon ausgehen, dass die Kapitalanlagegesellschaft unverändert die Gesamtbeauftragte für den erteilten Investment-Auftrag ist. Er setzt nach wie vor Vertrauen in die Kapitalanlagegesellschaft; für ihn

581 Die mit § 664 Abs. 1 S. 2 BGB inhaltlich verwandte Regelung in Nr. 3 Abs. 2 S. 3 AGB Banken spielt keine Rolle, da der Investmentauftrag iSd. § 43 InvG kein Auftrag ist, dessen Inhalt „typischerweise in der Form durchgeführt wird, dass die Bank einen Dritten mit der weiteren Erledigung betraut".

582 Hinzu kommt, dass die Zustimmung zur Substitution zumindest für die bereits investierten Anteilinhaber im Publikumsfondsbereich nur mittelbar erfolgt – nämlich über einen Änderungsvorbehalt in den Vertragsbedingungen – und durch die behördliche Genehmigung der entsprechenden Änderungen der Vertragsbedingungen ergänzt wird (siehe unten VI.5.a.cc.aaa.). Es fällt daher schwer, es den auf diese Weise zustimmenden Anteilinhabern abzufordern, mit der Zustimmung auch auf die Haftung durch die zunächst beauftragte Kapitalanlagegesellschaft zu verzichten.

ist es regelmäßig nicht ersichtlich, wo die Trennlinie der Verantwortung zwischen Kapitalanlagegesellschaft und Auslagerungsunternehmen verläuft. Gegenüber dem Auslagerungsdienstleister baut der Investor keine neue Vertrauensbeziehung auf; auch hat er ihm gegenüber kein Weisungsrecht (genauso wenig wie gegenüber der Kapitalanlagegesellschaft). Der Substitut tritt insoweit nicht an die Stelle des Erstbeauftragten.

Dieses zivilrechtliche Resultat – keine entsprechende Anwendung des § 664 Abs. 1 S. 2 BGB auf den Investmentvertrag – ergibt sich auch aus aufsichtsrechtlichen Erwägungen: Die Kapitalanlagegesellschaft bleibt aufsichtsrechtlich zur Überwachung des Auslagerungsdienstleisters verpflichtet, um ihre Steuerungs- und Kontrollmöglichkeiten zu bewahren (so insbesondere die Wertung des Art. 5g Abs. 1 lit. c) 2. HS OGAW-Richtlinie im Bereich des Fondsmanagement, s.o. IV.2.d.ee.bbb.; auch unten VI.5.a.dd.). Wer aber zumindest hinsichtlich der laufenden Überwachung aufsichtsrechtlich teilverpflichtet bleibt, kann schwerlich vollständig aus der zivilrechtlichen Haftung entlassen werden; alles andere wäre mit einem einheitlichen Rechtsrahmen für Aufsichts- und Zivilrecht nicht zu vereinbaren.[583] Die fortdauernde Verantwortung der Kapitalanlagegesellschaft wird ferner durch Art. 5g Abs. 2 OGAW-Richtlinie und insbesondere durch die Erwägungsgründe zur jüngsten OGAW-Änderungsrichtlinie[584] gestützt: Darin wird eine auslagerungsbedingte Beeinträchtigung sowohl der (aufsichtsrechtlichen) Haftung der Verwaltungsgesellschaft gegenüber den Behörden als auch der (zivilrechtlichen) Haftung gegenüber den Anteilinhabern nicht geduldet. Entsprechend offen, wenngleich nicht jeden Zweifel ausräumend, ist auch Art. 5g Abs. 2 1. HS OGAW-Richtlinie formuliert.

§ 664 Abs. 1 S. 2 BGB ist im Ergebnis auf den Investmentvertrag nicht entsprechend anzuwenden, auch da in der Bemühung von Analogien im spezialgesetzlichen Bereich Zurückhaltung geboten ist. Die Kapitalanlagegesellschaft haftet (auch bei Zustimmung des Anteilinhabers zur Substitution) für ein Verschulden des Auslagerungsunternehmens wie für eigenes Verschulden.[585, 586]

### δ. Implikationen in der Rechtsbeziehung Anteilinhaber – Depotbank

Die Auslagerung des Fondsmanagement als solche begegnet dem Anlegerschutz nicht nur in der Relation Kapitalanlagegesellschaft – Anteilinhaber (dazu soeben), sondern auch in den Beziehungen zwischen Depotbank und Anteilinhaber sowie zwischen Depotbank und Kapitalanlagegesellschaft.

---

583 Als Ausnahme dazu kommt allenfalls die unter VI.5.f.bb.bbb. diskutierte Sonderkonstellation in Frage.

584 Richtlinie 2001/107/EG (s. Fn. 384), hier Erwägungsgrund 12 a.E.

585 Der Kapitalanlagegesellschaft dürften regelmäßig vertragliche Ansprüche gegen den Fondsmanagement-Dienstleister zustehen (insbesondere § 280 BGB aus Verletzung des Unterauftrags).

586 Outsourcing bedeutet keine Schuldübernahme iSd. §§ 414 ff. BGB im Wege einer genehmigungsbedürftigen Vereinbarung zwischen Schuldner und Übernehmer (idR. sind Outsourcing-Verträge als Geschäftsbesorgungsverträge einzustufen, s.o. III.2.a.). Daher unterstellt die vorangegangene Argumentation auch, dass die Substitution durch die auslagernde Kapitalanlagegesellschaft nicht dergestalt erfolgt, dass die Anteilinhaber ein weiteres, separates Vertragsverhältnis mit dem Auslagerungsunternehmen eingehen.

### αα. Rechtsverhältnisse im Investmentdreieck

Zur Veranschaulichung finden sich zunächst die Rechtsverhältnisse im Investmentdreieck in Abb. VI-1:

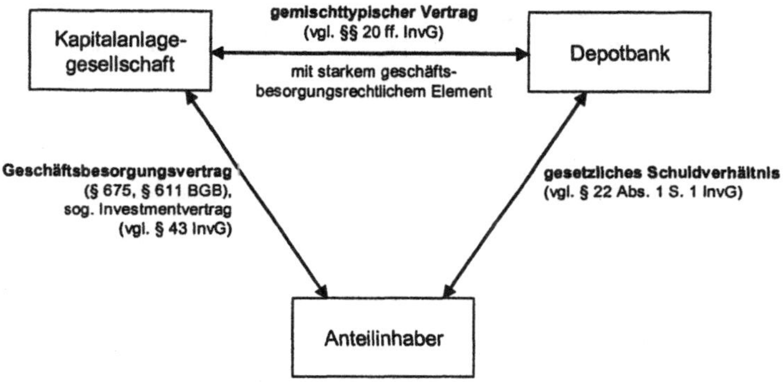


*Abb. VI-1 Rechtsbeziehungen im Investmentdreieck nach InvG*

Abb. VI-1 entspricht der wohl herrschenden Lehre, der hier gefolgt wird: Die Einstufung des Investmentvertrages zwischen Kapitalanlagegesellschaft und Anteilinhaber als Geschäftsbesorgungsvertrag iSd. §§ 675, 611 BGB ist allgemeine Ansicht.[587] Der Vertrag zwischen Kapitalanlagegesellschaft und Depotbank („Depotbankvertrag") ist kein typenreiner Geschäftsbesorgungsvertrag. Neben vorherrschenden geschäftsbesorgungsrechtlichen Elementen (Kontenführung, Zahlungsverkehr für das Sondervermögen, Ausgabe und Rücknahme der Anteilscheine, Kontrolltätigkeit etc.) bestehen verwahrungsvertragliche (depotvertragliche) Komponenten (Verwahrung des Sondervermögens).[588] Eine Besonderheit dieser vertraglichen Beziehung liegt darin, dass der Inhalt des Vertrages weitgehend gesetzlich angelegt ist, gerade hinsichtlich der Kontrollrechte, die die Depotbank gegenüber der Kapitalanlagegesellschaft auszuüben hat (dazu sogleich). Der aufsichtsrechtlich vorbestimmte Inhalt des Vertrages wird durch den Vertragsschluss „abgerufen"; ein ggf. entgegenstehender Wille der Parteien ginge mit den insoweit unabdingbaren Regeln nicht konform und wäre daher unbeachtlich.

Mit der faktischen Einsetzung der Depotbank entsteht auch eine Rechtsbeziehung zwischen der Depotbank und dem Anteilinhaber, durch die sich das Dreieck schließt. Eine *vertragliche* Verbindung kommt indes nach den allgemeinen Grundsät-

587 Siehe bereits Fußnote 577. *Baur* § 1 Rn. 13, *Baur* in Assmann/ Schütze § 18 Rn. 78, *Canaris* Rn. 2352 weisen zusätzlich auf die treuhänderische Prägung des Investmentvertrages hin; da der Treuhandvertrag ebenfalls nach § 675 BGB zu beurteilen ist, ändert sich dadurch nichts an der Bewertung des Investmentvertrages.

588 Ganz hM (*Canaris* Rn. 2355 m.w.N.; *Köndgen* in BankRHandB § 113 Rn. 132 f.; *Baur* § 12 Rn. 14; *Baur* in Assmann/ Schütze § 18 Rn. 80 ff.; *Kümpel* (2000) Rn. 12.131; a.A., jedoch abzulehnen, *Ohl* (1989), S. 88 ff.).

zen der §§ 145 ff. BGB nicht zustande.[589] Zu folgen ist daher der Lösung, angelehnt an § 22 Abs. 1 S. 1 InvG (zuvor § 12 Abs. 2 S. 1 KAGG) die Beziehung durch ein *gesetzliches Schuldverhältnis* zu beschreiben, dessen Inhalt die treuhänderische Wahrnehmung der Anlegerinteressen ist, v.a. mittels der gesetzlich verliehenen Kontrollrechte.[590] So wie der Inhalt des Depotbankvertrages wird auch das gesetzliche Schuldverhältnis der Depotbank zum Anteilinhaber durch das Zustandekommen des Depotbankvertrages (bzw. mit der tatsächlichen Wahrnehmung der Depotbankrolle[591]) zur Geltung gerufen.[592]

### ββ. Depotbank und Anlegerschutz beim Outsourcing des Fondsmanagement

Nahezu das gesamte Tätigkeitsspektrum der Depotbank weist einen überwachenden Charakter auf;[593] die gesetzliche Einrichtung der Depotbank institutionalisiert die Kontrolle. Die Depotbank wird in der Wahrnehmung ihrer Kontrollaufgaben stets in zwei Richtungen tätig: in der vertraglichen Rechtsbeziehung zur Kapitalanlagegesellschaft und in der gesetzlichen Rechtsbeziehung zum Anteilinhaber. Damit ist ihre Funktion integraler Bestandteil des Anlegerschutzgebäudes im Investmentgeschäft.

Die Kontrollaufgaben der Depotbank erstrecken sich auch auf das Fondsmanagement. Dies meint nicht, dass der Depotbank die Aufgabe zufällt, jede Transaktion des Fondsmanagers auf ihre wirtschaftliche Rationalität und Berechtigung im Einzelfall zu prüfen. Die Depotbank ist kein „Schatten-Manager", und ihr stehen keine Weisungsrechte im operativen Fondsmanagement zu. Jedoch fällt der Depotbank die Aufgabe zu, die prinzipielle Beachtung von Gesetz und Investmentvertrag durch

---

589 Eine Ausnahme davon ist allenfalls im Spezialfondsbereich zuzugestehen, wenn, wie in der Praxis häufig anzutreffen, neben den Investmentvertragsvereinbarungen und dem Depotbankvertrag noch eine Übereinkunft zwischen Kapitalanlagegesellschaft, Anteilinhaber und Depotbank geschlossen wird, sog. Dreier-Vereinbarung (für ein Muster siehe *Baur* Anhang 7 [S. 1807 f.]), in der Sonderfragen für Spezialfonds geregelt werden. Selbst dann aber entsteht das sogleich zu erwähnende gesetzliche Schuldverhältnis zwischen Anleger und Depotbank.

590 Vgl. nur *Köndgen* in BankRHandB § 113 Rn. 132-134; *Canaris* Rn. 2464; *Kümpel* (2000) Rn. 12.148 ff.

591 *Müller* (1975), S. 487, weist darauf hin, dass zur Vermeidung von Lücken im Anlegerschutz die Wahrnehmung der Interessen der Anteilinhaber durch die Depotbank nicht von Mängeln im Vertragsschluss zwischen Kapitalanlagegesellschaft und (designierter) Depotbank abhängig gemacht werden darf.

592 In der Literatur wird auch vertreten, den Depotbankvertrag (auch) als Vertrag zu Gunsten Dritter iSd. § 328 BGB zu verstehen mit der Depotbank als der verprechenden Partei (so, jedenfalls im Grundsatz, *Baur* § 12 Rn. 15 f.; *Baur* in Assmann/ Schütze § 18 Rn. 88 m.w.N.; weitere Nachweise bei *Müller* (1975), S. 487). Der Anteilinhaber wäre der Begünstigte. Dafür, so die Vertreter dieser Ansicht, spreche z.B., dass § 28 Abs. 2 InvG (zuvor § 12c Abs. 3 KAGG) eine Parallele zu § 335 BGB darstelle. Es wirkt jedoch konstruiert, einen Vertrag zu Gunsten Dritter allein aus § 22 Abs. 1 S. 1 (zuvor § 12 Abs. 2 S. 1 KAGG) herzuleiten, ohne dass weitere, ernsthafte Anhaltspunkte im Gesetz anzutreffen sind. Der Wille von Kapitalanlagegesellschaft und Depotbank dürfte kaum in diese Richtung gehen, und im Sinne des Anlegerschutzes kann die Wirkung des § 22 Abs. 1 S. 1 InvG nicht der Disposition dieser Parteien bzw. der Fehlerlosigkeit ihres Vertragsschlusses überlassen werden. Der Inhalt der zu versprechenden Leistung „Wahrnehmung der Interessen der Anleger gegenüber der Kapitalanlagegesellschaft" würde sich doch wieder nach dem Gesetz bestimmen. Mit weiteren überzeugenden Argumenten bei *Müller* (1975), S. 487, und *Köndgen* in BankRHandB § 113 Rn. 134 ist diese Ansicht daher abzulehnen.

593 Genauer zu den Depotbankaufgaben auch unten VI.5.e.; ausführliche Übersichten über das gesamte Aufgabenspektrum der Depotbank sind zu finden bei *Paul/ Päsler* (1999), S. 28-34, und *Baur* § 12 Rn. 10-12.

das Fondsmanagement sicherzustellen; dies reicht bis zur Prüfung der Einhaltung der vertraglich niedergelegten Anlagegrundsätze.[594] Diese Pflichtenstellung der Depotbank ist die Konsequenz aus der Vorgabe des § 22 Abs. 1 S. 2 InvG, nur bei Konformität mit Gesetz und Vertrag den Weisungen der Kapitalanlagegesellschaft zu folgen – diese Weisungen betreffen nach § 25 S. 2 Nr. 1, Nr. 2 InvG auch das Fondsmanagement –, und aus der Pflicht zur Geltendmachung von Ansprüchen der Anteilinhaber gegen die Kapitalanlagegesellschaft (§ 28 Abs. 1 S. 1 Nr. 1, Nr. 2 InvG) – ohne Prüfung des Fondsmanagement kann das Bestehen derartiger Ansprüche aus fehlerhafter Geschäftsführung nicht ermittelt werden. Darüber hinaus besteht eine Reihe von Vorschriften, in denen explizit die Mitwirkung und Kontrolle der Depotbank in allgemeinen und besonderen Konstellationen des Fondsmanagement festgeschrieben wird. Zuvorderst ist hier zu nennen die Mitwirkung und Kontrolle bei Geschäften betreffend das Sondervermögen (§ 22 Abs. 1, § 24 Abs. 1, Abs. 2 S. 1, § 25, § 27 Abs. 1 Nr. 2, § 36 Abs. 2 InvG). Weitere Mitwirkungs- und Kontrollrechte in Fondsmanagement-Fragen sind normiert in § 24 Abs. 2 S. 2, Abs. 3, § 26 Abs. 1 Nr. 1 iVm. § 53, § 26 Abs. 1 Nr. 2-5, § 27 Abs. 1 Nr. 3, Nr. 4, Abs. 2 Nr. 1, Nr. 3 iVm. § 71, § 54 Abs. 2 S. 2, § 55 Nr. 1, § 82 Abs. 3 S. 1 InvG.

Bei der Erfüllung ihrer Kontrollaufgaben agiert die Depotbank ausschließlich im Interesse der Anteilinhaber, § 22 Abs. 1 S. 1 InvG. Die Wahrnehmung dieser Aufgaben, insbesondere soweit sie das Fondsmanagement betreffen, ist Teil des Anlegerschutzkonzepts. Das gesetzliche Schuldverhältnis zwischen Depotbank und Anteilinhaber tangiert eine institutionelle Facette des Anlegerschutzes (in der unter VI.5.a.bb.ccc.α. vorgenommenen Inhaltsbestimmung des Anlegerschutzes ist die Dimension „gesetzliche und aufsichtliche Vorgaben an die kollektive Portfolioverwaltung" berührt). Zur Gewährleistung eines effektiven Schutzes darf die Auslagerung des Fondsmanagement auch diesen Gesichtspunkt des Anlegerschutzes nicht verletzen, d.h. die Wahrnehmung der depotbanklichen Funktionen darf nicht beeinträchtigt oder merklich erschwert werden.

Mit dem Outsourcing des Fondsmanagement sind die relevanten Kontrollaufgaben der Depotbank nunmehr (auch) gegenüber dem Auslagerungsunternehmen und nicht (nur) gegenüber der Kapitalanlagegesellschaft auszuüben. Da gesetzliche Pflichten der Depotbank gegenüber den Anteilinhabern in Rede stehen, muss es der Depotbank zugestanden werden und vorbehalten sein, ihr Einverständnis dazu zu

---

594 *Baur* § 12 Rn. 33, § 5 Rn. 1; *Schödermeier/ Baltzer* in Brinkhaus/ Scherer § 12 Rn. 15; *Laux/ Päsler* (2001) S. 40; *Köndgen/Schmies* (2004), S. 9; auch BAKred Schreiben V 4/51 vom 8.6.1989 (abgedruckt bei *Consbruch/ Möller/ Bähre / Schneider* Nr. 10.44); weniger weit gehend *Paul/Päsler* (1999), S. 26, weiter gehend *Müller* (1975), S. 485- 487, der eine Prüfungspflicht der Depotbank bejaht dahin gehend, ob die Vermögensdisposition für das Anlagevermögen „wirtschaftlich nach den Grundsätzen gerechtfertigt ist, die ein ordentlicher Kaufmann bei der Verwaltung eines Treuhandvermögens unter der speziellen, durch den Investmentvertrag festgelegten Zwecksetzung anzuwenden hat". In derselben Weise verlangt *Müller* die Prüfung durch die Depotbank, ob die Stimmrechtsausübung durch die Kapitalanlagegesellschaft (§ 32 Abs. 1 InvG) im Anlegerinteresse erfolgt ist, ebenso wie die Prüfung der wirtschaftlichen Vertretbarkeit (*sic*) der Geschäftspolitik der Kapitalanlagegesellschaft mit Blick auf die Ziele des Investmentvertrages. Derartig tief greifende Prüfungspflichten sind abzulehnen, da sie einem spürbaren Hineinspielen in das Fondsmanagement gleichkommen, das investmentrechtlich der Verwaltungsgesellschaft vorbehalten sein sollte.

erklären, in dergestalt verändertem Modus ihren Pflichten nachzukommen. Das heißt: Folge des Anlegerschutzes ist es wiederum nicht, dass die Auslagerung des Fondsmanagement ausscheidet; der Anlegerschutz fordert es aber der auslagernden Kapitalanlagegesellschaft ab, als Rechtmäßigkeitsvoraussetzung die Zustimmung auch der Depotbank zur Auslagerung einzuholen.

Die Depotbank wird ihre Zustimmung nur dann erteilen, wenn sie die Kontrollwirksamkeit gewahrt sieht, da sie andernfalls ihre gesetzlichen Verpflichtungen missachtet. Zu diesem Zweck bedarf die Depotbank ausreichender Zugangs-, Prüfungs- und Auskunftsrechte gegenüber dem Auslagerungunternehmen. Um eine Geschäftsausübung zu sichern, die mit der Geschäftspraxis der Depotbank im Verhältnis zur Kapitalanlagegesellschaft auf vergleichbarer Stufe steht, wird die Kapitalanlagegesellschaft infolgedessen das Auslagerungsunternehmen im Outsourcing-Vertrag umfassend binden müssen, zur Nichtbeeinträchtigung der Pflichtenerfüllung durch die Depotbank beizutragen: Verpflichtung des Auslagerungsunternehmens zur Einholung der Zustimmung der Depotbank dort, wo das Gesetz dies für Fondsmanagement-Sachverhalte vorsieht (§ 26 Abs. 1 Nr. 1 iVm. § 53, § 26 Abs. 1 Nr. 2-5, § 54 Abs. 2 S. 2, § 82 Abs. 3 S. 1 InvG), Mitwirkung, um der Depotbank die Wahrnehmung ihrer allgemeinen und besonderen Überwachungspflichten zu ermöglichen (§ 22 Abs. 1, § 24 Abs. 1, Abs. 2 S. 1, Abs. 3, § 25, § 27 Abs. 1 Nr. 2, § 36 Abs. 2 InvG; diese Mitwirkung schließt die Einräumung von Zugangs-, Prüfungs- und Auskunftsrechten ein), Mitwirkung, um der Depotbank die Erfüllung weiterer, ihr gesetzlich aufgetragener Pflichten zu ermöglichen (z.B. § 55 Nr. 1 InvG).

Der Vollständigkeit halber ist zu ergänzen: Neben den genannten Verpflichtungen mit Blickrichtung Depotbank ist das Auslagerungsunternehmen beim Outsourcing des Fondsmanagement weiteren Bindungen zu unterwerfen: Einhaltung der Investmentvertragsbedingungen zur Anlagepolitik, Beachtung der gesetzlichen Bestimmungen zu Möglichkeiten und Grenzen des Anlageverhaltens (Anlagegrenzen, verbotene Geschäfte), Unterrichtung der Kapitalanlagegesellschaft an den Stellen, an denen das Gesetz die (nicht delegierbare) Zusammenarbeit zwischen Kapitalanlagegesellschaft und Aufsicht vorsieht (§ 10 Abs. 1, Abs. 2 [vgl. auch § 9 WpHG], § 54 Abs. 4, § 81 S. 7 InvG). Zu den weiteren Anforderungen, die unabhängig von der speziellen betrieblichen Funktion, die ausgelagert wird, im Auslagerungsvertrag geregelt werden sollten, s.u. VI.5.f.dd.

#### γγ. Weisungsrechte der Kapitalanlagegesellschaft gegenüber der Depotbank

Im Zusammenwirken zwischen Depotbank und Auslagerungsunternehmen ist schließlich der Verbleib der Weisungsrechte der Kapitalanlagegesellschaft gegenüber der Depotbank zu klären (§ 22 Abs. 1 S. 2, § 24 Abs. 2 S. 2, § 25 InvG). Diese Weisungsrechte bauen ein Spannungsfeld auf, in dem die Depotbank einerseits unabhängig von der Kapitalanlagegesellschaft handelt (§ 22 Abs. 1 S. 1 InvG), andererseits aber im Rahmen von Vertrag und Gesetz weisungsgebunden ist, gerade in Fondsmanagement-Angelegenheiten, in denen sie nicht zur Prüfung der wirtschaftlichen Vertretbarkeit von Entscheidungen aufgerufen ist. Im Outsourcing-Kontext müsste die Kapitalanlagegesellschaft die Ausübung dieser Rechte an das Auslagerungsunternehmen delegieren können; für die Depotbank müsste eine Weisungsgebundenheit bestehen, auch wenn die Weisungen nicht von der Kapitalanlagegesellschaft ausgehen.[595]

Die Weisungsrechte sind an die Eigenschaft gebunden, *Kapitalanlagegesellschaft für das betroffene Sondervermögen gegenüber der betroffenen Depotbank* zu sein, d.h. die Stellung als Kapitalanlagegesellschaft ist Voraussetzung, um Träger vorgenannter Weisungsrechte zu sein. Die Kapitalanlagegesellschaft verliert daher diese Rechte nicht mit der Auslagerung, ebenso wenig wie die Auslagerung dazu führt, dass die Kapitalanlagegesellschaft nicht ihrerseits unverändert Fondsmanagement-Dispositionen vornehmen kann oder – bei Fehlverhalten des Auslagerungsdienstleisters – vornehmen muss. Die Weisungsrechte als solche können somit nicht übertragen werden, selbst wenn das Auslagerungsunternehmen seinerseits für das Investmentgeschäft lizenziert ist.[596, 597]

Allerdings wird man es als zulässig erachten müssen, dass die *Ausübung* dieser Rechte dem Auslagerungsunternehmen überlassen wird. Dafür sind zwei Überlegungen ausschlaggebend: Zunächst wäre es inkonsistent, das Weisungsrecht zu einem Hindernis für die Auslagerbarkeit des Fondsmanagement zu stilisieren, obwohl kein substanzieller investmentrechtlicher Grund für die Nichtauslagerbarkeit als solche erkannt werden kann. Die Weisungsrechte sind ein schlichter „Annex" zum Fondsmanagement: Da die Gegenstände des Sondervermögens in Sperrdepots verwahrt werden (§ 24 Abs. 1 S. 1, Abs. 2 S. 1 InvG), benötigt die Kapitalanlagegesellschaft einen Mechanismus, um das Sondervermögen für Fonds-Transaktionen zu öffnen. Das Weisungsrecht ist insoweit nur ein Scharnier, um in der investmentrechtlichen Gewaltenteilung die Handlungsfähigkeit zu wahren. Die Ausübung des Weisungsrechts muss somit als ein Reflex der Auslagerung des Fondsmanagement gewertet werden.

---

595 Auf einer rein operativen Ebene könnte die Auslagerung auch so gestaltet werden, dass die Interaktion mit der Depotbank bei Ausführung von Fondsmanagement-Transaktionen nach wie vor bei der Kapitalanlagegesellschaft liegt, die insoweit die Entscheidungen des Auslagerungsdienstleisters exekutiert. Eine solche Variante würde dem Problem des Weisungsrechts gegenüber der Depotbank weitgehend die Schärfe nehmen.

596 Die Kapitalanlagegesellschaft bleibt auch bei Delegation des Fondsmanagement Trägerin der bezeichneten Weisungsrechte. Dies folgt auch daraus, dass diese Weisungsrechte nicht allein in Fondsmanagement-Fragen zum Tragen kommen, sondern z.B. auch in Vertriebszusammenhängen (Anweisung zur Zahlung des Rücknahmepreises bei Rücknahme von Anteilen, § 23 Abs. 2 S. 4 iVm. § 22 Abs. 1 S. 2 InvG) und bei der Fondsbuchhaltung (Anweisung zur Ausschüttung von Gewinnanteilen, § 25 S. 2 Nr. 3 InvG).

597 Klarstellend soll erwähnt sein, dass die Auslagerung des Fondsmanagement nicht etwa zu einer Gebundenheit der Kapitalanlagegesellschaft an Entscheidungen des Auslagerungsunternehmens führt. Die Kapitalanlagegesellschaft kann unverändert selbst in den Anlageprozess eingreifen, d.h. selbst Dispositionen vornehmen oder solche des Dienstleisters korrigieren. Dies ist auch daraus abzuleiten, dass die Kapitalanlagegesellschaft, wie dargestellt, aufsichts- und zivilrechtlich in der Haftung verharrt (wiederum klarstellend: Outsourcing bedeutet keine Schuldübernahme iSd. §§ 414 ff. BGB hinsichtlich des ausgelagerten Bereiches, s. bereits Fn. 586).

Die zweite Überlegung rührt daher, dass die Weisungsrechte in einer privatrechtlichen Austauschbeziehung zur Depotbank ausgeübt werden und nicht in einer gesetzlich-hoheitlichen Relation zur Aufsichtsbehörde. Zwar sind diese Rechte gesetzlich angelegt, aber sie werden erst durch den Depotvertrag wachgerufen. Damit dreht es sich nicht um eine nicht delegierbare aufsichtliche Pflicht der Kapitalanlagegesellschaft.

Abschließend müsste die Depotbank an die Weisungen (auch) des Auslagerungsunternehmens gebunden sein. Der Depotbankvertrag wird regulär nur auf Zusammenarbeit mit der Kapitalanlagegesellschaft lauten; die erforderliche Zustimmung der Depotbank zur Auslagerung wird man indessen regelmäßig so auslegen dürfen, dass die Depotbank in den Grenzen von Vertrag und Gesetz an Weisungen auch des Dienstleisters gebunden ist. *De lege lata* ergibt sich diese Bindung mittlerweile aus § 25 S. 2 InvG.

**ddd. Investmentrechtliche Möglichkeit zur Auslagerung des Fondsmanagement**

Keiner der in Erwägung zu ziehenden potenziellen Hinderungsgründe – ökonomische Einwände, Erlaubnispflichtigkeit des Geschäftes, aufsichtliche Kontrolleinbußen, Spezialbankprinzip, Anlegerschutz – führt unausweichlich zur Nichtauslagerbarkeit des Fondsmanagement. Bestehende Bedenken verhalten sich zudem nicht additiv, d.h. die „Summe" individuell nicht zwingender Gründe ergibt nicht etwa ihrerseits einen zwingenden Grund für die Nichtauslagerbarkeit.
*De lege ferenda* kommt es damit in Frage, das Outsourcing des Fondsmanagement zu gestatten. Der Anlegerschutz macht dabei die Zustimmung sowohl der Anteilinhaber als auch der Depotbank zur Voraussetzung für die Rechtmäßigkeit des Vorgehens (siehe soeben VI.5.a.bb.ccc.; zur Umsetzung dieser Zustimmungsanforderungen siehe sogleich VI.5.a.cc.).

Tatsächlich sollte die regulatorische Auslagerbarkeit den Vorzug vor der regulatorischen Nichtauslagerbarkeit erhalten. Unter Beachtung der Zustimmungserfordernisse und anderer, im Folgenden zu erörternder Nebenbedingungen verträgt sich das Outsourcing des Fondsmanagement mit dem Anlegerschutz, der volkswirtschaftlichen Rolle des Investmentgeschäftes und ökonomischen Bewertungsmaßstäben. Daher sollte die liberalere Lösung den Vorrang erhalten gegenüber der nicht überlegenen Verbotslösung, um die Nutzung der wirtschaftlichen Chancen des Outsourcing (Wertschöpfungspotenziale, Entwicklung neuer Geschäftsmodelle [siehe insgesamt Kapitel II]) zu ermöglichen. Da aufsichtliche Gründe nicht unausräumbar entgegenstehen, fügt sich diese Regulierung besser in die wirtschaftsrechtliche Gesamtordnung ein.

Die Zulässigkeit des Fondsmanagement-Outsourcing modifiziert nachhaltig das Leitbild der Kapitalanlagegesellschaft, wie es der Rechtslage vor Umsetzung des Art. 5g OGAW-Richtlinie entstammt (vgl. oben unter VI.5.a.aa.). Das Konzept des Outsourcing wird damit zum Ausgangspunkt für ein erneuertes Verständnis der Kapitalanlagegesellschaft. Mit dem Wechsel vom KAGG zum InvG hat § 16 InvG *de lege lata* diese Leitbildänderung eingeleitet.

### cc. Umsetzung der Zustimmungserfordernisse

Die ermittelten Anlegerschutzanforderungen müssen in handhabbarer Weise innerhalb des durch das InvG gesetzten Rechtsrahmens umgesetzt werden.

#### aaa. Zustimmung der Anteilinhaber zur Auslagerung des Fondsmanagement

Das Outsourcing des Fondsmanagement ist eine risikoerhebliche Variation der Leistungserbringung, auf die sich die Willenserklärung des Investors beziehen muss (s.o. VI.5.a.bb.ccc.β.). Die Zustimmung der Anteilinhaber muss daher die Form einer vertraglichen Einverständniserklärung annehmen; die schlichte Möglichkeit zur Kenntnisnahme bei Offenlegung der Fondsmanagement-Auslagerung im Verkaufsprospekt ist für die geforderte *tatsächliche Zustimmung* nicht ausreichend. Sachverhalte, die das Verhältnis Kapitalanlagegesellschaft – Anteilinhaber wesentlich bestimmen oder in anderer Form für den Inhalt der geschuldeten Leistung wesentlich sind, müssen aus vertragsrechtlichen Grundsätzen, zur Beachtung des Anlegerschutzes und zur Wahrung des Gleichgewichts unter den Parteien zum Gegenstand des Vertrages erhoben werden. Bei bereits investierten Anteilinhabern ist eine Änderung des Investmentvertrages erforderlich.[598] Im *Spezialfondsbereich* kann dies ohne weitere Hindernisse mittels einer individuellen Abrede der Kapitalanlagegesellschaft mit den (maximal 30, § 2 Abs. 3 S. 1, § 91 Abs. 1 S. 1 InvG) institutionellen Investoren erfolgen; einer behördlichen Genehmigung bedarf es grds. nicht, § 93 Abs. 1 InvG.

Im *Publikumsfondsbereich* nimmt der Investmentvertrag die Gestalt von Vertragsbedingungen als allgemeinen Geschäftsbedingungen iSd. §§ 305 ff. BGB an,[599] die ebenso wie ihre Änderungen genehmigungspflichtig sind, § 43 Abs. 2 S. 1 InvG. Um die erforderliche Zustimmung zu erhalten, sind in die Vertragsbedingungen Angaben zur Fondsmanagement-Outsourcing-Konstellation aufzunehmen, d.h. zum gewählten Dienstleister und zum Inhalt seiner Beauftragung. Angaben zur Auslagerung des Fondsmanagement sollten zur Wahrung der Anlegerinteressen Eingang in den Katalog des § 43 Abs. 4 InvG finden. Die behördliche Genehmigung der Vertragsbedingungen und ihrer Änderungen entkräftet mögliche Bedenken gegen die Einholung der Anteilinhaberzustimmung mittels Allgemeiner Geschäftsbedingungen.[600]

598 Für ein und dasselbe Sondervermögen kann es mit Blick auf die Rechtsgemeinschaft der Anteilinhaber (§§ 741 ff. BGB, bei Miteigentums- und Treuhandlösung [bereits Fn. 528]) nur ein und dieselben Vertragsbedingungen geben.

599 Auch im Spezialfondsbereich kennt man die Verwendung von allgemeinen Geschäftsbedingungen; entscheidend ist im vorliegenden Zusammenhang, dass Vertragsänderungen bei wenigen institutionellen Investoren sehr viel leichter durchgeführt werden können, auch über individuelle Abreden.

600 Nach der Rechtsprechung (BGH NJW 1969, S. 1384, 1385) kann behördlich genehmigten AGB nur aus sehr gewichtigen Gründen die rechtliche Anerkennung versagt werden. Im Versicherungsaufsichtsrecht (BVerwG VersR 1981, S. 221, 223) ist anerkannt, dass die sachlichen Erwägungen der AGB-rechtlichen In-

Bei der *Ausgabe von neuen Anteilscheinen* (neue Vertragsabschlüsse, ob für neu aufgelegte oder schon existierende Sondervermögen) führt die Aufnahme derartiger Angaben in die Vertragsbedingungen dazu, dass sich die Willenserklärung des Investors auf die Outsourcing-Modalität erstreckt; dem Zustimmungserfordernis ist damit genügt.

Mehr Schwierigkeiten stellen sich bei *bereits begebenen Anteilscheinen*, bei denen eine Vertragsänderung erforderlich wird. Zivilrechtlich könnte die Vertragsänderung erfolgen über die Einholung der individuellen Zustimmung jedes Anteilinhabers (Änderungsvertrag nach § 311 Abs. 1 BGB), womit allerdings die Praxis im Publikumsfondsbereich überfordert wäre. Alternativ besteht der Weg über einen Änderungsvorbehalt in den Vertragsbedingungen gemäß § 308 Nr. 4 BGB. Dieser Weg müsste jedoch dann nicht beschritten werden, wenn die Regelung des § 43 Abs. 2, Abs. 5 InvG als ein „gesetzlicher Änderungsvorbehalt" zu verstehen ist, durch den die Änderungen in den bestehenden Verträgen allein durch die behördliche Genehmigung der Änderungen in den Vertragsbedingungen und deren Bekanntmachung in Kraft träten. Dem wird man so jedoch nicht folgen können: Die Genehmigung gemäß § 43 Abs. 2 InvG wirkt sich nicht im zivilrechtlichen Verhältnis der Kapitalanlagegesellschaft zu den bestehenden Anteilinhabern aus, sondern spielt sich lediglich innerhalb des öffentlich-rechtlichen Verhältnisses der Aufsicht zur Kapitalanlagegesellschaft ab.[601] Mit anderen Worten: Die Genehmigung der Änderung der Vertragsbedingungen gestattet der Kapitalanlagegesellschaft nur öffentlich-rechtlich, nach den gebilligten Vertragsbedingungen das Investmentgeschäft zu betreiben. Sie schlägt nicht auf die zivilrechtliche Relation zu den Anteilinhabern durch und führt damit keine Änderung in den bestehenden Vertragsbeziehungen herbei. Dieses Normverständnis wird belegt durch einen Vergleich mit der Vorschrift des § 9 Abs. 1 S. 2 BausparkG, in der erleichterte Möglichkeiten zur Änderung von Vertragsbedingungen auch mit Wirkung für bestehende Verträge ohne Zustimmung der bestehenden Investoren ausdrücklich vorgesehen sind. Auch der Vergleich mit der Normierung in § 39 Abs. 3 S. 3 InvG, durch die in einem anderen Zusammenhang auf die Genehmigung der Anteilinhaber ausdrücklich verzichtet wird, illustriert, dass mangels ausdrücklicher gesetzlicher Bestimmung die Regelung in § 43 Abs. 2, Abs. 5 InvG nicht als „gesetzlicher Änderungsvorbehalt" verstanden werden darf.[602]

---

haltskontrolle auch den Inhalt der aufsichtlichen Erlaubnisprüfung ausmachen. Nichts anderes kann für die Genehmigung nach § 43 InvG gelten (vgl. *Beckmann* in Beckmann/ Scholtz § 15 Rn. 15; in dieselbe Richtung *Baur* § 15 Rn. 18).

601 Siehe nur, wenngleich nicht in einem Outsourcing-Zusammenhang *Baur* § 15 Rn. 15, 38; *Canaris* Rn. 2368, 2370; *Schödermeier/ Baltzer* in Brinkhaus/ Scherer § 15 Rn. 17, 22; *Beckmann* in Beckmann/ Scholtz § 15 Rn. 19 f.; a.A. wohl *Schäcker* (1961), S. 48.

602 Die in der Praxis anzutreffenden Änderungsvorbehalte in den Vertragsbedingungen für Sondervermögen sind insoweit keine rein „deklaratorischen Klauseln", die nach § 307 Abs. 3 S. 1 BGB nicht der Inhaltskontrolle unterlägen. [Zu den der Inhaltskontrolle nach AGB-Recht entzogenen sog. deklaratorischen Klauseln *Stein* in Soergel AGB-Gesetz § 8 Rn. 1, 14 ff.; *Brandner* in Ulmer/ Brandner/ Hensen § 8 Rn. 5, 30 ff.; *Heinrichs* in Palandt § 307 Rn. 63; *Kötz* in Münchener Kommentar § 8 AGBG Rn. 1.]

Infolgedessen kann die Zustimmung der Anteilinhaber zur Auslagerung nur im Falle eines bestehenden vertraglichen Änderungsvorbehalts praktikabel gehandhabt werden. Eine solche Vereinbarung in den Vertragsbedingungen zu Gunsten des Verwenders ist nach § 308 Nr. 4 BGB zulässig, wenn sie interessengerecht und für den anderen Teil zumutbar ist. Gerade bei Dauerschuldverhältnissen wäre andernfalls eine Anpassung an veränderte Verhältnisse kaum möglich. Hinsichtlich des Investmentvertrages findet die Zulässigkeit von Änderungsvorbehalten eine gewisse Bestätigung in § 43 Abs. 2 S. 1 InvG, da sich eine Genehmigung der Änderung der Vertragsbedingungen sonst erübrigte. Indessen ist anzumerken, dass die von der deutschen Investmentpraxis verwendeten Änderungsvorbehalte den Anforderungen der Rechtsprechung an solche Vorbehalte nur teilweise genügen.[603]

Bei gültigem Änderungsvorbehalt tritt die Vertragsänderung nicht ohne die Bekanntmachung gemäß § 43 Abs. 5 InvG in Kraft, mittels derer die einseitige, empfangsbedürftige Willenserklärung der Kapitalanlagegesellschaft abweichend von § 130 Abs. 1 S. 1 BGB als zugegangen gilt.[604]

In dieser Weise wird auch bei Vertragsänderungen durch Änderungsvorbehalt und Genehmigungs- und Bekanntmachungserfordernis (§ 43 Abs. 2, Abs. 5 InvG – als Komplement zur zivilrechtlichen Seite der Vertragsänderung) dem Zustimmungskriterium bei Auslagerung des Fondsmanagement entsprochen. Soweit kein gültiger vertraglicher Änderungsvorbehalt besteht, bleibt es freilich insofern beim Erfordernis der individualvertraglichen Abrede.

### bbb. Zustimmung der Depotbank zur Auslagerung des Fondsmanagement

Die Zustimmung der Depotbank erfolgt durch eine entsprechende Abrede im Depotbankvertrag oder zum Depotbankvertrag. Darüber ist aufgrund der anlegerschützenden Auswirkungen des Depotbankvertrages ein Nachweis gegenüber der Aufsicht zu führen; dazu bietet es sich an, den Depotbankvertrag bzw. die entsprechende Abrede mit der Absichtsanzeige zum Outsourcing-Vorhaben, spätestens aber mit der Vollzugsanzeige einzureichen.

---

603 Zu den Anforderungen der Rechtsprechung siehe Urteil des BGH vom 22.9.1971 VersR 1971, S. 1116 ff.; Urteil des BGH vom 1.3.1974 VersR 1974, S. 459 ff.; BGHZ 89, S. 206 ff.; siehe auch *Beckmann* in Beckmann/ Scholtz § 15 Rn. 19, 21. Zu den in der Investmentbranche verwendeten Vorbehalten vgl. etwa § 16 der Allgemeinen Vertragsbedingungen für Wertpapier-Sondervermögen [Mustervertragsbedingungen] (Stand: 23.6.1998). In den Mustervertragsbedingungen ist auch die Zustimmung des Aufsichtsrates der Kapitalanlagegesellschaft zur Änderung der Vertragsbedingungen vorgesehen.
Die Genehmigungsbedürftigkeit der Änderungen nach § 43 Abs. 2 InvG dürfte als Korrektiv hinreichen, um die Defizite der Praxis ggü. den Vorgaben der Rechtsprechung zu dulden. Hinzu kommt, dass dem Anteilinhaber mit dem Recht zur jederzeitigen Rückgabe seiner Anteilscheine (§ 37 Abs. 1 InvG) ein wirksames Verteidigungsmittel bleibt.

604 *Ebner von Eschenbach* (1959), S. 106; *Schödermeier/ Baltzer* in Brinkhaus/ Scherer § 15 Rn. 22; eine vergleichbare Regelung findet sich in § 38 Abs. 1 S. 1 InvG.

### dd. Frage der Mindestbeteiligung am Investmentprozess

Es bestehen Überlegungen, die Kapitalanlagegesellschaften auch bei grundsätzlicher Zulässigkeit des Fondsmanagement-Outsourcing zu einer Mindestbeteiligung am Fondsmanagement anzuhalten, etwa zur (regelmäßigen) Vorgabe von Anlagegrundsätzen an den Dienstleister. Dergleichen Forderungen sind motiviert von dem Bemühen, die Kapitalanlagegesellschaften nicht vollständig aus dem Brennpunkt des Investmentgeschäftes zu entlassen (siehe auch IV.2.d.ee.bbb.).

Selbstredend muss die Kapitalanlagegesellschaft das Auslagerungsunternehmen auf die Einhaltung der vertraglichen und gesetzlichen Anlagegrundsätze beim Fondsmanagement verpflichten; auch versteht es sich von selbst, dass, wie bei allen Outsourcing-Vorhaben, die gebotenen Vorkehrungen zum Erhalt der grundsätzlichen Kontrolle über das Auslagerungsunternehmen durch die auslagernde Kapitalanlagegesellschaft zu treffen sind (dazu näher VI.5.a.ff. und VI.5.f.dd.). Eine über diese Form der Involvierung hinausgehende Pflicht zur aktiven Minimalmitwirkung ist jedoch unter Rückgriff auf die im Zusammenhang mit der OGAW-Richtlinie bereits verwendete Argumentation (IV.2.d.ee.bbb.) abzulehnen: Wenn die Auslagerung des Fondsmanagement bei Beachtung der Zustimmungserfordernisse sowie der weiteren Nebenbedingungen in Einklang gebracht werden kann mit dem Grundsatz des Anlegerschutzes, bietet der Anlegerschutz auch keinen Anlass, wieder „zurückzurudern" und einen Teil des Investmentprozesses doch bei der Kapitalanlagegesellschaft zu belassen. Es besteht auch kein investmentrechtlicher Grund, den Verwaltungsgesellschaften pauschale (gesetzliche oder aufsichtliche) Vorgaben zur Gestaltung des Investmentprozesses selbst zu machen; es ist das unternehmerische Terrain jeder Kapitalanlagegesellschaft, selbst den Investmentprozess im Rahmen von Vertrag und Gesetz zuzuschneiden, um die Anlageziele weitestmöglich zu verwirklichen. Bei praxisnaher Betrachtung ist zudem zweifelhaft, ob ein irgendwie zweigeteilter Investmentprozess oder ein obligatorisches „Hineinregieren" der Kapitalanlagegesellschaft in das Fondsmanagement – das eben nun in der Sache dem Auslagerungsunternehmen überlassen ist – die Wertentwicklung des Sondervermögens fördern würde. Auch wäre eine aufsichtliche Überprüfung der Mindestmitwirkungspflicht kaum glaubhaft durchzuführen. Betriebswirtschaftlich schließlich liegt es nahe, dass die fortdauernde Eingebundenheit der Kapitalanlagegesellschaft dazu führen würde, dass Wertsteigerungspotenziale der Auslagerungsmaßnahme unausgeschöpft blieben.

Insoweit sind alle Formen der Minimalbeteiligung der Kapitalanlagegesellschaft am Fondsmanagement und Formen der arbeitsteiligen Verantwortung zwar zulässig, doch investmentrechtlich nicht geboten. Anzulegen ist allerdings mit Blick auf den Anlegerschutz der strenge Maßstab des Art. 5g Abs. 1 lit. c) 2. HS OGAW-Richtlinie, wenn es um die Bewahrung der Steuerungs- und Kontrollmöglichkeiten der auslagernden Kapitalanlagegesellschaft über den Fondsmanagement-Dienstleister geht (siehe wiederum IV.2.d.ee.bbb.γ.): Die Einbindung in die internen Kontrollverfahren muss so eng sein, dass ein Abweichen von den gesetzlichen Anlagegrenzen, den vertraglich vereinbarten Anlagegrundsätzen oder – im Einzelfall – von den durch die Kapitalanlagegesellschaft getroffenen Vorgaben sogleich auffällt. Auch eine regelmäßige Prüfung der prinzipiellen ökonomischen Berechtigung der Fondsmanagement-Dispositionen des Dienstleisters wird man verlangen müssen.[605]

### ee. Totalauslagerung des Fondsmanagement

Trotz grundsätzlicher Zulässigkeit könnte dem Outsourcing des Fondsmanagement bei der „Totalauslagerung" eine Grenze gesetzt sein. Demnach dürfte sich eine Kapitalanlagegesellschaft nicht des Fondsmanagement für lückenlos alle in ihrem Produktportfolio befindlichen Sondervermögen begeben.

Derartige Bedenken gehen dahin, dass eine Totalauslagerung des Fondsmanagement zum Verlust des Wesens und des Charakters der Kapitalanlagegesellschaft führe, die Gesellschaft also ihre Eigenschaft als Kapitalanlagegesellschaft verlieren würde. In der Form einer unzulässigen Aushöhlung des Inhalts der erteilten Konzession könnte dies aufsichtsrechtlich relevant werden. Zu diesen Einwänden kann auf die Ausführungen oben unter IV.3.a. und VI.5.a.bb.bbb. verwiesen werden, deren Inhalt hier nur noch einmal gestreift werden soll: Auslagerungsmaßnahmen können zwar in der Summation eine Situation herbeiführen, die außerhalb des Spektrums der von der Erlaubnis gedeckten Geschäftsmodelle liegt, so dass wegen Entfallens der organisatorisch-operativen Erlaubnisvoraussetzungen ein Aufhebungsgrund nach § 35 Abs. 2 Nr. 3 iVm. § 33 Abs. 1 S. 1 Nr. 7 KWG gegeben sein kann. Doch muss diese Schwelle nicht unausweichlich erreicht sein mit der Totalauslagerung des Fondsmanagement, wenn die Kapitalanlagegesellschaft unverändert in anderen Abschnitten der Investment-Wertschöpfungskette eigenhändig engagiert ist.

Weiterhin verhält es sich nicht so, dass durch die Häufung von Fondsmanagement-Auslagerungen bei zunehmend mehr Sondervermögen derselben Kapitalanlagegesellschaft grundsätzlich andersartige, den Anlegerschutz gefährdende (Koordinations-) Risiken oder Kosten entstehen. Der Grund dafür liegt darin, dass bei einem solchen Outsourcing-Verhalten nicht innerhalb der Wertschöpfungskette weitere Abschnitte ausgelagert werden, sondern es sich um das wiederholte Auslagern desselben Schrittes bei verschiedenen Sondervermögen handelt, ohne dass dabei „spill over"-Effekte oder negative Externalitäten erzeugt werden. Daher gilt: Wenn kein investmentrechtlicher Grund gegen das Outsourcing des Fondsmanagement für *ein* Sondervermögen vorgetragen werden kann (s.o. VI.5.a.bb.), kann sich hinsichtlich der *Total*auslagerung kein anderes Ergebnis einstellen.

---

605 Die Kapitalanlagegesellschaft bleibt trotz Outsourcing zivilrechtlich haftbar für fehlerhaftes Fondsmanagement (s.o. Exkurs unter VI.5.a.bb.ccc.γ.: keine analoge Anwendung des § 664 Abs. 1 S. 2 BGB; es bleiben ihr Rückgriffsmöglichkeiten gegenüber dem Dienstleister). Bei den dargestellten Kontrollpflichten handelt es sich um aufsichtsrechtliche Anforderungen.

Auch die Totalauslagerung des Fondsmanagement einer Kapitalanlagegesellschaft kann somit *de lege ferenda* nicht von vornherein abgelehnt werden, solange sie nicht anderen, bereits vorgenommenen Auslagerungen nachfolgt und infolgedessen die „absolute" Grenze des Outsourcing überschreitet – entweder im (dargestellten) Sinn der Unterwanderung der erteilten Konzession oder wegen einer Beeinträchtigung der Steuerungsmöglichkeiten der Geschäftsleitung bzw. der Ordnungsmäßigkeit des Geschäftes (siehe dazu unten VI.5.f.cc.). Die grundsätzliche Möglichkeit zur Totalauslagerung wird gestützt durch die andernfalls entstehenden Schwierigkeiten, (irgend-) eine Regulierungslösung zu legitimieren, die den in der Kapitalanlagegesellschaft zurückzubehaltenden Teil des Fondsmanagement festlegt, ggf. sogar in Abhängigkeit von der Größe der Gesellschaft.

### ff. Anforderungen an das Fondsmanagement-Auslagerungsunternehmen

An den Outsourcing-Dienstleister im Fondsmanagement sind besondere Anforderungen zu stellen.

*Qualifikation/ Lizenz*
Es gelten zunächst die generellen Sorgfaltskriterien in der Auswahl eines geeigneten Auslagerungsunternehmens (siehe dazu oben III.3.c.dd., IV.2.d.cc.aaa.). Daneben ist aus allgemeinen bankaufsichtsrechtlichen Gründen gemäß § 32 KWG (siehe dazu oben unter III.3.c.gg. und unten unter VI.5.f.bb.aaa.) und aufgrund des investmentrechtlichen Spezialbankprinzips (s.o. VI.5.a.b.bbb.) eine ausreichende Banklizenz für den Dienstleister zu verlangen: Im Vordergrund steht die Vermögensverwaltungstätigkeit („Asset Management"). Daher kommen als Konzessionen diejenigen für die individuelle und kollektive Portfolioverwaltung in Frage (§ 1 Abs. 1 S. 2 Nr. 6, Abs. 1a S. 2 Nr. 3 KWG). Da der Dienstleister nicht selbst Anteilscheine ausstellt, ist nicht auf einer Lizenz für das Investmentgeschäft zu beharren (s.o. VI.5.a.bb.bbb.). Andere Konzessionen genügen nicht, da sie entweder stark vertrieblich geprägt sind oder die Eigenständigkeit in der systematischen Anlage von Fremdvermögen vermissen lassen (so die Bankgeschäfte und Finanzdienstleistungen nach § 1 Abs. 1 S. 2 Nr. 4, Abs. 1a S. 2 Nr. 1, Nr. 2, Nr. 4 KWG).

*Vermeidung von Interessenkonflikten*
Die Depotbank fällt als Dienstleister aus, da es mit ihrer Kontrollaufgabe nicht in Übereinstimmung zu bringen ist, dass sie selbst das Fondsmanagement übernimmt; es käme entgegen der gesetzlichen Absicht (vgl. § 20 Abs. 1 S. 1 InvG) zu einem Zusammenfallen von Verwaltung und Verwahrung des Sondervermögens in einer Person. Wirtschaftlich träte dieselbe Situation mit vergleichbaren Interessenkonflikten und Einbußen in der Kontrollrigidität ein, wenn verbundene Unternehmen der Depotbank (§ 15 AktG) als externe Fondsmanager ausgewählt werden. Aus wiederum denselben Erwägungen der Interessenentflechtung sollten schließlich Unternehmen ausgeschlossen werden, zu denen seitens der Depotbank eine enge Verbindung iSd.

§ 1 Abs. 10 KWG besteht.[606] Auch wenn andere, nicht aus Kapitalverflechtungen herrührende Konflikte mit Interessen der Anteilinhaber oder der Kapitalanlagegesellschaft vorliegen, darf den betroffenen Instituten kein Auftrag für das externe Fondsmanagement erteilt werden.

*Inhaltliche Verpflichtung des Auslagerungsunternehmens im Auslagerungsvertrag*
Der Auslagerungsvertrag muss dafür Vorkehrungen treffen, dass der Dienstleister den aufsichtlichen Bedingungen an das Outsourcing des Fondsmanagement entspricht. Dazu ist das Auslagerungsunternehmen zunächst im reinen Fondsmanagement-Zusammenhang zu verpflichten (siehe bereits oben VI.5.a.bb.ccc.δ.ββ.),

- die gesetzlichen Vorgaben zum Fondsmanagement einzuhalten,
- die investmentvertraglichen Vorgaben zum Fondsmanagement einzuhalten,
- im Einzelfall die von der Kapitalanlagegesellschaft getroffenen Vorgaben zum Fondsmanagement einzuhalten,
- die Kapitalanlagegesellschaft in den relevanten Sachzusammenhängen zu unterrichten, um ihr die Wahrnehmung der (nicht delegierbaren) Pflicht zur Zusammenarbeit mit der Aufsicht zu ermöglichen (§ 10 Abs. 1, Abs. 2, § 54 Abs. 4, § 81 S. 7 InvG) und
- mit der Depotbank zu kooperieren (wie dargestellt unter VI.5.a.bb.ccc.δ.ββ.).

Darüber hinaus gelten die allgemeinen Anforderungen an die vertragliche Verpflichtung eines Auslagerungsunternehmens, insbesondere:

- Duldung der Vornahme aufsichtlicher Prüfungsmaßnahmen (trotz § 44 Abs. 1 S. 2 KWG, s.o. III.3.c.cc.ddd.α.),
- generelle Zusammenarbeit mit der Aufsicht,
- Zugangs- und Auskunftsrechte für die auslagernde Kapitalanlagegesellschaft einschließlich Prüfungsrechte für deren Interne Revision, um die Steuerungs- und Kontrollmöglichkeiten zu erhalten,
- ggf. weitere Unterrichtungspflichten gegenüber der Kapitalanlagegesellschaft bezüglich im Einzelfall einschlägiger weiterer aufsichtlicher oder gesetzlicher Anzeige-, Einreichungs- und Genehmigungspflichten.[607]

### gg. Fondsmanagement-Outsourcing bei Spezialfonds[608]

Tendenziell sind Spezialfondsanleger im Vergleich zu Anteilinhabern von Publikumsfonds weniger schutzbedüftig. Dies wirkt sich darin aus, dass z.B. die Schutz-

---

606 Es erscheint zunächst widersprüchlich, Unternehmen als Auslagerungsunternehmen auszuschließen, an denen die Depotbank relevante Kapitalanteile hält, wo doch die Kapitalanlagegesellschaft als das zum Fondsmanagement berufene Haus in der Praxis häufig genug ein Tochterunternehmen (§ 1 Abs. 7 KWG, § 290 Abs. 1, § 271 Abs. 1 HGB) der Depotbank ist. Allerdings ist nur die Kapitalanlagegesellschaft, keines der anderen Institute, der gesetzlichen Verpflichtung zum Handeln im Interesse der Anteilinhaber und in Unabhängigkeit von der Depotbank unterworfen (§ 9 Abs. 1 S. 2, Abs. 2 Nr. 1, Nr. 3 InvG).

607 Für eine Liste solcher Pflichten siehe *Baur* Anhang Nr. 1 zu § 2.

608 In der Praxis hat die jüngere Vergangenheit für die Auslagerung des Fondsmanagement im Spezialfondsbereich im Rahmen von sog. Master-KAG-Geschäftsmodellen spürbar Belebung gebracht. Siehe dazu bereits Fn. 114 sowie *Fleiter* (2002), S. 66-68, *Kirschenhofer* (2002), S. 69-71, 73-75, *Entzian* (2003), S. 889.893, *Trautmann* (2003), S. 906, 910 f., *Wagner* (2003), S. 902 f.

bestimmungen hinsichtlich der Vertragsvereinbarungen und des Verkaufsprospektes im Spezialfondsbereich gelockert sind (§ 93 Abs. 1, Abs. 3 InvG). Im Grundsatz aber wirkt das Anlegerschutzprinzip unverändert fort. Insbesondere für die Anforderung der Anteilinhaberzustimmung zu einer Fondsmanagement-Auslagerung gilt, dass sie angesichts des individuellen Charakters des Spezialfondsgeschäftes nicht aufgegeben werden kann: Die Höchstpersönlichkeit der Geschäftsbesorgungsbeziehung zwischen institutionellem Anleger und Kapitalanlagegesellschaft tritt im Vergleich zum Publikumsfondsgeschäft sogar deutlicher zu Tage. Das Vertrauen des Anlegers, dass tatsächlich die vereinbarte Person das Fondsmanagement ausführt, ist daher unverändert schützenswert.

Auch aus den Sonderregelungen, die das InvG für die Regulierung der Spezialfonds bereithält (§ 43 Abs. 6, § 67 Abs. 6 S. 4, §§ 93-95 InvG) folgt keine andere Bewertung der Auslagerbarkeit des Fondsmanagement als die vorstehend skizzierte.

Hinsichtlich des Nachweises der Anteilinhaberzustimmung zum Outsourcing des Fondsmanagement ist festzuhalten: Zwar besteht bei Spezialfonds grds. weder eine Vorlage- noch eine Genehmigungspflicht bezüglich der Vertragsbedingungen, die mit der Zustimmung verändert werden (§ 93 Abs. 1 InvG). Dennoch ist ein Nachweis der Zustimmungserteilung gegenüber der Aufsicht zu verlangen, da ein nicht unerheblicher Baustein des Anlegerschutzes auch für den institutionellen Investor in Rede steht. Dass dies gerechtfertigt ist, illustriert auch die gesetzliche Auflage für Spezialfonds, dass die Übereinstimmung der Sondervermögensverwaltung mit dem InvG und mit den Vertragsbedingungen ebenso wie die Beachtung des InvG durch die Vertragsbedingungen im Rahmen der Rechnungslegungsprüfung zu bestätigen ist (§ 95 S. 4 iVm. § 44 Abs. 5 S. 3 InvG; dieser Abschlussbericht ist der Aufsicht einzureichen, § 44 Abs. 5 S. 4 InvG). Als Modalitäten der Nachweiserbringung kommen sowohl die reguläre Absichts- bzw. Vollzugsanzeige für das Auslagerungsvorhaben in Frage als auch die Erstreckung der bezeichneten Prüfung nach § 95 S. 4 iVm. § 44 Abs. 5 S. 3 InvG auf das Vorliegen der Zustimmung.

Auf den Sonderfall, dass der institutionelle Anleger seine eigene Einsetzung zum Fondsmanager „seines" Spezialfonds erwirkt, wird unter VI.5.f.bb.bbb. eingegangen.

### hh. Zusammenfassung

Vor der Umsetzung der Outsourcing-Vorschrift der OGAW-Richtlinie, Art. 5g OGAW-Richtlinie, ließ das deutsche Investmentrecht *de lege lata* die Auslagerung des Fondsmanagement nicht zu. *De lege ferenda* jedoch vermag die Nichtauslagerbarkeit des Fondsmanagement nicht stichhaltig begründet zu werden. Keine der anzustellenden Erwägungen – ökonomische Überlegungen, Erlaubnispflichtigkeit des Investmentgeschäftes, aufsichtliche Kontrolleinbußen, Spezialbankprinzip, Anlegerschutz – liefert eine zwingende investmentrechtliche oder bankaufsichtsrechtliche Begründung dafür, dass eine Kapitalanlagegesellschaft das Fondsmanagement stets eigenhändig auszuführen hat. Um die durch Outsourcing gebotenen Wertschöpfungspotenziale verwirklichen zu können, sollte daher die Investment-Regulierung die grundsätzliche Auslagerbarkeit auch des Fondsmanagement als des Rotationspunktes im Investmentgeschäft vorsehen.

Allerdings trotzt das Anlegerschutzprinzip in Verbindung mit den Rechtsbeziehungen im Investmentdreieck der grundsätzlichen Auslagerbarkeit die Nebenbedingung ab, dass sowohl die Anteilinhaber als auch die Depotbank vertraglich ihre Zustimmung zur Fondsmanagement-Delegation erteilen müssen. Im Publikumsfondsbereich können Änderungsvorbehalte in den Vertragsbedingungen Erleichterungen in der Umsetzung mit sich bringen.
Eine *aktive* Mindestmitwirkung der auslagernden Kapitalanlagegesellschaft am delegierten Fondsmanagement ist zum notwendigen Kontrollerhalt nicht erforderlich. Der Totalauslagerung des Fondsmanagement bezüglich aller von einer Kapitalanlagegesellschaft aufgelegten Sondervermögen stellen sich keine anderen Hindernisse entgegen als der Auslagerung für nur einen Teil der Produktpalette. Für Spezialfonds schließlich ergeben sich keine signifikanten Abweichungen in der Regulierung.

### b. Weitere Aufgaben der Kapitalanlagegesellschaft

Nicht lediglich das Fondsmanagement, auch die Produktentwicklung, der Vertrieb, das Transaktionsmanagement und die Fondsbuchhaltung als weitere Aufgaben der Kapitalanlagegesellschaft in der Erstellung der Investment-Dienstleistung können zum Gegenstand des Outsourcing werden.
Vorab ist dabei die generalisierende Aussage zulässig, dass diese anderen Abschnitte der Investment-Wertschöpfungskette aufsichtlich weniger sensibel sind als das Fondsmanagement. Dies liegt zunächst darin begründet, dass diese Aufgaben für die Wertentwicklung des Sondervermögens geringere Implikationen aufweisen als das Fondsmanagement: Die marktlichen Risiken für die Gegenstände des Sondervermögens spielen für die Aufgabenerfüllung keine Rolle (in transaktionskostentheoretischen Begrifflichkeiten [vgl. II.1.b.bb.]: die *Unsicherheit* ist geringer), die Fehlerquellen für die Entscheidungsträger sind weniger zahlreich (in transaktionskostentheoretischen Begrifflichkeiten: Probleme der *eingeschränkten Rationalität* rücken in den Hintergrund) und der Bedarf nach besonderer Fachkunde ist weniger dringlich, denn nicht-standardisierte Entscheidungssituationen tauchen seltener auf (in transaktionskostentheoretischen Begrifflichkeiten: die (Humankapital-) *Spezifität* ist niedriger). Hinzu tritt, dass Interessenkonflikte, ungleiche Informationsverteilung und Missbrauchsmöglichkeiten eine geringere Rolle spielen als im Fondsmanagement (in transaktionskostentheoretischen Begrifflichkeiten: *Opportunismus*gefahren treten zurück). Anlegerschutzinteressen sind mithin tendenziell weniger stark betroffen. Grundsätzlich ist infolgedessen jedenfalls keine rigidere Reglementierungslösung für das Outsourcing dieser Aufgaben zu erwarten als für das Outsourcing des Fondsmanagement.

## aa. Fondsbuchhaltung

Unter „Fondsbuchhaltung" wird eine Palette von Tätigkeiten gefasst aus den Bereichen des betriebswirtschaftlichen Controlling, des Ertrags- und Kostenmanagement und der gesetzlichen und vertraglichen „Compliance". Neben der Planung, Durchführung und Kontrolle von Anlageentscheidungen – dem Fondsmanagement – verlangt die Administration eines Sondervermögens die Wahrnehmung einer Vielzahl von Aufgaben, um die Kontrolle über das Anlagevermögen, seine Wertentwicklung sowie seine Kosten und Erträge zu behalten, um die Gegenstände des Sondervermögens zu verwalten, um den vertraglichen Pflichten zu entsprechen und die vertraglichen Rechte wahrzunehmen sowie die gesetzlichen Auflagen zu beachten (Aufsichtsrecht, Steuerrecht). Das Aufgabenspektrum der Fondsbuchhaltung kann variieren, insbesondere in Abhängigkeit von der Art des Sondervermögens.[609]

Denkbare Einwände gegen die Auslagerbarkeit von Teilakten der Investment-Tätigkeit wurden bereits hinsichtlich des Fondsmanagement diskutiert (s.o. VI.5.a.); diese Einwände vermögen nicht, die Nichtauslagerbarkeit des Fondsmanagement zu begründen. Da die aufsichtliche Sensitivität der Fondsbuchhaltung hinter derjenigen des Fondsmanagement zurückbleibt, erzwingen diese Einwände erst recht nicht die Nichtauslagerbarkeit der Fondsbuchhaltung. Da andere Hindernisse ausbleiben, bestehen gegen die Auslagerbarkeit der Fondsbuchhaltung keine Einwände. Im Gegensatz zum Fondsmanagement bietet zumindest ein Teil der in der Fondsbuchhaltung anfallenden Prozesse in der Sache die Chance auf Realisierung von Skalenerträgen (v.a. in den Sachkosten), so dass die ökonomische Untermauerung des Outsourcing vergleichsweise stärker ausfällt.

Nicht anders als im Bereich des Fondsmanagement (siehe VI.5.a.bb.ccc.) ist es auch bezüglich der Fondsbuchhaltung ein Gebot des Anlegerschutzes, dem Anteilinhaber keine risikorelevanten Aspekte vorzuenthalten, die die Wertentwicklung des Sondervermögens berühren.
Im Pflichtenheft der Fondsbuchhaltung befinden sich zahlreiche Aufgaben, die ohne unmittelbare Bedeutung für die Wertentwicklung des Sondervermögens sind und auch in anderen Belangen nicht mit *unmittelbaren* banklichen Risiken behaftet

---

609 Z.B. für Immobilien-Sondervermögen werden die Aufgaben der Fondsbuchhaltung aufgestockt um Mietbuchhaltung, Nebenkostenmanagement, Mahn- und Klagewesen, Liegenschaftsverwaltung aller Art (vgl. *Baur* § 24a Rn. 81; *Baur* in Assmann/ Schütze § 18 Rn. 108).

sind.[610] Diese Aufgaben dringen daher nicht in den besonders schützenswerten Interessenraum der Anleger vor.[611]
Anderen Aufgaben jedoch muss Einfluss auf die Wertentwicklung und damit auf den Erfolg der Anlage des Investors zugeschrieben werden, zum Teil aufgrund ihrer Verwandtschaft zum Fondsmanagement. Dazu sind zu rechnen die Vereinnahmung von Zinsen, Dividenden und anderen Erträgen sowie andere Aufgaben der Bewirtschaftung der Anlagegegenstände, Ausschüttungen aus dem Sondervermögen, Thesaurierungen, Wiederanlagen, die Ermittlung und Veranlassung von Entnahmen aus dem Sondervermögen (insbesondere für den Aufwendungsersatz von Kapitalanlagegesellschaft und Depotbank), Steuerangelegenheiten, Stimmrechtsausübungen. Bei diesen Tätigkeiten zählt es zum zwischen Kapitalanlagegesellschaft und Anteilinhaber vereinbarten Risikobündel, durch *wen* die Aufgaben erfüllt werden. Dabei ist auf die faktische Entscheidungsmacht abzustellen und nicht darauf, wer formal oder nach außen als Entscheidungsträger auftritt. Der Anlegerschutz macht daher für eine Auslagerung dieses Teils der Fondsbuchhaltungsaufgaben die Zustimmung der Anteilinhaber zur Rechtmäßigkeitsbedingung. Die benannten Fondsbuchhaltungsausschnitte als Teil der geschuldeten Geschäftsbesorgung liegen auch oberhalb der Erheblichkeitsschwelle des § 664 Abs. 1 S. 1 BGB (siehe dazu oben VI.5.a.bb.ccc.β.); auch nach dieser zivilrechtlichen Auslegungsregel ist also die Zustimmung der Anleger zu verlangen. Outsourcing in diesen Bereichen muss zum Gegenstand der investmentvertraglichen (Änderungs-) Abrede gemacht werden.

Etwas anderes kann nur gelten, wenn im Einzelfall die auslagernde Kapitalanlagegesellschaft die Wahrnehmung der bezeichneten Tätigkeiten inhaltlich so intensiv vorherbestimmen kann und tatsächlich vorherbestimmt, dass kein Raum für eine eigenverantwortliche Entscheidungsfindung des Auslagerungsunternehmens bleibt und das Auslagerungsunternehmen allein auf das Basis von Weisungen und diktierten Handlungs- und Entscheidungslinien agiert. Bei einer solchen Sachlage kann der Anlegerschutz nicht auf der Einholung der Zustimmung der Anteilinhaber insistieren, selbst wenn es um risikobehaftete Aufgaben geht, da die Aufgabenerfüllung im Ergebnis noch immer durch die auslagernde Kapitalanlagegesellschaft erfolgt. Auch § 664 Abs. 1 S. 1 BGB greift dann nicht ein, da die Konstellation das Auslagerungsunternehmen mangels Selbständigkeit von einem Substitut zu einem Erfüllungsgehilfen herabstuft.

---

610 In diese Gruppe fallen v.a. folgende Aufgaben: rein buchhalterische und kostenrechnerische Aufgaben des Fondscontrolling (Erfassung aller Rechnungsvorgänge betreffend das Sondervermögen, Pflege der Bestandslisten, buchhalterische Aufgaben aller Art, Erfolgsrechnung für jedes Sondervermögen [ggf. Anteilklassen (§ 34 InvG), ggf. Segmente im Spezialfondsbereich in Master-KAG-Situationen], Zusammenarbeit mit der Gesellschaftsbuchhaltung), Anteilscheinverwaltung (idR. in Zusammenarbeit mit der Depotbank), Registerführung (§ 33 Abs. 1 S. 3 InvG), Performance-Messung, Anteilwertermittlung (§ 36 InvG), regulatorische Meldeanforderungen und andere aufsichtliche Belange, internes Meldewesen, Kundenberichte aller Art, Rechenschaftsberichte, Prospektangelegenheiten, Veranlassung von Corporate Actions, Compliance-Aufgaben aller Art (z.B. Mitarbeitergeschäfte).

611 Davon ist zu trennen die Frage, ob diese Aufgaben trotz einer gewissen Distanz zum Anleger – zur Wertentwicklung des Sondervermögens – die Lizenzpflichtigkeit eventueller Auslagerungsunternehmen erfordern, v.a. aufgrund ihrer regulatorischen Relevanz (z.B. Ordnungsmäßigkeitsgrundsatz). Dazu unten VI.5.f.bb.aaa. und Fn. 648.

Zu den ausschließlich weisungsgebunden durchzuführenden Aufgaben, die für den Anleger relevant sind, kann etwa die Ausübung von mit dem Sondervermögen verbundenen Stimm- und Gläubigerrechten zählen. § 32 Abs. 1 S. 3 InvG sieht bei dem für einen Einzelfall bevollmächtigten Stimmrechtsvertreter vor, dass Weisungen für die Stimmrechtsausübung erteilt werden. Doch bei dem in § 32 Abs. 1 S. 4 InvG vorgesehenen, auf Dauer bevollmächtigten unabhängigen Stimmrechtsvertreter muss das Abstimmungsverhalten nicht immer von der Kapitalanlagegesellschaft verfügt sein, wie die Vorschrift im Gegensatz zur Vorgängernorm (§ 10 Abs. 1 S. 5 KAGG) nunmehr explizit klarstellt.[612] Für diesen Fall ist zu beachten: Mit der Vorschrift des § 32 Abs. 1 S. 4 InvG liegt zwar eine gesetzliche Ermächtigung zur Auslagerung vor, die als Spezialfall die Regelung des § 16 InvG ergänzt. Allerdings kann diese Bestimmung lediglich als aufsichtsrechtliche Ermächtigung zum Outsourcing verstanden werden. Die Kapitalanlagegesellschaft hat damit ihre Schuldigkeit gegenüber dem Anteilinhaber noch nicht getan, sondern ist angehalten, wie dargestellt, in diesem risikorelevanten Bereich die Zustimmung des Investors einzuholen.

Wie die Bestimmungen v.a. der § 25 S. 1, S. 2 Nr. 1, Nr. 3, § 27 Abs. 1 Nr. 3, § 29 InvG belegen, ist die Depotbank im Sinne des Anlegerschutzes in die meisten der bezeichneten risikorelevanten Tätigkeiten der Fondsbuchhaltung eingebunden. Entlang der Argumentation unter VI.5.a.bb.ccc.δ.ββ./γγ. ist daher auch die Zustimmung der Depotbank zu entsprechenden Auslagerungen einzufordern.

### bb. Vertrieb und Transaktionsmanagement

Der „Vertrieb" bezeichnet hier den „Verkauf" und „Rückkauf" von Anteilscheinen, d.h. den Abschluss des Investmentvertrages, die Order-Entgegennahme bei Neuzeichnung und bei Rückgabe von Anteilscheinen sowie das Order-Routing zum „Back Office", um die Abwicklung des Geschäftes zu veranlassen.[613]
Kapitalanlagegesellschaften kooperieren traditionell mit dritten Stellen, v.a. mit ihren Gesellschafterbanken, in Angelegenheiten des Anteilscheinvertriebs. Was eigene Vertriebsaktivitäten der Kapitalanlagegesellschaften betrifft, so durften bis zum Vierten Finanzmarktförderungsgesetz[614] lediglich eigene Anteilscheine und Anteilscheine von im Konzern verbundenen Unternehmen vertrieben werden.[615] Erst mit

---

612 Vgl. *Schödermeier/ Baltzer* in Brinkhaus/ Scherer § 10 Rn. 40; siehe auch Begründung für den Regierungsentwurf eines Vierten Finanzmarktförderungsgesetzes, abgedruckt in ZBB 2001, S. 517, sowie Regierungsbegründung zum Vierten Finanzmarktförderungsgesetz BT-Drucks. 14/8017, S. 102.

613 Das „Back Office" umfasst in jedem Fall die entsprechende Abteilung der Depotbank: Da die Depotbank letztlich die Ausgabe und Rücknahme der Anteilscheine verantwortet, § 23 Abs. 1 S. 1 InvG, müssen die Anteilschein-Orders schließlich bei ihr auflaufen. Ungewöhnlich, aber anzutreffen, sind Routing-Wege über die Kapitalanlagegesellschaft, etwa bei Investmentsparplänen, die häufig von den Kapitalanlagegesellschaften administriert werden, oder dann, wenn die Kapitalanlagegesellschaft die Kontrolle über den Anteilumlauf mitverantwortet.

614 Viertes Finanzmarktförderungsgesetz („Gesetz zur weiteren Fortentwicklung des Finanzplatzes Deutschland") vom 21. Juni 2002, BGBl. I S. 2010.

615 *Zeller* in Brinkhaus/ Scherer § 1 Rn. 105; indirekt auch *Baur* in Assmann/ Schütze § 18 Rn. 153 und *Köndgen* in BankRHandB § 113 Rn. 26; siehe außerdem Begründung für den Regierungsentwurf eines Vierten Fi-

dem Vierten Finanzmarktförderungsgesetz wurde die Möglichkeit für Kapitalanlagegesellschaften, selbst eigene und fremde Anteilscheine zu vertreiben, in das geschriebene Investmentrecht eingeführt (§ 1 Abs. 6 S. 1 Nr. 6 KAGG, heute § 7 Abs. 2 Nr. 5 InvG). Jedoch gehen nach wie vor die Regelungen der § 126 Abs. 1, § 127 Abs. 1, Abs. 3, Abs. 4 InvG, § 2 Abs. 6 S. 1 Nr. 8 KWG, die auch bereits unter der Vorläuferregulierung bestanden (§ 20 Abs. 1, Abs. 3, Abs. 4, § 23 Abs. 1 KAGG, auch § 19 Abs. 1 S. 3 KAGG), unabhängig von einer ausdrücklichen Outsourcing-Regulierung davon aus, dass Dritte in den Vertrieb eingeschaltet werden können (ebenso die Vorschriften § 12 Abs. 3 S. 7, § 13 Abs. 3 S. 2, § 41 Abs. 5 InvG). Dieser gesetzliche und rechtstatsächliche Hintergrund illustriert bereits, dass es nicht begriffsnotwendig zu einer Kapitalanlagegesellschaft gehört, einen eigenen Vertrieb zu unterhalten. An der Möglichkeit, Dritte in den Vertrieb einzubinden, sollte festgehalten werden. Zum einen steht keiner der prinzipiell denkbaren Einwände entgegen (s.o. VI.5.a.bb.). Zum anderen erfährt das Investmentgeschäft eine spürbare ökonomische Stärkung, wenn die Vertriebsmöglichkeiten erweitert werden: Auf der Marktseite erhalten die Investoren insbesondere im Publikumsfondsbereich auf diese Weise erleichterten Zugang zu den Anlageprodukten; der Wettbewerb unter den Kapitalanlagegesellschaften wird belebt. Auf der Angebotsseite können liberale Vertriebsregelungen dazu beitragen, dass bestehende Vertriebsapparate genutzt werden, anstatt die Kapitalanlagesellschaften als herkömmlicherweise stärker produktseitig orientierte Häuser jeweils mit dem Aufbau eigener, kostenträchtiger Vertriebsorganisationen zu belasten.

Bei Auslagerung des Vertriebs verlangt der Anlegerschutz keine Anteilinhaberzustimmung zur Auslagerung, so wie sie beim Outsourcing des Fondsmanagement und beim Outsourcing von Teilen der Fondsbuchhaltung erforderlich wird: Die *Zeichnung* der Anteilscheine markiert die Aufnahme der Vertragsbeziehung und liegt außerhalb der von der Kapitalanlagegesellschaft geschuldeten Geschäftsbesorgung, zu der die Risikomodalitäten vertraglich abzustimmen wären. Im Rahmen der Privatautonomie ist der Investor hier nicht der Tätigkeit der Kapitalanlagegesellschaft ausgeliefert, sondern kann selbstbestimmt darüber befinden, ob er über einen Vertriebspartner der Kapitalanlagegesellschaft den Investmentvertrag eingehen möchte. Das Recht zur *Rückgabe* – dazu näher sogleich – ist bereits gesetzlich gesichert (§ 37 Abs. 1 InvG); es ist für den Anleger nicht risikoerheblich, über welchen Vertriebsweg die Rückgabe erfolgt.[616] Im Vertriebszusammenhang sind für den Anleger weiterhin die entstehenden Kosten relevant (Aufschläge und Abschläge bei Zeichnung und Rückgabe). Indessen ist dazu gemäß § 41 Abs. 1 InvG ohnehin eine vertragliche Abrede mit dem Anleger zu treffen; hinzu kommt, dass in den Kosten kein (personengebundenes) Risikoelement für die Wertentwicklung des Sonderver-

---

nanzmarktförderungsgesetzes, abgedruckt in ZBB 2001, S. 438 f., sowie Regierungsbegründung zum Vierten Finanzmarktförderungsgesetz BT-Drucks. 14/8017, S. 65, 100.

616 Davon unabhängig finden sich in den Vertragsbedingungen Regelungen dazu, wo Anteilscheine erworben werden können, und gemäß § 37 Abs. 1 2. HS, § 43 Abs. 4 Nr. 4 InvG auch dazu, wo sie zurückgegeben werden können (vgl. § 11 Nr. 2, Nr. 3 der Mustervertragsbedingungen für Wertpapier-Sondervermögen, Stand 23.6.1998).

mögens liegt, sondern nur ein Rentabilitätselement. Das reine *Order-Routing* schließlich hat keine Auswirkung auf die Wertentwicklung des Sondervermögens.

Das Transaktionsmanagement umfasst eine Reihe von Arbeitsschritten zur Abwicklung der Investmentorders. Sie verschließen sich weitgehend einer Auslagerung:
Die Aufgabe der *Ausstellung der Anteilscheine*, d.h. die „Kreierung" der Anteilscheine durch die Ausfertigung der Urkunden bzw. der (einen) Globalurkunde, ist unlöslich mit der Fondsauflage, d.h. der Schaffung des Investmentproduktes verbunden und daher nicht delegierbar der Kapitalanlagegesellschaft zugeordnet.
Die *Ausgabe* und die *Rücknahme der Anteilscheine* sind ein Teil der Depotbankaufgaben (§ 23 Abs. 1 S. 1, Abs. 2, § 27 Abs. 1 Nr. 1 InvG) und damit nicht auslagerbar (s.u. VI.5.e.). Ausgabe und Rücknahme werden von der Depotbank zumeist bei Wertpapierabwicklungshäusern veranlasst, die das Clearing und Settlement (Auf- und Verrechnung von Forderungen und Verbindlichkeiten sowie Eigentumsverschaffung) vornehmen – dazu sogleich.[617] Zu diesem Zweck leiten die Depotbanken die Orders nach interner Aufbereitung („Order Reconciliation") an diese Häuser weiter. Die *Order-Entgegennahme* und das *Order-Routing* im „Back Office" sind daher ebenfalls Teil der nicht auslagerbaren Depotbankaufgaben.[618]
Die Einschaltung von Wertpapierabwicklungshäusern zur Abwicklung der Anteilschein-Orders – *Clearing* und *Settlement* – ist äußerlich zwar unter das Outsourcing eines Arbeitsschrittes im Investmentgeschäft zu subsumieren. Jedoch sollte der aufsichtlichen Haltung[619] gefolgt werden, dass die Einbindung solcher Stellen im modernen Bankgeschäft zur unvermeidlichen Arbeitsteilung gehört, um Geschäftsvolumina, Geschäftskomplexität und Kosten überhaupt noch bewältigen zu können. Clearing und Settlement stehen deshalb außerhalb einer Outsourcing-Regulierung.

#### cc. Produktentwicklung

Die Entwicklung des Produktportfolios einer Kapitalanlagegesellschaft ist eine durch Marktforschung und Analysen geprägte Arbeit, die nicht zu einem Bestandteil der eigentlichen Produktpolitik (Fondsauflage, Fondseinstellung) stilisiert werden kann, die zu den zentralen Leitungsfunktionen einer Kapitalanlagegesellschaft rechnet (dazu sogleich unter VI.5.d.). Der Auslagerung der Produktentwicklung stehen daher grundsätzlich keine aufsichtlichen Hindernisse im Weg, auch da Interessen-

617 Solche Clearinghäuser können unbeteiligt bleiben z.B. dann, wenn die Kapitalanlagegesellschaft Investmentkonten führt – dann erhält die Kapitalanlagegesellschaft die Anteilscheine direkt von der Depotbank bzw. gibt sie direkt zurück –, oder wenn die Depotbank mit dritten Banken Konsignationslagerverträge eingegangen ist (siehe bereits Fn. 561). Konsignationslagerverträge bedeuten noch kein Outsourcing der Ausgabe und Rücknahme der Anteilscheine, sondern allein die Beiziehung Dritter als Erfüllungsgehilfen zur Vereinfachung des Transaktionsmanagement, das unverändert in den Händen der Depotbank liegt. Dies wird insbesondere deutlich durch die Bedingungen, die die Aufsicht für die Einschaltung von Konsignationslagerstellen aufgestellt hat (Schreiben des BAKred vom 6.10.1982 [Fn. 561]).

618 Diese Aufgaben sind nicht zu verwechseln mit der Handelstätigkeit im Rahmen des Fondsmanagement, die in der Praxis üblicherweise ebenfalls von der Depotbank übernommen wird.

619 BAKred-Rundschreiben 11/2001 zu § 25a Abs. 2 KWG (s. Fn. 2), Tz. 47; siehe bereits oben unter III.3.c.aa.aaa.β.

konflikte, wie sie im Fondsmanagement vorkommen, in der Produktentwicklung noch im Hintergrund bleiben.
Eine andere Bewertung muss sich nur dort einstellen, wo das Outsourcing der Produktentwicklung tatsächlich so ausgestaltet ist, dass die Kapitalanlagegesellschaft Empfehlungen zu Fondsauflage einschließlich Produktdesign (Bepreisung, Anlagestrategie, Laufzeiten, Anteilklassen, andere Elemente der Vertragsbedingungen) und zu Fondseinstellung ohne materielle eigene Auseinandersetzung ungeprüft übernimmt. Eine solche Auslagerungspraxis ist nicht zu dulden, da sie die mittelbare Verlagerung von zentralen Leitungsfunktionen bedeutet.

Da die Produktentwicklung dem Entstehen von investmentvertraglichen Beziehungen vorgelagert ist, scheidet ein Zustimmungserfordernis zu Gunsten der Anteilinhaber aus.

#### dd. Weitere Auslagerungssachverhalte

Beim Outsourcing des Marketing und beim Outsourcing von Stabsfunktionen einer Kapitalanlagegesellschaft (Recht/ Steuern, Personal, Buchhaltung/ Rechnungswesen, allgemeine Administration) ergeben sich keine weiteren Bedenken gegen die grundsätzliche Auslagerbarkeit. Da diese Funktionen lediglich das Unternehmen „alimentieren", das das Investmentgeschäft betreibt, nicht aber Teil der Investment-Wertschöpfungskette sind, treffen auf solche Auslagerungen die allgemeinen bankaufsichtsrechtlichen Regeln zu Funktionsauslagerungen bei Instituten zu. Weil diese Regeln ohnehin Bestandteil der Investment-Outsourcing-Regulierung werden sollten (s.u. VI.5.f.dd.), sollte für das Outsourcing der Stabsfunktionen nicht in das allgemeine Bankaufsichtsrecht zurückverwiesen werden; vielmehr sollten die Stabsfunktionen im Sinne einer kohärenten und umfassenden Outsourcing-Regulierung für das Investmentgeschäft durch eine eigenständige investmentrechtliche Outsourcing-Norm miterfasst werden (näher dazu unter VI.7.b.bb.). Der Zustimmung der Anteilinhaber oder der Depotbank bedarf es nicht, da die in Rede stehenden infrastrukturellen Funktionen den Beziehungen vorgelagert sind und keinen Teil des Wertentwicklungsrisikos der Investmentanlage bilden.

Bei der Auslagerung der Informationstechnologie ist zu unterscheiden:
Häufig erfolgt sie im Zusammenhang mit der Auslagerung funktionaler Bereiche; die meisten betrieblichen Funktionen auch im Investmentgeschäft können ohne entsprechende EDV-Systeme nicht mehr erbracht werden. In solchen Fällen ist die Zulässigkeit der IT-Auslagerung mit der Zulässigkeit bzw. Nichtzulässigkeit der Auslagerung des zugehörigen funktionalen Bereiches beantwortet.
Das Outsourcing der Bereitstellung einer IT-Infrastruktur („Systemlandschaft") unabhängig von Investment-Funktionsauslagerungen ist nicht anders zu beurteilen als die Auslagerung von Stabsfunktionen. Angesichts der Sensitivität für den Geschäftsbetrieb werden aber an die Qualifikation des Auslagerungsdienstleisters und an die Überwachungsintensität rigide Anforderungen zu stellen sein.

### c. Nebentätigkeiten

Den Kapitalanlagegesellschaften wird trotz des Spezialbankprinzips (§ 7 Abs. 4 InvG) das Unterhalten einer Reihe von Dienstleistungen und Nebendienstleistungen (hier: „Nebentätigkeiten", auch: „Nebengeschäfte") zugestanden, § 7 Abs. 2 InvG. Die Nebentätigkeiten weisen eine inhaltliche Verwandtschaft zum Investmentgeschäft auf, die jedoch jeweils unterschiedlicher Art sein kann. Nebentätigkeiten müssen auch in ihrem Geschäftsumfang Neben-Tätigkeiten bleiben, d.h. in ihrer geschäftspolitischen Bedeutung für die Kapitalanlagegesellschaft hinter dem Investmentgeschäft zurückbleiben.[620] Der Bedarf nach einem Outsourcing dieser Tätigkeiten stellt sich schon deshalb weniger dringlich dar.

#### aa. Vermögensverwaltung und Beratung in Finanzinstrumenten und Grundstücken (§ 7 Abs. 2 Nr. 1, Nr. 2, Nr. 3 InvG)

Zulässige Tätigkeit einer Kapitalanlagegesellschaft ist nach § 7 Abs. 2 Nr. 1 InvG die individuelle Vermögensverwaltung in Finanzinstrumenten iSd. § 1 Abs. 11 KWG. Diese Tätigkeit ist Finanzdienstleistung nach § 1 Abs. 1a S. 2 Nr. 3 KWG (sog. Finanzportfolioverwaltung) und Wertpapierdienstleistung nach § 2 Abs. 3 Nr. 6 WpHG.[621] Als Nebentätigkeit ist durch Nr. 3 außerdem gestattet die *Beratung* anderer bei der Anlage in Finanzinstrumenten. Diese Beratung ist Finanzunternehmenstätigkeit nach § 1 Abs. 3 S. 1 Nr. 6 KWG und Wertpapier*neben*dienstleistung gemäß § 2 Abs. 3a Nr. 3 WpHG. Während bei der Beratung die eigentliche Anlageentscheidung beim Investor liegt, liegt sie bei der Vermögensverwaltung beim Institut, im hier interessierenden Zusammenhang also bei der Kapitalanlagegesellschaft.

Parallel dazu lässt § 7 Abs. 2 Nr. 2 InvG die individuelle Vermögensverwaltung und die Anlageberatung in Grundstücken zu.[622]

Zielsetzung der Vorschriften ist es, das geschäftliche Betätigungsfeld der Kapitalanlagegesellschaften zur Stärkung ihrer Wettbewerbsfähigkeit zu verbreitern und individuellen Anlegern Zugang zur besonderen Sachkunde der Kapitalanlagegesellschaften auf diesen Gebieten zu verschaffen. Auf dem Hintergrund dieser Zielsetzung wirkt ein denkbares Outsourcing-Vorhaben einer Kapitalanlagegesellschaft in diesen Geschäften ökonomisch nicht sogleich plausibel.

---

620 *Zeller* in Brinkhaus/ Scherer § 1 Rn. 66, 83; *Baur* § 2 Rn. 36; die individuelle Portfolioverwaltung nach § 7 Abs. 2 Nr. 1 InvG ist als (erlaubnispflichtige) weitere Haupttätigkeit der Kapitalanlagegesellschaft vorgesehen (vgl. Begründung zum Entwurf der Bundesregierung zum Investmentmodernisierungsgesetz, BT-DS 15/1553, S. 77; *Lang* (2004), S. 54; *Steck/Kurz* (2003), S. 738).

621 Die von Kapitalanlagegesellschaften häufig offerierte sog. Fondsgebundene Vermögensverwaltung kann unter § 7 Abs. 2 Nr. 1 InvG zu rubrizieren sein, wenn sie im Rahmen eines selbständigen Vermögensverwaltungsvertrages geleistet wird (regelmäßig gepaart mit der Investmentkontenführung nach § 7 Abs. 2 Nr. 4 InvG).

622 Hinzuweisen ist auf § 12 Abs. 5 InvG: Da die OGAW-Richtlinie Immobilien als Anlagegegenstände für harmonisierte Investmentfonds nicht vorsieht, dürfen Kapitalanlagegesellschaften, die den „Europäischen Pass" nach § 12 InvG in Anspruch nehmen, nicht die Nebentätigkeit nach § 7 Abs. 2 Nr. 2 InvG betreiben.

Die individuelle Vermögensverwaltung nach Nr. 1, Nr. 2 ähnelt als eine *Asset Management*-Dienstleistung dem Investmentgeschäft, allerdings nur dem Fondsmanagement-Teil des Investmentgeschäftes. Die bezeichneten Tätigkeiten decken lediglich die reine Anlageentscheidung ab (Planung, Durchführung und Kontrolle) und erstrecken sich nicht auf die Verwahrung oder technische Verwaltung des Vermögens. Ohne Lizenz auch nach § 1 Abs. 1 S. 2 Nr. 5 KWG muss daher ein anderes Kreditinstitut für die Depottätigkeit bei Finanzinstrumenten bemüht werden (siehe nur § 34a Abs. 2 WpHG).

Infolge der Nähe zum Fondsmanagement treffen die Aussagen zur Auslagerbarkeit des Fondsmanagement (s.o. VI.5.a.) grundsätzlich auch auf die Auslagerbarkeit der individuellen Vermögensverwaltung zu. Für ein ausschließlich nach § 1 Abs. 1a S. 2 Nr. 3 KWG konzessioniertes Institut bedeutete das Outsourcing der gesamten Vermögensverwaltungstätigkeit wegen des beschriebenen engen Geschäftskreises zwar mehr oder minder die vollständige Delegation seines Geschäftes, so dass zu bedenken ist, ob eine solche Auslagerung nicht deshalb unzulässig wäre, weil der mit ihr herbeigeführte Zustand des auslagernden Instituts mit der zuvor erteilten Lizenz in Konflikt steht (s.u. VI.5.f.cc.). Diese Bedenken halten jedoch bezüglich der auslagernden Kapitalanlagegesellschaft nicht Stand, da sie die individuelle Vermögensverwaltung eben nur neben der Verwaltung von Investmentvermögen betreiben darf. Damit ist die Auslagerbarkeit dieser Tätigkeiten nach Nr. 1, Nr. 2 für Kapitalanlagegesellschaften zu bejahen. Dies gilt sodann *a fortiori* auch für die reine Beratungs-Nebentätigkeit nach Nr. 2, Nr. 3.

Das Erfordernis der Anlegerzustimmung als Rechtmäßigkeitsvoraussetzung stellt sich aufgrund der Individualität der Dienstleistung mit sogar höherer Schärfe als beim Fondsmanagement iRd. kollektiven Portfolioverwaltung.[623]

### bb. Verwahrung und Verwaltung von Anteilscheinen (§ 7 Abs. 2 Nr. 4 InvG)

Durch § 7 Abs. 2 Nr. 4 InvG wird die Kapitalanlagegesellschaft in eingegrenztem Umfang zum Betrieb des Depotgeschäftes (Verwahrung und Verwaltung von Anteilscheinen für andere) ermächtigt. Sie bedarf dafür keiner weiteren Konzession nach § 1 Abs. 1 S. 2 Nr. 5 KWG; die Tätigkeit richtet sich aber, soweit einschlägig, nach dem DepotG.[624]

---

623 Die Auslagerung der individuellen Portfolioverwaltung nach § 7 Abs. 2 Nr. 1 InvG muss außerdem § 33 Abs. 2 WpHG beachten (s.o. III.3.a.bb.). Dies gilt nach der Legaldefinition für ein Wertpapierdienstleistungsunternehmen gemäß § 2 Abs. 4 WpHG nicht für das Outsourcing der reinen Beratung in Finanzinstrumenten, wenn tatsächlich nur diese Beratung als Nebentätigkeit erbracht wird.

624 § 30 Abs. 4 InvG (zuvor § 9 Abs. 7 KAGG) meint nur das eigentliche Investmentgeschäft, also v.a. Fondsmanagement und Fondsbuchhaltung, nicht aber Nebentätigkeiten (der Depotführungsvertrag muss vom Anteilinhaber nicht zwingend mit der Kapitalanlagegesellschaft geschlossen werden; ist der Verwahrer keine Kapitalanlagegesellschaft, ist § 7 Abs. 2 Nr. 4 InvG nicht länger einschlägig). Da das DepotG anzuwenden ist, ist die Verwahrung und Verwaltung von Anteilscheinen keine Wertpapiernebendienstleistung, vgl. § 2 Abs. 3a Nr. 1 WpHG.

Das Outsourcing der *Verwahrung* der Anteilscheine, entweder als Sonderverwahrung nach § 2 DepotG oder als Sammelverwahrung nach § 5 DepotG, ist *de lege lata* zulässig gemäß § 3 Abs. 1, § 5 Abs. 3 DepotG.[625]

Die (technische) *Verwaltung* der Anteilscheine meint die Führung von Wertpapierdepots (z.T. „Investmentkonten" oder „Anlagekonten" genannt). Darunter fallen die Depoteinrichtung und -pflege, die Verbuchung von Ausschüttungen und Thesaurierungen, wie sie von der Fondsbuchhaltung der betroffenen Sondervermögen vorgenommen werden, Erstellung und Versendung von Depotauszügen, Steuerangelegenheiten, geldmäßige Abwicklung mit dem Kunden.[626] Die *Verwaltungs*-Seite des Depotgeschäfts ist nicht vom DepotG erfasst. *De lege lata* billigt § 16 Abs. 1 InvG grundsätzlich die Auslagerung auch der Verwaltungstätigkeit. Ebenso erwächst aus § 7 Abs. 2 Nr. 4 InvG selbst die Auslagerbarkeit *de lege lata*: Unter den in der Bestimmung genannten „anderen", für die die Verwaltung von Anteilen vorgenommen werden darf, sind nicht nur die Anteilinhaber zu verstehen, sondern auch andere Kapitalanlagegesellschaften.[627] Dies gilt umso mehr nach der Aufhebung des § 1 Abs. 6 S. 2 KAGG, durch den die Anteilscheinverwahrung und –verwaltung auf eigene Anteilscheine und Anteilscheine konzernangehöriger Gesellschaften begrenzt wurde.

Bei der Auslagerbarkeit der Verwahrung und Verwaltung von Anteilscheinen sollte es *de lege ferenda* bleiben.

Zunächst ist klarzustellen: Zwar wird dem Anteilscheininhaber die Depottätigkeit nicht im Rahmen des Investmentvertrags erbracht, sondern im Rahmen eines getrennten Vertrages. Dennoch sollte die Regulierung der Auslagerbarkeit der Depottätigkeit Gegenstand des *Investmentrechts* sein und nicht dem allgemeinen Bankaufsichtsrecht überlassen werden. Dafür spricht zunächst, dass die Leistung, wie dargestellt, auch unter Kapitalanlagegesellschaften geschuldet sein kann, sodann aber auch, dass die Führung von Kundendepots für Investmentanteilscheine unmittelbar dem Hauptgeschäft dient.[628]

Die Auslagerbarkeit ist zu befürworten, da die Materie im Vergleich zum eigentlichen Investmentgeschäft weniger sensibel ist und die im dortigen Zusammenhang erörterten Hinderungsgründe (v.a. aufsichtliche Kontrolleinbußen, Spezialbankprinzip, Anlegerschutz) auch hier nicht Platz greifen. Das Depotgeschäft ist in seiner Kostenstruktur spürbar skalengetrieben, so dass die Beteiligten von entsprechenden Zusammenlegungen Vorteile erwarten dürfen.

---

625 Die Regelung verdrängt § 691 S. 1 BGB.

626 Zur geldmäßigen Abwicklung dürfen Kapitalanlagegesellschaften auch Geldkonten unterhalten, solange dies nicht als Einlagengeschäft betrieben wird (*Baur* § 2 Rn. 51).

627 *Köndgen* in BankRHandB § 113 Rn. 46 (noch zur Vorgängernorm § 1 Abs. 6 S. 1 Nr. 1 KAGG).

628 Auch für die anderen Nebentätigkeiten gilt, dass ihre Auslagerbarkeit Gegenstand einer investmentrechtlichen Outsourcing-Regulierung sein sollte, selbst wenn es nicht um das Investmentgeschäft i.e.S. geht und § 25a Abs. 2 KWG grundsätzlich die Materie regeln könnte. Dies ist gerechtfertigt aufgrund der sachlichen Nähe der Nebentätigkeiten zum Investmentgeschäft, dem die Nebengeschäfte sekundieren, und aufgrund der Zielsetzung, eine kohärente und umfassende Regulierung für alle Outsourcing-Fragen bei Kapitalanlagegesellschaften zu schaffen.

Die Geschäftsbesorgungselemente der Depottätigkeit (nicht jedoch die eigentliche Verwahrtätigkeit, siehe Fn. 625) verlangen zumindest zivilrechtlich die Zustimmung der hinterlegenden Anteilinhaber zum Outsourcing nach § 664 Abs. 1 S. 1 BGB analog.

### cc. Vertrieb von Anteilscheinen (§ 7 Abs. 2 Nr. 5 InvG)

Der Vertrieb von Anteilscheinen ist eine zulässige Nebentätigkeit nach § 7 Abs. 2 Nr. 5 InvG. Wie unter VI.5.b.bb. behandelt, ist die Einschaltung Dritter in den Vertrieb gängige Praxis und im InvG wie schon im KAGG vorgesehen. Bereits aus der Einstufung als Nebentätigkeit erhellt, dass der Vertrieb von Anteilscheinen *de lege lata* ausgelagert werden kann: Es besteht keine Verpflichtung, eine Nebentätigkeit auszuüben; die Bereitstellung allein von „Lieferfähigkeit" – die Produktion eines Investmentfonds – ohne die Sicherung von Vertriebswegen ist aber kein betriebswirtschaftlich tragfähiges Modell für das Investmentgeschäft. Insoweit kann es den Gesellschaften nicht verwehrt sein, den Vertrieb zu delegieren.
Unter Verweis auf die Argumentation in Abschnitt VI.5.b.bb. sollte die Möglichkeit zum Outsourcing des Vertriebs unangetastet bleiben. Daneben ist zu erwägen, ohne dass dem hier vertieft nachgegangen wird, den Vertrieb der *eigenen* Anteilscheine aus dem Katalog der Nebentätigkeiten herauszulösen und nur den Vertrieb *fremder* Anteilscheine dort zu belassen. Der Vertrieb der eigenen Produkte sollte bei realitätsnaher Betrachtung stets als Bestandteil der jeweiligen Bankgeschäfte/ Finanzdienstleistungen und ihrer Lizenzen eingestuft werden. Wie aus Art. 1a Nr. 2, Art. 5 Abs. 2 S. 2, Abs. 3 iVm. Anhang II OGAW-Richtlinie abzulesen ist, kategorisiert die OGAW-Richtlinie den Vertrieb als Bestandteil der Investment-Aufgabe und nicht als Nebentätigkeit.[629]

### dd. Abschluss von Altersvorsorgeverträgen (§ 7 Abs. 2 Nr. 6 InvG)

Ein Altersvorsorgevertrag iSd. Altersvorsorgeverträge-Zertifizierungsgesetzes (AltZertG) ist ein in § 1 Abs. 1 AltZertG definierter Vertrag zur privaten Altersvorsorge, der zur staatlichen Förderung berechtigt. Nach § 1 Abs. 1 S. 1 Nr. 7 lit. c) AltZertG kommen auch Investmentfonds als unterliegende Finanzinstrumente für diese Verträge in Frage, so dass in § 1 Abs. 2 S. 1 Nr. 1 AltZertG auch Kapitalanlagegesellschaften zum Anbieten derartiger Altersvorsorgeprodukte (in der Form von Investmentprodukten) ermächtigt werden.
§ 7 Abs. 2 Nr. 6 InvG wiederholt insoweit nur die Berechtigung, die im AltZertG bereits kodifiziert ist. Die Tätigkeit des § 7 Abs. 2 Nr. 6 InvG meint den *Abschluss* des Vertrages, d.h. das Eingehen der Verbindlichkeit gemäß den detaillierten Vorgaben des § 1 Abs. 1 AltZertG; dies kann nicht delegiert werden. Zum Gegenstand des Outsourcing kann allenfalls der Vertrieb dieser Produkte in Form der Anlage- oder Abschlussvermittlung gemacht werden. Die Auslagerbarkeit ist insoweit zu beurtei-

---

629 Zur Einschlägigkeit des WpHG bei Auslagerung von Vertriebstätigkeiten der Kapitalanlagegesellschaft siehe III.3.a.bb.

len wie die Auslagerbarkeit des Vertriebs der Anteilscheine nach § 7 Abs. 2 Nr. 5 InvG (dazu soeben). Einschränkungen aus dem AltZertG ergeben sich dazu nicht.

### ee. Sonstige mit dem Investmentgeschäft oder den Nebentätigkeiten unmittelbar verbundene Nebentätigkeiten (§ 7 Abs. 4 Nr. 7 InvG)

Für den Auffangtatbestand des § 7 Abs. 2 Nr. 7 InvG ist vor allem auf die „unmittelbare Verbindung" zum Hauptgeschäft oder zu den anderen Nebentätigkeiten abzuheben; gemeint sein kann letztlich nur eine Förderung des Investmentgeschäftes oder der Nebentätigkeiten durch weitere Nebentätigkeiten. Mit Blick auf das Spezialbankprinzip und die OGAW-Richtlinie – der einschlägige Art. 5 Abs. 3 OGAW-Richtlinie sieht eine solche Generalklausel zu Nebentätigkeiten nicht vor – sollte der Anwendungsbereich der Nr. 7 besonders eng gehalten werden. In der Literatur[630] finden sich als denkbare Tätigkeiten verschiedene Beteiligungsmöglichkeiten für die Kapitalanlagegesellschaft, die aber unter § 7 Abs. 3 InvG rubriziert werden sollten (dazu sogleich). Es verbleiben Tätigkeiten wie die Verbesserung der Auslastung von Rechnerkapazitäten durch deren Vermietung, das Angebot eigener Beratungsleistung durch die Kapitalanlagegesellschaft am Markt, spezielle Dienstleistungen im Zusammenhang mit Grundstücks-Sondervermögen.
Dem Outsourcing dieser Nebentätigkeiten dürfte bei wirklichkeitsnahem Herangehen sehr geringe Relevanz zufallen. Da die Förderung des Investmentgeschäftes Voraussetzung für die Ausübung dieser Nebentätigkeiten ist, dürfte ihre Auslagerung kaum Beeinträchtigungen für das Investmentwesen oder den Anlegerschutz mit sich bringen können und damit – vorbehaltlich besonderer Umstände im Einzelfall – unter den allgemeinen investmentaufsichtlichen Bedingungen (s.u. VI.5.f.dd.) grundsätzlich zulässig sein.

### ff. Beteiligung an Unternehmen (§ 7 Abs. 3 InvG)

§ 7 Abs. 3 InvG gesteht keine weitere Nebentätigkeit zu, billigt aber den Erwerb von Beteiligungen an Unternehmen, deren Zweck auf Geschäfte ausgerichtet ist, die die Kapitalanlagegesellschaft selbst betreiben darf, also das Investmentgeschäft und die Nebentätigkeiten. Durch diese inhaltliche Begrenzung der Beteiligungsobjekte soll vermieden werden, dass die Kapitalanlagegesellschaft über Beteiligungen Geschäfte betreibt, für die sie nicht konzessioniert ist.[631] In Betracht kommen Vertriebsgesellschaften, Anbieter von (Kapital-) Marktforschungsdiensten, Anbieter von Abwicklungsleistungen und Beratungsdienstleistungen, IT-Entwickler, andere Kapitalanlagegesellschaften.
Eine Auslagerung der Beteiligungsaktivitäten als solcher ist sachlich ausgeschlossen. Vielmehr weist das Eingehen von Beteiligungsverhältnissen seinerseits gewisse Züge des Outsourcing auf, v.a. bei Mehrheitsbeteiligungen. Allerdings ist § 7 Abs. 3 InvG nicht als Persilschein für die Zulässigkeit des Outsourcing zu interpretieren,

630 *Zeller* in Brinkhaus/ Scherer § 1 Rn. 83 ff. (insoweit noch zur Vorgängernorm § 1 Abs. 6 S. 1 Nr. 3 KAGG).
631 *Zeller* in Brinkhaus/ Scherer § 1 Rn. 92, 95.

denn der Erwerb einer Beteiligung kann nicht gleichgesetzt werden mit der Übertragung von Funktionen auf das Beteiligungsunternehmen. Die Norm ist – auch in ihrer systematischen Stellung – keine Outsourcing-Vorschrift, insbesondere nicht für das Hauptgeschäft: Ihre Stoßrichtung ist es nicht, Beteiligungen zu ermöglichen, die sodann in den (Outsourcing-) Dienst der Kapitalanlagegesellschaft gestellt werden, sondern solche Beteiligungen zu unterbinden, durch die sich Kapitalanlagegesellschaften auf Umwegen Zugang zu nicht lizenzierten Geschäften verschaffen; das „ermöglichende" Moment der Norm zielt allenfalls darauf, durch die Beteiligungen die Geschäfte der Kapitalanlagegesellschaft zu fördern. Auch die von der Vorschrift eingeforderte Haftungsbeschränkung geht nicht mit Auslagerungssachverhalten konform: Beim Outsourcing im Rahmen eines Investmentvertrages wird die auslagernde Kapitalanlagegesellschaft nicht aus der Haftung entlassen (s.o. VI.5.a.bb.ccc.γ.), unabhängig davon, ob das Auslagerungsunternehmen eine Beteiligungsgesellschaft ist oder nicht.

### d. Zentrale Leitungsfunktionen

Die Aufgabenfelder der Unternehmensführung, auf denen die Lenkung der Gesellschaft nach innen und im Markt erfolgt, bilden die zentralen Leitungsfunktionen (Unternehmenspolitik, Strategische Planung, Unternehmensorganisation, Strategisches Controlling, Besetzung von Führungspositionen; siehe bereits III.3.c.ff.aaa. und IV.3.d.). Auch die Wahrnehmung der ein Institut treffenden aufsichtsrechtlichen Pflichten gehört in diesen Katalog.
Für Investmentgesellschaften muss außerdem die Produktportfoliopolitik zu den zentralen Leitungsfunktionen gerechnet werden: Kapitalanlagegesellschaften verfügen als Spezialbanken über einen nur engen Geschäftsradius, so dass das Produktportfolio maßgeblich über das marktliche Vertretensein und die Profitabilität bestimmt – Entscheidungen über Auflage und Einstellung von Fonds gewinnen den strategischen Charakter von Richtungsentscheidungen. Diese Einstufung der Fondsauflage- und Fondsauflösungsentscheidungen folgt auch daraus, dass die Fondsauflage die Beachtung der aufsichtsrechtlichen Genehmigungspflicht für die Vertragsbedingungen einfordert (§ 43 Abs. 2 InvG – grds. nur für Publikumsfonds, § 93 Abs. 1 InvG) und die Fondsauflösung zur Bekanntmachung im Bundesanzeiger und im Jahres- oder Halbjahresbericht (§ 38 Abs. 1 InvG) sowie zur Anzeige gegenüber der Aufsicht verpflichtet.[632]

Eine Reihe von Gründen schließt das Outsourcing der zentralen Leitungsfunktionen aus:[633]
Derartiges Outsourcing ist unvereinbar mit dem *gesellschaftsrechtlichen Grundsatz* der eigenverantwortlichen Unternehmensleitung. Die Auslagerung der Leitungsfunktionen bedeutet den Verlust der gesellschaftlichen Verbandssouveränität, wonach die

---

632 Diese Informationspflicht gegenüber der Aufsicht im Publikumsfondsbereich erwächst aus aufsichtlichen Allgemeinverfügungen, vgl. *Baur* § 13 Rn. 1.

633 Siehe dazu bereits oben III.3.c.ff.aaa., IV.3.d., auch Fn. 439.

autonome Gesellschaft selbstbestimmt agiert und ihr Schicksal nicht in die Hände anderer legt. Hinzu kommt, dass nur in seltenen Fällen der Satzungs- oder Vertragszweck der Gesellschaft mit der Vergabe der Leitungfunktionen an Externe versöhnt werden können dürfte.[634]
In *verwaltungsrechtlicher* Hinsicht tritt die Delegation jedenfalls der Gesamtheit der Leitungsfunktionen in Konflikt mit der behördlich erteilten Erlaubnis: Anders als bei der Auslagerung einzelner betrieblicher Funktionen verbleibt in diesem Fall keine substanzielle Erlaubniswahrnehmung beim auslagernden Institut; das *persönliche* Element der persönlichen und dinglichen Erlaubnis ist aufgegeben. Es besteht ein Aufhebungsgrund nach § 35 Abs. 2 Nr. 1 KWG. Auch eine ggf. vorhandene Lizenz des Auslagerungsunternehmens hilft nicht weiter, da das Auslagerungsunternehmen mit der Übernahme der zentralen Leitungsfunktionen materiell keine eigene Erlaubnis, sondern die Erlaubnis des auslagernden Instituts ausfüllt, was der konzessionierten Geschäftstätigkeit widerspricht.
*Investmentaufsichtsrechtlich* verletzt die Auslagerung zentraler Leitungsfunktionen offensichtlich die Zulässigkeitsbedingung, dass Steuerungs- und Kontrollmöglichkeiten der Geschäftsleitung – sowohl nach innen als auch gegenüber dem Auslagerungsunternehmen – nicht beeinträchtigt werden dürfen (zu dieser Bedingung s.u. VI.5.f.dd.aaa.).[635] Eine wirksame Verfolgung der Anlegerinteressen ist erheblich gefährdet.
*Ökonomisch* ist das Outsourcing zentraler Leitungsfunktionen ebenfalls schwer zu rechtfertigen: Die Spezifität der Tätigkeit „Unternehmensführung" ist ebenso hoch wie die Opportunismusgefahren auf Seiten des Auslagerungsunternehmens. Die mit einem solchen Outsourcing-Vorhaben verbundenen Transaktionskosten sprechen gegen niedrige vertikale Integration.

Zur Nichtauslagerbarkeit der *Fondsauflage* ist zu ergänzen: Hinter der im Zuge der Fondsauflage einzuholenden Genehmigung der Vertragsbedingungen steht eine *aufsichtliche*, keine privatrechtliche Pflicht; in ihrer hoheitlichen Pflichtenstellung befindet sich die Gesellschaft zwingend, sobald und solange sie Kapitalanlagegesellschaft ist. Die Wirksamkeit der hoheitlichen Pflichtenzuweisung beruht gerade darauf, dass es das Aufsichtsobjekt und keine dritte Person ist, das die Pflicht zu erfüllen hat; die Wahrnehmung dieser Pflicht ist daher nicht disponibel. Folgerichtig muss auch die Entscheidung über die *Auflösung eines Sondervermögens* angesichts der Bekanntmachungs- und Aufsichts-Informationspflicht, die für die Kapitalanlagegesell-

634 Zu der von der Delegation der zentralen Leitungsfunktionen zu unterscheidenden, nur unter starken Vorbehalten anzuerkennenden Möglichkeit für eine Kapitalanlagegesellschaft, sich durch einen Beherrschungsvertrag einem anderen Unternehmen zu unterstellen, siehe *Miederhoff* (2001), S. 2049 ff. Vgl. bereits III.3.c.ff.aaa.

635 Aus diesen Einbußen in den Steuerungsmöglichkeiten der Geschäftsleitung folgt, dass die Interne Revision als Instrument der zentralen Unternehmenssteuerung jedenfalls nicht vollständig ausgelagert werden darf. Für kleine Kapitalanlagegesellschaften sind Ausnahmen zu erwägen entlang der Leitlinien der Aufsicht in deren Rundschreiben 1/2000 vom 17.1.2000 zu Mindestanforderungen an die Ausgestaltung der Internen Revision der Kreditinstitute, abgedruckt bei *Consbruch/ Möller/ Bähre/ Schneider* Nr. 4.325. Siehe auch III.3.c.cc.ccc.β. a.E.

schaft besteht, durch die Kapitalanlagegesellschaft höchstpersönlich getroffen werden.[636, 637]

### e. Depotbankfunktionen

*Aufgaben der Depotbank*

Die Depotbank steht in einem gemischttypischen Vertragsverhältnis zur Kapitalanlagegesellschaft und in einem gesetzlichen Schuldverhältnis zum Anteilinhaber; sie schließt damit das Investmentdreieck unter den Beteiligten (s.o. VI.5.a.bb.ccc.δ.αα.). Ihre vornehmlich auf die Kontrolle der Kapitalanlagegesellschaft und die Sicherung der Ordnungsmäßigkeit des Investmentgeschäftes gerichtete Tätigkeit erstreckt sich auf mehrere Abschnitte der Investmentwertschöpfungskette (siehe bereits Abb. II-5). An vorderster Stelle steht die ausschließlich der Depotbank überantwortete *Verwahrung des Sondervermögens* (v.a. § 2 Abs. 7, § 20 Abs. 1 S. 1, § 24, § 27 Abs. 1 Nr. 2, Abs. 2, § 29 Abs. 1 InvG); eine andere Verwahraufgabe betrifft die als Sicherheit gewährten Guthaben im Rahmen von Wertpapierdarlehen, § 54 Abs. 2 S. 2 InvG. Die Depotbank ist in das *Transaktionsmanagement* eingebunden (v.a. § 23 Abs. 1 S. 1, Abs. 2 S. 2, S. 4, § 27 Abs. 1 Nr. 1, § 33 Abs. 1 S. 4 InvG). Wie dargestellt (s.o. VI.5.a.bb.ccc.δ.ββ.), treffen die Depotbank im *Fondsmanagement* allgemeine und besondere Überwachungspflichten und Zustimmungspflichten. Auch in die vielfältigen *Fondsbuchhaltungs*aufgaben ist die Depotbank involviert (v.a. § 25, § 27 Abs. 1 Nr. 1, Nr. 3, Nr. 4, Abs. 2 Nr. 2, Nr. 3, Abs. 3, § 29 Abs. 1, § 36 Abs. 1-4, Abs. 6 InvG; siehe auch oben unter VI.5.b.aa.). Sowohl im Fondsmanagement als auch in der Fondsbuchhaltung übernimmt die Depotbank dabei die Zahlstellenfunktion für alle das Sondervermögen betreffenden Geschäftsvorfälle. Schließlich obliegen der Depotbank weitere (gesetzlich-treuhänderische) Pflichten in Form der prozessstandschaftlichen Anspruchsverfolgung zu Gunsten der Anteilinhaber gegenüber der Kapitalanlagegesellschaft und gegenüber Dritten (§ 28 Abs. 1 S. 1 InvG) sowie in Form von verschiedenen Aufgaben bei der Abwicklung von Sondervermögen (§§ 38, 39 InvG).

*Auslagerbarkeit der Depotbankfunktionen de lege lata*

§ 24 Abs. 1 S. 2, 3 InvG gestattet es den Depotbanken, die zum Sondervermögen gehörenden *Wertpapiere* einer Wertpapiersammelbank (§ 1 Abs. 3 DepotG) oder einem anderen inländischen Verwahrer (§ 1 Abs. 2 DepotG) bzw. einer ausländischen Bank (in Auslandszusammenhängen) zur Verwahrung zu überlassen. § 112 Abs. 3 InvG

636 Daneben wäre es widersprüchlich, einerseits bei der Auslagerung des Fondsmanagement eine so enge Kontrolle durch die auslagernde Kapitalanlagegesellschaft zu verlangen, dass Abweichungen von Vertrag, Gesetz und grundsätzlicher ökonomischer Stimmigkeit sofort auffallen (s.o. VI.5.a.dd.), andererseits aber zuzulassen, dass Dritte über Auflage und Einstellung des Investmentproduktes befinden, dessen ausgelagertes Fondsmanagement sodann wie skizziert kontrolliert werden müsste (siehe bereits Fn. 439).

637 In der Praxis wird der Leitungscharakter der Fondsauflage- und Fondseinstellungsentscheidungen regelmäßig dadurch beachtet, dass die Aufsichtsratssatzungen die obligatorische Befassung des Aufsichtsrates mit Fondsauflagen und -einstellungen vorsehen, oder sogar dadurch, dass in der Satzung der AG bzw. im Gesellschaftsvertrag (gem. § 6 Abs. 2 S. 2 InvG iVm. § 111 Abs. 4 AktG) ein Zustimmungsvorbehalt zu Gunsten des Aufsichtsrats vereinbart wird (vgl. *Baur* § 3 Rn. 7; *Stolzenburg* (1978), S. 826 [dort v.a. Fn. 6]).

trifft im Bereich der Sondervermögen mit zusätzlichen Risiken (Hedgefonds) eine Sonderregelung, wonach „einzelne Aufgaben" der Depotbank ausgelagert werden dürfen (s. auch § 136 Abs. 2 InvG). An diesen Stellen sieht das InvG die Auslagerbarkeit eines Ausschnitts der Depotbankfunktionen vor. Auslagerbar ist damit nach § 24 Abs. 1 S. 2, 3 InvG die *Verwahrung* der zum Sondervermögen gehörenden Wertpapiere; die (technische) *Verwaltung* ist als grundsätzlich der Fondsbuchhaltung zuzurechnende Aufgabe nicht erfasst.[638]

Im Übrigen geht das Gesetz jedoch von der Nichtauslagerbarkeit der Depotbankaufgaben aus: Das Vorhandensein selektiver „Auslagerungsvorschriften" für einen Teil der Verwahraufgabe bzw. für Hedgefonds – gepaart mit dem Fehlen solcher Regeln für andere Depotbankfunktionen – muss als Wille des Gesetzgebers verstanden werden, diese anderen Funktionen nicht auslagerbar zu belassen (vgl. insbesondere den Wortlaut des § 112 Abs. 3 InvG: „Abweichend von § 20 Abs. 1 ..."). Das Gesetz hebt die Depotbank in eine treuhänderische Pflichtenstellung gegenüber den Anteilinhabern – § 22 Abs. 1 S. 1, § 27 Abs. 1, § 28 Abs. 1, § 38 Abs. 4, § 39 InvG –, durch die ihren Aufgaben eine gesetzlich zugewiesene Höchstpersönlichkeit der Erfüllung anhaftet, die nicht abdingbar ist. Eine eigenmächtige Entscheidung der Depotbank, einen Teil ihrer Aufgaben auszulagern, liefe ferner in der Hinsicht dem gesetzlich angelegten Kräftefeld zuwider, dass es die *Kapitalanlagegesellschaft* ist, die die Depotbank auswählt und insoweit über die Person bestimmt, die die Depotbankfunktionen ausfüllt; nicht etwa kann die Depotbank sich selbst einsetzen.

Hinzu treten folgende in Nachbarschaft zueinander liegende systematische Überlegungen:
Die in § 24 Abs. 1 S. 2, 3 InvG normierte Möglichkeit zur Auslagerung eines fest umrissenen Teils der Verwahraufgaben ist in Verbindung zu bringen mit der Bestimmung des § 21 Abs. 1 S. 1 InvG, wonach der Wechsel der Depotbank genehmigungspflichtig ist. Aus der Zusammenschau dieser Normen resultiert, dass Auslagerungen von anderen Depotbankaufgaben als denen, die in § 24 Abs. 1 S. 2, 3 InvG benannt sind, als genehmigungspflichtiger Depotbank*wechsel* einzustufen sind. Damit fehlt dem Outsourcing die Bestandsgrundlage, da andere Auslagerungen als die in § 24 Abs. 1 S. 2, 3 InvG bezeichneten Vorhaben zum Verlust der Depotbankeigenschaft führen.
Zu diesem Ergebnis führt auch schon die Erlaubnispflichtigkeit der Depotbank für sich: Zwar bedeutet die Erlaubnispflichtigkeit zunächst nur, dass auch ein denkbares Auslagerungsinstitut eine Erlaubnis vorzuweisen hat. Diese Erlaubnis eines Auslagerungsinstituts würde allerdings nicht (nur) die Lizenz für das Einlagen- und Depotgeschäft nach § 1 Abs. 1 S. 2 Nr. 1, Nr. 5 KWG (vgl. § 20 Abs. 1 S. 2 InvG) meinen, sondern (auch) die Erlaubnis zur Einnahme der Depotbankrolle (vgl. § 21 Abs. 1 S. 1 InvG). Damit aber koexistierten zwei Depotbanken für dieselben Aufgaben, was das

---

638 Ergänzend sollte § 24 Abs. 2 S. 2 InvG Erwähnung finden, wonach auch die Verwahrung von Barguthaben im Sonderfall auf Weisung der Kapitalanlagegesellschaft auf ein anderes Kreditinstitut übertragen werden darf. Die Vorschrift (zuvor § 7d Abs. 1 S. 2, § 12a Abs. 3a KAGG) dient der Ausnutzung von Wettbewerbsangeboten im Sinne der Anleger.

Gesetz nicht vorsieht und auch im Schrifttum abgelehnt wird.[639] Mithin schließt die besondere Lizenzpflicht für die Depotbankrolle Funktionsauslagerungen aus.
*De lege lata* ist sonach die aus der Gesamtheit der Einzelaufgaben geformte treuhänderische Überwachungsaufgabe der Depotbank bis auf die Ausnahmen des § 24 Abs. 1 S. 2, 3 § 112 Abs. 3 InvG nicht auslagerbar.[640]

*Auslagerbarkeit der Depotbankfunktionen de lege ferenda*
Die Auslagerbarkeit der *Verwahrung von Wertpapieren*, also der reinen Depottätigkeit, ist zu tolerieren. Das Delegieren dieser Aufgabe dient der Vereinfachung der Geschäftstätigkeit für die Depotbanken und ist heute v.a. in Form der Einschaltung einer Wertpapiersammelbank üblich. Da die Verwahraufgabe zu großen Teilen standardisierbar ist, verspricht das Outsourcing zudem Kostenersparnisse durch die Nutzung von Skaleneffekten.
Das überwachende Element in der Verwahraufgabe beruht vornehmlich darauf, dass es eine andere Gesellschaft als die Kapitalanlagegesellschaft ist, die das Sondervermögen verwahrt. Ob diese Gesellschaft sodann die Depotbank ist, ist angesichts der guten Kontrollierbarkeit der Aufgabe bei Auslagerungsunternehmen und ihrer geringen Gefahrgeneigtheit aus aufsichtlicher Perspektive zweitrangig. Die Verantwortung gegenüber der Aufsicht und den Anteilinhabern verbleibt allerdings bei der Depotbank, da allein sie als solche konzessioniert wurde und in einer Rechtsbeziehung zu den Anteilinhabern steht.[641]

Die übrigen Depotbankaufgaben müssen in ihrer Gesamtheit verstanden werden als ein Regel-Konglomerat zur wirksamen Überwachung der Kapitalanlagegesellschaft und zur Wahrnehmung der Anlegerinteressen. Diese sich ergänzenden Funktionen sollten weder einzeln noch insgesamt ausgelagert werden dürfen:
Ein solches Outsourcing kann ökonomisch kaum legitimiert werden. Denn es geht bei den Depotbankaufgaben nicht nur um die operative Vornahme einer banklichen Tätigkeit, die zum Gegenstand einer Austauschbeziehung gemacht werden könnte; die Wirksamkeit der Überwachung und Kontrolle hängt eher von einer speziellen Sachkunde und einem besonderen Vertrautsein mit den Umständen der Geschäftsabwicklung in der zu überwachenden Sphäre ab. Derlei Kenntnisse und Erfahrungen sind höchstpersönliche Eigenschaften und lassen sich schwer mit einer Delegation transportieren. Die Gewinnung besonderer fachlicher Expertise durch Hinzuziehung eines Externen oder die Verwirklichung von Kostenvorteilen sind daher als Rechtfertigung des Outsourcing wenig plausibel. Vielmehr verhält es sich so, dass die Leistungsfähigkeit der institutionalisierten Kontrolle durch die Auslagerung der Depotbankaufgaben entgegen dem Anliegen des Anteilinhaberschutzes geschwächt

---

639 *Baur* § 12 Rn. 11 a.E.; *Schödermeier/ Baltzer* in Brinkhaus/ Scherer § 12 Rn. 12 a.E.; *Paul/ Päsler* (1999), S. 27 (Rn. 13); *Beckmann* in Beckmann/ Scholtz § 12 Rn. 11; auch arg. e. § 136 Abs. 1 Nr. 3 InvG, wo der Gesetzgeber im Sonderfall das parallele Bestehen mehrerer Depotbanken vorsieht.

640 Deshalb müssen sich die in der Praxis anzutreffenden Zahlstellenvereinbarungen der Depotbanken mit anderen Kreditinstituten auf die reine Ein- und Auszahlungsfunktion mit den anderen Instituten als Erfüllungsgehilfen beschränken und dürfen nicht das Ermitteln und das sachliche Überwachen der geschuldeten bzw. beanspruchten Zahlungen umfassen.

641 Dies steht im Einklang mit § 3 Abs. 2, § 5 Abs. 3 DepotG.

würde: Effektivität und Effizienz der Überwachung nehmen ab, wenn sie in mehreren Händen liegen.

Schwierigkeiten ergäben sich auch hinsichtlich der Einbindung der Anteilinhaber: Eine Auslagerung der Depotbankaufgaben könnte angesichts der Treuhänderstellung der Depotbank aus Gründen des Anlegerschutzes nicht über deren Köpfe hinweg erfolgen. Da jedoch die Depotbank in einem gesetzlichen Schuldverhältnis zu den Anteilinhabern steht (s.o. VI.5.a.bb.ccc.δ.αα.), fehlt einer theoretisch denkbaren Zustimmung der Anleger der Ansatzpunkt, um die Depotbank insoweit zur Auslagerung zu autorisieren. Infolgedessen müsste zur Wegbereitung des Outsourcing der sensiblen Überwachungsaufgaben die im Investmentdreieck angelegte Rechtsbeziehung zwischen Depotbank und Anteilinhaber umgestrickt werden, um entsprechende, auch praktikable Möglichkeiten der Anteilinhaberkonsultierung zu schaffen. Vor dem Hintergrund der aufgezeigten Schwächen in der Legitimierung solcher Auslagerungsvorhaben wirkt ein solcher Eingriff in eine grundsätzlich bewährte Rechtsstruktur unverhältnismäßig und ist zurückzuweisen.

Insgesamt ist sonach die bestehende Rechtslage zum Outsourcing der Depotbankfunktionen zu bestätigen; Treuhänderschaft eignet sich nicht zur Delegation.

### f. Funktionsübergreifende Elemente einer Investment-Outsourcing-Regulierung

Die Darstellung setzte sich bisher auseinander mit der Auslagerbarkeit der einzelnen betrieblichen Funktionen in der Erbringung der Investment-Dienstleistung (VI.5.a.-e.). Daneben stellt sich eine Reihe von Regulierungsfragen zur aufsichtlichen Behandlung des Investment-Outsourcing insgesamt, ohne dass spezielle Wertschöpfungsschritte im Vordergrund stehen:

- Welche verwaltungsrechtliche Regelungstechnik sollte in der Beaufsichtigung des Investment-Outsourcing verwendet werden?
- Unterliegt das Auslagerungsunternehmen der bankaufsichtsrechtlichen Erlaubnispflicht?
- Wo liegen die „absoluten" Grenzen des Outsourcing, wenn Auslagerungsmaßnahmen kumuliert werden?
- Welche (weiteren) aufsichtlichen Zulässigkeitsbedingungen sind funktionsunabhängig zu erfüllen, d.h. unabhängig davon, ob es um Fondsmanagement, Fondsbuchhaltung, Vertrieb oder andere Funktionen geht?

Diese Bestandteile des Regulierungsvorschlags sollen nachfolgend behandelt werden.

#### aa. Prinzipieller aufsichtlicher Regulierungsmechanismus

§ 25a Abs. 2 KWG und Art. 5g OGAW-Richtlinie sehen die *Erlaubnis mit Verbotsvorbehalt* vor als den prinzipiellen aufsichtlichen Regulierungsmechanismus im Umgang mit Outsourcing; dabei wird der Verbotsvorbehalt durch ein Anzeige- bzw.

Unterrichtungsverfahren gesichert (s.o. III.3.a.aa., III.4. [für § 25a Abs. 2 KWG] und IV.2.a.bb. [für Art. 5g OGAW-Richtlinie]). Bei der Regulierungsvariante der Erlaubnis mit Verbotsvorbehalt ist eine Betätigung – hier das Outsourcing von betrieblichen Funktionen – nur zulässig, wenn die Betätigung der Behörde im Vorhinein angezeigt wird, um ihr eine Rechtmäßigkeitsprüfung und ggf. den Erlass eines Verbotes zu ermöglichen, und wenn die Betätigung die formellen und materiellen Zulässigkeitsvoraussetzungen tatsächlich erfüllt.

Grundsätzlich sind aber auch andere Regulierungstechniken für das Outsourcing im Investmentgeschäft denkbar. Da *de lege ferenda* sowohl das vollständige Verbot als auch die vollständige Liberalisierung abzulehnen sind (s.o. VI.3., VI.4.), scheiden zwar sowohl die pauschale (strafbewehrte) aufsichtliche Verbotslösung als auch der Verzicht auf irgendeine Regulierung aus. Es kommen jedoch als alternative verwaltungsrechtliche Regelungsmechaniken in Frage das *(repressive) Verbot mit Befreiungsvorbehalt* – dabei wird eine unerwünschte Tätigkeit für den Regelfall unterbunden und nur aus besonderen Gründen behördlich oder gesetzlich zugelassen – und das *Verbot mit Erlaubnisvorbehalt* – dies bedeutet ein präventives Verbot, das unter dem Vorbehalt steht, dass bei Nichtvorliegen von normierten oder behördlich bestimmten Versagungsgründen eine Erlaubnis zu erteilen ist.[642]

Gegen eine Abkehr von der Erlaubnis mit Verbotsvorbehalt spricht bereits, dass die hier vertretene Outsourcing-Regulierungslösung *de lege ferenda* Genehmigungs-Bestandteile aufweist; dadurch wird im Ergebnis die Erlaubnis mit Verbotsvorbehalt einem Verbot mit Erlaubnisvorbehalt angenähert:

- Eine solche schleichende Modifizierung der Erlaubnis mit Verbotsvorbehalt tritt dort auf, wo das Erfordernis der Zustimmung der Anteilinhaber zum Outsourcing dazu führt, dass die Vertragsbedingungen bzw. die Änderungen der Vertragsbedingungen durch die Aufsicht genehmigt werden müssen. Dies ist bei Publikumsfonds der Fall zumindest bei Auslagerungen im risikosensiblen Bereich des Fondsmanagement (s.o. VI.5.a.bb.ccc.; VI.5.a.cc.aaa.) und der Fondsbuchhaltung (s.o. VI.5.b.aa.). Gemäß § 43 Abs. 2 S. 2 InvG ist die einhergehende aufsichtliche Prüfung auf die Einhaltung der gesetzlichen Anforderungen und damit – vgl. nur § 9 Abs. 2 Nr. 1 InvG – auf die ausreichende Wahrung der Interessen der Anteilinhaber gerichtet. Die Vertragsbedingungen müssen dazu v.a. die Ordnungsmäßigkeit der Geschäfte auch bei Auslagerung, die sorgfältige Auswahl des Auslagerungsunternehmens und den Erhalt der Kontrollmöglichkeiten der Geschäftsleitung erkennen lassen. Im Ergebnis wird damit das Outsourcing-Vorhaben auf seine Zulässigkeit voruntersucht, so dass über den Umweg des Anlegerschutzes und der Vertragsgenehmigung faktisch ein „Erlaubnisvorverfahren" etabliert wird. Denn ohne genehmigte Vertragsbedingungen ist eine dennoch geübte Outsourcing-Praxis rechtswidrig und berechtigt die Aufsicht zum Einschreiten (§ 5 S. 3 InvG).

---

642 Die Dispensierung im Rahmen eines *repressiven Verbotes* erweitert den Rechtskreis des Begünstigten durch Zulässigerklärung einer grundsätzlich verbotenen Betätigung; die Erlaubnis im Rahmen eines *Verbotes mit Erlaubnisvorbehalt* stellt die allgemeine Handlungsfreiheit wieder her, die im Interesse der Präventivkontrolle vorläufig eingeschränkt war; zum Ganzen *Maurer* § 9 Rn. 51 ff. m.w.N.

- Handelt es sich bei den ausgelagerten Funktionen um Bankgeschäfte oder Finanzdienstleistungen oder um Teilakte von Bankgeschäften oder Finanzdienstleistungen, unterliegt das Auslagerungsunternehmen grundsätzlich der regulären Lizenzpflicht (§ 32 KWG, § 7 Abs. 1 S. 1 InvG; siehe VI.5.f.bb. sogleich). Fehlt die erforderliche Bankerlaubnis, ist wiederum die dennoch praktizierte Auslagerung rechtswidrig. Auch unter dem Aspekt der Konzessionspflicht für das Auslagerungsunternehmen hebt sich somit das Aufsichtsszenario im Investment-Outsourcing von einer regulären verwaltungsrechtlichen Situation einer Erlaubnis mit Verbotsvorbehalt ab.

Dennoch kann es eintreten, dass Auslagerungen keinem solchen „Quasi"-Erlaubnisvorbehalt unterliegen. Dies ist der Fall, wenn kein Genehmigungserfordernis für die Vertragsbedingungen oder für die Änderungen der Vertragsbedingungen besteht (bei Vertragsinhalten, bei denen der Anlegerschutz keine Zustimmung der Anteilinhaber fordert, und grds. im gesamten Spezialfondsbereich) sowie wenn die betrachtete Auslagerung allein nicht-konzessionspflichtige Tätigkeiten umfasst. Indessen reichen bei wertender Betrachtung diese Lücken für sich nicht aus, um einen Schwenk zu vollziehen von einer Missbrauchsaufsicht zu einer Genehmigungsaufsicht. Anlegerschutz und Sicherung der gesamtwirtschaftlichen Leistungsfähigkeit des Investmentwesens rechtfertigen zwar durchaus die aufsichtliche Begleitung von Outsourcing auf der Ebene des Einzelfalles. Allerdings ist dazu keine Aufstockung der Reglementierung zu einer präventiven oder gar repressiven Kontrolle angezeigt. Bei grundsätzlicher Erlaubnis besteht mit der Absichts- und Vollzugsanzeige in allen Fällen (siehe dazu VI.5.f.dd.) sowie mit der Genehmigung der Vertragsbedingungen und der Lizenz des Auslagerungsunternehmens in den benannten Fällen eine ausreichende Flankierung von Auslagerungsmaßnahmen mit aufsichtlichen Zugriffsmöglichkeiten. Die Einrichtung eines neuen Prüfungsverfahrens wäre eine systematisch nicht angemessene aufsichtliche Überbewertung des Outsourcing; der liberale Grundcharakter der Outsourcing-Regulierung ginge zu Gunsten eines verzichtbaren Verfahrensimplantats verloren. Es bleibt daher bei der Regulierungstechnik der Erlaubnis mit Verbotsvorbehalt.

Die Einführung eines Verbotes mit Erlaubnisvorbehalt rechtfertigt sich auch nicht unter dem verfahrensökonomischen Gesichtspunkt, durch ein solches alternatives Erlaubnisverfahren das separate Lizenzverfahren nach § 32 KWG zu Gunsten des Auslagerungsunternehmens zu ersetzen. Zunächst würde die zentrale Vorschrift des § 32 KWG dadurch mangelhaft honoriert: Wer Bankgeschäfte betreibt oder Finanzdienstleistungen erbringt, muss selbst lizenziert und nicht mittelbar konzessioniert sein (siehe sogleich VI.5.f.bb.). Aber auch der Verfahrensaufwand würde nicht überzeugend verringert werden können: Die inhaltliche Prüfung des Auslagerungsunternehmens müsste dessen fachliche Eignung, die Zuverlässigkeit seiner Geschäftsleiter, seine finanzielle Solidität, seine organisatorisch-infrastrukturellen Voraussetzungen sowie seine Beteiligungsverhältnisse und sonstigen Verbindungen einschließen und würde damit doch vergleichbar ausfallen zu der Prüfung nach § 32, § 33 KWG. Hinzu kommt, dass für das Auslagerungsunternehmen das reguläre Banklizenz-Verfahren nach § 32, § 33 KWG wohl nur auf einen Teil aller Bankgeschäfte und Finanzdienstleistungen abzielen müsste und dadurch entsprechend schlanker gehalten werden könnte.

### bb. Erlaubnispflicht des Auslagerungsunternehmens

#### aaa. Grundsätzliche Anforderung

Unter Rückgriff auf die Erörterung unter III.3.c.gg. ist auch für Auslagerungsunternehmen im Investmentgeschäft die Frage nach der Erlaubnispflichtigkeit ihrer Tätigkeiten an § 32 KWG zu entscheiden. Nicht anders als bei anderen Geschäften reicht auch im Investmentbereich die Übernahme schon eines Teilaktes des Investmentgeschäftes grundsätzlich aus, um das Merkmal „Bankgeschäft" (bzw. – im Bereich der Nebentätigkeiten – das Merkmal „Finanzdienstleistung") zu erfüllen. Mindestens die Gewerbsmäßigkeit der Tätigkeit der Auslagerungsunternehmen darf unterstellt werden, regelmäßig wird auch von einem in kaufmännischer Weise eingerichteten Geschäftsbetrieb auszugehen sein. Ausnahmen von der Erlaubnispflicht bzw. von der Institutseigenschaft nach § 2 Abs. 1, Abs. 4, Abs. 6 S. 1 Nr. 5, Nr. 8, Abs. 10 KWG oder Dispensierungen gemäß § 4 KWG werden allenfalls im Einzelfall eingreifen. Mithin besteht grundsätzlich eine Erlaubnispflicht für Investment-Auslagerungsunternehmen nach § 32 KWG unter den genannten Voraussetzungen.
Dies wird bekräftigt durch eine generelle verwaltungsrechtliche Überlegung (vgl. III.3.c.gg.eee.γ.): Eine gewerberechtliche Erlaubniserteilung – so auch diejenige nach § 32 KWG iVm. § 7 Abs. 1 S. 1 InvG an die (auslagernde) Kapitalanlagegesellschaft – ist eine sog. persönliche und dingliche Erlaubnis. Dies impliziert, dass nur solche Personen, die Partei des Erlaubnisverfahrens waren, Adressat der Erlaubnis sind und insofern berechtigt sind, durch ihre Geschäftstätigkeit von der Erlaubnis Gebrauch zu machen. Die aufsichtlich nicht legitimierte faktische Weitergabe der Lizenz (teilweise oder in ihrer Gesamtheit) unterläuft die bereits erteilte Erlaubnis und den in ihr hervortretenden behördlichen Willen angesichts des Inhalts des vorangegangenen Erlaubnisverfahrens. Da das Auslagerungsunternehmen weder beteiligte Partei noch Prüfungsgegenstand im Rahmen der ursprünglichen Erlaubnisvergabe war, muss es ein getrenntes Verfahren durchlaufen, soll eine unzulässige Weitergabe der Konzession vermieden werden.
Schließlich ist auch aus dem Spezialbankprinzip abzuleiten, dass Investment-Auslagerungsdienstleister grundsätzlich der Lizenzpflicht zu unterstellen sind. Das Spezialbankprinzip fungiert auch als Gewähr für ausreichende Sachkunde und fachliche Solidität.[643] Die Befreiung der Dienstleister von der Erlaubnisanforderung würde es gestatten, mittels Outsourcing diese gesetzgeberische Wertung aufzuweichen.

Nur mit Einschränkungen können Aussagen dazu getroffen werden, *welche* Lizenzen für Auslagerungsunternehmen im Investmentgeschäft zu fordern sind. Denn aus der

643 Zum Spezialbankprinzip siehe unter VI.5.a.bb.bbb.

vielschrittigen und komplexen Investmentdienstleistung können Bestandteile und Teilschritte in variierendem Zuschnitt zu Auslagerungspaketen geschnürt werden. Da es jeweils um Ausschnitte aus dem Investmentgeschäft geht, reicht für die Auslagerungsunternehmen idR. jedenfalls die Konzession eben für das Investmentgeschäft (§ 1 Abs. 1 S. 2 Nr. 6 KWG). Manche Tätigkeiten können jedoch isoliert einen anderen Charakter annehmen, so dass auch andere Lizenzen genügen können. In Anlehnung an die in Abb. II-4 vorgenommene Aufteilung der Investment-Wertschöpfungskette ergeben sich grundsätzlich folgende Erlaubnispflichten für die einzelnen Teilschritte:

*Produktentwicklung*
Da die Produktentwicklung bis zur Auflage des Fonds weder Bankgeschäft noch Finanzdienstleistung ist und sich außerdem in einem vor-rechtsgeschäftlichen und risikofreien Raum bewegt, ist keine Erlaubnis erforderlich.

*Fondsauflage und Fondseinstellung*
Fondsauflage und Fondseinstellung gehören zu den zentralen Leitungsfunktionen einer Investmentgesellschaft und sind daher nicht auslagerbar (s.o. VI.5.d.).

*Vertrieb*
Für den Vertrieb der Anteilscheine (im engeren Sinn des „Verkaufens" und „Zurückkaufens") ist eine der Vertriebslizenzen nach § 1 Abs. 1 S. 2 Nr. 4, Abs. 1a S. 2 Nr. 1, Nr. 2, Nr. 4 KWG oder aber die Investmentlizenz gemäß § 1 Abs. 1 S. 2 Nr. 6 KWG zu fordern (für Kapitalanlagegesellschaften ist die Vertriebstätigkeit nach § 7 Abs. 2 Nr. 5 InvG zulässig).

*Verwahrung und technische Verwaltung der Anteilscheine*
Die Übernahme von Aufgaben der Depotführung und Anlagekontenverwaltung setzt die Zulassung nach § 1 Abs. 1 S. 2 Nr. 5 oder Nr. 6 KWG voraus (für Kapitalanlagegesellschaften ist diese Tätigkeit nach § 7 Abs. 2 Nr. 4 InvG zulässig).

*Transaktionsmanagement*
Die Ausstellung der Anteilscheine ist exklusiv der Kapitalanlagegesellschaft zugewiesen; die Tätigkeit ist mit der Urheberschaft für das Fondsprodukt verbunden und infolgedessen nicht delegierbar.
Die Ausgabe und die Rücknahme der Anteilscheine sind gemäß § 23 Abs. 1 S. 1, Abs. 2, § 27 Abs. 1 Nr. 1 InvG Angelegenheit der Depotbank und damit nicht auslagerbar (s.o. VI.5.b.bb. und VI.5.e.). Zwar können in die Ausgabe und Rücknahme von Anteilscheinen dritte Banken durch sog. Konsignationslagerverträge[644] eingeschaltet werden, dies bedeutet allerdings kein Outsourcing, sondern nur eine Zuhilfenahme externer Stellen durch die Depotbank in ihrer Aufgabenerfüllung.[645]

644 Siehe bereits in Fußnote 561 und Fußnote 617.

645 Die *Ausstellung* der Anteilscheine erfolgt heute regelmäßig durch Sammelurkunden in der Form von Globalurkunden (vgl. Baustein 12 des Musters für besondere Vertragsbedingungen für Wertpapier-

Order-Entgegennahme und Order-Weiterleitung sind auf der Kundenebene Bestandteil der unmittelbaren „Front End"-Vertriebstätigkeit (siehe soeben). Diese Aufgaben tauchen aber im „Back Office" noch einmal auf, um Ausgabe und Rücknahme der Anteilscheine vorzunehmen oder zu veranlassen, um die Kenntnis über den Stand des Anteilumlaufs (und damit die Möglichkeit der Anteilwertermittlung) zu sichern und um Belastungen und Zuflüsse in das Sondervermögen zu verwalten. Auf dieser Ebene unterfallen Order-Entgegennahme und Order-Weiterleitung den Depotbank-Funktionen, die wiederum nicht delegierbar sind (s.o. VI.5.b.bb. und VI.5.e.).

Clearing und Settlement werden von der Depotbank idR. bei Wertpapiersammelbanken, d.h. den einschlägigen nationalen und internationalen Verwahr- und Clearingstellen, veranlasst. Dies sollte, der Aufsicht folgend,[646] als im modernen Bankgeschäft unumgängliche Arbeitsteilung nicht unter Outsourcing rubriziert werden.

*Fondsmanagement (einschließlich Risikomanagement)*

Ausreichend für den Auslagerungsdienstleister ist neben der Konzession nach § 1 Abs. 1 S. 2 Nr. 6 KWG auch diejenige für die Finanzportfolioverwaltung nach § 1 Abs. 1a S. 2 Nr. 3 KWG (s.o. VI.5.a.bb.bbb. und VI.5.a.ff.).[647]

*Verwahrung des Sondervermögens*

Die Depotbankaufgaben können nur in dem durch § 24 Abs. 1 S. 2, S. 3, § 112 Abs. 3 InvG gezogenen Rahmen ausgelagert werden (s. VI.5.e.). Das Auslagerungsunternehmen benötigt für die Verwahrungsfunktion eine Konzession nach § 1 Abs. 1 S. 2 Nr. 5 bzw. Nr. 1 KWG (für die in § 112 Abs. 3 InvG umrissenen Tätigkeiten sind im Einzelfall ggf. andere Lizenzen zu fordern).

*Fondsbuchhaltung*

Unter dem Terminus „Fondsbuchhaltung" findet sich ein in der Branche uneinheitlich definiertes Sammelbecken von Tätigkeiten (siehe bereits VI.5.b.aa.). Viele dieser Tätigkeiten lassen sich isoliert nur mühsam den klassischen Bankgeschäften und Finanzdienstleistungen zuordnen; die Abgrenzungen zu anderen Abschnitten der Investment-Wertschöpfungskette sind z.T. verwischt, v.a. besteht zuweilen eine Nähe zum Fondsmanagement (etwa bei Stimmrechtsausübungen, Ertragsverwaltung und Fondsausschüttungen). Festhalten lässt sich allerdings, dass die meisten der Fondsbuchhaltungsaufgaben eine nicht irrelevante aufsichtliche Risikoträchtigkeit aufweisen, z.T. mit entsprechenden wirtschaftlichen Implikationen für den Erfolg des Investmentproduktes (so dass sie das Zustimmungserfordernis auslösen, vgl.

---

Sondervermögen, Stand 23.6.1998). Die Ausg*abe* und Rücknahme der Anteilscheine erfolgt dann nur noch buchhalterisch (schon der Möglichkeit des Bruchteilserwerbs wegen).

646 Rundschreiben 11/2001 des BAKred zu § 25a Abs. 2 (Fn. 2), Tz. 47; siehe bereits oben unter VI.5.b.bb. und III.3.c.aa.aaa.β.

647 Bei Auslagerung der Handelsaktivitäten (im engeren Sinn der technischen Ausführung der Fondsmanagement-Transaktion) ist, zumindest bei Wertpapierfonds, neben der Lizenz nach § 1 Abs. 1 S. 2 Nr. 4 oder Nr. 6 oder Abs. 1a S. 2 Nr. 2, Nr. 4 KWG eine Börsenzulassung nach §§ 16 f. BörsG zu verlangen. Vgl. aber die einführenden Anmerkungen unter VI.5.a.

VI.5.b.aa.), oder aufsichtliche Vorgaben tangieren.[648] Infolgedessen wird man, da die Lizenzpflicht dort einsetzen sollte, wo eine bankliche Tätigkeit risikobehaftet ist hinsichtlich des anvertrauten Vermögens oder hinsichtlich der Ordnungsmäßigkeit des Gesamtgeschäftes, die Fondsbuchhaltungsfunktionen der Erlaubnispflicht unterwerfen müssen. Zumeist stehen dabei „Custody"-Aufgaben der technischen Verwaltung des Sondervermögens im Vordergrund; neben der Lizenz nach § 1 Abs. 1 S. 2 Nr. 6 KWG reicht deshalb auch diejenige nach Nr. 5 (Depotgeschäft).

Ergänzend ist darauf hinzuweisen, dass entlang der dargestellten Argumentation auch Auslagerungsunternehmen für Dienstleistungen und Nebendienstleistungen iSd. § 7 Abs. 2 InvG konzessionspflichtig sein können. Vorbehaltlich Besonderheiten im Einzelfall ergeben sich folgende Lizenzanforderungen für die Nr. 1-7 des § 7 Abs. 2 InvG (jeweils alternativ, nicht kumulativ): Nr. 1: § 1 Abs. 1 S. 2 Nr. 6, Abs. 1a S. 2 Nr. 3 KWG; Nr. 2: kein Lizenzerfordernis[649], aber Anzeigepflicht nach § 24 Abs. 1 Nr. 9 KWG; Nr. 3: § 1 Abs. 1 S. 2 Nr. 6, Abs. 1a S. 2 Nr. 3 KWG, da Erlaubnis nach Nr. 1 gefordert; Nr. 4: § 1 Abs. 1 S. 2 Nr. 5, Nr. 6 KWG; Nr. 5: § 1 Abs. 1 S. 2 Nr. 4, Nr. 6, Abs. 1a S. 2 Nr. 1, Nr. 2, Nr. 4 KWG („Ausnahmen" nach § 2 Abs. 6 S. 1 Nr. 8 KWG denkbar); Nr. 6: kein Lizenzerfordernis, aber Anzeigepflicht nach § 24 Abs. 1 Nr. 9 KWG (Altersvorsorgeverträge nach dem AltZertG sind keine Finanzinstrumente iSd. § 1 Abs. 11 KWG); Nr. 7: Lizenzanforderung abhängig vom Einzelfall, z.T. wird lediglich Anzeige nach § 24 Abs. 1 Nr. 9 KWG zu verlangen sein; § 7 Abs. 3 InvG: kein Lizenzerfordernis, ggf. Anzeigepflicht nach § 24 Abs. 1 Nr. 3, Nr. 13, Nr. 14 KWG.

Ausnahmen von der grundsätzlich zu beachtenden Erlaubnispflicht kommen im Einzelfall in Betracht (siehe wiederum III.3.c.gg.eee.β.), wenn die Zielsetzungen der Lizenzpflicht bereits durch die Lizenz der auslagernden Kapitalanlagegesellschaft erreicht sind. Dies kann der Fall sein, wenn das Handeln und die Entscheidungen des Auslagerungsunternehmens vorherbestimmbar sind, wenn das bankliche Risiko des ausgelagerten Teilakts des Investmentgeschäftes aufsichtlich von untergeordneter Erheblichkeit ist oder wenn beim Auslagerungsunternehmen bereits eine „artverwandte" Lizenz vorliegt. Wenngleich pauschale Aussagen hierzu nicht möglich sind, rücken Aufgaben der Fondsbuchhaltung, v.a. wenn sie einzeln delegiert werden, für diese Ausnahmen ins Blickfeld.

---

648 Zu risikoträchtigen oder regulatorisch relevanten Fondsbuchhaltungsaufgaben zählen: Überwachung der Fondsentwicklung (z.B. hinsichtlich umlaufender Anteilscheine oder laufender Kosten, die nach § 29, § 31 Abs. 3 InvG iVm. § 670, § 675 Abs. 1 BGB zu Gunsten der Kapitalanlagegesellschaft und der Depotbank dem Sondervermögen angelastet werden dürfen); Vereinnahmung von Zinsen, Dividenden, anderen Erträgen; Ertragsverwaltung; Ausschüttungen; Thesaurierungen; Wiederanlagen gemäß Vertragsbedingungen; Steuerangelegenheiten; Registerführung (bei Namensanteilscheinen); Prospektangelegenheiten (vgl. § 42, § 127 InvG); Vorbereitung regulatorischer Meldeanforderungen (da die regulatorischen Meldepflichten untrennbar mit der Stellung der Kapitalanlagegesellschaft als Aufsichtsobjekt verbunden sind, d.h. nur im öffentlich-rechtlichen Raum stattfinden, können sie als solche, abgesehen von Vorbereitungsarbeiten, nicht delegiert werden; dergleichen aufsichtsrechtliche Pflichten können nicht abgegeben werden, ohne den Status als Kapitalanlagegesellschaft aufzugeben, s. bereits IV.3.e.); Anteilwertermittlung.

649 Vgl. *Zeller* in Brinkhaus/ Scherer § 1 Rn. 78 a.E.

Im Bereich des Fondsmanagement und in den Bereichen der Fondsbuchhaltung, deren Auslagerung die Zustimmung der Anteilinhaber erfordert, kommen trotz § 2 Abs. 6 S. 1 Nr. 5 KWG nicht lizenzierte Mutter-, Tochter- oder Schwesterunternehmen (§ 1 Abs. 6, Abs. 7 KWG) nicht als Auslagerungsunternehmen in Frage. Wenngleich der Leistungsaustausch nur zwischen der auslagernden Kapitalanlagegesellschaft und dem Auslagerungsunternehmen erfolgt, werden hier die Belange der Anleger als geschäftlich unerfahrenen Dritten berührt. Es besteht daher unverändert ein öffentliches Interesse an der Beaufsichtigung.[650]

Ist das Auslagerungsunternehmen im Ausland gelegen, bedeuten seine Leistungen an die auslagernde inländische Kapitalanlagegesellschaft idR. das Betreiben von Bankgeschäften oder das Erbringen von Finanzdienstleistungen im Inland im Wege des grenzüberschreitenden Dienstleistungsverkehrs oder über eine (rechtlich unselbständige) Zweigstelle. Auch dies löst grundsätzlich die Erlaubnispflicht nach § 32 KWG aus (siehe näher III.3.c.gg.eee.ε.), ob das Auslagerungsunternehmen im Herkunftsland lizenziert ist oder nicht. Ausnahmen bilden in einem anderen EWR-Staat zugelassene (§ 53b KWG und Art. 6 OGAW-Richtlinie) oder in einem Drittstaat konzessionierte Auslagerungsunternehmen, bei denen die Voraussetzungen der Gegenseitigkeit gegeben sind (§ 53c KWG). Hier wird keine erneute Lizenz nach § 32 KWG erforderlich.

### bbb. Sonderfall: Beauftragung des Spezialfondsanlegers als Auslagerungsunternehmen

Einen Sonderfall in der Frage der Erlaubnispflicht für das Auslagerungsunternehmen stellt die Situation dar, in der der Spezialfondsanleger selbst die Anlageentscheidungen für „seinen" Spezialfonds treffen möchte und sich daher als Auslagerungsunternehmen für das Fondsmanagement seines „eigenen" Sondervermögens einsetzen lässt.[651] Zwar besteht im Rahmen der bei Spezialfonds regelmäßig eingerichteten sog. Anlageausschüsse eine gewisse Mitsprachemöglichkeit. Allerdings sind Anlageausschüsse rein beratende Gremien ohne institutionalisierten Status;[652] außerdem ist der Anlageausschuss typischerweise nicht nur mit Vertretern des Anteilinhabers besetzt.
Die Kapitalanlagegesellschaft würde durch die Auslagerung an den Spezialfondsanleger zu einem organisatorisch-infrastrukturellen Steigbügelhalter, um dem Investor

650 Darauf macht *Hanten* (2003b), S. 296, bezüglich des Fondsmanagement aufmerksam (teleologische Reduktion des Konzernprivilegs des § 2 Abs. 6 S. 1 Nr. 5 KWG; dort auch zur identischen Rechtsfolge hinsichtlich § 2a Abs. 1 Nr. 1 WpHG). Auch bei vorhandener Lizenz können Mutter-, Tochter- oder Schwesterunternehmen im Einzelfall zur Vermeidung von Interessenkonflikten als Auslagerungsunternehmen ausscheiden, insbesondere für das Fondsmanagement (siehe bereits VI.5.a.ff.).

651 Die nachfolgenden Ausführungen gehen davon aus, dass, wie in der Praxis fast immer der Fall (vgl. *Laux/Päsler* (2001), S. 30; *Schäfer* (2002), S. 3, 6 f.), ein einziger institutioneller Investor alle Anteilscheine des Spezialfonds hält. Die Ausführungen gelten entsprechend, wenn mehrere (§ 2 Abs. 3 S. 1, § 91 Abs. 1 S. 1 InvG: bis zu 30) Investoren engagiert sind und gemeinschaftlich als Outsourcing-Dienstleister für das Fondsmanagement auftreten wollen.

652 Siehe bereits die einleitenden Anmerkungen unter VI.5.a.

Zugang zur Anlageform des Spezialfonds-Sondervermögens und zu deren Vorteilen für institutionelle Anleger[653] zu gewähren.

Vor der weiteren Erörterung dieses Sonderfalles verdienen zwei Punkte klarstellende Erwähnung:
Zunächst: Die Konstellation bringt kein Erlöschen des Schuldverhältnisses infolge Konfusion mit sich: Während die Forderung des Spezialfondsanlegers auf die gesamte Investmentdienstleistung gerichtet ist, betrifft seine Schuld (in seiner Rolle aus Auslagerungsunternehmen) nur das Fondsmanagement als Teilakt der gesamten Investmentdienstleistung. Die bezeichnete Forderung kann daher jedenfalls nicht vollständig erlöschen. Aber auch der partielle Untergang hinsichtlich des Teilaktes „Fondsmanagement" ist zweifelhaft, da dies von den Parteien so nicht gewollt ist. Denn bei partiellem Untergang könnte die nach wie vor gewünschte Investmentleistung insgesamt nicht mehr erbracht werden. Nach Sinn und Zweck der Vertragsverhältnisse kann somit auch nicht vom teilweisen Erlöschen der Forderung ausgegangen werden. Das Schrifttum erkennt das Bestehenbleiben von Forderungen trotz Konfusion an, wenn eine besondere Interessenlage das Fortbestehen rechtfertigt.[654] Der Outsourcing-Vertrag muss hier verstanden werden auch als Änderungsvertrag zum Investmentvertrag mit der Verständigung auf eine besondere Erfüllungsmodalität.

Sodann: Die aufsichtliche Pflichtenstellung der Kapitalanlagegesellschaft unterscheidet sich hier nicht von derjenigen bei Delegationen an „reguläre" Auslagerungsunternehmen. Die Kapitalanlagegesellschaft wird – jedenfalls aufsichtsrechtlich – nicht aus der Verantwortung für das Fondsmanagement entlassen (siehe dazu und zur [wohl nicht länger zu haltenden] zivilrechtlichen Verantwortung der Kapitalanlagegesellschaft für das Fondsmanagement bereits oben VI.5.a.bb.ccc.γ. [Exkurs] und VI.5.a.dd.); die Kapitalanlagegesellschaft unterliegt auch bei Auslagerungen an den Spezialfondsinvestor selbst nicht dessen Weisungen. So wie bei jedem anderen Auslagerungsunternehmen ist die Kapitalanlagegesellschaft aufsichtsrechtlich verpflichtet, die Einhaltung von Gesetz, Vertrag und grundsätzlicher ökonomischer Stimmigkeit der Anlageentscheidungen insgesamt sicherzustellen (s.o. VI.5.a.dd.). Auch führt der Umstand, dass der institutionelle Anleger selbst die Anlageentscheidungen trifft, nicht dazu, dass die gesetzlichen Anlage- und Ausstellergrenzen unbeachtlich wären. Der Investor hat sich mit der Anlageform des Spezialfonds für diesen bestehenden Rechtsrahmen entschieden. Zwar bewirkt dies hier, dass der Anleger vor sich selbst geschützt wird. Allerdings stellt sich die Frage nach der Berechtigung *dieser* Anlegerschutzregeln im gesamten Spezialfondsbereich[655] und nicht allein in der vorliegend diskutierten Konstellation. Dem ist jedoch im Rahmen dieser Arbeit nicht weiter nachzugehen.

---

653 Siehe zu den Vorteilen von Spezialfonds für institutionelle Anleger *Fleiter* (2002), S. 61-64; *Baur* Anh § 1 Rn. 5 ff.; *Baur* in Assmann/ Schütze § 18 Rn. 226.

654 Vgl. etwa *Heinrichs* in Palandt Überblick vor § 362 Rn. 4; *Kaduk* in Staudinger Einl zu §§ 362 ff Rn. 34, 39.

655 Ähnlich z.B. *Köndgen* in BankRHandB § 113 Rn. 98; *Gerke/ Rapp* (1991); *Stolzenburg* (1985), S. 280.

Nach den erörterten Grundsätzen zur Erlaubnispflicht des Auslagerungsunternehmens wäre zu verlangen, dass der Spezialfondsanleger, der zugleich als Auslagerungsunternehmen agiert, über eine Banklizenz verfügt. Dies wird indes nur bei einer Minderheit der institutionellen Anleger von Anbeginn der Fall sein. Jenseits mancher Randgruppierungen rekrutieren sich die Spezialfondsanleger aus folgenden Kreisen:[656] Unternehmen der privaten Versicherungswirtschaft, Sozialversicherungsträger, Unternehmen aller Branchen (auch Kreditinstitute) für ihre betriebliche Altersversorgung, berufsständische Organisationen zur Altersversorgung, Unternehmen aller Branchen (auch Kreditinstitute) für die eigene Finanzanlage, Stiftungen, Kirchen, karitative Organisationen, Gewerkschaften, Verbände.

Möglicherweise kann unter dem Aspekt auf die Lizenz verzichtet werden, dass der Spezialfondsanleger, wenn er als Auslagerungsunternehmen für „sein" Sondervermögen auftritt, lediglich in seinen eigenen Angelegenheiten tätig wird. Seine Fondsmanagement-Aktivitäten wirken nicht in den (Bank-) Rechtsverkehr hinein, sondern betreffen ausschließlich sein eigenes Vermögen.
Dieser Überlegung wird man sich nicht vollständig verschließen können. Die Gründe für die Forderung nach einer Bankerlaubnis – Sicherung der anvertrauten Vermögenswerte, Sicherung der Ordnungsmäßigkeit der Geschäfte, Sicherung der Funktionsfähigkeit des Kreditwesens (s.o. III.3.c.gg.ddd.β.) – schlagen nicht an, wenn die betroffene Gesellschaft ausschließlich in eigener Sache handelt und eine Außenwirkung für den allgemeinen Geschäftsverkehr nicht vorliegt. Der Spezialfondsanleger, der zugleich Auslagerungsunternehmen ist, handelt mit den Anlagedispositionen grundsätzlich nicht „für andere" und betätigt sich somit nicht in bankgeschäftlicher Vermögensverwaltung. Da es insoweit an der Vornahme eines Teilaktes eines Bankgeschäftes oder einer Finanzdienstleistung mangelt, erscheint die Konzession zunächst entbehrlich.

An dieser Wertung kann festgehalten werden bei solchen Spezialfondsanlegern, die ohne treuhänderische Funktion nur das *eigene* Vermögen am Kapitalmarkt platzieren und verwalten wollen. Dazu rechnen v.a. Unternehmen, Verbände, Gewerkschaften, Kirchen hinsichtlich der Anlage ihrer *eigenen* Mittel. Andere Spezialfondsanleger indessen investieren in einen Spezialfonds in ihrer Rolle als Kapitalsammelstelle für eine Vielzahl von anderen Berechtigten. Zu dieser Gruppe zählen insbesondere private Versicherungsunternehmen bei der Anlage des Deckungsstocks und des übrigen gebundenen Vermögens, Sozialversicherungsträger bei der Anlage der Rücklagen und der anderen Mittel und Unternehmen aller Branchen, soweit es um die betriebliche Altersvorsorge geht. In diesen Fällen bedeutet das Outsourcing des Fondsmanagement durch die Kapitalanlagegesellschaft an eben diese institutionellen Anleger durchaus, dass in weiterem Sinn fremde Vermögensinteressen durch das Auslagerungsunternehmen wahrgenommen werden; die Außenwirkung des Geschäftes und das Handeln „für andere" mit Entscheidungsspielraum liegen vor.

---

656 *Kandlbinder* (1991), S. 14 f.; *Laux/Päsler* (2001), S. 29 f.; *Laux/Päsler* (1992), S. 89 f.; *Entzian* (2003), S. 886 f.

Mithin lebt der aufsichtliche Bedarf für eine Lizenz wieder auf. An dieser Stelle setzt nunmehr eine letzte Rückausnahme ein: Wenn die für eine Vielzahl von Berechtigten handelnden Spezialfondsanleger bereits auf der Grundlage anderer aufsichtsgesetzlicher Vorschriften berechtigt sind, fremde Vermögensinteressen mit eigenem Entscheidungsspielraum wahrzunehmen, muss nicht auf einer weiteren Lizenz beharrt werden. Dies trifft zu für die privaten Versicherungsunternehmen nach § 1 Abs. 1, § 7 Abs. 2, §§ 54-54d, § 66 VAG, für die Sozialversicherungsträger nach § 1 Abs. 1, § 29 Abs. 1, §§ 80-86 SGB IV und regelmäßig für die Kreditinstitute in Angelegenheiten der betrieblichen Altersvorsorge für Mitarbeiter des eigenen Instituts nach § 1 Abs. 1 S. 2 Nr. 6, Abs. 1a S. 2 Nr. 3 KWG (soweit man sich hier nicht organisatorisch eigenständiger betrieblicher Pensions- oder Unterstützungskassen bedient). Hier ist unter Berufung auf das Vorliegen einer verwandten Lizenz eine Ausnahme von der Erlaubnispflicht möglich (s.o. III.3.c.gg.eee.β.).

Die dargestellte Argumentation bietet sich auch an zur Behandlung von Fällen, in denen sich ein (ganz oder mehrheitlich vom Spezialfondsanleger dominierter) Anlageausschuss „verselbständigt" und nach Übereinkunft faktisch das Fondsmanagement bestimmt. Da der Anlageausschuss nicht inkorporiert ist, handelt es sich dabei zwar nicht um eine Funktionsauslagerung an ein anderes Unternehmen, allerdings würde die Kapitalanlagegesellschaft tatsächlich das Fondsmanagement in Teilen abgeben („Quasi-Outsourcing"). Eine Lizenz des Anlageausschusses scheidet mangels Rechtspersönlichkeit aus; allerdings ist unter aufsichtlichen Gesichtspunkten die vertraglich verabredete Delegation vertretbar, wenn der Spezialfondsanleger wie dargestellt entweder ohne treuhänderische Rolle ausschließlich seine eigenen Mittel verwaltet oder wenn er zwar fremde Vermögensinteressen wahrnimmt, dabei jedoch auf eine gesetzliche Legitimierung an anderer Stelle zu verweisen vermag.
In der Literatur findet sich darüber hinaus eine noch liberalere Auffassung, der zufolge sogar die vertragliche Vereinbarung von Weisungsrechten zu Gunsten des Anlageausschusses gestattet ist.[657] Dazu ist einerseits anzumerken, dass zivilrechtlich eingeräumte Weisungsrechte mit der unabdingbaren aufsichtsrechtlichen Pflichtenstellung der Kapitalanlagegesellschaft und der Depotbank konfligieren können. Andererseits ist einzuräumen, dass zahlreiche Spezialfondsanleger mit ihrer Anlage fremde Interessen wahrnehmen und insoweit bereits treuhänderisch gebunden sein können. Man stößt insoweit wieder (siehe soeben im Text) auf die hier nicht zu beantwortende Frage, ob es *de lege ferenda* noch geboten ist, für Spezialfonds die Pflichten der Kapitalanlagegesellschaft und die Anlagemöglichkeiten denen im Publikumsfondsbereich annähernd gleichzustellen.

### cc. „Absolute" Grenzen des Outsourcing

Die Nichtauslagerbarkeit der zentralen Leitungsfunktionen zieht bereits eine Auslagerungsgrenze für Kapitalanlagegesellschaften (s.o. VI.5.d.). Daneben bestehen allerdings weitere Grenzen, die eingreifen, wenn sukzessive Outsourcing-Maßnahmen

---

657 *Schäfer* (2002) S. 5-8.

eine Kapitalanlagegesellschaft in Richtung eines virtuellen Instituts „entfremden", bei dem zwei Geschäftsleiter die zentralen Leitungsfunktionen wahrnehmen und sich im Übrigen auf die Koordinierung des oder der Outsourcing-Dienstleister konzentrieren. Die Bestimmung dieser „absoluten" Grenzen sollte in derselben Weise erfolgen wie für § 25a Abs. 2 KWG (siehe III.3.c.ff.ccc.) und für Art. 5g OGAW-Richtlinie (siehe IV.3.f., auch IV.3.a.).

Eine erste Grenze wird erreicht, wenn durch die kumulierten Auslagerungsmaßnahmen die Ordnungmäßigkeit des Investmentgeschäftes oder die Steuerungs- und Kontrollmöglichkeiten der Geschäftsleitung – nach außen hinsichtlich des oder der Auslagerungsunternehmen oder nach innen hinsichtlich der verbleibenden Unternehmensbereiche – beeinträchtigt werden. Diese Grenze bedeutet eine reguläre Anwendung der allgemeinen bankaufsichtsrechtlichen Zulässigkeitsbedingungen für Outsourcing, die auch im Investment-Outsourcing zu beachten sein sollten (s.u. VI.5.f.dd. sogleich).

Die komplementäre zweite Grenze wird erreicht, wenn durch die Gesamtheit der Outsourcing-Maßnahmen im auslagernden Institut in v.a. organisatorischer Hinsicht ein Status herbeigeführt wird, der von demjenigen organisatorisch-infrastrukturellen Bild, das der aufsichtlichen Erlaubniserteilung zur Aufnahme des Investmentgeschäftes zu Grunde lag, so weit entfernt ist, dass sich die auslagernde Kapitalanlagegesellschaft nicht mehr auf diese ergangene Erlaubnis berufen kann. Wenn in dieser Weise die Zulassungsvoraussetzungen nicht mehr erfüllt sind, besteht ein Aufhebungsgrund nach § 35 Abs. 2 Nr. 3 iVm. § 33 Abs. 1 S. 1 Nr. 7 KWG. Bei sukzessiven Auslagerungen sind damit die Maßnahmen ab derjenigen Auslagerung unzulässig, durch die (erstmalig) der beschriebene Zustand eintritt. Denn die damit praktizierte Geschäftsausübung bewegt sich außerhalb der aufsichtlichen Konzession und ist daher rechtswidrig.

Beide Grenzen können greifen, wenn, wie im Regelfall, erst nach Aufnahme des Geschäftsbetriebs Auslagerungen vorgenommen werden. Wird dagegen schon bei Erlaubnisbeantragung ein Outsourcing-Geschäftsmodell zur Lizenzerteilung vorgelegt, kommt als Versagungsgrund nur die erste der benannten Grenzen – in Antizipation des Geschäftsbetriebs – in Betracht.
Werden die „absoluten" Grenzen wie dargestellt bestimmt, erübrigt es sich, *pauschal* über die aufsichtsrechtliche Zulässigkeit von solchen Auslagerungslösungen zu entscheiden, in denen die Kapitalanlagegesellschaft bei nur einem ihrer Fonds lediglich eine Rechtsform-Hülle ist, im Übrigen aber ein reguläres Geschäftsmodell unterhält.

Eine zusätzliche transaktionskostenökonomische Grenzziehung dergestalt, dass die ökonomische Legitimation für die Kumulation von Auslagerungsmaßnahmen infolge unverhältnismäßig stark ansteigender Kontroll- und Koordinationskosten bröckelt, fällt nach den Erfahrungen mit dem auf Koordination aufbauenden US-Modell des Investmentgeschäftes dagegen schwerer (s.o. V.4.c.bb.).

### dd. (Weitere) Funktionsübergreifende Zulässigkeitsvoraussetzungen und Ausgestaltungsanforderungen des Outsourcing

Der Schwerpunkt der Betrachtung lag, wie erwähnt, bisher auf der Frage nach der prinzipiellen Auslagerbarkeit der einzelnen betrieblichen Funktionen des Investmentgeschäfts (VI.5.a.-e.). In den Mittelpunkt rücken nun die (weiteren) funktionsübergreifenden, d.h. nicht auf bestimmte Aufgaben innerhalb des Investmentgeschäftes zugeschnittenen Zulässigkeitsvoraussetzungen des Outsourcing sowie die Ausgestaltungsanforderungen zur Erfüllung dieser Zulässigkeitsvoraussetzungen. Zum Teil sind diese Zulässigkeitsvoraussetzungen und Ausgestaltungsanforderungen bereits zur Sprache gekommen (Zustimmungserfordernis bei Auslagerung des Fondsmanagement und bei Auslagerung von Teilen der Fondsbuchhaltung [VI.5.a.bb.ccc., VI.5.b.aa.], Erlaubnispflichtigkeit des Auslagerungsunternehmens [VI.5.f.bb.aaa.], „absolute" Grenzen [VI.5.f.cc.]).
Begleitende Nebenbedingungen zur Auslagerbarkeit der betrieblichen Funktionen bezwecken, das Anlegerschutzniveau zu sichern und die Funktionsfähigkeit des Investmentmarktes zu gewährleisten. Die Zulässigkeitsvoraussetzungen und Ausgestaltunganforderungen lehnen sich inhaltlich stark an an die entsprechenden Regelungen aus § 25a Abs. 2 KWG und Art. 5g OGAW-Richtlinie; es ergibt sich insoweit kein prinzipiell neuartiger Regelungsbedarf. Infolgedessen soll die Darstellung hier knapp gehalten werden.

#### aaa. Funktionsübergreifende Zulässigkeitsvoraussetzungen des Outsourcing

Zu den Zulässigkeitsvoraussetzungen des Outsourcing zählen, wie dargestellt, die Einholung der Zustimmung der Anleger und der Depotbank bei Auslagerung des Fondsmanagement bzw. bei Auslagerung der relevanten Teile der Fondsbuchhaltung sowie die Bankerlaubnis des Auslagerungsunternehmens. Daneben ist bei jeder Auslagerung zu verlangen, dass die Ordnungsmäßigkeit des Investmentgeschäftes, die Steuerungs- und Kontrollmöglichkeiten der Geschäftsleitung und die Prüfungrechte und Kontrollmöglichkeiten der Aufsicht unbeeinträchtigt bleiben. Diese aus § 25a Abs. 2 S. 1 KWG bekannte Bedingung (s.o. III.3.c.cc.) bringt eine allgemeine bankaufsichtsrechtliche Anforderung zum Ausdruck, die auch im Investmentgeschäft ihre Berechtigung findet. Weitere Zulässigkeitsvoraussetzungen betreffen die Vermeidung von Interessenkonflikten, die Offenlegung im Verkaufsprospekt und die Unterrichtung der Aufsicht.

*Keine Beeinträchtigung der Ordnungsmäßigkeit des Investmentgeschäftes*
Um eine Beeinträchtigung der Ordnungsmäßigkeit zu vermeiden, sind die Beachtung aller gesetzlichen, aufsichtlichen und vertraglichen Vorgaben durch das Auslagerungsunternehmen, eine solide Geschäftsorganisation des Auslagerungsunternehmens und der auslagernden Kapitalanlagegesellschaft in Ablauforganisations- und Aufbauorganisationsfragen, ein installiertes Risikomanagement und eingerichtete Prozessschnittstellen zwischen der auslagernden Kapitalanlagegesellschaft und dem Auslagerungsunternehmen zu fordern (vgl. III.3.c.cc.bbb.).

*Keine Beeinträchtigung der Steuerungs- und Kontrollmöglichkeiten der Geschäftsleitung*
Zu vermeiden ist eine Beeinträchtigung der Steuerungs- und Kontrollmöglichkeiten der Geschäftsleitung der auslagernden Kapitalanlagegesellschaft sowohl nach innen gegenüber den nach der Auslagerung operativ verbleibenden Unternehmensteilen als auch nach außen gegenüber dem oder den Auslagerungsunternehmen. Dazu ist der ausgelagerte Bereich in die internen Kontrollverfahren des auslagernden Instituts einzubinden, v.a. in dessen Revisionsplan. Die erforderlichen Weisungs-, Auskunfts-, Einsichts-, Zutritts- und Zugangsrechte sind zu sichern (vgl. insgesamt III.3.c.cc.ccc. und III.3.c.dd.). Zum Erhalt der Steuerungs- und Kontrollmöglichkeiten bei Delegation des Fondsmanagement siehe bereits VI.5.a.dd.

Bei grundsätzlicher Auslagerbarkeit einer betrieblichen Funktion sollte unter strengen Nebenbedingungen – zum Erhalt der Steuerungs- und Kontrollmöglichkeiten, aber auch zum Erhalt der Ordnungsmäßigkeit des Geschäftes und der aufsichtlichen Rechte – auch die (vollständige oder teilweise) Weiterverlagerung gestattet sein (vgl. III.3.c.cc.ccc.γ.). Einzufordern ist dafür zunächst die Zustimmung der auslagernden Kapitalanlagegesellschaft zur Weiterverlagerung. Sodann treffen das Auslagerungsunternehmen gegenüber dem Auslagerungsunternehmen „zweiter Ordnung" (Weiterverlagerungsunternehmen) diejenigen Pflichten hinsichtlich Auswahl, Instruktion und laufender Kontrolle, die die auslagernde Kapitalanlagegesellschaft auf der ersten Auslagerungsebene gegenüber dem Auslagerungsunternehmen zu erfüllen hat. Daneben ist eine gesonderte Berichtspflicht des Auslagerungsunternehmens zur Weiterverlagerung zu verlangen. Diese Pflichten des Auslagerungsunternehmens müssen im Auslagerungsvertrag fixiert sein. Betreffen die Weiterverlagerungsmaßnahmen das Fondsmanagement oder die relevanten Teile der Fondsbuchhaltung, so müssen sich die Zustimmung der Anteilinhaber und der Depotbank sowohl auf die Auslagerung und das Auslagerungsunternehmen als auch auf die Weiterverlagerung und das Weiterverlagerungsunternehmen erstrecken.

*Keine Beeinträchtigung der Prüfungsrechte und Kontrollmöglichkeiten der Aufsicht*
Bei diesem Zulässigkeitskriterium geht es um den Erhalt der aufsichtlichen Prüfungs- und Kontrollrechte, auch wenn das Auslagerungsunternehmen selbst kein Institut ist und daher zunächst nicht der Aufsicht unterworfen ist. Für diesen Erhalt muss die Möglichkeit des Einbezugs des Auslagerungsunternehmens in die aufsichtlichen Prüfungsmaßnahmen gemäß § 44 KWG und in die Jahresabschlussprüfung der auslagernden Kapitalanlagegesellschaft gesichert werden. Zu diesem Zweck ist trotz der Unterstellung des Auslagerungsunternehmens unter die Aufsichtshoheit nach § 44 Abs. 1 S. 2 2. HS, Abs. 2 S. 2 2. HS KWG eine Duldungserklärung iSd. § 20 S. 3 Nr. 2 AnzV des Auslagerungsunternehmens einzuholen (siehe dazu III.3.c.cc.ddd.α. a.E.).

In der Frage des Erhalts der aufsichtlichen Rechte bei Auslagerungsunternehmen im Ausland ist zu unterscheiden:

- Liegt das Auslagerungsunternehmen in einem anderen EU-Staat (siehe dazu ausführlich IV.2.d.aa.bbb.β.), ist die grenzüberschreitende aufsichtsbehördliche Zusammenarbeit nach Art. 50 Abs. 1 OGAW-Richtlinie iVm. Art. 5g Abs. 1 lit. b), d) OGAW-Richtlinie europarechtlich vorgeschrieben. Die Mitgliedstaaten sind insoweit verpflichtet, die Zulässigkeit von Prüfungen der fremden Hoheit auf eigenem Hoheitsgebiet zu normieren (s.u. VI.7.c.).

- Liegt das Auslagerungsunternehmen in einem Drittstaat (siehe dazu III.3.c.cc.ddd.β. und wiederum IV.2.d.aa.bbb.β.), besteht noch keine gefestigte Rechtslage: Die seitens der Aufsicht vorgesehene Lösung bringt zwar ausreichende aufsichtliche Sicherheit, ist aber nicht wirklichkeitsnah. Eine dauerhafte Lösung kann auch hier nur verwirklicht werden durch völkerrechtliche Übereinkommen, grenzüberschreitende Prüfungen zuzulassen bzw. „grenzüberschreitende Amtshilfe" zu gewähren. Neben der unter III.3.c.cc.ddd.β. umrissenen Übergangslösung mittels eines privaten Wirtschaftsprüfers bietet sich als alternative Interimslösung die aus dem US-Recht bekannte, kostengünstigere Vorgehensweise an (siehe V.4.c.dd.), es der auslagernden Kapitalanlagegesellschaft zur Auflage zu machen, im Inland ausreichende Geschäftsunterlagen zur Tätigkeit des ausländischen Auslagerungsunternehmens vorzuhalten, durch die die Aufsicht den Outsourcing-Sachverhalt laufend prüfen kann, als ob es ein reiner Inlands-Sachverhalt wäre. An diese Prüfung würde die Aufsicht dann ihr Vorgehen knüpfen. Indessen kann auch in dieser „strikten Plausibilitätsprüfung" nur eine Zwischenlösung liegen, u.a. da sie der Aufsicht keine dauernde Gewissheit über die Ordnungsmäßigkeit der Tätigkeit des Auslagerungsunternehmens bietet. Ohne eine zufrieden stellende Interimslösung oder völkerrechtliche Absprache ist die Auslagerung wegen Beeinträchtigung der aufsichtlichen Prüfungsmöglichkeiten rechtswidrig.

*Vermeidung von Interessenkonflikten*
Es ist zur Bedingung eines Outsourcing-Vorhabens zu machen, dass die im Einzelfall zur Ausschaltung oder Minimierung von Interessenkollisionen gebotenen Maßnahmen ergriffen werden (z.B. bei Mehrmandantendienstleistern; siehe für das Fondsmanagement bereits unter VI.5.a.ff.). Im Zweifel gebührt dabei dem Anlegerinteresse der Vorrang (vgl. § 9 Abs. 2 Nr. 3, Abs. 3 InvG).

*Offenlegung im Verkaufsprospekt*
§ 42 Abs. 1 S. 2 InvG bestimmt richtigerweise, dass der ausführliche und der vereinfachte Verkaufsprospekt eines (Publikums-) Investmentfonds alle Angaben zu enthalten haben, die erforderlich sind, „damit sich die Anleger über die ihnen angebotene Anlage und insbesondere über die damit verbundenen Risiken ein begründetes Urteil bilden können". Sonach sind im Interesse der Investoren solche Auslagerungssachverhalte, die wegen ihrer Risikoträchtigkeit die (vertragliche) Zustimmung der Anteilinhaber verlangen, als notwendige Prospektangaben einzustufen (Gegenstand der Auslagerung und Auslagerungsdienstleister).[658]

658 Während somit *de lege ferenda* nur diejenigen Auslagerungssachverhalte in den Prospekten offen zu legen sind, die Anteilinhaberzustimmung verlangen, sieht § 16 Abs. 4 InvG *de lege lata* die Offenlegung aller ausgelagerter Tätigkeiten vor.

*Unterrichtung der Aufsicht*
Zur Bewahrung der Wirksamkeit des Regelungsmechanismus „Erlaubnis mit Verbotsvorbehalt" (s.o. VI.5.f.aa.) wird die Unterrichtung der Aufsicht zu einer „faktischen", formellen Zulässigkeitsvoraussetzung des Outsourcing. Dazu kann an der Lösung nach § 25a Abs. 2 S. 3 KWG (Absichts- und Vollzugsanzeige) festgehalten werden (einzureichen sind also mindestens der Outsourcing-Vertrag und die Duldungserklärung iSd. § 20 S. 3 Nr. 2 AnzV). Inhaltlich müssen die einzureichenden Unterlagen gegenüber der Aufsicht den Nachweis der Beachtung der Zulässigkeitsvoraussetzungen führen.[659]

### bbb. Ausgestaltungsanforderungen des Outsourcing

Zur Einhaltung der benannten Zulässigkeitsvoraussetzungen drängt sich die Beachtung einiger Anforderungen in der konkreten Ausgestaltung der Outsourcing-Beziehung auf. Diese Anforderungen, die z.T. bereits in den Ausführungen berücksichtigt worden sind, variieren mit dem jeweiligen Auslagerungsvorhaben. Grundsätzlich unterfallen sie einerseits in organisatorische Maßnahmen und operative Vorkehrungen, andererseits in erforderliche Inhalte des Auslagerungsvertrags (siehe dazu bereits III.3.c.dd.).

*Organisatorisch-tatsächliche Maßnahmen und Vorkehrungen*
- Sorgfältige Auswahl des Auslagerungsunternehmens hinsichtlich fachlicher Expertise, tatsächlicher Lieferfähigkeit, finanzieller Stabilität, persönlicher Zuverlässigkeit der Geschäftsleitung; ausreichende Instruktion des Auslagerungsdienstleisters;
- Regelung der institutsinternen Verantwortung für eine Outsourcing-Beziehung;
- Einbindung des Auslagerungsunternehmens in die internen Kontrollverfahren der auslagernden Kapitalanlagegesellschaft;
- Sicherheitsvorkehrungen (insbesondere bezüglich EDV) und Vorhalten von Alternativlösungen bei Ausfall oder Schlechtleistung des Auslagerungsunternehmens.

Im Einzelfall können zur Beachtung der Zulässigkeitsvoraussetzungen des Outsourcing andere Maßnahmen und Vorkehrungen geboten sein.

*Ausgestaltung des Auslagerungsvertrages*
- Wahrung der Schriftform;
- ausreichend genaue Vereinbarung der delegierten und geschuldeten Dienstleistung (ggf. Vereinbarung von Sorgfaltsstandards);
- Sicherung der Rechte zur Aufrechterhaltung der Steuerungs- und Kontrollmöglichkeiten der Geschäftleitung der auslagernden Kapitalanlagegesellschaft und

659 Für die Zulässigkeitsvoraussetzungen insgesamt ist abzurunden: Da die Auslagerbarkeit der betrieblichen Funktionen und die gelisteten Zulässigkeitsbedingungen Gegenstand einer ausdrücklichen Normierung im geschriebenen Investmentrecht sein sollten (s.u. VI.7.b.bb.), wird die Einhaltung dieser investmentgesetzlichen Bestimmungen unter die Prüfungspflicht des Abschlussprüfers nach § 44 Abs. 5 S. 3 InvG fallen. Das Testat der Beachtung der Zulässigkeitsvoraussetzungen wird sonach gegeben sein und braucht nicht seinerseits als weiterer Baustein der Outsourcing-Regulierung neu eingeführt zu werden.

der aufsichtlichen Prüfungsmöglichkeiten (Weisungs-, Auskunfts-, Einsichts-, Zutritts-, Zugangsrechte);
- Recht zur kurzfristigen Kündigung;
- Verpflichtung des Auslagerungsunternehmens zur Beachtung der einschlägigen gesetzlichen Bestimmungen und der aufsichtlichen sowie vertraglichen Anforderungen.[660]

Wiederum können sich im Einzelfall andere Inhaltsanforderungen an den Auslagerungsvertrag ergeben. Zu den besonderen Vertragsanforderungen bei Auslagerung des Fondsmanagement siehe bereits VI.5.a.ff.

### g. Abgleich mit den ökonomischen Aussagen

Die ökonomischen Argumente und Bewertungen, die die Transaktionskostentheorie und die betriebswirtschaftlichen Überlegungen zum Outsourcing einzelner betrieblicher Funktionen des Investmentgeschäftes zulassen (vgl. dazu II.1.b.bb.fff. und II.1.b.cc.ccc.), sind zumindest partiell bereits in die Erarbeitung der Lösung *de lege ferenda* eingebracht worden. Für den vorzunehmenden Abgleich des Regulierungsvorschlages mit den ökonomischen Aussagen bedeutet dies einen gewissen Verlust an Aussagekraft. Aber auch nach Vornahme entsprechender Abstriche kann insgesamt festgestellt werden, dass der Regulierungsvorschlag im Grundsatz mit den bestehenden ökonomischen Erkenntnissen harmoniert und damit eine ökonomische Fundierung und Stützung erfährt.

Der anzustrebende prinzipielle aufsichtliche Regulierungsmechanismus der Erlaubnis mit Verbotsvorbehalt korrespondiert damit, dass die Transaktionskostenökonomik und die betriebswirtschaftliche Charakteristik des Investmentgeschäftes das Outsourcing zwar rechtfertigen, dass aber Bedenken und Einschränkungen verbleiben.

Das Investmentgeschäft weist Funktionen auf, die von besonders hoher Spezifität[661] geprägt sind. Dazu zählen die Depotbankfunktionen mit Ausnahme der Wertpapierverwahrung und die zentralen Leitungsfunktionen. Ein Outsourcing dieser Aufgaben brächte nachhaltige Unsicherheit in Form von ungleich verteilten Informationen zwischen auslagernder Depotbank bzw. auslagernder Kapitalanlagegesellschaft und Auslagerungsunternehmen mit sich, die die Gefahr opportunistischen Verhaltens seitens des Auslagerungsunternehmens spürbar steigerte. Vertragsüberwachung und -durchsetzung würden äußerst aufwändig und stünden in diesem Sinn kaum hinter der eigenhändigen Ausführung zurück. Transaktionskostenöko-

660 Durch ein Auslagerungsunternehmen können zu beachten sein: das gesamte InvG, andere Vorschriften des Bankaufsichtsrechts, datenschutzrechtliche Vorschriften, §§ 31 ff. WpHG, Vorschriften des UWG, Bestimmungen zum Bank- und Geschäftsgeheimnis. Weitere im Investmentgeschäft im Einzelfall einschlägige Rechtsmaterien sind gelistet bei *Baur* in Assmann/ Schütze § 18 Rn. 17-23, 96, 155.

661 Zum Begriff siehe II.1.b.bb.ddd.

nomisch ist daher die Auslagerung entsprechend dem Regulierungsvorschlag abzulehnen (siehe VI.5.d., VI.5.e.).[662]

Bei anderen Funktionen des Investmentgeschäfts sind Spezifität und Unsicherheit zwar ausgeprägt, aber nicht mehr prohibitiv hoch. In diese Gruppe fallen die nichtstandardisierbaren, diskretionären, für den Erfolg der Investmentanlage relevanten Teile der Fondsbuchhaltung, v.a. aber das Fondsmanagement.[663] Auch hier kommt es zu Informationsasymmetrien zwischen Kapitalanlagegesellschaft und Auslagerungsunternehmen; betriebswirtschaftlich kann die Delegation der zentralen wertschöpfenden Aktivität zwar Spezialisierungsvorteile mit sich bringen, kann aber auch einen Eigenständigkeits- und Reputationsverlust nach sich ziehen. Dennoch ist Outsourcing transaktionskostentheoretisch nicht pauschal zu verwerfen, da die Spezifität der betroffenen Fondsbuchhaltungs- und Fondsmanagement-Tätigkeit nicht ausreicht, um den Kreis der möglichen Auslagerungsunternehmen untragbar klein werden zu lassen; das Wechseln des Dienstleisters bleibt möglich. Jedoch sind in Richtung höherer vertikaler Integration Vorkehrungen zu treffen zum Management der Transaktionskosten im Auslagerungsfall.
Die Bedingungen, unter denen der Regulierungsvorschlag die Auslagerbarkeit dieser betrieblichen Funktionen vorsieht, können als regulatorische Reaktion auf das umrissene schwierige transaktionskostenökonomische Umfeld verstanden werden: Das Erfordernis der Zustimmung von Anteilinhabern und Depotbank (siehe VI.5.a.bb.ccc., VI.5.a.cc.), der gebotene, besonders strikte Kontrollmaßstab für die auslagernde Investmentgesellschaft in der Überwachung des Fondsmanagement-Dienstleisters (siehe VI.5.a.dd.) sowie die weiteren Zulässigkeitsvoraussetzungen, die für das Fondsmanagement strenger ausfallen als für die anderen Funktionen (siehe VI.5.a.ff.), wirken als „institutionalisierte Transaktionskostensenkung" und dienen der Kontrolle der Unsicherheit in der Austauschbeziehung. Die Erlaubnispflicht für das Fondsmanagement-Auslagerungsunternehmen (siehe VI.5.f.bb.) kompensiert wenigstens in Teilen den Reputationsverlust der auslagernden Gesellschaft.

Schließlich verbleiben betriebliche Funktionen im Investmentgeschäft, deren Spezifität geringer ausfällt und bei denen marktliche Beziehungen mit niedrigerer Unsicherheit behaftet sind: die Wertpapierverwahrung für das Sondervermögen, die standardisierbaren Teile der Fondsbuchhaltung, der Vertrieb, die Anteilscheinverwahrung und -verwaltung (Anlagekontenverwaltung [als Nebentätigkeit]). Hier liegen keine speziellen transaktionskostentheoretischen Einwände gegen das Outsourcing vor. Außerdem können zum Teil Kostendegressionseffekte beim Auslage-

662 Manche Depotbankaufgaben außerhalb der Wertpapierverwahrung sind zwar (ebenfalls) standardisierbar und insoweit bei isolierter Herangehensweise von niedriger Spezifität. Allerdings bilden sie einen nicht herauslösbaren Bestandteil der Paket-Aufgabe „Überwachung der Kapitalanlagegesellschaft im Interesse der Anteilinhaber", die aufgrund der geforderten Sachkenntnisse und des unerlässlichen Vertrautseins mit den Umständen bei der zu kontrollierenden Kapitalanlagegesellschaft gesteigerte Spezifität aufweist (siehe auch VI.5.e.).

663 Für die Nebentätigkeit der individuellen Vermögensverwaltung (§ 7 Abs. 2 Nr. 1, Nr. 2 InvG) gelten die für das Fondsmanagement folgenden Ausführungen entsprechend.

rungsunternehmen erzielt und an die auslagernde Verwaltungsgesellschaft weitergereicht werden; die Abgabe des Fixkostenblocks kann darüber hinaus eine gewisse Isolierung in konjunkturellen Schwächephasen bringen (siehe II.1.b.cc.ccc.). Diese ökonomische Befürwortung des Outsourcing wird im Regulierungsvorschlag widergespiegelt, der die Auslagerbarkeit ohne Zustimmungserfordernis, indessen unter Beachtung der sonstigen Zulässigkeitsvoraussetzungen vorsieht (siehe VI.5.b., VI.5.c., VI.5.e.).

## 6. Einzelfragen

### a. Mitwirkungsrechte der Anteilinhaber

Aus der Auseinandersetzung mit dem US-Investmentrecht war als Merkposten zur Prüfung verblieben, ob und inwieweit Mitwirkungsrechte der Anteilinhaber eine Komponente in der Regulierung des Outsourcing bilden sollten (siehe V.4.c.cc. und V.5. a.E.). Die Rechtsstellung der Anleger im US-Investmentrecht gab Anlass zu diesen Überlegungen, wenngleich einschränkend hinzugefügt werden muss, dass in der Rechtswirklichkeit des US-Investmentgeschäftes die formell bestehenden Mitwirkungsmöglichkeiten ein stiefmütterliches Dasein führen, da die unorganisierten Anteilinhaber ihre Rechte nahezu nicht wahrnehmen (s. V.4.a.cc. und V.4.b.).[664]
Der Regulierungsvorschlag sieht in der Tat mit dem Erfordernis der Anlegerzustimmung zum Outsourcing des Fondsmanagement und zum Outsourcing bestimmter Teile der Fondsbuchhaltung (VI.5.a.bb.ccc., VI.5.b.aa.) eine Stärkung der Anteilinhaberposition vor. Tatsächlich weist dieser Bestandteil des Vorschlages Parallelen zu einem Ausschnitt der Teilhaberechte nach dem ICA auf, wonach die (Teil-) Auslagerung des Fondsmanagement durch den Investment Adviser die Zustimmung der Anteilinhaber zur Rechtmäßigkeitsvoraussetzung hat [Sec. 2 (a)(20)(B) iVm. Sec. 1 (b)(6), Sec. 15 (a) ICA, siehe unter V.3.b. und V.4.c.cc.].[665] Allerdings drängt es sich nicht auf, darüber hinausgehend weitere Mitwirkungsrechte zu erwägen.
Vielmehr ist es gerechtfertigt, dem Anteilinhaber nicht die gleichen Mitspracherechte wie einem Gesellschafter oder einem Aktionär einzuräumen: Er entscheidet sich bewusst für die kollektive Vermögensverwaltung in Form der Beteiligung an einem Sondervermögen und gegen eine Form der Unternehmensbeteiligung. Wer aber für die Fremdverwaltung seines Vermögens votiert, kann nicht gleichzeitig unterneh-

664 (Erinnernd:) Der ICA sieht sowohl beim Business Trust als auch bei der Corporation als Organisationsformen der Management Company Teilhaberechte der Anteilinhaber vor (vgl. V.2.c.aa.). Diese Rechte betreffen jedoch bis auf eine Ausnahme nicht das Outsourcing, da Auslagerungen im US-Modell der Funktionentrennung nur eine nachrangige Rolle spielen (vgl. V.3.). Sachlich ist diese – kaum praxisrelevante – Ausnahme nach Sec. 2 (a)(20)(B) iVm. Sec. 1 (b)(6), Sec. 15 (a) ICA dennoch interessant, da sie vorsieht, dass die (Teil-) Auslagerung des Fondsmanagement durch den Investment Adviser die Zustimmung der Anteilinhaber zur Rechtmäßigkeitsvoraussetzung hat (vgl. V.3.b., V.4.c.cc.). Siehe sogleich im Text.

665 Der ICA geht dabei aufgrund der Satzungs- bzw. Trust-Form des Investmentgeschäftes anders vor als der Regulierungsvorschlag: Die Anlegerzustimmung erfolgt gemäß der Stellung der Anleger als Aktionäre oder Beneficiaries auf Anlegerversammlungen und im Mehrheitsvotum („Corporate Democracy"). Der Regulierungsvorschlag, der von der Sondervermögenslösung für die Organisation des Investmentgeschäftes ausgeht, fordert die vertragliche Zustimmung jedes Anteilinhabers. Er liegt damit näher an den CESR-Vorstellungen für das Outsourcing bei der individuellen Vermögensverwaltung (siehe IV.5.).

merische Rechte einfordern. Die Risikodiversifikation ist der wirtschaftliche Ausgleich für die ausbleibende Einräumung von Gesellschafterrechten. Hinzu kommt, dass weitere Mitwirkungsmöglichkeiten regelmäßig gar nicht im Interesse der Investoren liegen: Die Investoren „kaufen" sich die Expertise, über die sie selbst nicht verfügen, und legen gerade deshalb in der Investmentform an, weil sie darauf vertrauen, der Fondsmanager werde es besser richten, als sie es selbst vermögen.
Ohne besonderen Grund besteht keine dogmatische Notwendigkeit, der im Sinne des Anlegerschutzes sachgerechten Regulierungslösung weitere Teilhaberechte zu implantieren.[666] Spezialfondsanleger verfügen ohnehin über effektive faktische Einwirkungsmöglichkeiten.

### b. Annäherung an das US-Modell

Das US-Modell des Investmentgeschäftes, wie es dem ICA zu Grunde liegt, ist ein Modell der Funktionentrennung (siehe V.2.c.). Während die Produktauflage, das Fondsmanagement, Teile der Fondsbuchhaltung und andere Aufgaben dem Investment Adviser zugewiesen sind, liegt die Trägerschaft des Produktes, d.h. die Produktverantwortung und „Schuldnerstellung" gegenüber den Anteilinhabern bei der Investment Company. Weitere Aufgaben sind dem Principal Underwriter, dem Custodian und dem Transfer Agent zugeordnet. Der wirtschaftlich entscheidende Akteur, der „das Sagen hat", ist mit dem Investment Adviser eine andere Person als die, die das Produkt gegenüber den Anteilinhabern verantwortet.
Diese auf Vertragsbeziehungen der Beteiligten zur Investment Company fußende konzertierte Zusammenarbeit ist der im ICA angelegte regulatorische Normalfall des US-Investmentrechts; es handelt sich nicht um eine Häufung von *Outsourcing*-Beziehungen (vgl. V.3.a.).

Die Investmentstrukturen und institutionellen Voraussetzungen, die dem Modell der Funktionentrennung in den USA zur Durchsetzung verhalfen, sind im deutschen Investmentmarkt und in der deutschen Regulierung nicht anzutreffen (s.o. V.4.a.). Lediglich in drei Fallkonstellationen, soweit ersichtlich, kommt es dazu, dass Produktverantwortung und Fondsmanagement auseinanderfallen *und* der wirtschaftlich dominante Beteiligte dabei der externe Fondsmanager ist. Diese Kräftelage ist den US-Strukturen vergleichbar, so dass von einer Annäherung an das US-Modell gesprochen werden kann.

In der ersten dieser Konstellationen verfügt eine Vermögensverwaltungsgesellschaft (Vermögensverwaltung und -beratung iSd. § 1 Abs. 1a S. 2 Nr. 3, Abs. 3 S. 1 Nr. 6 KWG, ggf. gepaart mit Anlage- oder Abschlussvermittlung iSd. § 1 Abs. 1a S. 2 Nr. 1, Nr. 2 KWG) über Zugang zu Investitionskapital einer Gruppe von (institutionellen oder privaten) Anlegern, verfolgt für diese Anleger eine Fonds-Produktidee und

666 Losgelöst von der Outsourcing-Thematik liegt der Schlüssel zur verbesserten Wahrnehmung der Anlegerinteressen aus den dargelegten Gründen nicht in Mitwirkungsrechten der Anteilinhaber, sondern eher in einer wirkungsvolleren Erfüllung der Depotbankaufgaben. Dazu muss, s.o. V.4.c.aa. und Fn. 543, darüber nachgedacht werden, Kapitalverflechtungen zwischen Depotbank und Kapitalanlagegesellschaft zu lösen.

möchte dabei selbst das Fondsmanagement übernehmen. Hier wird die Kapitalanlagegesellschaft v.a. als Realisierungsplattform für die Auflage des Sondervermögens und die Bereitstellung der Fondsbuchhaltung sowie des institutionellen Rahmens benötigt. Bei ihr liegt deshalb zwar die Produktverantwortung gegenüber den Anteilinhabern und der Aufsicht, allerdings beherrscht sie nicht das Fondsmanagement; da der externe Fondsmanager die verwalteten Gelder betriebswirtschaftlich gewonnen hat, hält er wirtschaftlich-faktisch die Zügel in der Hand, was die Auflage des Fonds, die Anlageentscheidungen und die Einstellung des Fonds betrifft.[667]
Um diese Konstellation innerhalb des deutschen Investment-Regulierungsrahmens zu verwirklichen, würde der externe Vermögensverwalter über einen Outsourcing-Vertrag an die Kapitalanlagegesellschaft gebunden. Die Kapitalanlagegesellschaft würde zur Emittentin des Produktes und wäre hinsichtlich des Fondsmanagement an die o.a. Überwachungspflichten gebunden (siehe VI.5.a.dd., VI.5.a.ff.). Im Ergebnis müsste der Externe daher einen Teil seiner wirtschaftlichen Vorherrschaft abtreten, da die Kapitalanlagegesellschaft Anlageentscheidungen, die außerhalb des InvG, der Vertragsbedingungen und der grundsätzlichen ökonomischen Sinnhaftigkeit liegen, unterbinden müsste und insoweit keinen Weisungen unterliegt.
Auf diese Weise kann der Fall im Grundsatz über die Figur des Outsourcing regulatorisch umgesetzt werden. Dies gestattet es, auf die Einführung von Sonderregulierungen zu verzichten; die Einbußen für den externen Kapitalbeschaffer halten sich in Grenzen, und die Anteilinhaber profitieren von den etablierten Schutzregelungen, die sich beim Outsourcing inhaltlich auf die Zulassung nur geeigneter Auslagerungsunternehmen und deren laufende Kontrolle ausdehnen.

In der zweiten dieser Konstellationen lässt sich ein institutioneller Investor einen (regulären) Spezialfonds durch eine Kapitalanlagegesellschaft auflegen, reklamiert aber das Fondsmanagement dieses Fonds für sich. Dieser Sonderfall hat im Zusammenhang mit der Erlaubnispflicht für das Auslagerungsunternehmen bereits Erwähnung gefunden (s.o. VI.5.f.bb.bbb.). Auch hier liegen die Verhältnisse so, dass die Produktinitiative nicht von der Kapitalanlagegesellschaft ausgeht, dass die externe Gesellschaft den Zugang zum Kapital mitbringt und dass die Kapitalanlagegesellschaft vornehmlich als Realisierungsplattform benötigt wird. Während die Kapitalanlagegesellschaft das Sondervermögen auflegt und die Produktverantwortung trägt, übernimmt der die Konstellation dominierende Spezialfondsanleger das Fondsmanagement. Wie im ersten Fall sollte die Regulierung in einer Outsourcing-Lösung bestehen. Der institutionelle Anleger wird als Auslagerungsunternehmen für seinen „eigenen" Fonds eingesetzt (zum Lizenzerfordernis s.o. VI.5.f.bb.bbb.). Wiederum ist die Kapitalanlagegesellschaft nicht weisungsgebunden, sondern an Gesetz und Vertrag gehalten. Allerdings kann die aufsichtliche Kontrollpraxis hier

667 Gerade für ausländische Vermögensverwalter bietet dieses Vorgehen einen Zugang zum deutschen Markt, ohne eine Kapitalanlagegesellschaft gründen zu müssen. Varianten dieses Falles sind: Ein Kreditinstitut, das selbst nicht Kapitalanlagegesellschaft ist, ein Finanzdienstleistungsinstitut, eine Versicherung oder eine Bausparkasse möchte für seine/ ihre eigenen Kunden einen besonderen „White Label"-Fonds unter seinem/ ihrem eigenen (Marken-) Namen vertreiben und reklamiert das Fondsmanagement für sich. Erforderlich ist jeweils eine Lizenz nach § 1 Abs. 1a S. 2 Nr. 3 KWG.

im Einzelfall angesichts der Professionalität des Investors eine weichere Handschrift tragen.

Zu einer dritten Fallgestaltung kann es im Zuge der europäischen Öffnung der Märkte kommen. Nach dem „europäischen Pass" für Verwaltungsgesellschaften (§§ 12, 13 InvG, in Umsetzung von Art. 6-6c OGAW-Richtlinie) steht es den in anderen EU-Mitgliedstaaten konzessionierten Verwaltungsgesellschaften offen, ohne weitere Lizenz im Aufnahmemitgliedstaat ihre Leistungen mittels einer Zweigniederlassung oder im Wege des freien Dienstleistungsverkehrs anzubieten. Trotz des europäischen Passes aber bleibt es den Verwaltungsgesellschaften versagt, aus dem Herkunftsmitgliedstaat heraus im Aufnahmemitgliedstaat Investmentprodukte nach dem Recht des Aufnahmemitgliedstaates aufzulegen; dazu bedarf es einer im Aufnahmemitgliedstaat ansässigen Verwaltungsgesellschaft (siehe dazu IV.1.b.). Erachtet es nun eine ausländische Verwaltungsgesellschaft als betriebswirtschaftlich vorteilhaft (z.B. wegen verbesserten Marktzugangs), im Inland nicht nur eigene, im Herkunftsmitgliedstaat aufgelegte Investmentprodukte zu vertreiben, sondern auch nach inländischem Recht aufgelegte Produkte, ist sie darauf verwiesen, zur Fondsauflage eine neue Kapitalanlagegesellschaft im Inland zu gründen oder eine bestehende inländische Kapitalanlagegesellschaft zu bemühen. Den Geschäftsbetrieb einschließlich Fondsmanagement und Fondsbuchhaltung könnte sie sodann durch grenzüberschreitende Auslagerung an sich ziehen. Erneut fielen dann einerseits Produktträgerschaft und andererseits Fondsmanagement sowie wirtschaftliche Oberhand auseinander. Auch für diesen Fall genügt die Outsourcing-Regulierung als Handhabe. Bei der auslagernden inländischen Verwaltungsgesellschaft, v.a. im Fall von Neugründungen, könnten die „absoluten" Grenzen der Auslagerbarkeit ins Spiel kommen, die nicht überschritten werden dürften.

## 7. Abgleich des Regulierungsvorschlages mit § 16 InvG

Abschließend ist der Regulierungsvorschlag bündig mit der Outsourcing-Regulierung *de lege lata* abzugleichen. § 16 InvG ist seit der Ablösung des KAGG durch das InvG die zentrale Outsourcing-Bestimmung im deutschen Investmentrecht.[668]

### a. Rolle des Regulierungsvorschlages im Verhältnis zu § 16 InvG

§ 16 InvG schreibt die grundsätzliche Zulässigkeit der Funktionsauslagerung bei Kapitalanlagegesellschaften *de lege lata* fest. Mit dieser formellgesetzlichen Normierung ändert sich das gesetzliche Leitbild der Kapitalanlagegesellschaft. Diese Leitbildänderung war geboten, da andernfalls die zum Teil noch fortbestehenden Nach-

---

668 Investmentgesetz vom 15.12.2003 [verkündet als Art. 1 Gesetz zur Modernisierung des Investmentwesens und zur Besteuerung von Investmentvermögen (Investmentmodernisierungsgesetz), BGBl. I S. 2676]. Für Kommentierungen zum InvG und zur Neuordnung des deutschen Investmentrechts siehe *Köndgen/Schmies* (2004); *Lang* (2004); *Kaune/Oulds* (2004); *Nickel* (2004), *Steck/Kurz* (2003), *Stoschek/Keunecke/Lauermann/ Schachinger* (2004); auch *Fock* (2005), S. 365f.

folgeregelungen zu § 1 Abs. 1, § 9 Abs. 1, § 10 Abs. 1 KAGG (§ 9 Abs. 1, Abs. 2 Nr. 1, § 31 Abs. 1 InvG) unverändert gegen die Auslagerbarkeit von betrieblichen Aufgaben hätten ausgelegt werden müssen (s.o. VI.5.a.aa.). Das Konzept des Outsourcing, wie mit § 16 InvG in das Investmentrecht eingeführt, wird zum Ausgangspunkt für ein renoviertes Verständnis der Kapitalanlagegesellschaft.

Die vordergründig recht knappe Norm des § 16 InvG erweitert ihren Regelungsumfang durch den Verweis auf § 25a KWG, durch den die Outsourcing-Regelungen des allgemeinen Bankaufsichtsrechts weitgehend in das Investmentrecht inkorporiert werden. Daneben finden sich an weiteren Stellen im InvG punktuelle Bestimmungen, die Aussagen zur (Nicht-)Auslagerbarkeit einzelner betrieblicher Funktionen im Investmentgeschäft enthalten (§ 7 Abs. 2 Nr. 5, § 12 Abs. 3 S. 7, § 13 Abs. 3 S. 2, § 41 Abs. 5, § 126 Abs. 1, § 127 Abs. 1, Abs. 3, Abs. 4 InvG [zum Vertrieb], § 7 Abs. 2 Nr. 4 InvG [zur Anteilscheinverwahrung und -verwaltung], § 11 Abs. 2 InvG [zum Fondsmanagement], § 32 Abs. 1 InvG [zur Stimmrechtsausübung]). Der Gesetzgeber hat es versäumt, auch die Auslagerung von Depotbankfunktionen ausdrücklich zu regeln, wenngleich sich die Rechtslage aus der Zusammenschau der Vorschriften § 21 Abs. 1, § 24 Abs. 1 S. 2, S. 3, § 112 Abs. 3, § 136 Abs. 1 Nr. 3 InvG ermitteln lässt (s.o. VI.5.e.). Gemäß § 99 Abs. 3 InvG findet § 16 InvG auf Auslagerungsmaßnahmen von Investmentaktiengesellschaften entsprechende Anwendung.[669]
Die Herleitung des Regulierungsvorschlages ist unabhängig von dieser Rechtslage *de lege lata* erfolgt; der Regulierungsvorschlag fragt losgelöst von § 16 InvG, was Recht sein sollte im Investment-Outsourcing. Im Verhältnis zur gegebenen Rechtslage vermag der Regulierungsvorschlag Folgendes zu leisten: In Bereichen, in denen der Regulierungsvorschlag diejenige Regelung befürwortet, die auch das InvG vorsieht, bietet der Regulierungsvorschlag eine investmentaufsichtsrechtliche Begründung für diese Regelung. Dort, wo Regulierungsvorschlag und Rechtslage auseinanderfallen, zielt der Regulierungsvorschlag auf eine kritische Überprüfung der bestehenden Lösung. Zuletzt kann der Regulierungsvorschlag in den Punkten, in denen er einen Regelungsbereich detaillierter behandelt, als es eine formellgesetzliche Bestimmung zu tun vermag, eine Anleitung zur Gesetzesauslegung und zur aufsichtlichen Praxis offerieren. Um diese Rolle des Regulierungsvorschlages besser zu konturieren, werden nachfolgend die wesentlichen Regelungsbereiche aufgezeigt, in denen der Regulierungsvorschlag und die Lösung nach § 16 InvG übereinstimmen oder divergieren.

---

669 Aus Sicht des Regulierungsvorschlages bedarf es einer gesonderten, nicht im Blickfeld dieser Arbeit stehenden Betrachtung, ob die Auslagerung von betrieblichen Funktionen der Investmentaktiengesellschaft identisch geregelt werden kann wie das Outsourcing bei Kapitalanlagegesellschaften. Wie dargelegt (siehe V.4.a.dd. a.E.), besteht zumindest konzeptionell ein Bedarf nach Funktionsauslagerungen auch bei Investmentaktiengesellschaften. Die oberflächige Prüfung lässt in den zentralen Erwägungen zwar keine unüberwindbaren Hindernisse gegen eine undifferenzierte Behandlung erkennen (grundsätzliche Auslagerbarkeit der Funktionen, prinzipieller Regelungsmechanismus, Erlaubnispflicht des Auslagerungsunternehmens, „absolute" Grenzen, weitere Zulässigkeitsvoraussetzungen). Allerdings sind manche Elemente des Regulierungsvorschlages nicht auf Investmentaktiengesellschaften übertragbar, so insbesondere die bei Investmentaktiengesellschaften ausgeschlossene vertragliche Anteilinhaberzustimmung zum Outsourcing. Dem pauschalen Verweis des § 99 Abs. 3 InvG kann daher ohne nähere Prüfung nicht unkritisch gefolgt werden.

### b. Abgleich des Regulierungsvorschlages mit § 16 InvG

Insgesamt kann der Regulierungsvorschlag die bestehende Rechtslage in vielen Punkten bestätigen. Allerdings verbleiben Bereiche, in denen die Lösungen auseinanderfallen, ebenso wie Bereiche, in denen der Regulierungsvorschlag, ohne dass es zu konfligierenden Lösungen käme, ergänzende Regelungen liefert.

#### aa. Divergierende Regelungen

*Zustimmungserfordernisse*

Zur Wahrung des Anlegerschutzprinzips sieht der Regulierungsvorschlag die Anteilinhaberzustimmung bei Auslagerung des Fondsmanagement und bei Auslagerung von risikobehafteten, die Wertentwicklung des Sondervermögens betreffenden Aufgaben der Fondsbuchhaltung vor (siehe VI.5.a.bb.ccc.β., VI.5.b.aa.). Dies geht einher mit Regelungen zur Umsetzung des Zustimmungserfordernisses (Ergänzung der Investmentvertragsbedingungen um Auslagerungssachverhalt und Auslagerungsunternehmen, Ergänzung des Katalogs des § 43 Abs. 4 InvG, Zulässigkeit von Änderungsvorbehalten, siehe VI.5.a.cc.). § 16 InvG schreibt die Anteilinhaberzustimmung nicht ausdrücklich vor, obwohl Abs. 2 der Vorschrift speziell dem Fondsmanagement-Outsourcing gewidmet ist. Zu erwägen ist, das Erfordernis der Anteilinhaberzustimmung aus dem Ordnungsmäßigkeitskriterium abzuleiten, das sich die Vorschrift über den Verweis auf § 25a Abs. 2 KWG eingliedert (§ 16 Abs. 1 InvG). Das Ordnungsmäßigkeitskriterium verlangt auch die durchgängige Beachtung der einschlägigen Rechtsregeln (siehe III.2.b., III.3.c.cc.bbb., VI.5.a.bb.ccc.β.). So müsste auch § 664 Abs. 1 S. 1 BGB honoriert werden, solange das InvG nichts anderes vorsieht; die Norm gäbe in analoger Anwendung auf den Geschäftsbesorgungsvertrag zwischen Anteilinhaber und Kapitalanlagegesellschaft die Anlegerzustimmung zur Substitution auf. Allerdings überzeugt es nicht, sich mit Hilfe dieser Argumentation in einem zentralen Regelungsbestandteil wie der Anteilinhaberzustimmung über den Wortlaut bzw. das Schweigen des § 16 InvG hinwegzusetzen. Dies gilt umso mehr, da § 25a Abs. 2 KWG ebenfalls keine Regeln zur Konsultierung der Abnehmer von Bankgeschäften oder Finanzdienstleistungen kennt. Schließlich tritt folgende Überlegung hinzu: Aus § 25 S. 2 InvG ist abzuleiten, dass das InvG auf die Depotbankzustimmung zur Auslagerung verzichtet (dazu sogleich). Wenn somit das InvG aus dem Anlegerschutzprinzip nicht das Erfordernis der Depotbankzustimmung ableitet, kann sich bzgl. der Anteilinhaberzustimmung keine andere Wertung einstellen.

Gemäß dem Regulierungsvorschlag fordert das Anlegerschutzprinzip des Weiteren, wie erwähnt, die Zustimmung der Depotbank zur Auslagerung der bezeichneten Funktionen einzuholen, auch um die Weisungsgebundenheit der Depotbank gegenüber dem Auslagerungsunternehmen sicherzustellen (siehe VI.5.a.bb.ccc.δ., VI.5.b.aa.). Wiederum findet sich *de lege lata* keine ausdrückliche Aussage dazu in § 16 InvG. Jedoch regelt § 25 S. 2 InvG bereits gesetzlich, dass die Depotbank den Weisungen eines Fondsmanagement-Auslagerungsdienstleisters unterliegt. Damit wird offenbar, dass das InvG keine Depotbankzustimmung zur Auslagerung vorsieht.

Mithin ist ein Auseinanderfallen des Regulierungsvorschlages und der bestehenden Rechtslage hinsichtlich der Zustimmungserfordernisse (Anteilinhaber und Depotbank) festzustellen. Aus Sicht des Regulierungsvorschlages bedarf es einer Ergänzung der Outsourcing-Normierung im InvG (s.u. VI.7.c.).

*Auslagerung des Fondsmanagement: Mindestbeteiligung der auslagernden Kapitalanlagegesellschaft am Investmentprozess*

Bei Auslagerung des Fondsmanagement, also des zentralen Wertschöpfungsschrittes im Investmentgeschäft, sieht der Regulierungsvorschlag keine Pflicht der Kapitalanlagegesellschaft zur aktiven Mindestmitwirkung am ausgelagerten Investmentprozess vor. Allerdings wird eine so enge Einbindung des Auslagerungsdienstleisters in die internen Kontrollverfahren verlangt, dass eine Abweichung der Investmententscheidungen von gesetzlichen, vertraglichen oder von der Kapitalanlagegesellschaft im Einzelfall vorgegebenen Anlageregeln unmittelbar auffällt; ebenso ist eine regelmäßige Prüfung auf die prinzipielle ökonomische Berechtigung und Sinnhaftigkeit der Anlageentscheidungen zu fordern (siehe VI.5.a.dd.).

*De lege lata* nimmt sich § 16 Abs. 2 S. 2 InvG der Frage der Mindesteinbindung der Kapitalanlagegesellschaft an und übernimmt dazu den Wortlaut des Art. 5g Abs. 1 lit. c) 2. HS OGAW-Richtlinie. Der Wortlaut dieser Bestimmung sieht ein arbeitsteiliges Zusammenwirken der Kapitalanlagegesellschaft mit dem Fondsmanagement-Dienstleister vor, das auf die Etablierung eines zweistufigen Investmentprozesses hinaus läuft (siehe IV.2.d.ee.bbb.). Diese Form der Mindestbeteiligung der Kapitalanlagegesellschaft am ausgelagerten Fondsmanagement steht in Dissonanz zum Regulierungsvorschlag. Jedoch ist es abzulehnen, sich dem Wortlaut der Vorschrift anzuschließen (ausführlich unter IV.2.d.ee.bbb.). Folgt man der hier befürworteten teleologischen Auslegung (s. ebenfalls unter IV.2.d.ee.bbb.), ist § 16 Abs. 2 S. 2 InvG im Sinne des Regulierungsvorschlages zu verstehen mit der Folge, dass die bezeichnete Dissonanz entfällt.

*Erlaubnispflichtigkeit des Auslagerungsunternehmens*

Nach dem Regulierungsvorschlag unterliegt ein Auslagerungsunternehmen grds. der Lizenzpflicht nach § 32 KWG, sobald es Teilakte des Investmentgeschäftes oder der als Nebentätigkeiten zugelassenen Finanzdienstleistungen übernimmt (siehe VI.5.f.bb.). Davon sind Ausnahmen zu machen, wenn Sinn und Zweck des § 32 KWG bereits mit der Lizenz an die auslagernde Kapitalanlagegesellschaft erfüllt sind. Das kann der Fall sein, wenn das Handeln und die Entscheidungen des Auslagerungsunternehmens vorherbestimmbar sind, wenn das bankliche Risiko des ausgelagerten Teilakts aufsichtlich von untergeordneter Erheblichkeit ist oder wenn beim Auslagerungsunternehmen bereits eine „verwandte" Lizenz vorliegt (siehe ausführlich III.3.c.gg.). Im Bereich des Fondsmanagement und in denjenigen Bereichen der Fondsbuchhaltung, deren Auslagerung die Zustimmung der Anteilinhaber erfordert, sind stets die Interessen der Anteilinhaber als bankgeschäftlich unerfahrenen Dritten berührt. Daher scheidet in diesen Bereichen für ein Auslagerungsunternehmen, das zugleich Tochter-, Mutter- oder Schwesterunternehmen der Kapitalanlagegesellschaft ist, das Konzernprivileg nach § 2 Abs. 6 S. 1 Nr. 5 KWG aus, obwohl das Auslagerungsunternehmen seine Finanzdienstleistung ausschließlich der Kapitalanlagegesellschaft gegenüber erbringt.

§ 16 Abs. 2 S. 1 1. HS InvG sieht die Lizenzpflicht für Auslagerungsunternehmen nur bei Auslagerung des Fondsmanagement vor; andere Tätigkeiten innerhalb des Investmentgeschäftes und Nebentätigkeiten verlangen keine Bankerlaubnis. Den Fondsmanagement-Auslagerungsunternehmen wird nach § 16 Abs. 2 S. 1 2. HS InvG konsequenterweise das Konzernprivileg versagt (der Gesetzgeber unterstellt für das Fondsmanagement offenbar die Lizenz für die Finanzdienstleistung nach § 1 Abs. 1a S. 2 Nr. 3 KWG [Finanzportfolioverwaltung]).

Regulierungsvorschlag und § 16 InvG gelangen mithin zu unterschiedlichen Lösungen. Aus Sicht des Regulierungsvorschlages bedarf es wiederum einer Ergänzung des § 16 InvG (s.u. VI.7.c.).[670]

*Offenlegung im Verkaufsprospekt*

Hinsichtlich der Offenlegungspflichten im Verkaufsprospekt geht der Regulierungsvorschlag weniger weit als das InvG: *De lege ferenda* sind nur diejenigen Auslagerungsmaßnahmen im vereinfachten und ausführlichen Prospekt offenzulegen, die Anteilinhaberzustimmung verlangen, also v.a. das Outsourcing des Fondsmanagement und der risikorelevanten, die Wertentwicklung des Sondervermögens betreffenden Teile der Fondsbuchhaltung (s.o. VI.5.f.dd.). § 16 Abs. 4 InvG hingegen schreibt in Umsetzung des Art. 5g Abs. 1 lit. i) OGAW-Richtlinie pauschal die Offenlegung jeglicher Auslagerungsmaßnahmen in den Verkaufsprospekten vor.

### bb. Übereinstimmende Regelungen

Trotz der Divergenzen kann der Regulierungsvorschlag, wie angeführt, im Grundsatz die Regelung des § 16 InvG bestätigen und investmentrechtlich untermauern.

Insbesondere sind sich der Regulierungsvorschlag und das InvG einig in der prinzipiellen Ausgestaltung der Outsourcing-Regulierung:

---

670 Ausweislich der Begründung zum Entwurf der Bundesregierung für ein Investmentmodernisierungsgesetz (BT-DS 15/1553, S. 82) bedarf selbst ein Fondsmanagement-Auslagerungsunternehmen keiner Lizenz, wenn das Fondsmanagement sich nicht auf Finanzinstrumente (§ 1 Abs. 11 KWG) erstreckt, also etwa auf Immobilien begrenzt ist. Auch dies ist aus Sicht des Regulierungsvorschlages abzulehnen, da die ausgelagerte Tätigkeit gem. § 7 Abs. 1 InvG, § 32 KWG Teilakt eines erlaubnispflichtigen Bankgeschäftes ist (näher unter III.3.c.gg.eee. und VI.5.f.bb.).

- kein vollständiges Verbot des Outsourcing (s. VI.3.), sondern grundsätzliche Auslagerbarkeit aller Funktionen einer Kapitalanlagegesellschaft (v.a. Fondsmanagement, Fondsbuchhaltung, Produktentwicklung, Transaktionsmanagement) einschließlich der Nebentätigkeiten (v.a. Vertrieb und Anteilscheinverwahrung);
- keine vollständige Liberalisierung des Outsourcing (s. VI.4.), sondern regulatorisches Vorschreiben von Mindestbedingungen und Beschränkungen,
- aufsichtliche Regulierungstechnik der Erlaubnis mit Verbotsvorbehalt, gesichert durch eine Anzeigepflicht (s. VI.5.f.aa.).

Auch hinsichtlich der einzelnen Zulässigkeitsvoraussetzungen des Outsourcing, wie sie in der Outsourcing-Normierung vorzusehen sind, besteht im Grundsatz Einvernehmen.

- Ebenso wie der Regulierungsvorschlag (s. VI.5.f.dd.) greift § 16 Abs. 1 InvG, indem er auf § 25a Abs. 2 KWG verweist, auf die allgemeinen bankaufsichtsrechtlichen Zulässigkeitskriterien zurück, dass Outsourcing zu keiner Beeinträchtigung der Ordnungsmäßigkeit der Geschäfte, der Steuerung- und Kontrollmöglichkeiten der Geschäftsleitung und der Prüfungsrechte und Kontrollmöglichkeiten der Aufsicht führen darf.
- Beide Regelungsansätze machen die Vermeidung von Interessenkonflikten zur Zulässigkeitsvoraussetzung des Outsourcing (s. VI.5.f.dd., § 16 Abs. 1 iVm. § 9 Abs. 2 Nr. 1, Nr. 3, Abs. 3 InvG).
- Beide Lösungsansätze wählen dieselbe Ausgestaltung der Anzeigepflicht gegenüber der Aufsicht (Absichts- und Vollzugsanzeige; s. VI.5.f.dd.).
- Zur Einhaltung dieser Zulässigkeitsvoraussetzungen sehen sowohl der Regulierungsvorschlag (s. VI.5.f.dd.bbb.) als auch § 16 InvG eine Reihe von Ausgestaltungsanforderungen an das Outsourcing vor (organisatorisch-operative Maßnahmen und vertragliche Vorkehrungen im Auslagerungsvertrag). § 16 bewerkstelligt dies wiederum durch den Verweis auf § 25a KWG.

Weiterhin kommen Regulierungsvorschlag und InvG zu kongruenten Lösungen in wichtigen Einzelfragen.

- Wenngleich § 16 InvG keine Stellung nimmt zur Auslagerbarkeit der Depotbankfunktionen, regelt das InvG in der Zusammenschau der Vorschriften § 21 Abs. 1, § 24 Abs. 1 S. 2, S. 3, § 112 Abs. 3, § 136 Abs. 1 Nr. 3 InvG, dass bis auf Ausnahmen im Hedgefonds-Bereich von den Depotbankaufgaben allein die Wertpapier-Verwahraufgabe, nicht aber die Kontrollaufgaben ausgelagert werden dürfen. Der Regulierungsvorschlag schließt sich dieser Regelung *de lege ferenda* an, wenngleich gesetzestechnisch eine zusammenführende Normierung zu bevorzugen wäre.
- Der Regulierungsvorschlag lehnt die analoge Anwendung des § 664 Abs. 1 S. 2 BGB auf den Investmentvertrag zwischen Anteilinhaber und Kapitalanlagegesellschaft ab (s. VI.5.a.bb.ccc.γ.). Auch § 16 Abs. 3 InvG schreibt vor, dass die Kapitalanlagegesellschaft ein Verschulden des Auslagerungsunternehmens zu vertreten hat wie eigenes Verschulden.
- Der Regulierungsvorschlag schließt eine Reihe von Unternehmen/Personen als Fondsmanagement-Auslagerungsdienstleister aus (die Depotbank, mit der De-

potbank verbundene Unternehmen, Unternehmen, die eine enge Verbindung iSd. § 1 Abs. 10 KWG zur Depotbank haben, sowie sonstige Unternehmen, bei denen andere Gründe für Interessenkonflikte vorliegen; s. VI.5.a.ff.). § 16 Abs. 2 S. 3 InvG hält eine vergleichbare Regelung bereit.

- Auch hinsichtlich der Weisungsrechte des Auslagerungsunternehmens gegenüber der Depotbank gelangen die Ansätze zu vergleichbaren Regelungen. Zwar verhält es sich so, dass § 25 S. 2 InvG die Weisungsgebundenheit der Depotbank gesetzlich festschreibt, während der Regulierungsvorschlag diese Gebundenheit aus der gebotenen Depotbankzustimmung zur Auslagerung ableitet (s. VI.5.a.bb.ccc.δ. a.E.). Aber Übereinstimmung besteht darin, dass die Ausübung der Weisungsrechte, die gem. § 22 Abs. 1 S. 2, § 24 Abs. 2 S. 2, § 25 S. 2 InvG auf die Kapitalanlagegesellschaft zugeschnitten sind, übertragen werden darf, und dass dies nicht nur für Fondsmanagement-Aufgaben gilt (vgl. etwa die Fondsbuchhaltungsaufgaben in § 25 S. 2 Nr. 3 InvG).

Aus Sicht des Regulierungsvorschlages ist es schließlich zu befürworten, in gesetzestechnischer Hinsicht Voraussetzungen für die Anwendung der formellgesetzlichen Outsourcing-Norm vorzusehen, durch die die Fälle sinnvoll begrenzt werden, in denen die Investment-Outsourcing-Regulierung einsetzt. Die in § 16 InvG iVm. § 25a KWG normierten Anwendungsvoraussetzungen entsprechen dabei den Vorstellungen des Regulierungsvorschlages.

- Sachlicher Anwendungsbereich: kohärente, insgesamte Kodifizierung für das Investmentgeschäft und die Nebentätigkeiten; Freistellung der gesetzlich angelegten Zusammenarbeit von Kapitalanlagegesellschaft und Depotbank von der Auslagerungsregulierung (*de lege lata* arg. e. § 16, §§ 20-29 InvG, v.a. § 22 Abs. 1 S. 1 InvG; grds. dazu bereits II.2.b.);
- personal-räumlicher Anwendungsbereich gemäß den Vorgaben der OGAW-Richtlinie (s. ausführlich unter III.3.c.aa.bbb. und IV.2.b.bb.);
- weitere Anwendungsvoraussetzungen („Auslagerung", „anderes Unternehmen", Erheblichkeit) nach Maßgabe der Regelung in § 25a Abs. 2 KWG (s. III.3.c.bb.).

### cc. Ergänzende Regelungen des Regulierungsvorschlages

Im Vergleich zu einer in eine Gesamtkodifikation eingebundenen formellgesetzlichen Outsourcing-Bestimmung verfügt der hier unterbreitete Regulierungsvorschlag über mehr Raum, sich mit der Regelungsmaterie zu befassen und sich auch mit Detailfragen auseinanderzusetzen. Infolgedessen enthält der Regulierungsvorschlag Bestandteile, zu denen dem InvG, insbesondere § 16 InvG, keine oder nur fragmentarische Aussagen entnommen werden können. Solcherlei Ansätze stehen inhaltlich nicht in Widerspruch zur gegebenen Rechtslage; vielmehr ist das InvG im Wege der Gesetzesauslegung mit diesen Ansätzen zu vereinbaren. Insoweit bieten diese ergänzenden Regelungen Auslegungshilfen und begründete Vorschläge für die aufsichtliche Handhabung von Einzelfällen in der Praxis.

Diese ergänzenden Regelungen des Regulierungsvorschlages, die ganz unterschiedliche Outsourcing-Fragen ansprechen, sollen hier ohne besondere Reihenfolge lediglich benannt sein; für ihre Inhalte wird auf die jeweiligen Ausführungen im Text verwiesen.

*Zu Zulässigkeitsvoraussetzungen des Outsourcing*:
- Kriterien für die Zulässigkeit von Weiterverlagerungen (VI.5.f.dd., auch bereits III.3.c.cc.ccc.);
- Anforderungen zum Erhalt der aufsichtlichen Prüfungsrechte bei Auslagerungsunternehmen, die im EU-Ausland beheimatet sind (VI.5.f.dd., auch bereits IV.2.d.aa.bbb.);
- Anforderungen zum Erhalt der aufsichtlichen Prüfungsrechte bei Auslagerungsunternehmen, die in einem Drittland liegen (VI.5.f.dd., auch bereits III.3.c.cc.ddd.).

*Zur Fondsmanagement-Auslagerung*:
- Frage der Zulässigkeit der Totalauslagerung (VI.5.a.ee.);
- Behandlung des Sonderfalles Spezialfondsanleger als Fondsmanagement-Auslagerungsunternehmen (VI.5.f.bb.bbb.);
- besondere inhaltliche Verpflichtungen des Fondsmanagement-Auslagerungsunternehmens (VI.5.a.ff.).

*Zur Auslagerung anderer Funktionen im Investmentgeschäft*:
- Auslagerbarkeit des Transaktionsmanagement, d.h. der Ausstellung der Anteilscheine, der Ausgabe und Rücknahme der Anteilscheine, der Order-Entgegennahme, des Order-Routing, des Clearing und Settlement (VI.5.b.bb.);
- Auslagerbarkeit der Bereiche Produktentwicklung, Marketing, Stabsfunktionen, IT (VI.5.b.cc., dd.);
- Auslagerbarkeit der Nebentätigkeit der individuellen Portfolioverwaltung (VI.5.c.aa.);
- Auslagerbarkeit der zentralen Leitungsfunktionen (VI.5.d.).

*Einzelfragen*:
- Absolute Grenzen des Outsourcing (VI.5.f.cc.);
- Sonderfälle von Unternehmenskooperationen im Investmentgeschäft (VI.6.b.).

### c. Weiterer aufsichtsrechtlicher Handlungsbedarf

Die zur aufsichtsrechtlichen Erfassung der Rechtswirklichkeit „Outsourcing im Investmentgeschäft" zu regulierende Materie ist recht vielschichtig und umfänglich. Wenngleich die formellgesetzliche Outsourcing-Norm einen Mindestregelungsinhalt aufweisen sollte, könnte sie nur mühsam den gesamten Regelungsbedarf in seinen Einzelheiten gesetzlich kodifizieren. § 16 InvG, selbst nach Inkorporierung der Bestimmungen des § 25a Abs. 2 KWG, erfasst nicht die ganze Bandbreite dieses Regelungsbedarfes. Es drängt sich daher auf, die gesetzliche Normierung durch eine aufsichtsrechtliche Verlautbarung zu ergänzen, die die im Gesetz behandelten wesentlichen Regelungsinhalte ausdifferenziert, detailliert und konkretisiert. Damit würde der Investmentpraxis der Umgang mit dem geschriebenen Recht vereinfacht. Das Rundschreiben 11/2001 des vormaligen BAKred zu § 25a Abs. 2 KWG[671] ist für diese Zwecke nicht ausreichend auf die Anforderungen des Investmentgeschäftes zugeschnitten; es gesteht seinerseits zu, dass im spezialgesetzlichen Bereich gesonderte Betrachtungen erforderlich sein können (Tz. 16 des Rundschreibens). Daher wird eine gesonderte investmentrechtliche Verlautbarung erforderlich. Um das Legitimationsdefizit solcher aufsichtlichen Verlautbarungen wettzumachen (vgl. o. III.3.b.aa.), sollte das InvG die Bankaufsichtsbehörde nach dem Muster der § 4 Abs. 2, § 9 Abs. 5 InvG zum Erlass von (hier so genannten) Richtlinien zur Handhabung des Outsourcing in der Aufsichtspraxis ermächtigen.

Auch bei Erlass solcher Richtlinien durch die Aufsicht ist zur Umsetzung des Regulierungsvorschlages die gegebene Rechtslage nach dem InvG zu ergänzen.

*Änderungsbedarf im InvG*

Der Änderungsbedarf betrifft zunächst § 16 InvG. Das Outsourcing kann nicht insgesamt formellgesetzlich reguliert werden. Dennoch sollten die wesentlichen Regelungsinhalte im Gesetz fixiert sein. Dazu zählen im Sinne des Regulierungsvorschlage über die Bestimmungen des § 16 InvG hinaus die folgenden Regelungsbestandteile, die Eingang in das Gesetz finden sollten:

- § 16 InvG sollte das Erfordernis der Anteilinhaberzustimmung und der Depotbankzustimmung bei Auslagerung des Fondsmanagement und der relevanten Teile der Fondsbuchhaltung enthalten (siehe VI.5.a.bb.ccc.β., VI.5.b.aa.).
- § 16 InvG sollte als Zulässigkeitsvoraussetzung die Bankerlaubnis des Auslagerungsunternehmens nach § 32 KWG vorsehen; dies geht über die Lizenzanforderung an den Fondsmanagement-Dienstleister gem. § 16 Abs. 2 InvG hinaus (siehe VI.5.f.bb.). In den Fällen, in denen die Anteilinhaberzustimmung zur Auslagerung einzuholen ist, ist das Konzernprivileg nach § 2 Abs. 6 S. 1 Nr. 5 InvG auszuschließen.
- § 16 InvG sollte einfordern, die „absoluten" Grenzen der Auslagerbarkeit zu beachten (siehe VI.5.f.cc., insbesondere kein Bewegen außerhalb der Voraussetzungen, die der Erlaubnis zum Geschäftsbetrieb zu Grunde liegen).

Neben diesen Ergänzungen zu § 16 InvG besteht zur Umsetzung des Regulierungsvorschlages an (wenigen) weiteren Stellen Bedarf, das InvG zu komplettieren.

Das InvG sollte, wie dargestellt, die Bankaufsicht zum Erlass von (hier so genannten) Richtlinien ermächtigen, nach denen die Aufsicht für den Regelfall die Rechtmäßigkeit von Auslagerungen beurteilt und an denen sie die Aufsichtspraxis ausrichtet. Dies sollte bestenfalls wiederum in § 16 InvG vorgesehen sein.

---

671 Siehe Fn. 2.

Der Katalog der für die Vertragsbedingungen vorgeschriebenen Angaben nach § 43 Abs. 4 InvG sollte ergänzt werden, um auf diese Weise das in § 16 InvG einzufügende Erfordernis der vertraglichen Anteilinhaberzustimmung zu komplementieren: Angaben zur Auslagerung des Fondsmanagement und der relevanten Teile der Fondsbuchhaltung sollten zu den notwendigen Angaben in den Vertragsbedingungen zählen. Auch das Auslagerungsunternehmen ist namentlich zu nennen.

Schließlich ergibt sich aus der Umsetzung der OGAW-Änderungsrichtlinie (Fn. 384) ein abrundender Anpassungsbedarf (siehe dazu detailliert IV.2.d.aa.bbb.β.), der einen Bestandteil des Regulierungsvorschlages *de lege ferenda* betrifft (s.o. VI.5.f.dd.aaa.). Art. 50 Abs. 1 iVm. Art. 5g Abs. 1 lit. b), d) OGAW-Richtlinie geben es den Mitgliedstaaten auf, zur Herstellung des Binnenmarktes die Zulässigkeit von Auslagerungsmaßnahmen nicht daran scheitern zu lassen, dass infolge der Ansässigkeit des Auslagerungsunternehmens in einem anderen Mitgliedstaat die aufsichtlichen Kontrollmöglichkeiten gegenüber einem solchen Auslagerungsdienstleister beeinträchtigt sind. Daher folgt aus Art. 50 Abs. 1 iVm. Art. 5g Abs. 1 lit. b), d) OGAW-Richtlinie eine Pflicht der Mitgliedstaaten, den Aufsichtsbehörden des Mitgliedstaates, in dem die auslagernde Verwaltungsgesellschaft ihren Sitz hat, die eigenhändige Prüfung vor Ort zu gestatten bzw. entsprechenden Prüfungsersuchen der fremden Aufsichtsbehörden stets nachzukommen. Eine dahin gehende Kodifizierung, etwa nach dem Muster des § 13 Abs. 7 InvG, des § 53b Abs. 6 KWG oder des Art. 52b OGAW-Richtlinie, ist daher auch im deutschen Investmentrecht vorzunehmen.

*Ergänzende aufsichtliche Richtlinien*

Aus den angeführten Gründen ist die formellgesetzliche Normierung um (hier so genannte) Richtlinien der Aufsicht zu ergänzen. Diese normkonkretisierenden Richtlinien sollten den Regelungsbedarf in dem durch die formellgesetzliche Norm gesteckten Rahmen in ganzer Breite und Tiefe aufgreifen. Die Praxis soll auf diese Weise Sicherheit gewinnen, welche Bedingungen des Outsourcing zu erfüllen sind, wie Auslagerungen auszugestalten sind und wo die Grenzen der Auslagerbarkeit verlaufen. Inhaltlich können die Richtlinien die im Regulierungsvorschlag unterbreiteten Ansätze aufgreifen und Spezifika zur Auslagerung einzelner betrieblicher Funktionen klären.

Folgende Regelungsgegenstände sollten Inhalt der Richtlinien sein (ohne besondere Reihenfolge oder Rangordnung): Detaillierung der in der Norm angeführten Zulässigkeitsvoraussetzungen, insbesondere Einzelheiten zu Begründung und Umsetzung der Zustimmungserfordernisse, Einzelheiten zur Erlaubnispflicht der Auslagerungsunternehmen, Einzelheiten zu den „absoluten" Grenzen sowie zur Vermeidung von Interessenkonflikten und zum Umgang mit Interessenkonflikten, Mindestinvolvierung der auslagernden Kapitalanlagegesellschaft bei Auslagerung des Fondsmanagement, Totalauslagerung des Fondsmanagement, besondere Anforderungen an die inhaltliche Verpflichtung des Fondsmanagement-Auslagerungsunternehmens, Verhältnis Auslagerungsunternehmen–Depotbank (v.a. hinsichtlich der gesetzlichen Weisungsrechte), Nichtauslagerbarkeit der zentralen Leitungsfunktionen, Nichtauslagerbarkeit der Depotbankfunktionen (Ausnahme Wertpapierverwahrung), Aufsichtsanforderungen bei im Ausland gelegenen Auslagerungsunternehmen, Möglichkeiten und Bedingungen für Weiterverlagerungen, Einzelheiten zu den vertraglichen und tatsächlichen Ausgestaltunganforderungen. Hinsichtlich der Unterrichtungspflichten sind die Anzeigeninhalte festzulegen (einzureichen sind: Auslagerungsvertrag, Duldungserklärung des Auslagerungsunternehmens iSd. § 20 S. 3 Nr. 2 AnzV, Nachweis der Zustimmung der Spezialfondsanleger zur Auslagerung – im Publikumsfondsbereich sind die entsprechenden Vertragsinhalte ohnehin zur aufsichtlichen Prüfung vorzulegen –, Nachweis der Depotbankzustimmung zur Auslagerung).

## 8. Zusammenfassung

Zu erarbeiten war ein Vorschlag zur Regulierung des Outsourcing im Investmentgeschäft ohne Bindung an die bestehende Outsourcing-Reglementierung, jedoch, soweit sinnvoll, im Rahmen der gegebenen aufsichtsrechtlichen Gesamtszenerie.

Das Totalverbot des Outsourcing kommt als Regulierungslösung nicht in Betracht, da Outsourcing nicht unvermeidlich mit Einbußen für den Anlegerschutz oder die Funktionsfähigkeit des Investmentmarktes verbunden ist.[672] Auch die vollständige regulatorische Freigabe des Outsourcing scheidet aus, denn hier drohen ohne aufsichtliche Begleitung Anlegerschutzstandards und Ordnungsmäßigkeit des Geschäftes beeinträchtigt zu werden.[673]

Die Regulierungslösung muss daher Outsourcing grundsätzlich zulassen, dabei aber Grenzen ziehen und Bedingungen formulieren. Im Ergebnis sind Auslagerungen im Investmentgeschäft *de lege ferenda* weitgehend zu ermöglichen. Im Einzelnen wird man dabei nach den unterschiedlichen Abschnitten der Investment-Wertschöpfungskette differenzieren müssen. Insbesondere werden im Einzelfall die Zustimmung der Anteilinhaber und die Zustimmung der Depotbank zum Outsourcing zur Rechtmäßigkeitsvoraussetzung der Auslagerung. Denn es ist Bestandteil des Anlegerschutzes, dass aus Sicht des Anteilinhabers risikorelevante Elemente des Investmentgeschäftes, also solche Komponenten, die die Wertentwicklung des Sondervermögens berühren, nicht am Anteilinhaber vorbei eingeführt oder verändert werden. Zu solchen Elementen kann auch die Person zählen, die die Aufgaben operativ verantwortet, die für die Wertentwicklung sensibel sind.

Das *Fondsmanagement* bildet den empfindlichsten Bereich des Investmentgeschäftes. Die Rechtslage vor Umsetzung des neuen Art. 5g OGAW-Richtlinie war durch ein gesetzliches Leitbild der Kapitalanlagegesellschaft gekennzeichnet, das mit der Aus-

672 Siehe VI.3.
673 Siehe VI.4.

lagerung des Fondsmanagement nicht in Übereinstimmung zu bringen war[674]; § 16 InvG sieht nunmehr die Auslagerbarkeit des Fondsmanagement vor. Unabhängig von der wechselnden Gesetzeslage ergibt die investmentrechtliche Prüfung, dass keiner der denkbaren Hinderungsgründe in zwingender Manier die Nichtauslagerbarkeit des Fondsmanagement zu begründen vermag: Ökonomisch kann die Auslagerung des Fondsmanagement nicht pauschal verworfen werden. Sie ist auch nicht unvereinbar mit der Erlaubnispflichtigkeit des Investmentgeschäftes. Ferner wird die Stabilität des Investmentmarktes nicht unausweichlich dadurch gefährdet, dass es an aufsichtlichen Kontrollmöglichkeiten über die externen Fondsmanagement-Dienstleister mangeln würde.[675] Auch das Spezialbankprinzip verlangt nicht die organisatorische Unabhängigkeit der Investmentgesellschaft im Fondsmanagement.[676] Schließlich wird aus der inhaltlichen Bestimmung des Anlegerschutzprinzips ersichtlich, dass auch der Anlegerschutz das Outsourcing des Fondsmanagement nicht unterbindet. Allerdings ist mit der Auslagerung des Fondsmanagement ein für die Wertentwicklung des Sondervermögens relevanter Bestandteil des zwischen Anleger und Kapitalanlagegesellschaft vereinbarten Risikopaketes betroffen, so dass der Anlegerschutz die Zustimmung der Anteilinhaber zur Rechtmäßigkeitsvoraussetzung der Auslagerung macht.[677] Auf dieser Zustimmung ist auch zur Wahrung der Ordnungsmäßigkeit des Investmentgeschäftes mit Blick auf § 664 Abs. 1 S. 1 BGB analog zu bestehen.

Die Umsetzung des Zustimmungserfordernisses im insoweit besonders „unhandlichen" Publikumsfondsbereich kann durch einen Änderungsvorbehalt in den Vertragsbedingungen vereinfacht werden.[678] Dabei werden die Anlegerinteressen gewahrt durch die Genehmigungs- und Bekanntmachungerfordernisse nach § 43 Abs. 2, Abs. 5 InvG sowie durch eine Ergänzung des Kataloges der vertraglichen Mindestinhalte in § 43 Abs. 4 InvG um Angaben zum Auslagerungssachverhalt und zum Auslagerungsdienstleister. In § 43 Abs. 2, Abs. 5 InvG ist kein „gesetzlicher Änderungsvorbehalt" zu sehen, nach dem für das Inkrafttreten der entsprechenden Investmentvertragsänderungen die behördliche Genehmigung und die Bekanntmachung der Änderungen in den Vertragsbedingungen genügen würden, ohne dass die bestehenden Anteilinhaber zustimmen müssten.

Da die im Dienst der Anlegerinteressen stehenden Kontrollaufgaben, die die Depotbank in der Überwachung des Fondsmanagement wahrzunehmen hat, bei Auslagerung des Fondsmanagement nunmehr (auch) gegenüber dem Auslagerungsdienstleister auszuüben sind, erhebt das Anlegerschutzprinzip zudem die Zustimmung der Depotbank zu einer weiteren Rechtmäßigkeitsvoraussetzung der Auslagerung.[679] Ihre Zustimmung wird die Depotbank v.a. davon abhängig machen, ob ihr

674 Siehe VI.5.a.aa.
675 Siehe VI.5.a.bb.aaa.
676 Siehe VI.5.a.bb.bbb.
677 Siehe VI.5.a.bb.ccc., v.a. -β.
678 Siehe VI.5.a.cc.
679 Siehe VI.5.a.bb.ccc.δ.

gegenüber dem Auslagerungsunternehmen ausreichend Rechte zustehen, um ihre Kontrollfunktion unbeeinträchtigt wahrzunehmen; diese Rechtsposition hat die auslagernde Kapitalanlagegesellschaft im Auslagerungsvertrag zu sichern.

Beim Outsourcing des Fondsmanagement ist die auslagernde Kapitalanlagegesellschaft nicht zu einer aktiven Mindestmitwirkung am Investmentprozess angehalten.[680] Das von ihr zu unterhaltende Kontrollnetz muss lediglich so dicht gewebt sein, dass Abweichungen der Fondsmanagement-Entscheidungen des Auslagerungsunternehmens von gesetzlichen und investmentvertraglichen Vorgaben unmittelbar auffallen und auch eine Prüfung auf grundsätzliche ökonomische Stimmigkeit der Entscheidungen vorgenommen wird.
Auch die Totalauslagerung des Fondsmanagement aller von einer Kapitalanlagegesellschaft verwalteten Sondervermögen sollte *de lege ferenda* nicht pauschal untersagt werden.[681] Sie wird investmentrechtlich nur unzulässig, wenn sie im Einzelfall zu einer Situation führt, die außerhalb der erteilten Bankerlaubnis liegt oder die Steuerungsmöglichkeiten der Geschäftsleitung bzw. die Ordnungsmäßigkeit des Geschäftes beeinträchtigt.
Für Spezialfonds ergeben sich keine nennenswerten Differenzen in der Regulierung des Outsourcing.

Auch die *Fondsbuchhaltung* ist ein auslagerbarer Abschnitt der Investment-Wertschöpfungskette.[682] Da einige der Fondsbuchhaltungsaufgaben für den Anteilinhaber risikorelevant sind iSe. Erheblichkeit für die Wertentwicklung des Sondervermögens (z.B. Ertragsvereinnahmung, Ausschüttungen, Thesaurierungen, Ermittlung von Belastungen des Sondervermögens für Aufwendungsersatz), verlangt der Anlegerschutz bei diesem Teil der Fondsbuchhaltung wiederum die Zustimmung der Anteilinhaber und der Depotbank zur Auslagerung. Denn zu den risikorelevanten Faktoren zählt auch, *wer* diese Aufgaben ausübt. Eine Ausnahme davon kann nur bestehen, wenn die entsprechenden Fondsbuchhaltungsaufgaben in Ausführung und Ergebnis vollständig durch die auslagernde Kapitalanlagegesellschaft vorausbestimmt werden können.

Im *Vertrieb* kooperieren Kapitalanlagegesellschaften traditionell mit externen Parteien; daran sollte sich *de lege ferenda* nichts ändern, Outsourcing ist also grundsätzlich zuzulassen.[683] Die Tätigkeiten des *Transaktionsmanagement* sind hingegen entweder als höchstpersönliche Aufgaben der Kapitalanlagegesellschaft oder als Aufgaben der Depotbank nicht auslagerungsfähig.[684]

680 Siehe VI.5.a.dd.
681 Siehe VI.5.a.ee.
682 Siehe VI.5.b.aa.
683 Siehe VI.5.b.bb.
684 Siehe auch hier VI.5.b.bb.

Auch die den Kapitalanlagegesellschaften offen stehenden *Nebentätigkeiten* sollten grundsätzlich der Auslagerung zugänglich sein, soweit dies sachlich sinnvoll ist.[685] Zu bejahen ist dies zumindest bei der individuellen Portfolioverwaltung (§ 7 Abs. 2 Nr. 1, Nr. 2 InvG), der Verwahrung und Verwaltung von Anteilscheinen, (§ 7 Abs. 2 Nr. 4 InvG) und beim Vertrieb von Anteilscheinen (§ 7 Abs. 2 Nr. 5 InvG). Das Outsourcing der individuellen Portfolioverwaltung erfordert entlang der dargelegten aufsichts- und zivilrechtlichen Grundsätze die Zustimmung der Anleger.

Die *zentralen Leitungsfunktionen* einer Kapitalanlagegesellschaft sollten aus gesellschaftsrechtlichen, verwaltungsrechtlichen und investmentrechtlichen Gründen nicht Gegenstand einer Auslagerung werden dürfen.[686] Für die *Depotbankfunktionen* gilt: Die Verwahrung von zum Sondervermögen gehörenden Wertpapieren kann delegiert werden. Die Gesamtheit der übrigen Aufgaben muss aber als juristische „Legierung" zur Überwachung der Kapitalanlagegesellschaft und zur Wahrnehmung der Anlegerinteressen bei der Depotbank verbleiben; ihr Outsourcing lässt sich weder investmentrechtlich noch ökonomisch rechtfertigen.[687]

Die unterbreitete Regulierungslösung weist neben den dargestellten Elementen, die auf einzelne betriebliche Funktionen des Investmentgeschäftes gerichtet sind, andere Bestandteile auf, die funktionsübergreifend das Outsourcing im Investmentgeschäft regeln. Dazu rechnet der prinzipielle verwaltungsrechtliche Regelungsmechanismus im Umgang mit Outsourcing.[688] Hier sollte der Technik der Erlaubnis mit Verbotsvorbehalt die Treue gehalten werden, zumal sie in vielen Fällen durch die erwähnte Genehmigung der Investmentvertragsbedingungen bzw. ihrer Änderungen ebenso wie durch die Erlaubnispflicht des Auslagerungsunternehmens von einem Quasi-Genehmigungsvorbehalt flankiert wird. Funktionsübergreifend ist nach § 32 KWG auch im Investmentbereich zu verlangen, dass ein Auslagerungsunternehmen über die relevante Bankerlaubnis verfügt, wenn es Teilakte von lizenzpflichtigen Bankgeschäften oder Finanzdienstleistungen ausführt.[689] Ausnahmen kommen nur in Betracht, wenn Handlungen und Entscheidungen des Auslagerungsunternehmens durch die auslagernde Kapitalanlagegesellschaft vorherbestimmt werden können oder die ausgelagerte Tätigkeit ein aufsichtlich nachrangiges Risiko bedeutet. Bei der Kumulation von Outsourcing-Maßnahmen wird die „absolute" Grenze der Auslagerbarkeit erreicht, entweder wenn die Ordnungsmäßigkeit des Geschäftes bzw. die Steuerungsmöglichkeiten der Geschäftsleitung beeinträchtigt werden oder wenn ein tatsächlicher Operationsmodus im Geschäftsmodell verwirklicht ist, der außerhalb der ursprünglich erteilten Erlaubnis liegt mit der Folge, dass wegen Entfallens der Lizenzvoraussetzungen ein Aufhebungsgrund nach § 35 Abs. 2 Nr. 3 KWG besteht.[690]

---

685 Siehe VI.5.c.

686 Siehe VI.5.d.

687 Siehe VI.5.e.

688 Siehe VI.5.f.aa.

689 Siehe VI.5.f.bb.

690 Siehe VI.5.f.cc.

Zur Wahrung des Anlegerschutzniveaus und der Funktionsfähigkeit und Leistungsfähigkeit des Investmentwesens sind weitere funktionsübergreifende Voraussetzungen für die Zulässigkeit von Auslagerungen zu formulieren:[691] Die allgemeine bankaufsichtsrechtliche Anforderung, dass Auslagerungen die Ordnungsmäßigkeit der Geschäfte, die Steuerungs- und Kontrollmöglichkeiten der Geschäftsleitung (nach außen gegenüber dem oder den Auslagerungsunternehmen und nach innen gegenüber der verbleibenden Gesellschaft) und die aufsichtlichen Prüfungsrechte und Kontrollmöglichkeiten nicht beeinträchtigen dürfen, beansprucht auch im Investmentrecht Gültigkeit. Den Aufsichtsbehörden sind die Absicht und der Vollzug der Auslagerung anzuzeigen. Solche Auslagerungen, die die Zustimmung der Anteilinhaber einfordern, müssen Eingang in den Verkaufsprospekt finden. Im Einzelfall ergeben sich zur Einhaltung dieser Zulässigkeitsvoraussetzungen Anforderungen an die Ausgestaltung des Outsourcing in organisatorisch-technischer und vertraglicher Hinsicht.

Abschließend lässt sich festhalten, dass der Regulierungsvorschlag in seinen Grundlinien deckungsgleich ist mit den Erkenntnissen, die sich auf rein transaktionskostenökonomischer und betriebswirtschaftlicher Grundlage gewinnen lassen.[692]

Im Abgleich des Regulierungsvorschlages mit § 16 InvG zeigt sich, dass der Regulierungsvorschlag die gegebene Rechtslage in vielen Punkten zu bestätigen vermag.[693] Es verbleiben jedoch Bestandteile der Outsourcing-Regulierung, in denen der Regulierungsvorschlag und das InvG zu unterschiedlichen Lösungen gelangen. Dies betrifft v.a. das Erfordernis der Anteilinhaberzustimmung und der Depotbankzustimmung bei Auslagerung des Fondsmanagement und der risikorelevanten Bestandteile der Fondsbuchhaltung, die Mindestmitwirkung der auslagernden Kapitalanlagegesellschaft bei Auslagerung des Fondsmanagement und die Lizenzanforderung für Auslagerungsunternehmen; in diesen Bereichen zielt der Regulierungsvorschlag auf eine kritische Überprüfung der formellgesetzlichen Rechtslage. Schließlich kann der Regulierungsvorschlag mit einer Reihe von ergänzenden Regelungen eine Auslegungshilfe und Anleitung für die Regulierungspraxis bieten. Diese Regelungen stehen nicht in Widerspruch zum bestehenden Recht; vielmehr kann § 16 InvG im Wege der Gesetzesauslegung mit diesen Regelungen in Übereinstimmung gebracht werden. In der weiteren aufsichtsrechtlichen Handhabung ist neben einer Ergänzung des InvG in den relevanten Punkten eine aufsichtliche Stellungnahme zu befürworten, nach der die Aufsicht für den Regelfall die Rechtmäßigkeit von Auslagerungen beurteilt und an der sie die Aufsichtspraxis ausrichtet.

---

691 Siehe VI.5.f.dd.

692 Siehe VI.5.g.

693 Siehe VI.7.

# VII. Gesamtergebnis

Es war Gegenstand dieser Arbeit, die rechtliche Zulässigkeit des Outsourcing bei Kapitalanlagegesellschaften zu untersuchen mit dem Ziel, dazu einen Regulierungsvorschlag zu erarbeiten.

Um die Untersuchung ökonomisch zu fundieren, wurde das Outsourcing zunächst aus Sicht der Transaktionskostenökonomik und der Betriebswirtschaftlehre analysiert.[694] Die Transaktionskostentheorie vermag, Outsourcing als eine hybride Organisationslösung zwischen marktlichen und unternehmensinternen Organisationsformen zu erklären. Transaktionskostenökonomisch ist die Auslagerung mancher Teile der Investment-Wertschöpfungskette, insbesondere der technischen Bereiche der Fondsbuchhaltung, gut zu legitimieren. Auch das Outsourcing des Fondsmanagement ist transaktionskostentheoretisch zumindest nicht ausgeschlossen. Die betriebswirtschaftliche Betrachtung gelangt zu einem in den Grundzügen vergleichbaren Bild.

Nach der zivilrechtlichen Einordnung des Outsourcing-Vertrages in das Geschäftsbesorgungs- und Auftragsrecht[695] wandte sich die Arbeit der Vorschrift des § 25a Abs. 2 KWG als der einschlägigen Norm des allgemeinen Bankaufsichtsrechts zu. Die Zielsetzung, der Anwendungsbereich und die Zulässigkeitsvoraussetzungen des § 25a Abs. 2 KWG wurden detailliert erörtert.[696] Es wurde aufgezeigt, dass die Vorschrift bis auf die zentralen Leitungsfunktionen keine Teilakte von Bankgeschäften und Finanzdienstleistungen von Anbeginn vom Outsourcing ausschließt, dass aber „absolute" Grenzen in der Kumulation von Auslagerungsmaßnahmen bestehen.[697] Auch Auslagerungsunternehmen unterliegen bereits bei Übernahme von Teilakten konzessionspflichtiger Geschäfte der Erlaubnispflicht gemäß § 32 KWG.[698] Ausnahmen sind im Einzelfall möglich, wenn die Tätigkeiten des Auslagerungsunternehmens ausreichend vorherbestimmt werden können oder von nur untergeordneter aufsichtlicher Bedeutung sind.

Im nächsten Schritt befasste sich die Untersuchung mit der für die Investment-Outsourcing-Regulierung richtunggebenden europarechtlichen Bestimmung des Art. 5g OGAW-Richtlinie, zu deren Umsetzung § 16 InvG in das nationale Investmentrecht eingeführt wurde. Es konnte aufgezeigt werden, dass Art. 5g OGAW-Richtlinie in liberaler Grundausrichtung die Möglichkeit des Outsourcing für Verwaltungsgesellschaften weitgehend eröffnet und dafür die Regelungstechnik der Erlaubnis mit Verbotsvorbehalt vorgibt.[699] Die umfangreichen Zulässigkeitsvorausset-

694 Siehe Kapitel II, v.a. II.1.b.bb.
695 Siehe III.2.
696 Siehe III.3.a. (Zielsetzung), III.3.c.aa., -bb. (Anwendungsbereich), III.3.c.cc. (Zulässigkeitsvoraussetzungen).
697 Siehe III.3.c.ff.
698 Siehe III.3.c.gg.
699 Siehe IV.2.a.

zungen für Auslagerungen wurden erörtert.[700] Es wurde dargelegt, dass die OGAW-Richtlinie in Outsourcing-Fragen die grenzüberschreitende Tätigkeit der Aufsichtsbehörden innerhalb der EU vorsieht.[701] Hinsichtlich der Auslagerung des Fondsmanagement konnte festgehalten werden, dass Art. 5g OGAW-Richtlinie keine aktive Mindestmitwirkung der auslagernden Verwaltungsgesellschaft verlangt, dafür aber eine so enge Kontrolle des Dienstleisters, dass Abweichungen von gesetzlichen und investmentvertraglichen Anlagevorgaben unmittelbar auffallen.[702] Auch die Totalauslagerung des Fondsmanagement ist grundsätzlich zulässig.[703] Das Outsourcing von Aufgaben der Verwahrstelle scheidet dagegen grundsätzlich aus.[704]

Anschließend setzte sich die Arbeit mit der organisationsrechtlichen Seite des US-Investmentrechts und seinen Implikationen für eine deutsche Regulierungslösung auseinander. Die Funktionsweise und Ablauforganisation des US-Investmentgeschäfts wurden behandelt. Dies ließ erkennen, dass das US-Recht die Zusammenarbeit der Investment Company mit dem Investment Adviser und anderen Beteiligten in einem Modell der Funktionentrennung vorsieht.[705] Die angelegten Beziehungen, insbesondere zwischen Investment Company und Investment Adviser, können nicht mit Auslagerungsbeziehungen gleichgesetzt werden.[706] In der Untersuchung der Gründe für die Durchsetzung dieses Modells in den USA wurde ersichtlich, dass das US-Investmentrecht insoweit zwar eine prinzipielle Alternative für die Organisation des Investmentgeschäftes insgesamt aufzeigt, dass es aber kaum Lehren für die Regulierung des Outsourcing bei Kapitalanlagegesellschaften bereithält.[707]

Aufbauend auf den Ergebnissen der Auseinandersetzung mit § 25a Abs. 2 KWG und Art. 5g OGAW-Richtlinie wurde abschließend ein Regulierungsvorschlag zum Outsourcing bei Kapitalanlagegesellschaften erarbeitet. Das vollständige Verbot des Outsourcing konnte ebenso wie die vollständige Liberalisierung als Regulierungslösung abgelehnt werden.[708] Der Regulierungsvorschlag trennt zwischen den einzelnen Funktionen innerhalb der Investment-Wertschöpfungskette. Hinsichtlich des Fondsmanagement als dem zentralen Wertschöpfungsschritt ergab die Untersuchung, dass keiner der denkbaren Hinderungsgründe, auch nicht das Prinzip des Anlegerschutzes, zwingend zur Nichtauslagerbarkeit führt.[709] Dieses Ergebnis der grundsätzlichen Auslagerbarkeit konnte um weitere Aspekte zur Auslagerung des Fondsmanagement ergänzt werden (Zustimmungserfordernisse, Mindestbeteiligung der auslagernden Kapitalanlagegesellschaft, Totalauslagerung, allgemeine Zulässig-

700 Siehe IV.2.d.
701 Siehe IV.2.d.aa.bbb.
702 Siehe IV.2.d.ee.bbb.
703 Siehe IV.3.a.
704 Siehe IV.3.g.
705 Siehe V.2.c.
706 Siehe V.3.a.
707 Siehe V.4.
708 Siehe VI.3., VI.4.
709 Siehe VI.5.a.bb.

keitsbedingungen).[710] Bezüglich der anderen betrieblichen Funktionen im Investmentgeschäft gelangte die Arbeit ebenfalls zur grundsätzlichen Zulässigkeit des Outsourcing. Für die Depotbankfunktion musste indessen mit Ausnahme der Wertpapierverwahrung die Auslagerbarkeit verneint werden.[711] Die Untersuchung erbrachte ferner das Festhalten am Regulierungsmechanismus der Erlaubnis mit Verbotsvorbehalt, die Bestätigung der grundsätzlichen Erlaubnispflicht für Auslagerungsunternehmen und eine Grenzziehung bei der Kumulation von Auslagerungen.[712] Der Abgleich des Regulierungsvorschlages mit § 16 InvG erbrachte eine grundsätzliche Stützung der Regulierung *de lege lata*. Jedoch verbleiben wichtige Regelungsbereiche, in denen der Regulierungsvorschlag zu einer kritischen Überprüfung der bestehenden Rechtslage anregt, ebenso wie Bereiche, in denen der Regulierungsvorschlag durch ergänzende Regelungen eine Anleitung zur Gesetzesauslegung und zur Handhabung in der Aufsichtspraxis bietet.[713]

Damit ist der unterbreitete Regulierungsvorschlag für das Outsourcing im Investmentgeschäft bemüht, den Kapitalanlagegesellschaften als den Intermediären des Investmentmarktes den Weg zum Outsourcing prinzipiell zu ebnen und mithin v.a. angebotsseitig wirtschaftliche Chancen zu eröffnen und Perspektiven für die Fortentwicklung der Branche nicht zu verbauen. Indem insbesondere der Anlegerschutz die Möglichkeiten und Grenzen des Outsourcing bestimmt, wird den Interessen der Anteilinhaber zur Durchsetzung verholfen. Die Absicherung der aufsichtlichen Rechte lässt eine Gefährdung der Stabilität des Investmentmarktes unwahrscheinlich werden. Der Regulierungsvorschlag lässt sich innerhalb der bestehenden investmentrechtlichen Gesamtreglementierung verwirklichen; das Vorschreiben gänzlich alternativer Organisationsmodelle für das Investmentgeschäft erübrigt sich insoweit. Der Vorschlag liefert für neue und bereits etablierte Elemente der Outsourcing-Regulierung eine (investment-) aufsichtsrechtliche und ökonomische Fundierung.

Outsourcing ist sonach ein Beispiel dafür, wie die (betriebs-) wirtschaftlichen Realitäten zu einer Anpassung des Regulierungsrahmens zwingen können. Regulierung muss darauf ausgerichtet sein, die Interessen der am Wirtschaftsleben Beteiligten zu einem Ausgleich zu bringen, um die Funktionsfähigkeit und Stabilität der Märkte zum Vorteil der Beteiligten dauerhaft zu sichern.

---

710 Siehe VI.5.a.cc. (Zustimmungserfordernisse), VI.5.a.dd. (Mindestbeteiligung), VI.5.a.ee. (Totalauslagerung), VI.5.a.ff./ VI.5.f.dd. (allgemeine Zulässigkeitsbedingungen).

711 Siehe VI.5.e.

712 Siehe VI.5.f.aa. (Regulierungsmechanismus), VI.5.f.bb. (Erlaubnispflicht), VI.5.f.cc. („absolute“ Grenzen).

713 Siehe VI.7.

Der Investmentmarkt verspricht, ein bedeutungsvoller Markt für Kapitalgeber und Kapitalsucher zu bleiben. Variantenreichtum der Investmentprodukte, Vielfalt der Anleger und Anlegermotivationen, volkswirtschaftlicher Lösungsbeitrag, aber auch üppiges Potenzial für Missbrauch von Informationsungleichheiten und eingeräumter Handlungsmacht lassen die Weiterentwicklung und Ausdifferenzierung der Investment-Regulierung zugleich lohnend und erforderlich werden.

## Literaturverzeichnis

**Akerlof, George**: The Market for Lemons: Qualitative Uncertainty and the Market Mechanism, Quarterly Journal of Economics 1970, S. 488-500 [*Akerlof (1970)*]

**Alchian, Armen; Demsetz, Harold**: Production, Information Costs, and Economic Organization, American Economic Review 1972, S. 777-795 [*Alchian/ Demsetz (1972)*]

**Alston, Lee J.; Gillespie, William**: Resource Coordination and Transaction Cost: A Framework for Analyzing the Firm/Market Boundary, Journal of Economic Behaviour and Organization 1989, S. 191-212 [*Alston/ Gillespie (1989)*]

**Andreas, Dieter; Reichle, Walter**: Selbst fertigen oder kaufen?, Frankfurt a.M. 1989 [*Andreas/ Reichle (1989)*]

**Arrow, Kenneth J.**: The Organization of Economic Activity: Issues pertinent to the Choice of Market versus Nonmarket Allocation, in: (ohne Hrsg.) The Analysis and Evaluation of Public Expenditure, The PBB System, Joint Economic Committee 1, Washington 1969, S. 47-64 [*Arrow (1969*]

**Arrow, Kenneth J.**: The Economics of Agency, in: Pratt, John W.; Zeckhauser, Richard J. (Hrsg.), Principals and Agents: The Structure of Business, Boston 1985, S. 37-51 [*Arrow (1985)*]

**Arrow, Kenneth J.; Debreu, Gérard**: Existence of Equilibrium for a Competitive Economy, Econometrica 1954, S. 265-290 [*Arrow/ Debreu (1954)*]

**Assmann, Heinz-Dieter; Schneider, Uwe H. (Hrsg.)**: Wertpapierhandelsgesetz Kommentar, 2. Auflage, Köln 1999 [*Bearbeiter in Assmann/ Schneider*]

**Assmann, Heinz-Dieter**: Kapitalmarkt – Kapitalmarktrecht - Kapitalanlagerecht, in: Assmann, Heinz-Dieter; Schütze, Rolf A. (Hrsg.), Handbuch des Kapitalanlagerechts, 2. Auflage, München 1997, S. 1-57 [*Assmann in Assmann/ Schütze*]

**Ausschuss für Recht und Bürgerrechte des Europäischen Parlaments**: Bericht über den Vorschlag für eine Richtlinie des Europäischen Parlaments und des Rates zur Änderung der Richtlinie 85/611/EWG zur Koordinierung der Rechts- und Verwaltungsvorschriften betreffend bestimmte Organismen für gemeinsame Anlagen in Wertpapieren (OGAW) zwecks Regulierung der Verwaltungsgesellschaften und der vereinfachten Prospekte für OGAW , Geschäftsnummer A4-0233/99 – PE 229.498/end., 22.04.1999, erhältlich unter www.europa.eu.int

**Baltensperger, Ernst**: The Economic Theory of Banking Regulation, in: Furubotn, Eirik G.; Richter, Rudolf (Hrsg.), The Economics and Law of Banking Regulation, ohne Ortsangabe, 1989, S. 1-21 [*Baltensperger (1989)*]

**Bandyk, Christoph**: Vertikale Integration als wettbewerbspolitisches Problem, Zürich 1988 [*Bandyk (1988)*]

**Bansal, Parveen**: Suffering under the weight, The Banker December 2001, S. 16-19 [*Bansal (2001)*]

**Baums, Theodor**: Universal Banks and Investment Companies in Germany, in: Saunders, Anthony; Walter, Ingo (Hrsg.), Universal Banking: Financial System Design Reconsidered, Chicago, London, Singapur 1996, S. 124-160 [*Baums (1995)*]

**Baums, Theodor; Kiem, Roger**: Die Investmentaktiengesellschaft mit veränderlichem Kapital, Arbeitspapier Nr. 118 des Instituts für Bankrecht der Johann Wolfgang Goethe-Universität Frankfurt am Main [*Baums/Kiem (2003)*]

**Baums, Theodor; König, Markus**: Investmentfonds im Universalbankkonzern: Rechtstatsachen und aktuelle Reformfragen, in: Forster, Karl-Heinz; Grunewald, Barbara; Lutter, Marcus; Semler, Johannes (Hrsg.), Aktien- und Bilanzrecht, Festschrift für Bruno Kropff, Düsseldorf 1997, S. 3-36 [*Baums/ König* (1997)]

**Baums, Theodor; Steck, Kai-Uwe**: Bausparkassen als Konzerntöchter – Konzern- und bankenaufsichtsrechtliche Fragen einer Vertriebsausgliederung –, Wertpapiermitteilungen Zeitschrift für Wirtschafts- und Bankrecht 1998, S. 2261-2271 [*Baums/ Steck (1998)*]

**Baums, Theodor; Theissen, Erik**: Banken, bankeigene Kapitalanlagegesellschaften und Aktienemissionen, Zeitschrift für Bankrecht und Bankwirtschaft 1999, S. 125-134 [*Baums/ Theissen (1999)*]

**Baur, Cornelius**: Make-or-Buy-Entscheidungen in einem Unternehmen der Automobilindustrie - empirische Analyse und Gestaltung der Fertigungstiefe aus transaktionskostentheoretischer Sicht, München 1990 [*C. Baur (1990)*]

**Baur, Jürgen**: Investmentgesetze: Gesetz über Kapitalanlagegesellschaften (KAGG) und Gesetz über den Vertrieb ausländischer Investmentanteile und über die Besteuerung der Erträge aus ausländischen Investmentanteilen (AuslInvestmG); Kommentar nebst Länderübersicht EG/EWR-Staaten, Japan, Schweiz, USA; Teilbände 1 und 2; 2. Auflage, Berlin, New York, 1997 [*Baur*]

**Baur, Jürgen**: Investmentgeschäfte, in: Assmann, Heinz-Dieter; Schütze, Rolf A. (Hrsg.), Handbuch des Kapitalanlagerechts, 2. Auflage, München 1997, S. 701-794 [*Baur in Assmann/ Schütze*]

**Beck, Hanno**: Zeit zum Aufräumen, Frankfurter Allgemeine Zeitung, 9.7.2002 [*Beck (2002)*]

**Beck, Hanno; Ainsworth, Alan**: „Der Wettbewerb wird zunehmen", Frankfurter Allgemeine Zeitung, 15.8.2002 [*Beck/ Ainsworth (2002)*]

**Beckmann, Klaus; Bauer, Joachim**: Bankaufsichtsrecht Entscheidungssammlung, Frankfurt am Main 1986, 3. Ergänzungslieferung von 1989 [*Beckmann/ Bauer*]

**Beckmann, Klaus; Scholtz, Rolf-Detlev; Vollmer, Lothar**: Investment – Ergänzbares Handbuch für das gesamte Investmentwesen Band 1, 48. Lieferung von 02/2003, Berlin 1970 [*Bearbeiter in Beckmann/ Scholtz*]

**Behrenwaldt, Udo**: Fondssupermärkte in Deutschland, Die Bank 2002, S. 305-307 [*Behrenwaldt (2002)*]

**Benzler, Marc**: § 25a Abs. 2 KWG – Auslagerung von Bankdienstleistungen, in: Lange, Knut Werner; Wall, Friederike (Hrsg.), Risikomanagement nach dem KonTraG, München 2001, S. 326-353 [*Benzler (2001)*]

**Biesenbach, Heinz; Fraedrich, Michael; Gerlach, Rolf; Voigtländer, Dietrich**: Zusammenführung von bws bank und WPS Bank zu einer gemeinsamen Wertpapierabwicklungsbank, Zeitschrift für das Gesamte Kreditwesen 2003, S. 4-6 [*Biesenbach (2003)*]

**Birnbaum, Günter; Kopp-Colomb, Wolf von**: Die Harmonisierung von Wohlverhaltens- und Complianceregelungen auf europäischer Ebene durch FESCO bzw. CESR, Wertpapiermitteilungen Zeitschrift für Wirtschafts- und Bankrecht 2001, S. 2288-2294 [*Birnbaum/Kopp-Colomb (2001)*]

**Bloech, Jürgen**: Outsourcing – Wirtschaftlichkeitsmaße für Unternehmungen mit ausgegliederten Teilsystemen, in: Koppelmann, Udo (Hrsg.), Outsourcing, Stuttgart 1996, S. 149-162 [*Bloech (1996)*]

**Board of Governors of the Federal Reserve System**: Supervision and Regulation Letter on Interagency Guidance on EDP Service Contracts for Financial Institutions; 24.01.1990, Aktenzeichen SR 90-5 (FIS), Washington D.C. 1990, erhältlich unter www.federalreserve.gov

**Board of Governors of the Federal Reserve System**: Supervision and Regulation Letter on Fedwire Third Party Access Policy, 09.11.1995, Aktenzeichen SR 95-48 (SPE), Washington D.C. 1995, erhältlich unter www.federalreserve.gov

**Board of Governors of the Federal Reserve System**: Supervision and Regulation Letter on Interagency Guidance on the Internal Audit Function and its Outsourcing, 22.12.1997, Aktenzeichen SR 97-35 (SUP), Washington D.C. 1997, erhältlich unter www.federalreserve.gov

**Board of Governors of the Federal Reserve System**: Supervision and Regulation Letter on Outsourcing of Information and Transaction Processing, 29.2.2000, Aktenzeichen SR 00-4 (SUP), Washington D.C. 2000, erhältlich unter www.federalreserve.gov

**Board of Governors of the Federal Reserve System**: Supervision and Regulation Letter on Guidance on the Risk Management of Outsourced Technology Services, 30.11.2000, Aktenzeichen SR 00-17 (SPE), Washington D.C. 2000, erhältlich unter www.federalreserve.gov

**Board of Governors of the Federal Reserve System; Federal Deposit Insurance Corporation; Office of the Comptroller of the Currency; Office of Thrift Supervision**: Interagency Policy Statement on the Internal Audit Function and its Outsourcing, 22.12.1997, ohne Aktenzeichen, ohne Ortsangabe, erhältlich unter www.federalreserve.gov

**Board of Governors of the Federal Reserve System; Federal Deposit Insurance Corporation; Office of the Comptroller of the Currency; Office of Thrift Supervision**: Interagency Policy Statement on Risk Management of Outsourced Technology Services, 28.11.2000, ohne Aktenzeichen, Washington D.C. 2000, erhältlich unter www.federalreserve.gov

**Bösch, Martin**: Outsourcing im Transaction Banking: Theorie, Praxis und Ausblick, Die Bank 2004, S. 125-129 [*Bösch (2004)*]

**Bogaschewsky, Ronald**: Strategische Aspekte der Leistungstiefenoptimierung, in: Koppelmann, Udo (Hrsg.), Outsourcing, Stuttgart 1996, S. 123-147 [*Bogaschewsky (1996)*]

**Bonin, Christoph:** Strukturwandel im Asset Management – den Finanzplatz Deutschland stärken, Die Bank 2003, S. 456-459 [*Bonin (2003)*]

**Boos, Karl-Heinz; Fischer, Reinfrid; Schulte-Mattler, Hermann (Hrsg.)**: Kreditwesengesetz Kommentar zu KWG und Ausführungsvorschriften, 1. Auflage München 2000, 2. Auflage München 2004 [*Bearbeiter in Boos/ Fischer/ Schulte-Mattler* (2. Auflage, soweit nicht anders gekennzeichnet)]

**Booz Allen Hamilton Inc.**: A comprehensive guide to outsourcing, Booz Allen Hamilton Knowledge Management Materials, Sydney 2001 [*Booz Allen Hamilton (2001)*]

**Brinkhaus, Josef; Scherer, Peter (Hrsg.)**: Gesetz über Kapitalanlagegesellschaften Auslandinvestment-Gesetz Kommentar, München 2003 [*Bearbeiter in Brinkhaus/ Scherer*]

**Bruch, Heike**: Outsourcing: Konzepte und Strategien, Chancen und Risiken, Wiesbaden 1998 [*Bruch (1998)*]

**Bruchner, Helmut**: Bankgeheimnis, in: Schimansky, Herbert; Bunte, Hermann-Josef; Lwowski, Hans-Jürgen (Hrsg.), Bankrechts-Handbuch, Bände I-III, 2. Auflage, München 2001, S. 739-786 [*Bruchner in BankRHandB*]

**Bühner, Rolf; Tuschke, Anja**: Outsourcing, Die Betriebswirtschaft 1997, S. 20-30 [*Bühner/ Tuschke (1997)*]

**Bundesaufsichtsamt für das Kreditwesen**: Entwurf: Rundschreiben .../1998 an alle Kreditinstitute und Finanzdienstleistungsinstitute in der Bundesrepublik Deutschland „Auslagerung von Bereichen auf ein anderes Unternehmen gemäß § 25a Abs. 2 KWG", Geschäftsnummer I 3 – A 272 A – 2/98, Berlin 13.7.1998

**Bundesaufsichtsamt für das Kreditwesen**: Entwurf: Rundschreiben .../1999 an alle Kreditinstitute und Finanzdienstleistungsinstitute in der Bundesrepublik Deutschland „Auslagerung von Bereichen auf ein anderes Unternehmen gemäß § 25a Abs. 2 KWG", Geschäftsnummer I 3 – 272 A – 2/98, Berlin 9.11.1999

**Bundesaufsichtsamt für das Kreditwesen**: Entwurf: Rundschreiben .../2000 an alle Kreditinstitute und Finanzdienstleistungsinstitute in der Bundesrepublik Deutschland „Auslagerung von Bereichen auf ein anderes Unternehmen gemäß § 25a Abs. 2 KWG", Geschäftsnummer I 3 – 272 A – 2/98, Bonn 14.6.2000, abgedruckt in: Zeitschrift für Bankrecht und Bankwirtschaft 2000, S. 283-286

**Bundesaufsichtsamt für das Kreditwesen**: Rundschreiben 11/2001 an alle Kreditinstitute und Finanzdienstleistungsinstitute in der Bundesrepublik Deutschland „Auslagerung von Bereichen auf ein anderes Unternehmen gemäß § 25a Abs. 2 KWG", Geschäftsnummer I 3 – 272 A – 2/98, Bonn 6.12.2001, erhältlich unter www.bafin.de und abgedruckt bei *Consbruch/ Möller/ Bähre/ Schneider Nr. 4.339*

**Burchard, Ulrich**: Kompetenz-Netzwerk versus Universalbank, Die Bank 1997, S. 4-7 [*Burchard (1997)*]

**Burgi, Martin**: Risk Management und Bankenaufsicht im System des Wirtschaftsverwaltungsrechts, in: Lange, Knut Werner; Wall, Friederike (Hrsg.), Risikomanagement nach dem KonTraG, München 2001, S. 307-325 [*Burgi (2001)*]

**Burik, Paul; Kruse, Oliver:** Strukturen im Fondsgeschäft: Chancen für Spezialisten, Bank und Markt 2002, S. 41-45 [*Burik/Kruse (2002)*]

**Canaris, Claus-Wilhelm**: Bankvertragsrecht, 2. Bearbeitung, in: Handelsgesetzbuch Großkommentar begründet von Hermann Staub, fortgeführt von Mitgliedern des Reichgerichts, Dritte Auflage, Dritter Band, Dritter Teil, Berlin, New York 1981 [*Canaris*]

**Caves, Richard E.; Bradburd, Ralph M.**: The Empirical Determinants of Vertical Integration, Journal of Economic Behaviour and Organization 1988, S. 265-279 [*Caves/ Bradburd (1988)*]

**Chandler, Alfred**: Organizational Capabilities and the Economic History of the Industrial Enterprise, Journal of Economic Perspectives 1992, S. 79-100 [*Chandler (1992)*]

**Claussen, Carsten Peter**: Bank- und Börsenrecht, 2. Auflage, München 2000 [*Claussen (2000)*]

**Coase, Ronald**: The Nature of the Firm, Economica 1937, S. 386-405 [*Coase (1937)*]

**Coase, Ronald**: The Problem of Social Cost, Journal of Law and Economics 1960, S. 1-44 [*Coase (1960)*]

**Coase, Ronald**: The New Institutional Economics, Journal of Institutional and Theoretical Economics 1984, S. 229-231 [*Coase (1984)*]

**Coase, Ronald**: The Firm, the Market, and the Law, Chicago 1988 [*Coase (1988)*]

**Colyer, Tim**: Awaiting the second wave, in: Global Investor Inside Outsourcing (2002), ohne Ortsangabe, Oktober 2002, S. 2-6 [*Colyer (2002)*]

**Consbruch, Johannes; Möller, Annemarie; Bähre, Inge Lore; Schneider, Manfred**: Kreditwesengesetz mit weiteren Vorschriften zum Aufsichtsrecht der Banken, Textsammlung Band I und II, 67. Ergänzungslieferung Juli 2002 [*Consbruch/ Möller/ Bähre/ Schneider*]

**Demsetz, Harold**: The Structure of Ownership and the Theory of the Firm, Journal of Law and Economics 1983, S. 375-390 [*Demsetz (1983)*]

**Deutsch, Markus**: Datenschutz und Funktionsauslagerung, in: Hadding, Walther; Hopt, Klaus J.; Schimansky, Herbert (Hrsg.), Funktionsauslagerung (Outsourcing) bei Kreditinstituten Bankrechtstag 2000, Berlin, New York 2001, S. 129-152 [*Deutsch (2001)*]

**Diemer, Michael**; Strategisches Outsourcing: Gemeinsam den Markt angehen, in: Köhler-Frost, Wilfried (Hrsg.), Outsourcing: Eine strategische Allianz besonderen Typs, Berlin 2000, S. 58-71 [*Diemer (2000)*]

**Disselbeck, Kai:** Die Ketten brechen auf, Zeitschrift für das Gesamte Kreditwesen 2003, S. 872-873 [*Disselbeck (2003)*]

**Dönch, Kirsten; Bachmann, Martina**:Verwaltung von Investmentdepots – Outsourcing als Lösungsansatz, Die Bank 1999, S. 244-247 [*Dönch/ Bachmann (1999)*]

**Drewes, Winfried; Böhm, Stefan**: Sparkassen und Investmentfonds, Zeitschrift für das gesamte Kreditwesen 2002, S. 311-316 [*Drewes/ Böhm (2002)*]

**Ebner von Eschenbach, Hans-Christoph Freiherr**: Die Rechte des Anteilinhabers nach dem Gesetz über Kapitalanlagegesellschaften, Erlangen1959 [*Ebner von Eschenbach (1959)*]

**Endres, Michael**: Organisation der Unternehmensleitung aus der Sicht der Praxis, Zeitschrift für das gesamte Handelsrecht und Wirtschaftsrecht 1999,S. 441-460 [*Endres (1999)*]

**Entzian, Till:** Mittelzuflüsse bei Spezialfonds können die Kapitalmarktverluste nicht ausgleichen, Zeitschrift für das Gesamte Kreditwesen 2003, S. 880-895 [*Entzian (2003)*]

**Europäische Kommission**: Eurostat Jahrbuch 2004, ohne Ortsangabe, 2004 [*Eurostat Jahrbuch (2004)*]

**Europäische Zentralbank**: Stellungnahme der Europäischen Zentralbank auf Ersuchen des Rates der Europäischen Union gemäß Artikel 109 l Abs. 2 und 109 f Abs. 6 des Vertrags zur Gründung der Europäischen Gemeinschaft und Artikel 5.3 der Satzung des Europäischen Währungsinstituts zu zwei Vorschlägen der Europäischen Kommission für eine Richtlinie des Europäischen Parlaments und des Rates zur Änderung der Richtlinie 85/611/EWG zur Koordinierung der Rechts- und Verwaltungsvorschriften betreffend bestimmte Organismen für gemeinsame Anlagen in Wertpapieren (OGAW), 98/0242 – KOM(1998) 451 endg. und 98/0243 – KOM(1998) 449 endg., ABl. EG C 285 vom 7.10.1999. S. 9-13

**Europäisches Parlament**: Vorschlag für eine Richtlinie des Europäischen Parlaments und des Rates zur Änderung der Richtlinie 85/611/EWG zur Koordinierung der Rechts- und Verwaltungsvorschriften betreffend bestimmte Organismen für gemeinsame Anlagen in Wertpapieren (OGAW) zwecks Regulierung der Verwaltungsgesellschaften und der vereinfachten Prospekte für OGAW (KOM(1998) 451 – C4-0465/1998 – 1998/0242(COD)), ABl. EG C 339 vom 29.11.2000, S. 228-231

**Eyles, Uwe**: Funktionsauslagerung (Outsourcing) bei Kredit- und Finanzdienstleistungsinstituten – Bank- und wertpapieraufsichtsrechtliche Rahmenbedingungen, Wertpapiermitteilungen Zeitschrift für Wirtschafts- und Bankrecht 2000, S. 1217-1234 [*Eyles (2000)*]

**Eyles, Uwe**: Generelle Auslagerungsverbote im Licht des aktuellen Entwurfs eines Rundschreibens des Bundesaufsichtsamtes für das Kreditwesen zu § 25a Abs. 2 KWG, in: Hadding, Walther; Hopt, Klaus J.; Schimansky, Herbert (Hrsg.), Funktionsauslagerung (Outsourcing) bei Kreditinstituten Bankrechtstag 2000, Berlin, New York 2001, S. 73-90 [*Eyles (2001)*]

**Federal Reserve Bank of New York**: Outsourcing Financial Services Activities: Industry Practices to Mitigate Risks (New York 1999, ohne Aktenzeichen), abgedruckt in: Hadding, Walther; Hopt, Klaus J.; Schimansky, Herbert (Hrsg.), Funktionsauslagerung (Outsourcing) bei Kreditinstituten Bankrechtstag 2000, Berlin, New York 2001, S. 197-222

**Fehr, Benedikt**: Frankfurt soll Abwicklungszentrum für ganz Europa werden, Frankfurter Allgemeine Zeitung, 13.09.2002 [*Fehr (2002)*]

**Field, Graham**: Getting data out there, The Banker 8/2002, S. 50-52 [*Field (2002)*]

**Findeisen, Michael**: Outsourcing der Funktion des Geldwäschebeauftragten und anderer wesentlicher Pflichten des Geldwäschegesetzes, Wertpapiermitteilungen Zeitschrift für Wirtschafts- und Bankrecht 2000, S. 1234-1241 [*Findeisen (2000)*]

**Fischer, Marc**: Make-or-Buy-Entscheidungen im Marketing: neue Institutionenlehre und Distributionspolitik, Wiesbaden 1993 [*Fischer (1993)*]

**Fischer, Reinfrid; Klanten, Thomas**: Bankrecht: Grundlagen der Rechtspraxis, 3. Auflage, Köln 2000 [*Fischer/ Klanten (2000)*]

**Fischer, Reinfrid**: Grundlagen zur Aufsicht über Kredit- und Finanzdienstleistungsinstitute, in: Schimansky, Herbert; Bunte, Hermann-Josef; Lwowski, Hans-Jürgen (Hrsg.), Bankrechts-Handbuch, Bände I-III, 2. Auflage, München 2001, S. 4397-4412 [*Fischer in BankRHandB, Randnummer*]

**Fischer, Reinfrid**: Die Aufsichtsbehörden und ihre Instrumente, in: Schimansky, Herbert; Bunte, Hermann-Josef; Lwowski, Hans-Jürgen (Hrsg.), Bankrechts-Handbuch, Bände I-III, 2. Auflage, München 2001, S. 4413-4419 [*Fischer in BankRHandB, Randnummer*]

**Fischer, Reinfrid**: Gegenstand der Bankenaufsicht, in: Schimansky, Herbert; Bunte, Hermann-Josef; Lwowski, Hans-Jürgen (Hrsg.), Bankrechts-Handbuch, Bände I-III, 2. Auflage, München 2001, S. 4420-4434 [*Fischer in BankRHandB, Randnummer*]

**Fischer, Reinfrid**: Die Betriebserlaubnis und Geschäftsleiter, in: Schimansky, Herbert; Bunte, Hermann-Josef; Lwowski, Hans-Jürgen (Hrsg.), Bankrechts-Handbuch, Bände I-III, 2. Auflage, München 2001, S. 4435-4456 [*Fischer in BankRHandB, Randnummer*]

**Fleiter, Erhard**: Spezialfonds als hocheffizientes Outsourcing-Instrument, in: Bundesverband Investment und Asset Management e.V. (Hrsg.), Spezialfonds aus Anlegersicht – eine Erfolgsgeschichte, Frankfurt am Main 2002, S. 61-68 [*Fleiter (2002)*]

**Fock, Till**: Kollektive Vermögensverwaltung zwischen Investmentrecht und Kreditwesengesetz, Zeitschrift für Bankrecht und Bankwirtschaft 2005, S. 365-371 [*Fock (2005)*]

**Friauf, Karl Heinrich (Hrsg.)**: Kommentar zur Gewerbeordnung – GewO, Gewerberechtlicher Teil §§ 1-34c, Neuwied 1960, 156. Lieferung Januar 1996 [*Bearbeiter in Friauf – GewO*]

**Frotscher, Werner**: Wirtschaftsverfassungs- und Wirtschaftsverwaltungsrecht, 3. Auflage, München 1999 [*Frotscher (1999)*]

**Furubotn, Eirik; Pejovich, Svetozar**: Property Rights and Economic Theory: A Survey of Recent Literature, Journal of Economic Literature 1972, S. 1137-1162 [*Furubotn/ Pejovich (1972)*]

**Furubotn, Eirik; Pejovich, Svetozar**: Introduction: The New Property Rights Literature, in: Furubotn, Eirik; Pejovich, Svetozar (Hrsg.), The Economics of Property Rights, Cambridge 1974, S. 1-9, [*Furubotn/ Pejovich (1974)*]

**Gerhardt, Thomas**: Theorie und Realität ökonomischer Organisation: der transaktionskostentheoretische Ansatz zur vertikalen Integration, Wiesbaden 1995 [*Gerhardt (1995)*]

**Gerke, Wolfgang; Rapp, Heinz-Werner**: Strukturelle Neugestaltung des deutschen Investmentrechts, Zeitschrift für Bankrecht und Bankwirtschaft 1992, S. 85-97 [*Gerke/ Rapp (1992)*]

**Geßler, E.**: Das Recht der Investmentgesellschaften und ihrer Zertifikatsinhaber, Wertpapiermitteilungen, Sonderbeilage Nr. 4 zu Teil IV B Nr. 20, 1957, S. 10-26 [*Geßler (1957)*]

**Göttlicher, Christoph; Köhler, Steffen**: Outsourcing liegt im Trend, Bankmagazin 6/2002, S. 34-35 [*Göttlicher/ Köhler (2002)*]

**Gondesen, Helge**: Rechtsetzung durch die Exekutive im Investmentrecht – Die wesentlichen Elemente der Derivateverordnung der Bundesanstalt für Finandienstleistungsaufsicht vom 6. Februar 2004 –, Wertpapiermitteilungen Zeitschrift für Wirtschafts- und Bankrecht 2005, S. 116-124 [*Gondesen (2005)*]

**Grossman, Sanford J.; Hart, Oliver D.**: An Analysis of the Principal-Agent-Problem, Econometrica 1983, S. 7-45 [*Grossmann/ Hart (1983)*]

**Grundmann, Stefan**: Europäisches und deutsches Investmentrecht, Zeitschrift für Bankrecht und Bankwirtschaft 1991, S. 242-259 [*Grundmann (1991)*]

**Hamacher, Rolfjosef; Frenzel, Mathias**: Outsourcing bei Banken, Versicherungen und Kapitalanlagegesellschaften – Eine neue Standortbestimmung, Umsatzsteuer-Rundschau 2002, S. 297-305 [*Hamacher/ Frenzel (2002)*]

**Hamm, Margaretha**: Professionell einkaufen, Bankmagazin 5/2002, S. 38-39 [*Hamm (2002)*]

**Hanten, Mathias**: Aufsichtsrechtliche Erlaubnispflicht bei grenzüberschreitenden Bankgeschäften und Finanzdienstleistungen, Wertpapiermitteilungen Zeitschrift für Wirtschafts- und Bankrecht 2003, S. 1412-1416 [*Hanten (2003a)*]

**Hanten, Mathias**: Aufsichtsrechtliche Aspekte des Outsourcing bei Kapitalanlagegesellschaften, Zeitschrift für Bankrecht und Bankwirtschaft 2003, S. 291-298 [*Hanten (2003b)*]

**Harrigan, Kathryn Rudie**: A Framework for Looking at Vertical Integration, Journal of Business Strategy 1983, S. 30-37 [*Harrigan (1983a)*]

**Harrigan, Kathryn Rudie**: Strategies for Vertical Integration, New York 1983 [*Harrigan (1983b)*]

**Harrigan, Kathryn Rudie**: Vertical Integration and Corporate Strategy, The Academy of Management Journal 1985, S. 397-425[*Harrigan (1985a)*]

**Harrigan, Kathryn Rudie**: Exit Barriers and Vertical Integration, The Academy of Management Journal, 1985b, S. 686-697 [*Harrigan (1985b)*]

**Harrigan, Kathryn Rudie**: Matching Vertical Integration Strategies to Competitive Conditions, Strategic Management Journal 1986, S. 535-555 [*Harrigan (1986)*]

**Hart, Oliver**: Is "Bounded Rationality" an Important Element of a Theory of Institutions?, Journal of Institutional and Theoretical Economics 1990, S. 696-702 [*Hart (1990)*]

**Hart, Oliver; Moore, John**: Property Rights and the Nature of the Firm, Journal of Political Economy 1990, S. 1119-1158 [*Hart/ Moore (1990)*]

**Hasselfeldt, Gerda**: Finanzmarktförderung, Kapitalmarktkultur und Investmentfonds, Zeitschrift für das gesamte Kreditwesen 2001, S. 1383-1385 [*Hasselfeldt (2001)*]

**Heinemann, Friedrich**: The Benefits of Creating a Real EU Market for Investment Funds, Arbeitspapier des Zentrums für Europäische Wirtschaftsforschung (ZEW), Mannheim 2002, erhältlich unter www.bvi.de [*Heinemann (2002)*]

**Heinen, E.; Dietl, B.**: Informationswirtschaft, in: Heinen, E. (Hrsg.), Industriebetriebslehre,Wiesbaden 1985, S. 893-1074 [*Heinen/ Dietl (1985)*]

**Hennrichs, Joachim**: Funktionsauslagerung (Outsourcing) bei Kreditinstituten – Bericht über den Bankrechtstag 2000 der Bankrechtlichen Vereinigung e.V. am 30. Juni 2000 in Wien –, Wertpapiermitteilungen Zeitschrift für Wirtschafts- und Bankrecht 2000, S. 1561-1566 [*Hennrichs (2000)*]

**Herring, Frank M.; Steck, Andreas**: Rechtliche Grenzen des Outsourcing – der neueste Entwurf eines BAKred-Rundschreibens, Zeitschrift für das gesamte Kreditwesen 2000, S. 1441-1445 [*Herring/ Steck (2000)*]

**Herrmann, Andreas; Vollmer, Ingrid**: Outsourcing von Finanzdienstleistungen I – Chancen und Risiken, Zeitschrift für das Gesamte Kreditwesen 1999, S. 1255-1258 [*Herrmann/ Vollmer (1999a)*]

**Herrmann, Andreas; Vollmer, Ingrid**: Outsourcing von Finanzdienstleistungen II – eine empirische Untersuchung, Zeitschrift für das Gesamte Kreditwesen 1999, S. 1258-1263 [*Herrmann/ Vollmer (1999b)*]

**Hirte, Heribert; Heinrich, Tobias A.**: Entwicklungen im Europäischen Bankrecht – Eine Bestandsaufnahme, Zeitschrift für Bankrecht und Bankwirtschaft 2001, S. 388-397 [*Hirte/ Heinrich (2001)*]

**Hodgson, Geoffrey M.**: Economics and Institutions. A Manifesto for a Modern Institutional Economics, Cambridge 1988 [*Hodgson (1988)*]

**Hofmann, Gerhard**: Outsourcing und Bankenaufsicht, § 25a Abs. 2 KWG, in: Hadding, Walther; Hopt, Klaus J.; Schimansky, Herbert (Hrsg.), Funktionsauslagerung (Outsourcing) bei Kreditinstituten Bankrechtstag 2000, Berlin, New York 2001, S. 41-58 [*Hofmann (2001)*]

**Hopt, Klaus J.**: Der Kapitalanlegerschutz im Recht der Banken, München 1975 [*Hopt (1975)*]

**Huber, Christian (Hrsg.)**: Bankrecht, Bankensystem – Bankenaufsicht – Recht der Bankgeschäfte, Baden-Baden 2001 [*Huber* (2001)]

**Hüffer, Uwe**: Aktiengesetz, 5. Auflage, München 2002 [*Hüffer (2002)*]

**Hughes, Richard**: Outsourcing comes of age, in: Global Investor Inside Outsourcing (2002), ohne Ortsangabe, Oktober 2002, S. 27-30 [*Hughes (2002)*]

**Investment Company Institute**: Mutual Fund Fact Book 2004, 44. Auflage, ohne Ortsangabe, 2004 [*ICI Mutual Fund Fact Book (2004)*]

**J. von Staudingers Kommentar zum Bürgerlichen Gesetzbuch**: mit Einführungsgesetz und Nebengesetzen, Julius von Staudinger (Begr.), Buch 2 Recht der Schuldverhältnisse §§ 652-704, 13. Bearbeitung, Berlin 1995 [*Bearbeiter in Staudinger*]

**J. von Staudingers Kommentar zum Bürgerlichen Gesetzbuch**: mit Einführungsgesetz und Nebengesetzen, Julius von Staudinger (Begr.), Buch 2 Recht der Schuldverhältnisse §§ 329-397, 12. Auflage, Berlin 1994 [*Bearbeiter in Staudinger*]

**Jackson, Tim; Iloranta, Kari; McKenzie, Shayne**: Profits or Perils? The Bottom Line on Outsourcing, Booz Allen Hamilton Publication Series, ohne Ortsangabe, 2001 [*Jackson/ Iloranta/ McKenzie (2001)*]

**Johnson, Mike**: Outsourcing in brief, Oxford 1997 [*M. Johnson (1997)*]

**Johnson, Tony**: Outsourcing for a growing business, in: Global Investor Inside Outsourcing (2002),ohne Ortsangabe, Oktober 2002, S. 31-33 [*T. Johnson (2002)*]

**Kandlbinder, Hans Karl**: Spezialfonds als Anlageinstrument – Ein Leitfaden, Frankfurt am Main 1991 [*Kandlbinder (1991)*]

**Kandlbinder, Hans Karl**: Spezialfonds – erstmals Volumenknick nach 33 Jahren durch Börsenbaisse, Zeitschrift für das gesamte Kreditwesen 2002, S. 353-357 [*Kandlbinder (2002)*]

**Kaplan, R.**: One Cost System Isn´t Enough, Harvard Business Review 1988, S. 61-66 [*Kaplan (1988)*]

**Kates, Geoff**: Back to Basics, Banking Technology 3/2001, S. 26-32 [*Kates (2001)*]

**Kaune, Clemens R.; Oulds, Mark K.**: Das neue Investmentgesetz, Zeitschrift für Bankrecht und Bankwirtschaft 2004, S. 114-126 [*Kaune/Oulds (2004)*]

**Kießling, Axel; Kießling, Erik**: Kontrolle durch interne Revision in Kreditinstituten – Aufsichtsrechtliche Anforderungen und deren gesellschaftsrechtliche Relevanz –, Wertpapiermitteilungen Zeitschrift für Wirtschafts- und Bankrecht 2003, S. 513-523 [*Kießling/ Kießling (2003)*]

**Kipker, Ingo**: Transaktionsbanken: Konzentrationsprozess stagniert, Bank und Markt 6/2002, S. 23-26 [*Kipker (2002)*]

**Kirschenhofer, Klaus**: Multi-Manager-Konzept, in: Bundesverband Investment und Asset Management e.V. (Hrsg.), Spezialfonds aus Anlegersicht – eine Erfolgsgeschichte, Frankfurt am Main 2002, S. 69-77 [*Kirschenhofer (2002)*]

**Klein, Benjamin; Crawford, Robert; Alchian, Armen**: Vertical Integration, Appropriable Rents, and the Competitive Contracting Process, Journal of Law and Economics 1978, S. 297-326 [*Klein/ Crawford/ Alchian (1978)*]

**Kogge, Arnim E.**: Vermögensverwaltung – Outsourcing bei Volks- und Raiffeisenbanken, Zeitschrift für das gesamte Kreditwesen, 1999, S. 1264-1271 [*Kogge (1999)*]

**Kommission der Europäischen Gemeinschaften**: Vorschlag für eine Richtlinie des Europäischen Parlaments und des Rates zur Änderung der Richtlinie 85/611/EWG zur Koordinierung der Rechts- und Verwaltungsvorschriften betreffend bestimmte Organismen für gemeinsame Anlagen in Wertpapieren (OGAW) zwecks Regulierung der Verwaltungsgesellschaften und der vereinfachten Prospekte für OGAW, ABl. EG C 272 vom 01.09.1998, S. 7-21

**Kommission der Europäischen Gemeinschaften**: Geänderter Vorschlag für eine Richtlinie des Europäischen Parlaments und des Rates zur Änderung der Richtlinie 85/611/EWG zur „Koordinierung der Rechts- und Verwaltungsvorschriften betreffend bestimmte Organismen für gemeinsame Anlagen in Wertpapieren (OGAW)" zwecks Festlegung von Bestimmungen für Verwaltungsgesellschaften und vereinfachte OGAW-Prospekte, Geschäftsnummer der Kommission KOM(2000)331 endgültig 1998/0242 (COD), 30.05.2000, erhältlich unter www.europa.eu.int (Dieses Papier entspricht in weiten Teilen ABl. EG C 311 E vom 31.10.2000, S. 273-301.)

**Kommission der Europäischen Gemeinschaften**: Mitteilung der Kommission an das Europäische Parlament gemäß Art. 251 Absatz 2 Unterabsatz 2 EG-Vertrag betreffend den vom Rat angenommenen gemeinsamen Standpunkt im Hinblick auf den Erlass einer Richtlinie des Europäischen Parlaments und des Rates zur Änderung der Richtlinie 85/611/EWG zur Koordinierung der Rechts- und Verwaltungsvorschriften betreffend bestimmte Organismen für gemeinsame Anlagen in Wertpapieren (OGAW) zwecks Festlegung der Bestimmungen für Verwaltungsgesellschaften und der vereinfachten Prospekte, Geschäftsnummer SEK (2001) 1004 endg. – COD/1998/0242*, 28.06.2001, erhältlich unter www.europa.eu.int

**Köndgen, Johannes**: Investmentgeschäft, in: Schimansky, Herbert; Bunte, Hermann-Josef; Lwowski, Hans-Jürgen (Hrsg.), Bankrechts-Handbuch, Bände I-III, 2. Auflage, München 2001, S. 3581-3664 [*Köndgen in BankRHandB*]

**Köndgen, Johannes; Schmies, Christian**: Die Neuordnung des deutschen Investmentrechts, Wertpapiermitteilungen Zeitschrift für Wirtschafts- und Bankrecht 2004, Sonderbeilage Nr. 1/2004 zu Nr. 11 vom 13. März 2004 [*Köndgen/Schmies (2004)*]

**König, Markus**: Anlegerschutz im Investmentrecht, Wiesbaden 1998 [*König (1998)*]

**Koppelmann, Udo**: Grundsätzliche Überlegungen zum Outsourcing, in: Koppelmann, Udo (Hrsg.), Outsourcing, Stuttgart 1996, S. 1-9 [*Koppelmann (1996)*]

**Korthals, Silke; Wehrbein, Ralf**: Outsourcing schafft Freiräume für Vertrieb, Betriebswirtschaftliche Blätter 2001, S. 23-27 [*Korthals/ Wehrbein (2001)*]

**Kraft, Heinz-Georg; Richels, Manfred**: Marktaufbruch mit Langzeitwirkung, Bankmagazin 7/2002 , S. 34-35 [*Kraft/ Richels (2002)*]

**Kümpel, Siegfried**: Bank- und Kapitalmarktrecht, 2. Auflage, Köln 2000 [*Kümpel (2000)*]

**Lang, Norbert**: Das Investmentgesetz – Kein großer Wurf, aber ein Schritt in die richtige Richtung, Wertpapiermitteilungen Zeitschrift für Wirtschafts- und Bankrecht 2004, S. 53-59 [*Lang (2004)*]

**Lamberti, Hermann-Josef**: Funktionsauslagerung und deutsche Bankenpraxis, in: Hadding, Walther; Hopt, Klaus J.; Schimansky, Herbert (Hrsg.), Funktionsauslagerung (Outsourcing) bei Kreditinstituten Bankrechtstag 2000, Berlin, New York 2001, S. 59-72 [*Lamberti (2001)*]

**Larenz, Karl**: Lehrbuch des Schuldrechts, 13. Auflage, München 1996 [*Larenz (1996)*]

**Laux, Manfred; Päsler, Rüdiger**: Die deutschen Spezialfonds, Frankfurt am Main 2001 [*Laux/Päsler (2001)*]

**Laux, Manfred, Päsler, Rüdiger**: Wertpapier-Investmentfonds, Frankfurt am Main 1992 [*Laux/ Päsler (1992)*]

**Lemke, Thomas P.; Lins, Gerald T.; Smith, A. Thomas**: Regulation of Investment Companies (Volume 1), Release No. 6, June 1999, New York 1999 [*Lemke/ Lins/ Smith*]

**Lensdorf, Lars; Schneider, Jan**: Das Rundschreiben des Bundesaufsichtsamtes für das Kreditwesen zur Auslagerung von wesentlichen Bereichen von Kredit- und Finanzdienstleistungsinstituten auf andere Unternehmen gemäß § 25a Abs. 2 KWG, Wertpapiermitteilungen Zeitschrift für Wirtschafts- und Bankrecht 2002, S. 1949-1956 [*Lensdorf/ Schneider (2002)*]

**Linner, Corinna**: Outsourcing bei KAGs – auch für Spezialfonds?, Zeitschrift für das gesamte Kreditwesen 2002, S. 815-817 [*Linner (2002)*]

**Loewe, Dieter**: Die Zukunft des Wertpapier-Outsourcing, Bankmagazin 02/2002, S. 21 [*Loewe (2002)*]

**Lohmann, Lutz G.E.**: Bündelung der Kräfte in Südhessen durch Gründung eines Dienstleisters, Betriebswirtschaftliche Blätter 2001, S. 30-32 [*Lohmann (2001)*]

**Lomax, Victoria**: Space Invaders, Banking Technology 2002, S. 18-22 [*Lomax (2002)*]

**Loss, Louis**: Fundamentals of Securities Regulation, Boston, Toronto, 1988 [*Loss (1988)*]

**Lotze, Sascha**: US-amerikanisches Kapitalmarktrecht und Internet – Aufsichts- und haftungsrechtliche Fragen des Internet-Einsatzes bei Wertpapieremissionen und im Wertpapierhandel, Frankfurt am Main u.a. 2002 [*Lotze (2002)*]

**Lutter, Marcus, Hommelhoff, Peter**: GmbH-Gesetz Kommentar, 15. Auflage, Köln 2000 [*Lutter/ Hommelhoff (2000)*]

**Maddigan, Ruth J.**: Measurement of Vertical Integration, The Review of Economics and Statistics 1980, S. 328-335 [*Maddigan (1980)*]

**Männel, Wolfgang (Hrsg.)**: Entscheidungen zwischen Eigenerstellung und Fremdbezug in der Praxis, Herne u.a. 1973 [*Männel (1973)*]

**Männel, Wolfgang**: Die Wahl zwischen Eigenfertigung und Fremdbezug: theoretische Grundlagen - praktische Fälle, 2. Auflage, Stuttgart 1981 [*Männel (1981)*]

**Marwede, Jan**: Die sechs goldenen Regeln der Bankenaufsicht, in: Lutter, Marcus; Scholz, Manfred; Sigle, Walter (Hrsg.), Festschrift für Martin Peltzer, Köln 2001, S. 301-325 [*Marwede (2001)*]

**Mathis, Peter J.**: Quo vadis Asset Management? – Entwicklungstendenzen im professionellen Asset Management, Zeitschrift für das Gesamte Kreditwesen 2003, S. 896-899 [*Mathis (2003)*]

**Maurer, Hartmut**: Allgemeines Verwaltungsrecht, 13. Auflage, München 2000 [*Maurer (2000)*]

**McGinley, Jo**: The burden of proof, in: Accenture Global Investor Outsourcing Survey 2002, ohne Ortsangabe, 2002, S. 2-3 [*McGinley (2002)*]

**Miederhoff, Markus**: Bankaufsichtsrechtliche Beurteilung von Unternehmensverträgen unter vergleichender Berücksichtigung des Versicherungsaufsichtsrechts, Wertpapiermitteilungen Zeitschrift für Wirtschafts- und Bankrecht 2001, S. 2041-2051 [*Miederhoff (2001)*]

**Mikus, Barbara**: Make-or-Buy-Entscheidungen in der Produktion: Führungsprozesse – Risikomanagement – Modellanalysen, Wiesbaden 1998 [*Mikus (1998)*]

**Mitglieder des Bundesgerichtshofes (Hrsg.)**: Das Bürgerliche Gesetzbuch: mit besonderer Berücksichtigung der Rechtsprechung des Reichsgerichts und des Bundesgerichtshofes Kommentar, Band II, 4. Teil §§ 631 – 811, 12. Auflage, Berlin, New York 1978 [*Bearbeiter in RGRK*]

**Mülbert, Peter O.**: Funktionsauslagerung bei Kreditinstituten aus gesellschafts- und konzernrechtlicher Sicht – aufsichtsrechtliche Vorgaben und gesellschafts- sowie konzernrechtliche Folgeprobleme, in: Hadding, Walther; Hopt, Klaus J.; Schimansky, Herbert (Hrsg.), Funktionsauslagerung (Outsourcing) bei Kreditinstituten Bankrechtstag 2000, Berlin, New York 2001, S. 3-40 [*Mülbert (2001)*]

**Müller, Klaus**: Die Überwachung der Geschäftstätigkeit der Kapitalanlagegesellschaft durch die Depotbank, Der Betrieb 1975, S. 485-489 [*Müller (1975)*]

**Narat, Ingo**: Die Fondsfirma der Zukunft bietet Rundumservice, Handelsblatt vom 22.08.2002 [*Narat (2002a)*]

**Narat, Ingo**: Kosten zwingen Fonds zur Konzentration auf Stärken, Handelsblatt vom 24.10.2002 [*Narat (2002b)*]

**Nehring, Karl Dietrich**: Fortentwicklung der Rahmenbedingungen für die Investmentbranche zur Verbesserung der Eigenmittelausstattung der Wirtschaft, Zeitschrift für das gesamte Kreditwesen 2001, S. 1397-1402 [*Nehring (2001)*]

**Nirk, Rudolf**: Das Kreditwesengesetz Einführung und Kommentar,11. Auflage, Frankfurt am Main 1999 [*Nirk (1999)*]

**Nickel, Carsten**: Der Vertrieb von Investmentanteilen nach dem Investmentgesetz, Zeitschrift für Bankrecht und Bankwirtschaft 2004, S. 197-209 [*Nickel (2004)*]

**Nuissl, Dagmar**: Bankgeschäftsrecht, Neuwied, Kriftel/Ts., Berlin 1997 [*Nuissl (1997)*]

**Ohl, Karl**: Die Rechtsbeziehungen innerhalb des Investment-Dreiecks, Berlin 1989 [*Ohl (1989)*]

**Ohne Verfasser**: Outsourcing bei Sparkassen und Genossenschaftsbanken 2000, Bank und Markt 04/2001 [*o. V. (2001)*]

**Ohne Verfasser**: Großbanken wollen Zahlungsverkehr gemeinsam abwickeln, Frankfurter Allgemeine Zeitung vom 20.6.2002 [*o. V. (2002a)*]

**Ohne Verfasser**: Die Währungsabsicherung kam im richtigen Moment, Frankfurter Allgemeine Zeitung vom 3.7.2002 [*o. V. (2002b)*]

**Ohne Verfasser**: „Auf den Fondsmanager kommt es an" Interview mit Eckhard Sauren, Gründer der Sauren Fondsresearch AG,Deutsche Bank maxblue Newsletter Fonds vom 17.5.2002 [*o. V. (2002c)*]

**Ohne Verfasser**: Das Sicherheitsparadoxon, eBanker 03/2002, S. 18-19 [*o. V. (2002d)*]

**Ohne Verfasser**: Und raus bist Du, Finanztest 6/2002, S. 44-45 [*o. V. (2002e)*]

**Ohne Verfasser**: Die Transaktionsbank wird das Kartellamt kaum auf den Plan rufen, Czerwensky intern Nr. 68/2002 vom 24.6.2002 [*o. V. (2002f)*]

**Ohne Verfasser**: Großbanken wollen Zahlungsverkehr gemeinsam abwickeln, Frankfurter Allgemeine Zeitung vom 20.6.2002 [*o.V. (2002g)*]

**Ohne Verfasser**: Fondsberichte druckfrisch auf den Tisch, Geldinstitute 6/2002, S. 76-79 [*o.V. (2002h)*]

**Ohne Verfasser**: Wachsende Bedeutung des strategischen Outsourcing, Frankfurter Allgemeine Zeitung vom 12.8.2002 [*o.V. (2002i)*]

**Ohne Verfasser**: Ganze Geschäftsprozesse auslagern, Frankfurter Allgemeine Zeitung vom 12.8.2002 [*o.V. (2002j)*]

**Ohne Verfasser**: DZ Bank gliedert Zahlungsverkehr in eigene Gesellschaft aus, Frankfurter Allgemeine Zeitung vom 12.12.2002 [*o.V. (2002k)*]

**Ohne Verfasser**: Deutsche Bank wirbt für Luxemburg als Outsourcing-Partner, Börsenzeitung vom 25.10.2002 [*o.V. (2002l)*]

**Ohne Verfasser**: Trinkaus & Burkhardt setzt auf "Geos", Frankfurter Allgemeine Zeitung vom 11.11.2002 [o.V. (2002m)]

**Ohne Verfasser**: EBTF: Unsicherheit mit Händen zu greifen, Czerwensky intern Nr. 122/2002 vom 30.10.2002 [*o.V. (2002n)*]

**Ohne Verfasser**: Dt. Bank: „Auslagerer" Nagel hat keinen leichten Job, Czerwensky intern Nr. 137/2002 vom 4.12.2002 [*o.V. (2002o)*]

**Ohne Verfasser**: ETB wickelt nun für Sparda-Banken ab, Frankfurter Allgemeine Zeitung vom 30.09.2002 [*o.V. (2002p)*]

**Ohne Verfasser**: Interview: „Auf den Fondsmanager kommt es an", Deutsche Bank maxblue Newsletter Fonds, Ausgabe vom 7.05.2002, S. 1 f. [*o.V. (2002q)*]

**Ohne Verfasser**: Transaktionsbankprojekt der Großbanken vor dem Aus, Frankfurter Allgemeine Zeitung vom 18.9.2003 [*o.V. (2003a)*]

**Ohne Verfasser**: Outsourcing-Megadeals vor dem Aus, ibi-Newsletter, Ausgabe KW 39/2004 [*o.V. (2004)*]

**Ohne Verfasser**: Schleppende Konsolidierung in der deutschen Wertpapierabwicklung, Frankfurter Allgemeine Zeitung vom 14.10.2004 [*o.V. (2004a)*]

**Palandt, Otto (Begr.)**: Bürgerliches Gesetzbuch Kommentar, 62. Auflage, München 2003 [*Bearbeiter in Palandt*]

**Paul, Thomas; Päsler, Rüdiger H.**: Das deutsche Investmentrecht, Frankfurt am Main 1999 [*Paul/ Päsler (1999)*]

**Picot, Arnold**: Transaktionskostenansatz in der Organisationstheorie: Stand der Diskussion und Aussagewert, Die Betriebswirtschaft 1982, S. 175-328 [*Picot (1982)*]

**Picot, Arnold**: Transaktionskosten, Die Betriebswirtschaft 1985, S. 224-225 [*Picot (1985)*]

**Picot, Arnold**: Ein neuer Ansatz zur Gestaltung der Leistungstiefe, Zeitschrift für betriebswirtschaftliche Forschung 1991, S. 336-357 [*Picot (1991)*]

**Pitschas, Rainer**: Grenzen der Bindungswirkung von Verlautbarungen des Bundesaufsichstamtes für das Kreditwesen – Zur Auslegung des § 18 KWG –, Wertpapiermitteilungen Zeitschrift für Wirtschafts- und Bankrecht 2000, S. 1121-1131 [*Pitschas (2000)*]

**Pöhler, Achim**: Outsourcing von Back-Office-Funktionen: Pro und contra, Bank und Markt 7/2000, S. 11-14 [*Pöhler (2000)*]

**Porter, Michael**: Competitive Strategy: Techniques for Analyzing Industries and Competitors, New York 1980 [*Porter (1980)*]

**Porter, Michael**: Competitive Advantage: Creating and Sustaining Superior Performance, New York 1985 [*Porter (1985)*]

**Poß, Joachim**: Investmentfonds und Viertes Finanzmarktförderungsgesetz – Anmerkungen der SPD-Bundestagsfraktion, Zeitschrift für das gesamte Kreditwesen 2002, S. 1378-1382 [*Poß (2002)*]

**Povel, Andreas; Engel, Peter**: Outsourcing im Asset Management, Börsen-Zeitung vom 28.3.2002 [*Povel/ Engel (2002)*]

**Pracht, Dieter; Riegl, Werner**: Berücksichtigung rechtlicher Implikationen beim Outsourcing-Entscheidungsprozess, in:Wißkirchen, Frank (Hrsg.), Outsourcing-Projekte erfolgreich realisieren, Stuttgart 1999, S. 243-282 [*Pracht/ Riegl (1999)*]

**Probert, David**: Make or buy strategy, in: Warner, Malcolm (Hrsg.), International Encyclopedia of Business and Management, London u.a. 1996, S. 2627-2638 [*Probert (1996)*]

**Rat der Europäischen Union**: Gemeinsamer Standpunkt (EG) Nr. 23/2001 vom Rat festgelegt am 5. Juni 2001 im Hinblick auf den Erlass der Richtlinie 2001/.../EG des Europäischen Parlaments und des Rates vom ... zur Änderung der Richtlinie 85/611/EWG des Rates zur Koordinierung der Rechts- und Verwaltungsvorschriften betreffend bestimmte Organismen für gemeinsame Anlagen in Wertpapieren (OGAW) zwecks Festlegung von Bestimmungen für Verwaltungsgesellschaften und vereinfachte Prospekte, ABl. EG C 297 vom 23.10.2001, S. 10-34

**Ratner, David L.**: Securities Regulation in a Nutshell, 4. Auflage, St. Paul 1992 [*Ratner (1992)*]

**Ratner, David L.; Hazen, Thomas Lee**: 2001 Supplement to Securities Regulation, Cases and Materials, 5. Auflage, St. Paul 2001 [*Ratner/ Hazen (2001)*]

**Rebmann, Kurt; Säcker, Franz Jürgen (Hrsg.)**: Münchener Kommentar zum Bürgerlichen Gesetzbuch, Band 1 Allgemeiner Teil (§§ 1-240), AGB-Gesetz, 3. Auflage, München 1993 [*Bearbeiter in Münchener Kommentar*]

**Rebmann, Kurt; Säcker, Franz Jürgen (Hrsg.)**: Münchener Kommentar zum Bürgerlichen Gesetzbuch, Band 4 Schuldrecht Besonderer Teil II (§§ 607-704), 3. Auflage, München 1997 [*Bearbeiter in Münchener Kommentar*]

**Reischauer, Friedrich; Kleinhans, Joachim (Begr.); Becker, Egon; Lehnhoff, Jochen; Mielke, Holger; Görtz, Günther (Bearbeiter)**: Kreditwesengesetz (KWG) Loseblattkommentar für die Praxis, Band 1, Berlin 1963, Ergänzungslieferung 2/03 Stand März 2003 [*Reischauer/ Kleinhans*]

**Richter, Rudolf; Furubotn, Eirik**: Neue Institutionenökonomik, 2. Auflage, Tübingen 1999 [*Richter/ Furubotn (1999)*]

**Robinski, Severin (Begründer); Sprenger-Richter, Bernhard (Hrsg.)**: Gewerberecht, 2. Auflage, München 2002 [*Bearbeiter in Robinski*]

**Rodrigues, Mark**: Unbundling the back office, The Banker 11/2000, S. 311-312 [*Rodrigues (2000)*]

**Roth, Günter H.**: Das Treuhandmodell des Investmentrechts – Eine Alternative zur Aktiengesellschaft?, Frankfurt am Main 1972 [*Roth*]

**Roth, Markus**: Der allgemeine Bankvertrag, Wertpapiermitteilungen Zeitschrift für Wirtschafts- und Bankrecht 2003, S. 480-482 [*M. Roth (2003)*]

**Samm, Carl-Theodor (Hrsg.); Beck, Heinz (Begr.); Früh, Andreas; Kokemoor, Axel; Samm, Carl-Theodor (Bearbeiter)**: Gesetz über das Kreditwesen Kommentar, Band 2, ohne Ortsangabe, ohne Datum, 93. Ergänzungslieferung August 2002 [*Bearbeiter in Beck/ Samm*]

**Schäcker, Hanns-Erhard**: Entwicklung und System des Investmentsparens, Frankfurt am Main 1961 [*Schäcker (1961)*]

**Schäfer, Frank A.**: Anlegerschutz und die Sorgfalt eines ordentlichen Kaufmanns bei der Anlage der Sondervermögen durch Kapitalanlagegesesellschaften, Baden-Baden 1987 [*Schäfer (1987)*]

**Schäfer, Frank A.**: Haftung von Kapitalanlagegesellschaften wegen Verletzung von Sorgfaltspflichten bei der Verwaltung von Spezialfonds, unveröffentlichtes Tagungsmanuskript, Bad Homburg v.d.H., 2002 [*Schäfer (2002)*]

**Schätzer, Silke**: Unternehmerische Outsourcing-Entscheidungen: eine transaktionskostentheoretische Analyse, Wiesbaden 1999 [*Schätzer (1999)*]

**Schenck, Kersten von**: Die Tätigkeit deutscher Wertpapierinvestmentgesellschaften in den USA, Berlin 1982 [*von Schenck (1982)*]

**Schmidt, Karsten**: Gesellschaftsrecht, 3. Auflage, Köln, Berlin, Bonn, München 1997 [*Schmidt (1997)*]

**Schmidt, Karsten**: Handelsrecht, 4. Auflage, Köln, Berlin, Bonn, München 1994 [*Schmidt (1994)*]

**Schmidt-Aßmann, Eberhard (Hrsg.)**: Besonderes Verwaltungsrecht, 10. Auflage, Berlin, New York 1995 [*Bearbeiter in Schmidt-Aßmann*]

**Schneider, Uwe H.**: Die aufsichtsrechtliche Inhaltskontrolle von Verträgen der Kreditinstitute und ihrer Mitarbeiter, Wertpapiermitteilungen Zeitschrift für Wirtschafts- und Bankrecht 1996, S. 712-713 [*Schneider (1996)*]

**Schneider, Dietram; Zieringer, Carmen**: Make-or-Buy-Strategien für F&E: transaktionskostenorientierte Überlegungen, Wiesbaden 1991 [*Schneider/ Zieringer (1991)*]

**Schneider, Frank; Fiegel, Peter Joachim**: CRM – ein Thema fürs Outsourcing?, Bank und Markt 11/2001, S. 17-21 [*Schneider/ Fiegel (2001)*]

**Schüller, Bernhard**: Bündelung der Back-Office-Prozesse für derivative Geschäfte, Zeitschrift für das gesamte Kreditwesen 1999, S. 1272-1274 [*Schüller (1999)*]

**Schulz, Thomas M.**: Anzeichen eines Paradigmawechsels in der Fondsproduktion, Zeitschrift für das gesamte Kreditwesen 2002, S. 371-374 [*Schulz (2002)*]

**Schwintowski, Hans-Peter; Schäfer, Frank A.**: Bankrecht: Commercial Banking – Investment Banking, Köln, Berlin, Bonn, München 1997 [*Schwintowski/ Schäfer (1997)*]

**Selten, Reinhard**: Bounded Rationality, Journal of Institutional and Theoretical Economics 1990, S. 649-658 [*Selten (1990)*]

**Siems, Silke**: Outsourcing mit Konsequenz, Bankmagazin 02/2002, S. 42 f. [*Siems (2002)*]

**Soergel, Hs. Th. (Begr.); Siebert, W.; Baur, Jürgen F. u.a. (Hrsg.)**: Bürgerliches Gesetzbuch: mit Einführungsgesetz und Nebengesetzen, Band 3 Schuldrecht – 2 (§§ 433-515, AGB-Gesetz, ...), 12. Auflage, Stuttgart, Berlin, Köln 1991 [*Bearbeiter in Soergel*]

**Soergel, Hs. Th. (Begr.); Siebert, W.; Baur, Jürgen F. u.a. (Hrsg.)**: Bürgerliches Gesetzbuch: mit Einführungsgesetz und Nebengesetzen, Band 4 2. Schuldrecht – 3. – 2. (§§ 651a-704), 12. Auflage, Stuttgart, Berlin, Köln 1999 [*Bearbeiter in Soergel*]

**Sommerlad, Klaus W.**: Vertrag und rechtliche Rahmenbedingungen beim Outsourcing in der Informationsverarbeitung, in: Köhler-Frost, Wilfried (Hrsg.), Outsourcing: Eine strategische Allianz besonderen Typs, Berlin 2000, S. 281-300 [*Sommerlad (2000)*]

**Spina, David**: The shape of things to come, Euromoney 08/2002, S. 70-72 [*Spina (2002)*]

**Stammler, Michael:** Entwicklungstendenzen im europäischen Asset Management, Zeitschrift für das Gesamte Kreditwesen 2003, S. 706-709 [*Stammler (2003)*]

**Steck, Andreas; Kurz, Antje-Irina**: Das neue Investmentgesetz – Aufsichtsrechtliche Gesichtspunkte, Finanz Betrieb 2003, S. 737-751 [*Steck/Kurz (2003)*]

**Steck, Kai-Uwe**: Regulierung von US-amerikanischen Investmentgesellschaften (Investment Companies) – Unter besonderer Berücksichtigung des National Securities Markets Improvement Act of 1996 (NSMIA) und anderer aktueller Rechtsanpassungen, Frankfurt am Main u.a. 2000 [*Steck (2000)*]

**Steding, Ralf; Meyer, Guido**: Outsourcing von Bankdienstleistungen: Bank- und datenschutzrechtliche Probleme der Aufgabenverlagerung von Kreditinstituten auf Tochtergesellschaften und sonstige Dritte, Betriebsberater 2001, S. 1693-1701 [*Steding/ Meyer (2001)*]

**Steiner, Udo**: Besonderes Verwaltungsrecht, 6. Auflage, Heidelberg 1999 [*Steiner (1999)*]

**Stigler, George J.**: The Division of Labour is Limited by the Extent of the Market, Journal of Political Economy 1951, S. 185-193 [*Stigler (1951)*]

**Stober, Rolf**: Besonderes Wirtschaftsverwaltungsrecht, 12. Auflage, Stuttgart, Köln, Berlin 2001 [*Stober (2001)*]

**Stolzenburg, Heinz-Dietrich**: Anlegerschutz, Zeitschrift für das gesamte Kreditwesen 1978, S. 826-828 [*Stolzenburg (1978)*]

**Stolzenburg, Heinz-Dietrich**: Der Spezialfonds in (bank)aufsichtsrechtlicher Sicht, in: Mülhaupt, Ludwig; Kandlbinder, Hans Karl (Hrsg.), Die deutschen Spezialfonds – Entwicklung, Aufgaben und Rechtsstellung, Frankfurt am Main 1979, S. 189-202 [*Stolzenburg (1979)*]

**Stolzenburg, Heinz-Dietrich**: Zur Aufsicht über Wertpapier-Spezialfonds, Zeitschrift für das Gesamte Kreditwesen 1985, S. 277-280 [*Stolzenburg (1985)*]

**Stoschek, Uwe; Keunecke, Ulrich; Lauermann, Hans-Ulrich; Schachinger, Oliver**: Behandlung von Immobilien-Investmentfonds nach dem Investmentmodernisierungsgesetz, Finanz Betrieb 2004, S. 143-151 [*Stoschek/ Keuncke/ Lauermann/ Schachinger (2004)*]

**Streck; Mack; Schwedhelm**, *ohne Angabe der Vornamen*, „Outsourcing" im Bankgewerbe – zur Umsatzsteuerfreiheit von Finanzdienstleistungen, Die Aktiengesellschaft 2000, S. 39-40 [*Streck/ Mack/ Schwedhelm (2000)*]

**Strohmayr, Werner**: Transaktionsbanken: Vorteile für die Sparkassen, Bank und Markt 8/2002, S. 16-20 [*Strohmayr (2002)*]

**Sun, Min**: Wettbewerbstendenzen am Fondsmarkt, Zeitschrift für das gesamte Kreditwesen 2002, S. 298-301 [*Sun (2002)*]

**Szagunn, Volkhard (Begr.); Haug, Ulrich; Ergenzinger, Wilhelm (neue Bearbeiter)**: Gesetz über das Kreditwesen Kommentar, 6. Auflage, Stuttgart, Berlin, Köln 1997 [*Szagunn/ Haug/ Ergenzinger*]

**Teece, David J.**: Technological and Organizational Factors in the Theory of the Multinational Enterprise, in: Casson, Mark (Hrsg.), The Growth of International Business, London 1983, S. 51-62 [*Teece (1983)*]

**The Committee of European Securities Regulators**: A European Regime of Investor Protection, The Harmonization of Conduct of Business Rules under Article 11 of the ISD, Geschäftszeichen CESR/01-014d, 2002, erhältlich unter www.europefesco.org

**The Committee of European Securities Regulators**: A European Regime of Investor Protection, The Professional and Counterpart Regimes, Geschäftszeichen CESR 02/098b, 2002, erhältlich unter www.europefesco.org

**Thiel, Jürgen**: Der Schutz der Anleger von Wertpapierfonds im deutschen und amerikanischen Recht, Frankfurt am Main, Bern 1982 [*Thiel (1982)*]

**Tirole, Jean**: The Theory of Industrial Organization, London 1992 [*Tirole (1992)*]

**Trautmann, Uwe:** Die Master-KAG und ihre technischen Herausforderungen, Zeitschrift für das Gesamte Kreditwesen 2003, S. 906-911 [*Trautmann (2003)*]

**Tucker, I.B.; Wilder R. P.**: Trends in vertical integration in the U.S. manufacturing sector, Journal of Industrial Economics 1977, S. 81-94 [*Tucker/ Wilder (1977)*]

**Ulmer, Peter; Brandner, Hans Erich; Hensen, Horst-Diether; Schmidt, Harry**: AGB-Gesetz Kommentar zum Gesetz zur Regelung des Rechts der Allgemeinen Geschäftsbedingungen, 9. Auflage, Köln 2001 [*Bearbeiter in Ulmer/ Brander/ Hensen*]

**Verband der Auslandsbanken in Deutschland e.V.**: Outsourcing bei Kapitalanlagegesellschaften und grenzüberschreitendes Outsourcing, unveröffentlichtes Schreiben an das BAKred vom 18.1.2000

**Verband der Auslandsbanken in Deutschland e.V.**: Auslagerung von Bereichen auf ein anderes Unternehmen gemäß § 25a Abs. 2 KWG, unveröffentlichtes Schreiben an das BAKred vom 13.6.2001

**Voigtländer, Dietrich**: Transaction Banking ist nicht mehr zu umgehen, Geldinstitute 6/2002, S. 32-33 [*Voigtländer (2002)*]

**Wagner, Bernd:** Die Master-KAG als eigenständiges Kerngeschäftsfeld, Zeitschrift für das Gesamte Kreditwesen (2003), S. 902-905 [*Wagner (2003)*]

**Wallis, John Joseph; North, Douglass C.**: Measuring the Transaction Sector in the American Economy , 1870-1970, in: Engerman, Stanley, L.; Gallmann, Robert E. (Hrsg.), Long-term factors in American Economic Growth, Chicago 1986, S. 95-161 [*Wallis/ North (1986)*]

**Webster, Paul**: Look before you leap, in: Accenture Global Investor Outsourcing Survey 2002, ohne Ortsangabe, 2002, S. 5-7 [*Webster (2002)*]

**Westphalen, Friedrich Graf von**: Ausgewählte arbeits- und datenschutzrechtliche Fragen beim „Outsourcing" im Rahmen von § 25a Abs. 2 KWG, Wertpapiermitteilungen Zeitschrift für Wirtschafts- und Bankrecht 1999, S. 1810-1816 [*von Westphalen (1999)*]

**Wielenberg, Stefan**: Investitionen in Outsourcing-Beziehungen, Wiesbaden 1999 [*Wielenberg (1999)*]

**Wildemann, Horst**: Wenn der Lieferant Mitunternehmer wird, Frankfurter Allgemeine Zeitung vom 07.10.2002 [*Wildemann (2002)*]

**Wilderink, Wilhelm**: Die Auflösung, die Übertragung und die Verschmelzung von Investmentfonds, Frankfurt am Main u.a. 2003 [*Wilderink (2003)*]

**Williamson, Oliver**: Hierarchial Control and Optimum Firm Size, Journal of Political Economy 1967, S. 123-138 [*Williamson (1967)*]

**Williamson, Oliver**: Markets and Hierarchies. Analysis and Antitrust Implications, New York 1975 [*Williamson (1975)*]

**Williamson, Oliver**: The Modern Corporation: Origins, Evolution, Attributes, Journal of Economic Literature 1981, S. 1537-1568 [*Williamson (1981)*]

**Williamson, Oliver**: Organizational Innovation: The Transaction Cost Approach, in: Ronen, Joshua (Hrsg.): Entrepreneurship, Lexington 1983, S. 101-133 [*Williamson (1983)*]

**Williamson, Oliver**: The Economic Institutions of Capitalism, New York 1985 [*Williamson (1985)*]

**Williamson, Oliver**: What is transaction cost economics?, in: Williamson, Oliver (Hrsg.), Economic Organization, Firms, Markets, and Policy Control, New York 1986, S. 174-191 [*Williamson (1986a)*]

**Williamson, Oliver**: Vertical Integration and Related Variations on a Transaction-Cost Economics Theme, in: Stiglitz, Joseph E.; Mathewson, G. Frank (Hrsg.), New Developments in the Analysis of Market Structure, Cambridge 1986, S. 135-182 [*Williamson (1986b)*]

**Wirtschafts- und Sozialausschuss des Europäischen Parlaments**: Stellungnahme des Wirtschafts- und Sozialausschusses zu dem „Vorschlag für eine Richtlinie des Europäischen Parlaments und des Rates zur Änderung der Richtlinie 85/611/EWG zur Koordinierung der Rechts- und Verwaltungsvorschriften betreffend bestimmte Organismen für gemeinsame Anlagen in Wertpapieren (OGAW) zwecks Regulierung der Verwaltungsgesellschaften und der vereinfachten Prospekte für OGAW", ABl. EG C 116 vom 28.4.1999. S. 1-5

**Wißkirchen, Frank**: Beurteilung der Vorteilhaftigkeit von Outsourcing unter Berücksichtigung von Prozesskosten und Transaktionskosten, in: Wißkirchen, Frank (Hrsg.), Outsourcing-Projekte erfolgreich realisieren, Stuttgart 1999, S. 282-426 [*Wißkirchen (1999)*]

**Wißkirchen, Frank; Mertens, Helga**: Der Shared Services Ansatz als neue Organisationsform von Geschäftsbereichsorganisationen, in: Wißkirchen, Frank (Hrsg.), Outsourcing-Projekte erfolgreich realisieren, Stuttgart 1999, S. 79-97 [*Wißkirchen/ Mertens (1999)*]

**Wolfe, Anthony**: Playing for high stakes, in: Global Investor Inside Outsourcing (2002), ohne Ortsangabe, Oktober 2002, S. 17-20 [*Wolfe (2002)*]

**Wölfer, Andreas**: Fondsplattformen – eine kluge Antwort auf Open Architecture, Zeitschrift für das gesamte Kreditwesen 2002, S. 368-370 [*Wölfer (2002a)*]

**Wölfer, Andreas**: Integriertes Asset Management: Wo liegen die Synergieeffekte?, Zeitschrift für das gesamte Kreditwesen 2002, S. 935-937 [*Wölfer (2002b)*]

**Zahn, Erich; Barth, Tilmann; Hertweck, Andreas**: Outsourcing unternehmensnaher Dienstleistungen – Entwicklungsstand und strategische Entscheidungstatbestände, in: Wißkirchen, Frank (Hrsg.), Outsourcing-Projekte erfolgreich realisieren, Stuttgart 1999, S. 3-36 [*Zahn/ Barth/ Hertweck (1999)*]

**Zerwas, Herbert; Hanten, Mathias**: Outsourcing bei Kredit- und Finanzdienstleistungsinstituten – Zum neuen § 25a Abs. 2 KWG –, Wertpapiermitteilungen Zeitschrift für Wirtschafts- und Bankrecht 1998, S. 1110-1118 [*Zerwas/ Hanten (1998)*]

**Zerwas, Herbert; Hanten, Mathias**: Bankrechtstag 2000 der Bankrechtlichen Vereinigung e.V. am 30. Juni 2000 in Wien „Funktionsauslagerung bei Kreditinstituten", Zeitschrift für Bankrecht und Betriebswirtschaft 2000, S. 276-282 [*Zerwas/ Hanten (2000)*]

**Zerwas, Herbert; Hanten, Mathias; Bühr, Oliver**: Outsourcing bei Instituten in Deutschland – Rechtliche Überlegungen anlässlich des Rundschreibens des BAKred vom 6. Dezember 2001, Zeitschrift für Bankrecht und Bankwirtschaft 2002, S. 17-28 [*Zerwas/ Hanten/ Bühr (2002)*]

**Zöllner, Wolfgang (Hrsg.)**: Kölner Kommentar zum Aktiengesetz, Band 2 §§ 76-117 AktG, 2. Auflage, Köln, Berlin, Bonn, München 1996 [*Bearbeiter in Kölner Kommentar zum Aktiengesetz*]

## Frankfurter wirtschaftsrechtliche Studien

Herausgegeben von
Theodor Baums, Andreas Cahn, Friedrich Kübler, Hans-Joachim Mertens,
Eckard Rehbinder, Gunther Teubner

Band 1 Tomas Brinkmann: Unternehmensinteresse und Unternehmensrechtsstruktur. Aufgaben und Grenzen eines normativen Regulativs unternehmenspolitischer Prozesse. 1983.

Band 2 Rüdiger Hahn: Behinderungsmißbräuche marktbeherrschender Unternehmen. Eine Untersuchung der Beeinträchtigung von Wettbewerb und Marktstruktur durch horizontalen Nichtleistungswettbewerb als Gegenstand der Mißbrauchaufsicht nach § 22 Abs. 4 S. 2 Nr. 1 GWB. 1984.

Band 3 Peter Buchmann: Registerpublizität und Gläubigerschutz bei der Einmann-Gesellschaft. 1984.

Band 4 Christian Joerges/Eugen Hiller/Knut Holzscheck/Hans-W. Micklitz: Vertriebspraktiken im Automobilersatzteilsektor. Ihre Auswirkungen auf die Interessen der Verbraucher. 1985.

Band 5 Annette Boerner: Die Haftung des herrschenden Kommanditisten. 1985.

Band 6 Dirk H. Mahler: Rechtsmißbrauch und einstweiliger Rechtsschutz bei Dokumentenakkreditiven und "Akkreditiven auf erstes Anfordern": Eine rechtsvergleichende Untersuchung. 1986.

Band 7 Brigitte Kratz: Ausländische Eingriffsnorm und inländischer Privatrechtsvertrag. 1986.

Band 8 Dimitris Tsibanoulis: Die genossenschaftliche Gründungsprüfung. 1987.

Band 9 Jürgen Braun: Rechtsfragen des Transport-Unfall-Informations- und Hilfeleistungs-Systems der deutschen chemischen Industrie. 1987.

Band 10 Thomas Pfeiffer: Die Bedeutung des privatrechtlichen Immissionsschutzes. Eine Untersuchung zu §§ 1004, 906 BGB. 1987.

Band 11 Michael Bothe/Josef Brink/Christian Kirchner/Albrecht Stockmayer: Rechtsfragen der internationalen Verschuldungskrise. Voraussetzungen, Formen und Verfahren internationaler Umschuldungsmaßnahmen und Umschuldungsvereinbarungen. 1988.

Band 12 Felix Dörr: Die fehlerhafte GmbH. 1989.

Band 13 Rolf Trittmann: Anwendungsprobleme des Haager Beweisübereinkommens im Rechtshilfeverkehr zwischen der Bundesrepublik und den Vereinigten Staaten von Amerika. Exklusive Regelung zur Überbrückung der Unterschiede zwischen dem kontinental-europäischen und anglo-amerikanischen Zivilprozeßrechtssystem? 1989.

Band 14 Margaretha Sudhof: Dreieckige Rechtsverhältnisse im Wirtschaftsverwaltungsrecht - Am Beispiel von Konkurrentenklagen. 1989.

Band 15 Michael Weigel: Schriftformklauseln in Allgemeinen Geschäftsbedingungen. 1989.

Band 16 Hans-Peter Schröder: Der sichere Weg bei der Vertragsgestaltung. 1990.

Band 17 Matthias Haas: Haftungsfreizeichnungsklauseln in Allgemeinen Geschäftsbedingungen. Eine rechtsdogmatische und ökonomische Analyse. 1991.

Band 18 Andreas Hahn: Instandhaltungsverträge. Begriffe, Einordnung, Rechtsfolgenbestimmung, Auswirkung auf die Kautelarpraxis. 1991.

Band 19 Jürgen Götz: Der Entherrschungsvertrag im Aktienrecht. 1991.

Band 20 Friedrich Wächtershäuser: Das Gesellschaftsrecht des internationalen Joint Ventures. 1992.

Band 21 Christina Escher-Weingart: Nutzungsausfall als Schaden und sein Ersatz. 1993.

Band 22 Jean-Claude Zerey: Rechtliche Probleme der Finanzierung von *Leveraged Buyouts* und *Tender Offers* durch Banken in den USA und in der Bundesrepublik Deutschland. Eine rechtsvergleichende Studie über die Rolle der Banken bei Unternehmenskontrolltransaktionen in den USA und in der Bundesrepublik Deutschland. 1994.

Band 23 Markus Bauer: Gläubigerschutz durch eine formelle Nennkapitalziffer - Kapitalgesellschaftsrechtliche Notwendigkeit oder überholtes Konzept? Eine rechtsvergleichende Untersuchung der Gläubigerschutzkonzepte des amerikanischen und deutschen Kapitalgesellschaftsrechts. 1995.

Band 24 Marion Vollmann: Minderheitenschutz im aktienrechtlichen Beschlußmängelrecht. Eine Bestandsaufnahme und Vorschläge zu einer rechtspolitischen Reform. 1997.

Band 25 Lydia Klose-Mokroß: Gläubigerschutz im Kapitalgesellschaftsrecht am Beispiel der Lehre von der verdeckten Sacheinlage. 1997.

Band 26 Stephan Aubel: Der vereinfachte Bezugsrechtsausschluß. Aktionärs- und Gesellschaftsinteressen beim vereinfachten Bezugsrechtsausschluß nach Maßgabe des § 186 Absatz 3 Satz 4 AktG. 1998.

Band 27 Kurt Peter Dittrich: Die Privatplazierung im deutschen Kapitalmarktrecht. Eine Untersuchung der Vorschriften des Auslandinvestmentgesetzes, des Wertpapier-Verkaufsprospektgesetzes und des Gesetzes über Kapitalanlage-Gesellschaften unter Berücksichtigung des Rechts der Vereinigten Staaten von Amerika und des Vereinigten Königreichs. 1998.

Band 28 Viola Sailer: Aktienrechtliche Minderheitskompetenzen zwischen Mißbrauch und unternehmerischer Entscheidungsfreiheit. 1999.

Band 29 Marc Zimmerling: Kapitalerhaltung und Konzernfinanzierung. Eine Untersuchung der kapitalerhaltungsrechtlichen Problematik aufsteigender Sicherheiten im Konzern. 1998.

Band 30 Joachim Wichert: Die Finanzen der Kommanditgesellschaft auf Aktien. 1999.

Band 31 Kerstin Andrea Müller: Produktverantwortung und ihre Durchsetzung. Eine kartellrechtliche Beurteilung von Selbstverpflichtungen im Umweltrecht aus deutscher und europäischer Sicht unter besonderer Berücksichtigung der Altautoentsorgung. 1999.

Band 32 Bettina Friedrich: Konvergenzen im Gesellschaftsrecht. Recht-Fertigung durch Status- und Befundsicherung. 2000.

Band 33 Rudolf Lemke: Haftungsrechtliche Fragen des Ratingwesens – ein Regelungsproblem? 2000.

Band 34 Klaus R. Roller: Die Vergütung des Aufsichtsrats in Abhängigkeit vom Aktienkurs. 2000.

Band 35 Bettina Bokelmann: Personelle Verflechtungen über Aufsichtsräte. Aufsichtsratsmitglieder mit hauptberuflicher Vorstandsfunktion. 2000.

Band 36 Kai-Uwe Steck: Regulierung von US-amerikanischen Investmentgesellschaften (Investment Companies). Unter besonderer Berücksichtigung des National Securities Markets Improvement Act of 1996 (NSMIA) und anderer aktueller Rechtsanpassungen. 2000.

Band 37 Kristofer Bott: Wissenszurechnung bei Organisationen. 2000.

Band 38 Ursula Lenzen: Unerlaubte Eingriffe in die Börsenkursbildung. 2000.

Band 39 Martin Schulz: Verfassungsrechtliche Vorgaben für das Kollisionsrecht in einem Gemeinsamen Markt. Eine rechtsvergleichende Untersuchung zu den Grenzen einzelstaatlicher Anknüpfungsmethoden im internationalen Vertrags-, Delikts- und Gesellschaftsrecht am Beispiel der Vereinigten Staaten von Amerika. 2000.

Band 40 Maximilian Koch: Diversifizierung und Vorstandskompetenzen. 2001.

Band 41 Corrado Wohlwend: Die Hauptversammlung im Wandel der Kommunikationsformen. 2001.

Band 42 Michael Rozijn: Der Unternehmensmaklervertrag. Zur Anwendung des allgemeinen Maklervertragsrechts auf Mergers & Acquisitions-Dienstleistungen. 2001.

Band 43 Konstantinos N. Kyriakakis: Die Überwachung einer US-amerikanischen Aktiengesellschaft durch institutionelle Anleger. 2002.

Band 44 Uta Fredebeil: Aktienemissionen. Das underwriting agreement (der Übernahmevertrag) und seine spezifischen Klauseln. 2002.

Band 45 Michaela G. Döbler: Die Einführung des WTO-weiten Erschöpfungsgrundsatzes in das Markenrecht der EU und der USA. 2002.

Band 46 Jan Liersch: Regulierung des Blockhandels an den organisierten Aktienmärkten der Vereinigten Staaten, Großbritanniens und Deutschlands. 2002.

Band 47 Sascha Lotze: US-amerikanisches Kapitalmarktrecht und Internet. Aufsichts- und haftungsrechtliche Fragen des Internet-Einsatzes bei Wertpapieremissionen und im Wertpapierhandel. 2002.

Band 48 Boris Trautmann: Die Konkurrenz von Haftpflicht- und Versicherungsanspruch. Ein Beitrag zur ökonomischen Analyse des Rechts unter Berücksichtigung von Unsicherheit und Verhaltensanomalien. 2002.

Band 49 Matthias Möller: Rechtsformen der Wagnisfinanzierung. Eine rechtsvergleichende Studie zu den USA und zu Deutschland. 2003.

Band 50 Heiner Feldhaus: Die Eignung zur erheblichen Kursbeeinflussung bei der Ad-hoc-Publizität. Eine rechtsvergleichende und interdisziplinäre Untersuchung unter Berücksichtigung der europarechtlichen Vorgaben. 2003.

Band 51 Matthias Janke: Gesellschaftsrechtliche Treuepflicht. Neubewertung der richterrechtlichen Generalklausel im Rahmen einer rechtsvergleichenden und ökonomischen Analyse. 2003.

Band 52 Katrin Thoma: Eigengeschäfte des Vorstands mit der Aktiengesellschaft. Eine vergleichende Untersuchung zum englischen, U.S.-amerikanischen und deutschen Recht. 2003.

Band 53 Mathias Stöcker: Rechtsfragen grenzüberschreitender Unternehmenszusammenschlüsse - unter besonderer Berücksichtigung des Falles Daimler/Chrysler - 2003.

Band 54 Otto Korte: Zur mißbräuchlichen Wahrnehmung der aktienrechtlichen Anfechtungsbefugnis. 2003.

Band 55 Wilhelm Wilderink: Die Auflösung, die Übertragung und die Verschmelzung von In vestmentfonds. 2003.

Band 56 Anja Birkenkämper: Rechtsfragen feindlicher Übernahmen. Jurisitische Nachlese zum Fall Krupp/Thyssen. 2003.

Band 57 Manuel Lorenzo Alonso: Die Neuausrichtung der Zwischenstaatlichkeitsklausel der Art. 81, 82 EG. Folgen der neuesten Entwicklungen des Gemeinschaftsrechts für die Zwischenstaatlichkeitsklausel - unter besonderer Berücksichtigung des Bankenbereichs. 2003.

Band 58 Dirk Kocher: Kapitalgesellschaft & Co. KG in Finnland. Eine Untersuchung zur Frage der Übertragbarkeit der deutschen Grundtypenvermischung auf das finnische Recht. 2003.

Band 59 Ruiting Qin: Parteiautonomie: Eine rechtsvergleichende Untersuchung. Versuch zur Entwicklung einer Gerechtigkeitsjurisprudenz im IPR. 2003.

Band 60 René Runte: Walter Julius Derenberg – Leben und Werk. 2004.

Band 61 Udo Prinz: Umstrukturierung durch *Schemes of Arrangement* mit Gesellschaftern im englischen Recht. – Ein Vorbild? 2004.

Band 62 Rainer Schmitz: Die Haftung des Vorstands gegenüber den Aktionären. Eine rechtsvergleichende Untersuchung nach deutschem und US-amerikanischem Recht. 2004.

Band 63 York Oehlschläger: Die typische und atypische stille Beteiligung an einer Aktiengesellschaft. Möglichkeiten und Grenzen der Gestaltung für die stille Gesellschaft zwischen Personengesellschaftsrecht, Aktienrecht, Konzernrecht und Umwandlungsrecht. 2004.

Band 64 Stefan Klein: Die Rechtsstellung auswärtiger Gesellschaften im deutschen und US-amerikanischen Recht. Ein Beitrag zur Neuausrichtung des deutschen internationalen Gesellschaftsrechts unter besonderer Berücksichtigung des Europäischen Gemeinschaftsrechts. 2004.

Band 65 Knut Sauer: Haftung für Falschinformation des Sekundärmarktes. 2004.

Band 66 Michael Senger: Bankenaufsicht, Unternehmensverbindungen und Bankengruppen. 2004.

Band 67 Maximilian Rittmeister: Gewährleistung beim Unternehmenskauf. Die Gewährleistungshaftung des Verkäufers bei einem Unternehmenskauf seit In-Kraft-Treten des Schuldrechtsmodernisierungsgesetzes. 2005.

Band 68 Ole Ziegler: Der Anteilserwerb am Kapitalmarkt nach der Schuldrechtsreform. 2005.

Band 69 Maia Tacheva: Rechtsbehelfe des Käufers im Warenkaufrecht. Eine rechtsvergleichende Untersuchung des Übereinkommens der Vereinten Nationen über Verträge über den internationalen Warenkauf (CISG), des englischen Sale of Goods Act, des bulgarischen Kaufrechts und des deutschen Kaufrechts vor und nach dem Schuldrechtsmodernisierungsgesetz. 2005.

Band 70 Michael Lange: Rechtsfragen der Finanzierung eines feindlichen Übernahmeangebotes. Am Beispiel der großen Publikumsgesellschaft nach US-amerikanischem und deutschem Recht. 2005.

Band 71 Niklas Dieterich: Outsourcing bei Kapitalanlagegesellschaften. 2005.

www.peterlang.de

Michael Senger

# Bankenaufsicht, Unternehmensverbindungen und Bankengruppen

Frankfurt am Main, Berlin, Bern, Bruxelles, New York, Oxford, Wien, 2004.
440 S., 9 Tab., 18 Graf.
Frankfurter wirtschaftsrechtliche Studien.
Verantwortlicher Herausgeber: Andreas Cahn. Bd. 66
ISBN 3-631-53218-0 · br. € 68.50*

Untersuchungsgegenstand der Arbeit sind im Kern die aufsichtsrechtlichen Regelungen über Bankengruppen und über den Beteiligungsbesitz von Banken. Aufbauend auf dem ökonomischen Fundament einer Bankenaufsicht deckt der Verfasser anhand von Zahlenbeispielen Inkonsistenzen der bankaufsichtsrechtlichen Regulierung von Beteiligungen auf und unterbreitet insbesondere für die §§ 12 und 10 Abs. 6 KWG konkrete Reformvorschläge. Nach Untersuchung der Eigenmittelkonsolidierung (§ 10a KWG) weist der Verfasser auch hier auf erhebliche Ungereimtheiten hin. Ergebnis der Arbeit ist der Vorschlag eines schlüssigen Gesamtsystems zur aufsichtsrechtlichen Erfassung des Beteiligungsbesitzes von Banken, das unabhängig davon Geltung beansprucht, ob mit dem Beteiligungsbesitz ein Konzernverhältnis verbunden ist.

*Aus dem Inhalt*: Bankenaufsicht · Unternehmensverbindungen · Beteiligungsbesitz · Bankengruppen · Finanzholding · Ansteckungsgefahr · *Bank Run* · Eigenmittelkonsolidierung · Konsolidierte Aufsicht